江苏文脉整理与研究工程

江苏文库

研究编

江苏文化专门史

江苏儒学史

徐克谦 等 著

江苏人民出版社

图书在版编目(CIP)数据

江苏儒学史/徐克谦等著.—南京:江苏人民出
版社,2022.11
(江苏文库.研究编)
ISBN 978-7-214-26614-9

Ⅰ.①江… Ⅱ.①徐… Ⅲ.①儒学－思想史－江苏
Ⅳ.①B222.05

中国版本图书馆 CIP 数据核字(2021)第 201993 号

书　　　名	江苏儒学史	
著　　　者	徐克谦等	
出 版 统 筹	张　凉	
责 任 编 辑	金书羽	
特 约 编 辑	莫莹萍　张　欣	
责 任 监 制	王　娟	
装 帧 设 计	姜　嵩	
出 版 发 行	江苏人民出版社	
地　　　址	南京市湖南路 1 号 A 楼,邮编:210009	
照　　　排	江苏凤凰制版有限公司	
印　　　刷	苏州市越洋印刷有限公司	
开　　　本	718 毫米×1 000 毫米　1/16	
印　　　张	30.5　插页 4	
字　　　数	432 千字	
版　　　次	2022 年 11 月第 1 版	
印　　　次	2022 年 11 月第 1 次印刷	
标 准 书 号	ISBN 978-7-214-26614-9	
定　　　价	102.00 元	

(江苏人民出版社图书凡印装错误可向承印厂调换)

江苏文脉整理与研究工程

总主编

吴政隆　　许昆林

学术指导委员会

主　　任　周勋初

委　　员　（按姓氏笔画排序）
　　　　　　冯其庸　邬书林　张岂之　郁贤皓　周勋初
　　　　　　茅家琦　袁行霈　程毅中　蒋赞初　戴　逸

编纂出版委员会

主　　编　张爱军　马　欣

副 主 编　梁　勇　赵金松　孙真福　樊和平　莫砺锋

编　　委　（按姓氏笔画排序）

马　欣　王　江　王卫星　王月清　王华宝
王建朗　王燕文　双传学　左健伟　田汉云
朱玉麒　朱庆葆　全　勤　刘　东　刘西忠
江庆柏　许益军　孙　逊　孙　敏　孙真福
李　扬　李贞强　李昌集　佘江涛　沈卫荣
张乃格　张伯伟　张爱军　张新科　武秀成
范金民　尚庆飞　罗时进　周　琪　周　斌
周建忠　周新国　赵生群　赵金松　胡发贵
胡阿祥　钟振振　姜　建　姜小青　贺云翱
莫砺锋　徐　俊　徐　海　徐之顺　徐小跃
徐兴无　陶思炎　曹玉梅　梁　勇　彭　林
蒋　寅　程章灿　傅康生　焦建俊　赖永海
熊月之　樊和平

分卷主编　徐小跃　姜小青（书目编）
　　　　　周勋初　程章灿（文献编）
　　　　　莫砺锋　徐兴无（精华编）
　　　　　茅家琦　江庆柏（史料编）
　　　　　左健伟　张乃格（方志编）
　　　　　王月清　张新科（研究编）

出版说明

　　江苏文化源远流长、历久弥新，文化经典与历史文献层出不穷，典藏丰富；文化巨匠代有人出、彪炳史册，在中华民族乃至整个人类文明的发展史上有着相当重要的地位。为科学把握江苏文化的内涵与特征，在新时代彰显江苏文化对中华文化的贡献，江苏省委、省政府决定组织实施"江苏文脉整理与研究工程"，以梳理江苏文脉资源，总结江苏文化发展的历史规律，再现江苏历史上的文化高地，为当代江苏构筑新的文化高地把准脉动、探明趋势、勾画蓝图。

　　组织编纂大型江苏历史文献总集《江苏文库》，是"江苏文脉整理与研究工程"的重要工作。《文库》以"编纂整理古今文献，梳理再现名人名作，探究追溯文化脉络，打造江苏文化名片"为宗旨，分六编集中呈现：

　　（一）书目编。完整著录历史上江苏籍学人的著述及其历史记录，全面反映江苏图书馆的图书典藏情况。

　　（二）文献编。收录历代江苏籍学人的代表性著作，集中呈现自历史开端至一九一一年的江苏文化文本，呈现江苏文化的整体景观。

　　（三）精华编。选取历代江苏籍学人著述中对中外文化产生重要影响、在文化学术史上具有经典性代表性的作品进行整理，并从中选取十余种，组织海外汉学家翻译成各国文字，作为江苏对外文化交流的标志性文化成果。

　　（四）方志编。从江苏现存各级各类旧志中选择价值较高、保存较好的志书，以充分发挥地方志资治、存史、教化等作用，保存江苏的地方文献与历史文化记忆。

（五）史料编。收录有关江苏地方史料类文献，反映江苏各地历史地理、政治经济、文化教育、宗教艺术、社会生活、风土民情等。

（六）研究编。组织、编纂当代学者研究、撰写的江苏文化研究著作。

文献、史料、方志三编属于基础文献，以影印方式出版，旨在提供原始文献，以满足学术研究需要；书目、精华、研究三编，以排印方式出版，既能满足学术研究的基本需求，又能满足全民阅读的基本需求。

"江苏文脉整理与研究工程"工作委员会

江苏文库·研究编编纂人员

主　编

王月清　张新科

副主编

徐之顺　姜　建　王卫星　胡发贵　胡传胜　刘西忠

一脉千古成江河

——江苏文库·研究编序言

樊和平

　　"江苏文脉整理与研究工程"是江苏文化史上继往开来的一个浩大工程。与当下方兴未艾的全国性"文库热"相比，江苏文脉工程有三个基本特点：一是全面系统的整理；二是"整理"与"研究"同步；三是以"文脉"为主题。在"书目编—文献编—精华编—史料编—方志编—研究编"的体系结构中，"研究编"是十分独特的板块，因为它是试图超越"修典"而推进文化传承创新的一种学术努力。

　　"盛世修典"之说不知起源于何时，不过语词结构已经表明"盛世"与"修典"之间的某种互释甚至共谋，以及由此而衍生的复杂文化心态。历史已经表明，"修典"在建构巨大历史功勋的同时，也包含内在的巨大文化风险，最基本的是"入典"的选择风险。《四库全书》的文化贡献不言自明，但最终其收书的数量竟与禁书、毁书、改书的数量大致相当，还有高出近一倍的书目被宣判为无价值。"入典"可能将一个时代的局限甚至选择者个人的局限放大为历史的文化局限，也可能由此扼杀文化多样性而产生文化专断。另一个更为潜在和深刻的风险，是对待传统的文化态度。文献整理，尤其是地域典籍的整理，在理念和战略上面临的最大考验，是以何种心态对待文化传统。当今之世，无论对个体还是社会，传统已经不仅是文化根源，而且是文化和经济发展的资源甚至资本。然而一旦传统成为资源和资本，邂逅市场逻辑的推波助澜，就面临沦为消费和运作对象的风险，从而以一种消费主义和工具主义的文化态度对待文化传统和文献整理。当传统成为消费和运作的对象,其文化价值不仅可能被误读误用,而且也可能在对传统的消费中使文化坐吃山空,造就出文化上的纨绔子弟,更可能在市场运作中使文化不断被糟蹋。"江苏文脉整理与研究工程"的"整理工程"以全面系统的整理的战略应对可能存在的第一种风险,即入典选择的风险;以"研究工程"应对第二种可能的风险,即消费主义与工具主义的风险。我们不仅是既往传统的继承者,更应当是未来传统的创造者;现代人的使命,不仅是继承优秀传统,更应当创造新的优秀传统,这便是传统的创造性转化与创新性发展的真义。诚然,创造传统任重道远,需要经过坚忍不拔的卓越努力和大浪淘沙般的历史积淀,但对"江苏文脉整理与研究工程"而言,无论如何必须在"整理"的同时开启"研究"的千里之行,在研究中继承和发展传统。这便是"研究编"的价值和使命所在,也是"江苏文脉整理与研究工程"在"文库热"中于顶层设计层面的拔群之处。

一 倾听来自历史深处的文化脉动

20 世纪是文化大发现的世纪,20 世纪以来西方世界最重要的战略,就是文化战略。20 世纪 20 年代,德国社会学家马克斯·韦伯的《新教伦理与资本主义精神》,揭示了西方资本主义文明的文化密码,这就是"新教伦理"及其所造就的"资本主义精神",由此建构"新教伦理+资本主义"的所谓"理想类型",为西方资本主义进行了文化论证尤其是伦理论证,奠定了 20 世纪以后西方中心论的文化基础。20 世纪 70 年代,哈佛大学教授丹尼尔·贝尔的《资本主义文化矛盾》,揭示了当代资本主义最深刻的矛盾不是经济矛盾,也不是政治矛盾,而是"文化矛盾",其集中表现是宗教释放的伦理冲动与市场释放的经济冲动分离与背离,进而对现代西方文明发出文化预警。20 世纪 70 年代之后,亨廷顿的《文明的冲突与世界秩序的重建》将当今世界的一切冲突归结为文明冲突、文化冲突,将文化上升为西方世界尤其是美国国家战略的高度。以上三部曲构成西方世界尤其是美国文化帝国主义的国家文化战略,正如一些西方学者所发现的那样,时至今日,文化帝国主义被另一个概念代替——"全球化",显而易见,全球化不仅是一种浪潮,更是一种思潮,是西方世界的国家文化战略。文化虽然受经济发展制约甚至被经济发展水平所决定,但回顾从传统到现代的中国文明史,文化问题不仅逻辑地而且历史地成为文明发展的最高最难的问题,正因为如此,文化自信才成为比理论自信、道路自信、制度自信更具基础意义的最重要的自信。

在全球化背景下,文脉整理与研究具有重大的国家文化战略意义,不仅必要,而且急迫。文化遵循与经济社会不同的规律,全球化在造就广泛的全球市场并使全球成为一个"地球村"的同时,内在的最大文明风险和文化风险便是同质性。全球化催生的是一个文化上的独生子女,其可能的镜像是:一种文化风险将是整个世界的风险,一次文化失败将是整个人类的文化失败。文化的本质是什么? 梁漱溟先生说,文化就是人的生活的根本样法,文化就是"人化"。丹尼尔·贝尔指出,文化是为人的生命过程提供解释系统,以对付生存困境的一种努力。据此,文化的同质化,最终导致的将是人的同质化,将是民族文化或西方学者所说地方性知识的消解和消失;同时,由于文化是人类应对生存困境的大智慧,或治疗生活世界痼疾的抗体,它所建构的是与自然世界相对应的精神世界和意义世界,文化的同质性将导致人类在面临重大生存困境时智慧资源的贫乏和生命力的苍白,从而将整个人类文明推向空前的高风险。应对全球化的挑战和西方文化帝国主义的国家战略,"江苏文脉整理与研究工程"是整个中华民族浩大文化工程的一部分和具体落实,其战略意义决不止于保存文化记忆的自持和自赏,在这个全球化的高风险正日益逼近的时代,完整地保存地方文化物种,认同文化血脉,畅通文化命脉,不仅可以让我们在遭遇全球化的滔滔洪水之时可以于故乡文化的山脉之巅"一览众山小"地建设自己的精神家园和文化根据地,而且可以在患上全球化的文化感冒甚至某种文化瘟疫之后,不致乞求"西方药"来治"中国病",而是根据自己的文化基因和文化命理,寻找强化自身的文化抗体和文化免疫力之道,其深远意义,犹如在今天这个独生子女时代穿越时光隧道,回首当年我们的"兄弟姐妹那么多"

和父辈们儿孙满堂的那种天伦风光,不只是因为寂寞,而且是为了中华民族大家庭的文化安全和对未来文化风险的抗击能力。

"江苏文脉整理与研究工程"是以江苏这一特殊地域文化为对象的一次集体文化自觉和文化自信,与其他同类文化工程相比,其最具标识意义的是"文脉"理念。"文脉"是什么?它与"文献"和文化传统的关系到底如何?这是"文脉工程"必须解决的基本问题。

庞朴先生曾对"文化传统"与"传统文化"两个概念进行了审慎而严格的区分,认为"传统文化"可能是历史上曾经存在过的一切文化现象,而"文化传统"则是一以贯之的文化道统。在逻辑和历史两个维度,文化成为传统都必须同时具备三个条件:历史上发生的,一以贯之的,在现实生活中依然发挥作用的。传统当然发生于历史,但历史上发生的一切,从《道德经》《论语》到女人裹小脚,并不都成为传统,即便当今被考古或历史研究所不断发现的现象,也只能说是"文化遗存",文化成为传统必须在历史长河中一以贯之而成为道统或法统,孔子提供的儒家学说,老子提供的道家智慧,之所以成为传统,就是因为它们始终与中国人的生活世界和精神世界相伴随,并成为人的生命和生活的文化指引。然而,文化并不只存在于文献典籍之中,否则它只是精英们的特权,作为"人的生活的根本样法"和"对付生存困境"的解释系统,它必定存在于芸芸众生的生命和生活之中,由此才可能,也才真正成为传统。《论语》与《道德经》之所以成为传统,不只是因为它们作为经典至今还为人们所学习和研究,而且因为在中国人精神的深层结构中,即便在未读过它们的田夫村妇身上,也存在同样的文化基因。中国人在得意时是儒家,"明知不可为而偏为之";在失意时是道家,"后退一步天地宽";在绝望时是佛家,"四大皆空",从而建立了与自给自足的自然经济结构相匹合的自给自足的文化精神结构,在任何境遇下都不会丧失安身立命的精神基地,这就是传统。文化传统必须也必定是"活"的,是在现实中依然发挥作用的,是构成现代人的文化基因的生命因子。这种与人的生活和生命同在的文化传统就是"脉",就是"文脉"。

文脉以文献、典籍为载体,但又不止于文献和典籍,而是与负载它的生命及其现实生活息息相关。"文脉"是什么?"文脉"对历史而言是

"血脉",对未来而言是"命脉",对当下而言是"山脉"。"江苏文脉"就是江苏人的文化血脉、文化命脉、文化山脉,是历史、现在、未来江苏人特殊的文化生命、文化标识、文化家园,以及生生不息的文化记忆和文化动力。虽然它们可能以诸种文化典籍和文化传统的方式呈现和延续,但"文脉工程"致力探寻和发现的则是跃动于这些典籍和传统,也跃动于江苏人生命之中的那种文化脉动。"江苏文脉整理与研究工程"的最大特点就在于它是"文脉工程"而不是一般的"文化工程",更不是"文库工程"。"文化工程""文库工程"可能只是一般的文化挖掘与整理,而"文脉工程"则是与地域的文化生命深切相通,贯穿地域的历史、现在与未来的生命工程。

"江苏文脉整理与研究工程"是"整理"与"研究"的璧合,在"研究工程"中能否、如何倾听到来自历史深处的文化脉动,关键是处理好"文献"与"文脉"的关系。"整理工程"是对文脉的客观呈现,而"研究工程"则是对文脉的自觉揭示,若想取得成功,必须学会在"文献"中倾听和发现"文脉"。"文献"如何呈现"文脉"? 文献是人类文明尤其是人类文化记忆的特殊形态,也是人类信息交换和信息传播的特殊方式。回首人类文明史,到目前为止,大致经历了三种信息方式。最基本也是最原初的是口口交流的信息方式,在这种信息方式中,信息发布者和信息传播者都同时在场,它是人的生命直接和整体在场并对话的信息传播方式,是从语言到身体、情感的全息参与,是生命与生命之间的直接沟通,但具有很大的时空局限。印刷术的产生大大扩展了人类信息交换的广度和深度,不仅可以以文字的方式与不在场的对象交换信息,而且可以以文献的方式与不同时代、不同时空的人们交换信息,这便是第二种信息方式,即以印刷为媒介的信息方式或印刷信息方式。第三种信息方式便是现代社会以电子网络技术为媒介的信息方式,即电子信息方式。文献与典籍是印刷信息方式的特殊形态,它将人类文化史和文明史上具有特殊价值的信息以印刷媒介的方式保存下来,供后人学习和研究,从而积淀为传统。文字本质上是人的生命的表达符号,所谓"诗言志"便是指向生命本身。然而由于它以文字为中介,一旦成为文献,便离开原有的时空背景,并与创作它的生命个体相分离,于是便需要解读,在解读中便可能发生误读,但无论如何,解读的对象并不只是文字本身,而是文字背后的生命现象。

文献尤其是典籍是不同时代人们对于文化精华的集体记忆,它们不仅经受过不同时代人们的共同选择,而且经受过大浪淘沙的历史洗礼,因而其中不仅有创造它的那个个体或文化英雄如老子、孔子的生命表达,而且有传播和接受它的那个民族的文化脉动,是负载它的那个民族的文化生命,这种文化生命一言以蔽之便是文化传统。正因为如此,作为集体记忆的精华,文献和典籍是个体和集体的文化脉动的客观形态,关键在于,必须学会倾听和揭示来自远方的生命旋律。由于它们巨大的时空跨度,往往不能直接把脉,而需要具有一种"悬丝诊脉"的卓越倾听能力。同时,为了把握真实的文化脉动,不仅需要对文献和典籍即"文本"进行研究,而且需要对创造它们的主体包括创作的个体和传播接受的集体的生命即"人物"进行研究。正如席勒所说,每个人都是时代的产儿,那些卓越的哲学家和有抱负的文学家却可能成为一切时代的同代人。文字一旦成为文献或典籍,便意味着创作它的个体成为一切时代的同代人,但无论如何,文献和它们的创造者首先是某个时代的产儿,因而要在浩如烟海的文献和典籍中倾听到来自传统深处的文化脉动,还需要将它们还原到民族的文化生命之中,形成文化发展的"精神的历史"。由此,文本研究、人物研究、学派流派研究、历史研究,便成为"文脉研究工程"的学术构造和逻辑结构。

二 中国文化传统中的江苏文脉

江苏文脉是中国文化传统的一部分,二者之间的关系并不只是部分与整体的关系,借助宋明理学的话语,是"理一"与"分殊"的关系。文脉与文化传统是民族生命的文化表达和自觉体现,如果只将它们理解为部分与整体的关系,那么江苏文脉只是中国文化传统或整个中华文化脉统中的一个构造,只是中华文化生命体中的一个器官。朱熹曾以佛家的"月映万川"诠释"理一分殊"。朗月高照,江河湖泊中水月熠熠,此番景象的哲学本真便是"一月普现一切水,一切水月一月摄"。天空中的"一月"与江河中的"一切水月"之间的关系是"分享"关系,不是分享了"一月"的某一部分,而是全部。江苏文脉与中国文化传统之间的关系便是"理一分殊",中国文化传统是"理一",江苏文脉是"分殊",正因为如此,关于江苏文脉的研究必须在与整个中国文化传统的关系中整体性地把握和展开。其中,文化与地域的关系、江苏文化在中华文化发展中的贡献和地位,是两个基本课题。

到目前为止的一切人类文明的大格局基本上都是由以山河为标志的地理环境造就的,从轴心文明时代的四大文明古国,到"五大洲四大洋"的地理区隔,再到中国山东—山西、广东—广西、河南—河北,江苏的苏南—苏北的文化与经济差异,山河在其中具有基础性意义。在这个意义上,可以将在此以前的一切文明称为"山河文明"。如今,科技经济发展迎来一个"高"时代:高铁、高速公路、电子高速公路……正在并将继续推倒由山河造就的一切文明界碑,即将造就甚至正在造就一个"后山河时代"。"后山河时代"的最后一道屏障,"山河时代"遗赠给"后山河时代"的最宝贵的文明资源,便是地域文化。在这个意义上,江苏文脉的整理与研究,不仅可以为经过全球化席卷之后的同质化世界留下弥足珍贵的"文化大熊猫",而且可以在未来的芸芸众生饱尝"独上高楼,望尽天涯路"的孤独之后,缔造一个"蓦然回首"的文化故乡,从中可以鸟瞰文化与世界关系的真谛。江苏独特的地域环境与江苏文化、江苏文脉之间的关系,已经不是所谓"一方水土一方人"所能表达,可以说,地脉、水脉、山脉与江苏文脉之间的关系,已经是一脉相承。

我们通过考察和反思发现,水系,地势,山势,大海,是对江苏文脉尤其是文化性格产生重大影响的地理因素。露水不显山,大江大河入大海,低平而辽阔,黄河改道,这一切的一切与其说是自然画卷和自然事件,不如说是江苏文脉的大地摇篮和文化宿命的历史必然,它们孕生和哺育了江苏文明,延绵了江苏文脉。历史学家发现,江苏是中国唯一同时拥有大海、大江、大湖、大平原的省份,有全国第一大河长江,第二大河黄河(故道),第三大河淮河,世界第一大人工河大运河,全国第三大淡水湖太湖,全国第四大淡水湖洪泽湖。江苏也是全国地势最低平的一个省区,绝大部分地区在海拔 50 米以下,少量低山丘陵大多分布于省际边缘,最高峰即连云港云台山的玉女峰也只有 625 米。丰沛而开放的水系和低平而辽阔的地势馈赠给江苏的不只是得天独厚的宜居,更沉潜、更深刻的是独特的文化性格和文脉传统,它们是对江苏地域文化产生重大影响的两个基本自然元素。

不少学者指证江苏文化具有水文化特性,而在众多水系中又具长江文化的特性。"水"的文化特性是什么?"老聃贵柔",老子尚水,以水演绎世界真谛和人生大智慧。"天下莫柔弱于水,而攻坚强者莫之能胜。"柔弱胜刚强,是水的品质和力量。西方文明史上第一个哲学家和科学家泰勒斯向全世界宣告的第一个大智慧便是:水是万物的始基。辽阔的平原在中国也许还有很多,却没有像江苏这样"处下"。老子也曾以大海揭示"处下"的智慧:"江海所以能为百谷王者,以其善下之,故能为百谷王。"历史上江苏的文化作品、江苏人的文化性格,相当程度上演绎了这种"水性"与"处下"的气质与智慧。历史上相当时期黄河曾经从江苏入海,然而黄河改道、黄河夺淮,几番自然力量或人力所为,最终黄河在江苏留下的只是一个"故道"的背影。黄河在江苏的改道当然是一个自然事件或历史事件,但我们也可能甚至毋宁将它当作一个文化事件,数次改道,偶然之中有必然,从中可以发现和佐证江苏文脉的"长江"守望和江南气质。不仅江苏的地脉"露水不显山",而且江苏的文化作品,江苏人的文化性格,一句话,江苏文脉,也是"露水不显山",虽不是"壁立千仞",却是"有容乃大"。一般说来,充沛的水系,广阔的平原,往往造就自给自足的自我封闭,然而,江苏东临大海,无论长江、淮河,还是历史上的黄河,都从这里入大海,归大海,不只昭示江苏的开放,而且演绎江苏文化、江苏文脉、江苏人海纳百川的博大和静水深流的仁厚。

黄河与长江好似中华文脉的动脉与静脉,也好似人的身体中的任督二脉,以长江文化为基色的江苏文化在中华文脉的缔造和绵延中作出了杰出贡献。有学者指出,在中国文明史上,长江文化每每在黄河文化衰弱之后承担起"救亡图存"的重任。人们常说南京古都不少为小朝廷,其实这正是"救亡图存"的反证,"天下兴亡,匹夫有责"的口号首先由江苏人顾炎武喊出，偶然之中有必然。学界关于江苏文化有三次高峰或三次大贡献，与两次大贡献之说。第一次高峰是开启于秦汉之际的汉文化，第二次高峰是六朝文化，第三次高峰是明清文化。人们已对六朝文化与明清文化两大高峰对中国文化的贡献基本达成共识，但江苏的汉文化高峰及其贡献也应当得到承认，而且三次文化高峰都发生于中国社会的大转折时期，对中国文化的承续作出了重大贡献。在秦汉之际的大变革和大一统国家的建构中，不仅在江苏大地上曾经演绎了波澜壮阔的对后来中国文明产生深远影响的历史史诗，而且演绎这些历史史诗的主角刘邦、项羽、韩信等都是江苏人，他们虽然自身不是文化人，但无疑对中国文化产生了深远影响。董仲舒提出"罢黜百家，独尊儒术"的主张，奠定了大一统的思想和文化基础，他本人虽不是江苏人，却在江苏留下印迹十多年。江苏的汉文化高峰对中国文化的最大贡献，一言概之即"大一统"，包括政治上的大一统和思想文化上的大一统。六朝被公认为中国文化发展的高峰，不少学者将它与古罗马文明相提并论，而六朝文化的中心在江苏、在南京。以南京为核心的六朝文化发生于三国之后的大动乱，它接纳大量流入南方的北方士族，使南北方文化合流，为保存和发展中国文化作出了杰出贡献。明朝是中国历史上第一次在南京，也是第一次在江苏建立统一的帝国都城，江苏的经济文化在全国处于举足轻重的地位，扬州学派、泰州学派、常州学派，形成明清时代中国文化的江苏气象，形成江苏文化对中国文化的第三次重大贡献。三大高峰是江苏的文化贡献，在重大历史转折关头或者民族国家危难之际挺身而出，海纳百川，则是江苏文化的精神和品质，这就是江苏文脉。也正因为如此，江苏文化和江苏文脉在"匹夫有责"的担当精神中总是透逸出某种深沉的忧患意识。

江苏文脉对中国文化的独特贡献及其特殊精神气质在文化经典中得到充分体现。中国四大文学名著，其中三大名著的作者都来自江苏，这就是《西游记》《红楼梦》《水浒》，其实《三国演义》也与江苏深切相关，虽然罗贯中不是江苏人，但却以江苏为重要的时空背景之一。四大名著中不仅有明显的江苏文化的元素，甚至有深刻的江苏地域文化的基因。《西游记》到底是悲剧还是喜剧？仔细反思便会发现，《西游记》就是文学版的《清明上河图》。《清明上河图》表面呈现一幅盛世生活画卷,实际却是一幅"盛世危情图",空虚的城防,懈怠的守城士兵……被繁华遗忘的是正在悄悄到来的深刻危机。《西游记》以唐僧西天取经渲染大唐的繁盛和开放,然而在经济的极盛之巅,中国人的精神世界却空前贫乏,贫乏得需要派一个和尚不远万里,请来印度的佛教,坐上中国意识形态的宝座,入主中国人的精神世界。口袋富了,脑袋空了,这是不折不扣的悲剧。然而,《西游记》的智慧,江苏文化的智慧,是将悲剧当作喜剧写,在喜剧的形式中潜隐悲剧的主题,就像《清明上河图》将空虚的城防和懈怠的士兵淹没于繁华的海洋一样。《西游记》喜剧与悲剧的二重性,隐喻了江苏文脉的忧患意识,而在对大唐盛世,对唐僧取经的一片颂歌中,深藏悲剧的潜主题,正是江苏文脉"匹夫有责"的担当精神和文化智慧的体现。鲁迅说,悲剧将人生的有价值的东西毁灭给人看。《西游记》是在喜剧形式的背后撕碎了大唐时代人的精神世界的深刻悲剧。把悲剧当作喜剧写,喜剧当作悲剧读,正是江苏文化、江苏文脉的大智慧和特殊气质所在,也是当今江苏文脉转化发展的重要创新点所在。正因为如此,"江苏文脉研究"必须以深刻的哲学洞察力和深厚的文化功力,倾听来自历史深处的江苏文化的脉动,读懂江苏,触摸江苏文脉。

三 通血脉,知命脉,仰望山脉

江苏文化的巨大魅力和强大生命力,是在数千年发展中已经形成一种传统、一种脉动,不仅是一种客观呈现的文化,而且是一种深植个体生命和集体记忆的生生不息的文脉。这种文化和文脉不仅成为共同的价值认同,而且已经成为一种地域文化胎记。在精神领域,在文化领域,江苏不仅有灿若星河的文学家,而且有彪炳史册的思想家、学问家,更有数不尽的才子骚客。长江在这片土地上流连,黄河在这片土地上改道,淮河在这片土地上滋润,太湖在这片土地上一展胸怀。一代代中国人,一代代江苏人,在这里缔造了文化长江、文化黄河、文化淮河、文化太湖,演绎了波澜壮阔的历史诗篇,这便是江苏文脉。

为了在全球化时代完整地保存江苏文脉这一独特地域文化的集体记忆,以在"后山河时代"为人类缔造精神家园提供根源与资源,为了继承弘扬并创造性转化、创新性发展中国优秀传统文化,2016年江苏启动了"江苏文脉整理与研究工程"。根据"文脉"的理念,我们将研究工程或"研究编"的顶层设计以一句话表达:"通血脉,知命脉,仰望山脉。"由此将整个工程分为五个结构:江苏文化通史,江苏历代文化名人传,江苏文化专门史,江苏地方文化史,江苏文化史专题。

"江苏文化通史"的要义是"通血脉",关键词是"通"。"通"的要义,首先是江苏文化与中国文明的息息相通,与人类文明的息息相通,由此才能有民族感或"中国感",也才有世界眼光,因而必须进行关于"中国文化传统中的江苏文脉"的整体性研究;其次是江苏文脉中诸文化结构之间的"通",由此才是"江苏",才有"江苏味";再次是历史上各个重要历史时期文化发展之间的"通",由此才能构成"史",才有历史感;最后是与江苏人的生命与生活的"通",由此"江苏文脉"才能真正成为江苏人的文化血脉、文化命脉和文化山脉。达到以上"四通","江苏文化通史"才是真正的"通"史。

"江苏文化专门史"和"江苏文化史专题"的要义是"知命脉",关键词是"专",即"专门"与"专题"。"江苏文化专门史"在框架上分为物质文化史、精神文化史、制度文化史、特色文化史等,深入研究各类专门史,总体思路是系统研究和特色研究相结合,系统研究整体性地呈现江苏历史上的重要文化史,如哲学史、文学史、艺术史等,为了保证基本的完整性,我们根据国务院学科分类目录进行选择;特色研究着力研究历史上具有江苏特色的历史,如民间工艺史、昆曲史等。"江苏文化史专题"着力研究江苏历史上具有全国性影响的各种学派、流派,如扬州学派、泰州学派、常州学派等。

"江苏地方文化史"的要义是"血脉延伸和勾连",关键词是"地方"。"江苏地方文化史"以现省辖市区域划分为界,13市各市一卷。每卷上编为地方文化通史,讲述地方整体历史脉络中的文化历史分期演化和内在结构流变,注重把握文化运动规律和发展脉络,定位于地方文化总体性研究；下编为地方文化专题史，按照科学技术、教育科举、文学语言、宗教文化等专题划分，以一定逻辑结构聚焦对地方文化板块加以具体呈现，定位于凸显文化专题特色。每卷都是对一个地方文化的总结和梳理，这是江苏文化血脉的伸展和渗入，是江苏文化多样性、丰富性的生动呈现和重要载体。

"江苏历代文化名人传"的要义是"仰望山脉"，关键词是"文化"。它不是一般性地为江苏历朝历代的"名人"作传，而只是为文化意义上的名人作传。为此，传主或者自身就是文化人并为中国文化的发展、为江苏文脉的积累积淀作出了重要贡献；或者虽然自身主要不是文化人而是政治家、社会活动家等，但对中国文化发展具有重大影响。如何对历史人物进行文化倾听、文化诠释、文化理解，是"文化名人传"的最大难点，也是其最有意义的方面。江苏历史上的文化名人汗牛充栋，"文化名人传"计划为 100 位江苏文化名人作传，为呈现江苏文化名人的整体画卷，同时编辑出版一部"江苏文化名人辞典"，集中介绍历史上的江苏文化名人 1000 位左右。

一脉千古成江河，"茫茫九派流中国"。江苏文脉研究的千里之行已经迈出第一步，历史馈赠我们一次千载难逢的宝贵机遇，让我们巡天遥看，一览江苏数千年文化银河的无限风光，对创造江苏文化、缔造江苏文脉的先行者们献上心灵的鞠躬。面对奔涌如黄河、悠远如长江的江苏文脉，我们惟有以跋涉探索之心，怵惕敬畏之情，且行且进，循着爱因斯坦的"引力波"，不断走近并播放来自江苏文脉深处的或澎湃，或激越，或温婉静穆的天籁之音。

我们一直在努力；

我们将一直努力！

目 录

绪论　江苏历史文脉中的儒学传统

　　今江苏地域在中国历史上是一个很独特的文化区域。它横跨长江南北,一直都是中国南北文化交汇与糅杂的一个地区。它地处华东一隅,在历史上并非总是居于整个大中华政治和文化的中心,但在整个中国历史文化漫长的发展进程中,它不仅从来没有缺席,而且还以自身的地域文化特色,时常扮演着举足轻重的角色,对整个中国历史进程和文化的多元发展做出了自己独特而又重要的贡献。江苏儒学的发展历史及其特色,也与江苏地域文化的这种特点相呼应。作为在中国古代社会意识形态中占据主导地位的儒学和儒家思想传统,对整个中国社会文化的影响广泛而深远,但在不同时期和不同地域,儒学的发展也是各有特色。这本《江苏儒学史》就是试图对儒学在江苏地区历史文脉中的发展和传承做一简要的勾勒,对江苏儒学史上的代表人物、突出成就进行论述,并试图对江苏儒学的地域特色及其与江苏地域文化之间的相互关系进行探究。

一　儒学在江苏的历史传承及突出成就

　　江苏地域横跨长江、淮河,其北部地区与作为儒学发源地的鲁文化圈相邻,与之在文化上相互影响、关系密切。春秋末年孔子在鲁国开创的儒家学说,在其形成与早期发展的过程中,就与处于江淮沿海地区的东夷文化以及江南地区的吴文化有着某种历史渊源关系。

早在孔子开创的儒家学派形成之前,在今江苏地域就曾出现过一些对儒学的形成和早期发展有着重要影响的人物和事件。商朝晚期迁居江南开创了东吴文化的吴泰伯,曾受到孔子的高度称赞。《论语·泰伯》篇记载孔子曰:"泰伯,其可谓至德也已矣!三以天下让,民无得而称焉。"①泰伯仁孝谦让、清廉守信的人格由此成为代表某种儒家精神的典范,对后来儒学的发展产生了深远影响。春秋时期的吴公子季札,则是又一位产生于江苏地域的儒者先贤,对早期儒学的形成有着重要影响。他不仅具有高尚的美德,是早期儒家谦让、诚信精神的代表,而且具有深厚的礼乐和诗学修养。《左传》中所记载的季札访问鲁国"观诗"并发表对"诗三百"各部分的评论,是现存早期儒家经典中最早的诗评,具体阐发了诗歌与社会政治密切相关的儒家诗学观,对后来孔子和早期儒家的诗学和礼乐精神,特别是其中所蕴含的"中和"美学思想的形成有着重要的影响。此外,孔子曾向东夷人建立的郯国的君主郯子学习东夷文化,早期儒家仁义礼乐学说也吸收了某些东夷文化的因素。在孔子创立了儒家学派后,孔门弟子中的子游(言偃)、澹台灭明等,都曾在江南地区传授儒学。战国时期诸子蜂起,百家争鸣,儒家学说在江苏地域也有一定程度的流传与影响。

汉代是儒学在中国文化中作为主流意识形态地位得以确立的时期,而这种地位的确立,与起源于今江苏丰沛地区的彭城刘氏皇族的关系十分密切。汉武帝刘彻崇尚文教,独尊儒术,其所任用的文臣亦多有来自今江苏地域者,如来自江南的吴人严助、朱买臣等。他们皆以文学与儒术得到汉武帝的青睐,为武帝说《春秋》、言《楚辞》。而彭城刘氏皇族中的刘向、刘歆父子对儒学经典的整理传授做出了巨大贡献。两汉时期,儒学以官方经学的形态呈现,而在今江苏地域范围内,特别是在与齐鲁地区相接的苏北一带,也涌现出了不少以儒家经典传授闻名的硕儒经师。

---

① 何晏注,邢昺疏:《论语注疏》,北京大学出版社 2000 年版,第 111 页。

在中国历史上,在中原板荡、外族入侵、战乱爆发的时期,江南就往往成为上层人士和文化精英的避难退隐之地,这在客观上对保存和延续中华文化血脉起到了重要作用。例如两汉之际,北方士人逃避战乱纷纷南下,不少人在江苏地域定居;东汉时期,著名文人梁鸿、蔡邕等就曾到吴地隐居避乱。中原士人的南下与东迁,促进了江苏地区文化的发展。到了东汉时期,江苏地区已然成为儒学重镇,产生了大批儒家学者,如唐固、包咸、皋宏、高彪、高岱等,并且出现了一些儒学世家,例如吴郡的陆氏家族、顾氏家族等。这里既有一批凭儒学入仕的儒家官吏在此任职,也有不少坚守儒家道德人格的儒家隐士在此隐居。

正是因为有了这样的基础,所以到了三国鼎立时期,东吴便成为魏、蜀、吴三国中儒学色彩最浓的地区。较之魏、蜀两国,孙吴政权更加重视儒学教化,所用之臣也多以儒学晋身者,如张昭、顾雍、诸葛瑾、阚泽、唐固、谢承、程秉等。

两晋之际,更有一大批北方士族渡江南下,侨居江左,给江苏地区文化注入了新的发展因素。其中不少人对玄学清谈导致西晋灭亡的教训进行反思,如范宁、戴逵、孙盛、王坦之、袁宏、范宣等人,都对中朝玄学浮虚相扇、儒雅日替的情况加以批评,从而扭转学术风气,重新敦崇儒学,使儒学在东晋统治下的江左地区得到了新的发展。

南北朝时期,社会动荡,政局很不稳定,东晋与南朝官方虽不时也会推出崇儒兴教的措施,但实难对儒学的发展提供稳定而持续的政治支持。然而这一时期江南的儒学却仍然在士人群体和一些儒学世家的传承下获得了长足的进展。有许多儒学素养深厚的士人,以不同方式传承着儒学传统及其精神,推动着儒学的发展。像荀崧、袁瑰、范太、王俭那样的儒臣,利用在职时的权力,倡导儒学;更有像雷次宗、刘瓛那样的名儒,不任官职,却被皇帝请到京师开馆讲学,为王者师;而孙盛、徐广、臧荣绪等史官,则通过史书的编纂,延续儒家的春秋大义;还有像戴逵、周续之、顾欢那样的儒家隐士,以自身高尚的道德品行,为世人垂范,产生了巨大的社会影响。

隋唐时期,随着大运河的开凿,江苏地区与中央王朝和北方在经济上的联系更加紧密,由此也促进了江南地区社会文化的进一步繁荣,使儒学在江苏地区也得到进一步发展。当时运河沿岸的主要城市,都出现了不少儒学大家,其中尤以江南地区荟萃的名儒为多,如吴郡陆德明、朱子奢、陆质、施士匄,句容许淹、许叔牙,丹阳施敬本,吴县沈氏父子,义兴蒋氏父子等,皆通儒硕学,名列史传。

宋、元、明时期,是中国儒学史上重要的转型和复兴时期,传统儒学经过宋明理学的改造,以新的面貌实现了复兴。在这一儒学转型与复兴的历史过程中,江苏地域的儒学也发挥了重要的作用,做出了重要贡献。宋初江苏地区产生了开宋代理学新风气的"宋初三先生"之一的胡瑗,其儒学思想对后来理学的发展有着重要影响。宋代江苏地区的儒学在《易》学、《春秋》学领域成就突出,产生了一批杰出的儒家学者,如彭城刘牧、吴县朱长文、江都李衡、丹阳都絜、高邮孙觉等。明代的儒学突出表现为阳明心学的流行,而明代心学的早期萌动,实际上在明初作为"开国文臣之首"的宋濂在南京时期的儒学思想中已见端倪。宋濂在其《六经论》一文中已倡言"六经皆心学也……圣人之道,唯在乎治心。心一正,则众事无不正"①。此说已揭示出明代儒学之"心学"传统的致思取向与核心精神。"泰州学派"作为明代儒学发展的一个独特流派在江苏地区形成并产生了广泛的影响,而明末以苏南人士为核心的"东林党人"则以儒家传统中敢于担当的弘毅精神挺身而出,轰动朝野,对明末清初儒学风气的转变起到了重要作用。

清代独特的社会政治和文化环境,使清代儒学朴学之风大兴,在儒学典籍的整理和学术研究方面取得了长足的发展。江苏地区的学者在清代儒学的发展过程中做出了其他任何地区都无法比拟的重要贡献。当时江苏地区书院、刻书与藏书都蓬勃发展,历年科举全国考中状元的人数中,江苏籍人士所占比重超过五分之二。徐世昌所编《清儒学案》共计介绍清代学者1169人,其中江苏籍学者就有359人,几占总数的三分之一。作为清代儒学新形态的朴学之代表的乾嘉之学,即以江苏学者为主体并以江苏地域为中心,扬州、高邮、常州、吴县等地都出现了一些世代相传的儒学名家大师和儒家学者群体。当时江苏学术几占天

---

① 宋濂:《六经论》,罗月霞主编:《宋濂全集》,浙江古籍出版社1999年版,第72页。

下学术的半壁江山。江苏地区这种儒学兴盛和人才辈出的情况一直延续到近现代,直到今天这一地区仍然是中国社会经济和文化教育最为发达的地区之一。

江苏儒学不仅历史传承绵延不绝,而且取得的成就也非常突出,对整个中国儒学的发展做出了重要贡献。这主要表现在如下几个方面:

一是古代江苏地域产生了不少在中国儒学史上具有举足轻重地位的重要人物。从孔子门下专擅"文学"的大弟子言偃(子游),汉初帮助刘邦改变了对儒家学说成见的儒生陆贾,东晋的范宁、梁代的皇侃、唐代的陆德明、宋初的胡瑗、明代的王艮、清代的顾炎武,直至现代新儒学代表人物张君劢、钱穆等,这些在中国儒学史上占有极其重要地位的大儒,都出生于江苏地域。此外一些出生地或籍贯并非属于江苏地区的重要儒学人物,例如王安石、王阳明、戴震等,生平也与江苏地域关系密切,可以说是与江苏结下了不解之缘。

二是古代江苏地域的学者贡献了一大批在中国儒学发展史上具有里程碑意义的学术著作。例如东汉时期,江南人包咸所作的《论语章句》,是汉代《论语》章句学的代表性著作,虽然后来已失传,但对后人影响深远。出生于江南的梁代大儒皇侃,曾为多种儒家经典作"义疏",其《论语义疏》是现今完整流传下来的南北朝时期的唯一义疏体著作。唐代吴郡陆德明所作《经典释文》,是儒家经学史上具有划时代意义的著作,为儒家经义注释的统一奠定了文字学、音韵学的基础。唐代彭城刘知几所著《史通》不仅是中国古代重要的史学理论著作,在儒学史上也同样占有重要的地位,开启了"六经皆史"的儒家经学史学化的研究导向。宋代江苏地区学者在《春秋》学、《易》学领域名家辈出,硕果累累。作为明清之际中国三大思想家之一的昆山人顾炎武所著《日知录》,也是中国儒学史上的一部巨著,字里行间充分体现了博学于文,行己有耻,经世致用的儒学精神。而清代乾嘉时期江苏地区更是学术大师云集,儒学著述层出不穷。

三是江苏地域也是中国儒学史上一些有影响的重大事件的发生地或重要学派的活动中心。自东晋时期中原士族向江左迁移,六朝故都所在的江苏地域就逐渐成为文人和儒生的汇聚之地,此后江苏地域便一直是大中华多元文化格局中一个举足轻重的文化中心,也成为中国儒学史上一些引人注目的学派的活动中心与事件的发生地,如明代的泰州学派、明末的东林党人事件、清代的常州学派、乾嘉学术中的扬州学派、吴派等。

总之,两千多年来儒学在江苏地域历史传承中绵延不绝,代有传人,大师辈出,成果累累,构成了江苏历史文脉中一个重要的组成部分。

二 江苏地域文化背景与江苏儒学的特色

江苏的儒学不仅历史悠久,成果卓著,而且也形成了一些有别于其他地区儒学的鲜明地域特色。而这种地域特色的形成,与江苏地区独特的地理、人文、社会环境是分不开的。江苏地区独特的地理、人文、社会环境与江苏儒学发展的关系,有以下这些方面特别值得注意。

一是"小桥流水人家"的典型水乡地理特征对江苏儒学发展的影响。江苏东临大海,境内多江河湖泊,北有洪泽湖、高邮湖,南有太湖,其他大小湖泊星罗棋布;河流纵横交错,有长江横穿东西,又有大运河纵贯南北,水域面积占比之大,为全国各省区之冠。水是江苏的社会经济命脉,也孕育了江苏文化的特质,可以说江苏地理文化是以水文化为主导,平原文化、山文化为衬托。以水为主导,也使得江苏人文地理与周边其他一些省份形成区别。水具有自由、灵动、活泼、开放、融会贯通、向下渗透等特征。正所谓"智者乐水",水文化是智者的象征。江苏人聪明灵慧、开放包容的文化气质使得儒学崇尚知识和智慧的一面在江苏地区呈现得更为突出,也促进了江苏儒学与时俱进、兼容并蓄、融会贯通精神的发展。

二是高度发达的都市文化与江苏儒学的相互关系。江苏地区都市形成的历史可以追溯到上古时期。传说大禹治水后定九州,江苏地域就占有徐、扬二州,至今徐州、扬州仍沿用为江苏境内重要城市的名称。其中徐州为古彭城之地,已有五千多年文明史,为江苏境内最早形成都市的地方。京杭大运河的开通,进一步促进了江苏境内运河沿岸都市文化的发展,使江苏很早就成为中国都市文化高度发达的地区。大运河在江苏境内所经过的徐州、宿迁、淮安、扬州、镇江、常州、无锡、苏州,再加上作为六朝古都的南京,经济发达,人口众多。都市的繁荣,生活的便利,有利于吸引包括儒家士人在内的各种人才的到来,也为书院讲学、学术交游、刻书印刷等儒学相关活动提供了方便。

三是江苏商业文化与儒学发展的关系。早在春秋战国时期,江苏地区的手工业及其产品的贸易就已经比较发达,特别是冶炼和锻造技术闻名天下。由于大运河贯通了海河、黄河、淮河、长江、钱塘江五大水系,江苏地区内外水路交通十分发达,极大地便利了江苏地区及其与外部的商品贸易。江苏又有连云港、盐城、南通等沿海港口城市,自古与海外就有经贸往来,受到海洋商业文化的影响。这些都促进了江苏地区商业文化的形成与发展。在这种商业文化影响下,江苏地区的儒生不仅不轻视商业,而且往往能将治生与讲学兼顾,儒与商结合,促使儒商精神形成。而商业活动发达带来的社会经济利益,也使得江苏地区的儒生可以不必完全依附于皇权国家政治体制,并从社会获得保持其相对独立的学术地位的经济支撑。

四是闲暇雅致的江南生活方式与儒学发展的关系。都市文化和商业文化的发达,又逐渐培育了江苏地区,特别是淮扬和苏南地区那种闲暇雅致的生活方式,而儒家士大夫阶层又正是这种生活方式最为典型的体现者和倡导者。这种闲暇雅致的生活方式不仅非常直观地体现于雅致的园林设计、考究的烹调饮食、精致的艺术追求等方面,也体现于一些儒家士流的学术研究活动之中。江南儒林中多有儒学世家、退隐朝官、大家贵族,不乏既有钱又有闲的人物,他们的儒学研究在一定程度上已经超越了仕途经济、官场利禄的功利目的,从事学术研究不仅是他们实现人生不朽价值的途径,也是他们闲暇雅致生活方式的一个有机组成部分。这种生活状态也有助于他们以非功利的心态钻研学术,追求尽善尽美,将学问做到极致。

上述江苏地域文化背景,为儒学在江苏地区的发展提供了独特的条件与环境,对江苏儒学地域特色的形成产生了或直接或间接,或明显或隐约的影响。概括来说,江苏儒学的地域特色主要表现在如下这些方面。

　　首先,相比较而言,古代江苏地域的儒学更多地具有民间与士人的自发性,而官方主导色彩相对较少。儒学在中国古代是一种与王朝政治关系十分密切的意识形态,它的思想主导地位与统治者的官方扶持也是分不开的。但是如果把儒学仅仅看作是一种官方政治意识形态工具,或者把儒学仅仅看成是政治儒学,则可能忽视其在中国古代社会文化中影响的广泛性和深刻性。实际上,在不同地区和不同时期的儒学发展中,官方主导和介入因素的程度也有所不同。由于江苏地域在中国古代历史上大部分时间并非整个国家的政治中心,故相比较而言,儒学在江苏地域特别是江南的发展中,官方直接主导的因素并不是很强。相反,我们在这一地域的儒学发展过程中却可以看到更多士人阶层的自发性与民间广泛的渗透性。从吴泰伯逃离中原开化吴地开始,江南这个地方,就带有从政治权力中心逃逸和退却的象征意义。即使江南在某些历史时期成为某个偏安的朝廷所在地,相对于占据了中原的更强大的政治、军事实体而言,江南也仍然带有某种退却的意味。江南地区的儒林中,历来颇有一些"希心俗表,不婴世务,栖迟衡门,与琴书为友;虽策命屡加,幽操不回,超然绝迹,自求其志"①的人物,他们似乎对仕途与官场并不十分感兴趣,但在日常社会生活中,却也是儒学精神和儒家人格理想的忠实践行者。此外,江苏地域一些世家大族非常重视家族后人的儒学教育,影响至整个社会,儒学几乎成为知识分子的基本素养,进而使得整个地区民间社会文化素养、教育程度都比较高。特别是到了宋代以后,江苏地域经济日益发达,有足够的经济基础使民间儒学可以保持一种超然于王朝政治体制的主体性。江苏各地书院林立,私塾教育也比较普及,民间有许多非官方的典范性儒生,一方面教授门徒,讲学明道,传播儒学,另一方面也以自身的人格为世人垂范,或通过民间组织践行儒家社会理想。元代蒙古人入主中原,科举被废,汉族士人仕途受阻。远离北方权力中心的江南一带遂成为儒生与文人的藏身退隐之地。当时在江浙等地,有不少书院仍在进行民间的儒学讲授,传

---

①《晋书》卷九十四《隐逸传》,中华书局1974年版,第2458页。

授斯文。所以到了至元二十三年(1286),程钜夫在向元世祖建议兴建国学、复兴儒学时,便提出要到江南去求贤。① 明代在江苏地区产生重大影响的泰州学派人物,大都也是布衣儒者,他们的儒学以平民化、大众化为特色,下沉于民间,走基层路线,注重平常日用、社会实践。明末清初出生于昆山的大儒顾炎武,终身并未入仕,也可以说是一位布衣学者。又如清代康熙乾隆年间武进的"舜山先生"是镜(字仲明)也是一位民间儒者的典型,他放弃举业,终身不仕,专心于为己之学,以静坐读书、教授生徒为业,但在地方上却享有较高的声誉和影响力。这些具有深厚儒学素养的知识分子的传承和坚守,使得儒学作为一种悠久的文化传统在江苏地域的社会文化中延续,并深入影响到人们社会生活的方方面面,也使得江苏地域的儒学带有明显的民间色彩。江苏地域的儒者在与王朝政治体制保持一定距离的同时,以相对独立的知识分子身份践行儒学兼济天下、改造社会的责任。

其次,江苏地域的儒学更具有兼容并蓄、融会贯通的色彩。这既体现于对不同学派思想的包容与吸收,也体现于不同学术门类之间的贯通与联系,还表现为南北学术风格的交融与综合。就不同思想观点的兼收并蓄而言,江苏地域的儒者似乎相对较少有门户之见。例如汉代陆贾的思想,虽然以儒家为主,但其中也吸取了某些法家、道家、阴阳家乃至纵横家等各家学说的成分,比较讲究变通,反对泥古不化,主张因世而权行。东晋时期江左的儒学更多与玄学结合,相互交融,与北方儒生恪守汉代章句训诂的传统不同。南朝儒学家一方面崇儒抑玄,维护儒家的价值和立场;另一方面也并不排斥对玄学家成果的吸收,借鉴玄学的哲理来增强儒学的思辨性。江南士族出身的葛洪,自幼熟读儒家经典,著有《抱朴子外篇》,所论皆为儒家社会政治观点,但他同时又是一位道教丹鼎派大师,且兼通医药学,可以说是一位外儒内道的士人。南朝不少儒生皆能出入儒佛之间。刘宋时,在京城讲学的大儒雷次宗就曾师从佛学大师慧远。梁代刘勰所著《文心雕龙》,以儒家之道为本,以圣人孔子为师,以儒学经典为宗,但同时又体现出思想糅合的特征,

---

① 《元史》卷一百七十二《程钜夫传》,中华书局 1976 年版,第 4015—4016 页。

兼采道、玄与佛学思维之精华,从而构建出一个博大精深的儒家文论思想体系。宋代范仲淹的思想,也是以儒家思想为本体,但并不排斥释道之学,对佛家道家思想持一种开放的态度。清初苏地的儒者,无论朱学学者或王学学者,都较少有褊狭之气,大抵皆有融合程朱陆王的气象。在所谓"汉学"与"宋学"之间,江苏儒学者也多有持兼容并蓄的态度者,所谓"六经尊服、郑,百行法程、朱"①。清代乾嘉学术中吴派的代表人物惠栋尝记其父惠士奇之语曰:"章句训诂,知也;洒扫应对,行也。二者废其一,非学也。"②清代扬州学派的儒学,也以调和汉宋、融合经子,并且综合吴皖为其特色。清代后期江苏学者丁晏也倡导对汉、宋之争采取融通态度。清末民初出生于江南的学者吴雷川,从小接受的是传统儒家教育,但却能将儒家思想与基督教精神结合,发展出带有儒家色彩的中国基督教神学,堪称是一位儒家基督教徒。就不同学科门类之间的贯通而言,江苏地域也多有能贯通经史子集,兼擅辞章考据与义理的儒家学者。江南儒士,往往皆具多才多艺的兼才特点,而非单一擅长儒术。例如西晋时出自江南的陆机,既"伏膺儒术,非礼不动"③,同时又以文章冠世,在文学、书法方面都卓有成就。南朝时期许多江南文人学者,都是经史兼通、儒道合一,既以儒学立身,又以文学见长。如刘勰便既是一位崇经重道的儒者,也是一位思想邃密的文学理论家。唐代前期中原地区的儒者多精研三礼,直接为朝廷制礼作乐的政治需求服务;而江苏的儒家学者,则多有儒学与文史兼通的大家通才,使儒学向文学、史学领域渗透。如江淮地区以李善等人为代表的"文选学",把儒家经学的学术方法与文学研究相结合;彭城刘知几,既熟读儒家经典,"上穷王道,下掞人伦"④,同时也是一位史学家和史学理论家。清初江苏的儒家学者,在性理之学外,亦精研经学、史学乃至朝政典章,并且普遍有与经世致用之学结合的趋向。清代乾嘉时期江苏诸儒的学术范围,往往贯通经学、史学、子学、音韵、金石、碑刻、天文历算、舆地等诸多领域。

---

① 江藩、方东树著,徐洪兴编校:《汉学师承记(外二种)》,中西书局 2012 年版,第 173 页。
② 惠栋:《九曜斋笔记》卷二《趋庭录》,《聚学轩丛书》本,光绪二十九年贵池刘氏刻本。
③ 《晋书》卷五十四《陆机传》,中华书局 1974 年版,第 1467 页。
④ 刘知几著,浦起龙通释,王煦华整理:《史通通释》,上海古籍出版社 1978 年版,第 292 页。

就南北学术风格的交融而言,前人尝评论南北学术特色不同云:"大抵南人约简,得其英华;北学深芜,穷其枝叶"[①];"北人学问,渊综广博";"南人学问,清通简要"[②]。由于江苏是中国南北文化的交汇之地,所以古代江苏地域的儒学,也呈现出南北学术风格杂糅的特点,既具有南方学术的清简精致,又不失北方学术的深厚广博,可谓得南北学术之长。像梁代刘勰的《文心雕龙》,规模宏大,内容广博,同时又具有理论上的精致,思想上的深刻。又如唐代吴县陆德明作《经典释文》,亦能兼采南北义疏之学,为群经遍注音义,既重汉学郑注,又重玄学王注;既能证之以实,又能运之以虚;具有融通儒道、汇合南北学风,承袭和发展汉魏经学传统之特点,为南北经学的统一做出了巨大贡献,对隋唐及以后的学术发展产生了较大的影响。

再次,江苏儒学似乎更具与时俱进、善于变通、敢于创新的精神,在中国儒学史上的一些关键时期,江苏地域的儒者的学术起到了引领儒学发展新方向的作用。如隋唐之际吴人陆德明的《经典释文》在儒家经典研究史上独辟蹊径,通过注音的方法来注释儒家经典,并能打破儒家经典与其他经典之间的界限,博采汉代经学和魏晋玄学注疏之长,既注重名物训诂,又长于辨析名理,开辟了儒家经典注释的新路径,堪称唐代儒家经学研究中具有划时代意义的学术著作,为孔颖达等人主持编订《五经正义》奠定了基础。唐代吴郡人陆淳(陆质),也是一位开辟儒家经学研究新方向的代表人物。他精通《春秋》学,其所著《春秋集传辨疑》等书突破唐代官学义疏的藩篱,大胆创新,反对专守章句训诂,敢于挑战"春秋三传"的权威地位,在《春秋》学研究方面可谓独树一帜,开创了所谓新《春秋》学派,为后来宋儒疑经风气的先声。彭城刘知几著《史通》,一方面认同孔子秉笔直书、善善恶恶的儒家史学精神的实质,另一方面又敢于对孔子作《春秋》提出质疑,破除汉代经学家附加在儒家经典上的神秘权威,开"六经皆史"之先河,为儒学的发展开辟了新道路。宋代,被称为"宋初三先生"之一的泰州胡瑗,也是一位开儒学新风气的

① 《隋书》卷七十五《儒林传》,中华书局 1973 年版,第 1705—1706 页。
② 刘义庆:《世说新语》第四《文学》,余嘉锡:《世说新语笺疏》,中华书局 1983 年版,第 216 页。

人物,他的《易》学、《春秋》学研究,都为构建宋代新型儒学做出了贡献。他对儒家经典的阐发,敢于突破前代的注释,发表新见。例如《周易口义》中就记载了其经常对孔颖达的疏提出质疑和批驳。南宋时期苏州叶梦得的《春秋》学,对"三传"及前人注疏进行大胆的质疑与辩驳,提出许多新鲜的见解。而明清之际昆山顾炎武,突破宋明以来儒学专注于理气性命玄谈的风气,开学术新风,倡导博学于文、行己有耻、经世致用,对有清一代学术新范式的形成起到了引领作用,被梁启超誉为"清学的开山之祖"①。清代以乾嘉学术为代表的新的学术思潮实际上也是在江苏地域发生的,许多江苏学者对新的学术方法的形成有开创之功。例如扬州学派焦循的《易》学方法以注重"实测"为特色,它既包含一种以"实测经文传文"为对象的过程研究法,也包含援引西洋测天之法进行实证的科学精神,可以说是对传统儒家经学研究方法的一种拓展与创新。

三 儒家核心价值与江苏人文精神

在漫长的历史长河中,儒家思想传统和江苏文化精神这两者之间实际上呈现为一种相互作用、相互建构的互动关系。一方面,如前所述,江苏独特的地域文化背景,对江苏儒学地域特色的形成产生了深刻的影响。另一方面,作为江苏历史文脉中的一个重要精神传统,儒学的基本思想、核心价值,对整个江苏文化乃至江苏人的精神风貌也有着深刻的影响。

中华民族历史悠久,人口众多,地域分布广大。中华民族文化既有鲜明的同一性和强烈的文化认同,同时其内部又是多元共生、和而不同。不同地区、不同历史时期的文化特色、民风民俗、人民气质也是各有千秋、各具特色,正是这种内部的多样性与特殊性从总体上构成了我们中华文明既悠久厚重又丰富多彩的内涵。因此探讨和发现各地区文

---

① 梁启超:《中国近三百年学术史》,天津古籍出版社 2003 年版,第 59 页。

化的地域特性,也是中国文化研究的题中应有之意。一个地区的文化特色、精神气质,往往比较直观地呈现于历史遗迹、城市建筑、衣食住行、民俗风情、工艺美术、表演艺术等许多方面,也会隐约地流露在人民的言谈举止、交往方式乃至性格气质上。当然,就江苏地域文化本身而言,其内部亦有细微差异,苏南苏北文化亦有不同,苏南文化更加精致、细腻、秀气,苏北文化中则多一些豪爽与侠义。但从整体上与其他不同地域文化进行宏观比较,也还是可以归纳出一些江苏文化的总体特色。例如有人就把江苏人的总体性格特点概括为"温婉清雅,聪明稳重,憨厚实在,外柔内刚,开放包容"[①]。在文化不同层面的具体呈现之上,江苏地域亦更有一种内在的人文精神。正是在这种内在人文精神的层面,我们可以看到儒家思想传统对江苏文化特质乃至江苏人精神气质形成的一些影响。我们可以从以下三个方面来概括儒学基本思想、核心价值与江苏人文精神气质之间的相关性。

(一) 面向生活、注重实践的现实主义精神

儒家学说具有浓厚的实践理性精神,从一开始就是一种脚踏实地、讲求实用、立足社会现实、关注人类生活世界的学问。尽管在儒学历史传统中也有不同的致思倾向,或偏重于"尊德性",或偏重于"道问学";或强调天理和外在秩序的超越性,或更强调良知与本心本性的主体性,但就总体来说,儒家学说是强调"道不远人""学以致用""知行合一"的学问,以面向现实、解决社会人生的实际问题为宗旨的。具体表现就是对超验的、终极的、形上的玄理倾向于存而不论,不作深究,如孔子之不语怪力乱神,罕言性与天道,而是把为学和致思的重点更多放在个人的修身养性、社会的伦常日用、当下的道德政治实践等现实问题上。这在知识分子和社会精英层面常表现为在学说上主张经世致用,在学风上提倡实事求是、务真求实的实学精神,在社会实践中以务实的态度来面

[①] 余胜海:《形形色色的中国人:全国各地人性格特点解读》,湖北科学技术出版社2015年版,第188页。

对和处理当下现实事务。这种精神在江苏儒学中有更为明显的表现。如陆贾就曾强调"善言古者合之于今,能述远者考之于近"①,也就是说研究学术要切合当下现实,要对解决现实问题有用。宋明时期江苏地域的儒生虽然在学术上也善言心性之学,但专门空谈性理的却并不多,大多数儒学人物为学的落脚点还是在经世致用,他们留下的文集中往往都有许多策问、政论或公文类的文章,具有强烈的现实关怀和鲜明的实际针对性。泰州学派的王艮等人物立足于基层民众,重视学问的实际功用,强调"百姓日用是道",具有强烈的践履和济世的精神。明末江南的东林学人,也是不满于王学后人的空谈心性之学,转而关注社会现实问题,提倡实学精神和社会责任。清代江苏儒学的总体特征,一言以蔽之就是实学或朴学,同时清代江苏儒者大都非常重视经世致用,强调学问要"有志于用世,而耻为无用之学,故于古今制度沿革,民生利弊之事,皆博问而切究之"②。儒学的这种重实践、讲实用的精神,对于普通民众来说,就是关心现实生活,把儒家之道落实于平常日用,较少有不切实际、好高骛远的玄想,也不太会过于沉迷于宗教性的精神生活,而是以安逸、稳定、快乐、富足的现实生活为人生目标,热爱并享受当下的现实生活。因此,江苏地区的民众在衣食住行各方面都有比较精致、优雅、考究的具体表现,孔子在饮食上"食不厌精、脍不厌细"的品位,在江苏地区特别是扬州、苏州等地的饮食文化中,可以说是表现得淋漓尽致。在曲艺、绘画、园林、盆景、花卉这些现实生活享受和乐趣方面,江苏人也很舍得花时间和精力来细心打理,精雕细琢。

(二) 兼容并蓄、灵活变通的开拓创新精神

儒家学说从其形成之初即强调"祖述尧舜,宪章文武"③,以传承前代文化传统为己任,后代儒者也特别重视"道统"的延续问题,但这绝不等于说儒学就是一个封闭和保守的思想体系。儒家文化与世界上其他

---

① 陆贾:《新语·术事》,陆贾撰,王利器校注:《新语校注》,中华书局 1986 年版,第 37 页。
② 汪中:《与朱武曹书》,田汉云点校:《新编汪中集》,广陵书社 2005 年版,第 442 页。
③ 《礼记·中庸》,郑玄注,孔颖达疏:《礼记正义》,北京大学出版社 2000 年版,第 1703 页。

一些主要文化,如基督教文化、伊斯兰教文化、犹太教文化或佛教文化相比较而言,显然更具有包容与变通的精神。《易经》充满变通的思想,强调"穷则变,变则通,通则久"①,肯定变通与革新的价值;《大学》强调"日新"精神;孔子倡导"毋意、毋必、毋固、毋我"②,反对独断与固执。因此可以说儒家思想内在地包含了开放包容、灵活变通的精神,使得儒家思想体系具有开放与发展的可能性。尽管在整个儒学发展过程中也曾出现过僵化、固执、保守的情况,但就江苏儒学和儒学精神在江苏文化中的具体表现而言,它们更多呈现出来的却是儒家思想中灵活变通、开放包容的特色。其所以如此,与江苏地域所处的特殊文化地理环境有一定关系。江苏地域在大中华版图上处于南北之中,齐鲁文化、中原文化、楚汉文化、吴越文化在此汇聚。同时江苏又处于东部沿海地区,内陆农耕文化与海洋商业文化也在此相遇。故江苏地域在历史上既是南北文化交融之地,也是中国内陆文化接受外来海洋文化影响、走向外部世界的前沿地带。自六朝时期开始,江苏地区与日本和东南亚地区就有贸易往来。而历史上本属于江苏的上海,更是成为中国近代走向世界、走向现代化的象征。正像江苏的儒学发展具有南北交融、兼收并蓄的特点一样,江苏文化在整体上也是博采南北之长,具有交融互补、开放创新的特点。江苏境内不同地区吴韵汉风各有特色,却也交相辉映,并行不悖;在农业、手工业、商业以及文教、艺术等文化的各方面也能全面发展,综合平衡。在价值取向上,江苏人既崇尚诗书礼仪、仁义道德,又不排斥仕途经济、经商谋利。对外来的文化、外部的影响,江苏人也没有明显的排外心理,往往来者不拒,包容接纳,同时加以吸收,为我所用。正因为如此,江苏也是我国现代工商业最早发达的地区之一。而江苏境内近现代许多成功的商人、企业家,在取得成功、发财致富后,又不吝出资兴办教育,回报社会,体现出义利兼顾的儒商精神。江苏境内多河湖水网,而较少崇山峻岭,故其民智民风更倾向于孔子所说的"智者乐水""知者乐"的特征。水文化之所以为江苏文化的特征之一,不仅

①《易·系辞下》,王弼注,孔颖达疏:《周易正义》,北京大学出版社2000年版,第353页。
②《论语·子罕》,何晏注,邢昺疏:《论语注疏》,北京大学出版社2000年版,第126页。

是因为江苏境内多水网密布的鱼米之乡,随处可见"小桥流水人家",也是因为江苏民风表现为一种智者乐水、以柔克刚、灵动善变的文化品性。江苏人大多聪明伶俐,乖巧灵活,会用智谋,能与时俱进,善于变通,不封闭保守,不固执僵化。这种文化精神使得江苏人在遇到新的局面时,能够与时俱进,抓住时机,开拓创新。同时江苏地域也有着较长的海岸线,长江在这里汇入大海,陆地农耕文化与海洋商业文化在此交汇。中国历史上一些重要的中外交流事件,如秦代徐福入海求仙、唐代鉴真东渡日本、明代郑和三下西洋等,都是从江苏出发的。这也使得江苏人眼界比较开阔,心胸比较开放,比较容易接受外来的新鲜事物,故江苏社会文化的发展往往能与时俱进,引领新的潮流。

(三) 稳健笃实、温柔敦厚的中道精神

中道精神、中庸之德是儒家学说的精髓,也是儒家文化的特色。这种特色在江苏文化中也体现得比较突出。早期儒家从上古圣王的政治传统中继承了"允执厥中""执两用中"的智慧,并将其发展为儒家的中庸之道。其在实践中的具体表现就是在处理任何事务时,善于综合考虑多种因素,辩证、全面地看待问题,实事求是地处理问题,力求平衡矛盾,照顾各方诉求,避免过犹不及,避免极端与过激。儒家认为中庸之道既是一种哲学思维方法,也是君子品格的一种极高境界。这种中道哲学反映在文化上就表现为一种稳健笃实、温柔敦厚的文化特色,又促成了一种中庸平和的民风。江苏人与其他某些地区的人相比,较少有火暴脾气,心态比较平和,性情比较温和,遇事谨慎,善于忍耐,不轻易动怒发火,较少以暴力解决问题。江苏人的饮食,无论是淮扬菜系还是苏南菜系,都比较清淡,偏甜,不追求过分麻辣或香浓的重口味,而追求一种比较含蓄、令人回味的鲜美;江苏的戏曲表演艺术大抵唱腔细腻缠绵,曲调平和抒情,表演活泼含蓄,符合儒家温柔敦厚的美学观。江苏人为人踏实稳重,做事比较稳妥,安于稳定正常的生活,一般不会铤而走险。江苏历代产生的文人、状元、官吏,以及著名的文学家、艺术家、科学家等等可谓代不乏人,举不胜举,但造反起义的首领,或征战天下

的枭雄之类的人物,却是屈指可数。江苏地区的社会经济通常能在较长时间内保持相对稳定和持续的发展。中国历史上曾多次发生历史大变局,中原鼎沸,群雄逐鹿,而江苏地区特别是江南地区凭借比较优越的自然条件和厚实的经济基础,社会发展总的来说比较稳定。尤其是唐代以后,江苏地区的生产力和经济水平就不断提高,明清时期,江苏粮、盐等经济命脉物资的产量已经居全国之首。这当然有着多方面的原因,但是与江苏地区相对稳定的社会环境和稳健踏实的民风也有一定的关系。江苏人以"中道"为常道,不走极端,平稳坚韧而不激进,这从某种意义上也可以说是深受传统儒家哲学中道精神影响。但是,这种中道精神、中庸品格又绝不是"乡愿",绝不是没有原则的老好人主义。江苏人外柔内刚,内心是有血性、有原则、有底线的。特别是在天下兴亡、国家存灭的重大历史关头,江苏人亦能表现出可贵的勇气与刚烈的气节。正因为如此,我们在历史上也就看到南宋末年陆秀夫蹈海殉国的悲壮,明末东林党人敢为天下担当大任的勇气,明清之际扬州人民在史可法领导下拼死抵抗的惨烈……由此可知,江苏人所坚持的正是《中庸》里所说的那种"和而不流""中立而不倚"的坚强,是"国有道,不变塞焉;国无道,至死不变"①的真正君子之中庸。

这本《江苏儒学史》按历史阶段分章对儒学在江苏地域发展的历史进行论述。本书所谓"江苏"以今天江苏省行政区划范围为大致的基础,历史上在此区域内或覆盖此区域范围的州、郡及以下行政区划都算作江苏地域。其范围主要包括以徐州、宿迁、淮阴为中心的楚汉文化区,以扬州、泰州、淮安为中心的淮扬文化区,以南京、镇江为中心的宁镇文化区,和以常州、无锡、苏州为中心的吴文化区;贯穿大运河沿线城市的大运河沿线文化带,以连云港、盐城、南通为一条线的苏东沿海文化带。本书所谓"江苏区域"就大致以这四个文化区域和两条文化带的范围为基础。本书所谓"儒学"所涉及的具体内容包括历代学者对儒家学说与儒家思想体系的建构、阐释和发展的成就,有关儒学经典的整理、注释、研究、教学和传播活动,代表儒家文化精神并在社会政治文化

---

① 《礼记·中庸》,郑玄注,孔颖达疏:《礼记正义》,北京大学出版社 2000 年版,第 1667 页。

生活中践履儒学原理的著名人物的事迹等。全书以出生在江苏地域或与江苏地域有密切关系的儒学人物及其儒学著述、儒学思想为重点,以点带面,梳理儒学在江苏地域的发展脉络,并力图探讨江苏儒学发展与江苏地域社会经济文化之间的关系。同时注意把江苏儒学放在整个中国儒学发展的背景下加以考察,通过与其他地区儒学发展的比较,论述江苏儒学的成就与特色。

第一章　圣迹下东南，吴地有儒踪

——早期儒学与江苏

　　江苏地处我国中东部，大部分区域地势平坦，土壤肥沃，气候温暖，河网密布，降水充足，非常适宜人类的生存。在距今一万年前开始的新石器时代，这里就有大量的原始人居住。考古学家在今江苏淮安市的淮安市区、涟水县，盐城市的东台市、阜宁县，泰州市的兴化市、姜堰区，扬州市的高邮市、宝应县以及南通市的海安县等地区都发现了大量的新石器时代的遗迹。从新石器时代一直到西周时期，在今江苏中部、北部生存着的主要是东夷人。东夷文化发源于今山东中部的泰沂山区，后扩散到今山东、江苏、安徽等地。东夷民族是华夏民族的重要族源之一，在华夏民族的历史发展中，出自东夷的杰出领袖太昊、少昊、舜、皋陶、后羿等，都曾担任过早期华夏政权的领袖。东夷族的重要分支商族还曾建立中原政权商朝。这充分说明了东夷部族在华夏民族形成过程中曾起到重要的作用。伴随着东夷部族的发展，东夷文化也形成了自己的特色。东夷人民崇尚仁义，以中道为行为准则，善居丧，有着较高的礼乐修养。这种文化的突出代表是舜、徐偃王、少连、大连等。东夷文化的这些成分成为后来孔子创立儒家的重要思想来源之一，正如学者所言，"孔子思想的两大理论支柱：仁学来自于东夷的文化传统，礼学源出于西夏的灿烂文明。从这个意义上讲，儒家文化是虞夏商周四代经典文明的结晶，是中国古代两大地域性文明——东夷文明和西夏文明融合升华的产物"①。东夷部落所建立的政权在春秋中后期先后覆灭,东夷文化也渐渐融入鲁文化、齐文化,成为华夏文化的重要组成部分。商周时期,在今江苏南部的太湖流域生存着的主要是荆蛮人。商末,周王子泰伯、虞仲来到此地,不仅带来了先进的生产力,还带来了先进的文化。这大大促进了该地的发展,并使之在西周初期孕育出了吴国。吴国的奠基者泰伯有仁孝、谦让之德,其后代季札不仅完全继承了泰伯的美德,还有着较高的礼乐修养,他们的高尚品德为吴国文化打上了深厚的烙印。春秋末年,孔子创立了儒家学说,由于儒家文化与吴文化在仁、义、孝等价值观方面具有一致性,儒家文化很快便传入吴地。受其感召,子游不远千里北上入孔门学习。而子游学成之后南归,与另一孔门弟子谵台灭明一起在吴地传播儒学,扩大了儒学在该地的影响力,这也为汉代吴地儒学的发展奠定了基础。

第一节　东夷及吴文化因素与早期儒学

从新石器时代一直到春秋时期,在今江苏中部、北部生活着的主要是夷人。夷,又称夷方,甲骨文中称"尸方",原是指居住在我国东方的一些古老的民族。夷有广义和狭义之分,广义上的夷人指生活在中国中东部的各个民族,傅斯年先生说:"凡在殷商西周以前,或与殷商西周同时所有在今山东全省境中,及河南省之东部,江苏之北部,安徽之东北角,或兼及河北省之渤海岸,并跨海而包括辽东朝鲜的两岸,一切地方,其中不是一个民族,见于经典者,有大皞少皞有济徐方诸部,风盈偃诸姓,全叫作夷。"②狭义上的东夷则主要指今山东全境及邻近的江苏、安徽等地的古夷人,比较著名的有奄、薄姑、徐夷、淮夷、莱夷等部落,他们是大昊、少昊两大部落集团的文化遗存,崇拜太阳,以鸟为图腾,有着自己独特的文化。在东夷诸多部落中,在今江苏境内生活的主要有徐

---

① 安作璋:《齐鲁文化的重要源头》,中国社会科学网,2018年1月19日,网址:http://www.cssn.cn/lsx/kgx/201802/t20180207_3842717.shtml.
② 傅斯年:《夷夏东西说》,《史学方法导论》,江苏文艺出版社2008年版,第129页。

夷、淮夷。徐夷主要居住在今淮河以北、微山湖以南的徐宿地区,淮夷则主要居住在淮河以南、长江以北的淮扬地区。以徐夷、淮夷等为代表的东夷,在夏商周时期力量强盛,他们作为中原王朝的附属国,时降时叛,与中原王朝的关系颇为微妙,如《竹书纪年》云:"(夏后相)元年,征淮夷、畎夷。二年,征风夷及黄夷。"①《后汉书·东夷传》云:"夏后氏太康失德,夷人始畔。自少康已后,世服王化,遂宾于王门,献其乐舞。桀为暴虐,诸夷内侵,殷汤革命,伐而定之。至于仲丁,蓝夷作寇。自是或服或畔,三百余年。武乙衰敝,东夷浸盛,遂分迁淮、岱,渐居中土。"②由此可见,中原王朝强盛之时,他们便世服王化,而一旦中原王朝衰落,他们便乘势而起,不再服从中原王朝。到了商朝末年,殷商王朝衰落,东夷部族乘势崛起,双方矛盾加剧,帝乙、帝辛父子均多次征讨东夷,最大的一次军事行动甚至持续了两百六十日③,可见双方斗争之激烈。周朝建立之后,东夷集团与武庚、管叔、蔡叔等群起作乱,成王以"召公为保,周公为师,东伐淮夷,残奄,迁其君薄姑"④。康王时,"徐夷僭号,乃率九夷以伐宗周,西至河上。穆王畏其方炽,乃分东方诸侯,命徐偃王主之"⑤。徐夷僭号为王,并且率领九夷西伐宗周,使得穆王不得已而命徐偃王主东方诸侯,可见此时徐夷势力是非常强盛的。徐夷后为周、楚联军所破,势力一落千丈,到春秋时期,此地渐渐为吴国所有。在今江苏南部的长江中下游地区,当地的原居民是荆蛮,商朝末年,周王子泰伯与虞仲来到此地,不仅给当地带来了先进的农业生产方式,还带来了先进的文化,大大加速了该地的开发,并最终在西周初年形成了吴国。吴国最初只是长江中下游的一个小国,不与中原诸侯国交往,直到吴王寿梦之时,才开始与中原诸侯国通使,并慢慢强大起来,走上了对外扩张的道路。其全胜之时,领土已包含了今江苏的绝大部分地区。

---

① 范祥雍订补:《古本竹书纪年辑校订补》,上海古籍出版社2011年版,第8页。
②《后汉书》卷八十五《东夷传》,中华书局1965年版,第2807—2808页。
③ 参见陈梦家《殷虚卜辞综述》,中华书局1988年版,第301—304页。
④《史记》卷四《周本纪》,中华书局2014年版,第170页。
⑤《后汉书》卷八十五《东夷传》,中华书局1965年版,第2808页。

一、儒学与东夷文化的关系

东夷文化源远流长，内涵丰富，有大量领先于中原民族的地方，如蚩尤以铜制作兵器，舜帝的仁德治国等，都说明东夷文化水平之高。然而可惜的是东夷文化由于缺乏文字的记载，其中的大多数方面不为中原民族所知。如春秋时期，东夷人建立的郯国的国君郯子来到鲁国访问，鲁昭公向其请教东夷杰出的部落领袖少皞氏为何以鸟名官。郯子详细地向其解释了其中的原因，并指出其官职与中原诸侯国官职的对应情况。春秋时期，东夷国家仍然存在，而中原诸侯国的人们却已经不了解其文化了。幸运的是孔子对东夷文化有着相当浓厚的兴趣，并将其文化中的先进部分吸收进入儒家学说。孔子是商民族的后裔，而商民族亦以鸟为图腾，属东夷人的一支，"殷商文化则是它（东夷文化）最繁荣、最先进、最直接的一支"[1]，这些在"文献史料、考古发掘史料及神话传说史料中都能找到相当多的证据"[2]。作为东夷人后裔的孔子，他广泛地学习东夷文化，曾向住在鲁国郊外的商奄遗民学习礼仪，即所谓的"礼失而求诸野"[3]；还曾向东夷国家郯国的国君郯子请教，即所谓的"天子失官，学在四夷"[4]。所以孔子接触到了大量的东夷文化，并对东夷文化中的有益成分加以吸收与改造，使之成为儒家学说中的核心思想，使得东夷文化成为华夏文化发展的资源，成为中华文明中不可或缺的一部分。孔子所创立的儒学对东夷文化的吸收主要表现在以下几个方面：

第一，仁义思想。东夷文化崇尚仁义，《后汉书·东夷传》曰："《王制》云：'东方曰夷。'夷者，柢也，言仁而好生，万物柢地而出。故天性柔顺，易以道御，至有君子、不死之国焉。"[5]《山海经·大荒东经》中亦记载

---

① 萧兵：《楚辞文化》，中国社会科学出版社 1990 年版，第 63 页。

② 张富祥：《东夷文化通考》，上海古籍出版社 2008 年版，第 12 页。

③《汉书》卷三十《艺文志》，中华书局 1962 年版，第 1746 页。

④ 杨伯峻注：《春秋左传注》，中华书局 2009 年版，第 1389 页。

⑤《后汉书》卷八十五《东夷传》，中华书局 1965 年版，第 2807 页。

东海之外,大荒之中"有君子之国"①,"其人好让不争"②。《说文》亦云:"唯东夷从大,大人也;夷俗仁,仁者寿,有君子、不死之国。"③可见东夷人民仁而好生,天性柔顺,易于教化,有古君子之风。这种文化的典型代表便是舜,孟子曰:"舜生于诸冯,迁于负夏,卒于鸣条,东夷之人也。"④作为东夷人代表的舜,以仁义治理天下,以礼乐教化百姓,讲求孝悌,是儒家心目中理想的圣君。除了舜之外,东夷部落的杰出首领徐偃王也继承了东夷人崇尚仁义的传统,《韩非子·五蠹篇》云:

> 徐偃王处汉东,地方五百里,行仁义,割地而朝者三十有六国,荆文王恐其害己也,举兵伐徐,遂灭之。⑤

《后汉书·东夷传》亦云:

> 偃王处潢池东,地方五百里,行仁义,陆地而朝者三十有六国。穆王后得骥骡之乘,乃使造父御以告楚,令伐徐,一日而至。于是楚文王大举兵而灭之。偃王仁而无权,不忍斗其人,故致于败。乃北走彭城武原县东山下,百姓随之者以万数,因名其山为徐山。⑥

《淮南子·人间篇》亦记载有徐偃王的故事,其云:

> 昔徐偃王好行仁义,陆地之朝者三十二国。王孙厉谓楚庄王曰:"王不伐徐,必反朝徐。"王曰:"偃王,有道之君也,好行仁义,不可伐。"王孙厉曰:"臣闻之,大之与小,强之与弱也,犹石之投卵,虎之啗豚,又何疑焉!且夫为文而不能达其德,为武而不能任其力,

① 袁珂校注:《山海经校注》,北京联合出版社2014年版,第295页。
② 袁珂校注:《山海经校注》,北京联合出版社2014年版,第226页。
③ 许慎撰,段玉裁注:《说文解字》,上海古籍出版社1988年版,第147页。
④ 朱熹:《四书章句集注》,中华书局2012年版,第294页。
⑤ 王先慎撰,钟哲点校:《韩非子集解》,中华书局1998年版,第445页。
⑥ 《后汉书》卷八十五《东夷传》,中华书局1965年版,第2808页。

乱莫大焉。"楚王曰:"善!"乃举兵而伐徐,遂灭之。①

诸书所记徐偃王事迹稍有不同,然都说徐偃王好行仁义,从而得到了东夷其他部族的拥戴与支持,声势浩大。至于徐偃王到底为谁所灭,《韩非子》云是楚文王,《后汉书》云是周穆王,《淮南子》云是楚庄王,三者都不处于一个时代。《史记》云:

> (穆王)西巡狩,乐而忘归,徐偃王作乱,造父为缪王御,长驱归周,一日千里以救乱。②

综合各种史料,灭徐偃王者当是周穆王与楚王,然到底是哪个楚王,由于历史久远,又缺乏文字记载,战国秦汉间人就已经语焉不详。徐偃王天性仁义,不忍心看到人民在与周、楚的战争中死去,于是北走彭城,百姓随之者以万数。徐偃王是东夷人民心中的圣君,所以其故事在汉魏晋时期一直在流传,如晋张华《博物志》云:

> 《徐偃王志》云:徐君宫人娠而生卵,以为不祥,弃之水滨。独孤母有犬名鹄苍,猎于水滨,得所弃卵,衔以东归。独孤母以为异,覆暖之,遂孵成儿,生时正偃,故以为名。徐君宫中闻之,乃更录取。长而仁智,袭君徐国。后鹄苍临死生角而九尾,实黄龙也。偃王又葬之徐界中,今见狗垄。偃王既其国,仁义著闻,欲舟行上国,乃通沟陈、蔡之间,得朱弓矢,以己得知瑞,遂因名为弓,自称徐偃王。江淮诸侯皆伏从,伏从者三十六国。周王闻,遣使乘驲,一日至楚,使伐之。偃王仁,不忍闻言,其民为楚所败,逃走彭城武原县东山下。百姓随之者以万数,后遂名其山为徐山。山上立石室,有神灵,民人祈祷。今皆见存。③

① 刘文典:《淮南鸿烈集解》,中华书局1989年版,第620页。
② 《史记》卷五《秦本纪》,中华书局2014年版,第225页。
③ 张华撰,范宁校证:《博物志校证》,中华书局2014年版,第84页。

此文与《韩非子》《淮南子》《后汉书》等相比,明显具有神异色彩。其故事一直在徐夷后人之中传颂,这说明徐夷人民爱戴徐偃王。其后人并将各种具有神异色彩的传说赋予徐偃王,使得徐偃王仁政爱民的形象更加饱满。东夷国君以仁义来引导其民,故其民仁而好生,天性柔顺,易于教化,有古君子之风。孔子在接触东夷文化的过程中,看到了仁义思想在政治教化中的价值,于是将其继承下来,并将其改造成为儒学的核心思想之一,用以教授弟子。孔子对仁义非常看重,《论语》中提及"仁"的条目有59条,提及"义"的条目有16条,并且孔子从不将"仁人"轻易许人。《论语》中被孔子许以"仁"的只有微子、箕子、比干、管仲、伯夷、叔齐几人,孔子甚至谦虚地表示"若圣与仁,则吾岂敢"(《论语·述而》)。由此可见"仁"在孔子思想和儒家学说中的重要地位。

第二,礼乐文化。东夷人民的礼乐修养也很高,舜就善弹琴,《史记》《孟子》多处有舜弹琴的记载。如象谋杀舜之后,"象乃止舜宫居,鼓其琴"①,可见舜和象都能鼓琴。《孟子》亦云:"舜之饭糗茹草也,若将终身焉;及其为天子也,被袗衣,鼓琴,二女果,若固有之。"②舜曾任命夔典乐以教胄子,《尚书·尧典》云:

> 帝曰:"夔!命汝典乐,教胄子,直而温,宽而栗,刚而无虐,简而无傲。诗言志,歌永言,声依永,律和声。八音克谐,无相夺伦,神人以和。"③

夔是舜时的典乐官,具有非凡的音乐才能。他响应舜的号召,以乐舞来教化百姓。传说中舜所作的乐曲叫"韶",《尚书·益稷篇》有"箫韶九成,凤皇来仪"④的记载。"韶"乐在夏商周三代都在流传,孔子也非常喜欢"韶"乐,故在齐闻"韶"后,"三月不知肉味"(《论语·述而》),谓之"尽美矣,又尽善也"(《论语·八佾》)。值得注意的是,鲁国虽保存周礼最

---

① 《史记》卷一《五帝本纪》,中华书局 2014 年版,第 40 页。
② 《孟子·尽心下》,朱熹:《四书章句集注》,中华书局 2012 年版,第 373 页。
③ 《尚书·尧典》,阮元校刻:《十三经注疏》,中华书局 1980 年版,第 131 页。
④ 《尚书·益稷篇》,阮元校刻:《十三经注疏》,中华书局 1980 年版,第 144 页。

为完备,却并未保存有"韶"乐。孔子到了齐国才听到了"韶"乐,齐国所统治的区域也是东夷人所居之地,而齐国之政"因其俗,简其礼",较多采用东夷人的礼俗。齐国仍有"韶"乐,鲁国却无,说明"韶"乐一直在东夷人民中世代流传。相传为舜所作的乐曲还有《南风歌》。《礼记·乐记》云"昔者舜作五弦之琴,以歌《南风》"①,歌辞最早见于《尸子》,其《绰子篇》云:"南风之薰兮,可以解吾民之愠兮。"②《孔子家语·辩乐》篇亦载其辞曰:"南风之薰兮,可以解吾民之愠兮;南风之时兮,可以阜吾民之财兮。"③此歌辞虽未必为舜时之旧,然舜具有较高的音乐修养,则是春秋战国时人所公认的。另外,在鲁国祭祀乐曲中,也有用到东夷人的音乐,《礼记·明堂位》云:

> 季夏六月,以禘礼祀周公于大庙:牲用白牡;尊用牺象山罍;郁尊用黄目;灌用玉瓒大圭;荐用玉豆雕篹;爵用玉琖仍雕,加以璧散璧角;俎用梡嶡。升歌清庙,下管象。朱干玉戚,冕而舞《大武》;皮弁素积。裼而舞《大夏》。昧,东夷之乐也;任,南蛮之乐也。纳夷蛮之乐于大庙,言广鲁于天下也。④

鲁国本为周公封地,鲁国所在之地原本为东夷人的土地。《左传·定公四年》云"因商奄之民,命以伯禽而封于少皞之虚"⑤。商奄也是东夷部落中的一种。鲁国在祭祀周公时用到东夷人的乐曲"昧",虽目的是以征服者的口吻宣扬鲁国的声威,然也在侧面反映出东夷人有着较高的礼乐修养。郯子是东夷人建立的郯国的君主,他也具有较高的礼乐修养,曾为鲁昭公解释少皞氏以鸟名为官的原因及其官职与中原诸侯国对应情况。孔子曾向其问礼,并感叹道:"吾闻之,'天子失官,学在四夷',犹信。"⑥礼乐文化也是周文化的重要组成部分,相传周公曾制礼作

① 《礼记·乐记》,阮元校刻:《十三经注疏》,中华书局1980年版,第1534页。
② 尸佼撰,汪继培辑,黄曙辉点校:《尸子》,华东师范大学出版社2009年版,第29页。
③ 杨朝明、宋立林主编:《孔子家语通解》,齐鲁书社2009年版,第400页。
④ 《礼记·明堂位》,阮元校刻:《十三经注疏》,中华书局1980年版,第1489页。
⑤ 杨伯峻注:《春秋左传注》,中华书局2009年版,第1537页。
⑥ 杨伯峻注:《春秋左传注》,中华书局2009年版,第1389页。

乐，但周礼其实也是在殷礼基础上有所改造而形成的，如孔子所说"周因于殷礼，所损益，可知也"（《论语·为政》）。商代也是东夷人建立的国家，周礼脱胎于殷礼，那么周礼自然保存着较多殷礼甚至是东夷之礼的内容。孔子对礼乐文化非常重视，并以此来教育弟子，其弟子具有较高礼乐修养者为数不少。至后代，《礼》《乐》成为儒家六经之二，成为儒学核心内容。

第三，丧葬之礼。东夷人善居丧，东夷先民少连、大连就是孔子敬仰的贤人。《礼记·杂记下》云："孔子曰：'少连、大连，善居丧，三日不怠，三月不解，期悲哀，三年忧，东夷之子也。'"[1]据此，东夷在少连、大连之时，仍行三年之丧。三年之丧似乎起源很早，如宰我云"三年之丧，期已久矣"（《论语·阳货》）。据《史记·五帝本纪》，尧去世，舜便率群臣行三年之丧，而舜正是东夷人。春秋战国时，三年之丧在鲁国似乎已并不通行，而在东夷文化中却一直传承着。孔子对丧葬之礼很重视，当宰我认为三年之丧时间太久时，孔子严厉地批评他云："予之不仁也！子生三年，然后免于父母之怀。夫三年之丧，天下之通丧也。予也，有三年之爱于其父母乎？"（《论语·阳货》）孔子赞赏"东夷之子"坚持三年之丧，坚决维护三年之丧的礼仪，这也成为儒学重要内容之一，并被后世所遵守。

综上所述，东夷人民崇尚仁义，善居丧，有较高的礼乐修养，有君子之风，孔子看到了东夷上述文化在世俗教化中的作用，因此将其吸收，并融会贯通，使其成为儒学的核心思想内容。故有学者认为，孔子"接受东方传统的仁道思想，又进一步发展为儒家的中心理论"[2]。可见东夷文化对孔子的影响是非常大的。另外，东夷文化也正是借助儒家文化才为后人所知，从这方面说，孔子也是东夷文化的功臣。

二、吴泰伯在儒家政治话语中的意义

孔子创立的早期儒学，不仅与产生于古代江苏地域的东夷文化关

---

[1]《礼记·杂记》，阮元校刻：《十三经注疏》，中华书局1980年版，第1561页。
[2] 王献唐：《山东古国考》，齐鲁书社1983年版，第219页。

系密切,而且江苏地域古代一些著名人物,也在早期儒学文献中占有重要地位,可以说是早期儒学中某种精神的人格化形象。吴泰伯和吴公子季札就是其代表。

028

泰伯,又称太伯,周民族先祖古公亶父(周太王)之长子。据《史记·周本纪》《吴太伯世家》记载,古公亶父有三子,曰泰伯、虞仲(仲雍)、季历。三子中,季历最贤,深得古公喜爱,后季历生子名昌,而昌有圣瑞,古公甚喜,常说:"我世当有兴者,其在昌乎?"[1]泰伯深知其父想要把王位传给季历,并最终传给姬昌,于是与虞仲(仲雍)一起离开岐山,跨越商王朝的土地,不远万里来到吴地[2]。据《吴越春秋》记载,古公生前也曾令季历让国于泰伯,然而"三让不受",故后世皆云泰伯三让天下。《琴操》曾记载有泰伯不受国之语,其云:"吾生不供养,死不饭含,哭不临棺,不孝之子,焉得继父乎? 断发文身,刑余之人也,戎狄之民也,三者除焉,何可为君矣。"[3]泰伯认为自己在古公生前不能奉养,死后不能尽孝,乃不孝之子,又加之自己断发文身,乃戎狄之民的装扮,不可为君。《琴操》所记载的泰伯话语虽未必为实录,其中或有后人添加、改造的成分,然而其中所体现的仁孝的精神是契合于泰伯的。泰伯为了成全父亲的心愿,东奔入吴,这本身就体现了仁孝的精神,这也是周民族的一个重要的美德。泰伯入吴之后,"荆蛮义之,从而归之千余家"[4]。他不仅给吴地人民带来了先进的农业生产技术,也把周民族的仁、义、孝等美德带到了吴地,大大促进了吴地的开发。

泰伯三让天下的高尚美德,得到了以孔子为代表的儒家士人的敬仰,如目睹了春秋时代"弑君三十六,亡国五十二"的儒家创始人孔子,在提及泰伯之时,曾高度赞扬地说:"泰伯,其可谓至德也已矣! 三以天下让,民无得而称焉。"(《论语·泰伯》)"至德"即最高的道德,该词在

---

① 《史记》卷四《周本纪》,中华书局 2014 年版,第 149 页。
② 关于泰伯、仲雍出奔所达之地,学界有一些不同的看法,见彭明瀚《太伯奔吴新考》,《殷都学刊》1999 年第 3 期;赵建中:《吴文化的源头辨析》,《江海学刊》2006 年第 6 期;张学锋:《吴国历史的再思考——以近年来苏南春秋古城遗址的发掘为线索》,苏州博物馆编:《苏州文博论丛》(第二辑),文物出版社 2011 年版。但据司马迁《史记》及历代主流史料,其地当为今江苏境内太湖流域一带。从文化传承的意义上来说,泰伯与吴文化的关系已经密不可分。
③ 吉联抗辑:《琴操(两种)》,人民音乐出版社 1990 年版,第 39 页。
④ 《史记》卷三十一《吴泰伯世家》,中华书局 2014 年版,第 1747 页。

《论语》中只出现了两次，另一次出现在孔子评价周文王时，其云："三分天下有其二，以服事殷。周之德，其可谓至德也已矣。"（《论语·泰伯》）周文王是孔子所敬仰的圣王，孔子对泰伯的评价与之相同，可见泰伯在孔子心中的地位之高。至西汉，司马迁在目睹了西汉多位皇子、诸侯王为了权力明争暗斗后，也感叹泰伯让国的高尚品德，故以《吴太伯世家》作为"世家"之首，这也是对泰伯这种"三以天下让"德行的高度肯定。西汉时期的大儒董仲舒也在《春秋繁露》中说："泰伯至德之侔天地也，上帝为之废适易姓而子之。让其至德，海内怀归之。"①董仲舒曾在江都国为相，江都国治所在扬州，此地在春秋后期亦属吴地，并且距离泰伯生前所居之地无锡梅里不远。董仲舒一定明白吴人对于泰伯的感情，故有"其至德海内怀归之"之语。东汉末的蔡邕也在《琴操》中说："（泰伯）率以仁义，化为道德，荆越之人，移风易俗，成集《韶》《夏》，取象中国，乃太伯之化也。"②蔡邕曾在吴地亡命十余年，他的这句话也点出了泰伯的仁德对于吴人风俗的影响。

由于泰伯在吴人心中有着崇高的威望，泰伯死后，人们立泰伯庙来祭祀泰伯，历代吴地的循史也注意发扬了泰伯的仁德，以此来教化百姓。早期的泰伯庙当为民间所立，见载历史的最早的官方所立泰伯庙始于东汉时期，宋范成大撰《吴郡志》云：

> 至德庙，即泰伯庙。东汉永兴二年，郡守麋豹建于阊门外。《辨疑志》载：吴阊门外有泰伯庙，庙东又有一宅，祀泰伯长子三郎，吴越钱武肃王始徙之城中。《纂异记》又云：吴泰伯庙在阊门西。皮日休诗云"一庙争祠两让君"，盖并祠仲雍，旧矣。今庙在阊门内，东行半里余，门有大桥，号至德桥，乾道元年，郡守沈度重建。③

据此可知，官方开始立泰伯庙始于东汉永兴二年（154）。依旧例，官方所立必是为了顺应当地风俗，也有以泰伯来教化百姓的目的，可以推测

① 苏舆义著，钟哲点校：《春秋繁露义证》，中华书局1992年版，第271页。
② 吉联抗辑：《琴操（两种）》，人民音乐出版社1990年版，第39页。
③ 范成大撰，陆振岳校点：《吴郡志》，江苏古籍出版社1999年版，第164页。

此时民间祭祀泰伯的行为一定非常盛。又从《辨疑志》《纂异记》等书记载来看,泰伯庙一直都存在,虽然其位置稍异,然祭祀泰伯的行为一直没有中断。吴人祭祀泰伯的行为一直在延续,清人吴敬梓在《儒林外史》中写到当杜少卿等人商量要立泰伯祠之事时,庄绍光说道:"这千秋大事,小弟自当赞助效劳。"①以"千秋大事"来许立泰伯祠,可知泰伯在吴人心中的分量。虽然《儒林外史》乃小说,然吴敬梓久居南京,对江南人对泰伯的敬仰之情也知之甚深,所以才会在《儒林外史》中细致地描写立泰伯祠以及祭祀泰伯之事。相传农历正月初九是泰伯的生日,为了纪念泰伯,"十里方圆的村民赶游泰伯庙,焚香参拜泰伯。千百年来泰伯庙节场一直是江南新的一年中最早,又是最大的乡村节场之一"②。相传泰伯病逝于农历三月三日,这一天当地的百姓都会纷纷上山采集白色的鲜花来献于泰伯墓。又相传泰伯酷爱种麻,所以附近的百姓们在祭扫泰伯墓时都会在腰间束一撮宁麻,而这一习俗一直延续到了今日。此外,梅里百姓"还把三月初三定为泰伯的忌日,每逢这一天(后改清明节),家家户户置办酒肴赴泰伯墓地进行隆重祭奠,缅怀颂扬泰伯"③。至今天,泰伯依然是吴人信仰中的圣人。泰伯文化既是吴文化中非常重要的内容,也是儒家文化精神在江苏地域社会文化中的一个独特而具体的表现。

三、吴公子季札与儒家理想君子人格

吴公子季札是又一位产生于江苏地域的早期儒家人格典范,他不仅是早期儒家谦让、诚信精神的代表,而且对早期儒家礼乐精神及其中所蕴含的"中和"美学思想的形成有着重要的影响。季札的事迹在早期儒家经典《左传》《礼记》等书中都有记载。

---

① 吴敬梓著,陈美林校注:《儒林外史》,百花文艺出版社2002年版,第391页。
② 无锡国家高新区发展研究院:《无锡建设吴文化名城要打好泰伯牌》,《江南大学学报(人文社会科学版)》2006年第1期。
③ 无锡国家高新区发展研究院:《无锡建设吴文化名城要打好泰伯牌》,《江南大学学报(人文社会科学版)》2006年第1期。

吴公子季札本吴王寿梦第四子,因其封地在延陵(故址在今江苏丹阳境内),故又称延陵季子。其长兄曰诸樊,次曰餘祭,次曰餘眛。四人之中,季札最贤。于是寿梦常欲以为后,季札却说:"礼有旧制,奈何废前王之礼,而行父子之私乎?"①寿梦后命长子诸樊摄政当国,并告诫诸樊要传位于季札。诸樊为其父寿梦服丧毕后,欲传位于季札,季札坚决不从,固辞云:"曹宣公之卒也,诸侯与曹人不义曹君,将立子臧,子臧去之,以成曹君,君子曰'能守节矣'。君义嗣,谁敢干君!有国,非吾节也。札虽不材,原附于子臧之义。"②曹子臧亦是一位不贪图君位的公子,季札对他非常尊敬,并以子臧的事迹自勉。诸樊不得已立为吴王,并约定吴国王位施行兄终弟及制,欲传位于季札。于是诸樊、餘祭、餘眛皆轻死为勇,欲早日传国位于季札。餘眛卒时欲传位给季札,季札再次逃跑,吴人不得已立公子僚为王。几年之后,公子光刺杀吴王僚之后,希望季札能够继承王位。季札再次推脱,之后返回延陵,最终在封地去世。

司马迁对季札这位吴国的贤人极其崇敬,所以在五千余字的《吴太伯世家》中,与季札有关的事迹占了三分之一,并在最后评论道:"延陵季子之仁心,慕义无穷,见微而知清浊。呜呼,又何其闳览博物君子也!"③季札何以能得到司马迁如此倾心呢?这是因为季札的行为契合了儒家理想君子的人格,主要表现在以下几个方面:

(一) 仁义、谦让、诚信的高尚美德

德在儒家思想中占有重要地位,其在《论语》中出现了四十次,德行科在孔门四科中居于最高地位,同时德也是君子的基本修养之一,如孔子云:"君子怀德,小人怀土。"(《论语·里仁》)。季札三让君位的行为,本身就体现了儒家所提倡的谦让、仁爱的美德。孔子曾以"至德"来赞许三让王位的季札远祖泰伯,而在弑君已经常见的春秋晚期,季札却多次拒绝唾手可得的王位,这更是君子谦让之德的最高境界。季札辞让

---

① 周生春:《吴越春秋辑校汇考》,上海古籍出版社1997年版,第19页。
② 《史记》卷三十一《吴泰伯世家》,中华书局2014年版,第1753页。
③ 《史记》卷三十一《吴泰伯世家》,中华书局2014年版,第1781页。

王位,所表现的其实不仅仅是兄弟之间的孝悌仁爱之德,也包含一种更广泛意义上的非斗博爱的精神,并且具有维护宗庙社稷之制,避免不必要的政治斗争和社会动荡的意义。春秋时期各国统治集团内部以及各国之间为了权力和利益而进行的争斗异常激烈,父子兄弟之间为了争权夺利往往不惜兵戎相见,普通民众也因统治者发动的不义战争遭受

涂炭。因此季札三让王位,具有以身垂范,提倡仁爱,反对争斗的意义。他的这种精神更明显地体现在他晚年救陈这件事上。据《左传》记载,鲁哀公十年(前485),楚国因为陈国与吴国交好而出兵攻打陈国,季札不顾年迈带着吴国的军队前去救援弱小的陈国。季札对楚国大将子期说:"二君不务德,而力争诸侯,民何罪焉? 我请退,以为子名,务德而安民。"①季札批评了吴国、楚国两国君主不务德,却致力于争霸诸侯,给无辜的人民带来灾难,因此他主动提出自己先退兵,希望楚国一方也能务德而安民,避免不必要的战争。他这种做法跟他再三辞让君位以避免争斗的仁爱情怀是一致的。尽管后代人也有少数人从季札让国导致的后果的角度来批评季札②,但季札仁爱、谦让的品德还是得到了多数人的充分肯定。另外季札受到后人赞颂还因为他诚信守诺的精神。他出使北方诸侯国时,经过徐国,徐君很喜欢季札的剑,但并没有说出口。而季札也觉察到徐君喜欢自己的剑,心中暗自许诺要把剑赠送给徐君。当时他有王命在身,需要带着剑出使各国,不能马上相赠,就打算完成使命回来时再赠送。然而,等到季札归来又经过徐国时,徐君已经去世了。于是季札把自己的宝剑系在徐君的冢上离去。他的侍从认为徐君已经去世了,没有必要再将剑给徐君了,然而季札却说:"不然。始吾心已许之,岂以死倍吾心哉!"③季札信守自己的承诺,尽管只是个并未说出口的承诺,将宝剑留在了亡故的徐君的坟墓上。这种兑现"心许"的诚信,实际上是一种比兑现语言承诺或书面契约更高层次的诚信,体现了一种没有外部约束的主体道德自觉。所以他的精神深深打动了徐

---

① 杨伯峻注:《春秋左传注》,中华书局2009年版,第1656页。
② 例如唐代独孤及有《吴季子札论》,认为正是因为季札不肯接受王位,才使得吴国后来内乱不断。参见独孤及《毗陵集》卷七。
③《史记》卷三十一《吴泰伯世家》,中华书局2014年版,第1763页。

人,徐人嘉而歌之曰:"延陵季子兮不忘故,脱千金之剑兮带丘墓。"①今江苏徐州、宿迁一带仍有不止一处季札挂剑台遗址,可见季札诚信精神的广泛深远影响。总之,仁义、谦让、诚信,都是儒家君子所应具有的高尚的美德,季札让国、和解、赠剑的事迹,恰恰充分显示了这些崇高的君子美德。

(二) 深厚的诗学和礼乐修养

季札在诗歌和音乐上的造诣达到了极高的水准,得到了时人的称赞。鲁襄公二十九年(前544),季札出使鲁国。鲁国当时被认为是保存周代礼乐最完备的国家,如鲁昭公二年(前540),当韩宣子来鲁国观书后就云"周礼尽在鲁矣",此事刚好在季札观乐之后四年,而韩宣子的看法也代表了当时人的看法。季札到了鲁国之后请观周乐,该事被《左传》完整地记述了下来,季札之评论也成为今所存最早的对《诗经》和礼乐的批评文章:

> 吴公子札来聘……请观于周乐。使工为之歌《周南》《召南》,曰:"美哉! 始基之矣,犹未也,然勤而不怨矣。"为之歌《邶》《鄘》《卫》,曰:"美哉渊乎! 忧而不困者也。吾闻卫康叔、武公之德如是,是其《卫风》乎?"为之歌《王》,曰:"美哉! 思而不惧,其周之东乎?"为之歌《郑》,曰:"美哉! 其细已甚,民弗堪也。是其先亡乎!"为之歌《齐》,曰:"美哉! 泱泱乎! 大风也哉! 表东海者,其大公乎! 国未可量也。"为之歌《豳》,曰:"美哉! 荡乎! 乐而不淫,其周公之东乎!"为之歌《秦》,曰:"此之谓夏声。夫能夏则大,大之至也,其周之旧乎!"为之歌《魏》,曰:"美哉! 渢渢乎! 大而婉,险而易行,以德辅此,则明主也。"为之歌《唐》,曰:"思深哉! 其有陶唐氏之遗民乎! 不然,何忧之远也? 非令德之后,谁能若是?"为之歌《陈》,曰:"国无主,其能久乎!"自《郐》以下无讥焉。为之歌《小雅》,曰:"美哉! 思而不贰,怨而不言,其周德之衰乎? 犹有先王之

① 刘向编著,石光英校释,陈新整理:《新序校释》,中华书局2001年版,第869页。

遗民焉。"为之歌《大雅》,曰:"广哉! 熙熙乎! 曲而有直体,其文王之德乎!"为之歌《颂》,曰:"至矣哉! 直而不倨,曲而不屈,迩而不逼,远而不携,迁而不淫,复而不厌,哀而不愁,乐而不荒,用而不匮,广而不宣,施而不费,取而不贪,处而不底,行而不流,五声和,八风平,节有度,守有序,盛德之所同也。"见舞《象箾》《南籥》者,曰:"美哉! 犹有憾。"见舞《大武》者,曰:"美哉! 周之盛也,其若此乎!"见舞《韶濩》者,曰:"圣人之弘也,而犹有惭德,圣人之难也。"见舞《大夏》者,曰:"美哉! 勤而不德,非禹,其谁能修之?"见舞《韶箾》者,曰:"德至矣哉! 大矣! 如天之无不帱也,如地之无不载也,虽甚盛德,其蔑以加于此矣。观止矣。若有他乐,吾不敢请已。"①

季札对《诗》的各部分及其乐舞逐一给予评价,其评语虽然简明扼要,但内涵却十分丰富。限于篇幅,我们不能在此具体深入讨论,但其诗乐思想最主要的精神体现在两个方面:

首先是以乐舞观政、声音之道与政通的诗学政治观。季札能在听乐观舞中体会乐、舞所蕴含的精神,并从这种精神中看出各国政治之兴衰,例如《周南》《召南》,他认为这是周王朝始建之时的状况,人民都勤劳无怨,一派勃勃生机、昂扬向上的精神,这与"二南"中某些诗的精神是符合的。《召南·采蘩》云:"于以采蘩? 于沼于沚。于以用之? 公侯之事。于以采蘩? 于涧之中。于以用之? 公侯之宫。被之僮僮,夙夜在公。被之祁祁,薄言还归。"②诗的主人公为了给公侯采祭祀所用的蘩,夙兴夜寐,尽职尽责,甚至不言还归,然却没有一丝的怨言,而这种精神只有在王朝初创的时候才有,而在末世时,人民对于暴政往往怨声载道,自然不可能有这种音乐。采诗观风、赋诗言志本是周王朝礼乐制度的重要内容,《诗经》被周太史编辑成书也是这个目的。季札的这种思想也跟周王室的礼乐思想相一致,也是后来儒家诗学和美学思想的重要源头。《礼记·乐记》曰:"故礼以道其志,乐以和其声,政以一其

---

① 杨伯峻注:《春秋左传注》,中华书局 2009 年版,第 1161—1165 页。
② 《诗经·召南·采蘩》,阮元校刻:《十三经注疏》,中华书局 1980 年版,第 284 页。

行,刑以防其奸。礼乐刑政,其极一也,所以同民心而出治道也。凡音者,生人心者也。情动于中,故形于声,声成文,谓之音。是故治世之音,安以乐,其政和;乱世之音,怨以怒,其政乖;亡国之音,哀以思,其民困。声音之道,与政通矣。"①《乐记》很精确地总结了周王朝的礼乐思想,这与季札的礼乐思想是一脉相承的。

其次是以中和为美的诗学审美观。中和为美是儒家审美观的重要特征。这种审美观与儒家"允执厥中""和而不同"的哲学观和社会政治观密切相关。中和为美的思想贯穿在西周的礼乐思想之中。季札中和为美的思想主要体现在评价《颂》时,"直而不倨,曲而不屈,迩而不逼,远而不携,迁而不淫,复而不厌,哀而不愁,乐而不荒,用而不匮,广而不宣,施而不费,取而不贪,处而不底,行而不流,五声和,八风平,节有度,守有序,盛德之所同也"。从这十四个某而不某的句式中可以清楚看出"中"的思想在季札的美学思想中很突出,在他看来只有做到"中",才能"五声和,八风平,节有度,守有序",最终达到盛德的境界。顾易生、蒋凡两位先生在《先秦两汉文学批评史》中也认为"季札用'忧而不困'来赞美《邶》《鄘》《卫》风,用'思而不惧'来赞美《王风》,用'乐而不淫'来赞美《豳》风,用'直而不倨,曲而不屈'等十四个分句来赞美《颂》,显然是《尧典》中'直而温,宽而栗,刚而无虐,简而无傲'等观点以及《诗·唐风·蟋蟀》'好乐无荒'和赵孟所谓'乐而不荒,乐以安民,不淫以使之'(见《左传》襄公二十七年)等语的发展,表现出对中和之美的强烈向往,为孔子赞美'《关雎》乐而不淫,哀而不伤'的前驱,而且比其前人和稍后的孔子所说丰富得多"②。可见季札的诗乐观可以说是早期儒学"中和"美学思想的源头。近几年来,吴国青铜器大量出土,其中有多个青铜乐器,如者减钟、吴王光残钟、配儿钩鑃等,在这些青铜乐器铭文中,"'和'始终是吴国诗乐观中最核心的思想观念"③。

最后,"季札在听到各地区的诗乐时,都给以赞美,虽然分别指出其

---

① 《礼记·乐记》,阮元校刻:《十三经注疏》,中华书局1980年版,第2527页。
② 顾易生、蒋凡:《先秦两汉文学批评史》,上海古籍出版社1996年版,第46—47页。
③ 参见谭德兴《吴国青铜器乐器铭文与季札的诗乐思想》,《武汉理工大学学报(社会科学版)》2016年第6期。

不足,已足以反映他对乐调与诗歌风格多样化的欣赏,而不偏取一格"①。的确,从季札的评论文字可以看出,季札并不鄙薄某一地之风。尤其是郑卫之风,在当时一直是淫声的代表,孔子也曾认为"郑风淫",而季札似乎并不鄙薄郑卫之风,他评价卫风"美哉,渊乎!忧而不困者也。吾闻卫康叔、武公之德如是,是其《卫风》乎"!其中赞美的味道颇足。而对郑风,只是说"美哉!其细已甚,民弗堪也,是其先亡乎",季札认为郑国的诗歌音乐过于细腻琐屑,并从中听出郑国之政已经使得郑国人民不堪重负,可能国家要先灭亡了,但他仍然以"美哉"称赞郑声,并无特别鄙薄的态度。

季札在鲁国观乐舞时所发表的这些评论以及其中所包含的诗学和美学思想,对后来孔子和儒家的诗学和美学影响很大。我们只要将季札的评论与《毛诗序》以及近年发现的上博简《孔子诗论》做一比较,就不难发现其间的联系。

除了诗乐方面的修养外,季札对周代的礼也是很精通的。礼是后来儒家学问的一个重要方面,据传孔子曾专门去向老聃问礼。而据《礼记·檀弓下》记载:季札曾出使齐国②,归来时,他的长子死于嬴博之间,于是就地安葬。孔子听说后,认为季札是吴国之习于礼者也,于是带领弟子前去观看葬礼。季札长子之墓穴深不至泉。"其敛以时服;既葬而封,广轮掩坎,其高可隐也;既封,左袒,右还其封且号者三,曰:'骨肉归复于土,命也。若魂气则无不之也!无不之也!'"③因为死在路途之中,季札长子的葬礼极其简单,没有厚重的陪葬品,坟墓之上也没有高高的封土,但却也都合乎礼的基本要求,细节上也充分表现出他对长子不幸去世的哀痛之情。所以孔子赞赏道:"延陵季子之于礼也,其合矣乎"④。季札安葬自己的儿子居然值得孔子带着弟子前往观摩学习,由此亦可见季札在孔子心目中的地位。礼乐修养是儒家君子人格修养的重要组

---

① 顾易生、蒋凡:《先秦两汉文学批评史》,上海古籍出版社1996年版,第46页。

② 这次出使齐国当在鲁昭公二十七年(前515)。《左传》鲁昭公二十七年:吴子"使延州来季子聘于上国"。此时孔子已经37岁。

③《礼记·檀弓下》,阮元校刻:《十三经注疏》,中华书局1980年版,第1313—1314页。

④《礼记·檀弓下》,阮元校刻:《十三经注疏》,中华书局1980年版,第1314页。

成部分,季札在这方面所显示出的礼乐修养完全合乎儒家君子人格的理想,他可以说是一位在儒学形成过程中具有重要影响的人物。

(三)见微知著的君子智慧

儒家的君子不仅应该是具有内在美德的智者,也应该是聪明睿智能够洞察世事的智者。在早期儒家经典的记叙中,季札正是这样一位智者。《左传·襄公二十九年》记载季札出使各国的言行,除了在鲁国观周乐之外,还记载了他在鲁、齐、郑、卫、晋等国会见各国政治人物,对所在国政治形势和有关人物的处境进行分析,提出忠告和建议。这些分析和建议充分表现出季札的睿智和先见之明,说明他是一位能够敏锐洞察世事,具有政治智慧的智者。如他在鲁国告诫叔孙穆子要善于择人,警示他可能会遭遇灾祸。在齐国他对晏婴提出忠告,叫他"速纳邑与政"以免于难。在郑国他告诫子产说郑国当时的执政者奢侈,恐怕不久会有灾难,并且预言子产将会成为执政,同时提醒他执政后要"慎之以礼"。在卫国他会见蘧伯玉等人,预言"卫多君子,未有难也"。季札在从卫国前往晋国的途中投宿于卫国大夫孙文子的封地戚,听见孙文子在卫献公去世尚未下葬的情况下还在奏乐,便向孙文子提出严厉警示,说他现在的地位"犹燕之巢于幕上"却不自知,吓得孙文子此后"终身不听琴瑟"。在晋国,他会见了韩、赵、魏三家大夫,预言晋国将来的政事将集中掌握在这三家,勉励他们好自为之[①]。按照《左传》的记载,季札当时针对各国情况所发出的预言,后来许多都得到了不同程度的应验。尽管《左传》的语言叙事也许带有某种夸张的文学色彩,但至少我们可以说季札在早期儒家文献中就是一位富有政治洞察力的智者,甚至可以说就是一位"先知"。难怪我们在新发现的上博简《弟子问》中看到孔子赞叹"前(延)陵季子,其天民也乎"[②]!孟子也尝自谓是"天民之先觉者也",认为老天生下他们,就是要"使先知觉后知,使先觉觉后觉"(《孟子·万章上》)的,而季札也正是这样一位具有先知先觉特

---

① 杨伯峻注:《春秋左传注》,中华书局1981年版,第1161—1167页。
② 马承源主编:《上海博物馆藏战国楚竹书(五)》,上海古籍出版社2005年版,第268页。

征的"天民"。

总之,季札以谦让为本,遵守礼义,信守承诺,洞察世事,见微知著,不仅具有吴国传统美德,又精通中原诸侯国的礼乐文化;不仅颇有儒者的谦谦君子之风,更有关怀世事、洞察政局的君子智慧。所以司马迁写《吴太伯世家》时用了差不多三分之一的篇幅来写季札,并且在最后赞曰:"延陵季子之仁心,慕义无穷,见微而知清浊。呜呼,又何其闳览博物君子也"①!今人吴恩培先生在《吴文化概论》中也指出:"季子以仁为本,以礼定位,入世而不求私利,济世而不危及自身,都体现了儒学的基本精神。季札是儒家的先驱,吴地应是儒学的策源地之一。"②季札之所以会具有如此高超的文化修养,除了有来自远祖泰伯的影响外,还有来自中原文化,尤其是鲁文化的影响。吴国自从其父吴王寿梦开始才有了可靠的历史,此时也才开始与中原诸侯国通使。据《吴越春秋》记载,吴王寿梦元年(前585),"朝周,适楚,观诸侯礼乐",还与鲁成公会于钟离,向鲁成公问周公之礼乐,成公为寿梦"陈前王之礼乐,因为咏歌三代之风"③。据《史记》记载,吴王寿梦二年(前584),楚国逃亡大臣申公巫臣从晋国出使吴国,吴王寿梦非常高兴,于是乃通吴于晋。申公巫臣还教吴国人使用战车,帮他们训练军队,并派遣儿子狐庸担任吴国的行人,于是吴国逐渐走向强大。吴国力量强大之后,开始攻打周边国家,并且积极参与中原诸侯国的会盟,与中原各诸侯国的交往越来越密切。吴国与中原诸侯国通使之后,与鲁国的通使最为频繁,因二者都是姬姓诸侯国,距离较近,又交通便利。可以想象,两国通使的同时,也促进了文化的传播与交流。季札生在这样一个环境之中,他本身就具有泰伯那样美好的德行,又受到鲁国礼乐文化的熏陶,加之聪明好学,思维敏捷,因此季札之博闻强识不仅在吴国人物中首屈一指,即使放在周王室各个诸侯国中,也毫不逊色。

季札的仁德之心以及谦虚退让的态度,引起了后世无数人的敬仰。有关他的事迹的记录也成为儒家文化记忆中的一个部分。《后汉书》曾

---

① 《史记》,中华书局2014年版,第1736页。
② 吴恩培:《吴文化概论》,东南大学出版社2006年版,第141页。
③ 周生春:《吴越春秋辑校汇考》,上海古籍出版社1997年版,第18页。

记载,东汉时,任延任会稽都尉时,"静泊无为,唯先遣馈礼祠延陵季子"[1]。另外延陵还建有季子冢、季子祠、季子庙、季子碑等,并且相传其碑文"呜呼有吴延陵君子之墓"十个古篆就是孔子书写的。季札第一次访问鲁国的时候,孔子年尚幼;而他第二次出使北方各国时,孔子已经带着弟子慕名去观摩季札安葬儿子的礼仪。可见季札的来访,及其所展现的人格、学问,对孔子一定有着重要的影响。季札作为在儒学形成过程中占有重要的地位的人物,也一直受到后人的敬仰。

第二节　孔子在江苏境内留下的踪迹

经过多年的扩张,到了春秋末年,吴国已经把疆域北推到了齐鲁边境。吴鲁相邻,交通便利,也没有大的利害冲突,两国大体上维持着较好的关系。那么孔子是否到过吴国呢? 司马迁在《孔子世家》中曾详细地列出孔子的行踪,其中并没有提到孔子曾到过吴国。然而事实上孔子有可能到过吴国,《庄子》《吴越春秋》等书中都有孔子南下来到今江苏境内乃至抵达吴国的记载,可见孔子在江苏境内也留下了一些踪迹。

一、孔子南之沛见老子

据《史记》《礼记》《庄子》《孔子家语》等书记载,孔子曾不止一次求教于老子,每次求教的地点和内容都不一样。其中孔子五十一岁之时,曾前往沛地求教于老子,《庄子·天运篇》记载了这次会面的过程:

> 孔子行年五十有一而不闻道,乃南之沛见老聃。老聃曰:"子来乎? 吾闻子,北方之贤者也,子亦得道乎?"孔子曰:"未得也。"老子曰:"子恶乎求之哉?"曰:"吾求之于度数,五年而未得也。"老子

①《后汉书》卷七十六《循吏传·任诞》,中华书局 1965 年版,第 3286 页。

曰:"子又恶乎求之哉?"曰:"吾求之于阴阳,十有二年而未得也。"老子曰:"然。使道而可献,则人莫不献之于其君;使道而可进,则人莫不进之于其亲;使道而可以告人,则人莫不告其兄弟;使道而可以与人,则人莫不与其子孙。然而不可者,无佗也,中无主而不止,外无正而不行。由中出者,不受于外,圣人不出;由外入者,无主于中,圣人不隐。名,公器也,不可多取。仁义,先王之蘧庐也,止可以一宿而不可久处,觏而多责。古之至人,假道于仁,托宿于义,以游逍遥之虚,食于苟简之田,立于不贷之圃。逍遥,无为也;苟简,易养也;不贷,无出也。古者谓是采真之游。以富为是者,不能让禄;以显为是者,不能让名;亲权者,不能与人柄。操之则栗,舍之则悲,而一无所鉴,以窥其所不休者,是天之戮民也。怨恩取与谏教生杀,八者,正之器也,唯循大变无所湮者为能用之。故曰,正者,正也。其心以为不然者,天门弗开矣。"①

沛县乃秦时所置,春秋时尚无此县治,此处之"沛"当指沛泽(在今江苏徐州沛县)。《左传·昭公二十年》云"齐侯田于沛"。杜预注"沛,泽名"②。《风俗通义》亦云:"沛者,草木之蔽茂,禽兽之所蔽匿也。"③可见"沛"乃今天江苏沛县附近的一个大泽,草木茂盛,常有野兽出没,可谓人烟稀少,正是一个适宜隐居的地方。沛泽距离老子的家乡相县很近④,孙以楷、甄长松先生认为老子避居此地乃是避鲁昭公二十年(前522)的宋华、向之乱⑤,可备一说。孔子此年五十一岁,是为鲁定公九年(前501),此时孔子正在鲁国,并在此年任中都宰。无论是曲阜还是中都(今山东济宁汶上县西),都距沛地不远,孔子完全有时间、有精力前往沛地请教老子。此次孔子向老子请教的是自然运行的大道,并诉说自己求之于天体运行的度数而未得,求之于阴阳变化之数又未得,而老

① 郭庆藩集释:《庄子集释》,《新编诸子集成》,中华书局2012年版,第518—522页。
② 杨伯峻注:《春秋左传注》,中华书局2009年版,第1418页。
③ 应劭撰,王利器校注:《风俗通义校注》,中华书局2010年版,第479页。
④《史记》云老子乃楚国苦县人,苦县在春秋时名相县,战国以后才改名为苦。
⑤ 参见孙以楷、甄长松《庄子通论》,东方出版社1995年版,第59页。

子则告诫孔子,道不可献,不可进,不可告,不可与,必须由中出,即通过内心的领悟来把握天道,不可从外入。大概孔子又向老子请教仁义的问题,老子说"仁义,先王之蘧庐也,止可以一宿,而不可久处,觏而多责",仁义只不过是先王休息过一夜的旅馆,并非永恒的真理,而应该学习古代的至人,"假道于仁,托宿于义,以游逍遥之虚",顺应自然,无拘无束,以心游于无为之道,而不为物欲所滞塞。孔子曾多次向老子请教大道,然只有此处明确可知其请教地点为沛地,其他均不可知,故不论。

二、孔子与子贡游于吴

据《吴越春秋》记载,孔子曾与子贡游于吴地,其文云:

> 吴王夫差闻孔子与子贡游于吴,出求观其形,变服而行,为或人所戏而伤其指。夫差还,发兵索于国中,欲诛或人。子胥谏曰:"臣闻昔上帝之少子,下游清泠之渊,化为鲤鱼,随流而戏,渔者豫沮射而中之。上诉天帝。天帝曰:'汝方游之时,何衣而行?'少子曰:'我为鲤鱼'。上帝曰:'汝乃白龙也,而变为鱼,渔者射汝,是其宜也,又何怨焉?'今夫大王弃万乘之服,而从匹夫之礼,而为或人所刑,亦其宜也。"于是吴王默然不言。①

此文见于初唐魏徵等人所编《群书治要》中的《吴越春秋治要》,今传本《吴越春秋》并无此文。今本《吴越春秋》并非赵晔之旧,而是有所残缺,此文或当是残缺的部分。此文位于《吴越春秋治要》卷首,不载年份,然《吴越春秋治要》第二段所载"吴王夫差兴兵伐齐,堀为渔沟,通于商鲁之间,北属之沂,西属之济,欲以会晋"之事见于《吴越春秋》,此事发生在夫差十四年(前483),那么此文当在夫差十四年之前。又孔子游吴之时,子胥尚未去世,而子胥去世在夫差十三年(前484),此事也当发生在此前。另外孔子从鲁哀公二年(前493)到鲁哀公十二年(前483)一直

① 魏徵等编:《群书治要》(校订本),团结出版社 2016 年版,第 317 页。

在周游列国,故无暇来到吴国,也不当发生在此间。鲁哀公元年(前494),孔子此时正在鲁国,吴人还曾以"大骨"来请教孔子,此事见于《史记·孔子世家》,其云:

> 吴伐越,堕会稽,得骨节专车。吴使使问仲尼:"骨何者最大?"仲尼曰:"禹致群神於会稽山,防风氏后至,禹杀而戮之,其节专车,此为大矣。"吴客曰:"谁为神?"仲尼曰:"山川之神,足以纲纪天下,其守为神,社稷为公侯,皆属于王者。"客曰:"防风何守?"仲尼曰:"汪罔氏之君守封、禹之山,为釐姓。在虞、夏、商为汪罔,於周为长翟,今谓之大人。"客曰:"人长几何?"仲尼曰:"僬侥氏三尺,短之至也。长者不过十之,数之极也。"于是吴客曰:"善哉圣人!"[1]

吴国发现大骨,不知何物,故来请教孔子,孔子认为是防风氏之骨,并对此进行了详细的回答,其渊博的知识得到了吴客敬佩,称赞其为"圣人"。综上可知,孔子入吴一事最可能发生在鲁哀公元年,此年孔子有闲暇来到吴国,也只有此年才能满足所有的条件,故何新先生的《圣·孔子年谱》也将此事系于此年[2]。又据唐人陆广微所著《吴地记》记载,孔子曾登山望东吴阊门叹曰:"吴门有白气如练。"[3]又言吴王阖庐曾使人入太湖洞穴中探幽,得素书三卷,阖闾不识,乃请孔子辩之。孔子曰:"此夏禹之书,并神仙之事,言大道也。"[4]由于文献的缺失,孔子与子贡为何来到吴地,以及在吴地的具体活动,已不可考。然从吴王夫差微服以观孔子并曾向孔子请教"素书"可知,孔子在吴国的声望还是很高的,而这种声望当来源于孔子渊博的知识以及温良恭谦的儒家君子之风,这也为儒家学说在吴国的流传创造了一个良好的条件。

---

[1]《史记》卷四十七《孔子世家》,中华书局2014年版,第2318页。
[2] 参见何新《圣·孔子年谱》,中国民主法制出版社2008版,第213—214页。
[3] 陆广微撰,曹林娣校注:《吴地记》,江苏古籍出版社1999年版,第18页。
[4] 陆广微撰,曹林娣校注:《吴地记》,江苏古籍出版社1999年版,第78—79页。

三、孔子师郯子及孔望山的传说

郯子是春秋时郯国的君主，为少皞氏的后裔。郯国属于东夷人建立的国家。春秋时期，郯国的都城在今天山东省郯城县北，然春秋时期的郯国疆土，并不止于今山东省郯城县，而是从今之郯城县，向东直至大海，包括今天的江苏省连云港市及下辖的赣榆区、东海县等全部或部分土地。郯国与鲁国的关系很好，鲁襄公七年（前566）、鲁昭公十七年（前525），郯子曾两次来朝见鲁国君主。在第二次朝见时，郯子的学识得到了鲁人的认可，甚至连孔子都去拜见他，向他请教，《左传》对此有如下详细记载：

> 秋，郯子来朝，公与之宴。昭子问焉，曰："少皞氏鸟名官，何故也？"郯子曰："吾祖也，我知之。昔者黄帝氏以云纪，故为云师而云名；炎帝氏以火纪，故为火师而火名；共工氏以水纪，故为水师而水名；大皞氏以龙纪，故为龙师而龙名。我高祖少皞挚之立也，凤鸟适至，故纪于鸟，为鸟师而鸟名：凤鸟氏，历正也；玄鸟氏，司分者也；伯赵氏，司至者也；青鸟氏，司启者也；丹鸟氏，司闭者也。祝鸠氏，司徒也；鶛鸠氏，司马也；鸤鸠氏，司空也；爽鸠氏，司寇也；鹘鸠氏，司事也。五鸠，鸠民者也。五雉为五工正，利器用、正度量，夷民者也。九扈为九农正，扈民无淫者也。自颛顼以来，不能纪远，乃纪于近。为民师而命以民事，则不能故也。"仲尼闻之，见于郯子而学之。既而告人曰："吾闻之，'天子失官，学在四夷'，犹信。"①

东夷集团以鸟为图腾，故以鸟名为官，中原诸侯国不了解详情，郯子为叔孙昭子详细解释了少皞氏以鸟名为官的背景以及这些官职与中原诸侯国所对应的官职、职能。孔子此年二十七岁，听到郯子的言论之后，非常佩服，专门找到郯子，并向他学习东夷的官制，不禁发出"'天子失

---

① 杨伯峻注：《春秋左传注》，中华书局2009年版，第1386—1389页。

官,学在四夷',犹信"的感慨。

此次请教之后,大概孔子有感于郯子学识之渊博,想要了解更多的东夷文化,于是亲自前往郯国请教郯子。《说苑·尊贤篇》有孔子前往郯国的记载:

> 孔子之郯,遭程子于塗,倾盖而语,终日。有间,顾子路曰:"取束帛一以赠先生。"子路不对。有间,又顾曰:"取束帛一以赠先生。"子路屑然对曰:"由闻之也,士不中而见,女无媒而嫁,君子不行也。"孔子曰:"由,《诗》不云乎?'野有蔓草,零露漙兮;有美一人,清扬婉兮,邂逅相遇。适我愿兮'。今程子天下之贤士也,于是不赠,终身不见也。大德毋踰闲,小德出入可也。"①

孔子此次前往郯国,史籍未载时间,然郯子第一次朝鲁在鲁襄公七年(前566),第二次朝鲁在鲁昭公十七年(前525),前后相距四十余年。若两次朝鲁的郯子为同一人,则郯子第二次朝鲁时,当在六十岁以上,那么孔子前往郯国向郯子请教,必当与郯子第二次朝鲁时间接近。孔子来到郯国之后,与郯子曾有多次交往,主要请教东夷官制问题。今山东郯县存有问官祠,这说明二人在郯国国都有过交往。此后两人又一起登上望海楼望海,后人为纪念此事,将此山命名为孔望山。宋乐史《太平寰宇记》卷二十二"海州朐山县"条:"孔望山,在县西南一百六十里。《春秋□□□》云此山与郯城相近,当是孔子之郯问礼之时,因登此山,遂以名之。"②可见孔望山的得名就来自于孔子曾登此山望海。孔望山今在江苏省连云港市海州古城城东,山上有望海楼,相传是孔子望海之处。孔望山上还有问官台,大概孔子在此地也曾向郯子请教过官制的问题。相传孔子在此地登山望海之后,还想向东夷人民传播仁义,此地至今还流传着这样一个有趣的民间传说:

---

① 刘向撰,向宗鲁校证:《说苑校证》,中华书局1987年版,第197—198页。
② 乐史撰,王楚宁等点校:《太平寰宇记》,中华书局2007年版,第460页。

当地民间相传:当年孔子来郯子国,准备向东夷人传播"礼乐",即关于礼貌的学问。当时孔望山为大海包围。孔子登上孔望山,看到山下海滩上有无数招潮蟹在不停地挥动大螯,向前爬行。孔子非常惊讶,以为这些螃蟹正在向他挥手致敬。他转过身,对身边的弟子说:"这里连螃蟹都知道礼貌,我还有什么可讲的呢?"于是便起身回鲁国去了。[①]

虽然民间传说并非信史,然而孔子曾登此山的传说却一直在当地人口中流传。直到今天,当地人依然对这个久远的传说津津乐道。

除此之外,晋干宝《搜神记》、南朝沈约《宋书》等还记载有孔子到过丰沛之邦的事,说鲁哀公十四年(前481),孔子夜梦三槐之间,丰、沛之邦,有赤氤气起,乃呼颜回、子夏同往观之,遂遇赤松子乔,且预言周将亡,赤刘当起,陈、项为辅云云。[②] 此事最早见于汉代《孝经右契》,乃汉人所撰纬书,其文字本身荒诞不经,明显是为了给刘邦建立汉王朝提供法理依据而编造的谶纬迷信,不可据以为真,故不必深论。但根据以上材料综合考虑,孔子的足迹曾到达属于今江苏地域的丰、沛乃至吴地,还是很有可能的。

第三节　孔门弟子与早期儒学在江南的传播

商朝末年,泰伯奔吴,以仁义教化吴人。吴人义之,立为吴太伯。至吴王寿梦时期,吴国开始与中原诸侯国通使,中原文化尤其是保留周文化最为完整的鲁文化开始传入吴国。吴公子季札就受益于吴文化与鲁文化的熏陶,其谦谦君子的形象、仁爱的精神、深厚的礼乐修养,使其成为一位契合儒家理想君子人格的贤人。季札是一位深受吴人喜爱的公子,其与儒家思想的契合,也为儒学在吴地的传播打下了良好的基

---

① 转引自《亲历者》编辑部编著《亲历者旅行指南(上海、江苏、浙江、安徽)》(2010—2011 最新版),中国铁道出版社 2010 年版,第 160 页。

② 参见《宋书》卷二十七《符瑞上》,中华书局 1974 年版,第 766 页。

础。鲁哀公元年(前494),孔子五十八岁,吴国攻打越国,得到一枚"大骨",因吴国无人能识,于是吴使来到鲁国向孔子请教,这说明孔子作为一个具有渊博的知识的智人,其名声早已传到吴地,而孔子对"大骨"的解释,赢得了吴使"圣人"的赞许,这都有利于儒学在吴地的传播。又同一年,孔子与子贡游于吴地,夫差以君王之身,微服前去观看,这说明此时孔子已赢得吴王的尊重。大约十多年后,子游由吴地北上,不远千里前往鲁国追随孔子学习儒学,这正可以看作是孔子和儒学在吴地产生了巨大影响的一个结果。吴王夫差统治末年,子贡为了保存鲁国,前往吴国,说服吴王攻打齐国。子贡虽主要以霸王之道说吴王,其中也贯穿着儒学的精神,如其云:"夫勇者不避难,仁者不穷约,智者不失时,王者不绝世,以立其义。今存越示诸侯以仁,救鲁伐齐,威加晋国,诸侯必相率而朝吴,霸业成矣。"①仁、义、智都是儒家的重要概念,也是后来思孟学派"五行"仁、义、礼、智、圣的三种。大概因儒学在吴地有着广泛的影响,所以子贡的游说过程非常顺利。此后,子游、澹台灭明两位孔门弟子都在吴地传播儒学,这更大大促进了儒学在吴地的传播。

一、吴人子游及其儒学

孔子的弟子言偃,字子游,关于其生年及籍贯皆有两说:第一,《史记》云其是吴人,少孔子四十五岁;第二,《孔子家语》云其是鲁人,少孔子三十五岁。关于这两说哪个为真,前人曾有不少争论。我们认为当以《史记》之说为是,其原因有二:首先,"吴人说"于《礼记》有证。《礼记·檀弓上》云:"将军文子之丧。既除丧而后越人来吊。主人深衣练冠,待于庙,垂涕洟。子游观之曰:'将军文氏之子,其庶几乎,亡于礼者之礼也,其动也中。'"②此处之"越人"当指包括子游在内前来吊唁的人。吴国为越国所灭,《礼记》称其为"越人",亦属正常。《礼记·檀弓篇》是经过"孔子及其弟子、再传弟子先后写定一些章节,直到战国晚年,才有

---

① 《史记》卷六十七《仲尼弟子列传》,中华书局2014年版,第2672页。
② 《礼记·檀弓上》,阮元校刻:《十三经注疏》,中华书局1980年版,第1286页。

人参考《左传》《国语》和其他儒家文献,整理编纂成目前我们看到的面貌"①。此段文字极有可能就是七十子或其后学写定。其称子游为"越人",这是吴人说的一个有力证据。除了《礼记》记载之外,吴地有很多与子游有关的名胜。如唐司马贞《史记索隐》云"今吴地有言偃冢"②,唐陆广微《吴地记》记载吴地有"言偃宅""圣井"③"言偃桥""信义桥""文学桥"④等与子游有关的名胜,而鲁地则无此方面的名胜。其次,"鲁人说"证据不足。"鲁人说"于文献属于孤证,后人所主的依据是"吴之去鲁,远矣。若涉数千里而北学于中国,此不可多得之事。《传记》所记子游言行多矣,何以皆无一言及之"⑤?崔述之语完全属于臆测。吴鲁虽远,然春秋后期两国交往频繁,而孔子此时在吴国已经有了很高的声誉,子游前往鲁地学习并非难事。综上所说,《史记》的记载较《孔子家语》可靠,子游属于吴人殆无可疑,其生年也当据《史记》,当在鲁定公三年(前507)。子游学成之后,曾任武城宰。在孔子死后,其又返回吴地传播儒学,对于儒学在南方的传播起到了重要作用。关于子游之卒年,文献皆无记载,曹家俊先生发现《重修常昭合志》中曾有"殁于贞定王二十六年(前443)"的记载⑥,若依此,子游活了六十四岁。

子游属孔门十哲之一,列在文学之首,其礼乐的修养在孔门中属最高。《礼记·檀弓》篇保存有多条子游论礼之文献,从中可见他的礼学修养比曾子、有若都高,对礼的运用也更加灵活,如:

> 曾子袭裘而吊,子游裼裘而吊。曾子指子游而示人曰:"夫夫也,为习于礼者,如之何其裼裘而吊也?"主人既小敛,袒括发,子游趋而出,袭裘带绖而入。曾子曰:"我过矣!我过矣!夫夫是也。"⑦

---

① 王锷:《礼记成书考》,中华书局 2007 年版,第 268 页。

② 《史记》卷六十七《仲尼弟子列传》索隐,中华书局 2014 年版,第 2675 页。

③ 陆广微撰、曹林娣校注:《吴地记》,江苏古籍出版社 1999 年版,第 54 页。

④ 陆广微撰、曹林娣校注:《吴地记》,江苏古籍出版社 1999 年版,第 158 页。

⑤ 崔述:《洙泗考信馀录》,商务印书馆 1937 年版,第 68—69 页。

⑥ 参见曹家俊《关于子游的生卒年》,《文献》1982 年第 11 期。

⑦ 《礼记·檀弓》,阮元校刻:《十三经注疏》,中华书局 1980 年版,第 1285 页。

当时主人还没有小敛,按照礼的规定,应该袒外衣而露裼衣。子游就是这样做的,曾子却掩上裼衣,不使裘露在外边,这是不合于礼的。而主人小敛以后,子游才掩上裼衣,穿着经服而入,终于使曾子认识到了自己的错误。可见当时礼的规定确实是比较烦琐的,甚至如孔子弟子曾子、有若也有违礼的时候。但《论语》《礼记》中却无子游违礼的行为,而孔子也从未批评过子游。子游"不仅领会礼之仪,更通晓礼之义和礼的内在精神,并能加以灵活运用"①,如其批评子夏门人之语:"子夏之门人小子,当洒扫、应对、进退,则可矣。抑末也,本之则无。如之何?"(《论语·子张》)子夏之门人只注重"洒扫、应对、进退"等礼之仪,对于礼的内在精神却不能深入理解,所以遭到了子游的批评。子游不仅通晓礼,而且还自觉将礼乐思想贯彻在政治实践之中,从而使礼乐的教化的功能得到充分发挥,如《论语·阳货》记载:

> 子之武城,闻弦歌之声。夫子莞尔而笑,曰:"割鸡焉用牛刀?"子游对曰:"昔者偃也闻诸夫子曰:'君子学道则爱人,小人学道则易使也。'"子曰:"二三子!偃之言是也。前言戏之耳。"

子游秉承孔子"道之以礼"的治理思想,以礼乐来教化百姓,并在自己的政治实践中认真落实,以期达到移风易俗,最终实现儒家治世的目标。即使在武城这么一个小地方,他也在不折不扣地实施儒家的政治理想。

大同、小康社会是儒家社会理想的蓝图。据梁涛先生的研究,"大同""小康"指两个不同的历史发展阶段,"大同"主要指"天下为公"的理想社会,主要存在于上古时代,施行禅让制;"小康"主要指"天下为家的现实社会",指"大道既隐"的禹、汤、文、武、成王、周公的时代,施行世袭制。②《礼记·礼运》详细地阐述了儒家的这一社会理想,以子游问、孔子答的形式来结构全篇,是儒家的一篇重要礼学论文。关于其作者,许

---

① 蔡树才:《子游思想述考——结合出土楚简文献的探讨》,《华中学术》第十辑,2014年,第83页。
② 参见梁涛《郭店竹简与思孟学派》,中国人民大学出版社2008年版,第158—165页。

多学者认为是子游自撰①。但这种宣扬"天下为公"的禅让思想实际上流行在战国中期,孔子时代尚不盛行,故其产生在战国时期的可能性更大。《礼运》的作者即便不是子游本人,也有可能是此时子游一派的儒者。

子游的思想在战国时影响很大。战国末年,荀子在《非十二子》中专门批评子游氏之儒"偷儒惮事,无廉耻而耆饮食,必曰君子固不用力;是子游氏之贱儒也"②,可见此时信奉子游学说者为数不少。但荀子却认为他们嗜于饮食而无廉耻之心,偏离了子游所倡导的儒学精神,所以指责他们为"贱儒"。荀子为何如此指责子游氏之儒呢? 新出上博简为我们提供了原因,《子道饿篇》云:

> 鲁司寇奇(寄)言游于逡楚,曰:"除乎! 司寇将见我。"门人既除,而司寇不至。言游去,司〔寇〕"将焉往?"言游曰:"食而弗与为礼,是兽攻畜之也。偃也修其德行,以受兽攻之食于子,于偃违,于子损,于是乎何待?"遂行。至宋、卫之间,其一子道饿而死焉。门人谏曰:"吾子齿年长矣,家姓甚急,生未有所定,愿吾子之图之也。"言游……③

"食而弗与为礼,是兽攻畜之也",鲁司寇不以礼来待子游,子游觉得是被当作兽而蓄之,所以辞别鲁司寇,最终在鲁卫之间发生了儿子饿死的悲惨事件,但这并没有改变子游的决心。后面的文章遗失了,但必定是子游批评门人之文。子游生前既有门人为了饮食而改变内心之志,其死后这种情况只会变得更加严重,大概正是这些弟子败坏了子游氏之儒的名声,所以子游氏之儒后来遭到了荀子的激烈批评。子游的话语

---

① 康有为《孟子微·序》认为《礼运》是子游所作,然没有举出证据;任铭善《礼记目录后按》通过《礼运》称谓的考订,认为作者是子游自记;王锷《礼记成书考》认为《礼运》是子游所记,然经过后学的整理,故掺入了许多战国时期的阴阳家的思想。

② 王先谦集解:《荀子集解》,中华书局 1988 年版,第 105 页。

③ 本文见于《上海博物馆藏战国楚竹书(八)》,最早由濮茅左先生释文,其中问题不少,学者们曾对此提出了许多补正。此处采用的释文据复旦大古文字专业研究生联合读书会《上博八〈子道饿〉校读》,复旦大学出土文献与古文字研究中心网站:http://www.gwz.fudan.edu.cn/Web/Show/1591。

很容易使我们想到《论语·为政篇》孔子对其的教导,其云:

> 子游问孝。子曰:"今之孝者,是谓能养。至于犬马,皆能有养;不敬,何以别乎?"

孔子除了讲究孝,还讲究敬,如若不敬,则与蓄养禽兽同,而子游也说"食而弗与为礼,是兽攻畜之也",这与孔子是一脉相承的,可见子游在生活中,一直实践着孔子的教导。

荀子在《非十二子》中亦云:

> 略法先王而不知其统,犹然而材剧志大,闻见杂博。案往旧造说,谓之五行,甚僻违而无类,幽隐而无说,闭约而无解。案饰其辞而祇敬之,曰:此真先君子之言也。子思唱之,孟轲和之,世俗之沟犹瞀儒,嚾嚾然不知其所非也,遂受而传之,以为仲尼、子游为兹厚于后世,是则子思孟轲之罪也。①

荀子在此批评思孟一系的儒者将"五行"学说归为传承自孔子、子游,可见在荀子看来,思孟一系的儒者所倡导的"五行"学说并不是传自孔子、子游。但思孟一系的学者之所以会有如此做法,大概是要借助孔子、子游的威望来扩大自己学派的影响力。这也从侧面反映出子游在战国时期的儒家学者心中具有较高的地位。近人康有为、梁启超、郭沫若等人都认为思孟学派所传的正是子游氏之儒。② 实际上传世文献中并没有提供这样的证据,但郭店楚简的出土,使许多学者将二者联系在了一起。郭店楚简中的儒学著作如《缁衣》《五行》《鲁穆公问子思》等,一般被认为是思孟学派的著作,而其中《性自命出》一文,则被许多学者认为出自子游,其主要依据就是《性自命出》有一段话可以与《礼记·檀弓下》中子游的话语进行对读,如《性自命出》云:

---

① 王先谦集解:《荀子集解》,中华书局1988年版,第94—95页。
② 参见梁涛《郭店楚简与思孟学派》,中国人民大学出版社2008年版,第50—52页。

喜斯陶,陶斯奋,奋斯咏,咏斯犹,犹斯舞。舞,喜之终也。愠斯忧,忧斯戚,戚斯叹,叹斯辟,辟斯踊。踊,愠之终也。

《礼记·檀弓下》云:

子游曰:"礼有微情者,有以故兴物者,有直情而径行者,戎狄之道也,礼道则不然。人喜则斯陶、陶斯咏、咏斯犹、犹斯舞、舞斯愠、愠斯戚、戚斯叹、叹斯辟、辟斯踊矣。"①

对读可知,二者句法相似,显然具有一定的关系。相比而言,《性自命出》句意更加完整,《檀弓下》似乎有脱文,导致语句不可解读。总之,子游与《性自命出》的确有很大的关系,《性自命出》即使不出于子游,也极有可能是其弟子之作。鉴于此,许多学者便认为思孟学派出自子游②。应该承认,子游是孔子之后礼乐修养最高的孔门弟子,子思又主要是在孔门弟子的影响下长大的,受其影响是很正常的。其实不止子游,子夏、子张亦"皆有圣人之一体"(《孟子·公孙丑上》),他们都可能教导并影响过作为圣人之后的子思,至于影响有多大,以及思孟学派是否出自子游,还需要新的文献来证明。

但不论如何,出自江苏地域的吴人言偃子游,在孔门弟子中是一位对后来儒学发展有着不可忽视的作用的关键人物。据说孔子曾说过:"吾门有偃,吾道其南。"③可见其对于儒学在江南地区的传播,有着不可忽视的意义。正如明代徐缙指出的:"迨言公北学,而孔子之道渐于吴,吴俗乃大变。千载之下学者益众,家诗书而户礼乐,东南学道之宗实言

① 《礼记·檀弓下》,阮元校刻:《十三经注疏》,中华书局 1980 年版,第 1304 页。
② 姜广辉先生认为子思之学出于子游,孔子、子游、思孟学派构成了儒学正统,即所谓的"弘道派",具体可参见姜广辉《郭店楚简与道教收系》《中国哲学》第十一辑,生活·读书·新知三联书店 1934 年版。梁涛先生认为可以把子游、曾子学派归入思孟学派的酝酿期,具体可参见梁涛《郭店竹简与思孟学派》,中国人民大学出版社 2008 年版,第 102—183 页。曹建国先生甚至直接认为《性自命出》是子游的作品,不管管子游与思孟学派是否有直接的师承关系,子游对思孟学派产生的影响则是不争的事实,具体可参见曹建国《楚简与先秦〈诗〉学研究》,武汉大学出版社 2010 年版,第 132—157 页。
③ 费崇朱:《孔子门人考》,转引自闻立鼎《言子琐考》,《传统文化研究》第十四辑,群言出版社 2006 年版,第 56 页。

氏启之。"①

二、澹台灭明与早期儒学的南传

澹台灭明,姓澹台,名灭明,字子羽,鲁国武城人。其年龄少孔子三十九岁(《史记·仲尼弟子列传》)。一说少孔子四十九岁(《孔子家语·七十二弟子解》)。澹台灭明是孔子晚年的弟子,是子游最先发现他的才能并推荐给孔子的。《论语·雍也》云:

> 子游为武城宰。子曰:"女得人焉尔乎?"曰:"有澹台灭明者,行不由径,非公事未尝至于偃之室也。"

澹台灭明走路不抄捷径、不走小道,非公事不去子游之室,可见他是个不投机取巧,不搞歪门邪道,光明正大的坦荡君子,故而得到了子游的信任与赞赏。据《史记》记载,澹台灭明容貌甚丑,初侍奉孔子的时候,"孔子以为材薄。既已受业,退而修行,行不由径,非公事不见卿大夫"②。汉人包咸《论语章句》注曰:"言其公且方也。"③可见澹台灭明的前后举止一致,行为公正且方,具有古君子之风。另外澹台灭明还具有一颗仁爱之心。《大戴礼记·卫将军文子》云:"贵之不喜,贱之不怒,苟于民利矣,廉于其事上也,以佐其下,是澹台灭明之行也。孔子曰:'独贵独富,君子耻之,夫也中之矣。'"④澹台灭明不以贵贱为喜怒,却以民事为重,苟有利于民,则努力去做,所以得到了孔子的赞扬。

澹台灭明学成之后,并没有留在鲁国,而是南下吴楚之地广泛宣扬儒学。《史记·仲尼弟子列传》云:

---

① 徐缙:《学道书院记》,陈谷嘉、邓洪波主编:《中国书院史资料》,浙江教育出版社 1998 年版,第 577 页。

② 《史记》卷六十七《仲尼弟子列传》,中华书局 2014 年版,第 2680 页。

③ 何晏集解,皇侃义疏:《论语集解义疏》,《丛书集成初编》,中华书局 1985 年版,第 75 页。

④ 方向东:《大戴礼记汇校集解》,中华书局 2008 年版,第 645—646 页。

（澹台灭明）南游至江，从弟子三百人，设取予去就，名施乎诸侯。孔子闻之，曰："吾以言取人，失之宰予；以貌取人，失之子羽。"[1]

澹台灭明南渡长江，广泛接纳弟子，教授儒学，于是声名显赫于诸侯之间，连孔子都不得不感叹自己"以貌取人，失之子羽"。澹台灭明此后一直在南方讲学，为儒家思想在南方的传播作出了巨大的贡献。鉴于澹台灭明所做出的贡献，东汉明帝永平十五年（72），澹台灭明作为孔门七十二贤之一，其塑像被安置在曲阜孔庙大成殿前西庑内从祀孔子；唐玄宗开元二十七年（739），被追封为"江伯"；宋真宗大中祥符二年（1009），升为"金乡侯"；明嘉靖九年（1530），改称"先贤澹台子"；明天启四年（1624），就附祀于费县关阳镇"二贤祠"；清乾隆三十一年（1766），费县关阳司巡检胡世祚把澹台灭明由从祀曾子和子游升为主祀，从而"二贤祠"又改名"三贤祠"。今苏州市吴中区东南有澹台湖，战国时期为陆地。相传澹台灭明南游至此，在此结庐讲学，传播儒家学说，唐陆广微《吴地记》云："澹台湖在吴县东南十里。孔子弟子澹台灭明，字子羽，宅限为湖，湖侧有坟。"[2]后此地塌陷成湖，当地人民为了纪念这位先贤，于是把湖泊命名为澹台湖。

三、战国时期吴地的儒学

吴王夫差二十三年（前473），吴国被越国所灭，故吴之地为越国所有，越国将疆界北推到齐鲁边境。与吴国文化相比，越国文化不甚发达，越人断发文身，尚武轻死，这与讲究仁义的儒家文化大不相同。关于越国统治时期的吴地学术成果，传世典籍中未见。1983年12月至1984年1月，湖北省荆州博物馆在江陵张家山发掘了三座西汉时期的古墓，其中编号M247的汉墓出土了兵书《盖庐》，当属此一时期的著

---

[1]《史记》卷六十七《仲尼弟子列传》，中华书局2014年版，第2680页。
[2] 陆广微撰，曹林娣校注：《吴地记》，江苏古籍出版1999年版，第41页。

作。盖庐即吴王阖庐，"盖、阖乃同音通假。典籍训'何也'的盍字，或作盖、阖"①。阖庐是春秋晚期吴国君主，伍子胥是春秋晚期吴国名臣。《盖庐》大概便是战国时期吴地的学者拾掇伍子胥的言论而成②，极有可能就是《汉书·艺文志》所著录的兵技巧家中《伍子胥》十篇中的一篇。《盖庐》共有竹简五十五枚，书题写于末简背面，共有九章，各章均以盖庐的提问开始，内容以申胥（伍子胥）的回答为主。《盖庐》主要涉及治国之道与用兵之道，其中又以用兵之道的内容最为丰富。《盖庐》内容驳杂，兵家、阴阳家、黄老道家、儒家等各家思想在其中都有一定的反映，这说明其作者已注意吸收各个学派的优点，从而为己所用。《盖庐》的作者也注意到儒家学说在治理国家中的作用，如其云：

> 盖庐问申胥曰：凡有天下，何毁何举，何上何下？……申胥曰：凡有天下，无道则毁，有道则举。行义则上，废义则下。治民之道，食为大葆，刑罚为末，德正（政）为首。③

《盖庐》的作者认为治理天下当合乎道义，要想合乎道义，就必须以德政为首，以刑法为末。德与刑的关系是先秦思想家热烈讨论的一个重点。儒家认为治国应当以德为主，以刑为辅，如孔子云"为政以德，譬如北辰，居其所而众星共之"（《论语·为政》）；"道之以政，齐之以刑，民免而无耻；道之以德，齐之以礼，有耻且格"（《论语·为政》）。以德、礼来教化百姓，才能使百姓正直且知羞耻。《盖庐》的作者认同儒家的德政观，认为治理百姓，当以施德为首，以刑罚为末，这样才能达到"治为人长久"的功效。除了施行德政之外，还要去除不服管教的害民者，其云：

---

① 曹锦炎：《吴越历史与考古论丛》，文物出版社 2007 年版，第 37 页。

② 案：关于《盖庐》的成书年代，有伍子胥自撰说（吴荣曾《盖庐初探》等）、战国早期说（曹锦炎《论张家山汉简〈盖庐〉》等）、战国晚期说（邵鸿《张家山汉简〈盖庐〉研究》等）等。考之此文乃兵家之书，兵书多应实际需要而生，考虑到越国统治时期，兵事频繁，而越亡之后，吴地战乱不多，故本文赞同曹锦炎先生的观点，认为《盖庐》产生在战国早期。

③ 张家山二四七号汉墓竹简整理小组编著：《张家山汉墓竹简（二四七号墓）》（释文修订本），文物出版社 2006 年版，第 161 页。

盖庐曰：天之生民，无有恒亲，相利则吉，相害则减。吾欲杀其害民者若何？申胥曰：贵而毋义，富而不施者，攻之。不孝父兄，不敬长傻者，攻之。不兹（慈）樫弟，不入伦雉者，攻之。商贩贾市，约买（价）强买不已者，攻之。居里不正直，强而不听□（里）正，出入不请者，攻之。公耳公孙，与耳□门，暴敖（骜）不邻者，攻之。为吏不直，狂（枉）法式，留难必得者，攻之。不喜田作，出入甚客者，攻之。常以夺人，聚以无亲，喜反人者，攻之。此十者，救民道也。①

《盖庐》的作者列举了十种②害民的行为，其中多种都是因为违背了儒家的伦理观，如"贵而毋义，富而不施者"违背了义；"不孝父兄，不敬长傻者"违背了孝；"不兹（慈）樫弟，不入伦雉者"违背了悌；"常以夺人，聚以无亲，喜反人者"违背了忠；"居里不正直，强而不听□（里）正，出入不请者"违背了直。这些之所以是害民的行为，都是因为违背了儒家所提倡的义、孝悌、忠、直等伦理价值观。可见在《盖庐》的作者看来，儒家所提倡的伦理观是维持社会稳定的重要工具，所以对于违背儒家伦理观的行为，要坚决予以惩罚。《盖庐》的作者认为只有施行德政以及以儒家的伦理观来教化百姓，这样国家才能强盛，这是决定军事胜负的先决条件。儒家学说本就与吴地传统价值观有着较为密切的联系，孔子创立儒家学派之后，其与弟子子贡、子游、澹台灭明等都曾入吴传播过儒家学说。孔子本人也曾赢得吴使"圣人"的赞誉，这都为儒家学说在吴地的传播创造了有利条件。进入战国之后，虽然吴地为越国所有，越人尚武争强，与儒家柔弱好文的价值观不同，但一个地方长期流行价值观并非武力可以轻易改变。《盖庐》的作者便把吴地流行的儒家的一些价值观融入军事领域之中，企图通过整理内务，以达到强国强军的目的。

战国时期，越国虽曾在勾践等几位越王的苦心经营之下，一度强盛，然终因内乱频繁，导致政局混乱、社会动荡、国力转衰，并在周赧王九年（前306）被楚威王所败。故吴之地又全部为楚国所占据。吴之地

① 张家山二四七号汉墓竹简整理小组编著：《张家山汉墓竹简（二四七号墓）》（释文修订本），文物出版社 2006 年版，第 167 页。
② 案：实有九种，疑有脱简。

入楚国后,楚国并未立即设郡进行有效治理,直到楚考烈王十六年(前247),春申君黄歇献出淮北十二县,请封于江东,于是考烈王将江东之地分封给春申君。春申君在故吴之地设立都邑,疏通河道,抑制水患,促进了吴地的开发。春申君是战国晚期楚国著名的政治家、军事家。楚考烈王八年(前255),他曾带兵灭掉鲁国,任命大儒荀卿为兰陵(今山东枣庄兰陵)令。后春申君一度因听信谗言,使得荀子离楚归赵。但不久荀子又被请回,复任兰陵令,直到春申君在考烈王二十五年(前238)去世后才被废。荀子在兰陵长期为令,被废后在此著书讲学,时间长达十年之久。其间大批学者来此求学,浮丘伯便在此时拜荀子为师。兰陵之地与今苏北之地相接,荀子长期在此推行教化,使得此地在一段时间内成为儒学传播的中心地区。所以到了战国至秦时期,楚元王刘交、穆生、白生、申培等爱好儒学者都拜荀子弟子浮丘伯为师,当与荀子长期在此讲学有关。这四人乃是楚人、鲁人,所居都距兰陵不远,而江东之地与兰陵自春秋时期便有大道相通,吴鲁频繁通使便是证明。虽今所见文献之中,未有荀子前往江东的记载,但是荀子作为战国末年的大儒,又得到春申君的礼遇,其学说传入江东也是极可能的事,可惜此一时期文献残缺,具体已不可考。

除此之外,据《史记·仲尼弟子列传》记载,江东人矫子庸疵曾受《易》于楚人馯臂子弘(弓),馯臂子弘(弓)受《易》于孔子弟子商瞿,可知战国时期,吴地的儒学也是一直在流传着,矫子庸疵便在《易》传播中占据着重要一环。可惜文献不足,战国时期吴地的儒学传播情况已不可确知。

先秦时期的江苏地域虽非华夏文化策源的核心地带,但到了春秋战国时期,江苏地域所在之吴、楚、越与北方各诸侯国之间的交流已日渐频繁。江苏地域作为圣人孔子诞生地鲁国的近邻,在儒学形成初期即与孔子和儒学有某种渊源关系,孔门弟子子游、澹台灭明在吴地传播儒学,在江苏地域撒下了儒学发展的种子。这些都为后来江苏儒学史的发展奠定了基础。

第二章 刘氏尊儒术,楚吴多经师
——两汉时期的江苏儒学

  秦朝的统一,结束了战国七雄纷争的局面,秦朝建立了中央集权的帝国政治体制。为了维护新型的中央集权大一统帝国的统治,秦朝奉行法家以严刑峻法为特色的政治理论来治理天下,后来甚至禁绝包括儒家学说在内的百家之学,给学术文化的自由发展和流传造成了严重的伤害。秦朝的暴政激化了各种社会矛盾,最终导致天下群起反秦抗暴,秦朝二世而亡。值得注意的是在推翻秦朝的起义中,江苏地域人士起了重要作用。继陈胜、吴广在大泽乡揭竿而起后,天下群起响应,其中尤以下相(今江苏宿迁)人项羽与沛(今江苏徐州丰县)人刘邦所率领的队伍势力最大。最终刘邦击败项羽,建立汉朝。

  汉朝建立之后,"马上得天下"的刘邦最初尚未意识到儒学在治理天下中的作用,后经过叔孙通、陆贾等人的劝谏,他逐渐意识到了儒学的价值,慢慢改变了对儒学的态度。文、景二帝喜好黄老刑名之学,对儒学兴趣不大。但文帝时已开始立经学博士,在客观上促进了儒学的发展。武帝即位之后,不满于文、景时期的清静无为的统治策略,渴望有所作为,于是在董仲舒的建议下"罢黜百家,独尊儒术",又立五经博士,兴太学,使得儒学从诸子百家之中脱颖而出,成为汉帝国的统治思想,对汉代政治以及整个中国古代的社会都产生了深远的影响。

  两汉时期,江苏儒学取得了较大的发展,主要表现在以下几个方面:第一,祖籍沛县的刘氏集团开历代帝王崇儒的先河,奠定了儒家思想此后两千年作为统治意识形态的格局;第二,江苏地区产生了一批在儒学史上占有重要地位的儒家经师学者,如刘向、刘歆,他们对儒家典籍的整理和传授,为儒家文化源远流长的发展做出了重要保证;第三,江苏诞生了多位在汉代思想史上具有重要地位的儒家思想家、政治家,如陆贾,他对先秦儒家思想进行改造,使得儒学能够适应新生的政权,改变了汉高祖刘邦对儒学的态度,为儒学的发展赢得了帝王的支持。又如曾在江苏任职的董仲舒,他的建议直接导致了汉武帝采取"独尊儒术"的文化政策。此外,两汉时期江苏儒学的发展还在于今江苏地域上的各个郡国都有许多儒生在此传播儒学,这保证了儒学在江苏地区不断发展,更为魏晋南北朝时期江苏儒学的繁荣奠定了基础。

第一节　汉王朝对儒学的大力提倡

春秋战国时期,儒学虽然在社会上有相当大的影响力,孔子、孟子、荀子等儒家大师也都曾周游列国,积极宣扬儒家学说,但都以失败告终。此时的时代主题是战争,各诸侯国国君都先后采用法家学说对社会进行改革,以图富国强兵,争雄称霸。最终由比较彻底实施变法改革的秦国统一了天下。统一天下之后的秦国仍然以法家学说治理天下,并在秦朝末年禁绝儒学,给儒学的发展带来了灭顶之灾。幸而秦朝速亡,此一政策执行时间较短,加之许多儒者用尽各种方法来保存儒籍,使得儒学在汉初很快便恢复了元气。起自江苏地域的汉朝刘氏皇族统治者从秦朝二世而亡的历史教训中逐渐懂得了"逆取顺守,文武并用"的治国之道,转而积极发展文教,并最终选择将儒家学说作为统治思想。汉朝统治者对儒学的支持,使得儒学在汉代一步步走向繁荣,不仅为汉朝的长治久安作出了贡献,而且也为整个二千年中央集权皇朝的统治奠定了思想基础。

一、沛人刘邦对儒学的认知过程

刘邦(前256—前195),字季,沛县丰邑(今江苏徐州丰县)人,汉代开国皇帝。刘邦少年在魏国度过,入秦后为泗水亭长。秦二世元年(前209),陈胜事起,刘邦从而响应,被尊为沛公,不久投奔项梁,被封为武安侯。汉元年(前206)十月,刘邦进军霸上,秦王子婴向刘邦投降,秦朝灭亡。秦亡之后,刘邦被封为汉王,后经过五年的战争,最终打败项羽,即皇帝位,成为汉代开国之君。

刘邦出身草莽,少时不事生产,好酒与色,有任侠之风。受此影响,他一直不喜欢儒生,如郦食其见刘邦之前,刘邦麾下骑士提醒他"沛公不好儒,诸客冠儒冠来者,沛公辄解其冠,溲溺其中。与人言,常大骂。未可以儒生说也"①。可见刘邦不仅不喜欢儒生、儒术,甚至连穿着儒服的士人都不喜欢,并且时常做出一些侮辱儒生的举止。郦食其谒见之时,"沛公方倨床使两女子洗足,而见郦生"②。"倨"指伸开腿坐着,乃是一种极其无礼的待客方式,加之令两个女子洗脚,更突出了对郦食其的轻蔑。大儒叔孙通初降汉时,由于身穿儒服而遭到刘邦的憎恶,等到他换上楚服短衣,刘邦才一改之前的憎恶之情。汉初大儒陆贾在刘邦面前常常称说《诗》《书》,刘邦骂之曰:"乃公居马上而得之,安事《诗》《书》!"③综上可知,刘邦本是草莽出身,自身文化水平不高,在称帝之前,紧张的军事斗争是其面临的头等大事,政治、文化建设尚不是当务之急,此时他还未认识到儒学在战后国家建设中的价值。

刘邦称帝之后,在大儒叔孙通与陆贾的影响下,逐渐认识到了儒学在政治、文化建设中可以起到的巨大作用,因此改变了前期对儒学的态度。叔孙通,秦朝博士,陈胜事起后,逃归项梁,后降刘邦,被拜为博士。叔孙通虽是儒学博士,但并非腐儒,而是通儒。他深知儒学在战争时期虽不能发挥很大作用,但其价值终究会被人们认识,所以一直在等待时

---

① 《史记》卷九十七《郦生陆贾列传》,中华书局2014年版,第3262页。
② 《史记》卷九十七《郦生陆贾列传》,中华书局2014年版,第3262页。
③ 《史记》卷九十七《郦生陆贾列传》,中华书局2014年版,第3269页。

机。汉五年(前202),刘邦平定天下,即皇帝位。叔孙通为刘邦设计了登基大典,儒学开始在汉王朝的国家建设中发挥作用。汉初,由于刘邦及众大臣皆起于草莽,不懂朝廷礼仪,故群臣常常在朝堂之上饮酒争功,醉或妄呼,拔剑击柱,甚为刘邦所厌恶。叔孙通便采古礼及秦朝的礼仪,率领弟子们为汉王朝设计出了一套新的礼仪,并在汉高祖七年(前200)长乐宫建成之时得以运用。其结果是大臣皆尊卑有序,无敢失礼,刘邦观后大悦,曰"吾乃今日知为皇帝之贵也"①。汉八年(前198),刘邦封叔孙通为太子太傅,表明他已经认识到儒学的价值,有意识让未来的接班人刘盈也接受儒学的熏陶。汉朝初建,朝堂礼仪法度皆缺,叔孙通为朝廷制定出了一整套礼仪,又推荐了大批儒生担任朝廷官职,为儒学在西汉的复兴作出了重要贡献,故司马迁赞之为"汉代儒宗"。

叔孙通以儒学的实际功用赢得了刘邦的信任,陆贾则以治乱兴亡的历史教训使刘邦明白了儒学的重要价值。当刘邦表达出儒家经书《诗》《书》无用之时,陆贾对刘邦说:"居马上得之,宁可以马上治之乎?且汤武逆取而以顺守之,文武并用,长久之术也。昔者吴王夫差、智伯极武而亡;秦任刑法不变,卒灭赵氏。乡使秦已并天下,行仁义,法先圣,陛下安得而有之?"②陆贾以前代兴亡之事为诫,告诉刘邦天下可以马上取之,却不可马上守之,夫差、智伯、秦朝就是例子,因此必须向汤、武学习,逆取顺守,文武并用。陆贾的谏言得到了刘邦的认可,他让陆贾著"秦所以失天下,吾所以得之者何,及古成败之国"③,以作为自己治理国家的参考。经过叔孙通、陆贾等人的谏言,并且亲身感受到了儒学在国家建设中的巨大功用,刘邦渐渐地改变了对儒学的认知。高祖十二年(前195),刘邦过鲁,以大牢祠孔子,开中国古代帝王祭祀孔子的先河;还在鲁南宫接见了大儒浮丘伯及其弟子申培公。另外,《古文苑》中保存了几条刘邦《手敕太子文》,其一云:

> 吾遭乱世,当秦禁学,自喜,谓读书无益。洎践祚以来,时方省

---

① 《史记》卷九十九《刘敬叔孙通列传》,中华书局2014年版,第3298页。
② 《史记》卷九十七《郦生陆贾列传》,中华书局2014年版,第3270页。
③ 《史记》卷九十七《郦生陆贾列传》,中华书局2014年版,第3270页。

书,使人知作者之意,追思昔所行,多不是。①

刘邦自云少时遭乱世,不喜读书,也没有认识到读书的重要性,直到登基以后,才知道读书的重要性,认识到以前行为的不是,因此要求太子刘盈多读书。刘邦享国时间不长,再加上此时帝国初建,儒学尚未在其中充分发挥应有的价值。但刘邦开两汉帝王崇儒之先河,为儒学在两汉时期的兴盛奠定了基础。

二、武帝时期的独尊儒术

汉高祖之后,惠帝仁爱,颇有儒者之风,然仅享国七年,大权又归于吕后。其间于儒学发展可称道者唯有惠帝四年(前191)"除挟书律"②,此举有利于儒学典籍的复出以及儒学的传承与发展。文、景二帝皆好刑名之学,以黄老之术治天下,不任儒生。然汉文帝时设立经学博士,虽其职能只是具官待问,但对于经学的发展影响很大。汉武帝刘彻即位之初,便招贤良,"议立明堂。遣使者安车蒲轮,束帛加璧,征鲁申公"③,又以赵绾、王臧等儒生为公卿,先后任用爱好儒术的窦婴、田蚡为丞相,意欲倡导儒学。武帝的行为遭到了窦太后的反对,其试图任用儒生的举措并没有延续下去。不久赵绾、王臧均下狱自杀,窦婴、田蚡皆被免相。虽然窦太后的存在使得武帝尊儒的活动受到挫折,但武帝尊儒的决心并没有被打消。建元六年(前135),窦太后崩,制约武帝崇尚儒学的势力已经不存在了。武帝便开始大批征召儒学之士,对儒学的发展起到了积极的推动作用。

武帝对汉代儒学发展的贡献主要表现在四个方面:

第一,政治上大量任用儒生,儒生开始大量参与国家政治。武帝初即位,便以赵绾、王臧等儒生为公卿,后又任用爱好儒术的窦婴、田蚡为相。窦太后崩后,又任用毫无背景的大儒公孙弘为相。其中公孙弘为

---

① 章樵:《古文苑》,文渊阁《四库全书》,台湾商务印书馆1986年版,第1332册,第651页。
②《汉书》卷二《惠帝纪》,中华书局1962年版,第90页。
③《汉书》卷六《武帝纪》,中华书局1962年版,第157页。

相所产生的影响最大。公孙弘(前200—前121),菑川薛(今山东青州北)人。少时为狱吏,后因罪被免。年四十开始学《春秋》,年六十被征召为贤良,后被免。元光五年(前130),公孙弘再次被征召为贤良。此次对策深得武帝赞赏,故拜为博士,后升为丞相,乃汉代第一个因儒学而升为丞相的人。公孙弘为丞相,不仅常延揽儒生,奖励后进,积极推动儒学的发展,而且其为相本身,对儒生有较大的激励作用。自此之后"公卿大夫士吏彬彬多文学之士矣""天下学士靡然乡风矣"①。

第二,思想上"罢黜百家,独尊儒术",儒学独尊的地位得以确立。元光元年(前134),武帝令郡国举贤良文学之士,董仲舒亦被举荐,并奏上著名的"天人三策",正式提出"罢黜百家,独尊儒术"的主张。汉初废除"挟书令"后,各家典籍先后重出,治各家学说的学者如雨后春笋般出现。而此时汉帝国崇尚黄老之学,黄老之学本就"因阴阳之大顺,采儒墨之善,撮名法之要"(《论六家要旨》),不排斥各家学说。故汉文帝所立的博士之中,不仅有经学博士,还有诸子博士,可见整个社会的思想环境相当宽松。建元元年(前140),武帝所征的贤良方正直言极谏之士中,不仅有儒生,还有治申、商及韩非、苏秦、张仪之言者,足可见此时的思想界是比较混乱的。董仲舒从《春秋》中总结出大一统之道,其云"《春秋》大一统者,天地之常经,古今之通谊也。今师异道,人异论,百家殊方,指意不同,是以上亡以持一统;法制数变,下不知所守。臣愚以为诸不在六艺之科孔子之术者,皆绝其道,勿使并进。邪辟之说灭息,然后统纪可一而法度可明,民知所从矣"②。董仲舒认为大一统是天地之常道,而如今师道异,人论异,百家指意异,导致法制常变,人怀异心,民无所守,所以主张非儒家之学说皆绝其道,勿使并进,以此来统一思想。董仲舒的谏言得到了武帝的认同,于是独尊儒家,诸子百家之学者皆失去了仕进的道路,其学者越来越少,流传渐稀,慢慢失去了社会影响力。

第三,立五经博士。博士之制,六国及秦皆有,汉初因之。《汉官

①《汉书》卷八《儒林传》,中华书局1962年版,第3593页。
②《汉书》卷五十六《董仲舒传》,中华书局1962年版,第2523页。

仪》云"文帝博士七十余人"①。据王国维先生的研究,此时之博士"不尽用通经之士,如高帝二年即以叔孙通为博士,通非专经之人也。又文帝时,齐人公孙臣上书陈终始五德传,文帝召以为博士,臣亦非专经之人也。盖犹袭秦时诸子百家各立博士之制"②。文帝之时,开始为经书置博士。《后汉书·翟酺传》云"孝文皇帝始置一经博士"③,张生、晁错以通《书》为博士,申公、辕固生、韩婴以通《诗》为博士,胡毋生、董仲舒以通《春秋》为博士。此三经已明确有博士,但五经博士之制似乎仍未俱备。武帝建元五年(前140),始"置五经博士"④,《汉书·儒林传》亦云:"自武帝立五经博士,开弟子员,设科射策,劝以官禄,讫于元始,百有余年,传业者寖盛,支叶蕃滋,一经说至百余万言,大师众至千余人,盖禄利之路然也。"⑤可知,五经博士之俱备,应始自武帝。自武帝立五经博士后,开始大量招收博士弟子,朝廷又以利禄相招,传业者日渐增加,甚至"大师众至千余人"。这些都表明武帝立五经博士之举极大地促进了儒学的发展。

第四,立太学。太学之制,起于西周,是当时统治者所立的高级教育机构,是贵族子弟学习文化的场所。早在文帝之时,贾山便建议文帝"定明堂,造太学,修先王之道"⑥,然而此时诸事待兴,立太学等文教事业还不具备条件。武帝时,经过汉初七十余年的积累,国力恢复,经济繁荣,已具备建立太学的条件。元光元年(前134),董仲舒提出"故养士之大者,莫大乎太学;太学者,贤士之所关也,教化之本原也。今以一郡一国之众,对亡应书者,是王道往往而绝也。臣愿陛下兴太学,置明师,以养天下之士,数考问以尽其材,则英俊宜可得矣"⑦。董仲舒的这个主张深合武帝之意,元朔五年(前124),武帝下诏:"盖闻导民以礼,风之以乐,今礼坏乐崩,朕甚闵焉。故详延天下方闻之士,咸荐诸朝。其令礼

---

① 孙星衍等辑:《汉官六种》,中华书局 1990 年版,第 129 页。
② 王国维:《观林堂集》(全四册),中华书局 1961 年版,第 176 页。
③《后汉书》卷四十八《翟酺传》,中华书局 1965 年版,第 1606 页。
④《汉书》卷六《武帝纪》,中华书局 1962 年版,第 159 页。
⑤《汉书》卷八十八《儒林传》,中华书局 1962 年版,第 3620 页。
⑥《汉书》卷五十一《贾山传》,中华书局 1962 年版,第 2336 页。
⑦《汉书》卷五十六《董仲舒传》,中华书局 1962 年版,第 2512 页。

官劝学,讲议洽闻,举遗兴礼,以为天下先。太常其议予博士弟子,崇乡党之化,以厉贤材焉"①。丞相公孙弘等应诏议定了具体计划,这样太学最终建立起来,为汉代儒学的发展培养了大量的人才。

总之,汉武帝对儒学的提倡,使得儒学从诸子百家之中脱颖而出,成为汉帝国的统治思想,对汉代政治以及整个中国古代的政治都产生了深远的影响。武帝也因其对儒学所作出的贡献,得到学者们称赞。如两汉之交的桓谭云:"(武帝)兴起六艺,广进儒术,自开辟以来,为汉家为最盛焉。"②东汉时期的史学家班固也称赞道:"孝武初立,卓然罢黜百家,表章《六经》。遂畴咨海内,举其俊茂,与之立功。兴太学,修郊祀,改正朔,定历数,协音律,作诗乐,建封禅,礼百神,绍周后,号令文章,焕焉可述。后嗣得遵洪业,而有三代之风。如武帝之雄才大略,不改文、景之恭俭以济斯民,虽《诗》《书》所称何有加焉!"③武帝时期的崇儒政策也影响到了此后的皇帝,他们普遍具有较高的儒学修养④,大力推行儒学教育,如新立经学博士⑤,大大增加博士弟子人数⑥,使得博士选任制度由征召变为考试⑦,完善郡国学校制度⑧,等等,这些举措使得儒学与帝国的政治更加紧密地结合在一起。

三、刘向、刘歆父子的儒学贡献

起自江苏丰沛之地的汉朝刘氏皇族,不仅有身居帝位的最高统治

---

① 《汉书》卷六《武帝纪》,中华书局 1962 年版,第 171—172 页。

② 朱谦之校辑:《新辑本桓谭新论》,中华书局 2009 年版,第 43 页。

③ 《汉书》卷六《武帝纪》,中华书局 1962 年版,第 212 页。

④ 案:昭帝刘弗陵八岁即位时就曾从大儒韦贤学《鲁诗》,亦曾学过《礼》《孝经》《论语》《尚书》等儒家典籍;宣帝刘询即位之前就曾从东海澓中翁学《诗》,还曾学过《论语》《孝经》;元帝刘奭任太子之时便从太傅萧望之学习《论语》《礼服》,从高诩学《鲁诗》。

⑤ 案:宣帝时立梁丘《易》、大小夏侯《尚书》、穀梁《春秋》博士,平帝时立《乐经》博士,后又立《左氏春秋》《毛诗》《逸礼》《古文尚书》博士。

⑥ 案:据《汉书·儒林传》记载,武帝时有博士弟子五十人,昭帝时增加到百人,宣帝末增加到二百人,元帝时增加到千人,成帝时增加到三千人。

⑦ 案:宣帝之前,博士全靠征召。甘露中,张禹是第一个经考试选为博士,从此成为定制。

⑧ 案:元帝时在郡国置《五经》百石卒史;平帝时立官稷及学官:郡国曰学,县、道、邑、侯国曰校,校、学置经师一人;乡曰庠,聚曰序,序、庠置《孝经》师一人。这样,汉帝国通过学校教育,将儒学推广到每一个基层单位。

者在政治上大力推崇儒学,其皇族成员中还产生了在儒学经典的研究和传播方面做出巨大成就的学者与经师。西汉初,高祖刘邦封异母弟刘交为楚王,都彭城(治今江苏徐州)。刘交爱好儒学,曾撰有《元王诗》,并以儒学来教育子弟,故其诸子皆读《诗》,这为其家族奠定了经学传统。刘交玄孙刘向及刘向之子刘歆皆具有深厚的儒学修养,并对于儒学的发展做出了巨大的贡献。

刘向(约前77—前6),西汉楚国彭城(治今江苏徐州)人,字子政,本名更生,刘德之子,刘辟彊之孙,楚元王交玄孙。刘交家族皆具有较高的经学修养,刘向之祖刘辟彊好读诗,论议冠诸宗室;刘向之父刘德修黄老之术,有智略,被武帝称为"千里驹"。刘向受父祖影响,也有着较高的经学修养,年十二,以父任为辇郎,既冠后擢为谏大夫。后因献《淮南枕中鸿宝苑秘书》而获罪,幸得不死。当时宣帝初立《穀梁春秋》,诏刘向受读《穀梁春秋》,并在石渠阁讲论。又拜为郎中给事黄门,迁散骑、谏大夫、给事中。元帝时,刘向因不满于外戚许伯、史高及宦官弘恭、石显等弄权,多次上书谏言,被废达十余年。成帝时,石显等服罪,刘向被拜为中郎,使领护三辅都水,后又升迁为光禄大夫,领校皇室所藏的五经秘书,任中垒校尉。当时外戚王氏专权,刘向数次以忠言谏成帝,成帝虽然赞成他的意见,但却无法削弱王氏的权力。后成帝欲以刘向为九卿,却为王氏所阻,终究未能成功。年七十二卒。刘向好言灾异,在学术上属于今文学派,但是他博览旁通,乃西汉时期的通儒,不为章句之学。刘向一生著述丰富,其中已亡佚的有《洪范五行传》《五经通义》《五经要义》《春秋穀梁传说》《别录》《说老子》《五纪论》等。今可见者有《列女传》《说苑》《新序》三种。

刘向之子刘歆(?—23),字子骏,少年时即通习《诗》《书》,善于写文章。成帝时为黄门郎,河平三年(前26),受诏与父亲刘向一同校理皇家秘书。刘向死后,他继承父亲的职务担任中垒校尉。哀帝时,王莽推荐刘歆担任侍中太中大夫,迁骑都尉、光禄大夫,继续整理五经秘书,以继承刘向留下的事业。哀帝崩,王莽执政。王莽少时与刘歆俱为黄门郎,故此时重用刘歆,推荐他担任右曹太中大夫、京兆尹等职,封红休侯。王莽篡汉后,更是拜刘歆为"国师"。但王莽地皇四年(23),刘歆却与王涉、董忠谋反王莽,事发后自杀。刘歆的著作主要有《七略》,是在刘向《别录》的基础上,撮其指要而成,对后世目录学产生了极大的影响。

刘向、刘歆父子的儒学贡献首先在于对儒家典籍的整理。先秦时期成书的儒家典籍,经秦末焚书,到了汉代已经"书缺简脱",故需加以校订。其实在刘向、刘歆父子校书活动开始之前,汉代宫廷已有校书活动。余嘉锡先生通过大量的例子说明"官校书籍自高祖时始"①,其后武帝、宣帝时亦有校书活动。然而这些校书活动似乎规模都比较小,如《别录》云:"孝宣皇帝重申不害《君臣篇》,使黄门郎张子乔正其字。"②此次所校只有《申子》中的《君臣篇》,其原因只是宣帝爱好此篇,也无意去校勘其他书籍。成帝时,刘向、刘歆所进行的校勘活动则规模巨大。《汉书·艺文志》云"诏光禄大夫刘向校经传诸子诗赋,步兵校尉任宏校兵书,太史令尹咸校数术,侍医李柱国校方技"③,可见此次校书活动已遍及当时所藏各类书籍;持续的时间也很长,开始时间是河平三年(前26),成帝绥和元年(前8)刘向去世后,刘歆袭父职继续校书,最终完成时间当在"建平元年(前6)四月之后,刘歆求守河内之前"④。前后持续达二十年之久。刘向、刘歆父子在校书的过程中发现,汉廷所藏典籍中有大量学官经书的古文写本,他们将之与学官或民间流传的经书相校,发现二者文本并不一致,如"以中《古文易经》校施、孟、梁丘经,或脱去'无咎''悔亡',唯费氏经与古文同"⑤。正因为学官或民间流传的经书文本存在着一定的缺陷,故需仔细加以校订,以制作出一个定本供学者使用。关于刘向、刘歆父子的校雠方法,民国时期孙德谦曾在《刘向校雠学纂微》中将其总结为二十三项,即备众本、订脱误、删复重、条篇目、定书名、谨编次、析内外、待刊改、分部类、辨异同、通学术、叙源流、究得失、撮指意、撰序录、述疑似、准经义、徵史传、辟旧说、增佚文、考师承、纪图卷、存别义。⑥ 归纳起来,他们所做的工作主要分为两个部分:一属

---

① 余嘉锡:《目录学发微》,中华书局 2009 年版,第 93—95 页。

② 刘向《别录》,严可均辑:《全汉文》,商务印书馆 2006 年版,第 394 页。

③《汉书》卷三十《艺文志》,中华书局 1962 年版,第 1701 页。

④ 徐兴无:《刘向评传》,南京大学出版社 2005 年版,第 189 页。

⑤《汉书》卷三十《艺文志》,中华书局 1962 年版,第 1704 页。

⑥ 参见孙德谦《刘向校雠学纂微》,四益宧刊本,1917 年版。

校雠学范畴,他们定书名,定篇章,校字句,订脱误;二属目录学范畴,他们对每一种书籍进行研究,记其篇数,撮其旨意,撰成《别录》《七略》,起到"辨章学术,考镜源流"的功效。经过刘向、刘歆父子的整理,先秦两汉时期的儒家典籍基本趋于定型,而典籍的定型,对于书籍的流传起到了至关重要的作用。如徐兴无先生所说,"就大汉帝国西京时代而言,武帝立五经博士、宣帝石渠阁会议、成帝校中秘书是奠定帝国文教的三大关键举措。而从文化学术史的意义上看,校书的影响更大、意义更深远,因为'书于竹帛'是保证中国文化绵延不绝的物质载体"①。

其次,刘向、刘歆父子的儒学贡献还在于重新发现了一大批博士经学系统以外的儒家典籍。先秦时期的儒家典籍,经过秦火之后,民间所存无几,官方所藏又经过秦末战火,亦大量亡佚。汉兴之后,大收篇籍,广开献书之路,大量民间所藏书籍被集中到宫廷之中,其中包含有大批博士经学系统之外的儒家典籍。"这些典籍中的文化思想并没有得到系统的整理、评价和吸收,因而被博物馆化了"②。刘向、刘歆父子是西汉时期的通儒,他们出身于郎官系统,却不囿于博士教育系统家法、师法,当他们重新发现这些典籍时,抱着广学的目的,对这些典籍进行认真整理,并积极推动将这些典籍也列为学官。刘向、刘歆父子都是广学的倡导者,宣帝在将《穀梁传》立为学官之前,就下诏刘向受《穀梁》。几年之后,经过石渠阁会议,终将《穀梁传》立于学官。刘歆在校书的过程中发现了《春秋左氏传》《周官》《逸礼》《古文尚书》等先秦典籍,这些典籍因各种原因未被立为学官,然而刘歆却大好之,并且还接触到了这些典籍的民间传授系统,进而发现了学官经学的缺陷,故对这些典籍进行整理,希望也将其列为学官,以弥补学官经学的不足。如《春秋左氏传》,学者只传训诂而已,刘歆与尹咸共同校出之后,从尹咸、翟方进受《左传》,又"引传文以解经,转相发明,由是章句义理备焉"③。刘歆认为《左传》的作者左丘明亲见夫子,又与夫子好恶相同,而公羊、穀梁皆在左丘明之后,故为《左传》作注,欲将其立为学官。刘歆欲将《左传》等列

① 徐兴无:《刘向评传》,南京大学出版社 2005 年版,第 187 页。
② 徐兴无:《刘向评传》,南京大学出版社 2005 年版,第 235 页。
③ 《汉书》卷三十六《刘歆传》,中华书局 1962 年版,第 1967 页。

为学官的上书遭到了诸博士的极力反对,刘歆因作《让太常博士书》以责之。刘歆在此文中认为:唐虞之道,三代相袭,然到了周代,礼乐不行,道术分裂,孔子始修五经,以纪帝王之道。孔子没而微言绝,经过战国、暴秦的统治,道术已经磨灭。汉兴之后,去圣帝明王已远,仲尼之道又绝,法度无所因袭。于是汉廷希望通过尊崇五经来追摹古帝王之道。然而此时五经已经散乱不全,经师尚且不能一人独尽其经。所以官方必须抱着广学的目的,广校众经,将王官之学与私家之学相结合,以恢复古帝王之道。刘歆在此文中指责博士们"保残守缺,挟恐见破之私意,而无从善服义之公心,或怀妒嫉,不考情实,雷同相从,随声是非"①。其文言辞激烈,因此招致诸儒怨恨,他们反应强烈,反过来攻击刘歆"改乱旧章,非毁先帝所立"。哀帝则对刘歆表示同情,为其辩护道:"歆欲广道术,亦何以为非毁哉?"②刘歆因此而得罪执政大臣,为自保求出补吏。刘歆欲广学官的努力宣告失败。王莽居摄时期,在刘歆等的建议下,建立明堂、辟雍、灵台,为学者筑舍万区,增加博士员,并征通晓《逸礼》《古书》《毛诗》《周官》《尔雅》等典籍者,还曾立《周官》为博士。然时间短暂,随着王莽的覆灭,其所建立的制度亦俱废。虽然《左传》等典籍在西汉时期没有被立于学官,但是经过刘向、刘歆父子的提倡,扩大了这些典籍的影响,它们在民间流传不断,并在后代先后被立于学官,成为中华文化中最为重要的典籍。

刘向、刘歆的儒学贡献还包括撰写了大批儒学著作。刘向的儒学著作主要有《洪范五行传》《五经通义》《五经要义》《春秋穀梁传说》《列女传》《说苑》《新序》等。但就今可见的《列女传》《说苑》《新序》来看,其儒学价值体现在以下几个方面:

第一,宣扬儒家学说。关于刘向撰写《列女传》的目的,《楚元王传》有详细的说明,其云:

　　　　向睹俗弥奢淫,而赵、卫之属起微贱,逾礼制。向以为王教由

---

①《汉书》卷三十六《刘歆传》,中华书局 1962 年版,第 1970 页。
②《汉书》卷三十六《刘歆传》,中华书局 1962 年版,第 1972 页。

内及外,自近者始。故采取《诗》《书》所载贤妃贞妇,兴国显家可法则,及孽嬖乱亡者,序次为《列女传》,凡八篇,以戒天子。①

刘向感于俗尚奢淫,王教不行,而赵皇后、卫婕妤等妃嫔皆逾礼制,于是采《诗》《书》中所载贤妃贞妇故事中可为后世法则的部分,以宣传儒家的伦理观,以戒成帝及后妃。《说苑》《新序》主要记述春秋战国至西汉时期的逸闻轶事,其中主要以诸子言行为主。刘向的选择"标准无疑是要求无悖于儒家之道"②,这些故事也集中体现了儒家的哲学思想、政治理想以及伦理观念。

第二,保存了大量先秦两汉儒家的文献。《说苑》《新序》中的材料多来自古代佚籍,从今可见的出土文献来看,这些材料大都具有可靠的来源,其真实性已得到证明。两书中保存的材料多数可以与《论语》《荀子》《礼记》《大戴礼记》《韩诗外传》《孔子家语》《孔丛子》等书相参看,少数不见于它书,尤具重要价值,如《说苑·君道篇》云:

> 孔子曰:"夏道不亡,商德不作;商德不亡,周德不作;周德不亡,《春秋》不作;《春秋》作而后君子知周道亡也。"③

孔子此语便不见于现存先秦两汉其他典籍,仅有此书保存了这条材料,具有重要价值。

刘向、刘歆父子都是西汉时期的大儒,他们一生以儒家思想为旨归,大量奏章、著作都集中反映了这一点。而他们对后世最大的影响就是他们的校书活动。因为他们的大规模校书,先秦至汉初的书籍得以定型,这对于书籍的保存与流传具有重要的价值,是使中华文化绵延不绝的重要保障。

---

① 《汉书》卷三十六《刘向传》,中华书局 1962 年版,第 1957 页。
② 向宗鲁校证:《说苑校证》,《中国古典文学基本丛书》,中华书局 1987 年版,序言第 1 页。
③ 向宗鲁校证:《说苑校证》,《中国古典文学基本丛书》,中华书局 1987 年版,第 31 页。

第二节　楚人陆贾及其儒学思想

秦朝末年,秦始皇为了统一思想,巩固集权统治,在李斯的建议下焚书坑儒,使儒学的发展遭到了重创。到汉初,儒学仍然呈现出衰微的迹象。在这样的背景下,有着纵横家背景的楚人陆贾不仅积极游说汉高祖刘邦改变对儒学的看法,还吸收各家思想,对先秦儒学思想进行改造,以图适应新的社会现实。陆贾的努力最终使得刘邦改变了此前对儒学的鄙夷态度,转而崇儒,这对汉初儒学的复兴具有重要作用。

一、陆贾与《新语》之撰写

陆贾,生卒年不详,大约出生在战国末年,主要活动在汉高祖刘邦在位至汉文帝刘恒初即位这一段时间之内。关于陆贾的籍贯,《史记》《汉书》皆云楚人,而《史记》《汉书》在记载汉初人物的籍贯时多以汉代的郡国名为准,如萧何,《史记》云沛郡丰县人,沛郡乃汉初所置,秦时名泗水郡;郦食其,《史记》云陈留高阳人,陈留郡是武帝元狩元年所置,可见《史记》是以西汉时期的郡县名来作为西汉人的籍贯。《史记》云陆贾是楚人,此楚当指汉初刘邦分封给刘交的楚国,以彭城(今江苏徐州)为治所。

关于陆贾早年的生活及学习情况,史籍缺乏记载,从其一生行径及《新语》来看,他曾学习过《诗》《书》《春秋》等经典,也曾修习过纵横术。关于陆贾的师承问题,余嘉锡先生推测他是浮丘伯的弟子。浮丘伯,齐人,荀子晚年在兰陵讲学时所收的重要弟子,受《穀梁传》《鲁诗》于荀子,是西汉初期重要的经学大师。浮丘伯,又作"鲍邱""包丘",如《新语·资质篇》云"鲍邱之德行,非不高于李斯、赵高也,然伏隐于蒿庐之下而不录于世,利口之臣害之也"①。《盐铁论·毁学篇》云:"昔李斯与

---

① 陆贾撰,王利器校注:《新语校注》,中华书局 2012 年版,第 127 页。案:本节所引《新语》之文皆出该书,下文只括注篇名,不再一一出注。

包丘子俱事荀卿，既而李斯入秦，遂取三公，据万乘之权以制海内，功侔伊、望，名巨泰山；而包丘子不免于瓮牖蒿庐，如潦岁之霆，口非不众也，卒死于沟壑而已。"①"鲍"与"包"，"邱"与"丘"皆音近可通，"鲍""包""浮"，一音之转，如伏羲，又常作包牺，故浮丘伯与鲍邱当为一人。从《新语》之文可见，陆贾非常尊敬浮丘伯，又荀子传《穀梁》学于浮丘伯，《新语》又两次直接引及《穀梁传》之语，因此余嘉锡先生推测陆贾也是浮丘伯的弟子②。陆贾在秦二世三年（前 209）之时，已经跟从刘邦，由于有辩才，常常出使诸侯。汉高祖平定天下之后，陆贾在高祖十一年（前 196）曾出使南越，最终迫使南越王称臣，陆贾因功封太中大夫。刘邦去世之后，惠帝即位，吕后用事，陆贾乃称病归家。归家之后的陆贾常常交游于汉公卿之间，曾建议陈平交好周勃，此举对铲除诸吕起到了关键性的作用。文帝即位之后，再次拜陆贾为太中大夫，出使南越，最终迫使南越王去帝号，向汉天子称臣。陆贾完成出使南越的任务之后，功成身退，得以寿终。

关于《新语》的撰写，《史记》云：

> 陆生时时前说称《诗》《书》。高帝骂之曰："乃公居马上而得之，安事《诗》《书》！"陆生曰："居马上得之，宁可以马上治之乎？且汤武逆取而以顺守之，文武并用，长久之术也。昔者吴王夫差、智伯极武而亡；秦任刑法不变，卒灭赵氏。乡使秦已并天下，行仁义，法先圣，陛下安得而有之？"高帝不怿而有惭色，迺谓陆生曰："试为我著秦所以失天下，吾所以得之者何，及古成败之国。"陆生乃粗述存亡之征，凡著十二篇。每奏一篇，高帝未尝不称善，左右呼万岁，号其书曰"新语"。③

《汉书》所记与此相同。《史记》《汉书》均将此段话安插在第一次出使南越之后，即高祖十一年（前 196），而刘邦在第二年就去世了，《新语》大概

---

① 桓宽撰，王利器校注：《盐铁论校注》，中华书局 1992 年版，第 229 页。
② 参见余嘉锡《四库提要辨证》，中华书局 1980 年版，第 527—528 页。
③ 《史记》卷九十七《郦生陆贾列传》，中华书局 2014 年版，第 3269—3270 页。

便撰写于此两年之间①。刘邦原本不喜欢儒生,统一天下之后还想马上治天下,叔孙通在汉高祖七年(前192)所设计的朝礼使他逐渐认识到儒生的重要性,陆贾也常以汤武得天下,夫差、智伯失天下为例子来说明统治者应采取逆取顺守、文武并用统治策略。叔孙通、陆贾等人的谏言逐渐使刘邦改变了原本对于儒学的态度,于是陆贾受刘邦之命撰写秦失天下、汉得天下及古今成败的原因,书成《新语》十二篇,并得到了刘邦的赞赏。陆贾的著作除了《新语》外,还有赋三篇,已经亡佚;《楚汉春秋》九篇,也已亡佚,今有辑本。陆贾的思想主要保存在《新语》一书中。

二、陆贾儒学思想的特点

儒家自从创立以来,虽然孔子本人及其弟子都遍干诸侯,但都没有得到任何一位统治者的重用,儒学的实际功用也没有得到发挥,所以刘邦认识不到儒学在政治生活中的巨大作用。陆贾是一个辩士,很会揣摩人心,他深知要说服刘邦,光靠道德说教不行,必须使刘邦认识到儒学的实际功用,因此必须对先秦时期的儒学进行改造,以适应汉初的政治形势。陆贾的新儒学思想主要有以下几个方面的特点:

第一,讲究实用。陆贾认为儒学本就是应实际需要而产生的,如其云:

> 铄金镂木,分苞烧殖,以备器械,于是民知轻重,好利恶难,避劳就逸;于是皋陶乃立狱制罪,县赏设罚,异是非,明好恶,检奸邪,消佚乱。民知畏法,而无礼义;于是中圣乃设辟雍庠序之教,以正上下之仪,明父子之礼,君臣之义,使强不凌弱,众不暴寡,弃贪鄙之心,兴清洁之行。礼义不行,纲纪不立,后世衰废,于是后圣乃定五经,明六艺,承天统地,穷事察微,原情立本,以绪人伦,宗诸天地,纂脩篇章,垂诸来世,被诸鸟兽,以匡衰乱,天人合策,原道悉

---

① 案:前人曾有不同意见,如清人唐晏认为《新语》撰写于汉高祖元年,近人孙次舟认为撰写于汉高祖六年,此两说均无可考证据,不可从,具体可参见王兴国《贾谊评传(附陆贾、晁错)》,南京大学出版社1992年版,第352—353页。

备,智者达其心,百工穷其巧,乃调之以管弦丝竹之音,设钟鼓歌舞之乐,以节奢侈,正风俗,通文雅。(《道基》)

皋陶制赏罚之法后,民畏惧法的惩罚而不敢违法,但却不知礼义,于是中圣乃设立辟雍庠序之教,教民上下之仪,父子之礼,君臣之义,于是"强不凌弱,众不暴寡,弃贪鄙之心,兴清洁之行",社会又回到了和谐的状况。等到周王朝衰微之时,礼义不行,纲纪不立,于是后圣在俯察天地之明后,定五经,明六艺,建立儒家,创立儒学,以图匡正乱世。陆贾认为儒学的产生就是为了匡正社会的失序,就是为了解决实际问题,而如今新的统治秩序刚刚建立,需要发挥儒学的教化功能,以维护社会的稳定。另外,陆贾讲究实际还表现在他更重视当下社会现实,而不像先秦儒者那样一味地追求复古,如其云:

> 善言古者合之于今,能述远者考之于近。……世俗以为自古而传之者为重,以今之作者为轻,淡于所见,甘于所闻,惑于外貌,失于中情。……《春秋》上不及五帝,下不至三王,述齐桓、晋文之小善,鲁之十二公,至今之为政,足以知成败之效,何必于三王?故古人之所行者,亦与今世同。立事者不离道德,调弦者不失宫商,天道调四时,人道治五常,周公与尧、舜合符瑞,二世与桀、纣同祸殃。(《术事》)

世俗以自古而传下来的典籍为重,以今之作者为轻。陆贾批评了这种厚古薄今的现象,认为应当更重视今之社会现实。他认为"道近不必出于久远,取其致要而有成",道不是越古越好,最重要的是能够适用于今天,并建立功业;孔子作《春秋》也只取当代,而不取三王,因此不必厚古薄今。陆贾继承了荀子"法后王"的思想,更重视今天的社会现实以及近世历史教训,这样更具有针对性,也更能打动刘邦。

第二,强调因世而权行。陆贾是一个辩士,辩士总会根据实际情况,灵活改变自己的策略,因此常被讥讽为狡诈之徒。但实际上因时制宜的权变也是儒家思想的一个方面。早年辩术的学习则使陆贾在这一

方面表现得更为明显。在治国方法上,陆贾强调"因世而权行",注重灵活变通,反对泥古不化,其云:

> 故良马非独骐骥,利剑非惟干将,美女非独西施,忠臣非独吕望。今有马而无王良之御,有剑而无砥砺之功,有女而无芳泽之饰,有士而不遭文王,道术蓄积而不舒,美玉韫椟而深藏。故怀道者须世,抱朴者待工,道为智者设,马为御者良,贤为圣者用,辩为智者通,书为晓者传,事为见者明。故制事者因其则,服药者因其良。书不必起仲尼之门,药不必出扁鹊之方,合之者善,可以为法,因世而权行。(《术事》)

万物各有其理,智者知道掌握万物内在的道理,而只要符合道,都可以拿来为我所用,因此书不必出于孔子之门,药不必出自扁鹊,只要是合乎道的,就是良方,可以根据实际情况,灵活地运用。

第三,杂糅百家思想。战国末年,曾经激烈论争的儒、墨、道、法等诸子百家思想开始走向融合,《吕氏春秋》中的《不二》篇便反映了这一趋势,此乃时代发展之必然。汉初,国家统一已经完成,各家论争的重点已经转变为如何为新生的政权服务。陆贾作为儒者,他的新儒家思想便是以儒家为主,同时杂糅阴阳家、道家、法家等思想,为社会治理提出了一个新方案。儒家思想是陆贾思想的主体,如他推崇儒家的"三圣",重视道德教化,讲求仁义等伦理观,都表明他是以儒家学说为本的。对于道家学说,陆贾反对道家毁弃伦理,废《诗》《书》,逃离社会的遁世主张,批评道家人物"由人不能怀仁行义,分别纤微,忖度天地,乃苦身劳形,入深山,求神仙,弃二亲,捐骨肉,绝五谷,废《诗》《书》,背天地之宝,求不死之道,非所以通世防非者也"(《慎微》)。但他却也吸收了道家"无为"的思想,如其云"道莫大于无为,行莫大于谨敬"(《无为》);陆贾还引用有老子的话语,如"君子行之于幽闲,小人厉之于士众。《老子》曰:'上德不德。'"(《思务》)还吸收有道家的语词,如"故圣人执一政以绳百姓,持一概以等万民,所以同一治而明一统也"(《怀虑》)。"执一"一词便是来自《老子》。对于阴阳家思想,陆贾也很重视,其云"张日月,列星辰,序四时,调阴阳,布气治性,次置五行,春生夏长,秋收冬藏,阳生雷电,阴成霜雪,养育群生,一茂一亡,润之以风雨,曝之以日光,温之以节气,降之以殒霜,位之以众星,制之以斗衡,苞之以六合,罗之以纪纲,改之以灾变,告之以祯祥,动之以生杀,悟之以文章"(《道基》),阴阳和谐,万物才能和谐;但同时他也批评阴阳家学说"论不验之语,学不然之事,图天地之形,说灾变之异";"动人以邪变,惊人以奇怪"(《怀虑》)的神秘主义倾向。对于法家学说,陆贾肯定法家学说也是应社会实际需要而产生的,但是认为如果像秦始皇那样过于严酷,只能自取灭亡,其云"秦始皇设刑罚,为车裂之诛,以敛奸邪,筑长城于戎境,以备胡、越,征大吞小,威震天下,将帅横行,以服外国,蒙恬讨乱于外,李斯治法于内,事逾烦天下逾乱,法逾滋而天下逾炽,兵马益设而敌人逾多。秦非不欲治也,然失之者,乃举措太众、刑罚太极故也"(《无为》)。由此可见,陆贾是立足于儒家的立场,对于各家学说进行批判性的接受,并将之与儒家学说相结合。正如学者所说,"《新语》其'新'之处,不仅在其语言精妙,更在其思想上不拘一家,博采众长,以儒家为体,法家为质,援阴阳,引道家而形成的有别于先秦孔、孟、荀、韩、老、庄、邹衍的为汉治道立说之作,并由此开创西汉一代儒家的新局面"①。

三、陆贾儒学思想的内容

陆贾与叔孙通是西汉开国时期最为重要的两位大儒,叔孙通的儒学贡献主要是为新王朝制礼作乐,而从理论上使得刘邦认识到儒学、儒生价值的则是陆贾。因此,陆贾常被尊为"开国第一儒"。陆贾的儒学思想主要有以下几个方面的内容。

(一) 天人合策、功德参合的天道论

先秦时期,孔子虽然常讲"畏天命",但无意于构建一个以天道为中

① 李禹阶、何多奇:《论陆贾新儒学对先秦诸子说的批判继承》,《华南师范大学学报(社会科学版)》2009年第1期。

心的宇宙论,故子贡云"夫子之文章,可得而闻也;夫子之言性与天道,不可得而闻也"(《论语·公冶长》)。稍后的孟子、荀子也无意于此,只有《易·系辞》的作者企图推天道以明人事,其云"古者包牺氏之王天下也,仰则观象于天,俯则观法于地,观鸟兽之文,与地之宜。近取诸身,远取诸物,于是始作八卦,以通神明之德,以类万物之情"[1]。陆贾继承了这种以天道来推人事的思维方法。《道基篇》作为《新语》全书的第一篇,是全书的理论基础,该篇开篇便云:"传曰:'天生万物,以地养之,圣人成之。'功德参合,而道术生焉"(《道基》)。陆贾认为万物是靠天生的,靠地来成长,靠圣人赋予其意义,因此圣人的功德是与天地相并列的,这样就把圣人所述的人道与天道、地道联系在一起,也将人道纳入到天、地、人运行的宇宙法则之中。陆贾认为儒家学说就是先圣在体察天道、地道的基础上总结出来的人道,其云:

> 故知天者仰观天文,知地者俯察地理。跂行喘息,蚑飞蠕动之类,水生陆行,根著叶长之属,为宁其心而安其性,盖天地相承,气感相应而成者也。于是先圣乃仰观天文,俯察地理,图画乾坤,以定人道,民始开悟,知有父子之亲,君臣之义,夫妇之别,长幼之序。于是百官立,王道乃生。(《道基》)
>
> (夫子)表定《六艺》,以重儒术,善恶不相干,贵贱不相侮,强弱不相凌,贤与不肖不得相踰,科第相序,为万□□□而不绝,功传而不衰,诗、书、礼、乐,为得其所,乃天道之所立,大义之所行也。(《本行》)

在陆贾看来,儒学先圣所确立的"父子之亲,君臣之义,夫妇之别,长幼之序"的伦理观,所编纂的六艺,都是根据天地运行的法则而设计的人间道德规范,而在此基础上所衍生出来的王道也是根据天道而建立的。陆贾通过这样一种推演,将王道也纳入天地运行的法则之中,为现世的政权寻找到了法理上的依据。汉代的统治者起于草莽之中,靠武力夺

---

[1]《易·系辞下》,阮元校刻:《十三经注疏》,中华书局1980年版,第86页。

得天下，其政权缺乏法理上的依据，陆贾靠这样一种方法，以图赋予现实政权以合法性。在陆贾将王道向上推演之时，其中重要的过渡便是儒学，这样也就把儒学纳入整个世界的框架之中。

陆贾认为人道合乎天道是一种理想的和谐状态，但是这种和谐并不是绝对的。其原因在于统治者也可能弃天道、行恶道。其云"尧、舜不易日月而兴，桀、纣不易星辰而亡，天道不改而人道易也"（《明诫》），尧、舜与桀、纣同天地，然而结局却大不相同，这是桀、纣行恶道的原因。陆贾接着说：

> 故世衰道失，非天之所为也，乃君国者有以取之也。恶政生恶气，恶气生灾异。螟虫之类，随气而生；虹蜺之属，因政而见。治道失于下，则天文变于上；恶政流于民，则螟虫生于野。贤君智则知随变而改。（《明诫》）

如果君主不依天道而行善事，则是行恶政，国家就会充满恶气，灾异便会生出，其表现就是出现天降虹蜺之类的灾异，害虫便生于野。在这样的情况下，圣贤之君便会更改策略，行善政以求合于天道，这样灾异才会消失。陆贾通过恶气将恶政与灾异相联系，促使君主见灾异而改变统治策略，以合乎天道，其目的也在于限制君主的绝对权力，以保证君主行善政。

（二）仁义为本的伦理观

仁义是先秦儒家思想的核心。汉初知识分子在总结秦朝灭亡的教训时，大都指出"仁义不施"正是其重要原因。陆贾在撰写《新语》之前就提出了"逆取顺守，文武并用，行仁义，法先圣"的主张。他在《新语》中也对仁义的学说进行了发挥。

陆贾认为仁义是贯穿在天地间的一种基本原则，为了将其上升到宇宙论的高度，他将其与阴阳相结合，其云：

> 阳气以仁生，阴节以义降，鹿鸣以仁求其群，关雎以义鸣其雄，

《春秋》以仁义贬绝,《诗》以仁义存亡,《乾》《坤》以仁和合,《八卦》以义相承,《书》以仁叙九族,君臣以义制忠,《礼》以仁尽节,乐以礼升降。仁者道之纪,义者圣之学。学之者明,失之者昏,背之者亡。陈力就列,以义建功,师旅行阵,德仁为固,仗义而强,调气养性,仁者寿长,美才次德,义者行方。君子以义相褒,小人以利相欺,愚者以力相乱,贤者以义相治。《穀梁传》曰:"仁者以治亲,义者以利尊。万世不乱,仁义之所治也。"(《道基》)

在古人看来阴阳二气是宇宙间两种基本质素,阳气主生,阴气主杀。陆贾将阴阳二气与仁义相结合,而仁义是"道之基""圣之学",是儒家思想的核心,也是五经编纂的指导原则。这就将仁义上升为天地间的基本原则,也是保证万世不乱的重要法则。故圣人治理天下必须坚守仁义,其云:

夫人者,宽博浩大,恢廓密微,附远宁近,怀来万邦。故圣人怀仁仗义,分明纤微,忖度天地,危而不倾,佚而不乱者,仁义之所治也。……夫谋事不并仁义者后必败,殖不固本而立高基者后必崩。故圣人防乱以经艺,工正曲以准绳。德盛者威广,力盛者骄众。(《道基》)

圣人之所以能体察天地,扶危不倾,是因为秉持了仁义道德的基本原则,而圣人为了防止人们忘记这一点,于是将仁义的思想编纂入经书之中,作为衡量后世君主的一个道德准绳。

陆贾认为君主如果能广布道德仁义,就会使"百姓以德附、骨肉以仁亲、夫妇以义合、朋友以义信、君臣以义序、百官以义承"(《道基》),整个社会就会和谐向善。陆贾还举出尧舜与秦作为正反例子进行说明:

是以圣人居高处上,则以仁义为巢,乘危履倾,则以圣贤为杖,故高而不坠,危而不仆。昔者,尧以仁义为巢,舜以稷、契为杖,故高而益安,动而益固。处宴安之台,承克让之涂,德配天地,光被八极,功垂于无穷,名传于不朽,盖自处得其巢,任杖得其人也。秦以刑罚为巢,故有覆巢破卵之患,以李斯、赵高为杖,故有顿仆跌伤之祸,何者?所任者非也。(《辅政》)

尧舜行仁义而德配天地,光被八极,声名传于后世;而秦任刑罚,二世而亡。陆贾最后总结道:任圣者可称帝,任贤者可称王,行仁义者可称霸,信谗贼者则自取灭亡。另外陆贾认为仁义道德不仅是一种治理国家的原则,也是君子修养的根本,因此君子应当"行以仁义为本";"笃于义而薄于利"(《本行》),以仁义作为自己道德修养的基本内容。

(三)重教轻刑的德法观

德法关系是先秦诸子激烈讨论的重要问题之一,儒家主张以德治国,法家主张以法治国,双方展开了激烈的争论。秦朝采用法家的治国理念,其结果是二世而亡。陆贾在重新审视这个问题时,提出了重教轻刑的理念。刑法作为一种治国手段,经过春秋战国及秦代的发展,其在维护社会稳定方面的功能是不可否认的。陆贾也不否认刑法的作用,他认为刑法最初也是应实际需要而产生的,是维护社会稳定的重要手段,其云:

> 铄金镂木,分苞烧殖,以备器械,于是民知轻重,好利恶难,避劳就逸;于是皋陶乃立狱制罪,县赏设罚,异是非,明好恶,检奸邪,消佚乱。(《道基》)

社会经过一定程度的发展,人有了私心,于是就好利恶难,避劳就逸。面对这种现象,皋陶制定刑法,赏罚分明,在一定时期之内有效地维护了社会的稳定,所以刑法也是有其合理性与价值的。刑法对于维护社会稳定有大的功效,但却并非万能的,用法太过就会适得其反,秦始皇就是例子,其云:

秦始皇设刑罚，为车裂之诛，以敛奸邪，筑长城于戎境，以备胡、越，征大吞小，威震天下，将帅横行，以服外国，蒙恬讨乱于外，李斯治法于内，事逾烦天下逾乱，法逾滋而天下逾炽，兵马益设而敌人逾多。秦非不欲治也，然失之者，乃举措太众、刑罚太极故也。（《无为》）

陆贾认为秦时的法律条文过多，处罚太过于严酷，结果树敌太多，导致了秦朝的灭亡。在陆贾看来，刑法只能在人犯错之后进行处罚，却不能在根本上防止人们犯错，而要想在根本上防止人们有恶的想法乃至于犯错，就必须大力推行教化，其云：

夫法令所以诛暴也，故曾、闵之孝，夷、齐之廉，此宁畏法教而为之者哉？故尧、舜之民，可比屋而封，桀、纣之民，可比屋而诛，何者？化使其然也。故近河之地湿，而近山之木长者，以类相及也。高山出云，丘阜生气，四渎东流，百川无西行者，小象大而少从多也。（《无为》）

刑法是用来诛暴行的，但是曾、闵之孝，夷、齐之廉，并非是因为害怕刑法才如此的，而是道德教化的结果。尧舜时期，人人皆为顺民，而桀纣时期，人人都是刁民，这也是因为尧舜推行教化，桀纣不行教化的结果。百姓很容易被引导，只要君主推行教化，进行引导，社会便会形成良好的风俗。他在《无为》篇指出："南面之君，乃百姓之所取法则者也"，上有所好，下必甚焉，王者之作为，很容易便被大臣所模仿。他举例说周襄王不孝而下多叛，楚平王、秦始皇骄奢而大臣多仿之，齐桓公好色而国多淫，所以统治者必须从自身做起，任用仁人贤士，推行儒家的伦理观，这样百姓才会接受仁义的教化，一国的风俗也会因此而改变。可见，在刑与德二者的关系中，陆贾虽不否认刑法的作用，但认为刑法并不能从根本上防止人们作恶，而教化则能改变一国的风俗，使人们本性向善，从而少犯甚至不犯错误。

陆贾在汉初儒学尚处于衰落之时，重新接续先秦儒家的传统，以秦亡的历史教训来劝导刘邦君臣改变对儒学的轻视态度,并针对刘邦君臣素质不高的特点,以比较浅显通俗的语言撰写了《新语》,以图为新生的汉政权提供统治方略。经过陆贾改造的新儒学,以儒家思想为基本立场,同时批判地吸收了其他学派的内容,适应了汉初社会政治的需要,为儒学在汉代的复兴作出了自己的贡献。

第三节　江都王相董仲舒及其在儒学史上的地位

汉初七十年,统治者为了休养生息,以黄老之学来统治天下,国家大多时间太平无事,社会经济平稳发展,逐渐积累了强大的国力。汉武帝即位后,不满足于清静无为的黄老之术,意欲有所作为,转而开始支持有着积极进取精神的儒学。在这样的背景之下,曾在江都国(治所在今江苏扬州西北)任国相的董仲舒以著名的"天人三策"赢得了武帝的支持,对汉代的政治以及儒学的发展起到了不可替代的作用。

一、董仲舒生平及任江都国相事迹

董仲舒,广川人(今河北衡水景县),具体生卒年不详。大约生于西汉初期,经历了惠、文、景、武四代。董仲舒早年一直在家研读经书,十分刻苦,史书有"三年不窥园"的记载。孝景时为博士,开始下帷讲学,成为当时有名的儒学大师。元光元年(前134)五月,汉武帝诏令郡国举孝廉、策贤良,为大汉王朝的新的政治走向进行理论准备。董仲舒以贤良对策,汉武帝连问三策,董仲舒也连答三策,中心议题围绕着天人关系这个根本问题,这就是著名的"天人三策",或称"贤良对策"。董仲舒的对策赢得了武帝的赞赏,被任命为江都国相。江都国治所在广陵,其地大约在今江苏扬州西北的蜀冈。

江都王刘非乃武帝之兄,孝景前二年(155)被立为汝南王,吴楚之乱时,刘非年十五,自请击吴,后以军功改封江都王,治故吴国。刘非骄奢异常,又好气力,曾请命击匈奴,武帝不许。刘非虽然十分残暴,但是也喜欢招致四方豪杰,对董仲舒还是比较尊敬的。大约在元光五年(前130),因刘非上书击匈奴之事,董仲舒被废为中大夫,回到长安居住①。稍后董仲舒因写《灾异书》被主父偃窃取并告发而下狱,罪当死,遇诏赦之,遂不敢复言灾异。元朔元年(前128),江都王刘非薨,次年太子刘建即位,主父偃也在同年被诛,董仲舒复为江都国相。元朔五年(前124),公孙弘为丞相后,嫉恨董仲舒,将其举荐给胶西王刘端为相。刘端亦是武帝之兄,比刘非更加残暴。董仲舒担心获罪,于是托病辞官归家。归家之后的董仲舒以修学著述为事,朝廷有大事之时,遣使者及廷尉张汤到家里来询问,他的应对皆有法度可寻。董仲舒后以年老寿终于家,子孙以学为官者不少。

董仲舒一生著述甚多,《汉书》本传所载有"上疏条教凡百二十三篇""天人三策";《汉书·艺文志》著录有"公羊董仲舒治狱十六篇""董仲舒百二十三篇"。前者疑即《后汉书·应劭传》提及其有《春秋决狱》二百三十二事;后者疑即本传所载的"上疏条教凡百二十三篇";另外《汉书·五行志》载有董仲舒论灾异七十七事。至唐初,《隋书·经籍志》只著录有两种,一是《春秋繁露》十七卷,二是《春秋决事》十卷,前者大体保存至今天,后者已经亡佚,仅存佚文。

担任江都国相是董仲舒一生之中为数不多的从政时期,前后大约有八年的时间。他在此一时期的事迹可考者主要有三件:

一是匡正江都王刘非,劝其收敛称霸之心,维护国家统一。《汉书》本传云:

> 对既毕,天子以仲舒为江都相,事易王。易王,帝兄,素骄,好勇。仲舒以礼谊匡正,王敬重焉。久之,王问仲舒曰:"粤王句践与大夫泄庸、种、蠡谋伐吴,遂灭之。孔子称殷有三仁,寡人亦以为粤有三仁。桓公决疑于管仲,寡人决疑于君。"仲舒对曰:"臣愚不足以奉大对。闻昔者鲁君问柳下惠'吾欲伐齐,何如?'柳下惠曰'不

---

① 董仲舒被废为中大夫的时间及原因皆不明,王永祥先生认为发生在元光五年,与刘非上书击匈奴之事有关,本文也从此说。参见氏著《董仲舒评传》,南京大学出版社 1995 年版,第 415 页。

可'。归而有忧色,曰:'吾闻伐国不问仁人,此言何为至于我哉!'徒见问耳,且犹羞之,况设诈以伐吴乎?繇此言之,粤本无一仁。夫仁人者,正其谊不谋其利,明其道不计其功,是以仲尼之门,五尺之童羞称五伯,为其先诈力而后仁谊也。苟为诈而已,故不足称于大君子之门也。五伯比于他诸侯为贤,其比三王,犹武夫之与美玉也。"王曰:"善。"①

刘非以齐桓公与管仲,越王勾践与泄庸、种、蠡的故事为喻,表达自己有意效仿他们做霸主,希望董仲舒做自己的管仲。这对于致力于大一统的董仲舒是不可接受的。他以鲁君与柳下惠的故事来对,既拒绝了刘非的无理要求,同时又以儒家的仁义思想来匡正刘非。

二是求雨、止雨之事。董仲舒在元光元年(前134)对策之后,很快便被任命为江都国相。七月长安有雨雹,鲍敞向董仲舒请教雨雹因何而生?董仲舒作《雨雹对》,以"阴气胁阳气"②作答,并在此文中大讲阴阳灾异。后江都国发生旱灾,董仲舒曾作《奏江都王求雨》之文,奏请求雨,《请雨书》大概便是对当时求雨过程的记述。《汉官旧仪》云:"求雨,太常祷天地、宗庙、社稷、山川以赛,各如其常牢,礼也。四月立夏旱,乃求雨祷雨而已。后旱,复重祷而已。迄立秋,虽旱不得祷求雨也。"③朝廷求雨需要太常祷大地、宗庙、社稷、山川,诸侯国求雨需要"令县邑以

---

① 《汉书》,中华书局1962年版,第2523—2524页。《春秋繁露》中有《对胶西王越大夫不得为仁篇》,内容与此文大体相同,二者必有一处有误。我们认为当以《汉书》为是,理由有三:第一,《汉书》是正史,且班固距董仲舒所生活的时代较近,所见到的材料更为可靠,记载也较为可信;第二,《春秋繁露》虽是董仲舒著作集,但是《汉书·艺文志》并未著录《春秋繁露》一书,只著录有"公羊董仲舒治狱十六篇""董仲舒百二十三篇",可见《春秋繁露》很可能是后人编辑成书的。"春秋繁露"之名最早见于托名刘歆的《西京杂记》,其云:"董仲舒梦蛟龙入怀,乃作《春秋繁露》词。"此文显然不足为信,却可能是后人为了提高其所编辑的《春秋繁露》的知名度而编出来的谎言。《对胶西王越大夫不得为仁篇》一文中未出现"江都王""胶西王"的字样,只在题目中出现"胶西王"三字,既然《春秋繁露》是后人编辑成书,那么其可靠性远不如《汉书》;第三,此文之中,王之语显示了想要做齐桓公、越王勾践那样的霸主的野心,而刘非曾领兵击败过吴国军队,立有军功,可见他有实战经验,反观刘端则没有实战经验,不仅荒淫暴虐,还常年有病,未必有这样大的野心。综上可知,《汉书》所载更为可靠,此王当指刘非。

② 董仲舒:《雨雹对》,严可均辑:《全汉文》,商务印书馆2006年版,第239页。

③ 孙星衍等辑:《汉官六种》,中华书局1990年版,第55页。

水日祷社稷山川,家人祀户"①,并有一整套的祭祀程序。值得注意的是朝廷求雨只在四月及稍后的日子,立秋之后虽旱也不求雨,诸侯国求雨似乎并不如此。董仲舒《求雨》一文不仅记述夏天求雨的程序,还记载有春、秋、冬三季求雨的程序,大概诸侯国根据具体情况四季均可求雨。如果雨太多则需要止雨,董仲舒在元光二年撰有《止雨》一文,详细记述了止雨时的一系列程序。董仲舒设计的求雨、止雨程序都与阴阳五行学说密切相关,如春旱乃是阳气盛,阴气弱,故求雨时应"丈夫欲藏匿,女子欲和而乐"(《求雨》),象征阳气的丈夫应藏匿,象征阴气的女子要和乐;雨多乃是因为阴气盛,阳气弱,止雨时应"废阴起阳。书十七县,八十离乡,及都官吏千石以下,夫妇在官者,咸遣妇归,女子不得至市"(《止雨》),象征阴气的女子应藏匿。故《汉书》云:"仲舒治国,以《春秋》灾异之变推阴阳所以错行,故求雨,闭诸阳,纵诸阴,其止雨反是;行之一国,未尝不得所欲。"②以今之眼光来看,求雨、止雨本就是迷信,《汉书》所云"未尝不得所欲",不过是溢美之词。

三是致书丞相公孙弘。元朔五年(前124),公孙弘为丞相,董仲舒作《诣丞相公孙弘记室书》,称赞公孙弘有"周召自然体质"③,希望公孙弘能够大开萧何求贤之路,广选举之门,同时也表达了自己不愿在诸侯国任职,想要回到中央实现理想的愿望。然而董仲舒的此次上书非但没有成功,还得罪了公孙弘。公孙弘上书使董仲舒为胶西王相。董仲舒为胶西王相不久后便致仕归家,他的从政生涯也就此结束了。

二、董仲舒的儒学思想

董仲舒虽然学通五经,但最擅长的还是《公羊》学。他以《公羊》学为核心内容,兼采阴阳五行和黄老刑名学说,建立了一个以天道为本原,以自然宇宙论为依据,以天人感应为逻辑,以"改制""教化"为措施

---

① 董仲舒撰,苏舆义证,钟哲点校:《春秋繁露》,中华书局1992年版,第426页。案:本节所引《春秋繁露》之文皆出该书,以下只注篇名,不一一出注。
② 《汉书》卷五十六《董仲舒传》,中华书局1962年版,第2524页。
③ 董仲舒:《诣丞相公孙弘记室书》,严可均辑:《全汉文》,商务印书馆2006年版,第242页。

的全新的儒学体系。董仲舒的儒学思想主要表现在以下几个方面：

第一，"大一统"的政治理论。汉武帝之时，汉朝已建立七十余年，加之景帝时七王之乱的平定，大一统的帝国得到了巩固。为了适应已经形成的封建大一统的政治局面，董仲舒从《春秋》中提炼出"大一统"的政治理论，他在第三次对策中说："《春秋》大一统者，天地之常经，古今之通谊也。"①董仲舒认为《春秋》中所蕴含的"大一统"的理论，是天地之常道，古今所通行的法则，是符合历史发展潮流的。董仲舒的这种"大一统"的政治理论，首先要求尊君。在大一统国家体制中，君主是政治统治的核心，要巩固"一统"，就要尊君，在政治上推行君主集权制度。为了达到尊君的目的，董仲舒宣称君权神授，并对"天子""王""君"等称号都做了特别的解释。他认为只有君主是受命于天的，他说"唯天子受命于天，天下受命于天子，一国则受命于君"（《为人者天》）。正因为君主是直接受命于天的，君主可以通过改正朔、易服色、制礼乐，以彰明汉朝天子君权天授的合法性。他认为要达到尊君的目的，还必须削弱诸侯王、大臣的权力，"屈民而伸君"（《玉杯》），主张坚决限制诸侯王及大臣的权力，防止他们专擅和僭越，这些都是要维护和强化君主绝对权威。董仲舒虽然强调君权神授，但为了约束君主的权力，也主张"屈君而伸天"（《玉杯》），即借助"天"对君主的权力进行限制，其目的是天下能够长治久安。其次要求统一思想。董仲舒在第三次对策中说："今师异道，人异论，百家殊方，指意不同，是以上亡以持一统；法制数变，下不知所守。臣愚以为诸不在六艺之科孔子之术者，皆绝其道，勿使并进。邪辟之说灭息，然后统纪可一而法度可明，民知所从矣。"②董仲舒认为当时的社会，各家各有师道，人人心怀异论，百家都有自己的主张，整个社会没有一种统一的思想，其结果就是法制数变，执法大臣没有一个恒定的标准。要想使社会长治久安，必须统一各家思想，而儒家思想是天下之常经，是能够维持社会长治久安的良策，因此他建议武帝罢黜除儒家之外的各家学说，独尊儒术。为了巩固中央集权，董仲舒吸取了秦王

①《汉书》卷五十六《董仲舒传》，中华书局 1962 年版，第 2523 页。
②《汉书》卷五十六《董仲舒传》，中华书局 1962 年版，第 2523 页。

朝二世而亡的历史教训，主张以儒家思想教化百姓，如其云：

> 道者，所繇适于治之路也，仁义礼乐皆其具也。故圣王已没，而子孙长久安宁数百岁，此皆礼乐教化之功也。王者未作乐之时，乃用先王之乐宜于世者，而以深入教化于民。教化之情不得，雅颂之乐不成，故王者功成作乐，乐其德也。乐者，所以变民风，化民俗也；其变民也易，其化人也著。故声发于和而本于情，接于肌肤，臧于骨髓。故王道虽微缺，而筦弦之声未衰也。①

董仲舒认为要想达到长治久安的目的，就要遵循古圣王的治国之道，即以仁义礼乐作为治国的工具，来教化百姓。教化可以改变民风民俗，可以使人向善，而要达到教化的目的必须设明堂，制礼作乐，兴太学，以儒取士，尊儒兴教，将教育、考试、选官结合起来，确立儒学的独尊地位，使儒学实际上成为汉代的一种准国家宗教。

第二，"天人感应"的世界观。天人关系是中国古代哲学的核心问题之一，先秦时期，邹衍、吕不韦等人都曾试图建立一个天道、地道、人道贯通的世界观，荀子也有"制天命而用之"的思想。董仲舒在先秦以来有关思想的基础上，正式提出了"天人感应"的目的论。董仲舒肯定天道秩序，认为"天"是至高无上的，是"万物之祖"（《顺命》）、"百神之君"（《郊义》）、"人之曾祖父"（《为人者天》），以天道作为人伦规范、政治架构的终极依据。与天道相对应，人体的结构也是与天数相对应的，"唯人独能偶天地。人有三百六十节，偶天之数也；形体骨肉，偶地之厚也；上有耳目聪明，日月之象也；体有空窍理脉，川谷之象也"（《人副天数》）。自然界和人类社会的一切，都是"天"的有意安排。"天"是有意志、有权威的，能够感知人的行为，其与人的感应主要通过祥瑞和灾异的形式来显示赏罚功能。董仲舒在第一次对策中提出："国家将有失道之败，而天乃先出灾害以谴告之，不知自省，又出怪异以警惧之，尚不知变，而伤败乃至。以此见天心之仁爱人君而欲止其乱也。自非大亡道

①《汉书》卷五十六《董仲舒传》，中华书局1962年版，第2499页。

之世者,天尽欲扶持而全安之,事在强勉而已矣。"①国家失道,上天就会先降灾异来遣告之,再出怪异来警惧之,如果君主还不知道改变政策,上天的惩罚就会到来。相反,如果君主如果一心向善,就会"天下之人同心归之,若归父母,故天瑞应诚而至"②,上天会降下祥瑞来表扬君主。董仲舒出于大一统的政治考虑,一方面以"天"来尊君,大力维护君主的专制权威;另一方面为了国家的稳定,防止出现桀纣那样的昏君,又以"天"来限制君主的权力,从而达到维护政治稳定的目的。

第三,"性三品"的人性论。人性论在先秦时期就被思想家们热烈讨论,"性善论,性恶论,性无善恶论,性超善恶论,性有善有不善论,有性善有性不善论,同时发生或先后发生;势力不相上下,并无公认学说"③。就儒家而言,孟子秉性善论,荀子秉性恶论。董仲舒则试图对孟、荀的观点进行调和,他说:

> 天生民有《六经》,言性者不当异,然其或曰性也善,或曰性未善,则所谓善者,各异意也。性有善端,动之爱父母,善于禽兽,则谓之善。此孟子之善。循三纲五纪,通八端之理,忠信而博爱,敦厚而好礼,乃可谓善。此圣人之善也。(《深察名号》)

董仲舒认为孟子所谓的性善,是指人跟禽兽比,人知道爱父母,有善的端倪,但这种本质不经觉悟而表现为"三纲五纪",那还不能算完成的善。他认为人性实际上分三品,有"圣人之性",是纯善;有"斗筲(小人)之性",是纯恶。这二者都不代表普遍人性,因此"不可以名性"。又有"中民之性"才具有普遍性,是人性的代表。普遍的人性有善有恶,可善可恶,完全取决于后天的教化。他说"中民之性如茧如卵。卵待覆二十日而后能为雏,茧待缲以涫汤而后能为丝,性待渐于教训而后能为善。善,教训之所然也,非质朴之所能至也,故不谓性"(《实性》)。他又把性比作禾,善比作米。米出禾中,而禾未可全为米;善出性中,而性未可全

---

① 《汉书》卷五十六《董仲舒传》,中华书局 1962 年版,第 2498 页。
② 《汉书》卷五十六《董仲舒传》,中华书局 1962 年版,第 2500 页。
③ 张岱年:《中国哲学大纲》,中国社会科学出版社 1982 年版,第 250 页。

为善。善与米,都是"继天而成于外",既是天生的,同时也需要人为的努力。这就调和了孟、荀人性善恶之争,将儒学内部的分歧统一了起来。

第四,"三纲五常"的社会伦理观。"三纲"指的是君臣、夫妇、父子之间的伦理关系。先秦时期,儒家就很重视君臣、夫妇、父子之间的伦理关系。孔子提出"君君臣臣、父父子子"的重要主张,更讲究双方关系的对等。董仲舒则吸收了法家所强调的臣、子、妻对君、父、夫的绝对服从,其云:

> 凡物必有合。合,必有上,必有下,必有左,必有右,必有前,必有后,必有表,必有里。……君臣、父子、夫妇之义,皆取诸阴阳之道。君为阳,臣为阴;父为阳,子为阴;夫为阳,妻为阴。阴道无所独行,其始也不得专起,其终也不得分功,有所兼之义。……是故仁义制度之数,尽取之天。天为君而覆露之,地为臣而持载之;阳为夫而生之,阴为妇而助之;春为父而生之,夏为子而养之;秋为死而棺之,冬为痛而丧之。王道之三纲,可求于天。(《基义》)

董仲舒认为阴阳、君臣、夫妻、父子等对应的概念可以合为一体,然而它们之间的地位却是不对等的。阳在对应关系中处于主导地位,阴处于从属地位,将其运用到社会伦理关系之中,君、父、夫在二者关系中也处于主导地位,臣、子、妻则处于从属地位。董仲舒通过这样一种理论,将天道与人伦联系起来,赋予人伦道德以天道自然的权威。后世学者在此基础上总结出"君为臣纲、父为子纲、夫为妻纲"的"三纲",成为束缚人性的枷锁。"五常"指仁、义、礼、智、信五种道德规范。先秦时期,儒家学派便非常重视道德规范,孔子就提倡仁、义、礼、忠、孝、信等道德规范,思孟学派提炼出仁、义、礼、智、圣作为"五行",作为儒家的基本道德范畴。董仲舒对思孟学派的"五行"稍有修正,将"圣"替换为"信",称之为"五常",即人世间五种恒常不变的道德。董仲舒在第一次对策时提出:"为政而宜于民者,固当受禄于天。夫仁谊礼知信五常之道,王者所当修饬也;五者修饬,故受天之祐,而享鬼神之灵,德施于方外,延及群生也。"①董仲舒认为秦之所以迅速灭亡就在于不重视道德建设,只是一味滥用刑戮威权;而合理的政治则应当以仁、义、礼、智、信五常来教化百姓。

三、董仲舒对汉代政治和儒学发展的深远影响

董仲舒可以说是中国儒学发展史上继孔子、孟子、荀子之后又一位大师级人物,他对儒学的传承与发展做出了重要的贡献,主要表现在三个方面。

(一)对独尊儒术,把儒学确立为国家意识形态起到了关键性作用。武帝即位之前,汉帝国的统治思想是清静无为的黄老之术。武帝即位后,逐渐开始以儒学来代替黄老之学。然而此举遭到了窦太后的抵制,武帝崇儒的政策开始并未得以全面实施。当时诸子百家都被立为博士,所以武帝初即位的建元元年(前140)冬所征召的贤良多是"治申、商、韩非、苏秦、张仪之言"的学者。建元六年(前135),窦太后去世,武帝当年就令郡国举孝廉各一名。第二年又令郡国举贤良文学之士,董仲舒也在此年被举荐。他在《天人三策》中建议武帝"诸不在六艺之科、孔子之术者,皆绝其道,勿使并进",得到了汉武帝的赞赏,虽然他本人没有得到重用,但是他的重要主张基本都得到实施。特别是在他的建议下,汉武帝采取了罢黜百家,独尊儒术的思想文化政策,使得儒学成为汉帝国的统治思想,对儒学后来的发展起到了关键性的作用。

(二)将儒学与汉代选官制度和教育制度紧密结合,对后代产生了深远的影响。武帝之前,汉政府选择官吏主要是通过世袭、征辟、察举等途径。世袭是针对贵族而言的,而平民进入政权只有征辟、察举两条途径。征辟是指皇帝直接征召人才,这类人才一般应为德高望重的士人,他们往往年事已高,具有较高的名望,又有大批的弟子。但此类人才较少,并不常用。察举是指中央政府或地方政府所举荐的有才之士,他们因一技之长而被举荐到中央。此种选官方法较为常见,汉武帝之

①《汉书》卷五十六《董仲舒传》,中华书局1962年版,第2505页。

时曾多次下令举荐人才,如武帝初即位的建元元年冬,就下令丞相、御史大夫等中央与地方官员举荐贤良方正直言极谏之士,并通过各种名目的察举科目,将不同类型的人才举荐到官场。董仲舒提出了一种新的方法来选拔人才,那就是将选官制度与教育制度结合起来,一方面兴太学以养士,另一方面建立人才考核选拔制度以及举荐人才连坐制度,以此来为帝国培养和选拔需要的人才。同时使儒家经典成为太学博士弟子及郡国士子们修行的唯一内容,并将儒家经典作为选拔官吏的标准,这样儒学不仅成为汉帝国的统治思想,研习儒家经典也成了士人的利禄之学,修习者越来越多。董仲舒通过这样的设计,将经学教育与选拔人才结合起来,"既可以弥补大一统帝国对于人材的需求,又可以保证中央集权对于意识形态的贯通"①。董仲舒为汉帝国所设计的方案,将儒学与汉帝国的选官制度和教育制度紧密联系,打破了贵族阶层对仕途的垄断,扩大了平民子弟进入仕途的途径。董仲舒的这个主张在后代经过历代统治者的完善,发展为更加成熟的科举制度,为整个古代皇权社会国家体制选拔了大量的人才,同时也保证了中华文化的绵延不绝,董仲舒也成为中国古代文人官僚政治体制的奠基者。

(三)对今文经学特别是《公羊》学做出了贡献。汉代建立之后,废除了秦代颁行的"挟书令",开始重新整理古籍,一些老儒开始根据记忆传授经书,并用当时流行的隶书将之书于竹帛,称之为"今文经"。董仲舒学通五经,最擅长的是《春秋》及《公羊传》。作为《公羊》学的大师,董仲舒对《春秋》及《公羊传》进行了深入的研究,他的很多思想就是通过对《春秋》"微言大义"的阐释表达出来的。他强调孔子作《春秋》是带着辨是非、正名分的政治目的,是针对春秋时天子虚位,诸侯放恣,大夫擅权,陪臣执国命,名分不正的现象,想通过《春秋》"别嫌疑,明是非,定犹豫,善善恶恶,贤贤贱不肖"的褒贬,在衰乱之世立新王之道,著素王之法。凡人伦纲纪,为政大法,都寄寓在一部《春秋》之中了,所以不论为君为臣,都不可不学《春秋》,并且以之作为道义原则、办事准绳。"《春秋》者,礼义之大宗","拨乱世反清正,莫善于《春秋》"。董仲舒还对《春

---

① 许抗生、聂保平、聂清:《中国儒学史·两汉卷》,北京大学出版社 2011 年版,第 133 页。

秋》义例即著书条例进行了梳理,注重发挥《春秋》中圣人没有明说的微言,又援引阴阳五行学说以解《春秋》,建立"天人感应"学说,据《春秋》之褒贬,定是非名分,用以论事断狱,使经学成为可以操作运用的实用之学,从而扩大了《春秋》乃至整个儒学的影响。但他的这种解经方法也带有穿凿附会和神秘主义倾向,到西汉末年,遂演变为谶纬迷信,使经学成为一种神学,造成了消极影响。

第四节　两汉时期江苏地域的经学传承

儒学在春秋末年诞生之后,很快便传入今江苏各个地区。稍后孔子弟子子游、谵台灭明等继续在此传播儒学,使得儒学在江苏各地得以扎根并成长。西汉时期,儒学首先在治所位于今江苏北部的楚国走向繁荣。在西汉王朝政治的儒学化进程中,今江苏北部诸郡国由于距离儒学的诞生地鲁地较近,儒学相对来说更为发达;而今江苏中部、南部诸郡国则相对落后。但到了东汉时期,随着郡国教育体系的进一步完善,儒学教育被推广到了全国各地。在此背景下,今江苏北部诸郡国与中部、南部诸郡国的儒学都有了较大程度的发展,尤其是南部的吴郡儒学取得了很大的成就,那里不仅诞生了多位在全国有较大影响力的学者,而且开始出现在中古史上有着巨大影响力的一些儒学世家,为魏晋南北朝时期吴地儒学的繁荣打下了良好的基础。

一、西汉时期江苏地域的经学传承

西汉时期,今江苏北部包括楚国的大部(此指削去鲁国、东海郡之后的楚国),东海郡的一部,沛郡的小部;中部、南部包括泗水国、广陵国的全部,临淮郡的大部,会稽郡、丹扬郡的小部。西汉时期,这些郡国的儒学发展情况不一,主要表现在两个方面:

第一,从时间上来看,西汉初期,楚国儒学发展一枝独秀;西汉中后期,各郡国的儒学普遍得到发展。西汉初期,中央政府为了休养生息,以黄老之学来统治天下,儒学遭到冷遇,而拥有相当权力的诸侯王则抓住机会,笼络人才,在王国内大力发展文教事业,以增强自己的实力,楚国就是其中的代表。楚元王爱好儒学,任用儒生穆生、白生、申公为中大夫,以儒学来培养接班人,使得楚国儒学走向繁盛,在汉初儒学史上占有重要的地位。与此形成对比,沛郡、临淮郡、会稽郡等郡由于缺少儒学大师传道,儒学不甚发达,也较少有有影响力的儒生出现。七王之乱后,诸侯国的权力被大大削弱,王国原有的政治、经济、军事上的特权也被一一取消,诸侯王逐渐丧失了对王国的实际治理权,并被置于严格的监视之下。汉武帝时期,汉廷开始"罢黜百家、独尊儒术",设立五经博士,在中央建立太学,在郡国建立学校,儒学成为官方统治思想。在这样的背景之下,楚国儒学在全国的地位尽管有所衰落,但是经师仍然层出不穷,而东海郡、沛郡、临淮郡、会稽郡等郡国的儒学也有了较大的发展,有影响力的儒生开始出现。

第二,从地理上看,处于今江苏北部的楚国、东海郡、沛郡儒学较为发达,经师频出,经学世家开始出现。而处于今江苏中部、南部的泗水国、广陵国、临淮郡、会稽郡、丹扬郡的儒学不如北部兴盛,不仅在此传道的经师数量不多,而且本地所出的有影响力的学者也很少。之所以会出现这样明显的不同,主要原因是位于今江苏北部的楚国、东海郡、沛郡经过长时间的开发,经济发达,人口众多,再加上离儒学的发源地鲁地较近,儒学传入较早且流传时间较长;而南部的泗水国、广陵国、临淮郡、会稽郡、丹扬郡则经济稍为落后,且离鲁地较远,儒学在此的影响力较弱。鉴于二者有着明显的不同,本节将其分开进行论述,详情如下:

西汉时期,楚国儒学较为发达。汉五年(前202),刘邦击败项羽之后,封韩信为楚王,都下邳(今江苏徐州邳州市东),管辖东海郡、会稽郡、泗水郡、薛郡、陈郡。次年,韩信被废,刘邦二分楚国,封其弟刘交为楚元王,王薛郡、东海、彭城三十六县。元王立二十三年薨,子郢客嗣位为夷王,立四年卒,子刘戊即位为王。景帝三年(前154年),削楚国东海郡、薛郡,刘戊暗中联结吴国谋反,失败后自杀。七王之乱被平定后,景帝封楚元王子平陆侯刘礼为楚王,至四世孙刘延寿时,其因欲勾结广陵王谋反被迫自杀,国除。黄龙元年(前49),宣帝封自己儿子刘嚣为楚王,至王莽时国绝。楚国辖区在七王之乱后大大缩小,只剩下彭城周边七个县,在这七县中,彭城(今江苏徐州)、留(今江苏徐州沛县东南)、吕县(江苏徐州铜山)、武原(今江苏徐州邳州)四县在今江苏境内。

西汉时期楚国的儒学有以下三个方面的特点:

第一,儒学与政治相结合,儒学政治得到实践的机会。楚元王是楚国的第一代王,他少好书,曾拜当时著名的大儒浮丘伯为师,后随刘邦征战四方,汉六年(前201)被封为楚王。楚元王喜爱儒学,对儒学非常重视,并将其运用到政治领域,他对楚国儒学政治的发展带来了深远的影响:一方面,以儒学来培养接班人及后代。从楚元王开始,楚国历代统治者都要学习儒学,为了培养接班人,他让太子郢客到长安从浮丘伯学习儒学;夷王郢客在位时,让太子刘戊从穆生、白生、申培公问学。可见以儒学来培养接班人在楚国已成为定制。楚元王诸子皆读《诗》,儒学成为其家传之学,如刘辟彊、刘德、刘向、刘歆等皆有较高的儒学修养。另一方面,楚元王开始大量任用儒生来参与政治。楚元王刘交到任后,很快便以少时同学穆生、白生、申公三人为中大夫,中大夫主要掌议论,对于朝政得失有较大的发言权。武帝太初元年(104),中大夫改名为光禄大夫,秩比二千石,在汉代这是一个非常重要的官职。楚元王以穆生、白生、申公三位儒生为中大夫,显示出以儒学来治理楚国的愿望。穆生、白生、申公三人,先后辅佐刘交、刘郢客、刘戊三代楚王,时间先后达四十七年之久①。他们的长期辅佐,不仅使得楚国一直保持着儒学政治,而且还为楚地培养了大批的儒生。

第二,《鲁诗》学特别发达。《鲁诗》学的创始人是申公,名申培,鲁人,曾为《诗》作传,号为《鲁诗》。申公少时曾与刘交、穆生、白生俱事荀子弟子浮丘伯受《诗》。汉初高祖过鲁时,曾以弟子身份从师入见于鲁南宫。楚元王刘交到任后,与穆生、白生一起担任中大夫,前后在楚国任职达四十七年。楚王戊二十年,申公受辱,归鲁讲学,弟子自远方而

---

① 案:楚元王交到楚便任用三人,元王在位共二十三年;夷王郢客延续了元王的人事制度,其在位四年;刘戊初即位也延续了元王的人事制度,后懈怠,不再礼敬三人,穆生先去,白生、申公留下,直到王戊二十年之时仍在,前后达四十七年。

至受教者千余人,为博士者十余人。申公一生绝大多数时间都是在楚国度过的,对楚地《鲁诗》学的兴起与兴盛起到了至关重要的作用。申公之后,楚地治《鲁诗》者层出不穷,较为著名的有薛广德①、唐长宾②、龚舍③等。其中薛广德、唐长宾乃申公三传弟子,龚舍又是薛广德的弟子,而龚舍已经是西汉末年哀帝时人,可见终西汉一代,楚国《鲁诗》学一直长盛不衰。申公亦长于《穀梁》学,曾授《穀梁》学于瑕丘江公,《穀梁》学在楚地也有流传,如申章昌,字曼君,楚(治今江苏徐州)人,受《穀梁》学于丁姓,丁姓受之于江公之孙,而江公则受《穀梁》学于申公。申章昌后为博士,官至长沙太傅,徒属甚众。

第三,经学世家开始出现。西汉时期,楚国出现了几个著名的经学世家,如楚元王刘交家族、楚王刘嚣家族、韦孟家族。楚元王爱好《诗》,作《元王诗》,其诸子皆读《诗》,这为其家族的经学传统奠定了基础,后来其家族出现了刘向、刘歆,在西汉的经学史上占有重要地位。黄龙元年(前49),宣帝立其子刘嚣为楚王,嚣生衍,衍生纡,纡生般,"自嚣至般,积累仁义,世有名节"④。韦孟家族爱好《诗》,韦孟,彭城(今江苏徐州)人,曾为楚元王傅,后又傅元王子夷王刘郢客及孙刘戊。刘戊荒淫无道,韦贤作诗讽谏,并徙家于邹。韦孟四世孙韦贤,少笃于学,通《礼》《尚书》,以《诗》教授乡里,号称邹鲁大儒。昭帝时征为博士,进授昭帝《诗》。宣帝时赐爵关内侯,拜丞相,封扶阳侯。韦贤少子韦玄成,字少翁,少好经术,修父业,以明经擢为谏大夫,宣帝时与诸儒杂论同异于石渠阁,元帝时先后任太子太傅、御史大夫、丞相。玄成兄韦弘之子韦赏亦明《诗》,哀帝时封大司马车骑将军,列为三公,赐爵关内侯。韦氏一

---

① 薛广德,字长卿,沛郡相(今安徽省淮北市濉溪县)人,受《诗》于王式,王式受《诗》于徐公及许生,徐公及许生皆申培弟子。薛广德曾以鲁《诗》教授楚国,龚胜、龚舍俱师事之,后广德为博士,并且参加了石渠阁会议,曾官谏大夫、长信少府、御史大夫。

② 唐长宾,东平(今山东泰安东平)人,受《诗》于王式,后为博士,曾为楚太傅。

③ 龚舍,字君倩,楚国(治今江苏徐州)人,与龚胜俱受《诗》于薛广德。龚舍少好明经,楚王闻其名,聘其为常侍。后至长安求学。龚舍曾在龚胜的推荐下被征为谏大夫,以病免,复征为博士,又以病去。哀帝时拜舍为太山太守,舍至官数月便乞骸骨,后又拜舍为光禄大夫,舍终不肯就。舍通五经,以鲁《诗》教授乡里,年六十八而卒。

④《后汉书》卷三十九《刘般传》,中华书局1965年版,第1303页。

家数人因明经而贵显,故当时邹鲁谚曰:"遗子黄金满籝,不如一经。"①

除了《鲁诗》之外,《尚书》在楚地也有流传,并出现了著名学者龚胜。龚胜,字君宾,楚(治今江苏徐州)人,受《尚书》于著名经师陈翁生信。龚胜初为郡吏,曾三举孝廉,一举茂才,后被哀帝征为谏大夫。胜为谏大夫期间,数"言百姓贫,盗贼多,吏不良,风俗薄,灾异数见,不可不忧。制度泰奢,刑罚泰深,赋敛泰重,宜以俭约先下"②,充分发挥了其谏官的职责。任谏大夫二岁后迁丞相司直、光禄大夫,因忠直常常被人排挤,出为渤海太守,后辞官归家。哀帝复征为光禄大夫,胜常称疾,数使子上书乞骸骨。后王莽秉政,胜亦常乞骸骨,终于在元始二年(2)归老乡里。胜初还乡里,郡二千石官吏初到常至其家,以师事之。王莽篡汉第二年,遣使者拜胜为讲学祭酒,胜称疾不应征;又拜胜为太子师友祭酒,使人奉书安车驷马迎胜,胜坚辞不就。使者以印绶加胜身,胜俱推不受,使者只能作罢。王莽并不甘心,使使者与太守五日一问起居。然胜俱不为所动,对来人说:"吾受汉家厚恩,亡以报,今年老矣,旦暮入地,谊岂以一身事二姓,下见故主哉?"③于是他就向家人交代了自己的后事,然后便开始绝食,十四天后死去,时年七十九岁。龚胜一生忠直,至死不受王莽官职,清人唐晏感叹云:"龚胜大儒也,传伏生《尚书》,以经学为谏书,惜班氏一字不能传之。……胜之至死不受莽命,此亦从经术中来,岂浅儒所解乎?"④

除了楚国之外,西汉时期东海郡和沛郡也有不少传授儒家经典的经师。东海郡北接齐地,西接鲁地,是儒学较早传入的地区之一,其经学最大的特点就是受齐学影响较大。关于齐学的定义与内涵,学术界尚有诸多争议⑤,然普遍以为有广义与狭义之分。杨朝明先生认为"从广义上讲,鲁地产生的学术就称为鲁学,齐地产生的学术就是齐学。狭义的鲁学和齐学则是指汉代经学内部的两个不同学派"⑥。齐鲁两国由

---

① 《汉书》卷七十三《韦贤传》,中华书局 1962 年版,第 3107 页。
② 《汉书》卷七十二《龚胜传》,中华书局 1962 年版,第 3081 页。
③ 《汉书》卷七十二《龚胜传》,中华书局 1962 年版,第 3085 页。
④ 唐晏撰,吴东民点校:《两汉三国学案》,中华书局 1986 年版,第 120 页。
⑤ 参见李沈阳《齐学与鲁学研究综述》,《管子学刊》2017 年第 1 期。
⑥ 杨朝明:《鲁学在汉代经学中的地位》,《东越论丛》1995 年第 5 期。

于政治、经济、文化、地理等方面的差异,其学术也呈现出不同的面貌。儒学从鲁地传入齐地之后,受到齐学的影响,呈现出与鲁学不同的面貌。《齐论》《齐诗》《公羊传》就是齐地经学的代表。东海郡与故齐之地相接,受到齐学影响很深,因此产生了多位齐学大师,如翼奉、严彭祖等。翼奉,字少君,东海下邳(今江苏徐州睢宁)人,治《齐诗》,与萧望之、匡衡同受《齐诗》于后仓。元帝时,诸儒荐之,元帝数次召见,以奉为中郎,后为博士、谏大夫。齐学驳杂,阴阳学在其中占有重要地位,齐地经学也受到阴阳学的影响。其中《齐诗》"四始"说的"理论基础来源于阴阳家学说"①。因此《齐诗》学者都喜言灾异,如治《齐诗》的夏侯始昌就"明于阴阳,先言柏梁台灾日,至期日果灾"②。翼奉亦明于阴阳之术,当郡国多大水、地震时,翼奉即上书曰灾异,用阴阳学说解释自然灾害与社会政治的关系,对统治者提出警示。翼奉作为《齐诗》学者引阴阳学入《诗》学,显示出与其他三家诗不同的面貌,后来的"《诗纬》则是在翼奉《齐诗》学基础上进一步发展的产物"③。

严彭祖,字公子,东海下邳(今江苏徐州睢宁)人。少师事《公羊》学名家眭孟,而眭孟则是《公羊》学大师董仲舒的再传弟子。宣帝时,严彭祖为博士,曾参加石渠阁会议,严彭祖为人廉直,不事权贵,曾有人劝说他曲意以媚世,他说:"凡通经术,固当修行先王之道,何可委曲从俗,苟求富贵乎!"④可见其廉直的性格。他所传的《公羊》严氏学在西汉后期、东汉时期流行不辍。直到何休《公羊解诂》出,《春秋公羊严氏传》的流传渐稀,并终至亡佚。

属于沛郡的沛县(今江苏徐州沛县)、丰县(今江苏徐州丰县)是汉朝刘氏皇族的诞生地,刘氏尊崇儒术,其家族中爱好儒学者为数不少,除刘邦、刘交、刘向、刘歆外,河间献王刘德亦热爱儒学,对汉初儒籍的保护与流传作出了较大的贡献。除了刘氏家族外,沛地经师众多,各经都有著名学者出现:《易》学方面,西汉时期《易》学主要有施、孟、梁丘三

---

① 谭德兴、杨光熙:《〈齐诗〉诗学理论新探》,《兰州大学学报(社会科学版)》2001年第4期。
② 《汉书》卷七十五《夏侯始昌传》,中华书局1962年版,第3154页。
③ 王长华、刘明:《〈诗纬〉与〈齐诗〉关系考论》,《文学评论》2009年第2期。
④ 《汉书》卷八十八《严彭祖传》,中华书局1962年版,第3616页。

家,其中施氏《易》的创始人施雠,字长卿,是沛(今江苏徐州沛县)人。此外,沛人戴崇及其子戴宾都擅长施氏《易》,沛人邓彭祖擅长梁丘《易》,沛人翟牧擅长孟氏《易》。在施、孟、梁丘三家《易》学之外,高氏《易》的创始人高相,也是沛(今江苏徐州沛县)人,"其学亦亡章句,专说阴阳灾异"①。高相授《易》于其子高康,康后以明《易》为郎,后被王莽所杀。高氏《易》未得立于学官,只在民间流传。"新莽之际,灾异盛行,故其学盛行了一阵,至东汉,学即衰微"②,最终亡佚于西晋。

《尚书》学方面,沛人唐林、唐尊曾传夏侯《尚书》于沛郡。唐林,字子高,受《尚书》于许商,是夏侯《尚书》创始人夏侯胜三代弟子。哀帝时官至尚书仆射、尚书令,数次上疏谏正,有忠直清名。唐尊与唐林齐名,字伯高,受《尚书》于张无故。唐尊"衣敝履空,以瓦器饮食,又以历遗公卿"③,王莽地皇元年(20),为太傅,封平化侯。

《春秋》学方面,沛人蔡千秋,字少君,受《穀梁春秋》于鲁荣广,是申公三代弟子。宣帝好《穀梁》学,韦贤、萧望之等大臣亦建议宣帝兴《穀梁》学。宣帝擢千秋为谏大夫给事中,后有过左迁平陵令。宣帝愍《穀梁》学之绝,遂以千秋为郎中户将,选郎十人从之学习。千秋之弟子尹更始等在石渠阁会议中得到了宣帝及太子太傅萧望之等人的支持,从而使《穀梁》学得到了更多大臣的认同,促使《穀梁》学大盛,并最终在宣帝时被立为博士。

《礼》学方面,西汉时期在沛郡传播《礼》学的主要有庆普、庆咸、闻人通汉等人。庆普,字孝公,沛(今江苏徐州沛县)人,受《礼》于后仓,官至东平太傅,是庆氏《礼》的创始人。庆普族子庆咸,亦传庆氏《礼》,受《礼》于庆普,官至豫章太守。闻人通汉,字子方,沛(今江苏徐州沛县)人,受《礼》于后仓,与庆普为同门。通汉曾以太子舍人的身份论学于石渠阁,官至中山中尉。

相较而言,西汉时期在今江苏中、南部的临淮郡、泗水国、广陵国、会稽郡、丹扬郡等地区,因经济与江苏北部诸郡县相比稍为落后,人口

---

① 《汉书》卷八十八《高相传》,中华书局1962年版,第3602页。
② 高怀民:《两汉易学史》,广西师范大学出版社2007年版,第122页。
③ 《汉书》卷七十二《唐林传》,中华书局1962年版,《汉书》,第3095页。

较少,又距离儒学发源地鲁地较远,儒学在此的影响力稍弱,但也有一些儒家学者在此任职、传播儒学。

例如精通《鲁诗》、古文《尚书》的孔安国就曾任临淮(治今江苏泗洪)太守。孔安国乃孔子后代,受《诗》于申公。武帝时为博士,曾将古文《尚书》献于朝廷,适逢巫蛊之祸,未得立于学官,只在民间流传。

西汉时期苏南地区也产生过一些具有儒学素养的名臣,如武帝时期的重臣严助、朱买臣即出自吴地。严助,本姓庄,因避汉明帝刘庄之讳,《汉书》改其姓为严,吴(治今江苏苏州)人。其上武帝书曾征引《春秋》,曰"《春秋》天王出居于郑,不能事母,故绝之。臣事君,犹子事父母也,臣助当伏诛"①。可知严助曾学过《春秋》。严助深得武帝信任,曾受命发会稽兵以救东瓯,先后任中大夫、会稽太守等职。后因与刘安交好受牵连被诛。朱买臣,字翁子,吴(治今江苏苏州)人。朱买臣少家贫,好读书,在严助的推荐下获得了汉武帝的接见,曾为武帝说《春秋》,言《楚辞》,先后被拜为中大夫、会稽太守、主爵都尉、丞相长史等职。买臣因与张汤有隙,曾告张汤阴事,后张汤自杀,武帝亦诛买臣。

二、东汉时期江苏地域的经学传承

东汉时期,今江苏地域的地理有所变革,主要有四郡三国。其中沛郡更改为沛国,大体范围不变。东海郡范围缩小,但属于江苏的县没有变化。楚国更为彭城国,大体范围不变。泗水国与临淮郡的西部合并为下邳国。广陵国与临淮郡的东部合并为广陵郡。丹扬郡更名为丹阳郡,大体范围不变。会稽郡中分出吴郡,主要包括今江苏南部、浙江北部地区,辖有十三城,属于今江苏范围的有丹徒(今江苏镇江)、曲阿(今江苏镇江丹阳)、毗陵(今江苏常州)、无锡(今江苏无锡)、吴县(今江苏苏州)、娄县(今江苏苏州昆山)、阳羡(今江苏无锡宜兴)。

东汉时期,朝廷在文化政策上继承了前代的做法。东汉历代皇帝对经学都很重视。章帝还亲自主持白虎观会议,召集朝臣和儒生对儒

①《汉书》卷六十四上《严助传》,中华书局1962年版,第2790页。

家经典进行学术讨论,以达到统一经学的目的。另外东汉朝廷在中央还扩大了太学规模,顺帝以降,太学生甚至达到了三万人,使得郡国的人才进一步向中央集中。在地方,郡国的学校教育进一步规范化,主要以经学教育为主,为当地培养出大量人才。在这样的背景之下,今江苏地域的诸郡国儒学发展状况发生了显著的变化,其中最明显的变化就是各郡国儒学发展的差距在缩小,北部的彭城国、东海郡、沛国儒学发展已不如西汉之盛,而中部、南部的广陵郡、下邳国、丹阳郡、吴郡儒学比之西汉有了较大发展。尤其是吴郡,所出儒生数量甚多,其地位已经越来越重要。吴郡之地原属会稽郡,治所在吴县(今江苏苏州)。吴县所在的太湖流域地势平坦、土壤肥沃、降水充足,本是会稽郡中经济最为发达的地区。两汉之际,北方战乱不休,士人大量避居会稽郡,如《后汉书》云"更始元年……时天下新定,道路未通,避乱江南者皆未还中土,会稽颇称多士"①。大量北方士人避居会稽郡,不仅使会稽郡有了多士之名,更重要的是带来了先进的文化,促进了江南地区的开发。任延在东汉初年来到吴地任职,对于吴地文教事业的发展做出了较大的贡献。任延,字长孙,南阳宛(今河南南阳)人,年十二,学于长安,明《诗》《易》《春秋》,显名太学,学中号为"任圣童"。更始元年(23),任延时年十九,即被任命为会稽都尉。到任后,先遣馈礼祠延陵季子,后以师友之礼聘请有高行者董子仪、严子陵、龙丘苌者等,还遣吏赈济贫者,慰勉孝子,使得郡中风气大变,贤士大夫开始争相为官。张霸,字伯饶,蜀郡成都(今四川成都)人,七岁通《春秋》,后博览五经,和帝永元中为会稽太守,表用郡中有德行的处士顾奉、公孙松等,于是"郡中争厉志节,习经者以千数,道路但闻诵声"②。许多像任延、张霸这样具有儒学修养的士大夫大量来到吴地任职,促进了吴地的开发以及文教事业的发展,也促进了吴地儒学的兴盛。东汉时期,吴郡儒学兴盛,主要表现在以下几个方面:

第一,有影响力的大儒不断涌现,如包咸、皋宏、高彪、高岱等。皋

---

① 《后汉书》卷七十六《任延传》,中华书局 1965 年版,第 2460 页。
② 《后汉书》卷三十六《张霸传》,中华书局 1965 年版,第 1241 页。

弘,字秦卿,吴郡(今江苏苏州)人,少有英才,与桓荣相善。初,《欧阳》博士缺,光武帝欲以桓荣为博士,荣让曰:"臣经术浅薄,不如同门生郎中彭闳、扬州从事皋弘。"①桓荣是龙亢桓氏的奠基者,与彭闳、皋弘同受《欧阳尚书》于朱普,在当时影响很大,但他却自认为不如皋弘,可见皋弘经学修养亦很高。皋弘时任扬州从事,后在桓荣推荐下,被光武帝拜为议郎。高彪,字义芳,吴郡无锡(今江苏无锡)人。彪家本贫寒,少游太学,有雅才却讷于言。尝欲从马融问大义,融不接见,乃遗融书曰:"承服风问,从来有年,故不待介者而谒大君子之门,冀一见龙光,以叙腹心之愿。不图遭疾,幽闭莫启。昔周公旦父文兄武,九命作伯,以尹华夏,犹挥沐吐餐,垂接白屋,故周道以隆,天下归德。公今养痾傲士,故其宜也。"②融惭而追之,彪却去而不顾。后举孝廉,试经第一,除郎中,校书东观,数奏赋、颂、奇文。后彪迁内黄令,灵帝敕同僚临送,并诏东观画彪像以劝学者。彪居官有德政,后卒于官。彪子岱,字孔文,善《左传》,受性聪达,轻财贵义,曾被太守盛宪举为孝廉。后郡守许贡要加害盛宪,高岱帮助盛宪逃脱,徐贡便抓了高岱的母亲,试图加害高岱。高岱救出母亲后,隐于余姚。孙策任会稽丞时,欲与高岱论学,友人提醒高岱"孙将军为人,恶胜己者。若每问,当言不知,乃合意耳。如皆辨义,此必危殆"③,岱以为然。与孙策谈论,高岱或答不知,孙策怒而杀岱。

　　第二,儒学世家开始出现。儒学世家的出现是一个地区儒学发展的重要标志之一,东汉中后期,在整个中古时期都具有较大影响力的儒学世家吴郡陆氏、顾氏开始形成。据《陆氏谱》,陆氏始祖是齐宣公之子达,其孙皋迁居楚,陆贾是皋之孙④。其家族的一支在陆烈去世之后,定居在吴郡吴县。陆烈曾任吴令、豫章都尉。去世之后,"吴人思之,迎其丧葬于胥屏亭,子孙遂为吴郡吴县人"⑤。经过多年经营,到了东汉初

---

① 《后汉书》卷三十七《桓荣传》,中华书局1965年版,第1250页。
② 《后汉书》卷八十下《高彪传》,中华书局1965年版,第2649—2650页。
③ 《三国志》卷四十六《吴书一》裴松之注引《吴录》,中华书局1982年版,第1109页。
④ 案:关于陆氏之起源,古籍记载皆不相同,此处据唐司马贞《史记索隐》,见《史记》,中华书局2014年版,第3267页。
⑤ 郑樵撰,王树民点校:《通志》,中华书局1995年版,第96页。

年,陆闳笃行好学,聪明有令德,美姿容,建武中曾任颍川太守、尚书令等职。陆闳之孙陆续,聪明孝顺,以高行入《后汉书·独行传》。续子稠,广陵太守,有理名;中子逢,乐安太守;少子褒,力行好学,不慕荣名,连征不就。褒子陆康,字季宁,少仕郡,以义烈称,以恩信为治,历任武陵太守、桂阳太守、乐安太守、议郎、庐江太守等职。后忠正而不附逆袁术,被袁术部将孙策攻破城池,壮烈而死。陆康子陆绩(187—219),字公纪,少与虞翻、庞统等名士友善,被孙权辟为奏曹掾,后出为郁林太守。绩博闻强识,注《周易》,释《太玄》,作《浑天图》。陆绩的《易》学著作有《周易注》,《隋书·经籍志》录为十五卷,两《唐书》录为十三卷,今存辑本;《周易日月变例》,《隋书·经籍志》著录为六卷,并题云虞翻、陆绩撰,今已佚。陆氏以儒学传家,自东汉初年到东汉末年,代代修习儒术,注重节操,最终在三国时期,出现一朝二相五侯十将军的局面,宗族势力达到顶峰。吴郡顾氏在东汉初年有顾综,"辟有道,历御史大夫、尚书令、殿上三老。汉明帝袭三代之礼,正月上日践辟雍,严设几杖,乞言受悔焉。吴丞相雍,其裔孙也"①。顾综位列三公,向汉明帝传授三代之礼,可见其礼学修养很高。吴郡顾氏普遍重视礼学,当是世代家传之学。另一著名人物顾奉,早年拜著名大儒程曾为师,常居门下学习《严氏春秋》,和帝永元中因德行被张霸举荐,任颍川太守。吴郡顾氏在东汉中前期可考的人物主要有以上两位,但从中已经可以看出,该家族重视儒学,尤其是礼学。到了三国时期,吴丞相顾雍使得吴郡顾氏正始步入世家大族之列。顾雍(168—243),字子叹,尝从蔡邕学琴,得到蔡邕的夸奖,后官至吴丞相。

第三,儒学与吴地隐逸之风。"有道则仕,无道则隐"从孔子开始就是儒家士人的处世原则。孔子曾多次将称赞那些在天下无道时坚守道德原则,不与世俗同流合污的人。故有学者认为,孔子在中国早期隐逸文化的形成过程中扮演了关键的角色,而隐逸文化也是儒家文化的一个重要方面②。吴地自古便有隐逸之风,吴太伯就是为了躲避王位的

① 朱长文:《吴郡图经续记》,江苏古籍出版社 1986 年版,第 68 页。
② 文青云著,徐克谦译:《岩穴之士:中国早期隐逸传统》,山东画报出版社 2009 年版,第 24—32 页。

继承权而奔吴隐居,季札多次拒绝王位之后也隐居在吴地。二人虽非儒家士人,然其立身行事讲求仁义忠孝与谦退,与儒家所倡导的价值观是一致的。到了秦末,泰伯后代甪里先生,姓周,名术,字远道,不愿意与秦王朝合作,隐居在商山,是当时一个著名的隐士。王莽代汉后,吴地隐居的士人更多,主要分为两个群体:一是来到此地隐居的北方士人。王莽统治时期,北方战乱不休。吴地由于距离北方较远,政局稍微安定,再加上此地土壤肥沃,雨水充足,风景优美,是个理想的隐居之处,因此来此避居的士人很多。更始年间,任延来此为官,这些士人尚未北归,他大量任用这些人为官。梁鸿也在东汉初期来到吴地隐居。梁鸿,字伯鸾,扶风平陵(今陕西咸阳兴平)人,少时受业太学,博览无不通,而不为章句。成家后先是与妻子隐居在齐鲁之间,后至吴隐居,死前要求葬于吴。友人慕其清高,将其葬于要离冢旁。东汉末年,朝政昏暗,北方战乱较多,前来避祸的大儒就更多了。如大儒蔡邕,字伯喈,陈留圉(今河南开封)人,为躲避灾害,曾亡命江海,远迹吴、会长达十二年;步骘,字子山,临淮淮阴(今江苏淮安)人,遭世乱乃避居江东,与广陵卫旌一起昼勤四体,夜诵经传;彭城人张昭(字子布)、严畯(字曼才)等也先后来到吴地,他们甚至还在东吴的统治集团中形成了势力庞大的淮泗集团。二是为表示气节隐居不仕的吴地士人。如上文所说董子仪、严子陵、龙丘苌者、顾奉、公孙松等,原都隐居不仕,后为郡中长官礼贤下士的精神所感动,才出仕。除了以上人物外,还有陆瑁、陆著等。陆瑁,字仲芳,毗陵(今江苏常州)人。陆瑁明《京氏易》《尚书》,辟郡主簿,旬日即以病辞,隐居在会稽山。陆著,字文伯,吴人,桓灵之时,州府交辟不就,惟事栖遁,并在将卒之时告诫子弟云"吾少未尝官,遁世四十余年,汝等必矜义,勿苟仕浊世"①。因此子孙三代不仕,有盛名。皋伯通,字奉卿,有贤行,梁鸿隐居吴时曾客其家。何敞,抱道隐居,吴大旱,太守庆弘遣户曹致谒,奉印绶使守无锡。敞不受,叹曰"郡界有灾,安得怀道"②。于是跋涉至无锡,直到灾情过去才离开。敞后被举方正,皆不

---

① 张昶:《吴中人物志》卷九,明隆庆张凤翼张燕翼刻本。
② 张昶:《吴中人物志》卷九,明隆庆张凤翼张燕翼刻本。

就。从以上人物可以看出，吴地隐逸之风颇为盛行，有些是主动选择归隐，有些是避祸归隐。但有一个共同点，他们基本上都是儒生，受儒家思想影响最大，文青云先生将之称为典范性隐逸，并云："尽管有时道家甚至法家的影响也很强，但这种世风基本上是儒家的。"①

东汉时期除了吴地之外，江苏境内其他地区还产生了一些儒学人物，如彭城国（治今江苏徐州）的儒生刘恺（字伯豫），下邳淮浦（今江苏淮安涟水）的儒生陈球（字伯真），广陵国（治今江苏扬州）的儒生徐淑（字伯进）、张纮（字子纲）、刘瑜（字季节），丹阳郡（治今江苏南京）的儒生唐固（字子正）等，他们当中不少人在进入三国时期后，仍然活跃于东吴所在的江苏地区。

三、吴人包咸的《论语章句》及其价值

包咸的《论语章句》是东汉时期出自江苏地区的儒家学者所著的一部在儒学史上具有重要地位的著作。包咸（前7—65）②，字子良，会稽曲阿（今江苏镇江丹阳）人。少为诸生，受业长安，师事博士右师细君，习《鲁诗》《论语》。右师细君，姓右师，属以官为姓，名细君，生平信息均不详。王莽末年，战乱四起，包咸去归乡里，在东海郡内为赤眉军所得。咸晨夜诵经自若，赤眉军异而遣之。包咸因立精舍于东海，在此招收弟子，讲授经学。东海郡在今山东南部、江苏北部，而包咸要从长安回会稽曲阿，自不必绕道山东，故其立精舍讲学之地点当在今苏北地区。光武帝即位之后，包咸归乡里，后被举孝廉，除郎中。建武（25—56）中，包咸入授皇太子，而从"显宗以咸有师傅恩"③来看，此皇太子当指刘庄，非刘彊。刘庄在建武十九年（43）被立为皇太子，光武帝为了加强对皇太子刘庄的教育，于是让包咸教授《论语》，桓谭教授《尚书》。包咸后又历谏议大夫、侍中、右中郎将、大鸿胪等职，永平八年（65）在大鸿胪的任上

第二章 刘氏尊儒术，楚吴多经师——两汉时期的江苏儒学

---

① 文青云著，徐克谦译：《岩穴之士—中国早期隐逸传统》，山东画报出版社 2009 年版，第 131 页。
② 案："包"，《论语集解》《论语义疏》皆作"苞"，范晔《后汉书》作"包"，《广韵·肴韵》云："包，亦姓，楚大夫申包胥之后，后汉有大鸿胪包咸。"故此处当以"包"为是。
③《后汉书》卷七十九《包咸传》，中华书局 1965 年版，第 2570 页。

卒,年七十二,《后汉书·儒林传》有传。包咸子福,亦善《论语》,曾以《论语》入授和帝。

《论语章句》是包咸在教授皇太子刘庄的过程中撰写的,大体撰写于建武十九年(43)之后的数年之间,东汉时期与周氏《论语章句》一起被列为学官。包咸《论语章句》在汉魏时期一直流传不辍,直到何晏《论语集解》出后,流传渐稀,《隋书·经籍志》已不著录,大约已经亡佚。包咸《论语章句》虽然已经亡佚,魏何晏《论语集解》、南朝梁皇侃《论语集解义疏》大量引用包咸《论语章句》佚文,清人马国翰、王仁俊及近人龙璋皆有辑本共存佚文约一百九十九条[1]。纵观包咸《论语章句》佚文,其注文具有以下几个方面的价值:

第一,包咸《论语章句》是汉代《论语》章句学的代表性著作。两汉注经形式,"立名虽繁,而通行之体例,则不外乎传、注、章句三者"[2]。章句即指离章辨句,先秦时期的经典著作都是不分篇章,更无标点来断句,因此汉代经师治经的首要任务就是分篇为章,析章为句。所以在西汉初期的经学草创时期,伴随着各种经典文献的大发现、大汇合、大整理、大诠释,章句学的使用价值得以突显,故而迅速走向繁盛。到了"西汉末年,章句学发展至烂熟,运用章句学梳理分析经典文本的篇章结构及句读工作,一代又一代,该做的和能做的几乎都做了,并且不知做过多少遍了"[3]。因此经学开始由章句分析走向名物训诂,章句学开始走向没落。两汉时期的章句学发达,各种儒家经典都有经师为其作章句。《论语》虽非五经,然亦是两汉儒生必修的儒家经典之一,东汉时有包咸、周氏等人为其作章句。周氏之名只见于何晏《论语集解序》,何晏已经不知其真实姓名。《论语集解》也没有引用周氏佚说,故今可见有佚文存世的汉代《论语》章句学的著作唯有包咸《论语章句》。从章句学角

---

[1] 案:《论语集解》用《四部丛刊》日本正平本,《论语义疏》用清知不足斋丛书本,以下所引只注篇名。《论语集解》中明确为包咸注者有一百九十四条,另有五条注为管氏注,然而因这五条中有四条在《论语义疏》中属包氏注,疑管氏当为包氏之误。另外马国翰的包咸《论语章句》辑本中辑有韩愈、李翱《论语笔解》所引包氏注五条,而这五条注在《论语集解》《论语义疏》中或属于孔安国注,或佚名,今不取。

[2] 马宗霍:《中国经学史》,上海书店1984年版,第56页。

[3] 王钧林:《〈论语〉章句学诠释—以"君子不重则不威"章为例的讨论》,《社会科学战线》2012年第4期。

度来看,包咸《论语章句》的注经方法主要有两个方面的特点:

一是重义理而不废训诂。与清人之学强调字—句—章的治学路径不同,汉人强调的是章—句—字的治学路径,首重分章,次重句读,最后语词训诂。包咸《论语章句》由于全书已经亡佚,分章方面的特点已经无法考知,只能从后两个方面来考察。通过对这一百九十九条佚文进行考察,可以看到包咸《论语章句》最重句意疏解,有一百二十四条佚文是在根据文意进行疏解,属于发挥义理的内容,如"子曰:'学而不思则罔'。包氏曰:'学而不寻思其义理,罔然无所得之也'"(《为政》)。有四十一条佚文既进行句意疏解,又对重点语词进行训诂,属于将发挥义理与语词训诂融为一体,如"林放问礼之本。子曰:'大哉问! 礼,与其奢也,宁俭;丧,与其易也,宁戚。'包氏曰:'易,和易也。言礼之本意,失于奢,不如俭也;丧,失于和易,不如衷戚也'"(《八佾》);有三十六条佚文只进行语词训诂,如"子曰夷狄之有君,不如诸夏之亡也。包氏曰'诸夏,中国也;亡,无也'"(《八佾》)。对比可见,包咸《论语章句》继承西汉经师的治经方法,最重义理的发挥,同时也不忘训诂,能够将二者结合起来,所以何晏等人在撰写《论语集解》时非常重视该书,大量引用该书佚文。

二是"本言"为主、"微言"为辅的诠释方法。关于中国古代经书的诠释方法,王钧林先生提出有四个阶段,第一阶段"本言",了解经典文本中作者究竟在此说了什么;第二阶段是"微言",发明经典文本中作者隐含于文本之中的言外之意和一些题中应有之义;第三阶段是"参言",在"微言"的基础上积极参与经典文本的意义创造;第四阶段是"立言",受经典文本的启发,代圣贤立言[1]。章句学主要是停留在前两个阶段,包咸《论语章句》则主要以了解作者的"本言"为主,如:

> 子曰:"巧言令色,鲜矣仁。"包氏曰:"巧言,好其言语;令色,善其颜色,皆欲令人说之,少能有仁也。"(《学而》)

① 王钧林:《〈论语〉章句学诠释—以"君子不重则不威"章为例的讨论》,《社会科学战线》2012 年第 4 期。

有子曰:"其为人也孝弟,而好犯上者,鲜矣;不好犯上而好作乱者,未之有也。君子务本,本立而道生。孝弟也者,其为仁之本与!"包氏曰:"先能事父兄,然后仁道可成也。"(《学而》)

包咸的这两条注文均是在理解孔子与有子话语的基础上对其所作的解释,语意没有延伸之处,其注释属于"本言"这一阶段,而大多数包咸注文都属于这种情况。"微言"作为更高阶段的诠释方法,包咸在注文中也会用到,如:

子曰:"《诗》三百,一言以蔽之,曰思无邪。"包氏曰:"归于正。"(《为政》)

子曰:"君子不器。"包氏曰:"器者,各周其用;至于君子,无所不施也。"(《为政》)

孔子说《诗经》三百首,可以用"思无邪"来概括其特点,并没有进行详细解释。包咸认为孔子的意思就是《诗经》可以感人之性情,使之归正,不偏邪。孔子认为君子不能像器物一样,他同样没有进行详细的解释。包咸认为器物的特点是在某一方面为人所用,而君子具有多方面的才能,并不靠一才一艺为人所用。以上两例都是《论语》中的话语比较含蓄,包咸在理解字义的基础上,注重发掘话语中作者隐含于文本之中的言外之意和一些题中应有之义,属于"微言"这一阶段。相比较而言,"本言"之注在包咸佚文中最为常见,"微言"亦是包咸所用的一种重要诠释方法。

第二,包咸《论语章句》为考察汉代《鲁论》及鲁学特点提供了材料。西汉时期的《论语》传本主要有《古论》《鲁论》《齐论》三种,这三种传本篇章、文字皆有少许不同,各有自己的传授体系。元帝时,张禹以《鲁论》为底本,删去了《齐论》比《鲁论》多出的《问王》《知道》两篇文字,并兼采《齐论》学者解说,重新整合了《论语》的文本,当时号为"张侯《论》",在《论语》流传史上具有重要的地位。因张侯《论》的巨大影响,包咸《论语章句》便以张侯《论》为底本。何晏《论语集解序》云"安昌侯张禹本受《鲁论》，兼讲《齐》说①，善者从之，号曰'张侯《论》'，为世所贵。包氏、周氏《章句》出焉"。可见包咸《论语章句》属于《鲁论》系统。《鲁论》属鲁学的重要经典，而鲁学在西汉宣帝之后，渐渐取代齐学，得到统治者的重视，如传《鲁论》的韦贤、韦玄成、张禹等均官至宰相，萧望之、夏侯胜等均官至太子太傅。两汉之际，"天下散乱，礼乐分崩，典文残落"②，建武五年（29），刚刚平定天下的光武帝刘秀便幸鲁地，使大司空祠孔子，大兴儒学，而鲁学也借此"走出相对封闭的经学范围，一跃而成为当时政治生活中的一个重要选择，一大批研习鲁学的文人学者得到重用"③。包咸在西汉后期便从右师细君习《鲁诗》《鲁论》。东汉建立之后，包咸作为《鲁论》的经师，得到了光武帝的赏识，担任起为皇太子讲授《论语》的重任。包咸的《论语章句》在内容方面具有以下几个方面的特点：

一是强调经世致用。经书作为保存古代政治、文化制度的载体，包含了大量前代治国理政的经验与教训，因此汉儒在治经的过程中，强调经世致用，注重发挥经书中能为当世所用的价值。包咸作为皇太子刘庄的老师，负担着教育未来皇帝的重任，因此包咸讲授《论语》很注重发挥经书在经世致用、治国理政方面的价值，如：

> 子曰："道千乘之国，敬事而信"。包氏曰："为国者，举事必敬慎，与民必诚信也。""节用而爱人"。包氏曰："节用，不奢侈，国以民为本，故爱养也。""使民以时。"包氏曰："作使民必以其时，不妨夺农务也。"（《学而》）
>
> 子曰："临之以庄则敬"。包氏曰："庄，严也；君临民以严，则民敬其上也。""孝慈则忠"。包氏曰："君能上孝于亲，下慈于民，则民

忠也。""举善而教不能则民劝"。包氏曰:"举用善人,而教不能者,则民劝也。"(《为政》)

孔子的话语本就是在讲诸侯国君应如何理政治民,包咸在为刘庄讲授的过程中,更着重发挥这方面的内容。包咸注文中像这样的例子非常多。可见包咸也是有意识地以《论语》来培养国之储君。

108

二是注重礼乐教化思想。礼乐教化思想是周代文化中非常重要的一方面,孔子在教授弟子时,很注重以礼乐来教授弟子,包咸在注孔子这些话语时,也很注重发挥孔子的这些思想,以此来教育刘庄,如:

> 子曰:"兴于诗"。包氏曰:"兴,起也,言修身当先学诗也。""立于礼"。包氏曰:"礼者,所以立身也。"(《泰伯》)
>
> 林放问礼之本,子曰:"大哉问! 礼,与其奢也,宁俭;丧,与其易也,宁戚。"包氏曰:"易,和易也。言礼之本,意失于奢,不如俭也;丧,失于和易,不如衷戚也。"(《八佾》)

以《诗》来增加修养,以礼作为持身之道;重礼之精神,不重礼之形式,包咸的话语虽都是在理解孔子话语基础上所作的"本言",但是对于礼乐在教化百姓方面的功能,其认识与孔子是一致的。

三是重视儒家伦理观。伦理观是儒家思想最重要的部分,孔子在总结前代伦理观的基础上提倡仁、义、忠、孝等道德伦理观念,思孟学派提出把仁、义、礼、智、圣"五行"作为儒家基本的伦理观,汉代董仲舒等提倡把仁、义、礼、智、信"五常"作为儒家伦理的永恒原则。伦理观作为维护社会稳定的重要工具,汉代的经师们对此都非常重视,包咸注佚文中与伦理观有关的也非常多,如:

> "孝悌也者,其为仁之本与?"包氏曰:"先能事父兄,然后仁道可成也。"(《学而》)
>
> 子曰:"临之以庄则敬,孝慈则忠。"包氏曰:"君能上孝于亲,下慈于民,则民忠也。"(《为政》)

> "仁者安仁。"包氏曰:"唯性仁者,自然体之,故谓安仁也。"(《里仁》)

> "如是则四方之民襁负其子而至矣,焉用稼。"包氏曰:"礼义与信,足以成德,何用学稼教民乎? 负者以器曰襁也。"(《子路》)

仁、义、忠、孝等伦理观是孔子的思想的核心,经过汉代官方儒学的教化,已经成为指导人们日常生活的基本准则,所以包咸注文中大量与伦理观有关的注文,都被何晏的《论语集解》所吸收。其实何晏提倡的玄学也是名教与自然的结合,伦理观作为名教的重要组成部分,已经成为人们生活的一部分,不可废弃。

四是重视典章制度的解释。经书之所以具有持久的生命力,就是因为它记载了前代的典章制度,当后代需要重建政治、文化秩序之时,经书便具有重要的参考价值。包咸很注重对《论语》一书中的典章制度进行解释,如:

> "卑宫室,而尽力乎沟洫。"包氏曰:"方里为井,井间有沟,沟广深四尺,十里为城,城间有洫,洫广深八尺也。"(《泰伯》)

> 子贡问曰:"赐也何如?"子曰:"女器也。"曰:"何器也?"曰:"瑚琏也。"包氏曰:"瑚琏者,黍稷之器也,夏曰瑚,殷曰琏,周曰簠簋,宗庙器之贵者也。"(《公冶长》)

包咸乃两汉之交人,此时距离先秦时代较近,先秦时期产生的大量典籍都还存在。包咸对《论语》中这些名物典章制度的训诂,是后人理解《论语》的重要材料,故大量为何晏《论语集解》、朱熹《论语集注》所吸收。可见包咸的《论语章句》在《论语》阐释史乃至整个儒学史上都是一部有着重要价值和深远意义的著作。

第三章 江左玄风盛,儒道释交融
——六朝时期的江苏儒学

从黄初元年(220)曹丕称帝到祯明三年(589)陈朝灭亡,魏晋南北朝共经历了近三百七十年的历史,其中除了西晋有短暂的统一之外,大多数时间皆处于分裂状态。从魏、蜀、吴三国鼎立,到西晋之后南方东晋与北方十六国的对峙,最终形成了南北朝分裂对峙的局面。南朝包含刘宋、南齐、南梁、南陈四朝,北朝则经历了北魏、东魏、西魏、北齐和北周五朝。在这段历史时期中,东吴、东晋、宋、齐、梁、陈皆建都建康(今江苏南京),此即所谓"六朝"。这一段历史时期江苏地区作为六朝首都之所在,在整个中国的经济、政治、文化等方面都有着举足轻重的地位。六朝时期江苏儒学的发展呈现出比较复杂的局面。这一时期也是道教、佛教等宗教思想发展的重要时期,儒学与道教、佛教思想发生了一定程度上的碰撞与交融。同时在汉代经学形态的儒学统治地位松动的情况之下,六朝时期的儒学作为主流的社会伦理政治学说对法家等其他思想也多有吸纳,这使儒学进一步世俗化、民间化和政治化,并且在一定程度上从汉代经学形态的儒学向具有经世精神的原始儒学回归。因此,六朝时期儒学的内涵及标准比汉代宽泛得多,故有学者认为,这一时期"从理念形态和价值理念上看,凡不排斥仁义道德,承认六经及孔子的地位并正面征引儒家经典,主张礼法对社会的作用,强调崇教劝学、任贤使能等,基本上均可划为儒家范畴"①。

第一节　六朝时期江苏儒学的历史文化背景

对六朝时期江苏儒学的总体发展产生重要影响的历史文化背景有如下几个方面值得注意。一是人口迁徙导致的中国文化重心的南移。六朝时期,特别是两晋之际,北方文化精英的南迁,使得江苏地区在思想、文化领域的水准得到迅速提高,特别是江南地区,逐渐成为天下文枢所在,也逐渐成为儒学发展的重镇。二是魏晋玄学对儒学发展的重要影响。两汉以儒家名教治天下,经历了汉末儒家名教的衰落之后,魏晋时期逐渐形成了玄学之风。儒学也在玄学影响下形成了魏晋新儒学。永嘉南渡之后,玄风也被带到江左,从而对东晋南朝时期的江苏儒学产生了重要影响。三是六朝时期佛教、道教等思潮与儒学的发展交织在一起,使这一时期的江苏儒学也呈现出与时代特色相一致的多元复杂性。

一、战乱导致的人口迁徙和中国文化重心的南移

两汉时期,北方黄河流域是中国文化的中心。但汉末和三国时期的战争和动荡,特别是两晋之际的战乱,都导致了较大规模的人口迁移。在这种迁移的过程中,虽然由南入北,由北入南都有,但一个主要的趋势是北方汉族人向南迁移,并由此带来了中国文化重心的南移现象。这一现象导致了中国文化版图一个很大变化,具有深远的影响。

东汉末年的战乱,以及三国时期不断发生的战争,都导致了中原地区人民生活动荡,四处奔逃,形成了人口迁徙。在这个过程中,江苏所在地区属于相对安宁的地区,是移民的主要迁入地。汉末三国时期发生了多次北方民众因逃避战乱而向江南大规模迁徙的事件,如《后汉

① 李中华:《中国儒学史·魏晋南北朝卷》,北京大学出版社 2011 年版,第 127 页。

书·陶谦传》记载,汉末关中大乱,而徐州地区"百姓殷盛,谷米丰赡,流民多归之"①。后曹操进攻徐州,对徐州民众大肆屠杀,又导致当地人民进一步向广陵乃至江南迁徙。建安四年(199),孙策攻克皖城,获得袁术留下的"百工及鼓吹、部曲三万余人"。这些人在袁术死后因畏惧曹操不敢回北方,困在皖城已经没有粮食,最后都跟随孙策到吴国去了②。建安十八年(213),"庐江、九江、蕲春、广陵户十余万,皆东渡江"③。魏正元二年(255),扬州刺史毌丘俭起兵讨伐司马氏失败,淮南有数万人渡江迁入吴国境内。在孙权统治江东之前,已有不少北方民众自发迁徙到江南。如孙策占领扬州时,"四方贤士大夫避地江南者甚众"④。东吴政权中来自北方的人士颇多,据统计,《三国志·吴书》中除了孙策、孙权宗室外,列传中有专传者五十九人,其中来自中原地区的占一半以上。今南京中央门外幕府山,中华门外郑府山、西善桥,太平门外栖霞山甘家巷等地的三国吴墓出土的碑刻文等均可证明其中大批墓主是来自北方⑤。

魏嘉平元年(249),司马懿发动"高平陵事变",全面掌握了曹魏政权,随后司马氏用十几年的时间铲除了曹氏集团及其他异己势力。咸熙元年(264)司马昭进爵晋王,次年其子司马炎嗣位,受"禅让"而代魏称帝,建立晋朝,并先后灭了蜀、吴,暂时统一了中国。西晋统一后,迁徙到南方的一些北方移民,被强制要求迁回北方。但不少移民已在南方定居,有的已经传了数代,所以大多移民并没有回迁。

西晋王朝建立之后,为维护皇权统治实施了一系列恢复儒学的措施,对儒家大族也颇为优待重用。西晋时期也产生了一些著名儒家学者,如杜预、傅玄、皇甫谧、夏侯湛、郭璞、挚虞、束皙等,其中与江苏儒学相关的人物有杜预和郭璞。

杜预(222—285),字元凯,京兆杜陵(今陕西西安东南)人。杜预虽

①《三国志》卷八《魏书·陶谦传》,中华书局 1964 年版,第 248 页。

②《三国志》卷四十六裴注引《江表传》,中华书局 1964 年版,第 1108 页。

③《三国志》卷四十七《吴主传》,中华书局 1964 年版,第 1118 页。

④《三国志》卷十三裴注引《吴历》,中华书局 1964 年版,第 402 页。

⑤ 葛剑雄等:《简明中国移民史》,福建人民出版社 1993 年,第 135—140 页。

非江苏人,但其在西晋灭亡孙吴的战争中功勋卓著,曾带领军队攻打孙吴都城建邺(今江苏南京)。杜预除了曾涉足江苏之外,其在经学上的成就也对南朝儒学产生了深远的影响。杜预在功成名就之后,耽思经籍,著有《春秋左氏经传集解》,是流传至今最早的一种《春秋左传》经传合一的注解。该书在编排上沿袭马融、郑玄的先例,广引刘歆、贾逵、许淑、颖容之说,并加以总结发挥,在诸多方面均有独到之处,在儒学史上享有很高的学术声誉,为南朝经学所宗,更是唐代修《五经正义》、清代修《十三经注疏》时所采用的重要底本之一。

郭璞则是两晋之际一位由北入南的士人。郭璞(276—324),字景纯,河东闻喜(今山西运城)人,"好经术,博学有高才"[1],家传《易》学,善卜筮。西晋末年避乱江南,历任宣城、丹阳参军等职,晋元帝拜著作佐郎,曾与王隐共撰《晋史》,后为王敦记室参军,后因阻止王敦谋反而被杀。晋明帝感于其忠义而欲为其建坟立碑,但因尸首难寻,只能在南京玄武湖边为其建衣冠冢,名为"郭公墩"。郭璞是两晋之际著名的文学家、训诂学家,同时也是道教徒,好属文,是游仙诗的祖师。郭璞曾为《尔雅》《方言》《山海经》《穆天子传》等书作注,学术广博,思想复杂,并非纯正的儒家学者,但观其所作疏奏,时时引述儒家经典进行议论,可见其具有深厚的儒学素养。

西晋统一后仅维持了约二十年的稳定局面,就又陷入统治集团内部的权力之争和残酷屠杀,八王之乱使黄河流域再次变成战场。与此同时,北方匈奴、氏、羌、羯、鲜卑等族不断内迁,进入黄河流域,占据中原地区,并先后建立了自己的政权。于是在两晋之际,又一次出现了北方汉族士民向南迁移的高潮。永嘉之乱后,中原地区被北方异族占领,西晋皇室后裔琅琊王司马睿在长江以南建立东晋政权,都城建康(今江苏南京),司马睿即为晋元帝。西晋南渡成为东晋,大批北方士族也扶老携幼随之南渡。北方南来的移民中贵族官僚、地主豪强所占的比例很高,其中包括许多具有政治、军事、文化影响力的世家大族。他们凭借着家族的军功、经济实力维持着世家大族政治文化影响力,成为东晋

①《晋书》卷七十二《郭璞传》,中华书局1974年版,第1899页。

新政权最初的依靠。同时，江东本地的世家大族，也出于民族大义和共同的文化基础，放弃了狭隘的地域观念，在北方遭受异族入侵的历史背景下，以宽容的心态接纳了南来的北方移民。经过一段时间的磨合之后，南迁的中原士族与本地的江东士族逐渐形成联合，共同成为东晋和南朝统治的政治基础。

从永嘉南渡直至南朝宋元嘉年间的一个多世纪的时间里，从北方南迁的移民可谓络绎不绝。东晋统治者多次在南方设置侨州、侨郡县，以安置北方移民。当时南方接受移民最多的地区，就是今江苏所在地区。据《宋书·州郡志》，当时设置侨郡二十三个，侨县七十五个，所在地以今江苏南京、镇江、常州、扬州、淮安等地最为集中。

两晋之际北方士人大规模的南渡，并不仅仅只是一次政治变动，更在文化传播上具有深远的意义，在某种意义上可以说是改变了中华文化版图的格局。北方士族曾经以一种居高临下的眼光看待南方，视之为"蛮夷之地"，但在失去中原故土之后，他们却不得不以此"蛮夷之地"托身。与此同时，他们也把北方的中原文化带到了江南，促成了中国古代文化重心的一次大规模的南移。这既极大地促进了江苏地区社会经济文化的发展，同时也使中原文化在南方独特的自然与社会环境中获得了新的生命。隋唐统一之后，保存在江东地区的文化传统和学术人才对中国文化的延续和发展起到了巨大的作用。到了隋代，隋炀帝曾这样评价江东地区的文化地位："永嘉之末，华夏衣缨，尽过江表，此乃天下之名都。自平陈之后，硕学通儒，文人才子，莫非彼至。"[1]唐代杜佑在《通典》中也说："永嘉之后，帝室东迁，衣冠避难，多所萃止，艺文儒术，斯之为甚。"[2]可以说，东晋和南朝时期的江苏地区，不仅为北方遭受外族入侵而南迁的侨民提供存身之地，也为保存和发展中原汉族衣冠文化提供了新的空间。

二、魏晋玄学及其对六朝儒学发展的影响

永嘉南渡，北方士族南迁对南方思想文化的影响最重要的方面，便

---

[1] 隋炀帝：《敕责窦威崔祖濬》，严可均辑：《全隋文》，商务印书馆1999年版，第56页。
[2] 杜佑：《通典》卷一百八十二，中华书局1988年版，第4850页。

是将曹魏西晋时期兴起的玄学带入南方,对江东士族原有的学术文化发生了影响,从而逐渐形成了南北朝时期的新的南学。

自汉武帝"罢黜百家,独尊儒术"以来,儒家思想便成为封建社会的正统思想,儒家名教也成为治理天下的有效手段。但汉末以来,政权的腐败、社会的变动,使儒家思想不断受到冲击,弊端频显,逐渐失去了巩固统治、维系人心的作用。经学也被谶纬迷信的虚妄氛围所笼罩,不足以继续作为维系社会人心的思想工具,儒家名教陷于衰落的危机中。经学形态的儒学意识形态的虚伪化、教条化,以及社会生活中大量名不副实现象的出现,宣告了官方儒学的式微。与此同时,带有自然无为特点的新的思想形态——玄学开始在士人群体中兴起。

曹魏西晋时期,玄学之风始在名士之间流行,至晋惠帝时而大盛。阮籍、嵇康之后,名士不拘礼法、放浪形骸之举已威胁到门阀士族的统治,统治阶级出于维护社会秩序的需要,需进一步调和名教与自然的矛盾,于是以向秀、郭象为代表的玄学家便改造玄学,极力调和名教与自然的关系。向秀、郭象皆雅好老庄,由此老庄之学大兴。永嘉南渡之后,河洛地区兴起的玄学以及在玄学影响之下产生的魏晋士人文化,被带到了江南地区。而北方士人带来的玄学趣味又与江南地区的自然之美、山水之秀相结合,最终结出了丰硕的江南文化之果。在儒家经典研究注释方面,曹魏西晋时期的许多经学著作为南学所宗,深刻影响了南朝儒学、经学的发展。

需要指出的是,魏晋时期的玄学家与先秦时期以老庄为代表的道家既有联系也有区别,王仲荦指出:"魏晋的玄学家,都是属于世家大族这个大地主阶层,他们在行为上,恰恰和老庄的学说相反,过着放荡纵欲,腐朽糜烂的生活,因此魏晋之际的玄学清谈,表面上也主张崇尚自然,而实质上是在替世族大地主的放荡糜烂生活找理论依据。"[1]玄学实际上是主张君主无为,门阀专政,从而巩固世家大族地主经济的发展与地位。在此背景之下,魏晋之际形成的玄学,发展势头迅猛,以其新颖的本体论、方法论思想影响了整个魏晋南北朝时期的学术与文化。

---

[1] 王仲荦:《魏晋南北朝史》,上海人民出版社2016年版,第694页。

　　汤用彤在《魏晋玄学论稿》中曾将魏晋玄学思想的发展,粗略分四个阶段:第一阶段正始时期,在理论上多以《周易》《老子》为根据,以何晏、王弼为代表。第二阶段元康时期,在思想上多受《庄子》学的影响,"激烈派"思想流行①。第三阶段永嘉时期,至少一部分人士上承正始时期"温和派"的态度,而有所谓"新庄学",以向秀、郭象为代表。第四阶段东晋时期,亦可称"佛学时期"②。第一阶段,何晏、王弼等人均出身礼教世家,自幼接受儒家经典教育,无论是时代性质还是阶级出身,都决定了他们对于"名教"思想的拥护态度。他们用《周易》《老子》等经典来阐释玄学思想,并将儒家思想与玄学相结合,认为"名教本于自然"。这种儒道合一的玄学取向,开魏晋时期儒学玄学化之端,对南朝时期江苏儒学颇有影响。玄学发展第二阶段,阮籍、嵇康等"激烈派"出于对司马氏集团假借"名教"的旗号迫害不同政见士人的强烈不满,故意表现出对儒家名教的蔑视,提出"越名教而任自然"的主张。但实际上正如鲁迅在《魏晋风度及文章与药及酒之关系》中指出的:"魏晋时代,崇奉礼教的看来似乎很不错,而实在是毁坏礼教;不信礼教的表面上毁坏礼教者,实则倒是承认礼教,太相信礼教。"③面对统治者假借礼教大肆迫害政敌的政治高压现实,阮籍、嵇康等人"不平之极,无计可施,激而变成不谈礼教,不信礼教,甚至于反对礼教。——但其实不过是态度,至于他们的本心,恐怕倒是相信礼教,当成宝贝,比曹操司马懿要迂执得多"④。因此阮籍、嵇康等人表面上非毁名教的过激言行,并未从根本上撼动儒家礼教和儒学意识形态的主导地位。到了第三阶段,向秀、郭象则积极地为名教寻找辩护,并提出"名教即自然"的主张,将名教与自然巧妙结合,使上层士族既可以享受优厚的世俗社会等级待遇,又在精神标榜绝俗出世清高,表现栖身山林的雅致。到了东晋时期,玄学发展的第四阶段,玄、儒、佛三者之间既有

①　玄学中所谓的"温和派""激烈派"是以对待自然与名教的态度而言的,何晏、王弼不看重名教,但也不主张废弃礼法,为玄学"温和派"的代表;阮籍、嵇康则表现出对儒家名教的彻底反抗态度,成为玄学"激烈派"的代表。
②　汤用彤:《魏晋玄学论稿》,上海古籍出版社2001年版,第120页。
③　鲁迅:《鲁迅全集》第三卷,人民文学出版社1981年版,第523页。
④　鲁迅:《鲁迅全集》第三卷,人民文学出版社1981年版,第523页。

冲突,更有相互交融。统治者重新尊崇儒术但亦不排斥佛老,儒、道名士与佛教名僧之间时常意趣相投,颇有互动,形成了佛教的本土化、玄学的佛化以及儒家经学的玄化与佛化等倾向。这些都对后来南朝时期江苏儒学的发展产生了深远影响。

经学式微、玄学兴起是三国魏晋之际儒学发展的基本背景。在玄学的影响下,该时期的儒学分化出两个不同的发展方向:一是玄学化儒学,即魏晋"新儒学";二是正统儒学或传统儒学的延续和发展①。能更加直观体现儒学发展情况的是经学的流变。经学作为儒家思想的外在体现与传播方式,兴盛于汉,汉亡而衰。汉时诸经传授皆有数家,又有今古文之别。东汉郑玄兼通古今文,遍注群经,为经生普遍遵从。魏晋时期玄学家也为儒家经典作注,他们受玄学思潮影响,形成了魏晋新儒学,"新"的主要表现是经学玄学化,即在儒家经典的解释中融入道家思想,重义理,不重章句。如何晏《论语集解》以玄学观点解释孔子思想;王弼《周易注》源于费氏,但说解不同,尽去象数,并附以老庄之义,空谈名理,不似汉儒朴实说经。王弼又有《论语释疑》,借助《论语》文本进行儒玄对接,以玄学的自然观、性情论、本末论来对孔子思想进行新的解读②。何晏、王弼一改汉代烦琐注经的旧习,重义理诠释,以玄学的虚无为所本之道,改造儒家经典,开一代新风。玄学之风覆盖了整个魏晋南北朝时期,以玄理阐释儒学思想成为这一时期儒家经典注释中的特色。为《庄子》作注的郭象也著有《论语体略》,韩伯著有《易系辞注》,南朝梁时皇侃著有《论语义疏》等,这些都在不同程度上呈现出儒玄合流的色彩。当然,这一时期也有坚守儒家传统立场对玄学思潮加以抵制的人,如西晋裴頠《崇有论》、东晋孙盛《老子非大贤论》、东晋范宁《王弼何晏罪深于桀纣论》等,皆对玄学思想进行了不同程度的批判。因此在玄学化经学之外,魏晋时期也有延续传统儒家经学的成果,例如杜预《春秋左传集解》、范宁《春秋穀梁传集解》、干宝《周易注》等。

① 李中华:《中国儒学史·魏晋南北朝卷》,北京大学出版社 2011 年版,第 18 页。
② 李雪姣:《王弼〈论语释疑〉研究》,南京师范大学 2014 年硕士学位论文。

三、佛教的流行及儒、释、道之间的互动

佛教自两汉之际传入中土后,影响不断扩大,并渗透到政治、经济、社会、民俗及文化的各个层面。六朝时期正是佛教在中国的影响迅速扩大的时期,佛教的影响急剧膨胀,南朝甚至一度出现帝王崇佛、僧侣干政等现象。南朝诸帝及皇室中信佛者颇多,士族大家中也有很多人信佛。他们积极参与斋戒活动,建寺塔,造佛像,举行法会,乃至舍身于佛寺,给社会造成了巨大的政治、经济负担,引起了一些儒家士人的不满。梁朝时,郭祖深因不满梁武帝崇佛礼僧,就曾抬棺进宫,冒死进谏,他指出:"都下佛寺五百余所,穷极宏丽。僧尼十余万,资产丰沃。所在郡县,不可胜言。"他认为如果任由这种势头发展下去,"恐方来处处成寺,家家剃落,尺土一人,非复国有"[1]。同时期一些儒家学者也以儒家的入世主义和人文传统批评佛教,力图恢复儒学的正统地位。但整体上当时的儒家学者在理论上还缺乏足够的系统性和创造性,并不能阻止佛教兴盛的大趋势。

佛教在本土化的发展过程中对玄学的思想及方法多有借鉴,出现玄佛合流的趋向。此外,佛教为了在中土立足,也有意识地弥合佛教教义与儒家伦常道德之间的冲突,以缓和儒佛之间的矛盾。他们或借用儒家学说来解释佛教原理,或试图证明佛教并不违背儒家伦常,且有助于劝民为善,辅助儒家的王道教化。一些佛教徒也认真钻研儒学,以佛教义理向儒学渗透。如东晋名僧道安本出自书香门第,自幼通达五经。慧远"博综六经",尤明三礼、《毛诗》。僧肇少以佣书为业,对儒家经籍也很熟悉。这些名僧在阐发经义时,往往能把儒家经义与佛教义理巧妙糅合。

面对佛教对儒学的冲击与挑战,儒家士人分成反佛与崇佛两大阵营。反佛的儒家学者有何承天、周朗、郭祖深、范缜、荀济等。值得一提的是,这些反佛的儒家学者在致力于抑佛时,对玄学的批判力度大为下

①《南史》卷七十《郭祖深传》,中华书局1975年版,第1722页。

降,相反还常常"孔老并提",援引玄道思想以对抗佛教。故在反佛的大趋势之下,玄学的本体论,道教的自然主义都在不同程度上被儒家学者所吸收,儒道思想也得到进一步融合与发展。而在崇佛的知识分子阵营中,大多也是倡佛而不反儒,其中也有不少人主动地援儒入佛或援佛入儒。如东晋时的孙绰,南朝时的沈约、刘勰等人,他们推崇佛教,也试图证明儒佛一致,但在思想深处仍以儒学为宗。由此玄学逐渐沉寂、佛教日益兴盛,构成了南朝儒学发展的思想背景。南朝儒学一方面吸收了魏晋的名法和两晋的道玄,显出儒与玄的融合;另一方面,在一部分知识分子身上又表现出儒与佛的融合。

整体上,南朝是儒学的地位与影响逐渐回升的时期,其发展更加直观地体现在经学上。经学是体现儒家思想观念的学术载体,是儒学物化的具体存在形式。而在佛教影响之下,儒家经学也出现了不同程度的佛化倾向。赵翼在总结南朝经学发展情况时就指出:"梁时所谈,亦不专讲《五经》……《五经》之外,仍不废《老》《庄》,且又增佛义。"①在此影响之下,南朝一些儒者经师往往并非纯儒,除了有儒家经学著作外,也精研玄、佛。如梁代皇侃,起家国子学助教,明三礼、《孝经》《论语》,所著《论语义》《礼记义》见重于世。同时他又信佛教,"常日限诵《孝经》二十遍,以拟《观世音经》",把《孝经》与佛教的《观世音经》相提并论。梁朝曾任国子博士的张讥,年十四通《孝经》《论语》,又笃好玄言,他教授的弟子中,既有儒生,又有沙门、道士,可见其学同为儒、释、道三家所重。又如梁陈之际学者马枢,自幼熟读《孝经》《论语》,博通经史,同时又善佛经和道经,能讲《维摩》《老子》《周易》。

此外,南北朝时期,由于南北方长期的分离,在经学上形成了各自不同的特点,并由此形成了南北之学。南学多承袭魏晋之学,北朝则继续东汉之学。魏晋儒学起初是在曹魏、西晋间兴起的新学,如王弼的《易》注,杜预《左传》注等。永嘉之乱,中州士族南迁,新学也随之移到了南方,江左学术从而在东晋、南朝时期均保持一定的发展势头,较北方而发达。刘宋时期北魏占领了青州、徐州,新学北传,直到隋朝,新学

---

① 赵翼著,王树民校证:《廿二史札记校证》,中华书局 2013 年版,第 169 页。

都十分盛行。《隋书》卷七十五《儒林传序》中曾总结南学与北学：

> 江左《周易》则王辅嗣，《尚书》则孔安国，《左传》则杜元凯。河、洛《左传》则服子慎，《尚书》《周易》则郑康成。《诗》则并主于毛公，《礼》则同遵于郑氏。大抵南人约简，得其英华；北学深芜，穷其枝叶。[①]

大致而言，南学、北学《诗》《礼》皆遵于郑玄。除此之外，北学宗汉，《左传》主服虔，《易》《书》宗郑玄；南学则用王弼《易》、孔安国《书》、杜预《左传》。关于南学与北学的区别，前人多有论述，如范文澜在《中国经学史的演变》中指出："南北朝时代，北朝儒生保守汉儒烦琐经学，南朝儒生采取老庄创造新经学。所谓南学简约，得其英华（要义）；北学深芜，穷其枝叶（烦琐）。就是南北学的区别。"[②]而南学之所以不同于北学，很大程度上正是由于其杂糅了玄学和佛学的因素。

总体上来看，南朝时期思想形态领域以玄学走向沉寂，儒、释、道多元思想相互融合为基本特点，并逐渐形成了重新肯定儒学作为社会统治思想地位的大趋势，这其实也是为新的大一统国家的建立提供了思想准备。

第二节　东吴时期的江苏儒学

相对于汉代而言，三国时期是儒学思想统治地位衰微的时期。但具体来说，三国的情况又有所不同。相比较而言，三国之中以东吴的儒学氛围最浓。孙吴统治者是在江东地区一些儒学士族拥戴下建立政权的，虽然也是靠武力起家，但为了巩固自己的政治基础，便逐渐向重视儒家文治的方向转变，采取了置学宫，立博士等儒化教育的措施。孙

---

① 《隋书》卷七十五《儒林传》，中华书局 1973 年版，第 1705—1706 页。
② 范文澜著，中国社会科学院近代史研究所编：《范文澜历史论文选集》，中国社会科学出版社 1979 年版，第 238 页。

策、孙坚以后,孙吴最高统治者和王室成员都具有较好的儒学和文学修养,所用大臣也多有以儒术晋身者。在此氛围下,东吴地区的儒学也得到一定程度的发展,出现了一批儒学人物。

一、东吴政权的儒学特色

三国时期,今江苏地域分属魏、吴两国控制。大致苏北地区归魏,苏南地区属吴。黄龙元年(229)孙权在武昌(今湖北鄂州)正式称帝,以豫、青、徐、幽四州为地盘,建立了吴国。同年秋天,将都城迁回建业(今江苏南京),南京作为"六朝古都"的历史便始于此时。相较于两汉而言,整个三国时期儒学虽然式微,但并非完全停滞不前。各政权统治者对儒学仍十分重视,朝中颇有一些儒生任职,民间也有儒家士人的影响。当时在江苏地域,无论是属于魏国的苏北地区,还是属于吴国的苏南地区,都有一些儒学人物。但就三国的总体情况来看,东吴政权的儒学色彩最为突出。因此本节的叙述以东吴的儒学作为中心。

在三国曹魏政权中,曹操用人不重道德名节,唯尚其才,依靠名法之治统一北方,虽一定程度上毁败儒家伦常,遭到当时及后世许多人的指责,但曹操对待儒学并非完全否定。盖经术虽不足以得天下,而治天下却离不开文德与礼仪,这个道理曹操也是明白的。因此,曹操对儒学也多加以倡导,其所任用之人,虽有"不仁不孝"之徒,但更多的还是具有儒士风范的儒吏,如王朗、王肃、刘劭、高堂隆、王粲等。曹操还曾于建安八年(203)作《修学令》,令郡国各修文学,以倡导"仁义礼让之风","庶几先王之道不废"[1]。曹操之后,魏文帝曹丕对儒学也大加倡导,标榜仁义忠信,采取了选才任贤、兴学著书、尊儒祀孔等一系列举措。如黄初元年(220),立"九品官人之法",按门第选拔有才德者,诏诸儒集五经群书,以类相从,作《皇览》。黄初二年(221),文帝又诏令重修孔庙,恢复儒学教育,并依礼祭祀五岳四渎,祠武帝于建始殿。黄初五年(224),文帝立太学,置博士,制五经课试之法等。除了这些复兴儒学的

---

① 曹操:《曹操集》,中华书局 1974 版,第 60 页。

举措之外,曹魏政权中也不乏儒学之士。如杜恕、王朗、王肃、蒋济、桓范、王粲、嵇康、高堂隆等。值得一提的是,曹魏政权中的儒学之士,也有一些是来自今天江苏地域的。如建安七子之一的陈琳,是广陵射阳(今江苏扬州宝应)人;又如桓威,乃下邳(今江苏邳州)人。他们出仕曹魏,虽有一定影响,但于儒学方面贡献较少。

刘备建立的蜀汉政权,以汉室后裔自居,以复兴汉室为己任,自然更需要以儒学维系人心。以仁义之君刘备以及贤臣诸葛亮为核心的蜀汉政权,较之曹魏显现出更多的儒家特色。诸葛亮治蜀,亦儒亦法,但不脱儒家本色。蜀汉地区的治理以儒学为指导,兴学业,立博士,任用儒生,推行经术。又因为地理位置的原因,玄学之风并未影响到巴蜀之地,因此蜀汉颇多正统的儒学之士,例如著有《韩诗章句》十余万言的杜琼①;善郑氏学,治《易》《尚书》《三礼》《毛诗》《论语》的许慈②;博物识古,无书不览,好《公羊春秋》的孟光③;擅长《左氏春秋》,精于《仓》《雅》训诂的来敏④;皆通诸经史,又专精于《左氏春秋》的尹默⑤;五经、诸子无不该览的李譔⑥;精研六经、尤善书札的西南大儒谯周⑦等。

相较而言,三国中孙吴政权的儒学色彩最浓郁,这首先与统治集团主要人物的阶级出身有关。曹魏政权中曹操出身寒族,以名法为治,用人尚才不尚德。蜀汉政权中的刘备虽以汉朝宗室自居,但渊源甚远,实质上亦是寒族,而治蜀功劳甚大的诸葛亮,则是世代相传的法家。由此可见,曹魏与蜀汉为政之道本质上大致相同。而孙吴统治者的出身本来即属于服膺儒教的上层士族统治阶级。孙氏世代在吴地为官,汉末孙坚因军功做到长沙太守,孙坚死后,其子孙策向江东发展,于建安元年(196)被东汉朝廷封为吴侯。孙策死后,其弟孙权接掌兵权,于黄初三年(222)被曹丕封为吴王。黄龙元年(229),孙权称帝,立国号吴。而

①《三国志》卷四十二《杜琼传》,中华书局 1982 年版,第 1021 页。
②《三国志》卷四十二《许慈传》,中华书局 1982 年版,第 1022 页。
③《三国志》卷四十二《孟光传》,中华书局 1982 年版,第 1023 页。
④《三国志》卷四十二《来敏传》,中华书局 1982 年版,第 1025 页。
⑤《三国志》卷四十二《尹默传》,中华书局 1982 年版,第 1026 页。
⑥《三国志》卷四十二《李譔传》,中华书局 1982 年版,第 1026 页。
⑦《三国志》卷四十二《谯周传》,中华书局 1982 年版,第 1027 页。

拥戴孙氏政权有功的张、朱、陆、顾等强宗大族及地方豪族,也因此成为操纵孙吴政治社会的主要势力,这些东吴大族即后来门阀士族的前身。士族政治的特征也让东吴具有了更多儒家色彩,"东吴政权重门第,而维持门第繁荣的最好手段则是文德与武功,故东吴多以经术传世者。其政权亦显示了儒学的特色"①。孙吴政权与儒学的联系主要表现在两个方面,一方面是官方兴儒的坚持与努力,另一方面是孙吴官员大多具有深厚的儒学素养。

孙氏统治者本身即十分重视对后代的儒学教育,如孙权曾使名儒阚泽、薛综为太子傅,以教孙和。儒学素养深厚的孙氏统治者对官方兴学也不遗余力,如景帝孙休于永安元年(258)下诏兴学:

> 诏曰:"古者建国,教学为先,所以道世治性,为时养器也。自建兴以来,时事多故,吏民颇以目前趋务,去本就末,不循古道。夫所尚不惇,则伤化败俗。其案古置学官,立五经博士,核取应选,加其宠禄;科见吏之中及将吏子弟有志好学者,各令就业。一岁课试,差其品第,加以位赏。使见之者乐其荣,闻之者羡其誉。以敦王化,以隆风俗。"②

孙休本人"锐意于典籍,欲毕览百家之言"③,永安五年(262)还曾欲与博士祭酒韦曜、博士盛冲讲论道艺,但在左将军张布的阻挠之下未能实行。在重儒兴学的大环境之下,孙吴政权所任用之人也多具深厚的儒学修养,不少人正是以儒学晋身,堪称儒臣。如张昭、顾雍、诸葛瑾、阚泽、唐固、谢承、程秉等人。其中以张昭颇具代表性。

张昭(156—236),字子布,彭城(今江苏徐州)人,"少好学,善隶书,从白侯子安受《左氏春秋》,博览众书"④。曾被察举为孝廉、茂才,皆不就,是一位典型的儒家书生。汉末大乱时,张昭避难扬州。孙策创业之

---

① 李中华:《中国儒学史·魏晋南北朝卷》,北京大学出版社2011年版,第27页。
② 《三国志》卷四十八《孙休传》,中华书局1982年版,第1158页。
③ 《三国志》卷四十八《孙休传》,中华书局1982年版,第1159页。
④ 《三国志》卷五十二《张昭传》,中华书局1982年版,第1219页。

时,得到张昭这个人才,非常高兴,对他说:"吾方有事四方,以士人贤者上,吾于子不得轻矣。"①他任命张昭为长史、抚军中郎将,使其成为孙吴政权的重臣。孙策对张昭十分信任,文武之事,一以委昭,甚至把张昭比为管仲。孙策临亡,将其弟孙权托付于张昭。张昭采取稳定豪族的政策,辅佐孙权,对稳定江东政权做出了巨大贡献。张昭为官刚直公正,颇有儒臣风范,"昭每朝见,辞气壮厉,义形于色,曾以直言逆旨,中不进见"②;"昭容貌矜严,有威风"③。张昭向孙权举荐的严畯、吕蒙等人,后来也都成为吴国的名臣。孙权任命顾雍为丞相后,张昭称老退位,被拜为辅吴将军,改封娄侯。他退居后,在里宅无事,乃著《春秋左氏传解》及《论语注》。

东吴政权中其他堪称儒臣的人物颇多。如步骘(? —247),临淮淮阴(今江苏淮安)人,盖孔子门徒七十子中步叔乘之后。他也是在东汉末战乱中避难来到江东,"以种瓜自给,昼勤四体,夜诵经传"④。《三国志》注引《吴书》说步骘"博研道艺,靡不贯览。性宽雅沉深,能降志辱身"⑤。后被孙权召为主记,逐渐成为东吴重臣。曾驻守西陵二十年,稳定交州,平定叛乱,功勋卓著。太子孙登曾致书步骘,向他请教。步骘则复信劝勉孙登拔俊任贤,重以经义。赤乌九年(246),步骘"代陆逊为丞相,犹诲育门生,手不释书,被服居处有如儒生"。由此可见步骘自始至终是一位儒官。

又如士燮(137—226),苍梧广信(今广西梧州)人,汉末三国时期割据交州一带的军阀,后来归附东吴,孙权加为左将军。士燮是出生于豪族的儒生,他亦官亦学,是学而优则仕、仕而优则学的典范。他"少游学京师,事颍川刘子奇,治《左氏春秋》"⑥,其为人体器宽厚,谦虚下士。他做官之余耽玩《春秋》,为之注解。其治学也颇为时人称赞。如陈国袁徽《与尚书令荀彧书》就称赞他"学问优博,又达于从政"。其治《春秋左

①《三国志》卷五十二《张昭传》注引《吴书》,中华书局1982年版,第1220页。
②《三国志》卷五十二《张昭传》,中华书局1982年版,第1222页。
③《三国志》卷五十二《张昭传》,中华书局1982年版,第1223页。
④《三国志》卷五十二《步骘传》,中华书局1982年版,第1236页。
⑤《三国志》卷五十二《步骘传》注引《吴书》,中华书局1982年版,第1236页。
⑥《三国志》卷四十九《士燮传》,中华书局1982年版,第1191页。

氏传》简练精微,习《尚书》兼通古今,大义详备①。他著有《士燮集》《春秋经注》《公羊注》《穀梁注》等,传于世。士燮在交州主政四十余年,同时又以《春秋》学见称,开岭南学术新篇章。

孙休时担任中书郎的周昭,曾与韦昭、薛莹、华核同述《吴书》,著有《周子新论》九卷。《周子新论》中有一篇论,对东吴政权中的几位重臣做了评价,认为他们具有《论语》中所赞赏的那种"恂恂然善诱人","成人之美,不成人之恶","望之俨然,即之也温,听其言也厉","恭而安,威而不猛"等君子美德和人格魅力,称赞他们为"当世君子"②。

二、江东儒学世家对东吴政权的贡献

需要特别指出的是,东吴政权之所以具有儒学特色,与江东儒学士族在其政权建立和巩固过程中发挥的作用有很大关系。陈寅恪指出:"孙吴政权是由汉末江东地区的强宗大族拥戴江东地区具有战斗力之豪族,即当时不以文化见称的次等士族孙氏,借其武力,以求保全,从而组织起来的政权。"③所谓强宗大族包括当时东南地区本地的一些武力豪强和文化士族。这些家族至少自东汉时起已经世代居住在这里,他们在江东定居已久,生根繁衍,势力不断发展壮大,成为本地的重要政治力量。就属于今江苏地域的吴地而言,主要是以顾、陆、朱、张四大姓为代表的所谓"吴姓士族"④。其中陆氏和顾氏表现出特别浓厚的儒学家风,堪称典型的儒学世家,是江东儒学士族的突出代表。他们在东吴政权的建立和巩固过程中起到了关键性的作用。

吴郡陆氏是江东地区典型的文化士族,其家族早在汉代就已经卓有声誉。家族先祖陆闳在东汉初官至尚书令。东汉末年有陆康任庐江

---

① 《三国志》卷四十九《士燮传》,中华书局 1982 年版,第 1191—1192 页。
② 《三国志》卷五十二《步骘传》,中华书局 1982 年版,第 1240—1241 页。
③ 万绳楠整理:《陈寅恪魏晋南北朝史讲演录》,贵州人民出版社 2007 年版,第 24 页。
④ 唐代柳芳《姓系论》将魏晋南北朝时期的望族分为五大区域四大类,即:"过江则为侨姓,王、谢、袁、萧为大;东南则为吴姓,朱、张、顾、陆为大;山东则为郡姓,王、崔、卢、李、郑为大;关中亦号郡姓,韦、裴、柳、薛、杨、杜首之;代北则为虏姓,元、长孙、宇文、于、陆、源、窦首之。"(见《新唐书》卷一百九十九《儒学中》,中华书局 1975 年版,第 5677—5678 页)六朝时期江苏地域的世家大族,主要属于"侨姓"和"吴姓"两大类。

太守,在战乱中不顾危险奉贡朝廷,汉献帝加其号为"忠义将军"。三国两晋时期,陆氏家族势力达到鼎盛,堪称江东第一盛门。陆氏家族自汉代起即受到儒学沾溉,形成了以儒家忠义、孝悌道德为特色的家风,其家族人才济济,出将入相,也有不少人在儒学研究上有杰出成就。

三国吴时期,陆氏家族的代表人物有陆逊、陆抗、陆凯、陆绩等。陆逊(183—245)字伯言,二十一岁时进入孙权幕府,在孙权建立东吴政权过程中发挥了关键作用。后官至上大将军、丞相,是吴国江东儒学朝臣的领袖人物,主持吴国军政二十多年。陆逊为人深谋远虑、忠诚耿直,能以儒家德政、民本的观念来辅佐君主,治国理政,堪称一位符合儒家理想的贤相。《三国志》本传评价他"忠诚恳至,忧国亡身,庶几社稷之臣矣"①!陆逊次子陆抗(226—274)也是东吴名将,继承其父忠义家风,曾帅兵击退晋将羊祜的进攻,官至大司马、荆州牧。陆逊的侄子陆凯(198—229)也是东吴重臣,早年担任领兵,虽统军众,手不释书。后官至左丞相,以对孙皓直言诤谏闻名。今存陆逊、陆抗父子等人的奏疏文章,皆时引《诗》《书》《易》《春秋》等儒家经典以论事,可见他们都具有深厚的儒学素养。

陆绩(187—219)字公纪,辈分上是陆逊的从父,但年龄少于陆逊。相比较而言,陆绩在陆氏家族同辈中更体现另一种尚文的倾向。他幼敦《诗》《书》,长玩《礼》《易》。其为人容貌雄壮,博学多识,精通星历算数。被孙权征为奏曹掾,后出为郁林太守,加偏将军,其在军中虽有军事,然著述不废,其著作集中于《易》学,曾注京氏《易传》,并曾注释扬雄的《太玄经》。《隋书·经籍志》著录有其所著《周易注》十五卷,《扬子太玄经注》十三卷,另著有《浑天图》。《三国志》对其才干和学术贡献给予了较高评价,谓"陆绩之于扬《玄》,是仲尼之左丘明,老聃之严周矣;以瑚琏之器,而作守南越,不亦贼夫人欤"②!孙吴时期陆氏家族又有陆玑(生卒年不详),字元恪,精研《诗经》,著有《毛诗草木鸟兽虫鱼疏》,奠定了《毛诗》博物学的基础,为历代《诗经》学者所重视,一直流传至今。

---

① 《三国志》卷五十八《陆逊传》,中华书局 1982 年版,第 1361 页。
② 《三国志》卷五十七《虞翻陆绩等传》,中华书局 1982 年版,第 1341 页。

陆氏家族在进入东晋以后,政治地位虽有所下降,但其儒学家风一直延续,在六朝甚至隋唐都产生了许多在学术文化领域做出杰出贡献的人物。

　　吴郡顾氏是与陆氏齐名的又一江东世家大族,也是典型的儒学士族。顾氏家族在东汉时已儒学化,其先顾奉在明帝、章帝之间曾受业于豫章大儒程曾,走上了通经入仕的道路。东吴时期顾氏家族的杰出代表人物是顾雍。顾雍(168—243),字元叹,吴郡吴县(今江苏苏州)人。顾雍曾跟随来吴地避难的东汉儒学名士蔡邕学习琴书,颇得蔡邕赞赏。后进入孙权幕府,与陆逊一样,都是辅佐孙权建立东吴政权的重臣,担任宰相长达十九年。顾雍为人谨慎,少言寡语而言必有中。他担任宰辅,掌中枢之要,却能谦抑自持,低调稳健,宽厚包容;同时他又坚持原则,是非分明,外柔内刚,"辞色虽顺而所执者正"。孙权曾说:"顾公欢悦,是事合宜也;其不言者,是事未平也,孤当重思之。"①可见孙权对他的敬重与信任。顾雍身上充分体现儒家提倡的那种既温良恭俭让却又不怒而威的君子人格魅力。顾雍以谦谨稳重的儒者风格和仁厚的儒家治道,帮助孙吴政权在相当一段时期内维持了内部政治稳定。王夫之在《读通鉴论》中对顾雍给予了高度评价,说"三代以下之材,求如顾雍者鲜矣",称赞他"允为天了之大臣者也"②。

　　同时,顾雍也要求其子孙"以恭谨为节",使其家族形成了宽厚守德的儒学门风,得到后人"顾厚"③的评价。他的儿子顾邵也继承了其父的风格。顾邵"博览书传,好乐人伦。少与舅陆绩齐名""风声流闻,远近称之"④。为豫章太守时,一上任就首先去祭拜当地东汉时代儒学大师徐稺(字孺子)的墓。"小吏资质佳者,辄令就学,择其先进,擢置右职,举善以教,风化大行"⑤。顾雍的孙子顾荣西晋时与陆机、陆云一同入洛中任职,时人号为"三俊"。顾荣担任廷尉正,他继承了祖父谦谨稳重的

① 《三国志》卷五十二《顾欢传》注引《江表传》,中华书局 1982 年版,第 1227 页。
② 王夫之:《读通鉴论》卷十,中华书局 1975 年版,第 697—699 页。
③ 《世说新语·赏誉》记载时人曾以"张文、朱武、陆忠、顾厚"来评价这四大家族各自的家风特色。
④ 《三国志》卷五十二《顾雍传》,中华书局 1982 年版,第 1229 页。
⑤ 《三国志》卷五十二《顾雍传》,中华书局 1982 年版,第 1229 页。

风格,遇事能平心处当,宽厚待人。得益于此,在两晋之际混乱局面中他没有像陆机兄弟那样遭遇不测,最终得以全身返回江东。顾荣南归后,在平定陈敏的叛乱、帮助晋元帝稳定东晋政权的过程中都发挥了关键作用,可以算是东晋朝的元勋,死后受到高度评价。

顾氏以儒家的礼法孝义传家,重视家族内部的儒学教育,形成了家族浓郁的孝义风尚。其家族有不少以恪守孝悌之道著称的人物,事迹见载于史书,如东吴时的顾悌,东晋时的顾和,顾悌之孙顾众,宋、齐之间的顾欢、顾昌衍,齐、梁之间的顾协等。

三、吴国儒学代表人物及其成就

自黄龙元年(229)孙权称帝到天纪四年(280)亡于西晋,孙吴政权共历孙权、孙亮、孙休、孙皓四帝,国祚五十二年。[①] 孙吴是三国之中历时最久的政权,其灭亡标志着三国割据局面的结束。孙吴政权在孙策时即以吴郡(今江苏苏州)为中心,据有吴郡、会稽等六郡。后来孙权筑石头城而迁都于建业(今江苏南京),为江南地区的开发做出了重大贡献,也促进了江南地区社会经济的发展。在学术文化方面,孙吴政权时期的儒学发展也代表了三国时期江苏儒学的最高成就,该时期的儒学代表人物除了上文已经提到的陆绩等人外,还有虞翻、韦昭等,此外,张纮、严畯、阚泽、唐固、谢承、程秉等人也多以儒术晋身。

虞翻(164—233),字仲翔,会稽馀姚(今浙江余姚)人,本为会稽太守王朗的功曹,后投奔孙策,仕于东吴,曾在丹阳泾县(今属安徽宣城)做官,因为官疏直刚正,被孙权贬至交州。虞翻晚年在交州期间,孜孜以求,讲学不倦,门徒数百人,这种大规模的讲学活动,在此之前是很少有的。虞氏在经学上颇有造诣,尤其在《易》学研究上成就突出。虞翻以《易》学名家,五世家传孟喜《易》学,对于其家学渊源,裴松之注引《虞翻别传》说虞翻初立《易》注,曾上书说其家自高祖父开始就治孟氏

---

① 若从黄初三年(222)孙权被封为吴王算起,则为五十九年。

《易》，世传其业，到自己已传五世①。汉代治《易》大家有孟喜、焦延寿、扬雄、马融等人，而虞翻治孟氏《易》，乃汉《易》的集大成者，在《易》学史上有重要地位。孔融曾称赞其易注曰："闻延陵之理乐，睹吾子之治《易》，乃知东南之美者，非徒会稽之竹箭也。又观象云物，察应寒温，原其祸福，与神合契，可谓探赜穷通者。"②汉《易》大家皆为北方人，虞翻在交州的儒学活动，象征着北方《易》学之南迁，对岭南学术的发展具有重要意义。此外，虞氏还曾为《老子》《论语》《国语》《孝经》《周易参同契》等书籍作过注。裴松之注引《虞翻别传》称其还曾考辨前人对《太玄》的错误理解而著有《明杨》《释宋》等著作。但虞氏著作大多亡佚，现存的虞氏易注则主要见于唐李鼎祚《周易集解》中，李鼎祚撰集汉魏以来诸家《易》说，尤重虞氏。清代学者对虞氏《易》学也给予了较高的关注，展开了诸多对虞氏《易》辑佚、补注、考证等相关研究，尤以惠栋、张惠言成绩最为突出，为后世的虞氏《易》研究奠定了基础。③

韦曜（204—273），本名韦昭，《三国志》避司马昭之讳改"昭"为"曜"。字弘嗣，吴郡云阳（今江苏丹阳）人，东吴重臣、史学家。少好学，能属文，孙和为太子时，以为博弈无益，韦昭乃作《博弈论》，其文痛心于当时世人不修儒学的现状：

> 今世之人多不务经术，好酖博弈，废事弃业，忘寝与食，穷日尽明，继以脂烛。当其临局交争，雌雄未决，专精锐意，心劳体倦，人事旷而不修，宾旅阙而不接，虽有太牢之馈，《韶》《夏》之乐，不暇存也。至或赌及衣物，徙棋易行，廉耻之意弛，而忿戾之色发，然其所

① 《三国志》卷五十七《虞翻传》裴注，中华书局1982年版，第1322页。

② 《三国志》卷五十七《虞翻传》，中华书局1982年版，第1320页。

③ 清代及清代以后对虞氏《易》的研究，如清孙堂《汉魏二十一家易注》辑虞翻《周易注》十卷、《附录》一卷，《逸书考》辑有虞翻《周易注》一卷；清惠栋《易汉学》集汉经师说易之源流，采辑遗闻，钩稽考证，《周易述》以虞氏为宗，旁采郑玄、宋咸、干宝诸家之说；张惠言《周易虞氏义》独宗虞氏，穷探力索而通虞氏《易》，此书刊行而张惠言虞氏学遂大行于世。更有《周易虞氏消息》二卷、《虞氏易礼》二卷、《虞氏易事》二卷、《虞氏易候》二卷、《虞氏易言》二卷等。曾钊撰《周易虞氏易笺》九卷，对张惠言《周易虞氏义》补缺拾遗。此外，其他研究虞氏《易》的成果还有方申《虞氏易象汇编》，纪磊《虞氏易义补注》《附录》一卷、《虞氏易象考正》一卷，胡祥麟《虞氏易消息图说》，李锐《周易虞氏略例》，民国徐昂一卷、《周易虞氏学》等。

志不出一枰之上，所务不过方罫之间，胜敌无封爵之赏，获地无兼土之实。技非六艺，用非经国。立身者不阶其术，征选者不由其道。求之于战陈，则非孙、吴之伦也；考之于道艺，则非孔氏之门也；以变诈为务，则非忠信之事也；以劫杀为名，则非仁者之意也；而空妨日废业，终无补益。是何异设木而击之，置石而投之哉！且君子之居室也勤身以致养，其在朝也竭命以纳忠，临事且犹旰食，而何博弈之足耽？夫然，故孝友之行立，贞纯之名彰也。①

韦昭指出世人耽于博弈，荒废经术，抛弃礼乐，皆为舍弃廉耻之事，进而推崇六艺之技、经国之用、孔孟之道、忠信之事，认为勤身致养、竭命纳忠，方为君子之行，这种典型的儒家立场突出了韦昭儒家知识分子的身份特点。永安元年（258），孙休践阼下诏兴学，韦昭乃立五经博士及太学博士制度，创设国学，后担任中书郎、博士祭酒，掌管国子学，并奉命校订群书。孙皓即位后，韦昭被封高陵亭侯，担任中书仆射、侍中，领左国史，著有《吴书》（与华核、薛莹合著），后世《三国志》多有取材。此外还有《官职训》《辩释名》《洞记》《国语注》《汉书音义》《孝经解赞》《注孝经论语》《三吴郡国志》《春秋外传国语》等著作。由此可见，韦昭不仅在朝堂之中不遗余力地兴儒办学，还身体力行研读经典，著书立说，实为儒生之表率。

除上述人物之外，当时东吴朝廷以儒学知名或以儒术晋身者还有程秉、阚泽、唐固、薛综、华核、张纮、严畯等人。程秉（生卒年不详），字德枢，汝南南顿（今河南驻马店）人，曾逮事郑玄，后避乱交州，与刘熙考论大义，遂博通五经。孙权因其名儒，以礼征召，拜为太子太傅。著《周易摘》《尚书驳》《论语弼》凡三万余言。阚泽（约170—243），字德润，会稽山阴（今浙江绍兴）人，官至太子太傅，中书令。"泽以经传文多，难得尽用，乃斟酌诸家，刊约《礼》文及诸注说以授二宫，为制行出入及见宾仪，又著《乾象历注》以正时日。每朝廷大议，经典所疑，辄谘访之。以

---

① 《三国志》卷六十五《韦曜传》，中华书局 1982 年版，第 1460—1461 页。

儒学勤劳,封都乡侯。"①又有阚泽同乡先辈丹阳唐固,字子正(或世正),修身积学,称为儒者,著《国语》《公羊》《穀梁传》注,讲授常数十人。薛综(约 176 — 243),字敬文,沛郡竹邑(今安徽濉溪)人,吴国名臣,少时避乱交州,曾师从刘熙。后来担任太子少傅,《三国志·薛综传》注引《吴书》:"后权赐综紫绶囊,综陈让紫色非所宜服,权曰:'太子年少,涉道日浅,君当博之以文,约之以礼,茅土之封,非君而谁?'是时,综以名儒居师傅之位,仍兼选举,甚为优重。"②薛综为当时名儒,凡所著诗赋难论数万言,名曰《私载》,并著有《五宗图述》《二京解》,皆传于世。华核(219—278),字永先,吴郡武进(今江苏镇江丹徒)人,在东吴先后担任上虞尉、典农都尉等官职,因文学而迁任秘府郎,后升任中书丞,又迁东观令,领右国史。华核上疏辞让,孙晧答曰:

> 以东观儒林之府,当讲校文艺,处定疑难,汉时皆名学硕儒乃任其职,乞更选英贤。闻之,以卿研精坟典,博览多闻,可谓悦礼乐敦诗书者也。当飞翰骋藻,光赞时事,以越杨、班、张、蔡之畴,怪乃谦光,厚自菲薄,宜勉修所职,以迈先贤,勿复纷纷。③

从孙晧的回答中不难看出他对华核儒家素养和文才的高度肯定。华核曾与韦曜、薛莹等合著《吴书》,亦显示出其深厚的儒家素养。陈寿亦评价他为"文赋之才"。张纮(151—211),字子纲,广陵(今江苏扬州)人,东吴官员、文学家,《三国志·张纮传》注引《吴书》曰:"纮入太学,专事博士韩宗,治京氏易、欧阳尚书、又于外黄从濮阳闿受《韩诗》及《礼记》《左氏春秋》"④由此可见张纮乃典型的儒家知识分子。严畯(生卒年不详),字曼才,彭城(今江苏徐州)人,少耽学,善《诗》《书》、三《礼》,又好《说文》,也是典型的儒家书生。其避乱江东,与诸葛瑾、步骘友善,因张昭举荐受到孙权的重用,孙权更欲让其替代鲁肃,镇守陆口。严畯以

①《三国志》卷五十三《阚泽传》裴注,中华书局 1982 年版,第 1249 页
②《三国志》卷五十三《阚泽传》裴注引《吴书》,中华书局 1982 年版,第 1254 页。
③《三国志》卷六十五《华覈传》,中华书局 1982 年版,第 1467—1468 页。
④《三国志》卷五十三《张纮传》裴注引《吴书》,中华书局 1982 年版,第 1243 页。

"朴素书生,不闲军事,非才而据,咎悔必至"为由拒绝。严畯不仅以书生自居,而且"性质直纯厚,其于人物,忠告善道,志存补益",颇合儒家之道。著有《孝经传》《潮水论》等。其中《潮水论》是我国最早的潮汐学论著,可惜久已亡佚。此外,《三国志·吴书》中提及的名儒还有刁玄、殷礼等人。

整体上看,政治冲突、军事斗争是贯穿三国时期的主要矛盾,对东吴政权来说也不例外。因此东吴统治者对于思想文化建设无暇顾及,官方倡导儒学的措施也未有明显成效。但儒学在一些文化士族、儒学世家的家风家学中传承不绝,东吴政权中儒学人物也较多,他们对东吴统治者尤其是孙权多有匡正、劝谏。东吴政权能团结这一批人才,也是东吴政权得以维持并在三国政权中最后一个灭亡的重要原因之一。

第三节　东晋时期的江苏儒学

太康元年(280),晋武帝击灭东吴,标志着三国分裂的局面完全结束。然而西晋王朝在经历了短暂的统一时期之后,最终又在内忧外患中陷入崩溃,持续十多年的八王之乱极大地削弱了西晋的政治军事实力,北方外族则乘机占据中原,中原士族和民众纷纷渡江避乱。建武元年(317)司马睿在建邺(今江苏南京)称帝,建立了东晋王朝。东晋时的江苏地区,不仅是大批中原侨民的避难所,也为魏晋时期形成的士族文化的延续提供了地理空间。就儒学的发展而言,东晋时期江苏地区的儒学是在北方士人带来的魏晋玄学风气氛围中发展的,同时也开始受到佛教的影响。儒、玄、佛之间既有冲突和争论,又有吸纳和交融,逐渐形成了具有南方特色的儒学。

一、东晋政权崇儒兴学的努力

永嘉之乱后,中原地区被北方异族占领,西晋灭亡。皇室后裔司马睿在长江以南建立东晋政权,都城建康(今江苏南京),是为晋元帝。大批北方士族也扶老携幼随之南渡,一方面,这些北来世家大族成了东晋新政权拉拢依靠的势力;另一方面,他们依靠军功与才德维持士族的权力。经过一段时间的磨合,南迁的中原士族与本地的江东士族逐渐形成联合,使东晋政权在江东地区站稳了脚跟。

东晋政权具有典型的门阀政治特征,世家大族控制掌握着国家的权力,皇室始终没有形成中央集权的权威。南方的门阀势力是自东吴即存在的,"西晋灭吴之后,吴境强宗大族势力并未消失。因为未消失,所以能反抗洛阳的统治。洛阳政府采取笼络吴地统治阶级的绥靖政策,然而未收大效而中州已乱"①。司马睿初到江东之时,吴地世家大族对他尚持怀疑观望态度,比较冷淡,史称"吴人不附,居月余士庶莫有至者"②。司马睿主要靠以王敦、王导等人为代表的北方世家大族扶持拥戴得以称帝。因此在东晋建朝初期,"中国亡官失守之士避乱来者,多居显位,驾御吴人,吴人颇怨"③。后王敦表现出取司马氏而代之的野心,发动叛乱。在平定王敦之乱的过程中,江东大族也身不由己卷入其中,并扩大了自己的政治军事权力,填补了王敦败亡后的政治空白。经过一段时期的磨合,南渡的中原名门望族与江南的士族豪强为了共同利益逐渐缓和了相互之间的矛盾,共同成为东晋王朝的实际统治阶层。这些士族大地主掌握着东晋社会政治的命脉,而君权却十分羸弱,主弱臣强成为东晋政权的一个基本特征。

三国至两晋,社会动荡,政权更迭频繁,儒学屡立屡废,但只要政局稳定下来,统治者都会不遗余力地倡导儒学。就东晋而言,虽然内乱外患不断,其官方崇儒措施较西晋有所减弱,但总的来说还是以儒学为官方主导思想,并有志于促进儒学的繁荣发展,致力于在制度上恢复儒学。只是君权羸弱,政权不稳,而最终导致东晋官方儒学屡兴屡废,始终未有效实行。

东晋始建之初便敦崇儒学,明经兴学,王导、戴邈、荀崧等人纷纷上疏主张重视礼教,崇儒兴学。晋元帝建武元年(317),置史官,立太学,

① 万绳楠整理:《陈寅恪魏晋南北朝史讲演录》,贵州人民出版社2007年版,第25页。
② 《晋书》卷六十五《王导传》,中华书局1974年版,第1745页。
③ 《晋书》卷五十八《周处传》,中华书局1974年版,第1574页。

修礼学。东晋在礼学方面成果比较突出,礼学家辈出,研经之作云集,这与晋初统治者的提倡有很大的关系。元帝践阼后修学校,所设立的经学博士有九家:《周易》王氏,《尚书》郑氏,《古文尚书》孔氏,《毛诗》郑氏,《周官》《礼记》郑氏,《春秋左传》杜氏、服氏,《论语》《孝经》郑氏。当时荀崧曾上疏请增立《仪礼》《公羊》《穀梁》及郑《易》四家博士,因王敦之难未得实行①。至元帝太兴四年(321),元帝又置《周易》《仪礼》《公羊》博士。

除了倡立国学之外,东晋君主和皇室成员也熟习儒家经典,并多次讲经。如"元帝太兴二年,皇太子讲《论语》通,太子并亲释奠,以太牢祠孔子,以颜回配。成帝咸康元年,帝讲《诗》通。穆帝升平元年三月,帝讲《孝经》通。孝武宁康三年七月,帝讲《孝经》通。并释奠如故事,穆帝、孝武并权以中堂为太学"②。

但东晋政局动荡,王敦叛乱后,又有苏峻谋反,东晋儒学发展也遭遇挫折。两次叛乱之后,晋成帝咸康初,庾亮在武昌开置学官,咸康三年(337),国子祭酒袁瓌上疏议立国学,国学又兴。后又因殷浩西征、桓温北伐等一系列兴兵用武之举,学校遂废。孝武帝时期,在谢安、王彪之、王坦之秉政之下,政治走上正轨,儒学复兴。太元元年(376),谢石奏疏,请求复立儒学。殷茂上疏,选拔学官,制定课程。太元十年(385),又立国学。此后,内有王恭叛乱,桓玄篡逆,孙恩、卢循起义等暴动,外有北方军事滋扰,内忧外患频仍,致使东晋儒学不能真正复兴。

除了中央倡导儒学之外,儒学之士在地方的兴儒教授活动也未曾停止,范平、杜夷、范宣、范汪、范宁等人,都曾讲学一方,传授弟子。整体上,由于君权的削弱与政局的动荡,官方虽有崇儒兴学的意愿与措施,但并未能有效实施,儒士们讲学乡里的个人行为则成为对官学不振的一种补偿。可以说,东晋的儒学在官方手中并未有较大的成就,儒者多世家传承及个人修习。尽管如此,儒学在东晋政权中仍然有着举足轻重的作用,"东晋政权所以能够维持下来,实由儒学的宗法伦理观念

---

① 详见《晋书》卷七十五《荀崧传》,中华书局 1974 年版,第 1977—1978 页。
②《晋书》卷十九《礼志上》,中华书局 1974 年版,第 599 页。

在统治阶层中仍然客观地在起着支配作用"①。东晋皇权的统治力是极为软弱的,但它能在内忧外患中维系有众多原因,其中统治阶层权臣观念里儒家基本的君臣之别、上下之义,也是维系君主权威和大局稳定的一种思想道德力量。这使得王敦、桓温、桓玄、刘裕等权臣,在君权羸弱的东晋政治局势中,即使怀有不臣之心,也会有所顾忌,不敢轻易冒天下之大不韪。可以说,自汉代以来,儒家伦理思想深入人心,即使在君权软弱的乱世,也依然能够形成一股无形的道义力量,规约着为臣者的基本政治行为和处世准则。

二、东晋时期儒学与玄学的关系

东晋儒学是从对玄学的反思开始的。魏晋以来玄学盛行,对儒家的礼教伦常的确形成了较大的冲击,如《晋书·儒林传》所说:"有晋始自中朝,迄于江左,莫不崇饰华竞,祖述虚玄,摈阙里之典经,习正始之余论,指礼法为流俗,目纵诞以清高,遂使宪章弛废,名教颓毁,五胡乘间而竞逐,二京继踵以沦胥,运极道消,可为长叹息者矣。"②

东晋一些有识之士有鉴于西晋灭亡的教训,开始对以玄学清谈为主要内容的思想意识形态进行考察与反思,视玄学为导致中原沦丧的主要原因之一。这体现在许多政治家及有识之士的只言片语中,更直接体现在一些学者从理论形态上对玄学进行的系统化批判中。如卞壸就曾在朝廷上厉色痛斥那些玄学名士、贵游子弟的风流放达行为"悖礼伤教,罪莫斯甚!中朝倾覆,实由于此"③!葛洪则是最早著书批评玄学的人。葛洪虽然是道教大师,但对儒学十分推崇。他的《抱朴子外篇》便以儒家立场自居,批评玄学背弃礼教的放达之风败坏伦常。范宁也曾批评玄学风气影响下"浮虚相扇,儒雅日替"的现状,并认为其始作俑者是王弼、何晏,故作《王弼何晏罪深于桀纣论》一文,指责何晏、王弼等人开启的玄学风气的恶劣影响,其言曰:

① 刘振东:《中国儒学史·魏晋南北朝卷》,广东教育出版社1998年版,第203页。
②《晋书》卷九十一《儒林传》,中华书局1974年版,第2345页。
③《晋书》卷七十《卞壸传》,中华书局1974年版,第1871页。

夫圣人者,德侔二仪,道冠三才,虽帝皇殊号,质文异制,而统天成务,旷代齐趣。王、何蔑弃典文,不遵礼度,游辞浮说,波荡后生,饰华言以翳实,骋繁文以惑世。缙绅之徒,翻然改辙,洙泗之风,缅焉将坠。遂令仁义幽沦,儒雅蒙尘,礼坏乐崩,中原倾覆。古之所谓言伪而辩,行僻而坚者,其斯人之徒欤! 昔夫子斩少正于鲁,太公戮华士于齐,岂非旷世而同诛乎! 桀纣暴虐,正足以灭身覆国,为后世鉴戒耳,岂能回百姓之视听哉! 王、何叨海内之浮誉,资膏粱之傲诞,画螭魅以为巧,扇无检以为俗。郑声之乱乐,利口之覆邦,信矣哉! 吾固以为一世之祸轻,历代之罪重,自丧之衅小,迷众之愆大也![1]

这简直就可以说是一篇讨伐玄学、维护儒家之道的檄文,对纠正魏晋以来士人中的玄学风气起到了一定的作用。此外,戴逵、孙盛、王坦之、袁宏、范宣等人都对魏晋玄学持批评态度。

然而,尽管有诸多的批评与反思,玄学在东晋的发展仍如火如荼,在士人中有广泛的影响:"有晋中兴,玄风独振,为学穷於柱下,博物止乎七篇,驰骋文辞,义殚乎此。自建武暨于义熙,历载将百,虽缀响联辞,波属云委,莫不寄言上德,托意玄珠,遒丽之辞,无闻焉尔。"[2]而且此时的玄学已由正始时期的重"理"转移到重"谈"上,清谈成为一种名士风尚,齐生死、解脱逍遥等问题便成为该时期玄学的核心内容。玄学已经逐渐成为不少士人的一种人生哲学和美学趣味。因此在东晋时期的士人当中,许多人往往是儒玄兼修:既"遵儒家之道",又"履道家之言"。一方面用儒学来指导其从政、治家,维持世家大族内部和门阀社会的基本伦常秩序;另一方面又以玄学作为其个人精神生活的一种追求,呈现于人际交往、文学艺术等方面。故有学者指出:"魏晋南北朝之士大夫尤多儒道兼综者,则其人大抵为遵群体之纲纪而无妨于自我之逍遥,或重个体之自由而不危及人伦之秩序者也。"[3]东晋时期的一些重臣如王

---

① 《晋书》卷七十五《范宁传》,中华书局 1974 年版,第 1984—1985 页。
② 《宋书》卷六十七《谢灵运传》,中华书局,1974 年,第 1778 页。
③ 余英时:《中国知识阶层史论(古代篇)》,联经出版事业公司 1984 年版,第 326 页。

导、谢安、庾亮等,其实都是这样的人物。他们一方面在政务上恪守儒家的君臣之礼,按照儒家的原则办事,在家族中也重视用儒家的礼仪规范教训子弟;另一方面又喜欢跟其他名士一起高蹈玄谈,出则渔弋山水,入则言咏属文,呈现出玄学家的面貌。南朝末年的王褒在《幼训》一文中谈到他们王氏的家学传统是"既崇周、孔之教,兼循老、释之谈。江左以来,斯业不坠"①。这其实也反映了东晋士大夫文人比较普遍的情况。

不仅如此,玄学的思维方法和学术路数,也逐渐渗透到儒学的研究之中,形成了所谓南方"新学"的特色。实际上所谓玄学从一开始与儒学就不是截然轩轾可分的。魏晋时期的玄学从一开始就包含对《易经》《论语》等儒家经典的研究,何晏、王弼等玄学家都有对儒家经典的注释,只不过他们学术路径与汉代经学化的儒学不同,更注重对这些经典中的义理作形而上的阐发。因此可以说玄学,至少是其中的一部分,也属于广义的儒学范畴。东晋时期许多士人也是儒玄兼修,因此有些人尽管在口头上也在反思、批评玄学,但在其学术研究中却也不排斥玄学的思路与方法,自觉或不自觉地融入了玄学的因素。

在儒与玄互相交织融合的同时,佛教也逐渐渗透进了东晋时期的社会意识形态和士大夫阶层的精神生活中,玄与佛也出现了合流的倾向。张湛《列子注》便是玄学佛化的体现,也代表了东晋玄学的最高成就。张湛试图将玄学组成一个连贯的整体,并将魏晋玄学关于本末有无的本体论与汉代的元气宇宙构成论结合起来,探究个人生死解脱的问题。这同时也让玄学陷入了自相矛盾的尴尬境地,因为真正的人生解脱是超现实的,若其能够实现则与郭象所倡导的调和式解脱理论相违,这在玄学内部产生了无法解决的理论矛盾。因此他们又不得不援佛入玄,而这也在理论上宣告了玄学的终结。

三、东晋儒学代表人物及其儒学成就

东晋建都建康(今江苏南京),可以说,东晋一朝的儒学活动基本上

①《梁书》卷四十一《王规传》,中华书局1973年版,第584页。

都与江苏相关,东晋的名儒学士也都与江苏有千丝万缕的联系。东晋儒学是从对玄学的反思开始的,在反对玄学,维护名教方面,以葛洪、范宁、韩伯为代表。

葛洪(284—364或343),字稚川,自号抱朴子,丹杨句容(今江苏句容)人。他是东晋道教大师,但早年接受了良好的儒家经典教育,"少好学,家贫,躬自伐薪以贸纸笔,夜辄写书诵习,遂以儒学知名"①。葛洪早年颇有功绩,西晋太安二年(303),因帮助吴兴太守顾秘镇压张昌、石冰扬州起义有功,封为"伏波将军"。后因避八王之乱滞留广州多年,建兴四年(316)还归桑梓。东晋开国后,念其旧功,赐爵关内侯,食句容二百邑。咸和年间隐居罗浮山炼丹。葛洪在道教、医药、化学等方面都有突出成就。在儒学方面,虽不以儒术显,但其所著《抱朴子外篇》却是一部儒学倾向十分明显著作②。葛洪的《抱朴子内篇》言神仙方药、鬼怪变化、养生延年、禳邪却祸,属于道家。而《抱朴子外篇》则是言人间得失,世事臧否,属于儒家。书中体现出的葛洪的儒学思想包括"贵礼重德",批判魏晋玄学背叛礼教的放达率任,肯定礼义为人的本质特点;"崇学正经",提倡敦崇儒教,明经兴学;"贵贤任能",这是儒家思想运用于政治实践的具体表现,也是葛洪经世思想的表现。此外,葛洪还对鲍敬言的"无君论"加以诘难,强调君臣之道,肯定君主制度以及等级秩序存在的合理性。同时应注意的是,葛洪对儒家思想的表达,突破了传统意义上儒家思想的表达方法与语言方式,表现出"词旨辨博,饶有名理"③的特征,这在一定程度上是借鉴了玄学的表达方法。

范宁(约339—401),字武子,祖籍南阳顺阳(今河南淅川)。其父范汪六岁时即南渡过江,后官至安北将军、徐兖二州刺史,晚年屏居吴郡。因此范宁应该是在今江苏境内出生的。范宁年少勤学,博览群书,后成为东晋大儒、经学家。晋孝武帝宁康元年(373)曾任余杭令,"在县兴学

---

① 《晋书》卷七十二《葛洪传》,中华书局1974年版,第1911页。
② 参见李中华《葛洪〈抱朴子外篇〉儒家思想辨微》,《江西科技师范学院学报》2010年第1期,第1—16页。
③ 永瑢等:《四库全书总目》,中华书局1987年版,第1250页。

校,养生徒,洁己修礼,志行之士莫不宗之。期年之后,风化大行"①。范宁以身作则,施行儒家礼教,从而使余杭风化大行。后入朝任中书侍郎,"在职多所献替,有益政道。时更营新庙,博求辟雍、明堂之制,宁据经传奏上,皆有典证"②。由于他敢于直言不讳批评奸佞朝士,遭到包括他外甥王国宝等佞臣的排挤,不得不自请外任豫章太守。"在郡又大设庠序,遣人往交州采磐石,以供学用,改革旧制,不拘常宪。远近至者千余人,资给众费,一出私禄。并去郡四姓子弟,皆充学生,课读五经。又起学堂,功用弥广。"③他的这些举措显然是为了在当地促进儒学教育的发展,但他却遭到江州刺史王凝之的诬陷诽谤,终被免官。免官后他闲居在丹杨(今江苏丹阳),患有眼疾,找中书侍郎张湛求治眼睛的药方。张湛对他说,自古至今读书人如左丘明、杜子夏、郑康成、高堂隆、左太冲等,都得这个病,要想治好,秘方就是少读书、减思虑、晚起早睡。但是范宁不听,依旧"犹勤经学,终年不辍"④。范宁作为东晋名儒,无论是其在朝为官期间兴办学校,还是晚年归隐丹阳勤于经学,都极大地推动了江苏地区儒学的发展,并以其经学成就而影响一代学术风气。

范宁在经学上,以《春秋穀梁传集解》名于世,该书"其意精审,为世所重。既而徐邈复为之注,世亦称之"⑤。这是今存最早的《穀梁传》注解,也是保留汉、魏以来穀梁之学的重要作品,被阮元收入《十三经注疏》。较之郑玄肯定三传之长,范宁则认为三传同时也各有其短,其在《穀梁传集解序》中指出:"左氏艳而富,其失也巫;穀梁婉而清,其失也短;公羊辩而裁,其失也俗。"⑥范宁对《春秋》三传的这些评价,堪称经典。

韩伯(332—380),字康伯,颍川长社(今河南长葛)人,东晋官员、玄学家、训诂学家。晋简文帝司马昱在藩镇时,曾招引其为谈客。从司徒左西属转任抚军掾、中书郎、散骑常侍、豫章太守,入朝任侍中,后又任

①《晋书》卷七十五《范宁传》,中华书局 1974 年版,第 1985 页。
②《晋书》卷七十五《范宁传》,中华书局 1974 年版,第 1985 页。
③《晋书》卷七十五《范宁传》,中华书局 1974 年版,第 1988 页。
④《晋书》卷七十五《范宁传》,中华书局 1974 年版,第 1988—1989 页。
⑤《晋书》卷七十五《范宁传》,中华书局 1974 年版,第 1989 页。
⑥ 范宁:《穀梁传集解序》,《春秋穀梁传注疏》,北京大学出版社 2000 版,第 12 页。

丹杨尹、吏部尚书、领军将军等职。曾作《辩谦》折中王坦之与袁宏围绕《公谦论》所进行的议论,他认为谦虚作为义理,存在于能克己的人中,同时又主张判断事物应独立思考,体现了他以儒为宗的思想立场。此外,韩伯的儒家立场还尤为鲜明地体现在他反对玄学、维护名教的态度上,如谢安主簿陈郡周勰,居丧废礼,崇尚庄老,脱落名教。"伯领中正,不通勰,议曰:'拜下之敬,犹违众从礼。情理之极,不宜以多比为通。'时人惮焉。识者谓伯可谓澄世所不能澄,而裁世所不能裁者矣,与夫容己顺众者,岂得同时而共称哉!"①而他在担任豫章太守时,则对"居丧以毁称"的胡藩大加赞扬,说他"当以义烈成名"②。由此可见韩伯在社会伦理为人处事方面是崇儒抑玄,坚持儒家礼教立场的。但在学术上,韩伯却不排斥吸收玄学家的成果。韩伯在儒学方面的成就主要是精研《周易》,他在王弼《周易》注基础上补注《系辞传》《说卦传》《序卦传》《杂卦传》,撰成《周易注解》三卷,合王弼注六卷及《略例》一卷,共十卷。王弼注《周易》只注了《易经》和《易传》中的《文言》《象辞》《象辞》,并撰《略例》,其余《系辞》《说卦》《序卦》《杂卦》等部分的注皆由韩伯完成。韩伯发展了王弼《易》学,进一步排斥汉易中的象数之学,发挥玄理,其所注《周易》皆被收入《十三经注疏》。

在崇儒抑玄方面,除了上述理论上的批驳之外,还有许多儒臣针对东晋儒学发展的现状,积极倡导官方兴学,制定礼仪制度,以求儒学之兴,主要有荀崧、蔡谟、袁瑰等。

荀崧(263—329),字景猷,颍川林颍(今河南许昌)人,出身名门,"志操清纯,雅好文学",随东晋朝廷渡江后,曾"与刁协共定中兴礼仪"。东晋初元帝置九家博士,荀崧上疏请求增立《仪礼》《公羊》《穀梁》及郑《易》其他四家经学博士。晋元帝深以荀崧所表乃"经国之务",准立《穀梁》之外的其他三家博士,但因王敦之难而最终未能施行。荀崧后官至光禄大夫、录尚书事、开府仪同三司。直至晚年,犹孜孜于典籍。

蔡谟(281—356),字道明,陈留考城(今河南民权)人,东晋重臣,与

---

① 《晋书》卷七十五《韩伯传》,中华书局 1974 年版,第 1993 页。
② 《宋书》卷五十《胡藩传》,中华书局 2013 年版,第 1443 页。

诸葛恢、荀闿并称为"中兴三明"。少好学,博涉书记,为邦族所敬。早年即被举孝廉、秀才,受州府及司马越征辟,但他不应命,渡江避难,被时任东中郎将的晋明帝引为参军。晋元帝为丞相时,辟蔡谟为掾属,又转任参军。历任中书侍郎、义兴太守、大将军从事中郎、司徒左长史、侍中等职。被免官后,"闭门不出,终日讲诵,教授子弟"。作为儒士,"谟博学,于礼仪宗庙制度多所议定。文笔论议,有集行于世。总应劭以来注班固《汉书》者,为之集解"①。

袁瑰(生卒年不详),字山甫,原籍陈郡阳夏(今河南太康),西晋末避难南渡后,曾为丹杨令。后担任庐江太守、临川太守等职。因平定苏峻之难有功,被封长合乡侯,征补散骑常侍,徙大司农,寻除国子祭酒,加散骑常侍。袁瑰在儒学上的主要贡献是,面对经历了王敦及苏峻两次叛乱后,东晋礼教不兴的现状,上疏建议朝廷提供给儒者土地和屋舍,让其收取学生,并赐博士僚属官位,以图推广儒学。其奏疏中强调兴儒学之重要,以为"立人之道,于斯为首"。朝廷应允他所奏,由是"国学之兴,自瑰始也"②。

儒学既是一种学术文化传统,同时其精神也具体表现在儒生的社会实践和道德人格的践履等方面。儒生除了学而优则仕,出将入相,在朝廷或地方担任官职外,在史官、学者、文学家乃至隐士等群体中,也都有一些杰出的代表人物。就史官而言,儒学背景是其必备素养。实际上两晋朝廷中许多史官,如陈寿、司马彪、王长文、虞溥、王隐、虞预、干宝、谢沈、习凿齿、徐广等,也都可以算是儒家学者,在从事史职著述外,往往也有儒学著作。而东晋史官中儒学影响力最大的当为孙盛。

孙盛(生卒年不详),字安国,原籍太原中都(今山西平遥),十岁时避难渡江,及长,善言名理。当时殷浩擅名一时,能与抗论者,只有孙盛而已,由是遂知名,成为东晋著名儒家学者、思想家、史学家。起家佐著作郎,累迁秘书监,加给事中。孙盛一生笃学不倦,自少至老,手不释卷,著《魏氏春秋》《晋阳秋》等,词直而理正,咸称良史③。孙盛的儒学思

①《晋书》卷七十七《蔡谟传》,中华书局1974年版,第2041页。
②《晋书》卷八十三《袁瑰传》,中华书局1974年版,第2166—2167页。
③《晋书》卷八十二《孙盛传》,中华书局1974年版,第2147—2148页。

想一方面体现在他的史著、史评中,其多以忠、孝、节、义、仁、礼等儒家观念来评论古今得失;另一方面则体现在他对老庄道教、玄学易论以及佛教思想的批评与反驳中。孙盛反对当时流行的儒道调和理论,认为道家与老庄"驳于六经"非圣人之论,曾著《老聃非大贤论》一文区别孔老、儒道之不同,批评道家逃避现实、违背圣教。孙盛并因此进一步批评玄学背弃礼法的行为,而且他站在儒学家的立场上,反对以老庄玄学的观点来解释《周易》,但其同时也受玄学方法论的影响。孙盛用"辩名析理"的玄学方法与玄学抗衡,即以玄学的形式阐发儒学的内容,这也反映了魏晋南北朝时期儒学发展的新形态。孙盛的儒家立场还体现在其反佛思想中,东晋时期佛教流行,佛教教义中的"神不灭""轮回""报应"等思想与中土儒家关注现世的人文主义传统发生较大冲突,因此魏晋时便拉开了儒佛之争的序幕。在东晋反佛的儒学家阵营中,以孙盛和戴逵最为突出。孙盛有《致罗君章书》一文,是孙盛与罗含关于神形关系展开论辩的一篇文章。孙盛批判"神不灭"的思想,正是对儒家一贯的"未知生焉知死"的世俗理性主义思想传统的继承和阐发。孙盛的史学成就及其抑玄反佛的卫道行为,都是基于其纯正的儒家立场和儒学素养。

《晋书·儒林传》专为两晋儒士立传,颇能体现两晋儒学的学术成就。所列儒士中与今江苏地域相关的儒家学者,如徐邈(343—397),字仙民,本是东莞姑幕(今山东莒县)人,祖父时避永嘉之乱而南渡,遂家于京口(今江苏镇江)。徐邈勤行励学,博涉多闻。东晋孝武帝"招延儒学之士",徐邈为"东州儒素",经太傅谢安得举荐以应选,四十四岁始补中书舍人,在西省侍帝,与范宁一起,成为皇帝身边的两位咨询大臣,共补朝廷之缺。后迁中书侍郎,专掌纶诏,帝甚亲昵之,颇以为师,著有《正五经音训》和《穀梁传注》《五经同异评》等。又如孔衍(268—320),字舒元(又作元舒),鲁国(今山东曲阜)人,孔子二十二世孙。少好学,年二十能通诗书,弱冠而避地江东,元帝引为安东参军,专掌记室。明帝在东宫,领太子中庶子。"于时庶事草创,衍经学深博,又练识旧典,朝仪轨制多取正焉。"[1]孔衍虽不以文才著称,而博览群书,凡所撰述共

---

[1]《晋书》卷九十一《孔衍传》,中华书局 1974 年版,第 2359 页。

有百余万言,后因王敦恶之,出为广陵郡,卒于任。

此外东晋一些文学家,在儒学方面也有较高成就,列于《文苑传》,李充就是其代表之一。李充(生卒年不详),字弘度,江夏(今湖北安陆)人,东晋著名的文学家、文论家、目录学家。晋成帝时丞相王导召为掾,后转记室参军,又曾任剡县令、大著作郎,奉命整理典籍。李充的思想具有尚好刑名、以儒为本、兼综道玄的特征,主要体现在《学箴》《论语注》等著作中。他"幼好刑名之学,深抑虚浮之士",故著《学箴》排抑虚浮,针砭当时"越礼弃学而希无为之风"。他的思想儒道会通,《论语注》中集中体现出他以儒学为根本的思想特征,如虽用老、庄思想诠释《论语》,但称孔子为"圣人",对孔子十分尊崇。此外,李充对《尚书》《周易》等儒家经典和道学名著《庄子》也颇有研究,并"注《尚书》及《周易旨》六篇、《释庄论》上下二篇"。除尊孔外,李充还重视儒家仁、义、德、礼等思想及其在现实生活中的功用。孝、义、礼都是儒家思想的核心内容,李充对之十分重视,于此可见李充思想中儒家观念占据十分重要的地位。

除了名儒文士,隐逸之人中也有以儒家道德立身处世,在儒学方面颇有成就者,其中儒学成就最高者为戴逵。戴逵(326—396),字安道,谯郡铚县(今安徽亳州)人,居会稽剡县(今浙江绍兴),东晋著名学者、经学家、美术家、雕塑家、音乐家,博学多才。早年随父游建康时,曾在南京瓦官寺作五躯佛像,和顾恺之的《维摩诘像》及狮子国(锡兰岛)的玉像,共称"瓦官寺三绝"。戴逵终生不仕,孝武帝时为逃避征召,曾一度逃匿于吴国武丘山一带。戴逵初就学于名儒范宣,他的儒学思想受到范宣极大的影响。戴逵的儒家思想主要表现在反玄、反佛两方面,他站在儒家立场批判元康之际玄学的放达之风,反对佛教轮回报应等思想。戴逵反玄学,"性高洁,常以礼度自处,深以放达为非道",故作《放达为非道论》①,认为真正的放达是不违名教的,玄学之放达则是故作放达的假风流,它背弃了儒家兴贤,道教笃实的宗旨,不符合儒家名教的要求。戴逵反对佛教因果报应的思想,维护儒家劝教入世的基本原则,著有《释疑论》,强调要加强自身修养,培养道德根本,不要为虚名、形式

143

---

①《晋书》卷九十四《戴逵传》,中华书局 1974 年版,第 2457—2458 页。

所累。此外还有诸多文章与信札表明戴逵反佛的立场与基本思想。戴逵认为,善恶并非前世注定,而是由人的"性分"而定。其更加关注现实,用历史与现实事实说明报应说的虚妄,而且戴逵认为并不存在所谓的神,"神道设教"承认神只是为达到劝善治世的目的,并不承认神的内容实际存在。以戴逵、孙盛为代表的反佛理论,也揭开了魏晋南北朝时期儒家反佛斗争的序幕。

第四节　南朝时期的江苏儒学

南北朝上承东晋十六国,下启隋朝,自永初元年(420)刘宋建立,到开皇九年(589)隋朝灭陈,前后绵延了近一百七十年,是中国历史上的又一分裂动荡的时期。其中南朝则包含刘宋、南齐、南梁、南陈四朝。南朝四朝的都城皆为建康(今江苏南京),因此可以说,整个南朝时期,政治、文化与学术的中心,主要是在今江苏地域境内。南朝时期虽然佛教、道教等都很盛行,但统治者在政治上都以儒学为立国之本,重视制礼作乐,开馆兴学,礼遇大儒。这一时期江苏地区活跃着不少颇有名望的大儒,儒学在社会上产生了广泛的影响。南朝时期江苏儒学的成就不仅受到北方儒者的仰慕和模仿,而且对隋唐及以后儒学的发展产生了深远影响。

一、南朝帝王对儒学的推崇

东晋时孙恩领导的农民起义加速了东晋的灭亡,荆州都督桓玄掌握了东晋的大权,在桓玄打压北府兵力量时刘裕成长起来,后来刘裕起兵推翻桓玄,又成功地镇压了卢循的北进,北伐灭亡了后秦,取东晋而代之,建立宋朝。在宋武帝和宋文帝的治理下,刘宋曾出现元嘉盛世的兴盛局面。文帝之后,刘宋政权陷入了王室相互倾轧,手足自相残杀的局面,在权力纷争的浪潮中,大权集中到领军将军萧道成的手中。昇明三年(479),刘宋灭亡,萧道成代宋自立,建立齐朝。齐武帝在位时也曾出现了短暂的永明之治,但武帝之后的君主多失德腐靡,对百姓的剥削变本加厉,国内阶级矛盾更加尖锐,王室内部争权夺利的斗争不断爆发,与此同时北魏数次南侵,齐梁之际,内难九兴,外寇三作。天监元年(502),萧衍建康称帝,改国号梁。梁朝由于对士族的优待放任,政治腐败恶化,国内阶级矛盾尖锐,对外则贪婪无能,最终导致了侯景之乱。萧绎平定侯景之乱后在江陵称帝,后被西魏宇文泰攻破城池,兵败被杀。太平二年(557),陈霸先废梁敬帝自立,建立陈朝,陈朝国祚三十三年,最终被杨坚建立的隋朝取代。

南朝经历了宋、齐、梁、陈四个朝代的更迭,在军事、政治、思想、文化等方面都发生急剧变化。但就儒学的发展而言,可以说从未中断。各政权统治者都以儒学为立国的基本指导思想,并依照前代已形成制度的儒家传统,采取制礼作乐、改定历法、撰史修文、开馆兴学等举措。虽然儒道玄佛等思想存在着冲突矛盾,但从当权者的角度而言,儒学依然是官方主导意识形态。整体上,南朝是儒学的地位与影响逐渐回升的时期,这与南朝各朝新上台的统治者为了强化自身统治的合法性而对儒学有意倡导有直接关系。恰如有学者指出的:"由宋至梁,几个政权的统治者所以逐步加强对儒学的倡导,内在的原因是士族阶层在社会上、政治上的地位开始由盛转衰,新起的掌握政权的豪族势力感到作为士族阶层代表性意识形态的玄学思想,对确立和巩固他们的统治地位并没有什么效用,鉴于魏晋的教训,他们不得不重新强调儒学这种传统的思想武器。"①《南史·儒林传序》对南朝政权兴儒情况做过总结:

> 洎魏正始以后,更尚玄虚,公卿士庶,罕通经业。时荀顗、挚虞之徒,虽议创制,未有能易俗移风者也。自是中原横溃,衣冠道尽。逮江左草创,日不暇给,以迄宋、齐,国学时或开置,而劝课未博,建之不能十年,盖取文具而已。是时乡里莫或开馆,公卿罕通经术。朝廷大儒,独学而弗肯养众;后生孤陋,拥经而无所讲习。大道之

---

① 刘振东:《中国儒学史·魏晋南北朝卷》,广东教育出版社1998年版,第353页。

郁也久矣乎。至梁武创业,深愍其弊,天监四年,乃诏开五馆,建立国学,总以《五经》教授,置《五经》博士各一人……①

尽管在南朝的政治斗争及政权更迭中,儒家纲常伦理时常被公然践踏,但当统治者每以违背儒学的手段取得政权之后,又总是企图以儒学来维护自己的统治,因此南朝的统治者在倡导儒学方面十分用心,更在梁朝形成了儒学大盛的局面。南朝各政权皆建都建康(今江苏南京),而且统治者们多熟习儒家经典,不仅对儒学十分倡导,个人往往也修习儒学,因此,南朝帝王与江苏儒学史的关系都很密切。

刘宋的建立者高祖武帝刘裕,先祖是彭城绥舆里(今安徽萧县)人,后来其先祖举家迁居到晋陵郡丹徒县京口里(今江苏镇江),刘裕便出生在镇江。永初元年(420)宋武帝刘裕即位第一年,便制礼作乐。到宋文帝刘义隆时,儒学更得到进一步的倡导。宋文帝本人博涉经史,于元嘉十五年(438)立玄、儒、文、史四学馆,并将儒学大师雷次宗征招到京师,"开馆于鸡笼山,聚徒教授,置生百余人。会稽朱膺之、颍川庾蔚之并以儒学监总诸生。时国子学未立,上留心艺术,使丹阳尹何尚之立玄学,太子率更令何承天立史学,司徒参军谢元立文学,凡四学并建"②。元嘉二十二年(445),颁布《元嘉历》,元嘉二十三年(446),文帝亲临国子学,测试诸生。宋文帝在位期间依照儒家政治原理实行了劝学、兴农、招贤等一系列措施,在他的治理下,宋国境内政治、经济、文化得到较大的发展,出现了元嘉之治的繁盛局面。元嘉时期文化也很兴盛,文学有谢灵运、刘义庆、鲍照、陶渊明等大家,史学有裴松之注《三国志》,范晔的《后汉书》等。宋孝武帝刘骏治理国家也颇有儒家风范,他任人唯贤,不论门第,曾多次下诏:"四方秀孝,非才勿举,献答允值,即就铨擢",如提拔寒门出身的袁粲、颜师伯、颜竣等为高官重臣,重用卜天生、鲍照、宗越、徐爱等寒门士人,同时还开创了南朝寒门以军功升三公的先例,如沈庆之、柳元景等人。宋明帝刘彧也颇服膺儒学,他年轻时"好

---

① 《南史》卷七十一《儒林传》,中华书局 1975 年版,第 1730 页。
② 《宋书》卷九十三《隐逸传》,中华书局 1974 年版,第 2294 页。

读书,爱文义,在藩时,撰《江左以来文章志》,又续卫瓘所注《论语》二卷,行于世"①。即大位以后,他也能以儒家"宽仁待物"的精神对待逆党,"其有才能者,并见授用,有如旧臣。才学之士,多蒙引进"②。此外,宋明帝对《周易》也很感兴趣,曾专门邀请群臣"于华林园芳堂讲《周易》,常自临听"③。《梁书·伏曼容传》也提到"宋明帝好《周易》",集朝臣于清暑殿讲,诏曼容执经"④。

刘宋末年皇室陷入争权残杀的混乱之中,朝廷实权渐集于萧道成。建元元年(479),萧道成受宋禅即皇帝位,国号齐,史称南齐。齐高帝萧道成,祖籍东海郡兰陵县(今山东兰陵),其祖上渡江居晋陵武进县(今江苏武进)东城里。东晋以后为南迁的北方人设侨置郡县,保留北方原籍郡县名,冠以"南"字,故萧氏号称南兰陵人。而实际上他就是今江苏常州武进人。

萧道成十三岁时,名士雷次宗在建康(今江苏南京)鸡笼山立学馆,他曾随师就读,学习《礼》《左氏春秋》等儒家经典,尤好《左氏春秋》。其性情深沉,通习经史,曾为南朝宋的将军,被封为齐王,后受禅为帝,改国号为齐,建都建康。萧道成仕宋而篡位,以儒家眼光论之,实为乱臣贼子,但他建齐后,仍然重视儒学发展,并以儒学为指导思想。建元二年(480),齐高帝下令设置史官,以檀超、江淹共同掌管国史。此外,齐高帝对当时的大儒刘瓛非常欣赏,曾召刘瓛入华林园谈讲,并感叹"儒者之言,可宝万世"⑤。由此可见萧道成对儒学之看重,故于建元四年(482)初立国学。齐武帝萧赜继位后,依然崇奖儒学,勤于政事,于是有永明之治,并重用王俭、陆澄、何胤、张绪等儒臣大力推行儒学。于永明年间立国学并置诸经博士,所置有郑玄、王弼《易》,杜预、服虔《春秋》,何休《公羊》,麋信《穀梁》,郑玄《孝经》。萧赜的长子文惠太子萧长懋亦十分推崇儒学。萧长懋颇得其祖父齐高帝萧道成的喜爱,"初,太祖好

---

①《宋书》卷八《明帝本纪》,中华书局1974年版,第170页。
②《宋书》卷八《明帝本纪》,中华书局1974年版,第170页。
③《宋书》卷八《明帝本纪》,中华书局1974年版,第170页。
④《梁书》卷四十八《儒林·伏曼容传》,中华书局1973年版,第663页。
⑤《南史》卷五十《刘瓛传》,中华书局1975年版,第1236页。

《左氏春秋》，太子承旨讽诵，以为口实。即正位东储，善立名尚，礼接文士，畜养武人，皆亲近左右，布在省闼"①。太子熟习儒家经典，并于"永明三年，于崇正殿讲《孝经》，少傅王俭以擿句令太子仆周颙撰为义疏。五年冬，太子临国学，亲临策试诸生"②，与太傅王俭、金紫光禄大夫张绪讨论《礼》《书》《易》《孝经》等儒家经典。"太子以长年临学，亦前代未有也"③。由此可见文惠太子对儒学的痴迷与重视。同时太子也崇信佛教，"太子与竟陵王子良俱好释氏，立六疾馆以养穷民"④。

此外，对儒学影响较大的皇室成员还有竟陵王萧子良。萧子良（460—494），字云英，齐武帝萧赜次子，文惠太子萧长懋同母弟。齐武帝萧赜即位后，萧子良被封为竟陵郡王。子良礼才好士，身边聚集了一批文人学士，号称"竟陵八友"，包括范云、萧琛、任昉、王融、萧衍、谢朓、沈约、陆倕等人。除文学之外，他们的活动也涉及儒学，《南齐书》本传即记载萧子良曾召集学士抄五经、百家，编《四部要略》。由于齐主重儒，加之当时儒士的躬身倡导，南齐儒学大兴，产生了丰硕的学术成果，如沈约的《宋书》、萧子良的《四部要略》、萧懋的《春秋例苑》、裴子野的《宋略》、王智深的《宋纪》等。

中兴二年（502），南齐和帝下诏，禅让帝位于南齐宗室萧衍，定都建康，国号梁，萧衍是为梁武帝。萧衍，南兰陵中都里（今属江苏常州）人，生于秣陵县同夏里三桥屯（今属江苏南京）。年少时，曾师从南齐大儒刘瓛，勤奋笃学，手不释卷，出仕南齐，曾是南齐竟陵王萧子良文学西邸"竟陵八友"之一。萧衍博学能文，崇儒、尚道、事佛，倡三教同流之说，对后世三教融合产生了深远的影响。在儒学方面，梁武帝作群经讲疏，有《制旨孝经义》《周易讲疏》《毛诗答问》《春秋答问》《尚书大义》《中庸讲疏》《孔子正言》等，又有《通史》六百卷，著述颇丰。梁武帝即位时，儒学的发展状况《梁书·儒林传》有所交代：

---

① 《南齐书》卷二十一《文惠太子传》，中华书局 1972 年版，第 399 页。
② 《南齐书》卷二十一《文惠太子传》，中华书局 1972 年版，第 399 页。
③ 《南齐书》卷二十一《文惠太子传》，中华书局 1972 年版，第 400 页。
④ 《南齐书》卷二十一《文惠太子传》，中华书局 1972 年版，第 401 页。

汉末丧乱，其道遂衰。魏正始以后，仍尚玄虚之学，为儒者盖寡。时荀顗、挚虞之徒，虽删定新礼，改官职，未能易俗移风。自是中原横溃，衣冠殄尽，江左草创，日不暇给，以迄于宋、齐。国学时或开置，而劝课未博，建之不及十年，盖取文具，废之多历世祀，其弃也忽诸。乡里莫或开馆，公卿罕通经术。朝廷大儒，独学而弗肯养众，后生孤陋，拥经而无所讲习，三德六艺，其废久矣。高祖有天下，深愍之，诏求硕学，治五礼，定六律，改斗历，正权衡。①

梁武帝在位期间，采取了一系列措施选贤任能，定礼访乐，大兴文教，崇儒兴学。天监四年（505），梁武帝置五经博士，广开馆宇，招纳后进，以明山宾、沈峻、严植之、贺玚补博士，各主一馆。同时还广求硕儒以供学馆师资，多次征召当时大儒何胤，何胤不就，武帝乃派遣学生到会稽云门山，受业于何胤。同时还分遣博士祭酒，到州郡立学。同年六月，梁武帝立孔子庙。天监七年（508），又下诏广开庠序。梁武帝还在用人方面突破魏晋以来门阀取士的限制，重视通经取士，于天监八年（509）下《叙录寒儒诏》，表明经术取士的原则与立场，敦明儒术成为有梁一代的治国纲领。武帝不仅使皇子、宗室、王侯等贵族从师学儒，还亲屈舆驾，亲临国子学，"释奠于先师先圣，申之以谶语，劳之以束帛，济济焉，洋洋焉，大道之行也如是"②。梁武帝对儒家礼乐也极力推行，普通六年（525），徐勉撰《五礼》奏上，大同四年（538），皇侃上《礼记义疏》，大同七年（541），立士林馆，以延集学者。武帝还将自己所撰的《五经讲疏》《孔子正言》等儒家典籍列于学官，以助教授。他不仅亲自宣讲《孝经》，还让大臣在士林馆轮流讲述他的《礼记中庸义》。在梁武帝的大力倡导下，梁代儒学大盛。

梁武帝长子昭明太子萧统也服膺儒学，自幼接受传统儒学教育，"三岁受《孝经》《论语》，五岁遍读五经，悉能讽诵"③，天监元年（502）被立为太子。天监八年（509）于寿安殿讲《孝经》，尽通大义。讲毕，亲临

① 《梁书》卷四十八《儒林传》，中华书局 1973 年版，第 661 页。
② 《南史》卷七十一《儒林传》，中华书局 1975 年版，第 1236 页。
③ 《梁书》卷八《昭明太子传》，中华书局 1973 年版，第 165 页。

释奠于国学。萧统深通礼仪,性情纯孝仁厚,为太子时便引纳了许多才学之士,"恒自讨论篇籍,或与学士商榷古今;闲则继以文章著述,率以为常"①,一时东宫名才并集,文学之盛,晋、宋以来未有。萧统立为太子后未及即位便去世,死后谥号"昭明",编有《昭明文选》三十卷,这是中国古代第一部文学作品选集,为后世推崇。

梁代其他皇帝及皇室成员也多重视儒学,崇尚儒雅,使得梁代在文化与文学方面整体都比较繁盛。如简文帝萧纲,梁武帝萧衍第三子,自幼爱好文学,六岁便能属文。萧纲入主东宫后,在他的周围集聚了一批文学之士,如徐擒、张率、庾肩吾、王规、刘孝仪、刘孝威等。作为宫体诗的开创者,萧纲及其文士形成了一个文学团体。萧纲自己也著有《昭明太子传》《诸王传》《礼大义》等著作多种,文学成就斐然。梁元帝萧绎,梁武帝萧衍第七子,自幼聪悟俊朗,天才英发,五岁即能诵《曲礼》上篇,既长好学,博综群书,才辩敏速。好读书,著述颇丰,②其文集久佚,明张溥辑有《梁元帝集》,收入《汉魏六朝百三名家集》。此外,梁朝皇室中还有贞惠世子萧方诸,梁元帝萧绎第二子,"幼聪警博学,明《老》《易》,善谈玄,风采清越,辞辩锋生,特为世祖所爱"③,后死于侯景之乱。

太平二年(557),梁朝将军陈霸先逼迫梁敬帝退位,以禅让的形式获得政权,改国号为陈,定都建康,陈霸先是为陈武帝。经历了侯景之乱以及梁末的征伐,东晋以来江南的发展遭到重创,陈初经济、文化一片狼藉。陈武帝陈霸先在位三年,忙于战事,对儒学方面少有建树。至陈文帝时期儒学才受到少许重视,但收效甚微。《陈书·儒林》曰:"高祖创业开基,承前代离乱,衣冠殄尽,寇贼未宁,既日不暇给,弗遑劝课。世祖以降,稍置学官,虽博延生徒,成业盖寡。"④陈文帝陈蒨"少沈敏有识量,美容仪,留意经史,举动方雅,造次必遵礼法"⑤。天嘉三年(562),

---

① 《梁书》卷八《昭明太子传》,中华书局 1973 年版,第 167 页。

② 萧绎著有《孝德传》三十卷,《忠臣传》三十卷,《丹阳尹传》十卷。《注汉书》一百一十五卷,《周易讲疏》十卷,《内典博要》一百卷,《连山》三十卷,《洞林》三卷,《玉韬》十卷,《补阙子》十卷,《老子讲疏》四卷,《全德志》《怀旧志》《荆南志》《江州记》《贡职图》《古今同姓名录》一卷,《筮经》十二卷,《式赞》三卷,文集五十卷。

③ 《梁书》卷四十四《世祖二子传》,中华书局 1973 年版,第 620 页。

④ 《陈书》卷三十三《儒林传》,中华书局 1972 年版,第 434 页。

⑤ 《陈书》卷三《世祖本纪》,中华书局 1972 年版,第 45 页。

沈不害上书请立国学，文帝准许，以儒臣沈文阿兼国子博士，于东宫讲《孝经》《论语》。至高宗孝宣皇帝陈顼时，以周弘正领国子祭酒，讲《孝经》《论语》于东宫。天嘉中，国子助教王元规为陈后主亲授《礼记》《左传》《丧服》等义。整体上，陈朝政局不稳，内部矛盾不断，外部战争频仍，故陈朝儒学处于低潮，即便统治者偶有倡导，也因无治世的条件而难以发展。

二、南朝各代儒学大师及儒学人物

南朝时期有出生于江苏的名人儒士，也有祖籍并非江苏，但其祖上已南渡者，还有来自其他地区的硕儒，或为官，或讲学，涉足江苏地域者，都可以纳入江苏儒学史的论述范围。南朝时期影响较大的儒学大师主要有刘宋的雷次宗，南齐的刘瓛、陆澄，以及梁陈时期的诸多儒学名士等。此外，南朝道教、佛教兴盛，在儒道、儒佛的论争中，儒家思想在其中都有所体现。

刘宋时期儒学大家雷次宗（386—448），字仲伦，豫章南昌（今江西南昌）人，他同时也是方志家、教育家、佛学家。"少入庐山，事沙门释慧远，笃志好学，尤明三礼、《毛诗》，隐退不交世务。"[1]曾两次被皇帝请到京城讲授儒学，元嘉十五年（438），宋文帝征雷次宗至京师"开馆于鸡笼山，聚徒教授，置生百余人。……车驾数幸次宗学馆，资给甚厚。又除给事中，不就。久之，还庐山，公卿以下，并设祖道"[2]。元嘉二十五年（448），雷次宗又被征召赴京邑，"为筑室于钟山西岩下，谓之招隐馆，使为皇太子诸王讲《丧服》经。次宗不入公门，乃使自华林东门入延贤堂就业"[3]。雷次宗这两次讲学的鸡笼山位于今南京市玄武区，钟山则地处今南京市东北郊，而且雷次宗最后也是卒于钟山，由此可见雷次宗与江苏地域渊源之深。更重要的是，他儒学大家的身份以及京师讲学的经历，对南朝时期江苏儒学的发展产生深远的影响。最具有代表性的

---

① 《宋书》卷七十五《雷次宗传》，中华书局1974年版，第2292页。
② 《宋书》卷七十五《雷次宗传》，中华书局1974年版，第2293—2294页。
③ 《宋书》卷七十五《雷次宗传》，中华书局1974年版，第2294页。

例子便是雷次宗聚徒讲授时,齐高帝萧道成便曾是他的学生。而且在儒学的传授方面,以雷次宗为首的分科教学,对后世专科教育的发展也产生了直接影响。此外,雷次宗兼通儒佛,曾师从著名佛学大师慧远。慧远是东林寺十八高贤之一,对佛教净土宗的发展起到了重要作用。

刘宋时期,佛教的发展引起思想领域的争论。围绕儒佛之争,形成了反佛和崇佛两大阵营。反佛阵营以何承天为代表。何承天(370—447),东海郯(今山东郯城)人,南朝宋大臣、著名天文学家、无神论思想家。何承天五岁失父,而他母亲是著名学者徐广的姐姐,他从小就学于徐广,通览儒史百家,知识渊博,又精天文律历和计算,在天文律历方面造诣颇深。元嘉十六年(439),除著作郎,撰国史,十九年(442),立国子学,领国子学博士。皇太子讲《孝经》,何承天与中庶子颜延之同为执经。曾向太祖进《安边论》,后任御史中丞,罢官免职后病死家中。何承天是刘宋时期的著名大儒,著述颇多。《宋书》本传记载:"先是,《礼论》有八百卷,承天删减并合,以类相从,凡为三百卷,并《前传》《杂语》《纂文》、论并传于世。又改定《元嘉历》,语在《律历志》。"①他熟知历代朝典,曾奉命撰修《宋书》,书未成而卒。此外,他还是南北朝时期反佛的代表人物,他运用当时所能达到的自然科学知识,在形神问题上批判"神不灭"的唯心主义理论,宣扬无神论,反对因果报应说,从理论上进行反佛的斗争。慧琳作《白黑论》抑佛而扬儒,受到宗炳《明佛论》的诘难,何承天支持慧琳,作《达性论》以驳斥宗炳,从而引起颜延之与何承天的进一步论辩。何承天还作《报应问》驳斥佛教的因果报应说,见于《弘明集》与《广弘明集》。在何承天的反佛论争中,他秉持儒家立场,以儒家的人性论、仁义学说、入世主义等理论反对佛教理论,维护儒家正统。

儒家思想是知识分子摒斥佛教的工具,但在支持佛教的阵营中,也不乏儒士身影,如颜延之、何尚之。颜延之(384—456),字延年,琅琊临沂(今山东临沂)人,其曾祖颜含时即已南渡。颜延之家住建康(今江苏南京),"好读书,无所不览,文章之美,冠绝当时",是与谢灵运齐名的文

---

① 《宋书》卷六十四《何承天传》,中华书局 1974 年版,第 1711 页。

学家。颜延之主要接受儒家传统教育，"宋国建，奉常郑鲜之举为博士，仍迁世子舍人。高祖受命，补太子舍人"①。元嘉十二年（435），颜延之和何承天之间展开了一场关于《达性论》的争辩，当时著名的艺术家宗炳与颜延之结成同盟，支持佛教思想。颜延之驳斥《达性论》，宗炳非难《白黑论》，在思想上给人以启发，故宋文帝感慨，范泰、谢灵运、颜延之、宗炳都能出入儒佛，"若使率土之滨，皆敦化此，则朕坐致太平，夫复何事"②？何尚之（382—460），字彦德，南朝宋庐江潜县（今安徽霍山）人，少轻薄，及长，以操行见称。从刘裕征长安，后以功赐爵都乡侯，后又历文帝、孝武帝两朝，为官正直。何尚之崇尚儒学同时不排斥佛教。元嘉时期，佛法日盛，塔寺与僧人也日渐增多，对政治、经济、思想等诸多方面都形成巨大的冲击，因此受到传统学者的质疑责难。何尚之因此对佛教济世之功进行了透辟的阐释，称扬佛教在维系世道人心、辅助现实政治中的巨大作用，在整个佛教发展史上产生了广泛的影响，实开后世"佛法辅政论"之滥觞，是佛教文化与中国原有文化相融通过程中的重要一环。何尚之在儒学方面的最大贡献是树立了"南学"的地位，元嘉十三年（436）他任丹阳尹，"立宅南郭外，置玄学，聚生徒。东海徐秀，庐江何昙、黄回，颍川荀子华，太原孙宗昌、王延秀，鲁郡孔惠宣，并慕道来游，谓之南学"③。

有齐一代儒学发展状况，《南齐书》在刘瓛、陆澄传之后总结道：

> 江左儒门，参差互出，虽于时不绝，而罕复专家。晋世以玄言方道，宋氏以文章闲业，服膺典艺，斯风不纯，二代以来，为教衰矣。建元肇运，戎警未夷，天子少为诸生，端拱以思儒业，载戢干戈，遽诏庠序。永明纂袭，克隆均校，王俭为辅，长于经礼，朝廷仰其风，胄子观其则，由是家寻孔教，人诵儒书，执卷欣欣，此焉弥盛。建武继立，因循旧绪，时不好文，辅相无术，学校虽设，前轨难追。刘瓛承马、郑之后，一时学徒以为师范。虎门初辟，法驾亲临，待问无五

①《宋书》卷七十三《颜延之传》，中华书局1974年版，第1891页。
② 僧祐撰，李小荣校笺：《弘明集校笺》，上海古籍出版社2013年版，第576页。
③《南史》卷三十《何尚之传》，中华书局1975年版，第782页。

更之礼,充庭阙蒲轮之御,身终下秩,道义空存,斯故进贤之责也。其余儒学之士,多在卑位,或隐世辞荣者,别见他篇云。①

可见对齐代儒学发展有巨大促进作用的人物,在朝有王俭,在野则有刘瓛。

王俭(452—489),字仲宝,祖籍琅琊临沂(今山东临沂),是南渡氏族东晋名相王导五世孙。琅琊王氏南渡后迁居金陵,东晋文帝时侨置南琅琊郡(今江苏南京栖霞区)。南朝齐文学家、目录学家。先后担任侍中、中书令、太子少傅、领国子祭酒、卫军将、开府仪同三司、南昌公等职。自幼好学,手不释卷,官职地位较高,大力推行儒学,成为一时儒宗,著述颇丰。王俭在儒学方面的成就主要在目录学领域,曾校勘古籍,依刘歆《七略》,撰《七志》四十卷,又撰定《元徽四部书目》。

同样出身于琅琊王氏并有儒名的还有王俭的叔父王僧虔。王僧虔(426—485),字简穆,官至侍中、左光禄大夫、开府仪同三司。他是著名的书法家,同时好文史,善音律,尤其留意雅乐。曾因"朝廷礼乐多违正典,民间竞造新声杂曲"上疏进言,希望皇上以儒家"中庸和雅"的标准来对当时的音乐进行整顿②。

刘瓛(434—489),字子珪,沛国相(治今安徽濉溪)人,南朝齐学者、文学家。"少笃学,博通《五经》。聚徒教授,常有数十人。"③颇得齐高帝的赏识和钦佩,曾应召入华林园谈语。他无意于仕,多次征辟不就,武陵王晔为会稽太守时曾从其讲学。"瓛姿状纤小,儒学冠于当时,京师士子贵游莫不下席受业。性谦率通美,不以高名自居。"④刘瓛家住檀桥(在今江苏无锡宜兴),生活清贫,瓦屋数间,上皆穿漏。竟陵王子良亲自前往修谒,后上表给世祖为刘瓛立馆,以扬烈桥故主第给之,生徒皆贺,而刘瓛不以为荣,仍谦逊有节。但未及徙居新馆,遇病而卒,时年五十六。所著文集,皆是《礼》义,行于世。

---

①《南齐书》卷三十九《刘瓛陆澄传》,中华书局1972年版,第686—687页。
②《南齐书》卷三十三《王僧虔传》,中华书局1972年版,第595页。
③《南齐书》卷三十九《刘瓛传》,中华书局1972年版,第677页。
④《南齐书》卷三十九《刘瓛传》,中华书局1972年版,第679页。

此外，南齐儒者知名者还有陆澄（425—494），吴郡吴（今江苏苏州）人，少好学，博览多知，行坐眠食，手不释卷。起家太学博士，"永明元年，转度支尚书。寻领国子博士"。陆澄曾与尚书令王俭共议国学置经之事，认为应当扭转东晋以来经学受玄学影响过多的局面，指出"今若不大弘儒风，则无所立学"①。同时，陆澄还是南齐著名的藏书家，家富藏书，有书万余卷，晚年曾欲撰《宋书》而未成。

纯正的儒学家之外，还有兼通儒、道、佛的学者，该时期较具代表性的是顾欢。顾欢（420—482）字景怡，一字玄平，其家在晋隆安末，避乱徙居于吴郡盐官（今浙江海盐，一说海宁）他自幼好学，六七岁书写甲子，看到有三篇书简，就自己分析揣摩，弄懂了计算六甲方法。父亲叫他到田里驱赶雀子，他却作了一篇《黄雀赋》回来，田里庄稼被黄雀吃掉一半。父亲发怒要打他，看了他写的赋才住手。家贫无力供他到学舍受业，他就倚在学舍墙壁后偷听，听到的都不会遗忘。他八岁就通读了《孝经》《诗经》《论语》等儒家经典。二十余岁时，曾师从儒学大师雷次宗。顾欢也是一位孝子，母亲年老，他就在家躬耕读书，陪伴母亲。当时他的才学已经颇有名气，同郡的顾觊之就曾让自己的儿子和孙子来跟顾欢读书学习。其母去世后，水浆不入口六七日，庐于墓次，"遂隐遁不仕。于剡天台山开馆聚徒，受业者常近百人"②。齐高帝萧道成辅政，征为扬州主簿，后辞官东归。永明元年（484），诏征顾欢为太学博士，不就征，晚节服食，"事黄老道，解阴阳书，为数术多效验"，永明中卒于剡山。顾欢去世后，世祖诏其诸子撰顾欢《文议》三十卷。顾欢对儒道释三家学问都有研究，儒学方面著有《尚书百问》《毛诗集解叙义》。同时他又是一位著名的道教学者，是上清派的信奉者和重要传人，陶弘景《真诰》便是以其《真迹经》为底本撰写的。他前半生治儒，后半生则事黄老道，解阴阳书。《南齐书·顾欢传》载其撰有《老子义纲》《老子义疏》等著作，堪称老子学大家。他还著有《夷夏论》一文，对儒道佛之关系阐发了他的看法。他认为"五帝、三皇、莫不有师。国师道士，无过

---

① 《南齐书》卷三十九《陆澄传》，中华书局 1972 年版，第 684 页。
② 《南齐书》卷五十四《顾欢传》，中华书局 1972 年版，第 929 页。

老、庄；儒林之宗，熟出周、孔。若孔、老非佛，谁则当之"？① 在他看来，老子、孔子其实也是佛，佛儒道在源头上是一致的，只不过因时因地之不同，而施教各异，形成了夷夏之别。故此他批评那些"刻舷沙门""守株道士"的门户之见，同时也认为中土士人没有"舍华效夷""弱丧忘归"。顾欢的这些观点既维护了儒家夷夏之防的文化观念，又体现了南朝学者对不同思想传统兼容并蓄的态度，对研究南朝时的思想文化发展情况具有史论的意义。

梁代是南朝儒学发展的高峰，陈朝则是梁朝的余绪。梁陈时期出现了大量的以儒学名世的儒学人物。名儒有徐勉、周舍、朱异、贺琛、孔子祛、何佟之、贺玚、严植之、明山宾、沈峻、伏曼容、何胤、皇侃、范缜等。另外还有一批经史兼通的学者，如沈约、阮孝绪、萧子显、裴子野等。又有文学家、文艺批评家如钟嵘、刘孝标、刘勰等。

梁代儒学的繁荣是全面的、整体性的，而不只是一二大家一枝独秀。因此出身于不同阶级，活跃在文学、政治、军事等不同领域的士人，均以儒学立身，甚至有卓越的儒学成就。如朝臣朱异便以儒学知名。朱异（？—257），字季文，吴郡钱唐（今浙江杭州）人，出身官宦之家，梁朝官员、诗人。年少时好聚众博戏，成年后乃折节从师，"遍治《五经》，尤明《礼》《易》，涉猎文史，兼通杂艺，博弈书算，皆其所长"②。二十岁时诣京师（今南京），受到尚书令沈约的赏识。后来朝廷求异能之士，得到五经博士明山宾的推荐，"高祖召见，使说《孝经》《周易》义，甚悦之"③。故萧衍自讲《孝经》，使朱异执读。其后官职多有升迁。大同六年，朱异奉敕于仪贤堂讲梁武帝《老子义》，朝士及道俗听者达千余人，为一时之盛。"时城西又开士林馆以延学士，朱异与左丞贺琛递日述高祖《礼记中庸义》，皇太子又召异于玄圃讲《易》。"④朱异为官"居权要三十余年，善窥人主意曲，能阿谀以承上旨，故特被宠任"⑤。太清二年（548），侯景

① 《南齐书》卷五十四《顾欢传》，中华书局 1972 年版，第 931 页。
② 《梁书》卷三十八《朱异传》，中华书局 1973 年版，第 537 页。
③ 《梁书》卷三十八《朱异传》，中华书局 1973 年版，第 538 页。
④ 《梁书》卷三十八《朱异传》，中华书局 1973 年版，第 538 页。
⑤ 《梁书》卷三十八《朱异传》，中华书局 1973 年版，第 540 页。

以讨朱异为名,举兵造反,包围建康台城,于时城内文武百官都斥责他,皇太子也作《围城赋》指斥朱异,朱异愧愤而卒。其所撰《礼》《易》讲疏及仪注、文集百余篇,乱中多亡逸。

梁朝将军羊侃也颇具儒家风度。羊侃(496—549),字祖忻,泰山梁甫(今山东泰安)人,东汉南阳太守羊续之后,北魏平北将军羊祉之子。早年出仕北魏,后率部众南归梁朝,多次随军北伐,官至侍中、都官尚书,封高昌县侯。太清二年(548年),侯景之乱爆发,羊侃坚守建康,多次击退叛军。是年十二月,病逝于建康台城。羊侃死后,侯景攻入建康。"侃少而瑰伟,身长七尺八寸,雅爱文史,博涉书记,尤好《左氏春秋》及《孙吴兵法》"①,可以说是一位儒将。

当然,梁朝儒学之盛,尤其鲜明地体现在朝中众多名儒、硕儒的集中出现,他们开堂讲学,制定礼仪,著书立说,又多以"五经博士"的身份言传身教。主要人物有明山宾、孔休源、贺琛、司马褧、伏曼容、何佟之、范缜、严植之、贺玚、崔灵恩、沈峻、孔子祛等,而且作为当时的大儒,均有学术贡献,礼学方面尤其显著。如天监初年,梁武帝萧衍诏求通儒治五礼,开五馆并置五经博士,于是有掌治吉礼的明山宾,其累居学官,著有《吉礼仪注》二百二十四卷,《礼仪》二十卷,《孝经丧礼服义》十五卷。治嘉礼的司马褧,擅长三礼,是时创定礼乐,其所议多见施行,撰《嘉礼仪注》一百一十二卷。治凶礼的严植之,"少善《庄》《老》,能玄言,精解《丧服》《孝经》《论语》。及长,遍治郑氏《礼》《周易》《毛诗》《左氏春秋》。性淳孝谨厚,不以所长高人"。高祖"置五经博士,各开馆教授,以植之兼五经博士。植之馆在潮沟②,生徒常百数。植之讲,五馆生必至,听者千余人"③。撰有《凶礼仪注》。治宾礼的贺玚,其善三礼,梁武帝召见他说《礼》义,并"以玚兼《五经》博士,别诏为皇太子定礼,撰《五经义》",并于天监七年,领五经博士。"所著《礼》《易》《老》《庄》讲疏、《朝廷博议》数百篇,《宾礼仪注》一百四十五卷。玚于《礼》尤精,馆中生徒常百数,

---

① 《梁书》卷三十九《羊侃传》,中华书局 1973 年版,第 557 页。
② 潮沟:三国吴都城建业城内人工渠道,在今江苏南京市北。唐许嵩《建康实录》卷二:三国吴赤乌四年(241)十一月,"诏凿东渠,名青溪。通城北堑潮沟"。注曰:"潮沟亦帝所开,以引江潮。
③ 《梁书》卷四十八《儒林·严植之传》,中华书局 1973 年版,第 671 页。

弟子明经封策至数十人。"①另有多次担任五经博士的沈峻，博通五经，尤长三礼，精于《周官》，"于馆讲授，听者常数百人"。此外，又有致力于讲学、治学的伏曼容、何佟之、崔灵恩等人。伏曼容，历宋、齐、梁三朝，少笃学，善《老》《易》，曾聚徒教授以为业。南朝宋时，已有儒名，一生治学，"为《周易》《毛诗》《丧服集解》《老》《庄》《论语义》"。②何佟之，好三礼，南齐时已为京邑硕儒。齐末兵乱时，何佟之还常集诸生讲论，孜孜不怠。入梁，梁高祖尊重儒术，以何佟之为尚书左丞，佟之依《礼》定议。所著文章、《礼义》百许篇。崔灵恩，少笃学，从师遍通五经，精三礼、三传，尤善左氏之学。由北魏归梁，以其儒术受到梁武帝的赏识，身兼国子博士，聚徒讲授，听者常数百人，著作颇丰③。梁代儒学尤其是礼学之盛可见一斑，这与梁朝统治者的态度相关，也从一个侧面反映出时代对于秩序稳定性的迫切需要。

在梁代儒者中，除了上述精研礼仪，著书立说的经学博士外，贡献突出的还有无神论斗士范缜以及经学大师皇侃。

范缜（450—510），字子真，南乡舞阴（今河南淅川县）人。出身儒学世家，曾高祖范汪、高祖范宁、曾祖范泰都是一时大儒，范氏疏族又有范隆、范宣、范弘之、叔祖范晔。至范缜时家世衰微，少孤贫，曾跟随名儒沛国刘瓛学习多年，"博通经术，尤精三礼"。曾为齐竟陵王萧子良西邸宾客，但反对佞佛，著有《神灭论》。入梁后为中书郎、国子博士，梁武帝信佛，曾作《敕答臣下神灭论》，命令他放弃无神论的观点，但范缜不畏皇权，坚持自己的立场，也因此而不得重用。《神灭论》一文体现出范缜儒家理性主义精神：他注重现世人生，反对佛教报应思想；主张无神，以"神道设教"来解释儒家的鬼神祭祀，反对佛教的神不灭和人死为鬼的说法；宇宙观上，以儒道结合的"天道自然"支撑起无神论的思想。而在方法论上，吸收了道家、玄学甚至佛教的本体论思想，这是范缜能够在

① 《梁书》卷四十八《儒林·贺玚传》，中华书局1973年版，第672页。

② 《梁书》卷四十八《儒林·伏曼容传》，中华书局1973年版，第662页。

③ 崔灵恩著作主要有集注《毛诗》二十二卷，集注《周礼》四十卷，制《三礼义宗》四十七卷，《左氏经传义》二十二卷，《左氏条例》十卷，《公羊穀梁文句义》十卷。此外，当时儒者各执浑天、盖天二义，崔灵恩还曾调和二者"以浑、盖为一焉"。

激烈的佛儒论争中,占据理论优势的重要原因。最重要的是,在形神关系上,范缜以"形神相即""形质神用"的形神一元论观点弥补了以往以精气说为基础的形神二元论的理论不足,在哲学史和思想史上都具有重要意义。

皇侃(488—545),吴郡(今江苏苏州)人,梁朝儒家学者,经学家。"少好学,师事贺玚,精力专门,尽通其业,尤明三礼、《孝经》《论语》。起家兼国子助教,于学讲说,听者数百人。"[①]曾受召入寿光殿讲《礼记义》,得到梁武帝的赞赏。性至孝,常日诵《孝经》二十遍。撰有《礼记义疏》《礼记讲疏》《孝经义疏》等,其中《论语义疏》在儒家经学史上占有重要地位。《论语》自何晏注以后,注家群起,入晋以后更有十三家之说为之集解。皇侃广采旧闻以及前代通儒旧说,申说何晏《集解》,撰成《论语义疏》。该书采用了新的注解体例"义疏",不仅疏通原书,还对旧注进行考核、补充辨证,是现今完整流传下来的南北朝时期的唯一义疏体著作。其解经略于名物制度和章句训诂,阐经释义多采老、庄玄学,不拘家法,随意发挥,与汉儒说经相去甚远。而且《论语义疏》对于南学"天命心性"说也有所发挥,代表了当时的南方新学的学风,也是南朝玄学化经学的代表之作。

陈朝儒学是梁代的继续,其儒学人物都是在梁代成长起来的。陈朝以儒学名世的周弘正、沈文阿、沈洙、郑灼、王元规等人都曾有在梁朝学习、入仕甚至担任经学博士的经历。如被史书称为"一代之国师"的周弘正,起家梁太学博士,"累迁国子博士。时于城西立士林馆,弘正居以讲授,听者倾朝野焉"[②]。入陈后,数领国子祭酒。著《周易讲疏》十六卷,《论语疏》十一卷,《庄子疏》八卷,《老子疏》五卷,《孝经疏》两卷,《集》二十卷,行于世。沈文阿,有儒学家风,治三礼、三传,仕梁时累迁兼国子助教、《五经》博士。入陈后又为国子博士,兼管仪礼。撰有《仪礼》八十余卷,《经典大义》十八卷。沈洙,"治三礼、《春秋左氏传》。精识强记,五经章句,诸子史书,问无不答"[③],曾仕梁,入陈后曾任国子博

①《梁书》卷四十八《儒林·皇侃传》,中华书局1973年版,第680页。
②《陈书》卷二十四《周弘正传》,中华书局1972年版,307页。
③《陈书》卷三十三《儒林·沈洙传》,中华书局1972年版,第436页。

士,与沈文阿同掌仪礼。郑灼,少受业于皇侃,性精勤,尤明三礼,曾被梁简文帝曾引为西省义学士,由梁入陈,以礼学知名。王元规,通《春秋左氏》《孝经》《论语》《丧服》,梁时已显儒名,入陈后,曾被陈后主引为学士,亲受《礼记》《左传》《丧服》等义,赏赐优厚,迁国子祭酒,颇有著述①,后卒于广陵(今江苏扬州)。陈朝国运不昌,缺少儒学繁荣的必要条件,仅有的儒学成就也都是梁朝儒学兴盛之余绪。

三、南朝儒学的广泛社会影响

儒家学说是一套包括社会准则与政治理想的学说,自汉代以来被确立为中国古代皇权社会的统治思想。与此同时,对个人来说儒学也是一套人生哲学价值体系,这体现于儒家关于人的存在价值、生命意义和道德修养的一整套教义。因此南朝时期的儒学,无论对于社会还是个人,都有着广泛的影响。南朝在政治、文化、学术等各个领域,都涌现出大批倡导儒学、实践儒学,具有儒学人格典范的儒学人物。南朝动荡的政局虽然没能为儒学的发展提供持久稳定的政治保障,乃至时常出现官学不兴,儒学不振的局面,但这并不代表儒学的彻底衰微,相反,儒学在多数士人心中仍然具有不可动摇、无法取代的重要地位。无论是出于维护"正统"思想的意图,还是因为诗书传家的缘故,儒家经典都是士人阶层普遍学习的基础知识。从某种意义上也可以说,正是士人们的这种深厚的儒学素养,才使得南朝社会文化在动荡之中有所发展,甚至在个别方面还取得了历史性的突出成就。

在官场上,朝廷官吏多熟习儒家经典,具有文才与儒吏风采,并以儒家思想为指导,对当时的朝廷政治、社会治理、礼仪制度等方面多有贡献。如刘宋时期的范泰、王准之、徐广、臧焘、傅隆,梁朝的周舍、徐勉、许懋等,都是一些具有较高儒学素养的大臣。尤其是在礼学方面,他们往往具有深厚的家学渊源。如南朝宋大臣范泰,乃经学家范宁之

---

① 王元规著有《春秋发题辞》及《义记》十一卷,《续经典大义》十四卷,《孝经义记》两卷,《左传音》三卷,《礼记音》两卷。

子,史学家范晔之父,家世颇有儒学渊源。其父范宁时已家于丹杨(今江苏丹阳),曾在晋为太学博士,入宋后领国子祭酒,为政多有谏言,不失儒者风范。王准之亦有家世相传的儒学传统,其曾祖彪之博闻多识,并谙江左旧事,缄之青箱,世谓之"王氏青箱学"。王准之精于礼学,永初二年(108),进言高祖以郑玄之义制定朝廷礼仪,被宋朝廷采纳。虽然这些儒臣不能从根本上改变皇权专制社会的一些弊端与痼疾,但是他们往往能坚持儒家仁政爱民的民本思想,对皇帝的施政有所匡谏,还是产生了一定的积极影响的。

南朝国学及教育的发展也离不开传承儒学、传道授业的国子博士们。南朝时期许多儒学之士都曾担任过国子博士、太学博士等职。如张绪,长于《周易》,言理深奥,见宗一时,齐高帝初立国学时,曾为太常卿,领国子祭酒。王逡之,以著作郎兼尚书左丞参订齐国仪礼,后转国子博士,曾上表立学,又兼著作,撰《永明起居注》,年老手不释卷。梁陈时期是南朝儒学发展的高峰。梁朝曾担任国学博士者有多人,如范岫、刘显、王承、庾黔娄、伏暅等。陈朝儒学之士是梁代儒学的余绪,其中担任国学博士者,有虞荔、袁宪、徐孝克、张崖、陆诩、沈德威、贺德基、全缓、张讥、顾越、沈不害等人。

除了中央兴学外,地方上个人讲学活动也十分频繁。也正赖于这些在乡郡授业的儒士们,儒学才能在南朝乱世中得以薪火相传。如南朝宋的周续之,以儒学著称,隐居庐山,曾先后两次进京师讲学;关康之,世居京口(今江苏镇江),隐逸名士,以坟籍为务,弟子以业传授。南朝齐时的虞愿,为官正直,能言敢谏,出为晋平太守,在郡不治生产,立学堂教授;隐士明僧绍,隐于长广郡崂山(今青岛崂山),聚徒立学,渡江后住江乘摄山(今南京栖霞山),建立栖霞寺;历史学家臧荣绪,无意仕途,数次征辟皆不就任,隐居京口(今江苏镇江)教授,惇爱五经,著《拜五经序论》,常在孔子生日陈五经拜之,并撰有《晋书》一百一十卷,俗称《旧晋书》,是唐房玄龄等官修《晋书》的重要蓝本;教育家沈麟士,隐居吴差山(又名乾元山),讲经教授,从学者数十百人,守操终老,笃学不倦;吴苞于蒋山(今南京紫金山)南立馆教授,"自刘瓛卒后,学者咸归之";徐伯珍,少孤贫,读书不辍,其叔父璠之与颜延之友善,二人在祛蒙山立精舍讲授,伯珍前往就学,苦读十年,博通经史,四方游学之人纷纷慕名而来,然其无意仕途,好释氏、老庄,兼明道术,受业生凡千余人。南朝梁时期,卞华于天监初兼五经博士,聚徒教授;孔金,"历官国子助教,三为五经博士",通五经,尤明三礼,《孝经》《论语》,讲说并数十遍,生徒亦数百人;卢广,天监中归梁,兼国子博士,遍讲五经,"时北来人,儒学者有崔灵恩、孙详、蒋显,并聚徒讲说,而音辞鄙拙;惟广言论清雅,不类北人"[①];伏挺"宅居在潮沟,于宅讲《论语》,听者倾朝"[②];何胤,齐明帝时入山隐居,入梁后多次征召而不就,先入若邪山,后迁秦望山隐居(均在浙江),山中起学舍教授;诸葛璩,世居京口(今江苏镇江),由齐入梁,屡有征召皆不应。于其家中起讲舍,"旦夕孜孜,讲诵不辍,时人益以此宗之"。[③]此外,南朝的隐逸之士中,还有许多儒学之士,如梁范元琰、庾诜、范述曾、马枢、陆庆等。

儒学可以说是当时知识分子的基本素养,因此无论是文学家、史学家还是其他方面的学者,往往都具有深厚的儒学根底。文学方面,以刘宋的谢庄,梁朝的徐摛、钟嵘等为代表。史学方面则以刘宋裴松之、梁朝裴子野、陈朝许亨等为代表。文学、史学之外,其他儒学背景的知识分子,以南朝齐祖冲之、梁代目录学家阮孝绪、陈朝藏书家戚衮为代表。南北朝时期数学家、天文学家祖冲之,范阳遒县(今河北涞水县)人,祖父时候即为避战乱而迁家至江南。年少时因博学多才而有名声。后为官多地,担任过南徐州(今江苏镇江)从事史,娄县(今江苏昆山)令等职。他的主要贡献虽然集中在数学、天文历法和机械制造等方面,但也曾著《易老庄义释》《论语孝经注》《九章造缀述》数十篇[④]。梁代目录学家阮孝绪,陈留尉氏(今河南开封)人,幼至孝,性沉静,年十三,遍通《五经》。入梁,多次征召不就,曾于钟山听讲,后因感于书籍散逸严重,乃博采宋齐以来图书,集为《七录》一书,总结前人目录学之成就。陈朝藏书家、学者戚衮,吴郡盐官(今浙江海宁)人,少聪慧,游学京都,受三礼

①《梁书》卷四十八《儒林·卢广传》,中华书局 1973 年版,第 678 页。
②《梁书》卷五十《文学下·伏挺传》,中华书局 1973 年版,第 720 页。
③《梁书》卷五十一《处士·诸葛璩传》,中华书局 1973 年版,第 744 页。
④《南齐书》卷五十二《文学·祖冲之传》,中华书局 1972 年版,第 906 页。

于国子助教刘文绍,年十九,梁武帝敕策《孔子正言》并《周礼》《礼记》义,衮对高第。梁简文帝在东宫时,曾召衮讲论,又尝置宴集玄儒之士,先命道学互相质难,戚衮对答如流,在儒林颇有声望。入陈仍兼国子助教。"衮于梁代撰《三礼义记》,值乱亡失,《礼记义》四十卷行于世。"[①]除上述诸人,南朝时期还有许多有儒学知识背景的人,其虽不以儒学闻名,但敦习儒学,著书立说。如刘宋时期的傅亮,梁朝时的韦爱、裴邃、鲍泉、臧盾、何炯、褚脩、司马筠,陈朝的孔奂、萧济、谢贞、岑之敬等。正是这些具有深厚儒学素养的知识分子的坚守和传承,使得儒学作为一种悠久的文化传统在南朝动荡不安的社会环境下得以延续。而儒学的精神也借助这些个人努力广泛地影响到社会文化的方方面面。

四、刘勰《文心雕龙》中的儒学思想

儒学在中国文化中其实并不能仅仅理解为一个独立的学术门类。尽管对儒家经典进行注解阐释的经学传统具有相对的独立性,但儒学并不局限于经学。如上所述,儒学作为一种主流的文化精神是通过具有儒学素养的知识分子个体而渗透在许多方面的。这里以南朝时期产生于江苏地域的中国古代最伟大的文学理论巨著——刘勰的《文心雕龙》为例,进一步说明儒学精神在文学理论与文学批评领域的深刻影响。

刘勰(约465—520),字彦和,南朝梁文学理论家、文学批评家,东莞莒(今山东莒县)人,生于京口(今江苏镇江)。祖父灵真,宋司空秀之弟。父尚,越骑校尉。刘勰早孤,笃志好学,其家贫未能婚娶,故依沙门僧佑,与之居处十余年而博通经论,并分门别类地整理了这些经学文献,将其抄录下来,并为之作序。刘勰以文章出名,梁天监中兼东宫通事舍人,深得喜好文学的昭明太子的喜爱。刘勰知识广泛,文笔好,对佛理也很精通,所以当时都下寺塔及名僧碑志,往往请刘勰撰写。又曾奉命与慧震于定林寺撰订经文,完成后便乞求出家,得到皇帝允许,遂

① 《陈书》卷三十三《儒林·戚衮传》,中华书局1972年版,第440页。

出家为僧,改名慧地,不久便去世。

刘勰所著《文心雕龙》,是中国古代最具有理论体系的文学理论著作,奠定了他在中国文学史和文学批评史上的地位。他在这部书的《序》中说:

> 予齿在逾立,尝夜梦执丹漆之礼器,随仲尼而南行。寤而喜曰:大哉!圣人之难见也。乃小子之垂梦欤!自生灵以来,未有如夫子者也。敷赞圣旨,莫若注经,而马、郑诸儒,弘之已精,就有深解,未足立家。唯文章之用,实经典枝条,五礼资之以成,六典因之致用。于是搦笔和墨,乃始论文。其为文用四十九篇而已。①

从这段话中可以明显看出孔子和儒学在刘勰心目中的崇高地位。在他看来,文学实不过是儒家经典的枝条和工具,是为儒家之道服务的。这就不难理解,儒学的精神其实是渗透在他的文学理论中的。

《文心雕龙》成书于南朝齐和帝中兴年间,是一部"体大而虑周"②的文学理论专著。全书共十卷,五十篇(原分上、下两部,各二十五篇),内容可分为"总论""文体论""创作论""批评论""总序"等五部分。其中总论五篇,是全书纲领;文体论二十篇,以"论文序笔"为中心,对各文体源流及作家、作品进行逐一研究评价;创作论十九篇,分论创作过程、作家风格、文质关系、写作技巧、文辞声律等内容,是全书的精华所在;批评论五篇,从不同角度对过去的文风及作家进行批评,集合了批评方法、文学史论、批评鉴赏论等内容。最后一篇《序志》是全书的总序,说明了其创作目的和全书部署意图。刘勰将全部书籍都当成文学来看,故立论极广,系统论述了文学的形式与内容、继承与革新等多方面的问题。对文学的审美本质及其创造、鉴赏的美学规律进行了探索、论述,是对齐梁之前美学成果的全面总结。刘勰一生经历了宋、齐、梁三代,此时正是骈文流行、形式主义文风盛行的时代。刘勰有意挽救文风流弊,故

---

① 《南史》卷七十二《儒林·刘勰传》,中华书局1975年版,第1782页。
② 章学诚:《文史通义》,上海古籍出版社2008年版,第179页。

《文心雕龙》的重点，一是反对浮靡的文风，二是强调文学的社会功能。这都是与孔子奠定的儒家美学思想一脉相承的。

刘勰思想活跃而丰富，在儒、道、释三方面均有很高造诣。其《文心雕龙》也体现出思想糅合的特点，如儒家、老庄、玄学、佛家等思想因素在其中都有所体现，构成了一个博大精深的思想体系。但《文心雕龙》的主导思想还是儒家思想。《文心雕龙·序志》曰："盖文心之作也，本乎道，师乎圣，体乎经，酌乎纬，变乎骚，文之枢纽，亦云极矣。"①可见《文心雕龙》论文，是以儒家之道为本，以圣人孔子为师的。罗宗强指出："刘勰文学思想的内涵颇为复杂。自其主要之倡导言之，是宗经；然考察其文学思想之各个侧面，则又非宗经所能范围。自其思想之主要倾向言之，属儒家：儒家的文学观，儒家的哲学思想基础。然考察其思想之渊源则又非儒家思想所能范围。"②范文澜先生则认为："刘勰自二十三四岁起，即寓居在僧寺钻研佛学，最后出家为僧，是个虔诚的佛教信徒，但在《文心雕龙》里，严格保持儒学的立场，拒绝佛教思想混进来，就是文字上也避免用佛书中语，可以看出刘勰著书态度的严肃。"③而另一些学者则指出《文心雕龙》在思想理论和体系建构方面也受到佛教思维的影响。尽管《文心雕龙》思想丰富而复杂，但多数学者认为《文心雕龙》的主导思想还是儒家之道。

儒家的"道"既是包括仁、义、礼、智、信等社会政治、伦理道德在内的入世之道，也有一套与天地合一的超越的宇宙论作为其形上学的根基。《文心雕龙·原道》将"道"作为文学本源，这个"道"既是天地之道、自然之道，也是圣人之道、玄圣素王之道、"道心惟微"之道。《原道》开篇即根据《易经》对所谓"道"的源头进行了论述。天、地、人谓之"三才"，而人"为五行之秀，实天地之心"④，天、地之道是通过"人文"来呈现的，这就是历代圣人传授下来的"道"。这就叫"道沿圣以垂文，圣因文而明道"。可见刘勰《原道》所谓"道"既是天地自然之道，也是儒家圣人

① 刘勰著，范文澜注：《文心雕龙注》，人民文学出版社1962年版，第727页。
② 罗宗强：《魏晋南北朝文学思想史》，中华书局1996年版，第267页。
③ 范文澜：《中国通史》（第二册），人民出版社2015年版，第530页。
④ 周振甫：《文心雕龙今译》，中华书局2013年版，第10页。

之道,是天地合一之道。儒家强调立言的重要性,尤其是圣人之言具有济世教化之用,刘勰以圣人之言为文章典范,故重视文章的政治教化功能,强调文的社会作用。先秦儒家早在《毛诗序》中已提出风化的问题:"风,风也,教化,风以动之,教以化之。"①所谓教化,具体内容即经夫妇,成孝敬,厚人伦,美教化,移风俗。刘勰认为圣人之经典乃"原道心以敷章,研神理而设教"②,乃继承儒家"神道设教"的观点,以"原道""宗经""征圣"为立论根本,是对荀子、扬雄等人思想的发展。他将儒家经典作为文章圭臬、治国经典,充分肯定其教化作用:"唯文章之用,实经典枝条;五礼资之以成文,六典因之致用,君臣所以炳焕,军国所以昭明,详其本源,莫非经典。"③

刘勰的儒家思想还表现在《文心雕龙》中所表现出的人生价值观中。刘勰总结"文果载心,余心有寄"④,即《文心雕龙》寄托了刘勰的人生志向,显示了其人生价值观,虽然其中也包括道家逍遥之心,但儒家的功业之志以及济世精神则是其中非常明显的价值取向。责任意识是儒家处世之道的基本特点,人作为群体的人,除了修身之外,还应承担一定的社会责任,且需秉持一颗社会责任心。因此儒家有"穷则独善其身,达则兼济天下"的名言,倡导积极入世的人生观。《文心雕龙·程器》:"是以君子藏器,待时而动,发挥事业;固宜蓄素以弸中,散采以彪外,楩柟其质,豫章其干。摛文必在纬军国,负重必在任栋梁,穷则独善以垂文,达则奉时以骋绩。若此文人,应梓材之士矣。"⑤刘勰所论,强调文学的社会功能和现实意义,也完全是对儒家积极入世思想的演绎。此外,《文心雕龙·序志》中还提出了"树德建言"的人生价值理想:"是以君子处世,树德建言。岂好辩乎? 不得已也!"⑥此语一方面是化用了孟子的话⑦,另一方面则是对儒家立德、立功、立言"三不朽"理论的

---

① 毛亨撰,郑玄笺,孔颖达疏:《毛诗正义》,北京大学出版社 2000 年版,第 6 页。
② 周振甫:《文心雕龙今译》,中华书局 2013 年版,第 14 页。
③ 周振甫:《文心雕龙今译》,中华书局 2013 年版,第 453 页。
④ 周振甫:《文心雕龙今译》,中华书局 2013 年版,第 458 页。
⑤ 周振甫:《文心雕龙今译》,中华书局 2013 年版,第 448 页。
⑥ 周振甫:《文心雕龙今译》,中华书局 2013 年版,第 452 页。
⑦ 《孟子·滕文公下》载,公都子曰:"外人皆称夫子好辩,敢问何也?"孟子曰:"予岂好辩哉? 予不得已也。"

阐释。

刘勰以文倡导遵人伦五常、效圣人言行,更以儒家思想为理论基础,在文学理论方面匡扶社会风气,反对形式主义。在文学批评理论中,《文心雕龙》以儒家美学思想为主导,追求中和持正之美。讲究中和之美始自孔子,孔子在《论语·八佾》中评《关雎》曰"乐而不淫,哀而不伤",反映的正是以中庸之道为哲学理论的"温柔敦厚"诗教观。刘勰继承孔子的美学思想,将儒家中庸原则作为《文心雕龙》的整体基调,以"中和之美",将艺术规律归纳为相互矛盾的双方,以对立统一的成对美学范畴来进行探讨,即"擘肌分理,唯务折衷"①。如情与采、真与奇、华与实、情与志等,都体现了对立面和谐统一的古典美学理想。而且《文心雕龙》以"刚柔"为中和之美的核心,且特别强调阳刚之美,表现出一种矫正齐、梁淫靡文风的强烈意图,"风骨说"集中体现了这一点。倡导风骨是刘勰恢复原始儒家风格的一种努力。刘勰认为文学自产生至南朝,其发展呈下滑趋势,文学失去了儒家美学风格,需以风骨振之,追寻儒家质、淳、雅的风格,而"征圣""宗经"正是其根本途径。这种以经学为文章典范的观点,让《文心雕龙》显示出了一定的经学化色彩。刘勰还继承了儒家"言以足志,文以足言"②的经典文论,认为文学作品情感要真实,语言要文采,如《文心雕龙·征圣》:"然则志足而言文,情信而辞巧,乃含章之玉牒,秉文之金科矣。"③语言是表达心志的工具,《文心雕龙·序志》:"夫文心者,言为文之用心也。"④这又是儒家"抒情言志"说的继承。由此可见,儒家思想影响到《文心雕龙》美学思想与文学理论的诸多方面。

当然,《文心雕龙》的儒家色彩、经学色彩也为其文学观带来了某些局限性。如他视一切文章为经典的"枝条",特别是对当时正在形成的"小说"类文学样式不屑一顾,都有失偏颇。但整体上来说,《文心雕龙》对文学创作、文学批评、文学特点与规律等一系列问题的分析都十分富

---

① 周振甫:《文心雕龙今译》,中华书局 2013 年版,第 457 页。
② 杨伯峻注:《春秋左传注》,中华书局 2009 年版,第 1106 页。
③ 周振甫:《文心雕龙今译》,中华书局 2013 年版,第 19 页。
④ 周振甫:《文心雕龙今译》,中华书局 2013 年版,第 451 页。

有独创性,其中所包含的儒家立场也正体现中国传统文学理论的特色,在中国文学理论批评史上具有不可磨灭的重要地位。可以说《文心雕龙》也是南朝时期在江苏儒学发展的环境下文学理论领域结出的一颗硕果。

五、南朝时期江苏儒学的历史地位

南朝各朝代的政治文化中心都在江苏地域,所以当时的江苏儒学基本上也就可以代表整个南朝儒学发展的情况。除此之外,南朝时期江苏儒学对于北朝儒学的发展也有着重要的影响,特别是在对儒学经典的学术研究方面,南朝时期在江苏地域形成的南学受到北方学者的仰慕和仿效,进而在隋唐以后南北统一的环境下进一步影响后来儒学发展的方向。因此可以说,南朝时期的江苏儒学在整个中国儒学史上都具有重要历史地位。

南北朝时期,北朝也如南朝一样,经历了动荡的历史乱世。自西晋灭亡后,中国北方一直处于少数民族割据的混乱局面,直到北魏建立,北方局势才渐趋安定。后又经历了东魏、西魏、北齐、北周等几个政权,最终由隋朝统一了南北,才结束了南北朝近一百七十年的纷争局面。

北朝各政权的统治者多为塞北鲜卑族,或与鲜卑族有密切关系的汉族政权,其本身对异域文化没有排斥性。而且北朝各政权的建立与发展其实是少数民族政权实现并发展封建化的过程,为了实现这个进程,必须不断加深汉化程度。少数民族汉化"实质不过是以传统的封建制度的上层建筑为模式,不断地构造和完善自己的上层建筑体系"[1]。而儒家的伦理道德和社会政治思想正是维系这种社会制度的意识形态基础。因此北朝各政权均积极学习、吸收儒家文化,在崇儒、兴儒方面,目的明确,效果显著,较之南朝均有过之而无不及。儒学在北朝本来即具有深厚的社会基础,加之统治者的倡导,故儒学大兴。"北朝治经者,尚多专门名家。盖自汉末郑康成以经学教授,门下著录者万人,流风所

---

① 刘振东:《中国儒学史·魏晋南北朝卷》,广东教育出版社1998年版,第403页。

被,士皆以通经绩学为业,而上之举孝廉,举秀才,亦多于其中取之,故虽经刘、石诸朝之乱,而士习相承,未尽变坏。"①北方儒学兴盛的基础在于河西文化以及北方世家大族的儒学传统。永嘉之乱,中原士族一部分南渡,另一部分则避难凉州,凉州遂成为中原文化的重镇,以凉州为阵地的前凉政权,建立者张轨本身出身儒学世家,在他的治理下,凉州地区儒学极昌。凉州后归北魏,也将河西文化以及儒学传统带入北魏。北魏起用汉儒,促进了北魏的汉化与儒学的发展,至北魏献文帝拓跋弘、孝文帝元宏时,更在政治、文化等方面掀起大规模的汉化运动,北魏由此奠定了北朝儒学的基础。北魏各代帝王皆好儒崇儒,起用了一批儒生参与治国。此后,北齐的统治者高欢,北周的文帝宇文泰、武帝宇文邕都比较重视儒学,采取了抬高儒学地位、加强儒学教育、强化儒学礼制、重用儒学人士等措施,朝堂之上多儒学之士,民间也颇重儒风,出现了一批知名的儒者。

值得一提的是,在北朝的著名儒者中,也有一些是来自南朝,出自江苏地域。其中以颜之推最为有名。颜之推(531—591),祖籍琅琊临沂(今山东临沂),但自其九世祖随晋元帝东渡后,其家族便世居建康(今江苏南京)。颜之推出生于士族官僚家庭,其家世传《周官》《左氏春秋》,是典型的儒学世家。十二岁时曾听讲老庄之学,因"虚谈非其所好,还习《礼》《传》"。颜之推博览群书,十九岁时得梁湘东王赏识,初仕梁朝为国左常侍。后出逃北齐,仕北齐官至黄门侍郎。承光元年(577),北齐灭亡,他仕北周为御史上士。开皇元年(581),隋代北周,隋开皇年间颜之推又被召为学士,不久以疾终。他身处乱世,三朝为官,故颜之推自叙,"予一生而三化,备荼苦而蓼辛"。其传世著作主要有《颜氏家训》和《还冤志》《集灵记》等。其中《颜氏家训》乃颜之推为保持家庭的传统与地位,以儒家思想教训子孙而写成的一部系统完整的家庭教育教科书,是他关于士大夫立身、治家、处事、为学的经验总结,其中贯穿了以儒家的伦理道德精神立身处世的原则,在封建家庭教育发展史上有重要的地位,被后世称为"家教规范"。

---

① 赵翼著,王树民校证:《廿二史札记校证》,中华书局 2013 年版,第 330 页。

北周时期的沈重，也是一位来自南方的大儒。沈重（500—583），字德厚，吴兴武康（今浙江德清）人，谦逊好学，博览群书，专心儒学，为儒林所推重，著有《周礼义》《仪礼义》《礼记义》《毛诗义》《丧服经义》《周礼音》《仪礼音》《礼记音》《毛诗音》等。同时他对阴阳图纬，道经释典，也很精通。沈重入北周，也将这种兼容并蓄、融会贯通的南学精神带入北方。此外，北周还用各种方法留住南朝的儒生，如王褒、庾信等皆入北周为官，萧扬、萧世怡、萧圆肃、萧大圜、宗懔、刘璠、柳霞等，也都是南朝旧臣，后入北周。纵观南北朝儒学的发展情况，北朝儒学本身有着自己的发展轨迹。其在重儒兴儒方面，北朝官方的力度甚至比南朝更强，更能在国家制度层面坚持贯彻儒学原则。如北魏、北周，皇帝皆大力崇儒尊儒，且身体力行，以儒学所倡导的社会原则调节社会矛盾。这与南朝后期帝王的沉溺声色形成鲜明对比。尽管如此，南朝儒学仍有自己的特色，且对北朝儒学有不可忽视的影响。这种影响主要体现于经学上南学的北传。

北朝的儒学，总的来说是以汉学为宗，传郑玄之学，且大多出自华阴人徐遵明传授。据《北史·儒林传》可知，北朝儒生习《尚书》《诗》《礼》《春秋》者，多出自徐遵明之门，仅《毛诗》传习有出于魏朝刘献之者[1]。此外，北朝名儒熊安生也曾事徐遵明多年，才博通五经，专以三礼教授。北学受汉学单一传承的影响，重章句，故保守细致。而南学受玄学、佛学的影响，兼容并蓄，融会贯通，重视以义理解经，不拘家法，兼采众经。故南学重义理，轻经文，不重传注而作义疏，多兴"义疏"之学。南北朝时期虽然由于地理隔阂，在南朝、北朝之间产生一定的文化差异，但二者并非完全隔绝，南北学术之间存在一定的沟通与交叉。如刘宋时期北魏占领了青州、徐州，新学北传，史书多有记载：

> 晋世，杜预注《左氏》。预玄孙坦，坦弟骥，于宋朝并为青州刺史，传其家业，故齐地多习之。[2] 其河外儒生，俱伏膺杜氏。其《公

---

[1]《北史》卷八十一《儒林上》，中华书局 1974 年版，第 2708—2709 页。
[2]《北史》卷八十一《儒林上》，中华书局 1974 年版，第 2708 页。

羊《穀梁》二传，儒者多不厝怀。《论语》《孝经》，诸学徒莫不通讲。①

可见，北朝虽尚汉学，以郑玄为宗，但齐地学《左传》则多习杜预所注。此外，北朝的《易》学多习郑玄所注《周易》，但在河南及青齐之间，儒生亦多讲王弼的注②。可见魏晋之学在北朝也有颇有传习者。

当然，南学传于北方，影响北学；北学也入南方。如《南史·儒林传》中崔灵恩曾仕魏为太常博士，后归梁为国子博士，聚徒讲学，可以说是北学输入南学之表现。这种南北之学的交流，为儒学下一阶段的发展打下基础。

南学对于北学的影响，还表现在南北朝之后，经学统一，北学并于南学。这是经学史上的一大事件。皮锡瑞《经学历史》曰："学术随世运为转移，亦不尽随世运为转移。隋平陈而天下统一，南北之学亦归统一，此随世运为转移者也；天下统一，南并于北，而经学统一，北学反并于南，此不随世运为转移者也。"③其实在南北朝时期，南北双方对待彼此的学术文化已形成了一定的态度，整体上是北人重南，而南人轻北："人情既厌故喜新，学术又以华胜朴。当时北人之于南学，有如'陈相见许行而大悦，尽弃其学而学焉'矣。"④至于北学并入南学的原因，《北史·儒林传》中并未了然，皮锡瑞解释说："南朝衣冠礼乐，文采风流，北人常称羡之。高欢谓江南萧衍老公专事衣冠礼乐，中原士大夫望之，以为正朔所在。是当时北朝称羡南朝之征。经本朴学，非颛家莫能解，俗目见之，初无可悦。北人笃守汉学，本近质朴；而南人善谈名理，增饰华词，表里可观，雅俗共赏。故虽以亡国之余，足以转移一时风气，使北人舍旧而从之。"⑤

就经学而言，南学、北学就《易》《书》《春秋》等经典的传习存在区

---

① 《北史》卷八十一《儒林上》，中华书局 1974 年版，第 2709 页。
② 《北史》卷八十一《儒林上》，中华书局 1974 年版，第 2708 页。
③ 皮锡瑞著，周予同注释：《经学历史》，中华书局 1981 年版，第 193 页。
④ 皮锡瑞著，周予同注释：《经学历史》，中华书局 1981 年版，第 196 页
⑤ 皮锡瑞著，周予同注释：《经学历史》，中华书局 1981 年版，第 193—194 页。

别,《隋书·经籍志》总结经学统一的情况,《易》则"梁、陈,郑玄、王弼二注,列于国学。齐代,唯传郑义。至隋,王注盛行,郑学浸微,今殆绝矣"[1]。《书》则"梁、陈所讲,有郑、孔二家。齐代,唯传郑义。至隋,孔、郑并行,而郑氏甚微"[2]。《春秋》则"《左氏》唯传服义。至隋,杜氏盛行,服义浸微"[3]。由此可见,隋朝统一后,继承汉末儒学传统的北学渐渐式微,而继承魏晋新学的南学则成为经学正宗。换句话说,即经学统一之后,有南学而无北学,南学取得了绝对性的胜利。如果没有南朝时期江苏地域儒学的这种重视义理、包容创新精神的影响,很难想象后来唐、宋时期中国儒学所取得的重大发展。这也从一个方面表明了南北朝时期江苏儒学重要的历史地位。

---

① 《隋书》卷三十二《经籍志》,中华书局 1973 年版,第 913 页。
② 《隋书》卷三十二《经籍志》,中华书局 1973 年版,第 915 页。
③ 《隋书》卷三十二《经籍志》,中华书局 1973 年版,第 933 页。

第四章　江淮出儒士,声誉驰大唐

——隋唐时期的江苏儒学

　　隋唐时期所谓"江淮",本来是沿用汉末以来的地域概念,习惯上是指淮水以南、长江以北地区。然而随着大运河的开通和江南经济地位的不断提高,"江淮"这个概念就不断从"淮"向"江"转移,并且逐渐延伸到长江以南地区。[①] 特别是中唐以后,江南经济事关大唐命脉,而"江淮"这个概念逐渐不仅包含江南地区,甚至有时实际上主要是指江南地区。在行政区划上,"江淮"也可泛指唐代的淮南道和江南道。[②] 而今天的江苏地域,在唐代就横跨淮南、江南两道。也可以说,在唐代,今江苏地域绝大部分地区都处于唐人所谓"江淮"的范围之内。唐代的江淮地区,尤其是大运河沿岸主要城市,不仅经济发达,人民富庶,而且在文化教育方面也非常繁荣昌盛,在儒学方面也产生了不少卓有成就的学者和具有重要历史地位的学术成果。

第一节　隋唐时期江淮地区城市经济和儒学发展概况

　　隋唐时期的江淮地区凭借优越的自然条件和辛勤耕作的民众,经

---

① 张邻、周殿杰:《唐代江淮地域概念试析》,《学术月刊》1986 年第 2 期,第 64 页。
② 林志华:《唐代江淮地区经济地位刍议》,《安徽大学学报》1986 年第 3 期,第 78 页。

过百年的积累,经济逐渐发展起来。安史之乱后,江淮地区因为厚实的经济基础和发达的漕运系统,成为唐王朝赖以生存的财赋供给基地。隋唐时期的江苏地域不仅经济发达,文化也很繁荣,《隋书》的《儒林传》和两《唐书》的《儒学传》中江苏籍学者皆占有较大比例。这一时期产生于江苏地区的一些重要的学者和学术成果,不仅在唐代声誉卓著,而且在整个儒学发展史上也占有重要地位。

174

一、运河的开凿与江淮地区城市经济的繁荣

隋朝统一之后,对各地的运河重新进行开凿、疏通与连接。大运河纵贯南北,极大地促进了隋唐时期的水路交通,带动了沿河沿江地区城市经济的发展。隋文帝下令开凿广通渠,由大兴城引渭水,东至潼关入于黄河。这条渠后来因避隋炀帝杨广名讳,改称永通渠,唐时称漕渠。隋炀帝又下令开凿了通济渠、邗沟、永济渠和江南河。唐时称通济渠为汴渠或汴河,称邗沟为官河或漕渠,永济渠和江南河则依故名。通济渠由洛阳西苑引谷、洛水入黄河,又由板渚分河东南行,经唐时汴、宋诸州,至泗州入于淮水。邗沟本为春秋后期吴王夫差开凿的运河,中间屡经疏浚,河道也有所移动。隋代再度兴工开凿疏浚,从而使邗沟北起山阳(今江苏淮安),南至扬子(今江苏仪征),上接通济渠,下接江南河。江南河则自京口(今江苏镇江)绕太湖之东,直至余杭,与钱塘江汇合。江南河、邗沟连接长江与淮水,并上接通济渠、永济渠,从而构成贯通华东南北的大运河。

隋唐大运河成为隋唐时期重要的漕运水道,两岸出现了不少都会,其中江苏境内自北向南依次有徐州(治今江苏徐州)、楚州(治今江苏淮安)、升州(治今江苏南京)、扬州(治今江苏扬州)、润州(治今江苏镇江)、常州(治今江苏常州)、苏州(治今江苏苏州)。

徐州隋唐时期有时也称彭城,隶属于河南道。徐州并不濒临汴渠,但唐人仍然认为徐州是汴渠重镇,是"咽喉要地,据江淮运路"[1];"自隋

---

[1]《旧唐书》卷一百四十《张建封传》,中华书局 1975 年版,第 3830 页。

氏凿汴以来,彭城南控埇桥,以扼汴路,故其镇尤重。"①楚州处于邗沟和淮水的交汇处,"全盛时,北客所经从,一道自南渡门绝淮,则之齐、鲁、山东;一道自淮阴放洪泽闸达淮,则入汴入洛"②。楚州盐业发达。当时全国设立"四场""十监",以督促产盐,四场中有楚州涟水,十监中有楚州盐城。③

　　隋代和唐代前期,江淮地区因尚不是国家赋税主要来源地和国防重地而不为政府所重视。同时江南地区乃是南朝故地和割据政权的温床,故长期受到中央政府的打压和监控。隋平陈后,隋文帝下诏将建康(今江苏南京)的宫阙城邑全部摧毁,平荡为耕地。金陵自古乃雄踞之地,唐代统治者很担心这个龙蟠虎踞之地为他人所利用以与中央王朝相对抗,故虽然曾在此设置名为升州的州级行政建制,又曾数度废州更名,将其隶属于其他州郡。

　　与升州形成鲜明对比的是扬州在隋唐时期的显赫地位。扬州为淮南道治所之所在,唐朝在此设置扬州大总管府,任命晋王杨广为扬州大总管,监控江南陈朝旧境。邗沟与长江相会合,而扬州在邗沟南端,扬州实为居于水上交通枢纽的都会。隋炀帝开凿通济渠和疏浚邗沟,其最初动机就与扬州的繁荣有关。运河的开凿疏浚成功,更促进扬州的繁荣。到了唐代,其繁荣程度为全国所少有,超过了长江上游的益州(治今四川成都)。当时俗谚就以扬州和益州相提并论,称之为"扬一益二",意思是说扬州位于第一,益州居于第二位。这是唐代后期社会上对于扬、益二州繁荣的称道。扬州能够不断繁荣,实是得力于通过通济渠和邗沟,也就是汴渠和官河的漕运道路,和都城长安交通往来。许多地方的漕运和商旅,都是经过扬州才能去到长安。扬州的繁荣也得力于当地物产的富饶。扬州富饶的物产主要是粮食和盐。唐代盐税是王朝重要的收入。就是这样便利的交通和富饶的物产,促成了扬州成为当时的经济中心。

　　润州位于江南河北口,与扬州隔着长江相对。凡是由扬州前往所

---

① 李吉甫撰,贺次君点校:《元和郡县图志》,中华书局1983年版,第224页。
② 王象之:《舆地纪胜》,江苏广陵古籍刻印社1991年版,第436页。
③ 《新唐书》卷五十四《食货志》,中华书局1983年版,第1378页。

第四章　江淮出儒士,声誉驰大唐——隋唐时期的江苏儒学

175

能达到的地方,由润州前往同样也是可以达到的。由于长江上下游进入邗沟也就是官河的船舶较多,也由于官河南行的船舶并非都再进入江南河,所以润州就显得不如扬州。但润州仍然有其相当重要的地位。常州距润州最近,对于润州的繁荣更能有所助力。润、常二州的东南就是苏州。苏州是江南东道的治所所在地,濒临太湖,周围土地适于农耕,本来就是鱼米之乡。大运河的开通,使得江南地区与北方地区的经济联系日趋紧密,也刺激了苏州经济的快速发展。特别是安史之乱后,北方一片残破,而江南地区经济却日益发达,逐渐成为大唐财政的支柱,而苏吴地区唐代中叶以后也成为全国最为富庶的地区。白居易就曾在《苏州刺史谢上表》中说:"况当今国用,多出江南;江南诸州,苏最为大。兵数不少,税额至多。"①

运河沿岸都市经济的发展,也带来了这些地区在社会文化方面的繁荣。儒学研究和儒学教育作为社会文化上层建筑的一个领域,也或多或少受到某种程度的影响。尽管我们在研究中并没有发现一个地方的经济发达程度与儒学发展程度之间有完全对应的正态比例关系,但隋唐时期在江苏地域内,在这些最为发达的运河沿岸都市的确也产生了不少著名的儒学人物和重要的儒学著作,两《唐书》的《儒学传》所列江淮地区儒生的比例也相当高。可见儒学的发展,特别是就儒学研究的学术性成果的产生而言,也是需要一定的经济基础作为条件的。

二、隋唐时期的学术环境和儒学的发展

总体来说,儒学在隋唐时期,既没有像汉代儒家经学那样取得"独尊"的统治地位,也没有像宋、元以后的程朱理学那样成为整个社会统治一切的意识形态。与此形成对比的是,佛教延续了南北朝时期的发展势头,在唐代取得了长足的进展,还形成了众多中国本土的佛教宗派,在社会上广为流行。特别是在武后、玄宗以后,佛教、道教势力日益蔓延,社会影响不断扩大。但这并不等于说儒家学说在隋唐时期完全

---

① 丁如明、聂世美点校:《白居易全集》,上海古籍出版社 1999 年版,第 943 页。

处于衰微状态,更不能说儒学在这一时期失去了对社会政治和文化广泛而深刻的影响力。事实上,在儒、释、道三教并行的比较宽松包容的学术文化环境中,儒学自身在各个方面都取得了相当程度的发展。儒家基本价值观和政治伦理精神在国家典章制度建设中得到了实质性的体现,就官方正统意识形态层面而言,儒学仍然是正宗和主体。儒家思想在与佛教、道教学说的对话与交锋中,也使自身的思辨性和体系性得到了完善。实际上唐代对儒、佛、道等三教有殊途同归的文化认知,采取兼容并蓄文化策略,这本身也是儒家"和而不同"的包容精神的某种体现。

隋唐时期一些皇帝在精神信仰上可以说是道教和佛教的皈依者,采取了一些崇道佞佛的举措。但与此同时他们也都非常清楚儒家学说在维护纲常名教和社会稳定方面的重要作用,因此都曾采取一些政策措施来扶持儒教、复兴儒学。儒家经学经过南北朝的分裂局面,在隋唐时期逐渐趋于统一,并被确定为官方指导思想。经过长期分裂之后,统一的隋唐王朝采取一系列措施加强中央集权,崇儒兴教便是其中重要措施之一。出于维护社会稳定的考虑,唐代统治者在重视儒家礼教与德治的同时,也重视佛教、道教等宗教在化解社会矛盾方面的作用。但在国家政治制度的构建层面,儒家学说仍然是其基本的指导思想。如在中央建立三省六部制,建立完善的官僚政治体制,其中不难看出从《周礼》延续而来的儒家理想的国家政治体制构架。废除九品中正制,确立以儒家经典为核心内容的科举制度,选任庶族子弟或读书人进入官僚系统,削弱门阀士族的经济实力,打击魏晋以来的门阀士族势力,这些也都体现了儒家的纲常伦理和选贤与能的精神。特别是唐代统治者还十分重视法律制度建设,先后进行了多次较大的立法工作,制定了一些有影响的法律,如《永徽律》和《唐律疏议》。唐律形成了以律、令、格、式为基本范式的法律体系。唐代还出现了我国古代第一部行政法典《唐六典》,标志着中国行政法已从刑法中独立出来。在这些法律制度的建设中,传统儒家学说仍然是其基本的指导思想,其中贯穿了儒家宽仁立法、德主刑辅、礼本法用的精神。从某种意义上可以说,这是儒家的基本价值观和伦理政治思想在法制层面上得到了确认。唐统治者也非常重视礼仪制度建设,先后编撰了一些礼书。唐玄宗开元年间编撰的《大唐开元礼》以早期儒家经典中的吉、凶、军、宾、嘉"五礼"为基本框架,在总结以往的礼仪制度的基础上,对国家礼仪制度进行改撰与创新,形成了封建社会最系统最完整的礼仪制度。唐代制礼建设的一个重要举措就是完善了孔庙祭祀制度。唐代仿照帝王祭祀的从祀制度,为孔子设置从祀,建立"十哲"制度,即选出十位孔子弟子,为他们塑造神像,列侍孔子近侧,从祀孔庙。总之,唐代无论是制礼还是立法,都在一定程度上使儒家的基本政治伦理精神在制度层面上得到了落实,这也是大唐王朝能够延续将近三百年的重要政治基础。

唐代官方推动的另一儒学事件是儒家经义的统一。隋初的儒家经学仍然处于南北分立状态,南方经学重视魏晋玄学传统,北方经学恪守汉代章句训诂传统。隋代一些名师大儒在融通南北经学和阐发经义方面做出了贡献。何妥重视礼乐,融通儒、道,撰成《周易讲疏》《庄子义疏》等著作。刘炫对儒家各经均有研究,都能讲授,撰有《论语述议》《春秋攻昧》等著作。王通用九年时间钻研儒家六经,撰成《中说》《续六经》等著作。但隋代国祚不长,未能完成统一儒家经学的历史使命。唐初统治者既已明确认识到必须以儒家学说为经世治国的指导思想,因而也就有必要对由于南北朝的分立局面而形成的经典阐释上的差异进行统一,以便作为立国定法、思想教化、选拔人才的统一标准。唐太宗令颜师古考订五经文字,撰成《五经定本》。又诏颜师古和孔颖达等儒者修撰五经义疏,名为《五经正义》。经过多年修订,《五经正义》于唐高宗永徽四年(653)颁行天下,成为明经科考试的标准参考书。至此,唐代统治者实现了儒家经学的统一。

隋唐最高统治者在提倡儒学的同时,也奖用佛教和道教,唐代佛教和道教无论在知识阶层还是普通大众层面都很流行。这就为当时的思想学术提供了宽松的学术环境,形成了儒、释、道三教并存与竞争的思想格局。隋唐时期的儒学在不断与佛教、道教冲突的同时,吸收佛、老思想,融入自己的思想体系。儒学在三教纷争中求生存,在三教融合中求发展。隋代大儒王通肯定儒、佛、道的教化作用和学术思想上的互补作用,首次明确提出"三教可一"的主张。隋唐之际学者陆德明撰有《经典释文》一书,该书兼综儒道,既喜言周孔,又好《老》《庄》。孔颖达奉旨修撰的《五经正义》以儒学为主,兼容道教。中唐韩愈从国家政治、经济的角度力排佛、老,但在思想理论上也吸收佛、道思想。他把孟子提出的"尽心""知性""知天"与佛教对人的主体研究的论点结合起来,提出"治心"主张。李翱将《易传》《中庸》等的人性论与佛教的佛性说熔为一炉,构建了"复性说"。柳宗元则不排斥佛教,提出"统合儒释"的主张。这种兼容与融通态度其实也体现儒家和而不同的精神实质,同时也使儒学在多元文化环境中获得了新的发展。

儒学在唐代的发展还体现在儒家思想在其他学术文化领域如教育、科举、史学、文学等各方面的普遍影响与渗透。唐代的官学和私学以及科举考试的科目内容虽然非常多样,但对儒家经典的研读仍然是其主要内容,"儒学博通"也是选拔人才的重要标准之一。史学家与史论家在撰著史书、评论史事时所秉持的依然是孔子的《春秋》大义和儒家的基本价值观。文人学者中虽然不乏像李白那样的道教徒和王维那样的学佛者,但更多的还是像杜甫那样深受儒学思想传统熏陶的儒者。也正因为如此,中唐以后会有像韩愈那样的文人旗帜鲜明地站出来力辟佛老,为复兴儒学、接续儒家道统而大声疾呼,从而为宋明时期儒学的新发展开启了进程。

三、唐代江苏地区的儒学教育与儒学成就

唐代的儒学教育包括官学与私学两个方面。从官学方面来说,唐高祖"颇好儒臣"[①],初定长安时,便下令恢复国子学、太学、四门学及郡县学,各置若干生员。武德七年(624),又下《兴学敕》和《置学官备释奠礼诏》。唐太宗即位后,置弘文学馆,精选天下文儒之士,各以本官兼署学士,在听朝之暇,引入内殿,讲论经义,商略政事。还召集三品以上功臣贤官的子孙做弘文馆学生。重建国子监,大力兴办各级各类学校。贞观二年(628),开始立孔子庙堂于国学,大力征召天下儒士作为学官。

---

① 《旧唐书》卷一百八十九《儒学传序》,中华书局 1975 年版,第 4940 页。

并多次亲临国学,令祭酒、博士讲论。又增置太学、四门学生员。"是时四方儒士,多抱负典籍,云会京师。"①唐高宗至唐睿宗时期,统治者虽重视吏治,但不太重视儒学,官学逐渐衰落。唐玄宗即位后,置集贤院,召集儒士。开元年间修成的《唐六典》对地方官学做了一些规定,如规定了各州县学生员名额。安史之乱给唐朝学校教育造成严重损害。此后中央官学每况愈下,地方官学也往往有名无实。事实上,有唐一代地方官学始终没有出现过全盛局面。从全国范围来说,州县官学衰败时期长,兴盛时间短。

唐代在江苏地区任职的一些地方官吏中,也有一些有识之士能够意识到学校教育的作用,热衷于兴办地方教育事业,并取得较为显著的成绩。例如,唐肃宗、代宗时期,曾先后担任过常州刺史、苏州刺史的李栖筠"喜书,多所通晓"②,在常州刺史任上,兴修水利,加强社会治安,使百姓安居乐业,"乃大起学校,堂上画《孝友传》示诸生,为乡饮酒礼,登歌降饮,人人知劝"③。唐代宗大历九年(774),王纲出任昆山县令。他认为化成民俗的根本是兴建学校,加强儒学教育。"乃谕三老主吏。整序民。饰班事。大启宇于庙垣之右。聚五经于其间。以邑人沈嗣宗躬履经学。俾为博士。于是遐迩学徒。或童或冠。不召而至。如归市焉。"④但总体而言,江苏地区的州县官学在唐代并不十分发达,一些掌握地方实权的地方大员为江苏地域的政治、经济、文化等作出许多贡献,但他们在地方教育事业上往往没有什么建树。

但隋唐时期江苏地区的私学却比较兴盛。私学或者是师徒传授,或者是家学传承,传授的内容非常丰富,主要是经史之学。东海人包恺,从兄长包愉学五经,又从王仲通学《史记》《汉书》,尤精《汉书》。大业中,为国学助教。聚徒教授,从学者千人。扬州江都人曹宪,精通《文选》学和文字学,仕隋为秘书学士。聚徒教授,学生多达数百人,培养了许淹、李善、公孙罗等一大批《文选》学者。苏州吴人朱子奢,少从乡人

①《旧唐书》卷一百八十九《儒学传序》,中华书局1975年版,第4941页。
②《新唐书》卷一百四十六《李栖筠传》,中华书局1975年版,第4735页。
③《新唐书》卷一百四十六《李栖筠传》,中华书局1975年版,第4736页。
④《昆山县学记》,董诰等编:《全唐文》,中华书局1983年版,第5275页。

顾彪学《春秋左氏传》，大业中，直秘书学士。彭城人刘知几，十二岁的时候，父亲刘藏器给他讲授《古文尚书》，但他不太喜欢学《尚书》，而对《春秋左氏传》抱有极大的兴趣，后来他的父亲给他讲授《左传》。过了一年，他就博览群史。吴郡人陆淳"少师事赵匡，匡师啖助，助、匡皆为异儒，颇传其学，由是知名"[1]。陆淳从啖、赵学习《春秋》学而又能集啖、赵《春秋》学之大成。海州道士吴道瓘，"善教诱童孺"[2]，大历年间，被召入宫中为太子诸王授经。吴道瓘是道士，他教授太子诸王的经书可能以道家经典为主。

《隋书·儒林传》和两《唐书》的《儒学传》中籍贯属于今江苏地区的学者都占有较大比例。吴郡褚辉、张冲、陆德明、朱子奢、陆淳、施士匄，昆山张后胤，江都曹宪、李善、公孙罗、王绍宗，句容许淹、许叔牙，丹徒马怀素，丹阳施敬本，晋陵秦景通，彭城刘伯庄，东海包恺等都位列儒林。另外，彭城刘知几和刘贶、刘𫗧、刘彙、刘秩、刘迅、刘迥父子，吴县沈既济和沈传师父子，义兴蒋乂和蒋系、蒋伸、蒋偕父子，史学成就卓著，其史学理论和史学实践中都不乏儒学思想。

从地域分布来看，今苏南、苏中、苏北在隋唐时期都出现了儒学大家。尤以今苏州地区的儒家学者最多，出现了像陆德明、陆淳这样的经学大家；其次是今扬州地区，以治《文选》学的儒者最多，李善是卓然大家；再次是今徐州地区，刘姓学者较多，而刘知几以一部《史通》成为当时最重要的治史儒者。从时间分布来看，江苏籍儒家学者集中在隋、初唐和盛唐，吴郡陆德明、彭城刘知几都是安史之乱前大唐统一帝国全盛时期造就的经史大师；而安史之乱后，除了吴郡施士匄、张镒、陆淳，江苏地区就再没出现较有名的儒家学者。

第二节　唐代江淮地区经学家的儒学成就

唐朝自开国时起，就十分重视儒家经学，唐太宗在听朝之暇，时常

---

[1]《旧唐书》卷一百八十九下《儒学下·陆质传》，中华书局 1975 年版，第 4977 页。
[2]《旧唐书》卷一百九十《文苑下·吴通玄传》，中华书局 1975 年版，第 5057 页。

招四方名儒学士入内殿,讲论经义,商略政事。贞观年间京师的国学里的学舍增加了一千二百间,来自各地的儒士,济济洋洋,开筵讲学时常有八千余人。唐太宗还下诏令颜师古、孔颖达等人考定五经文字,撰定五经义疏,名为《五经正义》,令天下传习,又多次诏州县及百官荐举经学人才。在朝廷尊儒重道风气引导下,江苏地区也涌现出许多通经之士,尤其是在大运河沿线主要城市,特别是今苏州地区。唐代江苏地区的儒者在经学方面的成就以陆德明的《经典释文》和啖助、陆质等人的新《春秋》学最为突出,对后代产生了深远影响。

一、陆德明《经典释文》与儒家经学的统一

陆德明(约556—627,一说630),名元朗,苏州吴(今江苏苏州)人。师从南朝大儒周弘正、张讥,学习《周易》《老子》《庄子》等,善言玄理。弱冠之年的陆德明曾参加一次由国子祭酒徐孝克主讲的学术讲座,他不畏徐氏的权威,敢于申答,屡驳其说,赢得满朝叹赏。陆德明初任始兴国左常侍,后迁国子助教。陈朝灭亡后,回归乡里。

隋炀帝征陆德明为秘书学士,又广召明经之士,遣陆德明与鲁达、孔褒在门下省论学辩难,陆德明优胜,迁国子助教。隋末,王世充在洛阳称帝,封其子王玄恕为汉王,让陆德明担任其师。陆德明服食巴豆散,卧床不起,拒绝降事王世充。秦王李世民征陆德明为文学馆学士,教授中山王李承乾经义,寻补太学博士。唐高祖亲临太学释奠,时徐文远讲《孝经》,沙门惠乘讲《般若经》,道士刘进喜讲《老子》,陆德明与他们辩难,三教学者皆为之屈服。唐太宗贞观初,迁国子博士,封爵吴县男。不久去世。

陆德明博通群经,善名理,尤精研《周易》。著有《经典释文》三十卷、《老子疏》十五卷、《易疏》二十卷,并行于世。《旧唐书·经籍志》和《新唐书·艺文志》又著录其《周易文句义疏》二十卷、《周易文外大义》二卷、《庄子文句义》二十卷。今存《经典释文》和《春秋公羊传》等诸经音义。

《经典释文》首为《序录》一卷,次《周易音义》一卷、《尚书音义》二

卷、《毛诗音义》三卷、《周礼音义》二卷、《仪礼音义》一卷、《礼记音义》四卷、《春秋左氏音义》六卷、《公羊音义》一卷、《春秋穀梁音义》一卷、《孝经音义》一卷、《论语音义》一卷、《老子道德经音义》一卷、《庄子音义》三卷、《尔雅音义》二卷。

陆德明在《序录》中论证了儒家经典产生的时间先后,并据此编排诠释的次序。他认为《周易》"虽文起周代,而卦肇伏羲","故易为七经之首";《古文尚书》"起五帝之末","故次于易";《毛诗》"既起周文,又兼《商颂》,故在尧舜之后,次于《易》《书》"。三《礼》之中,"周、仪二《礼》并周公所制","《周礼》为本,《仪礼》为末,先后可见"。《礼记》虽为西汉戴圣所录,"然忘名已久,又记二《礼》阙遗",故三《礼》"相从次于诗"。《春秋》"既是孔子所作,理当后于周公,故次于礼"。"左丘明受经于仲尼;公羊高受之于子夏;穀梁赤乃后代传闻,三《传》次第自显。"①然后是《孝经》《论语》;最后是《老》《庄》与《尔雅》。陆德明将儒家"七经",按《易》《尚书》《毛诗》、三《礼》、三《传》、《孝经》《论语》的顺序排列,这是汉学系统关于经典次第的一种新的排序形式。

陆德明《经典释文》所选定的注本,《周易》主王弼、韩伯注,《尚书》主孔安国传,《诗经》主毛传郑笺,三《礼》主郑玄注,《春秋左氏传》主杜预注,《公羊传》主何休注,《穀梁传》主范宁注,《孝经》主郑玄注(十八章本),《论语》主何晏集解,《老子》主王弼注,《庄子》主郭象注,《尔雅》主郭璞注。至此,除了道家的经典,儒学的经典除《孝经》外其标准注本基本上都被确定下来。

陆德明之学虽受玄学影响,犹能继承东汉古文经学的家法,既长于辨析名理,又注重名物训诂,兼具南北之长,开有唐经学一代新风。《经典释文》所依注本,魏晋多于两汉,南学多于北学。不过,他对经学的看法和治经的方法则是汉学系统,而不是玄学系统。陆德明说:"夫筌蹄所寄,唯在文言,差若毫厘,谬便千里。夫子有言:'必也正名乎。名不正,则言不顺;言不顺,则事不成。故君子名之必可言也,言之必可行

---

① 以上所引《经典释文·序录》均据陆德明撰,吴承仕疏证,张力伟点校《经典释文序录疏证》,中华书局2008年版。

也。'斯富哉言乎,大矣,盛矣,无得而称矣!"①陆德明则认为思想必须通过"文言",即用文字语言来表达,语言文字传授中若有差错,那么对含义的理解便会谬误千里,因此他重视"正名"工作。他强调名词概念解释的准确,也强调学习接触的重要性,这是治经的汉学方法,而不是玄学方法。《经典释文》特别强调"音训","古今并录,括其枢要,经注毕详,训义兼辨"②,并对"音训"之沿革、注音应取之态度,以及前儒之作风进行了系统的总结。

陆德明在《序录》中叙述了历史上特别是隋代以来经学的发展沿革以及授受源流,对南北朝时期经学南北分立的状况也作了合乎实际的说明,并对各经的发展沿革都作了清楚的叙述,堪称一部经学简史。又分别撰写各经音义,对所录之书,均标明书名和章节,然后摘录字句,注释音义,标明反切或直音。不仅为经典本文注音,而且还为注文注音。不仅为诸经注音,还对经典的文字和内容作了校勘、训诂。通过注音来释经,这是陆德明在儒家经学研究上的一大创举,在文字、音韵学上有重要的意义。

《经典释文》所收录汉魏六朝诸家音切和训估,因绝大多数原书都已失传,这些珍贵资料仅赖其收录而得以保存。四库馆臣高度评价此书,称该书"所采汉魏六朝音切凡二百三十余家。又兼载诸儒之训诂、证各本之异同。后来得以考见古义者,注疏以外,惟赖此书之存。真所谓残膏剩馥、沾溉无穷者也"③。

陆德明于唐初及后世儒家经学发展颇具影响。他从注音入手释经,实为古代经学史上之创举。先秦经典中的文字与意义因屡经变迁而出现音义错乱的情况,给读者带来诸多困难和不便。随着隋唐封建大一统帝国的建立,在思想上要求结束玄学、佛学和儒家经典解说众说纷纭的局面,注释要求统一,读音要求规范化,这是当时的大势所趋。

---

① 《经典释文·序录》,陆德明撰,吴承仕疏证,张力伟点校:《经典释文序录疏证》,中华书局 2008 年版,第 8 页。
② 《经典释文·序录》,陆德明撰,吴承仕疏证,张力伟点校:《经典释文序录疏证》,中华书局 2008 年版,第 9 页。
③ 永瑢等撰:《四库全书总目》,中华书局 1965 年版,第 270 页。

陆德明的《经典释文》恰好符合时代的需要，起了划时代的作用。他在该书的《序录》中指出："先儒旧音，多不音注。然注既释经，经由注显，若读注不晓，则经义难明。混而音之，寻讨未易。今以墨书经本，朱字辩注，用相分别，使较然可求。"①为注作音，是他在经学史上的创举。晚清今文学派经学史家皮锡瑞称陆德明"本南人，不通北学"，然而其学却与时代需求暗合，"《易》主王氏，《书》主伪孔，《左》主杜氏，为唐人义疏之先声"②。陆德明为经、注作音义，发展了南北朝的义疏之学，为唐代经典义疏奠定了语言文字学基础。

陆德明《经典释文》反映了唐初经学统一的大势，也是经学统一的标志。陆德明《经典释文》既尊周孔，又尚老庄；既重视汉学郑注，又重视玄学王注；儒道兼通，旁征博引。其治经，既不属于汉学系统，也不属于玄学系统，非汉非玄，或既汉既玄，具有融通儒道、汇合南北学风、承袭和发展汉魏经学传统之特点。这也是时代赋予的双重使命，体现了隋唐时期经学的特征。

自陆德明《经典释文》出，儒家经籍的标准注本从此就算基本上确定了下来。《孝经》是个例外，后来由于唐玄宗的御注本流行，郑注始废。孔颖达撰《五经正义》就是采用《经典释文》所选定的经注本进行疏解，一直流传，延至清末。儒家十三经，除《孟子》未被《经典释文》收入外，其余所用注本皆遵循《经典释文》，这是陆德明的首创之功。

颜师古的五经定本与陆德明《经典释文》中的五经部分，在《五经正义》成书时都已汇编在一起了，成为朝廷钦定的五经读本，被指定为科举考试用书。因此，《五经正义》成为广大士子生徒的必读书，成为朝廷选拔官员的试题库，因而极大地提高了儒经的影响力。又由于五经有了文字、音训、义疏统一的标准定本，又有了朝廷钦定的权威身份，因而在儒、释、道三家中处于正宗地位，道、佛可以互相非议，儒可以非议道、佛，但是道、佛却不敢非议儒经。儒家思想无可争辩地成为官方的意识形态，而道、佛二家思想却只能处在附属地位。《五经正义》的成书和颁

①《经典释文·序录》，陆德明撰，吴承仕疏证，张力伟点校：《经典释文序录疏证》，中华书局2008年版，第11页。
②皮锡瑞著，周予同注释：《经学历史》，中华书局1981年版，第207页。

行,标志着中国经学的统一和总结。

二、啖助、陆淳等的新《春秋》学与儒家经学的新变

中唐时期,经由啖助、赵匡、陆淳等人的推动,逐渐形成了新《春秋》学派。新《春秋》学派学者与唐代前期孔颖达专依《左传》解《春秋》的做法完全相悖,否定了三传的权威地位,认为前世学者各本所学,以三传为媒介解经的做法是舍本逐末之举。从此,三传鼎立的格局不复存在,治《春秋》不再拘守三传,《春秋》学由三传专门之学变为三传通学。新《春秋》学派的形成,首创其说者是啖助,充分发挥者是赵匡,整理推广者是陆淳。

啖助(724—770),字叔佐,本是赵州(治今河北赵县)人,后迁居关中,于唐玄宗天宝末年,客居江东。因安史之乱,不得还归中原,遂以文学入仕,为台州临海尉,后为润州丹阳主簿。任满之后,定居丹阳(治今江苏镇江)。因此,啖助也属于唐代在江苏地区的经学家。啖助善为《春秋》,于唐肃宗上元二年(761)开始,集合三传,解释《春秋》,至唐代宗大历五年(770),撰成《春秋集传集注》。当时赵匡宦于宣歙之使府,因去浙中,途过丹阳,就入室造访啖助,与其深入探讨《春秋》之义,观点多有相合,并约定返驾之日,再来讨论。不料,这年啖助去世。

陆淳(?—806),又名陆质(避唐宪宗李纯讳改淳为质),字伯冲,吴郡(治今江苏苏州)人。陆淳亦深通《春秋》,师从啖助十一年,完全继承啖助的学说。他与善治《春秋》的啖助、赵匡为师友,"颇传其学"①。起为淮南节度府从事,后任左拾遗,转太常博士,迁左司郎中,改国子博士,历任信州、台州刺史。与柳宗元、韦执谊、吕温等友善,曾参与永贞革新运动。卒于给事中、太子侍读,门人私谥文通先生。柳宗元为之作《唐故给事中皇太子侍读陆文通先生墓表》,称其为"巨儒","能知圣人之旨",使"《春秋》之言及是而光明"②。

---

① 《旧唐书》卷一百八十九下《儒学下·陆质传》,中华书局 1975 年版,第 4977 页。
② 柳宗元:《唐故给事中皇太子侍读陆文通先生墓表》,《柳河东集》,中国书店 1992 年版,第 90 页。

啖助去世后,陆淳哀痛师学未彰,就与啖助之子啖异,亲自缮写啖助遗稿。唐代宗大历五年(770)冬天,赵匡跟随使府迁到浙东,陆淳和啖异一起带着啖助遗稿去拜访赵匡。赵匡在遗稿的基础上进行增删,陆淳亦随时加以纂会,至唐代宗大历十年(775)撰成《春秋集传纂例》,又撰有《春秋微旨》和《春秋集传辩疑》。啖助的《春秋》学思想奠定了新《春秋》学派的思想基础。不过,啖助的学说,初不为人知,历经三十余年,始由陆淳而闻名。

陆淳《春秋集传纂例》保存了啖助、赵匡的《春秋》学思想。[①]啖助对"夫子所以修春秋之意"提出了自己不同于前人的观点。他列举三传后学杜预、何休、范宁对孔子修《春秋》之意的解说:杜预认为《春秋》遵周公遗志,明将来之法;何休认为《春秋》黜周王鲁,变周之文,从先代之质;范宁认为《春秋》明黜陟,著劝诫,戒褒贬。啖助并不同意他们对修《春秋》的解说。啖助批评道:"吾观三家之说,诚未达乎《春秋》大宗,安可议其深指? 可谓宏纲既失,万目从而大去者也。"作为宏纲大领的宗旨既失,那么作为节目的传说也就很难准确了。啖助认为孔子修《春秋》,欲以夏政之忠道"救世之弊,革礼之薄","《春秋》参用二帝三王之法,以夏为本,不全守周典"。

啖助还比较《左传》《公羊传》《穀梁传》三传之得失,加以褒贬。他认为《左传》"博采诸家,叙事尤备,能令百代之下,颇见本末",然而《左传》中的附益之处"多迂谈","邪正纷揉"。《公羊传》《穀梁传》二传"多乖谬失其纲统",但二传"大指亦是子夏所传"。《穀梁传》"意深",《公羊传》"辞辨",二传"随文解识,往往钩深",但"守文坚滞,泥难不通,比附日月,曲生条例"。三传相比,《左传》"功最高",《公》《穀》传经,"密于《左氏》",但"繁碎甚于《左氏》"。啖助承认《春秋》有一字之褒贬,反对《左传》"皆从告及旧史之文"之说,但也反对《公》《穀》二传"悉以褒贬言之"。

啖助感叹:"微言久绝,通儒不作,遗文所存,三传而已。传已互失

---

① 陆淳《春秋集传纂例》第一篇到第八篇是全书总义。以下介绍啖、赵《春秋》学思想时,就以这八篇为根据,引文不再出注。《春秋集传纂例》选用《丛书集成初编》本,中华书局 1985 年版。

经指,注又不尽传意。《春秋》之义,几乎泯灭。"他批评道先儒各守一传,不肯相通。而他认为"三传分流,其源则同",应当择善而从。于是他"考核三传,舍短取长,又集前贤注释,亦以愚意裨补阙漏,商榷得失","疑殆则阙",撰成《春秋集传集注》,"又撮其纲目,撰为《春秋统例》三卷"。啖助对三传"择而用之"的标准,是根据是否传《春秋》去取三传文字,不是传《春秋》的三传文字不予采录;对于三传文字,"皆择其当者

留之,非者去之,疑者则言而论之"。具体而言:"三传文字义虽异,意趣可合者,则演而通之;文意俱异,各有可取者,则并立其义;其有一事之传,首尾异处者,皆聚于本经之下"。"至于义指乖越,理例不合,浮辞流遁,事迹近诬,及无经之传,悉所不录;其辞理害教,并繁碎委巷之谈,调戏浮侈之言,及寻常小事,不足为训者,皆不录";"其巫祝卜梦鬼神之言皆不录"。啖助的《春秋》经传研究经陆质的转述而流传下来,对后代产生了重要的影响。

赵匡是新《春秋》学派的中坚力量,他不仅继承了啖助的《春秋》学思想,还对啖助的思想进行了修正。赵匡称赞啖助《春秋集传集注》"真通贤之为也",但同时指出"其经之大意,或未标显;传之取舍,或有过差"。于是他"因寻绎之次,心有所不安者,随而疏之"。啖助的观点反映了他排斥周公,崇尚夏质的思想,对周公的地位是一次削弱。赵匡对啖助的观点有所损益,如啖助"依《公羊》家旧说,云《春秋》变周之文,从夏之质",赵匡认为"《春秋》者因史制经,以明王道,其指大要二端而已,兴常典也,著权制也"。所谓"兴常典",就是啖助所说"参用二帝三王之法,以夏为本"的扩展,而"著权制"则是啖氏"以权辅用"的另一说法。赵匡与啖助略有不同,他不像啖助那样极力强调复夏之质,而是在对周之文上取宽仁的态度。

陆淳所著《春秋集传纂例》《春秋微旨》《春秋集传辩疑》,汇聚师友学说,续以己见,是新《春秋》学派的集大成之作,陆淳也成为新《春秋》学思想的集大成者。陆淳的师友啖助、赵匡精研《春秋》,对于前儒之说多有异议。陆淳承此而更进一步,其学务尽穷大义,黜斥汉代以来诸儒所谓《春秋》"三科九旨"之说,力倡"以生人为主,以尧、舜为的"的"大中

之道"①。啖、赵、陆三人重新平议《春秋》三传,是为了使《春秋》学能够更圆通周到地为急剧变化了的现实服务。他们抨击三传之说俱不得圣人之门,提出要独立思考,直探经旨的原则。

新《春秋》学派学者率先突破唐代官学义疏的樊篱,反对专守章句训诂,主张治世致用,从而开辟了经学研究的新思路;认为《三传》皆离圣意,若要真正领会《春秋》义旨,不能全依《三传》。在研究《春秋》的方法论上,主张融会三传,取其长去其短,加以己意,从而达到他们所谓真正的《春秋》大义。从一个方面来看,啖助确实如后人所说,是弃传从经,但从另一方面来看,他实际上是取三家之长而去三家之短,也就是融合三传。后人将啖、赵、陆三人的治学方法概括为"舍传求经"。

所谓"舍传求经",并非不理会三传,而是既要借助三传去理解《春秋》,但又要挣脱三传的束缚。新《春秋》学派独树一帜,在当时《春秋》学中自成一流派,其大胆怀疑经传的治学思想迥异于当时儒者,不仅下开韩愈等人和宋儒疑经传先声,而且对中唐以后古文运动亦有一定影响。《春秋》学派鲜明的救世之旨,影响久远。自唐代后期至北宋初年,凡尊奉中唐《春秋》新学的,几乎没有庸碌懵懂之辈,多是接受其"从宜救乱"的救世宗旨,试图实现"革新"或"新政"者。陆淳本人便直接参加了永贞革新,其他重要人物韦执谊、柳宗元、刘禹锡、吕温等多是其弟子或私淑弟子,几乎都是家有其书。吕温早年受学于陆淳,陆淳病故,著述嘱咐吕温。

新《春秋》学派观点新异,不守经传,遭到史学家的批评。《新唐书·儒学传赞》曰:"啖助在唐,名治《春秋》,摭诎三家,不本所承,自用名学,凭私臆决,尊之曰'孔子意也',赵、陆从而唱之,遂显于时。呜呼!孔子没乃数千年,助所推着果其意乎?其未可必也。以未可必而必之,则固;持一己之固而倡兹世,则诬。诬与固,君子所不取。助果谓可乎?徒令后生穿凿诡辩,诟前人,舍成说,而自为纷纷,助所阶已。"②晁公武表达了类似的观点,他说:"大抵啖、赵以前学者,皆专门名家,苟有不

① 柳宗元:《唐故给事中皇太子侍读陆文通先生墓表》,《柳宗元集》,黑龙江人民出版社 2005 年版,第 72 页。
② 《新唐书》卷二百《儒学下·啖助传赞》,中华书局 1975 年版,第 5708 页。

通,宁言《经》误,其失也固陋;啖、赵以后学者,喜援《经》击《传》,其或未明,则凭私臆决,其失也穿凿。"①尽管如此,后世学者仍多能从正面肯定新《春秋》学派的儒学史意义和价值。顾炎武称:"啖助之于《春秋》,卓越三家,多有独得,而史氏犹讥其不本所承,自用名学,谓后生诡辩,为助所阶。"②四库馆臣称:"助之说《春秋》,务在考三家得失、弥缝漏阙。故其论多异先儒。"③朱熹称:"(陆淳)虽未能深于圣经,然观其推言治道,凛凛然可畏,终是得圣人个意思。"④新《春秋》学派实开宋儒疑经风气之先,在儒学史上有着不可否认的重要地位和影响。

三、唐代江苏地区其他经学家和儒士

唐代江苏地区的经师和儒士尤以今苏州地区最为集中。韦应物曾说:"吴中盛文史,群彦今汪洋。"⑤据民国《吴县志·选举表三》记载,自隋开科举,苏州仅吴县张损之一人进士及第,而有唐一代,苏州吴、长洲两县的进士就有七十人之多,科名等次可考者有钱起、归崇敬、顾况、张籍、归登等五十二人。

在儒学经典研究方面卓有成就的,除上面已经提到的陆德明、陆淳等人之外,唐代吴郡(治今江苏苏州)及昆山(今江苏昆山)地区还有如下这些:

陆善经(生卒年不详),吴郡吴县(治今江苏苏州)人,博通经史。玄宗开元年间,萧嵩荐之入集贤院,预修国史及《开元礼》。受张九龄之荐与修《唐六典》,天宝二年(743)与注《礼记·月令》。陆善经所作《孟子注》七卷,是隋唐时期为数不多的几部有关《孟子》的著作,在经学史上有重要意义,惜已亡佚。归崇敬(712—799),字正礼,以治礼名学,博通经典,精通礼学,擢明经。"天宝中,举博通坟典科,对策第一"。累迁膳

---

① 晁公武编,孙猛校:《郡斋读书志》,上海古籍出版社 1990 年版,109 页。
② 顾炎武著,黄汝成集释,栾保群、吕宗力校点:《日知录集释》,上海古籍出版社 2014 年版,第 50 页。
③ 永瑢等撰:《四库全书总目》,中华书局 1965 年版,第 213 页。
④ 黎靖德编,王星贤点校:《朱子语类》,中华书局 1986 年版,第 2174 页。
⑤《郡斋雨中与诸文士燕集》,彭定求等编:《全唐诗》,中华书局 1960 年版,第 1901 页。

部郎中。大历中为国子司业兼集贤学士贬饶州司马。建中时累授光禄大夫,加特进,检校户部尚书,改兵部致仕。贞元十五年(799)卒,年八十八,赠左仆射,谥曰宣。归崇敬曾参掌仪典,又兼国史修撰,多次上疏讨论朝廷礼制。大历年间曾上疏请求按照《周礼》《礼记》等早期儒家典籍,改国学之制并更名,改国子监为辟雍省,改祭酒为太师氏,并对国学博士的设置、教授之法、考试之法等一系列问题,提出自己的建议。陆希声,熟谙经学,尤精《易》《春秋》《老子》。著有《周易传》二卷、《春秋通例》三卷、《道德真经传》(一作《道德经传》)四卷、《易传解说》一卷、《周易微旨》一卷(一说三卷)等。今存《道德真经传》,余皆散佚。张冲,字叔玄,深思经典,撰有《丧服义》三卷、《孝经义》三卷、《论语义》十卷、《前汉音义》十二卷。所撰《春秋义略》有七十多处不同于《左传》杜预注。潘徽,字伯彦,生性聪明敏捷,小时候向郑灼学《礼》,向施公学《毛诗》,向张冲学《尚书》,向张讥学习《庄子》《老子》,都能通晓大义。尤其精通三史,擅长写文章,能提出独到见解。晋王杨广曾引荐他任扬州博士。张镒,字季权,一字公度,曾撰有《三礼图》九卷、《五经微旨》十四卷、《孟子音义》三卷。辉生,字高明,著有《礼疏》一百卷、《礼记文外大义》二卷,后皆佚。陆龟蒙(? —881),字鲁望,自号江湖散人、天随子、甫里先生,晚唐著名诗人、文学家、农学家,留下了大量诗文作品。同时他从小就精通《诗》《书》《仪礼》《春秋》等儒家经典,尤其于《春秋》探究颇深,其解经不用《三传》旧说,能独抒己见。张冲,字叔玄,吴郡人,著有《丧服义》三卷、《孝经义》三卷、《论语义》十卷、《前汉书义》(一作《汉书音义》)十二卷,另有《春秋义略》等。后皆佚。

见于两《唐书》《儒学传》中的吴郡儒士,除已论及者,还有朱子奢、张后胤、施士匄。他们能够位列儒林,不仅在于他们有儒学,还在于有儒行。

朱子奢(? —641),字号不详。少年时曾跟同乡顾彪学习《左传》,博览子史,擅长写文章。隋大业中为直秘书学士,入唐为国子助教,累迁谏议大夫、弘文馆学士,卒于国子司业任。朱子奢"为人乐易,能剧谈,以经谊缘饰"[1],深受太宗礼遇。贞观初年,朝鲜半岛连年征战,高

---

[1]《新唐书》卷一百九十八《儒学上·朱子奢传》,中华书局 1975 年版,第 5648 页。

丽、百济联合攻打新罗,新罗遣使向大唐告急。唐太宗任命朱子奢为员外散骑侍郎,出使新罗。朱子奢仪表堂堂,朝鲜人都敬畏他。他为朝鲜人阐发《春秋左传》的主题,最终抚平三国之怨,三国国王都上书谢罪。朱子奢曾建言,建七室之庙,又曾反对太宗阅览《起居录》。尝奉诏与孔颖达等撰《礼记正义》七十卷,与高士廉等纂《文思博要》一千二百卷。

张后胤(576—658),字嗣宗。父亲张中,有儒学,为隋汉王谅并州博士,张后胤随父在并州,继承家学,以学行为时人所称。隋义宁初年为齐王文学,被封为新野县公。唐武德年间担任员外散骑侍郎,贞观时,升为燕王谘议参军,后迁为燕王府司马,出为睦州刺史,又迁国子祭酒,转散骑常侍。永徽中致仕归家,卒赠礼部尚书,谥"康",陪葬昭陵。张后胤于隋末入李渊幕府,曾以《春秋左氏传》教授秦王李世民,向秦王预言李氏家族成就帝业。秦王即位,是为唐太宗。张后胤入朝见太宗,太宗询问他弟子如何,他毫不谦虚地自称帝王师,功劳过于孔子。太宗令群臣以《春秋》辩难,张后胤想到《左传》中晋文公论功行赏时,介之推不贪天功,主动隐退山林之事,顿感惭愧。张后胤以《左传》授太宗,太宗又以《左传》讽刺张后胤,最后张后胤又因《左传》而感怀圣意。张后胤与太宗二人可以说是熟知《左传》的人了。

施士匄(734—802),历四门助教、博士。精于《诗经》和《左传》,并以二经教授弟子。秩满当去,诸生上疏乞留,前后讲学凡十九年,卒于官,弟子共葬之。韩愈《施先生墓铭》称:"先生明毛、郑《诗》,通《春秋左氏传》,善讲说。朝之贤士大夫从而执经考疑者继于门,太学生习毛郑《诗》《春秋左氏传》者皆其弟子。"[1]施士匄解《诗》异于汉代经师拘泥古训、墨守师说的章句之学,能够另立新说,自由发挥,易于致用,开创一时新风,为时人所重。士大夫纷纷前去听其讲《诗》,刘禹锡、柳宗元、韩愈皆在其中。这种学风对刘禹锡、柳宗元、韩愈等人的思想有较大影响。施士匄曾撰《春秋传》,为士大夫所重,宰相李石向唐文宗推荐此书,但文宗不喜此书,认为"穿凿之学,徒为异同"[2]。从文宗的评价可以

---

① 韩愈著,刘真伦、岳珍校注:《韩愈文集汇校笺注》卷十四,中华书局 2010 年版,第 1536 页。
② 《新唐书》卷二百《儒学下·啖助传赞》,中华书局 1975 年版,第 5707 页。

看出,施士匄解《春秋》不重训诂,重视阐发义理,属于中唐新《春秋》学一派。

除了今苏州地区外,唐代在江苏其他地区也产生了一些儒士。如润州句容(今江苏句容)人许叔牙(?—649年),字延基,精通《毛诗》《礼记》,擅长讽咏。贞观年间,累授晋王文学兼侍读,寻迁太常博士。升春宫,加朝散大夫,迁太子洗马,兼崇贤馆学士,仍兼侍读。卒赠太常卿,谥曰"博"。尝参与注范晔《后汉书》,著有《毛诗纂义》十卷,进献给太子,太子赐帛百段,令抄写一份交给司经局。御史大夫高智周高度称赞此书,尝谓人曰:"凡欲言《诗》者,必须先读此书。"①其书已佚。事迹见《旧唐书》卷一百八十九上、《新唐书》卷一百九十八。许叔牙之子许子儒亦以学艺见称。子儒生卒年不详,字文举。高宗时为奉常博士,参修朝廷礼仪。长寿中历天官侍郎、弘文馆学士,封颍川县男。尝注《史记》,未就而终。

扬州江都(今江苏扬州)人王绍宗(?—约705),字承烈,生性淡雅,以儒素见称,朝廷之士都敬慕他。他年少时勤奋苦学,博览经史,擅长草隶。王绍宗安贫乐道,不以发家致富为念。他因家贫为人抄佛经谋生,每月赚够当月花费即止,即使数倍高价再求他抄写,他也会拒绝。他寓居寺院,以清净自守,长达三十年。王绍宗有气节,不为权势折腰。文明年间,徐敬业在扬州作乱,听说王绍宗有高行,就派人征召他,他称病,坚决推辞。徐又派唐之奇亲自到他家逼迫他,他卧床不起,坚决不为乱臣所用。后为行军大总管李孝逸所荐,被武后征召入朝,亲自慰抚。拜为太子文学,累转秘书少监。

润州丹阳(今江苏丹阳)人施敬本,生卒年、字号不详,开元中,为四门助教。后以太常博士充集贤院修撰,迁右补阙、秘书郎。尝参与编纂《开元礼》《类礼义疏》等。施敬本有儒学,尤精礼学。唐玄宗将要举行封禅大典,下令有关部门讨论典礼仪式。唐朝旧制,盥手、洗爵之事由侍中主持,诏祀天神之事由太祝主持。施敬本旁征博引,历数周汉礼制,认为"以下士接天,以大臣奉天子,轻重不伦,非礼也",称"古谒者名

①《旧唐书》卷一百八十九上《儒学上·许叔牙传》,中华书局1975年版,第4953页。

秩差异等,今谒者班微,循空名,忘实事,非所以事天也"①。玄宗令中书令张说认真考虑他的意见。张说赞同施敬本的观点,最后根据礼之轻重,以相应级别的官员代任侍中、祝、谒者。

第三节　唐代江淮地区的《文选》学与儒学

清赵翼《廿二史札记》中指出唐初儒者特别究心于三个学术领域,即三《礼》学,《文选》学和《汉书》学。就江苏地区儒者而言,《文选》学和《汉书》学方面成就尤为突出。特别是《文选》学,可以说唐代《文选》学逐渐成为一门显学,就是从江苏扬州地区开始的。《文选》学虽非传统儒家经学范围,但也可以看作是儒家经学传统和方法在文学领域的一种延伸。李善等人的《文选》学都受到传统儒家经学训诂方法的影响,同时作为儒家学者,他们对《文选》作品之文心、文体的抉发与诠释,也往往体现着儒家传统的伦理价值观和文学审美观。

一、江淮地区《文选》学的兴起

隋唐时期《文选》学逐渐成为一门显学,尤其是在江淮地区,出现一批对《文选》卓有研究的儒生。刘肃《大唐新语·著述》称:"江淮间为《文选》学者,起自江都曹宪。……宪以仕隋为秘书,学徒数百人,公卿亦多从之学,撰《文选音义》十卷,年百余岁乃卒。其后句容许淹,江夏李善、公孙罗相继以《文选》教授。"②清赵翼《廿二史札记》卷二十曰:"梁昭明太子《文选》之学,亦自萧该撰《音义》始。入唐则曹宪撰《文选音义》,最为世所重,江淮间为《选》学者悉本之。又有许淹、李善、公孙罗,相继以《文选》教授,由是其学大行。淹、罗各撰《文选音义》行世,善撰《文选注解》六十卷,表上之,赐绢一百二十匹。至今言《文选》者,以善

①《新唐书》卷二百《儒学下·施敬本传》,中华书局1975年版,第5697—5698页。
② 刘肃撰,许德楠、李鼎霞点校:《大唐新语》,中华书局1984年版,第133—134页。

为定。杜甫诗亦有'熟精《文选》理'之句,盖此固词学之祖也。"①

隋唐时期《文选》学的兴起,一方面是受到六朝文学遗风的影响,另一方面则与唐代科举考试以文章取士有关。唐代科举名目繁多,但最主要的是明经、进士二科。明经主要考儒家经典,进士则考杂文及对策。所谓杂文主要就是指《文选》中所收录的那些文学性较强的各种文体,特别是诗赋。有时命题即与《文选》中的作品相关。明经每科常录取二三百人,而进士科的录取多则二十人左右,少则不到十人。进士及第则可进入中高级官僚的行列。故进士科更为士人所看重,当时有"三十老明经,五十少进士"的说法。这也就促使许多儒生拿出钻研儒家经典的劲头和方法去研究《文选》。

隋唐《文选》学者,初有萧该、曹宪等人,继有李善、许淹、公孙罗等人,后有吕延济、刘良、张诜、吕向、李周翰等人。这当中不少都属于今江苏地域的儒生。其中尤以江都李善的成就最为重要,上承萧、曹之流,下开吕、刘诸辈,所撰《文选注》为时人及后世推崇。

萧该,南兰陵(今江苏常州)人,隋代著名学者,《文选》学家,是首撰《文选》研究专著的学者。萧该生性笃学,通诸经大义,并精通音律,通晓《诗经》《尚书》《春秋》《礼记》,尤其精通《汉书》,在当时很得礼敬。隋开皇初赐爵山阴县公,拜国子博上。后奉旨与何妥正定经史,由于持议不合,被罢免职。萧该著有《汉书音义》《后汉书音》《文选音》,所著书为时所重,可惜均佚。《文选音》仅留三十九条佚文存世,它是我国历史上第一部《文选》研究专著,开启了《文选》学的先河。

曹宪生卒年、字号不详,扬州江都(今江苏扬州)人。仕隋为秘书学士。他也是一位经学家,尤其精通小学训诂,隋炀帝曾命他与诸儒撰《桂苑珠丛》,对文字进行规范。著有《尔雅音义》《博雅》《文字指归》等小学著作。唐贞观中为扬州长史李袭誉表荐,征拜弘文馆学士,以年老不赴。唐太宗遂遣使就其家拜朝散大夫,学者荣之。卒年一百零五岁。曹宪在隋任秘书学士期间,曾在长安收徒讲学,生徒达数百人,很多公卿都跟随曹宪受业。隋炀帝大业末年,天下丧乱,曹宪又回到了扬州,

---

① 赵翼著,王树民校证:《廿二史札记校证》,中华书局 2013 年版,第 441—442 页。

从此居家不仕,设帐授学。曹宪首先在江淮间讲授《文选》,开了私人讲授《文选》的先例,使《文选》学成为一门专门的学问。曹宪的弟子许淹、公孙罗、李善等人又薪火相传,教授《文选》,社会上对《文选》的学习与研究遂蔚然成风,《文选》学由此进入了兴盛阶段。

许淹,润州句容(今江苏南京句容)人。少时出家为僧,后又自浮屠还俗为儒。博物洽闻,尤精训诂。撰《文选音》十卷。与公孙罗等都是当时名家。公孙罗,江都(今江苏扬州)人,历沛王府参军,无锡县丞。公孙罗亦曾注《文选》,撰有《文选音义》《文选抄》等,行于代。

李善(?—689),扬州江都(今江苏扬州)人。史称"方雅清劲,有士君子之风"①。显庆中擢右内率府录事参军、崇贤馆直学士,兼沛王府侍读,后转兰台郎,历潞王府记室参军、泾城令,后因贺兰敏之事被牵连,流姚州。遇赦还,寓居汴、郑间,以讲授《文选》为业,并注释《文选》六十卷。

李善之子李邕,少有才学,善书,文名满天下。历左拾遗、殿中侍御史等职,屡遭贬谪,累转北海太守,故人称"李北海"。后为权臣李林甫陷害,被处死。撰有《梁公别传》(一作《狄仁杰传》)三卷、《金谷园记》一卷。另有集七十卷(一作一百零六卷),后散佚。李善注《文选》,"释事而忘意"②。书成以问李邕是否完善,李邕不敢回答,善盘问他,他表示要有所修改,李善便让李邕试着增补原书。李邕注《文选》,"附事见义"③。李善认为有可取之处,不能废除,因此父子俩的注书并行于世。

李善的弟子马怀素(659—718),字惟白,一字贞规,润州丹徒(今江苏镇江)人,客居江都。家贫苦读,博览经史,善属文。登进士第,又登文学博赡科,历郿县尉、麟台正字少监、左鹰扬卫兵曹参军、咸阳尉、左拾遗、左台监察御史、朝散大夫、礼部员外郎、十道按察使、考功员外郎、修文馆直学士、中书舍人、检校吏部侍郎、大理少卿、赣州刺史、太子少詹事、礼部侍郎、户部侍郎、光禄卿、左散骑常侍、秘书监兼昭文馆学士。马怀素为官清廉刚正,不附权贵,敢于谏言,执法严明平允,为时所称。

---

① 《旧唐书》卷一百八十九上《儒学上·李善传》,中华书局 1975 年版,第 4946 页。
② 《新唐书》卷二百零二《文艺中·李邕传》,中华书局 1975 年版,第 5754 页。
③ 《新唐书》卷二百零二《文艺中·李邕传》,中华书局 1975 年版,第 5754 页。

马怀素虽然身居官职，但勤学不倦，谦恭谨慎，深得唐玄宗礼遇，玄宗令他与褚无量为侍读。马怀素建议玄宗全面整理内库及秘书省图书，并奉敕与褚无量等主持。事未终而卒，死后赠润州刺史，谥曰"文"。马怀素师从李善，必然学习李善《文选》学，但并未有《文选》学著作传世。

二、李善《文选注》的经学特征

在曹宪之前，不管是官学还是私学，讲授的主要内容都集中在经学、史学以及训诂小学方面，还没有将集部的著作纳入讲学范围。自从曹宪在江淮间开始讲授《文选》，打破了原来公私讲学仅以经学、史学等为授课内容的限制，作为文学作品的集部也堂而皇之地步入了私学的课堂，并逐渐发展成了专门学问。

李善为曹宪江淮《文选》学的重要传人，光大师学，以他为最。李善继承了曹宪的《文选》学，创立了《文选》学名目，还丰富了《文选》学的内容，极大影响了后世《文选》学乃至文学的创作和研究。李善在《文选》学上的成就，不仅超过了同门许淹、公孙罗、魏模等人，而且与其师曹宪相比，也有了一大突破，成为《文选》学史上的集大成者。《文选》学真正成为一门显学，李善的作用最大。

李善注《文选》的主要方法，是通过广泛引用各种文献典籍，来为《文选》中作品的语词、典故溯源，亦间以释义，并能指出其修辞手法；又对作品中所涉及的事实、名物等，结合史实进行考证，以阐明写作背景。李善《文选注》之学，包括了有关《文选》的文献学、小学和文论学等。李善注大量引用古代小学典籍，可供辑佚、考异之用；专为《文选》中文字所作的音释，也是汉语史上的瑰宝；对于文学理论和文学批评也很有见地，启发了后世不少文论家。李善《文选》注是珍本的宝藏、古佚的渊薮。

李善注《文选》正是在唐朝开国初期唐太宗重视儒学，大征天下儒士，兴办国学的崇儒时代背景下进行的，与孔颖达等人奉旨撰定《五经正义》属于同一时代的产物。李善《文选注》征引了大约一千六百种典籍，其中儒家典籍占有特别大的比重。在儒家典籍中，以《毛诗》《礼记》

《尚书》《左传》《论语》等被征引的数量最多。据有学者统计,李善《文选注》对儒家十三经系统的典籍的引用频次:《礼记》九百六十九次,《周礼》五百三十七次,《毛诗》二千三百二十三次,《左传》一千四百二十五次,《易》二千三百九十四次,《尚书》九百二十三次。引用频次远比其他非儒类典籍如《老子》要多出许多。① 此外他还引用了大量子部儒家典籍。李善注《文选》大量引用某些特定的儒家经典来解释《文选》的文句,符合昭明太子编撰《文选》的初衷,强化了儒学思想的统治地位,迎合了初唐最高统治者尊崇儒学的国策。李善《文选注》强化并突出了儒学思想对文艺的统治地位。② 从某种意义可以说,李善是以类似于儒家经学的方式改造了《文选》这部文学总集。正是因为李善《文选注》具有强化儒学教化思想的作用,所以得到后世历代统治者的认可和历代学者的重视。

李善引用经部,重点在经部旧注、谶纬书及注、小学三方面。有时全用旧注,稍加笔削;有时删削旧注,加以己注;有时以己注为主,间引前人旧注。这与杜预注《左传》有相似之处,由此亦可见李善注《文选》受到经学注释的影响。从李善注中的作家小传可见注者的知人论世之旨,显然受儒家亚圣孟子"知人论世"说的影响。李善注引前代经书旧注,颇有别裁之功。如《周易》参用郑玄、王肃、王弼、韩伯诸人注,但以王弼注为最多,间或也引到京房《易传》《易九师道训》、张璠《易》注。《诗经》则以《毛传》《郑笺》为主,兼用《韩诗》及内、外《传》与薛君《韩诗章句》。《尚书》则多引孔安国《尚书传》,另外征引《尚书大传》数十处,则多引郑玄注。《春秋》则三家《传》俱引,数量则《左氏传》有一千五百余处之多,《公羊》《穀梁》相加也不过三百余处;《左氏传》以杜预注为主,马融、服虔仅引数处,《公羊传》旧注多引何休,间引刘兆,《穀梁传》旧注则范宁、刘兆各有数处。三《礼》则李善注多引郑玄,郑众、杜子春、马融稍备一家,不过数处。李善注引《孝经》本文七十六处,郑玄《孝经注》仅八处;引《论语》及诸家注八百余处,其中孔安国注四十六处,包咸

①② 戚学民:《李善对〈三礼〉的引用与〈文选李善注〉的思想意义》,《扬州文化研究论丛》2009 年第 2 辑,第 72 页。

注二十七处,马融注三十处,郑玄注三十一处,陈群注一处,王肃注一处,何晏注九处,另外两处无主名。除了儒家经典外,李善注也引史、子、集部书,除少数著作如《汉书》《老子》《庄子》《淮南子》众家注外,单种著作的引用数量往往不能与前述经部经纬小学书相比,但是在引用图书的种类上则较经部远为纷繁,颇能见出魏晋南朝学术发展的大势。①

此外,李善注《文选》广泛运用凡例。凡例之说,起于经学,以《左传》最为典型。杜预《春秋释例》统计《左传》对《春秋》凡例的说明共有五十条,即所谓"五十凡"。《左传》凡例体现了历史记载中语言运用的刻意和规范性。李善注《文选》时,明标"他皆类此"的凡例有十多处。其中,"举先以明后""引后以明前""转以相明""转以相证""不以文害意",是将自己语源学式的注释思想细加说明;"篇首题旧注者名""篇中题旧注者名""间引旧注",是交代自己对前人篇章注释的处理态度和方法;"古辞""不言古辞",则牵涉的内容更少。在具体注文中,还有对注释体例的说明,作为凡例的补充。还有一些牵涉到大量重复注文的凡例,可统称为"不重见"或"已见从省"例,在后世刻本中似从来未得到过充分地遵守,但是说明引典规则的若干例却确实起到笼罩全书的作用。《文选》注的凡例虽不能完全概括李善注《文选》的行文规则,却说明李善注书时的立意之严。

总之,李善注集汉魏六朝小学训诂和集部注释的大成,不仅超越了前此蔚为主流的《文选》音义之学,还为后来的集部注释开创了一个经学化的传统,也体现了古代江苏地区儒学与文学等其他文化领域之间的相互渗透与融合。

第四节　隋唐时期江苏地域的史学与儒学

唐代史学颇有成就。儒家的经学与史学本不可分,故唐代的史学

① 关于李善《文选》注引文情况的分析,参考汪习波《隋唐文选学研究》,上海古籍出版社 2005 年版。

家中也颇多兼治经学的儒者，而儒学的基本精神和价值观也渗透在他们的史书著述和史学理论中。唐以前，史书多为私家修撰，唐政府则开设史馆，任命大臣撰修前代及本朝的历史，官修史书从此成为制度。唐朝完成了八部正史的编修。作为盛唐文化的组成部分的盛唐史学，其成就之大，堪称中国古代史学发展史上的一个高峰。史家自觉意识增强，史学理论和史学方法有所突破，史书体例有所创新，古代史学发展到新的阶段，史学出现了空前繁荣。这一时期江苏地域也出现了不少卓有成就的史学家和史学理论家。其中最为引人注目的是刘知几《史通》的成书。《史通》是一部划时代的著作，它是对唐以前中国史学的第一次全面、系统的理论总结，是史学理论的集大成者，对中国史学的发展产生了深远的影响。此外隋唐时期江苏地区还出现了一批以《汉书》为研究对象的儒家学者，义兴蒋氏父子、吴县沈氏父子在史学与儒学方面也卓有成就。

一、萧该、包恺等人的《汉书》学与儒学

隋唐时期，研习《汉书》的学者代有其人，注释、考证《汉书》颇为流行。特别是在隋唐之际，《汉书》学一度成为显学。清代史学家赵翼对隋唐时期的《汉书》学情况进行了精要概括：

> 《汉书》之学，亦唐初人所竞尚。自隋时萧该精《汉书》，尝撰《汉书音义》，为当时所贵。包恺亦精《汉书》，世之为《汉书》学者，以萧、包二家为宗。刘臻精于两《汉书》，人称为"《汉》圣"。又有张冲撰《汉书音义》十二卷，于仲文撰《汉书刊繁》三十卷，是《汉书》之学，隋人已究心，及唐而益以考究为业。颜师古为太子承乾注《汉书》，解释详明，承乾表上之，太宗命编之秘阁。时人谓杜征南、颜秘书为左丘明、班孟坚忠臣。其叔游秦先撰《汉书决疑》，师古多取其义。此颜注《汉书》，至今奉为准的者也。房玄龄以其文繁难省，又令敬播撮其要成四十卷。当时《汉书》之学大行。又有刘伯庄撰《汉书音义》二十卷。秦景通与弟暐皆精《汉书》，号大秦君、小秦

君,当时治《汉书》者,非其指授,以为无法。又有刘纳言,亦以《汉书》名家。姚思廉少受《汉书》学于其父察。思廉之孙班,以察所撰《汉书训纂》,多为后之注《汉书》者隐其姓氏,攘为己说,班乃撰《汉书绍训》四十卷,以发明其家学。又顾胤撰《汉书古今集》二十卷。李善撰《汉书辨惑》三十卷。王方庆尝就任希古受《史记》《汉书》,希古迁官,方庆仍随之卒业。他如郝处俊好读《汉书》,能暗诵。裴炎亦好《左氏传》《汉书》。此又唐人之究心《汉书》,各禀承旧说,不敢以意为穿凿者也。①

赵翼历数隋唐时期有影响的《汉书》学者,对他们的授受关系和主要著作均有介绍。在这些学者中,籍贯在今江苏地域的学者就占了近一半,可见今江苏地域学者对隋唐《汉书》学做出了巨大贡献。

如赵翼所说,隋代《汉书》学者,"以萧、包二家为宗"。二人皆为今江苏人,一处苏南,一处苏北,南北遥相呼应。除此之外,张冲也属于今江苏地区学者。

萧该(生卒年不详),南兰陵(今江苏常州西北)人。隋开皇初,赐爵山阴县公,拜国子博士。生性专心好学,通晓《诗》《书》《春秋》《礼记》大义,尤其精通《汉书》。撰《汉书音义》十二卷、《后汉书音》三卷、《文选音》十卷,皆为当时所重。包恺(生卒年不详),字和乐,东海(约今江苏连云港地区)人。隋大业中,为国子助教。从其兄包愉学五经,从王仲通学《史记》《汉书》。精通经史,而于《汉书》尤精。聚徒教授,从学者多达数千人。曾奉隋废太子杨勇之命,撰《汉书音》十二卷。张冲(生卒年不详),字叔玄,吴郡(治今江苏苏州)人。官至汉王侍读。勤学深思,撰《春秋义略》三十卷,《丧服义》三卷,《孝经义》三卷,《论语义》十卷②,《前汉音义》十二卷③。

赵翼所列唐代《汉书》学者中,刘伯庄、秦景通、秦暐、顾胤、李善等人皆为今江苏籍人。一处苏北,三处苏南,一处苏中。刘伯庄,生卒年、

第四章　江淮出儒士,声誉驰大唐——隋唐时期的江苏儒学

① 赵翼著,王树民校证:《廿二史札记校证》,中华书局 2013 年版,第 441 页。
② 《论语义》十卷,《隋书·经籍志》称《论语义疏》二卷。
③ 《前汉音义》,赵翼《廿二史札记》称《汉书音义》。

字号不详,徐州彭城(今江苏徐州)人。贞观中,累除国子助教,与其舅太学博士侯孝遵齐为弘文馆学士。寻迁国子博士。龙朔中,兼授崇贤馆学士。曾参修《文思博要》《文馆词林》,撰《史记音义》《史记地名》《汉书音义》各二十卷。[1] 中唐史学家刘知几对刘伯庄的史学颇为推重,将其列为唐代《汉书》学者之首。[2] 秦景通,生卒年、字号皆不详,常州晋陵(今江苏常州)人。贞观中累迁太子洗马,兼崇贤馆学士。与弟秦暐,都精通《汉书》。当时治《汉书》者都以他们为宗师,若不经他们指授,则被斥为无师法。时人称秦景通为大秦君,秦暐为小秦君。顾胤,生卒年、字号皆不详,苏州吴(今江苏苏州)人。长于史学,颇为时人所称。永徽中历迁起居郎,兼修国史。以撰成《太宗实录》二十卷之功,加朝散大夫,授弘文馆学士。以撰成武德、贞观两朝国史八十卷之功,加朝请大夫,封余杭县男。龙朔三年(663),迁司文郎中。胤又撰《汉书古今集》二十卷,行于代。参编《括地志》《文思博要》《芳林要览》,撰有《汉书古今集》二十卷[3]。李善,江都(今江苏扬州)人。撰《汉书辩惑》三十卷。李善在《文选》学上成就更高,关于他的《文选》学成就已详上一节。

《隋书·经籍志》和新旧《唐书·艺文志》著录隋唐时期学者研究《汉书》的著作在数量上要大大超过研究《史记》的著作,说明《汉书》学在隋唐时期确已成为一门显学。刘知几认为自古以来史书凡有六家,但随着时移世易,后人所可祖述者,唯《左氏》及《汉书》二家而已。由此可见《汉书》在当时儒生心目中的地位。《汉书》是产生于儒学独尊时代的史学经典,其品评人物、论衡学术,亦以儒家立场为依归。对《汉书》的重视也在一定程度上反映了隋唐时期史学家对《汉书》所代表的儒家史学立场和儒家价值观的肯定。

二、彭城刘知几的《史通》与儒家经学的史学化

刘知几(661—721),字子玄,彭城(今江苏徐州)人。因避唐玄宗李

---

① 《旧唐书·经籍志》录有刘伯庄《续尔雅》一卷、《史记音义》三十卷。
② 《史通》卷十三《外篇》曰:"《汉书》之学,则有刘伯庄、敬播、元怀景、姚珽、沈遵、李善。"
③ 《汉书古今集》,《旧唐书·经籍志》称《汉书古今集义》。

隆基名讳而以字行于世。唐高宗永隆元年(617)举进士,调任获嘉县主簿。武则天圣历二年(699),调任京师定王府仓曹。长安二年(702)始入史馆,历任著作佐郎、左史、著作郎、秘书少监、太子左庶子、左散骑常侍等职,爵封居巢县子,兼任史职,参与修撰国史、起居注、实录等,领国史二十多年。唐玄宗开元九年(721)被贬为安州都督府别驾,不久去世。卒后追赠汲郡太守、工部尚书,谥曰"文"。

根据《史通·自叙》[①],刘知几少年学习《古文尚书》,受不了《尚书》文辞"艰琐",不愿学习。其即使遭到多次体罚,还是不能读下去。听说父亲教授诸兄《左氏春秋》,就舍弃《尚书》去听,听完就为诸兄讲解。曾自叹"若使书皆如此,吾不复怠矣"。父亲有感于他对《左传》的爱好和悟性,就开始教他《左传》。只用了一年的时间,他就把《左传》都读完了。当时他才十二岁。后来,他广泛阅读了《史记》《汉书》《三国志》等各种史书。大量阅读史书,使得他知晓古今沿革和历数相承,从而在读史过程中,能够"触类而观,不假师训"。十七岁时他就把流传下来的历代史书粗略读了一遍。后来为了求仕进,时间都花在研习儒家经典上,无暇专心读史。成年后举进士第,有了闲暇时间,又开始大量读史。在洛阳多年,"公私借书,恣情披阅",他原本就有非常扎实的知识基础,洛阳多年的阅读又开阔了他的视野。

刘知几始感叹"流俗之士,难与之言";"时无同好,可与言者"。他年幼时读班固《汉书》和谢承《后汉书》,批评前者有《古今人表》,后者没有为更始帝刘玄立纪,被斥"童子何知,而敢轻议前哲"。过了而立之年,他感慨自己的想法更多,但能与自己讨论的人太少。晚年与东海徐坚、永城朱敬则、沛国刘允济、义兴薛谦光、河南元行冲、陈留吴兢、寿春裴怀古相识相知,观点能被他们认可。他经常说:"四海之内,知我者不过数子而已矣。"

刘知几称孔子"睹史籍之繁文,惧览之者之不一",于是删《诗》、修《春秋》、赞《易》、述《职方》,"其文不刊,为后王法"。而后世史籍更多,

---

① 以下《史通·自叙》引文均出自刘知几著,浦起龙通释,王煦华整理《史通通释》,上海古籍出版社2009年版。

更需要命世大才,勘正其失。刘知几虽"敢当此任",计划对汉魏至隋唐的史书,"普加厘革",但又怕"致惊末俗,取咎时人,徒有其劳,而莫之见赏",所以一直没有做这项工作。他称:"非欲之而不能,实能之而不敢也。"不是自己能力不够,而是迫于世俗眼光而不敢。

刘知几"三为史臣,再入东观",有机会接触更多史籍,原本以为有机会完成夙愿,但他的修史主张往往与其他史官不同,"同作诸士及监修贵臣,每与其凿枘相违,龃龉难入"。为了避免矛盾冲突,他尽量迎合时俗,"虽自谓依违苟从,然犹大为史官所嫉"。他哀叹:"虽任当其职,而吾道不行;见用于时,而美志不遂。"于是他"退而私撰《史通》,以见其志"。

刘知几因与史馆宗楚客、萧至忠等意见不合,亦对当时史馆监修制度不满,遂辞去史官之职,自撰《史通》,以便充分表达自己的史学见解。他一生著述甚丰,自著的除《史通》外,还有《刘子玄集》三十卷、《睿宗实录》十卷、《刘氏家乘》十五卷、《刘氏谱考》三卷等,与柳冲等撰《姓氏系录》二百卷。此外还有参著的《三教珠英》《唐书》《高宗实录》《则天皇后实录》等。不过大多亡佚,唯《史通》一书传世。

刘知几总结一生,称自己与扬雄有四点相似之处:"余幼喜诗赋,而壮都不为,耻以文士得名,期以述者自命。其似一也";"余撰《史通》,亦屡移寒暑。悠悠尘俗,共以为愚。其似二也";"余著《史通》,见者亦互言其短,故作《释蒙》以拒之。其似三也";"余初好文笔,颇获誉于当时。晚谈史传,遂减价于知己。其似四也"。同时他又惧怕自己有一点会比不上扬雄,那就是扬雄《太玄》虽为当时所贱,但后来却有张衡、陆绩等人对之给予高度评介,谓其书绝伦参圣,可与五经相提并论。而自己所著《史通》,不知后世是否也有知音来赏识,因此他在《史通·自叙》的最后,不禁"抚卷涟洏,泪尽而继之以血"。

然而刘知几的担心是多余的。他的所著的《史通》最终成为一部举世公认的不朽的史学评论著作。据《史通·原序》,《史通》取名仿于《白虎通》。《白虎通》是汉儒在白虎阁论定经传而成,而《史通》是在史馆写成。又司马迁后人被册封为史通子,说明史之称"通",由来有自。《史通》共二十卷四十九篇,包括内篇十卷计三十九篇和外篇十卷计十篇,其中内篇《体统》《纰缪》《弛张》三篇有录无书。内篇为全书主体部分，主要评论史书体例、编撰方法和技巧，表述要点和作史原则；外篇主要论述史官制度、史籍源流，杂评史家得失。是对唐以前史学理论之系统而全面的总结，标志着中国古代史学理论的确立。

刘知几自叙《史通》因"伤当时载笔之士，其义不纯"而作，"虽以史为主，而余波所及，上穷王道，下掞人伦，总括万殊，包吞千有"，"其为义也，有与夺焉，有褒贬焉，有鉴诫焉，有讽刺焉"。刘知几毫不避讳地称赞自己这本书："其为贯穿者深矣，其为网罗者密矣，其所商略者远矣，其所发明者多矣。"同时他也直言不讳承认"此书多讥往哲，喜述前非"，因此很容易"获罪于时"。但他借孔子"罪我者《春秋》，知我者《春秋》"之言，聊以自慰。

刘知几继承了孔子、司马迁以来的优良的史学传统，也继承了扬雄、桓谭、王充以来的反神学思潮的批判哲学的战斗风格，以史家求实的精神，从历史和逻辑的结合上有力地批判了"天人感应"论和谶纬迷信。他反对天命史观，以为"五行灾异"乃"诡妄"之论，"祥瑞符命"是"欺惑"之说，认为天地自然的变化同社会人事善恶没有什么必然联系。因此，他主张"论成败者，当以人事为主"①。如果将其归结为"命""运"的支配，那就不能说明历史真相，更不能总结出有益的经验。尽管刘知几尚不能彻底地摆脱宗教神学的束缚，但他毕竟对汉唐之际的"天人感应"、君权神授的神学史观做了带总结性的批判，并把历史和逻辑结合起来，有力地批评了"天人感应"和谶纬神学。

《史通》列论从上古到当代的史学著作，提出"直书"和"曲笔"两范畴，主张以"实录直书"作为撰史的基本原则，还提出史家应具备的三个条件，即史才、史学、史识，其中史识最为重要。其中论及《春秋》和《左传》的部分很多，意见大胆而精辟，在古代史学家里可谓仅见独出。

刘知几敢于把五经中的《尚书》《春秋》和解经的《左传》、不解经的《国语》以及《史记》《汉书》并列，这本身就是把"经"与"史"同等看待，破除了汉代经学特别是今文经学赋予儒家经典的不可怀疑的神圣地位。

---

① 刘知几著，浦起龙通释，王煦华整理：《史通通释》，上海古籍出版社 2009 年版，第 433 页。

在刘知几以前,还没有一个学者具有这样的胆识。刘知几的藐视权威还远不止此。《史通》中的《疑古》《惑经》两篇对他认为是孔子所作的《尚书》《论语》和《春秋》直接提出了"疑""惑",反映了刘知几对历史的严肃态度和批判精神。在《惑经》篇里,刘知几从"实录直书"的宗旨出发,针对《春秋》经文指出"未谕"者十二,"虚美"者五,直率批评《春秋》违背秉笔直书的原则,刻意为尊者、贤者隐讳,善恶褒贬的标准不统一等等问题,并且认为孟子、司马迁、班固等对孔子《春秋》的赞誉有"虚美"之嫌。刘知几敢于对孔子及儒家经典进行大胆尖锐的批判,除了因为他秉持实事求是的史学宗旨,还因为他处于初唐"不拘守先儒章句"的有利思想氛围中,能正确地运用经史相分的观点,冲破尊经抑史的思想束缚,显示出他敢于反传统、勇于探索和创新的精神。刘知几敢于突破传统观念的束缚,怀疑儒家经典的神圣性,从史学的角度看待六经,首开"六经皆史"的先河,开辟了儒学研究的新道路,有助于儒学的健康发展。

三、义兴蒋氏父子的史学成就和儒学思想

蒋乂(747—821),原名武,因劝唐宪宗偃武修文而改为是名,字德源,常州义兴(今江苏宜兴)人。外祖吴兢位史官,乂幼从外家学,得其书,博览强记。逮冠,该综群籍,有史才,司徒杨绾尤称之。初为集贤院小官,后升任王屋尉,充任太常礼院修撰。贞元九年(793)改任左拾遗,充任史官修撰。此后一直在朝中任职,官至秘书监,卒赠礼部尚书,谥号为"懿"。蒋乂"旁通百家,尤精历代沿革",他在朝"居史任二十年"[1],参与撰修《德宗实录》五十卷,著有《大唐宰辅录》七十卷,《凌烟阁功臣传》《秦府十八学士传》《史臣传》等凡四十卷,后皆佚。

蒋乂作为一名儒家学者、谏臣和史官,成就不仅体现在史书的著述上,更体现在他谙于典故、能据礼法对时政进行评论,以制度史知识直

---

①《旧唐书》卷一百四十九《蒋乂传》,中华书局 1975 年版,第 4028 页。

接参与政治①。

礼制是儒学的重要内容,重视礼制是儒家的优良传统。蒋乂最突出的儒学思想是重礼法。贞元十三年(797),唐德宗下诏起授正居"母丧"的张茂宗为云麾将军,与义章公主成婚。蒋乂反对此事,上疏进谏道:"墨缞之礼,本缘金革。从古已来,未有驸马起复尚主者。既乖典礼,且违人情,切恐不可。"②德宗以张茂宗母"临亡有请"为由驳回,蒋乂又再次上疏,"辞逾激切"。德宗特意将他召入延英殿,援引当时俗礼与之相对。蒋乂则指出:"陛下临御已来,每事宪章典礼。建中年郡县主出降,皆诏有司依礼,不用俗仪,天下庆戴。忽今驸马起复成礼,实恐惊骇物听。"③蒋乂的意见最终并没有被德宗采纳,但蒋乂坚持礼制的精神却得到了德宗的赏识。

顺宗入葬后,百官商议宗庙里迁去先代皇帝神主之事。有人认为应当迁出中宗神主,有人认为中宗是中兴之君,不当迁出。宰相询问蒋乂,蒋乂称:"中宗即位,春秋已壮,而母后篡夺以移神器,赖张柬之等国祚再复,盖为反正,不得为中兴。"④他根据历史上汉光武帝、晋元帝、晋孝惠帝、晋孝安帝的事迹,指出唐中宗并非中兴之君,而是"反正"之君,因此"不可为不迁主"。有人以迁出中宗神主,则张柬之等五位功臣的配飨就会断绝来质疑蒋乂,蒋乂指出:"禘祫功臣,乃合食太庙。"⑤张柬之等五位功臣应当合祭于太庙,不会因中宗迁庙而断绝。蒋乂的意见使得中宗迁庙之事无复议论。

蒋乂为人质朴耿直,不会阿谀奉承搞人际关系,所以遇到权臣专政的时期,他的官职时常多年得不到升迁。但他作为一名儒臣与史官,熟悉历史掌故,为朝政不可或缺之人。他在朝三十年,每当朝廷有主政者不能裁决的大政事、大议论之时,蒋乂往往会被招来提供咨询,而他往往能征引典故,为时事提供参考,所论多合其义。由此亦可见中国古代

① 参见朱露川《略论晚唐蒋氏史学世家》,《人文杂志》2015 年第 6 期。
② 《旧唐书》卷一百四十九《蒋乂传》,中华书局 1975 年版,第 4026—4027 页。
③ 《旧唐书》卷一百四十九《蒋乂传》,中华书局 1975 年版,第 4027 页。
④ 《新唐书》卷一百三十二《蒋乂传》,中华书局 1975 年版,第 4532 页。
⑤ 《新唐书》卷一百三十二《蒋乂传》,中华书局 1975 年版,第 4533 页。

具有儒学素养的史官在朝廷政治中的独特价值和意义。

　　义兴蒋氏父子是唐代史学世家,"代为名儒"①,"世以儒史称"②。蒋义与其子蒋系、蒋伸、蒋偕等相继修撰国史实录,"时推良史"③。兼修儒、史是蒋氏世家的家学传统。长子蒋系"典实有父风"④,官至兵部尚书。大和初被授昭应尉,并充任直史馆。大和二年(828)任右拾遗、史馆修撰,受诏参与撰修《宪宗实录》。次子蒋伸,字大直,登进士第,官至宰相。宣宗大中二年(848)以右补阙为史馆修撰,撰写制诰。大中十年(856)入翰林院,两年后拜相。懿宗年间,蒋伸参与撰修《武宗实录》《宣宗实录》。三子蒋偕,有史才,历任左拾遗、史馆修撰、补缺。咸通年间,受诏参与修撰《文宗实录》。蒋氏"三世踵修国史,世称良笔,咸云'蒋氏日历',天下多藏焉"⑤。

四、苏州吴县沈氏父子的史学成就和儒学思想

　　沈既济,苏州吴(今江苏苏州)人⑥,博览群书,有史才,得到吏部侍郎杨炎的赏识。建中初年,杨炎任宰相,举荐沈既济为左拾遗、史官修撰。后来杨炎获罪,沈既济因受牵连被贬为处州司户参军。后被召入朝廷任礼部员外郎。著有《建中实录》十卷、《选举录》十卷,后皆佚。另有传奇《任氏传》《枕中记》。

　　沈既济之子沈传师,字子言,通晓《春秋》。年轻时得到杜佑器重。贞元末年,考中进士科。权德舆有七十门生,以沈传师比于颜回。沈传师又考中制科,任太子校书郎,以鄠县尉直史馆。改任左拾遗、左补阙、史馆修撰,升任司门员外郎、知制诰。后召入翰林院为学士,改任中书舍人,兼任史职。又出任湖南观察使。宝历二年(826),召入朝廷任尚

---

① 《旧唐书》卷一百四十九《蒋义传》,中华书局 1975 年版,第 4026 页。
② 《旧唐书》卷一百四十九《蒋义传》,中华书局 1975 年版,第 4029 页。
③ 《旧唐书》卷一百四十九《蒋义传》,中华书局 1975 年版,第 4029 页。
④ 《旧唐书》卷一百四十九《蒋义传》,中华书局 1975 年版,第 4028 页。
⑤ 《新唐书》卷一百三十二《蒋义传》,中华书局 1975 年版,第 4535 页。
⑥ 两《唐书》均说沈既济为苏州吴人,陈耀东《沈既济父子、曾祖籍贯事略考》(《文献》2002 年 10 月第 4 期)认为两《唐书》有误,沈既济当为吴兴武康人。

书右丞。又出任江西观察使,转任宣州。后召入朝任吏部侍郎。卒赠吏部尚书。曾与韩愈一起参与撰修《宪宗实录》《顺宗实录》,又与令狐楚等将贞元年间唐次所撰《辨谤略》三篇增订为《元和辨谤略》十卷,后皆佚。

吴县沈氏家族自南朝以后多有经世饱读和淹博文史的学者出现,沈氏家族逐渐形成崇儒重经的家学特色。沈既济、沈传师父子是唐代著名的史学家,在文学和书法方面亦有成就。沈氏父子通经明史,对《春秋》学多所关注,讲究《春秋》笔法,每每以《春秋》褒贬之法和正名之义作为撰史和评史的根据。

沈既济最突出的儒学思想是正名。吴兢撰修国史,立武则天本纪,位于高宗之后。沈既济上奏批评此种做法"横绝彝典,超居帝籍",他以孔子"必也正名"和《春秋》贬吴楚越之君为子作为依据,来说明正名的道理。沈既济认为:"夫则天体自坤顺,位居乾极,以柔乘刚,天纪倒张,进以强有,退非德让。今史臣追书,当称之太后,不宜曰'上'。孝和虽迫母后之命,降居藩邸,而体元继代,本吾君也,史臣追书,宜称曰'皇帝',不宜曰'庐陵王'。睿宗在景龙已前,天命未集,徒禀后制,假临大宝,于伦非次,于义无名,史臣书之,宜曰'相王',未宜曰'帝'。""今安得以周氏年历而列为唐书帝纪? 征诸礼经,是谓乱名。"①他建议:"并《天后纪》合《孝和纪》,每于岁首,必书孝和所在以统之,书曰某年春止月,皇帝在房陵,太后行某事,改某制云云。则纪称孝和,而事述太后,俾名不失正,而礼不违常,名礼两得,人无间矣。其姓氏名讳,入宫之由,历位之资,才艺智略,年辰崩葬,别纂录入《皇后传》,列于废后王庶人之下,题其篇曰'则天顺圣武后'云。"②沈既济重名份的思想既与他所担任的史职有关,也反映了他所秉持的是传统儒家正统的价值观。

此外,德宗年间沈既济还曾上疏对当时的朝廷官员设置过滥、选举考核制度混乱的情况提出批评,他一针见血指出当时存在的问题是"患在官烦,不患员少;患在不问,不患无人"③;官员选拔任用存在的问题可

---

① 《旧唐书》卷一百四十九《沈传师传》,中华书局 1975 年版,第 4035 页。
② 《旧唐书》卷一百四十九《沈传师传》,中华书局 1975 年版,第 4035—4036 页。
③ 《旧唐书》卷一百四十九《沈传师传》,中华书局 1975 年版,第 4036 页。

以归结为"四太":"入仕之门太多,世胄之家太优,禄利之资太厚,督责之令太薄"。他建议六品以下官员的选拔任用权力应该下放到州府,中央应加强对州府牧守的督责,从而使朝廷"人少而员宽,事核而官审,贤者不奖而自进,不肖者不抑而自退"①。可见这位后代以小说知名的文学家对朝廷吏治也有着非常清醒的认识和切实可行的主张。

---

① 《新唐书》卷四十五《选举下》,中华书局 1975 年版,第 1178—1179 页。

第五章　宋儒求变革,理学开新篇

——宋元时期的江苏儒学

今江苏地域在宋代大致是苏北属于淮南东路,苏南属于两浙路(南宋时苏南属于两浙西路),另外也包括江南东路的建康等地。宋代是中国古代物质文明和精神文明发展的繁盛时期,同时也是中国经济文化中心进一步南移的时期,特别是宋室南渡以后,江浙一带的农业生产力和商品经济都得到了极大的发展,从而也促进了包括儒学在内的思想文化的整体发展。

陈寅恪先生曾说:"华夏民族之文化,历数千年之演进,造极于赵宋之世。"①宋学之兴盛,是中国古代学术史的里程碑事件。在经历了战火的晚唐五代之后,宋人如何经世致用,通过复兴儒学来复兴国家,成为宋初儒者首先关注的问题。就思想史本身的发展而言,中国学术演进至宋代,亦亟须新变。释、道两家思想对于儒学的冲击,也促使宋儒进行儒学自身的调整,承袭唐代古文运动对儒学影响的余绪,将政治革新、文学改革与儒学复兴运动结合在一起。宋代理学是儒学在经历了佛教等思想文化因素冲击之后进行自我调整,产生新变,并走向复兴的产物。理学家们重视心性与天道的问题,对佛教、道教的诸多理论进行了整合和吸收,将以儒学为主体的中国文化推向了一个新的高峰。理

---

① 陈寅恪:《金明馆丛稿二编》,生活·读书·新知三联书店 2011 年版,第 277 页。

学作为儒学的一个崭新的形态,在宋元时期经历了从产生到发展、壮大的过程。经过理学的凝练与提升,不仅儒家的思想体系重新确立为官方的主导社会意识形态,儒学的价值观也再次成为华夏士人乃至整个社会主导的文化精神。

就江苏地域而言,宋代江苏地域的儒学虽然不像宋代理学的濂、洛、关、闽四大学派那样名声显赫,也不像浙学和蜀学那样人数众多、声势浩大,但也对宋代儒学的发展做出了重要的贡献。特别值得一提的是,在北宋初年江苏地区产生了胡瑗、范仲淹这两位对宋代儒学发展具有开创和引导之功的人物。在整个宋元时期,江苏地域也产生了一些在儒学史上具有重要意义的人物。他们当中既有在儒学经典研究、儒家义理阐发方面取得重要成就的学者,也有对儒家思想及其社会政治实践作出突出贡献的思想家与官员。

第一节 开儒学风气之先的泰州大儒胡瑗

胡瑗是北宋初年出自江苏地域的一位大儒,也是开宋代理学风气先河的重要人物。南宋黄震说:"宋兴八十年,安定胡先生、泰山孙先生、徂徕石先生始以师道明正学,继而濂、洛兴矣。故本朝理学虽至伊洛而精,实至三先生而始。"[1]黄宗羲《宋元学案》第一卷就是以胡瑗为核心的《安定学案》,全祖望在《宋元儒学案叙录》中也说:"宋世学术之盛,安定、泰山为之先河,程、朱二先生皆以为然。"[2]胡瑗是最早赏识并奖掖理学家"小程子"(程颐)的人,他的门下还出了不少后来颇有影响的理学家,他对整个宋代的学校教育和尊师重道精神的确立都做出了重要贡献。胡瑗在学术上也具有创新精神,敢于突破前代注疏的束缚,对儒家经典着重从义理上进行阐发,对宋代理学思想体系的形成有开创之功。

---

① 黄宗羲原著,全祖望补修:《宋元学案》,中华书局 1986 年版,第 73 页。
② 黄宗羲原著,全祖望补修:《宋元学案》,中华书局 1986 年版,第 23 页。

一、胡瑗的家世与生平

胡瑗（933—1059年），字翼之，泰州海陵（今江苏泰州）人。胡瑗祖籍为陕西安定堡，故世称其为安定先生。胡家的生平，据《太常博士致仕胡君墓志》可知胡瑗出生在海陵（今江苏泰州）。胡瑗之父胡讷博学多识，但家境已颇为清贫。《宋元学案》卷一《安定学案》称胡瑗"七岁善属文，十三通五经，即以圣贤自期许。邻父见而异之，谓其父曰：'此子乃伟器，非常儿也！'家贫无以自给，往泰山，与孙明复、石守道同学，攻苦食淡，终夜不寝，一坐十年不归。得家书，见上有'平安'二字，即投入涧中，不复展，恐扰心也。"①由于"累举不第"，胡瑗在苏州收徒讲学②。时任苏州知府的范仲淹对其非常欣赏，请胡瑗任苏州州学首席教授，并令长子范纯祐入州学拜胡瑗为师。景祐二年（1035），范仲淹推荐胡瑗参与朝廷更定雅乐之事。此年九月，胡瑗为秘书省教书郎，参与校正钟律。康定元年（1040），范仲淹被仁宗起用抗击西夏，荐胡瑗为陕西丹州军事推官。起初军中的武人都以为胡瑗只知治学，但后来发现他处理军事也非常老练，因此对其非常钦佩③。

庆历二年（1042），胡瑗开始教授湖州州学。胡瑗教育理念强调经义与时务并重，设"经义"和"治事"二斋，这是宋初复兴学校的成功尝试。庆历四年（1044），湖学被太学采纳，胡瑗的教学理念得到了极大推广。《宋史·选举志》记载了胡瑗教学理念得以推广的进程："时太学之法宽简，安定胡瑗设教苏、湖间二十余年。世方尚词赋，湖学独立经义治事斋，以敦实学。皇祐末，召瑗为国子监直讲，数年，进天章阁侍讲，犹兼学正。其初人未信服，谤议蜂起，瑗强力不倦，卒以有立。每公私试罢，掌仪率诸生会与首善，雅乐歌诗，乙夜乃散。士或不远数千里来

---

① 黄宗羲原著，全祖望补修：《宋元学案》，中华书局1986年版，第24页。

② 参见王洪霞《经学大语境下的胡瑗易学》，中国社会科学出版社2013年版，第30页。关于胡瑗生平和学术思想，本书参考了氏著，在此表示感谢。

③ 蔡襄《太常博士致仕胡君墓志》曰："君虽老于训导，在丹州，实与帅府事，建议更陈法，治兵器，开废地为营田，募土人为兵，给钱使自市劲马，渐以代东兵之不任战者。虽军校、蕃酋、亭障、厮役以事见，辄饮之酒，访备边利害，以资帅府。"

就师之，皆中心悦服，有司请下湖学，取其法以教太学。"①自皇祐四年（1052）始，胡瑗开始执教太学。当时与胡瑗共同执教太学的，还有孙复、石介、李觏等学者，一时人才济济。朱熹评价胡瑗学术说："安定先生只据他所知，说得义理平正明白，无一些玄妙。"②胡瑗学术，概之就是"明体达用"的学问。"明体"，是发掘儒家经典中的"义理"；"达用"是将义理实践于政治中。嘉祐四年（1059），胡瑗病逝于杭州。

胡瑗作为宋世之学开先河的人物，在宋代儒学史上具有重要地位。胡瑗在太学时，有一次曾以"颜子所好何学论"作为题目测试诸生。当时诸生中就有后来著名的理学家程颐。胡瑗看到程颐的作文后"大奇之，即请相见，处以学职，知契独深"。由此也可以说胡瑗是程颐的导师和引路人。后来程颐对胡瑗也一直很尊重，他对周敦颐往往以字称之曰"茂叔"，而对胡瑗则必以"安定先生称之"。程颐还曾对人说："凡从安定先生学者，其醇厚和易之气，一望可知。"胡瑗在苏湖地区教授儒学二十多年，门弟子以千数，遍及四方，其中尤以今江浙一带的学生居多，对江南儒学的发展做出了重要贡献。他的弟子中也有不少江苏籍人士，如高邮人孙觉（字莘老）、武进人钱公辅（字君倚）、无锡人陈敏（字伯修）、扬州人潘及甫（字宪臣）等等。

二、胡瑗的儒学教育思想及其对宋代儒学发展的贡献

胡瑗提出"明体达用"的学术宗旨，开拓了宋学之气象与规模，对宋代儒学教育和尊师重道风气的形成有特殊的贡献。对此，宋人和后世人对胡瑗的评价很高。《宋元学案》卷一《安定学案》载熙宁二年（1069）宋神宗与胡瑗弟子刘彝讨论胡瑗与王安石优劣，刘彝以为"今学者明夫圣人体用，以为政教之本，皆臣师之功，非安石比也"③。虽然刘彝言论难免有夸张的成分，但可见宋人对奠定宋学规模的胡瑗之崇敬。在宋代士大夫眼中，复兴宋初破败不堪的学校教育，纠正重浮华轻实学的宋

---

① 《宋史》卷一百五十七《选举志》，中华书局 1977 年版，第 3659 页
② 朱熹：《朱子全书》第 18 册，上海古籍出版社、安徽教育出版社 2002 年版，第 4028 页。
③ 黄宗羲原著，全祖望补修：《宋元学案》，中华书局 1986 年版，第 25 页。

代学术风气,使儒家学子回到尊经的路径上来,胡瑗起到了重要作用。

　　胡瑗复兴了宋代士人内圣外王的自觉意识,推动了实学的发展。胡瑗力行儒家的"修己治人"之学,以事功求明体,以明体促事功,相互推动促进。宋初士风颓丧,浮华之风积重难返,大量学子依旧崇尚浮华奢靡之词。胡瑗认为,要以学校教育促进当时世风的扭转。胡瑗不但对学生严格要求,自己更是以身作则,通过自身的道德实践,来感动和启发学生,以崇高的人格魅力,使学生心悦诚服。胡瑗对学生非常关爱,以弟子视之;学生也尊敬胡瑗,"爱敬如父兄"。胡瑗教导学生不要做见识短浅、只会寻章摘句的小儒,而要做视野开阔,成为见多识广的大儒,其云:"学者只守一乡,则滞于一曲,隘吝卑陋。必游四方,尽见人情物态,南北风俗,山川气象,以广其闻见,则为有益于学者矣。"①对于教育,胡瑗重视因材施教。《宋元学案》卷一曰:"先生推诚教育,甄别人物,有好尚经术者,好谈兵战者,好文艺者,好尚节义者,使之以类群居讲习。先生时时召之,使论其所学,为定期理。"②胡瑗在北宋初使学校教育焕然一新,王安石给予了其"文章事业望孔孟"③的崇高评价。"宋初三先生"提倡和维护师道,"继而濂洛兴矣"。钱穆先生在《中国近三百年学术史》中说:"言宋学之兴,必推本于安定、泰山。盖至是而师道立,学者兴,乃为宋学先河。"④在北宋学风建立过程中,晏殊、范仲淹、欧阳修等人起到了关键作用。范仲淹推崇胡瑗苏湖教法,推动其成为太学之法。胡瑗本人也得到了范仲淹多次举荐。欧阳修也很推崇胡瑗,曾上《举留胡瑗管勾太学状》,向宋仁宗建议让胡瑗继续管理太学。胡瑗去世后,欧阳修在《胡先生墓表》中给予胡瑗崇高评价:"自明道、景祐以来,学者有师惟先生暨泰山孙明复、石守道三人,而先生之徒最盛。"⑤可以说,复兴儒家学校教育与建构儒家师道传统贯穿了胡瑗的一生,胡瑗因此成为宋初士大夫公认的楷模。

---

① 许正绶辑:《安定言行录》,《丛书集成续编》第 260 册,新文丰出版公司 1988 年版,第 57 页。
② 黄宗羲原著,全祖望补修:《宋元学案》,中华书局 1986 年版,第 28 页。
③ 王安石:《寄赠胡先生》,王水照主编:《王安石全集》第 5 册,复旦大学出版社 2017 年版,第 331 页。
④ 钱穆:《中国近三百年学术史》,商务印书馆 1997 年版,第 2 页。
⑤ 欧阳修:《欧阳修全集》,中华书局 2001 年版,第 389 页。

胡瑗强调"师道"对君主的教导与规范作用,体现出宋代士大夫浓厚的家国情怀与社会责任感。以贤者来教导和规范君主,强调君臣之间要建立相互协调、亲密合作的关系。《周易口义》载胡瑗在释《大畜·象》"刚上而尚贤"条时借题发挥,强调人主应该尊师重教,"人君有至尊之势,至严之威,而能崇尚有德及礼下贤人,使之畜己之邪欲,成己之治道"①。胡瑗借此表明,君主不能自恃位尊而轻视贤人,要以贤人为师。胡瑗的这些思想可以说开启了有宋一代整体上尚文尊师重教的先河。君主如何追随贤人,胡瑗也有阐释。《周易口义》通过对《随》卦的阐释,表明"可随之人"必须具备极高的道德素质,即具备"元亨利贞"四德。胡瑗所列可以追随的典范,都是具备四德之人。贤人要对君主进行规劝,"止畜君之邪欲"。

另外,胡瑗认为,儒家的圣贤,要起到引导民众的重要作用。民众在其引导下不断完善自我,从蒙昧无知转而追随圣贤。胡瑗以为,人必须"守己之性,不陷于邪佞",人之于天命所赋予之"性命",并不是纯粹无能为力的。"若人不能守己之性,而放辟邪侈,无所不至,则其命不能固矣。"②要做到这一点,需要师之帮助。胡瑗着眼于天下来看待儒学教育的意义,认为"言乎命,一人之私也,言乎教,天下之公也"③,"命有定分,教随变化。故圣人言教不言命也"④。胡瑗认为,道德生命远远重于人生穷通。命运虽然是先天的,但教育能使人的道德水准发生变化。"好德"的君子需要师之扶持和培养教育。胡瑗在《洪范口义》中也说"故师者,天下之根本也",并阐释了"八政之次,首曰食,而终曰师"的原因。《洪范》"八政"前七事涵盖了当时整个人类社会,而"师"是前七者的最终裁定者,即"夫然行七者之事,未有不决于师,明其义,达而礼,教而行之,所以终于八也"⑤。天地间万事万物都要以师说为准,胡瑗将儒

① 胡瑗撰,倪天隐述:《周易口义》,《景印文渊阁四库全书》第 8 册,(台北)商务印书馆 1983 年版,第 296—297 页。
② 胡瑗撰,倪天隐述:《周易口义》,《景印文渊阁四库全书》第 8 册,(台北)商务印书馆 1983 年版,第 548 页。
③ 胡瑗:《洪范口义》,《丛书集成初编》第 3573 册,商务印书馆 1936 年版,第 16 页。
④ 胡瑗:《洪范口义》,《丛书集成初编》第 3573 册,商务印书馆 1936 年版,第 16—17 页。
⑤ 胡瑗:《洪范口义》,《丛书集成初编》第 3573 册,商务印书馆 1936 年版,第 36 页。

家师道提升到了至高无上的地位。师道精神上通君王，下启民众，即胡瑗所谓的"致君泽民之术"。

三、胡瑗的儒学著作及其学术思想

胡瑗的儒学著作有《周易口义》十二卷、《春秋要义》三十卷、《春秋口义》五卷、《中庸义》一卷、《洪范口义》二卷、《皇祐新乐图》三卷等。

胡瑗的经学研究，以研《易》最为著名。程颐说"往年胡博士瑗讲《易》，常有外来请听者，多或至千数人"，描述了胡瑗讲《易》之盛况。《周易口义》是胡瑗现存学术著作中最为完整和重要的一部。《周易口义》重义理阐发，体现出宋代儒学的特质。在此书中，胡瑗基本用白话，行文平易无玄妙，有不少与前人不同的看法。如胡瑗对"易"之内涵较前人有不同的解释。胡瑗反对《易纬·乾凿度》以来为汉唐学者所普遍接受的"易之三义"说，而"专取变易之义"①。胡瑗认为，只有"变易"才是《易》所阐释的天地之间最普遍之道理。无论是阴阳变易生成万物、寒暑易节生成四时，还是日月变易昼夜变化，都是变易的体现。人类社会的吉凶利害治乱，都是变易产生的结果。只有了解这一点，才能够常用君子而摒弃小人，用情实而黜奸诈虚伪，常得而无失。胡瑗的这一说法，也为其学生程颐所继承。不过，胡瑗专求"变易"，如果《易》的本质仅仅在于"变易"一义的话，四时昼夜和人之吉凶，乃至君子小人的此起彼伏就必然成为不可阻挡、必然会出现的现象。这样如何能实现胡瑗向往的"天下常治而无乱""常利而无害""常吉而无凶"呢？这里胡瑗没有给出解释。

胡瑗站在儒家敢为天下担当的角度，强调入世，反对晚唐五代山林隐逸之风。这一点也充分体现在《周易口义》中。如胡瑗反对孔疏对《乾·初九》的阐释②，认为儒者应有兼济天下的责任感。胡瑗释《同

---

① 胡瑗撰，倪天隐述：《周易口义》，《景印文渊阁四库全书》第 8 册，(台北)商务印书馆 1983 年版，第 171 页。

② 参见胡瑗撰，倪天隐述《周易口义》，《景印文渊阁四库全书》第 8 册，(台北)商务印书馆 1983 年版，第 174—176 页。

217

第五章　宋儒求变革，理学开新篇——宋元时期的江苏儒学

人·象》"唯君子为能通天下之志"条时也强调,君子当"推其仁义之道,忠恕之德,以及天下……君子尽心于己,推之于人,恢广宏大,无所不同,故能通天下之志也"①。胡瑗认为,君子与普通人不同,君子能够推己及人,将忠恕之道推广到天下,使天下民众都能安逸富足。胡瑗主张君子应当为国家所用,辅君安民,而非归隐,造成"愚不肖"无人过问的结果。因此,胡瑗认为儒家士大夫要有刚毅不屈的精神。君子要成就天下的事业,要不畏其难,不能懦弱。胡瑗释《屯》卦"元亨利贞"四德时,反对孔颖达《屯》之四德劣于《乾》之四德的看法:

> 元亨利贞者,此《屯》之四德,亦天地之四德也。注疏以为劣于《乾》,非也。盖阴阳之始交,必有屯难。万物由屯难而后生。……是《屯》之四德,亦《乾》《坤》之四德也。以人事言之,则君臣始交而定难,难定而后仁德著。②

《屯》象征着君子最为艰难的时期,只有具备刚毅不屈的儒者精神,才能够战胜困难,安邦定国。只有君子才能够历经艰险成就事业,这是小人不可能做到的。君臣之间要不断磨合,最后亲密无间。孔颖达认为,《乾》之四德优于《屯》卦之四德,因《屯》之四德有"勿用有攸往,利建侯"的限定。胡瑗不同意这个说法,胡瑗认为,《屯》之四德就是乾之四德。在人事方面,《屯》之四德体现的是天下由危难到安定的整个过程。胡瑗的阐释体现了胡瑗思想中解天下之倒悬、救民于涂炭的儒者精神。

《周易口义》除了强调儒家入世责任和道德精神以外,也很看重君子见微知著的智慧。胡瑗释《屯·六三》爻辞"君子几,不如舍,往吝"条云:

> "君子几,不如舍,往吝"者,注疏谓"几"为语词,非也。盖几者,有理而未形者也。君子之人能知之,先见知微知彰,度其所然,

---

① 胡瑗撰,倪天隐述:《周易口义》,《景印文渊阁四库全书》第8册,(台北)商务印书馆1983年版,第248页。

② 胡瑗撰,倪天隐述:《周易口义》,《景印文渊阁四库全书》第8册,(台北)商务印书馆1983年版,第203页。

正身而动,知其进退无所适,而又无其援,必不利矣,则不如舍之,
是能豫决其可否,知几之君子也。若不能如是,而务为躁进,必取
其悔吝也。①

胡瑗不同于王弼、孔颖达等人释"几"为语词。在胡瑗看来,这个"几"是
"有理未形者"。如果没有君子的先见之明和见微知著的智慧,就不可
能发觉。胡瑗释《周易》,将几处"几"字皆释为此意,强调了君子重智的
贤人品格,也丰富了《易》的内涵。

胡瑗对《易》的阐释,还试图从义理上重新建立沟通天地人的秩序,
使万事万物在其《易》学体系中达到协调与统一。宋儒对心性问题极为
重视,胡瑗也不例外,其在《周易口义·系辞上》之"成之者性也"下论之
甚详。② 胡瑗认为,"性"是上天赐予,是不知其然而然的。人得元善之
气,就有善性。圣人继承了天地的全性,是醇然无疵的,"贤人则才智有
所偏"③。圣人继承了天性之全性,不可能有"恶"产生。除了圣人,即使
是贤人君子,也有可能在思虑时产生恶的想法,这就需要"思虑之间一
有不善,则能早辨之,使过恶不形于外,而复其性于善道"④。对于情性
关系,胡瑗认为性善而情有正邪。物诱于外,导致情流于邪情。圣人也
有情感,但因为"制之以正性"⑤,故不会沦为邪情,化而为教,使天下得
其利。小人则以情乱性,不但不能使天下得利,一身也因此不保。胡瑗
强调推己及人之道,因为人情不相远,所以忠恕之道不远人,"情"在胡
瑗理论中是有正当性的。不过胡瑗同时认为,人情需要节制,方法就是
以礼节情。只有以礼节情,人的行为才能够"所为适中,动作合度,而放

---

① 胡瑗撰,倪天隐述:《周易口义》,《景印文渊阁四库全书》第 8 册,(台北)商务印书馆 1983 年版,第
206 页。
② 参见胡瑗撰,倪天隐述《周易口义》,《景印文渊阁四库全书》第 8 册,(台北)商务印书馆 1983 年版,
第 467 页。
③ 胡瑗撰,倪天隐述:《周易口义》,《景印文渊阁四库全书》第 8 册,(台北)商务印书馆 1983 年版,第
430 页。
④ 胡瑗撰,倪天隐述:《周易口义》,《景印文渊阁四库全书》第 8 册,(台北)商务印书馆 1983 年版,第
291 页。
⑤ 胡瑗撰,倪天隐述:《周易口义》,《景印文渊阁四库全书》第 8 册,(台北)商务印书馆 1983 年版,第
189 页。

僻之心无自入矣"①。对于邪恶的念头,既要"思虑未动,私邪未萌之前以为防"②,又要在思虑有所不善时勇于改正。只有这样,才能由愚人至贤人,由贤人至圣人。胡瑗主张以儒家礼乐来节制人的邪情恶欲。③ 礼乐二者之间需要相互协调,才能够教化民众。如果礼胜乐,会造成民散而不和;如果乐胜礼,会使民放荡不反。礼可以节制乐,乐可以和礼。只有二者协调好,社会秩序才能稳定。概之,胡瑗关于心性、性情的思想为后来理学家构建心性之学做了理论上的准备。

因为北宋紧张的边疆形势,胡瑗对华夷关系问题非常重视,非常强调华夏文明的正统性。这在《周易口义》中也有所反映。他认为,所谓"蛮夷"应当朝服中国,服从于华夏文明,出现四海宾服的大一统局面。其曰:"凡人臣有背叛,四夷有侵挠,天子于是加兵以诛讨之,去其元恶大憝,以安天下之生灵。"④胡瑗认为,国家军队不可妄动,避免劳民伤财。但四夷如果入侵,则必须出兵惩其元恶,"若夷狄所以柔服于中国而反为叛乱之孽,罪深恶大,非五刑所能制,必在兴师动众以征讨之。故曰:击蒙也"⑤。胡瑗在解释《既济》卦时,更强调"四夷宾服"是实现"既济"的必备条件⑥,可见胡瑗《周易口义》重视与现实政治相联系的写作主旨。

除了对《周易》的研究,胡瑗对《春秋》也很有研究。胡瑗的《春秋》学著作今已佚。《宋元学案》引其"春秋说"七条。通过这七条,可见胡

---

① 胡瑗撰,倪天隐述:《周易口义》,《景印文渊阁四库全书》第 8 册,(台北)商务印书馆 1983 年版,第 235 页。

② 胡瑗撰,倪天隐述:《周易口义》,《景印文渊阁四库全书》第 8 册,(台北)商务印书馆 1983 年版,第 337 页。

③ 胡瑗在《易·履》之"履虎尾,不咥人,亨"条下释曰:"夫人之情,目之于色,耳之于声,口之于味,鼻之于臭,四体之于安逸,必得礼以节制之,然后所为适中,动作合度,而邪僻之心,无自入矣。苟不以礼节制之,则必骄情肆欲,无所不至。是其礼不可一失之也"(胡瑗撰,倪天隐述:《周易口义》,《景印文渊阁四库全书》第 8 册,第 235 页)。

④ 胡瑗撰,倪天隐述:《周易口义》,《景印文渊阁四库全书》第 8 册,(台北)商务印书馆 1983 年版,第 179 页。

⑤ 胡瑗撰,倪天隐述:《周易口义》,《景印文渊阁四库全书》第 8 册,(台北)商务印书馆 1983 年版,第 212 页。

⑥ 胡瑗撰,倪天隐述:《周易口义》,《景印文渊阁四库全书》第 8 册,(台北)商务印书馆 1983 年版,第 441 页。

瑗对《春秋》三传都有批评。[1] 胡瑗对《春秋》桓公五年"蔡人、卫人、陈人从王伐郑"事件的看法,表明其有浓厚的"尊王"思想。胡瑗说:"不书'王师败绩于郑',王者无敌于天下,书战则王者可敌,书败则诸侯得御,故言伐而不言败。"胡瑗认为,王者是至高无上、天下无敌的。"尊王"是宋儒眼中的《春秋》学大旨。章太炎先生指出"贵王贱霸之说,三传俱无。汉人偶及之,宋儒乃极言之耳"[2],甚是。胡瑗在妇女观念上,也已有了早期理学家的影子。"庄公二十四年"《春秋》经文曰:"八月丁丑,夫人姜氏入。戊寅,大夫宗妇觌,用币"。三传皆以为"用币"不合礼法,但是胡瑗却说"妇人,从夫道者也,公亲迎于齐,妇人不从公而至,失妇道也",批评哀姜"失妇道"。胡瑗还称赞了房屋着火不愿离开而心甘情愿被烧死的伯姬:"伯姬乃妇人中之伯夷也。"这反映出胡瑗思想中已经有了后来理学家刻板的思想。

胡瑗的《中庸义》已佚,赖南宋卫湜《礼记集说》录有胡瑗解说《中庸》二十七条。概之,胡瑗对儒家经典重在阐发义理以求经世致用,这与汉唐章句注疏之学大异其趣,是非常典型的宋学路径。胡瑗不仅在儒学教育上开宋学之先河,在学术上也展现出宋代儒学的新面貌。

第二节　导宋代学术先路的北宋名臣范仲淹

朱熹曾指出,宋朝道学之盛"亦有其渐,自范文正以来已有好议论,如山东有孙明复,徂徕有石守道,湖州有胡安定,到后来遂有周子、程子、张子出"[3],暗示范仲淹实为宋代道学开端性人物之一。《宋元学案》首列安定、泰山,其序录云"宋世学术之盛,安定泰山为之先河",然又谓"晦翁推源学术,安定、泰山而外,高平范魏公其一也。高平一生粹然无疵,而导横渠以入圣人之室,尤为有功"。因此,全祖望在《宋元学案》中

---

① 参见赵伯雄《春秋学史》,山东教育出版社 2004 年版,第 425 页。
② 章太炎:《经学略说》,章太炎讲演,诸祖耿等记录:《章太炎国学讲录》,中华书局 2013 年版,193 页。
③ 黎靖德编,王星贤点校:《朱子语类》卷一百二十九,中华书局 1986 年版,第 3089—3090 页。

的《安定学案》《泰山学案》之后补入《高平学案》。朱熹在《三朝名臣言行录》中还说:"文正公门下多延贤士,如胡瑗、孙复、石介、李觏之徒,与公从游。"可见"宋初三先生"也是出自范仲淹门下。范仲淹父辈以上已世居苏州,他本人出生于徐州,是地道的江苏人。他是江苏地区又一位对宋代儒学发展有重大贡献的人物。

一、范仲淹的生平与政治生涯

范仲淹(989—1052),北宋政治家、思想家、文学家,祖先为唐代宰相范履冰,祖籍河南。其后裔中的一支因战乱迁徙至江南,定居于吴县(治今江苏苏州)。范仲淹的父亲范墉早年在吴越为官,宋朝建立后,范墉随吴越王钱俶归降大宋,任武宁军(治所在今江苏徐州)节度掌书记,范仲淹即出生于此。范仲淹两岁丧父,家境贫寒,其母改嫁朱氏,因此范仲淹改姓朱。因为家境非常贫寒,范仲淹少年时代在僧舍读书期间,每天作粥一器,分为四块,早晚各取两块,加上一点腌菜和少许盐作为果腹之物,这样的生活持续了三年之久。《宋史》本传记载,范仲淹在知道自身家世之后,哭泣辞别母亲,来到应天府,追随大儒戚同文学习。戚同文是一位德才兼备、精通群经的学者,范仲淹在其教导之下学习非常刻苦。范仲淹昼夜苦学,五年未尝解衣就枕,常常日昃就食。这样的生活,众人皆不能忍受,而范仲淹不以为苦。

范仲淹于宋真宗大中祥符八年(1015)中进士,任广德军司理参军,后又任集庆军节度推官。此时,范仲淹迎回其母奉养,并将姓改回范姓,名仲淹。其后,范仲淹又在泰州西溪镇盐仓、大理寺、楚州粮科院等处任职。天圣五年(1027),范仲淹作《上执政书》,洋洋万言,分析了北宋朝廷的种种时弊和危机,提出了自己的政治主张和改革理念。其曰:"今朝廷久无忧矣,天下久太平矣,兵久弗用矣,士未曾教矣,中外方奢侈矣,百姓反穷困矣。"①对此,范仲淹提出"固邦本,厚民力,重名器,备

---

① 范仲淹著,李勇先、王蓉贵校点:《范仲淹全集》,四川大学出版社 2007 年版,第 212 页。

戎狄,杜奸雄,明国听"①的政治主张。此后,范仲淹因劝太后归政,之后又得罪了吕简夷,仕途一直不顺利。康定元年(1040),西夏元昊犯边,情势危急。朝廷启用范仲淹抵御西夏,功绩卓著。在庆历三年(1043),范仲淹的政敌吕夷简病逝后,范仲淹重新回朝任枢密副使,旋又任参知政事,与韩琦等人共同主持庆历新政,考核官吏、整顿吏治,官僚集团面貌焕然一新。但其也因此树敌,不久就被诬为"朋党"。适逢边陲不宁,范仲淹便请求外放。晚年范仲淹因年老疾病请知颍州,在赴颍州的途中去世,年六十四岁。死后赠兵部尚书,谥"文正"。

宋人叶适曾说,宋代官员大多有如下特点:"必养之于儒馆,必任之金粟,必居之谏净,审谳刑狱,习知边事。一人之身,内外之官无不遍历,较之以资,取之以望,然后其大者为政事之臣,而其小者亦为侍从之官。其人既已周旋众职,详练世事,虽不必真能尽知,而皆习闻其大概。名为蕴藉温雅,沈厚老成,以局度器识自许,而上亦护养爱惜,不使有以少损其名"②。范仲淹的人生轨迹恰如叶适所言。范仲淹为官历经内外,最后成长为具有儒家风范和有远见卓识的政治家。范仲淹有杰出的政治才干,他主持的庆历新政虽然短暂,却开启了北宋政治革新的风气。他个人际遇沉浮也是其"达则兼济天下,穷则独善其身"的生动体现。

宋儒的文质观与政治紧密相连。范仲淹在《奏上时务书》中说:"质弊而不救,则晦而不彰;文弊而不救,则华而将落"③,提倡"文质相救"。范仲淹政治理念具有传统儒家保守的一面,认为"工之奇器,败先王之度;商之奇货,乱国家之禁"④,国家的根本是农业。范仲淹认为国家对农业的支持还不够,是有劝农之名,而无劝农之实。国家需要抑制工商业的奢侈,重新分配流民,裁撤冗兵,鼓励农业的发展,要以劝勤戒懒的方式,来恢复久已懈怠的秩序。这些主张大体还是以前儒家士大夫整顿社会秩序的老路。对于治边御敌,范仲淹有丰富的经验,他提倡积极备战,认为"今兵久不用,未必为福",因为"昔之战者,毫然已老;今之壮

---

① 范仲淹著,李勇先、王蓉贵校点:《范仲淹全集》,四川大学出版社 2007 年版,第 212 页。
② 叶适:《官法上》,《叶适集》,中华书局 1961 年版,第 666—667 页。
③ 范仲淹著,李勇先、王蓉贵校点:《范仲淹全集》,四川大学出版社 2007 年版,第 200 页
④ 范仲淹著,李勇先、王蓉贵校点:《范仲淹全集》,四川大学出版社 2007 年版,第 218 页。

者,嚣而未战"。① 北宋初之精兵强将,已经逐渐凋零。宋真宗登基之初,国家尚有旧将旧兵,但是现在已经垂垂老矣。如果不发掘和培育新的军事人才,戍边名将匮乏,就会造成"或惧而不守,或守而不战,或战而无功"的局面。范仲淹反对北宋废学孙吴之书之政策,认为这与秦朝焚书没有本质区别。北宋朝廷极端怀疑和防范武将的严酷做法已经严重影响到了边疆的安全,导致兵弱无将,对御戎产生了非常不利的影响。范仲淹对此非常不满,并尝试改进。庆历新政虽持续不久即告失败,但对北宋打破内忧外患的局面还是起到了积极的作用。

二、范仲淹对推动北宋儒学发展做出的贡献

范仲淹不但是北宋庆历新政的领袖,对推动北宋儒学发展也有重要贡献。宋代学术至庆历新政而激扬发越,朱熹说:"自范文正以来,已有好议论。如山东有孙明复,徂徕有石守道,湖州有胡安定,到后来遂有周子、程子、张子出……"②庆历初范仲淹在陕西主持边疆军务,当时宋代理学之关学的代表人物张载年仅十八,慨然以功名自许,上书范仲淹要求组织兵马收复失地。范仲淹颇惊异于这位年轻人志向高远,便对他说:"儒者自有名教可乐,何事于兵?"并以手书《中庸》授予张载,从而把张载引导上了儒学的道路。可见范仲淹实际上起到了"导宋代学术之先路"的作用,故《宋元学案》有"高平一生,粹然无疵;而导横渠以入圣人之室,尤为有功"的评价。钱穆先生论及范仲淹,亦认为其"自朝廷之有高平,学校之有安定,而宋学规模遂建。后人以濂溪为宋学开山,或乃上推之于陈抟,皆非渊源之真也"③。"处庙堂之高"的范仲淹在朝中与"宋初三先生"之一的胡瑗在学校遥相呼应,正是这两位江苏人实质性地开启了北宋书院讲学的风气,推动了宋代儒学的复兴,儒学在历经魏晋南北朝中衰之后,重新在宋代绽放出耀眼的光芒。

范仲淹对讲学非常重视,并亲自实践。他在《邠州建学记》中说:

---

① 范仲淹著,李勇先、王蓉贵校点:《范仲淹全集》,四川大学出版社 2007 年版,第 221 页。
② 朱熹:《朱子全书》第 18 册,上海古籍出版社、安徽教育出版社 2002 年版,第 4026 页。
③ 钱穆:《中国近三百年学术史》,商务印书馆 1997 年版,第 4 页。

"国家之患,莫大于乏人。人曷尝而贫哉? 天地灵粹,赋于万物,非昔醇而今之漓。"①范仲淹认为,现今国家并不缺乏具有潜质的人,但是今天人才所以不能够彰显的原因就在于"教有所未格,器有所未就"②。范仲淹在庆历年间推动了朝廷的兴学活动,在各地建立学校。范仲淹从《易》之《小蓄》"君子以懿文德"中,推论出其道未通之时,就要蓄文德,以等待天下大治的时机。由于范仲淹大力推动儒学教育,他成了北宋诸多学派、不同学者之间的关联人物,并获得了他们的尊敬。

范仲淹重视举荐人才,其在《奏为荐胡瑗李觏充学官》中举荐胡瑗,爱才之心跃然纸上。可以说,北宋学术的兴盛,范仲淹起到了非常重要的作用。范仲淹与其后的欧阳修、王安石等政界和学界领袖,共同推动了北宋学术的演进。范仲淹在学术理念上秉持宽容的态度,海纳百川,对于道家、佛教理论亦时有借鉴。不过,范仲淹虽出入道、佛,但其根本思想还是儒家思想,别家思想都被转化纳入儒家价值观与实践之中。范仲淹在《上执政书》中说:"夫释道之书,以真常为性,以清净为宗。神而明之,存乎其人,智者尚难言,而况于民乎? 君子弗论者,非今理天下之道也。其徒烦秽,不可不约。"③大体而言,范仲淹对佛道持有一种较为开放与宽容的观念,不过,范仲淹认为,民众的教化仍然要以具有浓烈入世情怀的儒家思想作为主流。况且,当时佛道两家弟子鱼龙混杂,不遵孝悌之义者有之,有罪乖戾者亦有之。如果任其发展,不利于社会秩序。范仲淹认为,儒家重名,对于名节的爱护,正是儒家能够为国家所用的基础,名教的意义也就在于此。这也是范仲淹《近名论》的要义。其云:"我先王以名为教,使天下自劝。"④范仲淹以儒学为本,重视名誉对于士大夫道德的制约作用,正所谓"人不爱名,则虽有刑法干戈,不可止其恶也"⑤。孔子作《春秋》,即名教之书,有"善者褒之,不善者贬之,使后世君臣爱令名也"⑥的作用。

① 范仲淹著,李勇先、王蓉贵校点:《范仲淹全集》,四川大学出版社 2007 年版,第 195 页。
② 范仲淹著,李勇先、王蓉贵校点:《范仲淹全集》,四川大学出版社 2007 年版,第 195 页。
③ 范仲淹著,李勇先、王蓉贵校点:《范仲淹全集》,四川大学出版社 2007 年版,第 217 页。
④ 范仲淹著,李勇先、王蓉贵校点:《范仲淹全集》,四川大学出版社 2007 年版,第 154 页。
⑤ 范仲淹著,李勇先、王蓉贵校点:《范仲淹全集》,四川大学出版社 2007 年版,第 154—155 页。
⑥ 范仲淹著,李勇先、王蓉贵校点:《范仲淹全集》,四川大学出版社 2007 年版,第 155 页。

三、范仲淹的儒学研究及其儒者道德人格的垂范意义

范仲淹有文集二十卷传世。内容除了政府奏议及诗文外,也包括对儒学经典的研究文章。范仲淹对群经都比较熟悉,尤精于《易》学,时常引《易》对现实政治加以评论与发挥。《宋史》其本传曰:"仲淹泛通六经,长于《易》"。范仲淹的《易》学思想主要散见于《易义》《易兼三材赋》《穷通知化赋》《四德说》中。范仲淹的《易义》也像宋代其他《易》学著作一样,重视义理的阐发。这对其政治实践有一定的理论指导作用,如范仲淹论《革》卦曰:

> 《革》,水火相薄,变在其中,圣人行权革易之时也。夫泽有水而得其宜,今泽有火,是反其常矣。天下无道,圣人革之以反常之权。然则反常之权,天下何由而从之?以其内文明而外说也。以此之文明易彼之混乱,以天下之说易四海之怨,以至仁易不仁,以有道易无道,此所以反常,而天下听矣,其汤武之作耶!苟道德不去,虽汤武日生,当为天下之助,何反常之有焉![1]

泽中有火,是社会秩序大乱的末世象征。此时需要圣人来突破常规,权之以时。但汤武革命这类问题在历朝都是异常敏感的话题,如何把握尺度呢?范仲淹认为,汤武革命不可以随便发生,天下跟从的依据就是"内文明而外说",即能够用文明来改变社会的混乱状态,能够用天下之欢乐来改变四海之怨恨,能够以仁爱来改变不仁,能够以有道改变无道。做到这些,即使突破常规,天下也欣然而从。范仲淹补充说,如果一个朝代没有出现道德沦丧的情况,即使是有汤武那样的人出现,他们也要作为臣子尽心尽力辅佐君主治理国家,而不允许有反常行权的举动。这是范仲淹对于改换朝代的认识。

此外,习《易》对范仲淹在逆境中能够安时处顺、自强不息也有深刻

---

[1] 范仲淹著,李勇先、王蓉贵校点:《范仲淹全集》,四川大学出版社 2007 年版,第 148 页。

影响。范仲淹释《困》卦强调君子的特质就在于困穷之时也"固穷而乐道"①。范仲淹有先天下之忧而忧、后天下之乐而乐的伟大政治家情怀和儒家士大夫乐天知命的精神。范仲淹认为，万事万物，极而后反。在困而未反时，君子要像孔子困于陈蔡时那样，泰然自若、不忧不惧。这也是范仲淹身处困境时的自我写照与自我激励。范仲淹还写过《易兼三才赋》②，在这篇赋中他认为《易》沟通了天地人，具备三材之道，故可以"上以统百王之业，下以断万物之疑"。由此可见，《易》学对于范仲淹的政治实践与学术人生都有非常重要的意义。

除了《易》学研究，范仲淹对《春秋》也有所研究。宋初学者重事功，故《春秋》学大兴。范仲淹认为，《春秋》蕴含着微言大义，"褒贬大举、赏罚尽在"③，可以给后世提供宝贵的参考和借鉴。群经之中，释《春秋》难在繁杂。范仲淹认为，子游、子夏对《春秋》没有多少贡献，《春秋》三传也差强人意。士大夫习《春秋》必须重视孔子的微言大义，学到万世不易的准则。

范仲淹有着坚忍不拔的道德人格，是宋人重气节的典范人物。其深远影响，不但深刻影响了两宋士大夫精神风貌，也影响了后世。范仲淹以其崇高的人格魅力，促进了新士风的形成，被朱熹誉为"天地间气第一流人物"。范仲淹不以学术名家，是因为范仲淹首先是一位杰出的政治家。不过，作为北宋庆历新政领袖的范仲淹，在学术上融汇各家而始终以儒家为基调，为其政治实践提供了启发和依据。概之，范仲淹用一生的政治实践，达到了儒家醇然无疵的理想人格境界。其"先天下之忧而忧，后天下之乐而乐"的儒家伟大情怀为后世尊崇和传扬。范仲淹伟大的儒者精神为江苏儒学史写下了浓墨重彩的一笔。

另外值得一提的是，范仲淹的次子范纯仁官至宰相，是北宋时期一位声誉卓著、性格耿直的儒官。从他身上所体现出来的忠直耿介的儒者品行，我们也可以看到范仲淹人格力量的影响。范纯仁做官历经仁宗、英宗、神宗、哲宗、徽宗五朝，仕途大起大落，既做过地方小官，也做

---

① 范仲淹著，李勇先、王蓉贵校点：《范仲淹全集》，四川大学出版社 2007 年版，第 148 页。
② 范仲淹著，李勇先、王蓉贵校点：《范仲淹全集》，四川大学出版社 2007 年版，第 492 页。
③ 范仲淹著，李勇先、王蓉贵校点：《范仲淹全集》，四川大学出版社 2007 年版，第 189 页。

过宰相,在朝中很有威望。他不论在什么情况下,都持有公心,从不违心迎合上意。只要是道义所在,就坚持己见从不屈服。他秉公持正,遵循"群而不党""周而不比"的君子之道。在其对王安石变法的态度与评价中,范纯仁的公心可见一斑。[①] 他在朋党之争激烈的北宋朝廷上保持公正的立场,他心性平和、光明磊落、宽仁有雅量、从不以声色加于人,自认平生所学就是"忠恕"二字。他能冒着被贬谪的风险为苏轼、苏辙、韩维、吕大防等人说话,为他们争取公平的待遇。他荐引人才,必出以天下公义,许多被引荐的官员并不知道是出自范纯仁的举荐。范纯仁一生始终保持着简朴的本色。其所得奉赐,都被用来扩大义庄的规模。范纯仁以一生的政治实践,展现出儒家士大夫温和宽仁而又刚毅不屈的崇高品格,为后世所景仰!

第三节　开创"金陵之学"的王安石的早期学术

王安石是宋代著名的思想家、政治家、文学家、改革家。王安石虽并非出生于江苏,但其一生有很长一段时间是在江苏度过的。对王安石一生的是非功过历来就有不同的评价;对王安石学术的归类,也有杂家说、实学说、法家说、理学说、经济学说、儒教说,乃至近现代以来的唯物主义学说等等[②];对王学的地位,又有高居首位说、汉宋转换说、理学先导说等等[③]。这些说法都有一定的依据和道理。不过需要注意的是,包括王学在内的许多学说的形成和演化本身都是一个动态的过程,不是一成不变的。王学之基产生于其拜相之前的金陵时期。此时王学的特点是以《易》学为主体,注重儒家的内圣之学,重视自身道德修养的提升。因此王安石早期的"金陵之学"也应该属于宋代江苏儒学的论述范围。

---

① 参见《宋史》卷三百一十四《范纯仁传》,中华书局 1977 年版,第 10286 页。
② 关于此点,可参考杨天保先生《金陵王学研究——王安石早期学术思想的历史考察(1021—1067)》,上海人民出版社 2008 年版,第 3—26 页。本文参考借鉴了杨先生对王安石"金陵之学"特质的见解,在此表示感谢。
③ 关于此点,参见杨天保《金陵王学研究——王安石早期学术思想的历史考察(1021—1067)》,第 24—31 页。

一、王安石与金陵

王安石(1021—1086),初字介卿,后改为介甫,号半山,抚州临川(今江西抚州)人。王安石少年时因其父王益官江宁府通判,遂随父母居住在江宁(今江苏南京)。王安石自幼天资颇高,"少好读书,一过目终生不忘。其属文动笔如飞,初若不经意,既成,见者皆服其精妙"①。庆历二年(1042),王安石中进士,到扬州府做了韩琦的幕僚。在庆历七年(1047)以后,王安石历任鄞县、舒州、常州、饶州等地官员。王安石在江南任地方官期间,体恤民生疾苦,重视为民谋利,积累了大量的从政经验。在常州任职期间,王安石结识了诗人王令,二人成为莫逆之交。王安石希望王令够与自己"共功业于天下",可惜王令在二十八岁时就去世了。庆历年间,欧阳修慧眼识人,认为王安石将成为未来的文坛盟主。嘉祐四年(1059),王安石作《上仁宗皇帝言事书》,分析总结时政之弊端,强调改革的重要性。但因为政见不同,宋仁宗并未理睬其建言。嘉祐八年(1063),王安石回江宁为母守丧期间,潜心学术,形成了影响其一生的学术理路,王学中重心性、义理之学的特质开始显现。早期王学重视对《易解》《洪范传》和对字学的研究。嘉祐八年至治平三年(1063—1066),王安石在江宁讲学,从者甚众,形成了其早期学术的基本脉络。当时,江南学子多游学于安石门下,"朝虚而往,暮实而归,觉平日就师十年,不如从公之一日也"②,可见他们对王安石的崇敬之情。这其实也是时人对王安石在金陵形成的早年学术的态度,这与王安石变法以后谤满天下的情形形成鲜明对比。

宋神宗继位以后,志向很大,立志改革。王安石上《本朝百年无事札子》力陈变法的重要性,君臣二人一拍即合。熙宁二年(1069),王安石任参知政事,开始变法。熙宁三年(1070),王安石任中书门下平章事,力压众议,全面推行新法。"熙宁变法"以富国强兵为目标,试图改

① 《宋史》卷三百二十七《王安石传》,中华书局 1977 年版,第 10541 页。
② 陆佃:《陶山集》卷十五《傅府君墓志》,《丛书集成初编》本,商务印书馆 1936 年版,第 165 页。

变国家积贫积弱、财政匮乏的局面。变法的经学依据主要是《周礼》，王安石主持编纂的《周礼》《诗》《书》"三经新义"被定为官方科举考试的范本，颁行于学校。其他诸注皆被废除，学术定于一尊。由于变法过程中出现了诸多问题，熙宁七年（1074），王安石被外放知江宁府（治今江苏南京）。熙宁八年（1075），王安石再次以同平章事起。这时变法派内部也出现了矛盾。熙宁九年（1076），王安石之子王雱①病逝。王安石内外交困，上书请辞，于是年罢相，再次退居江宁，封荆国公。此后王安石一直居住在今南京市中山门内半山园，直到元祐元年（1086）逝世，年六十六。

王安石虽然不是江苏人，但终其一生都与今江苏境内的金陵（今江苏南京）结下了不解之缘。纵观王安石一生，两次于金陵守丧，三任金陵知府，两次罢相居于金陵，金陵见证了王安石人生与政治生涯的起伏。王安石诗咏金陵各地之作，达一百三十六首之多，这也从侧面衬托出了金陵对王安石的巨大影响。② 金陵不但是王安石晚年的退居之地，更为重要还是其早年学术之发源地。杨天保先生主张以"金陵之学"来定义"王学三体"中的"王学原生体"③，可谓卓见。可以说，"金陵之学"就是王学之源。

二、王安石早期的"金陵之学"

王安石在金陵，形成了他自己的"内圣外王"的学术思路。王安石任职江南期间，对时政之弊早已洞若观火，并形成了早年的交际圈和学

---

① 王安石的儿子王雱（1044—1076），也是王安石变法重要的支持者。王雱少年时代就才华横溢、志向远大。《宋史·艺文志》载其著作有《论语解》十卷、《注孟子》十四卷等。王雱著作以儒学著作为主，其本人也在王安石变法中成为其父的重要辅翼。王雱积极支持王安石变法，努力从经典中寻找变法的依据。不过王雱较其父为人更为偏激刻薄，时常主张以严厉的态度来打击反对变法的大臣，在家中又言行刻薄，故为世人所讥。1076 年，王雱去世，也给王安石退居金陵的晚年生活增添了打击。
② 参见杨天保《金陵王学研究——王安石早期学术思想的历史考察（1021—1067）》，上海人民出版社2008 年版，第 73 页。
③ 杨天保先生将"王学三体"分为早年原生体、官学体和晚年变体三种。而"金陵之学"的定义充分体现出了早期王学的地域特征。此点详细可以参考杨天保《金陵王学研究——王安石早期学术思想的历史考察（1021—1067）》，上海人民出版社 2008 年版，第 69 页。

术切磋网络。如王安石在舒州任职时,与孙觉友善,多有书信往还,又如王安石曾与王令等多次探讨儒家进退之道,等等。以金陵为中心的江南学术对王安石学术和政治理念形成的影响之深,难以估量。王安石少年时代家道的急剧衰弱,使其更加了解在当时举业对于家族复兴的重要性。杨天保先生认为,王安石早年颇有"循吏"之志,这也是宋初重视事功的体现。不过,随着选举社会的到来,举业成为王益去世之后王安石复兴家族的重要途径。钱穆先生指出,宋学精神有两点,一是革新政令,一个是创通经义,而王安石变法前之宋学所重皆在政事①。盖因为重在政事,故《春秋》学才大行于宋初。随着科举制度之复兴,家族势力渐衰,士大夫家族中进士的数量,是衡量新的历史环境下士大夫家族繁荣的标准之一。王安石正是由举业而兴,并在熙宁变法中将"创通经义"摆在了极其重要的位置。

王安石"金陵之学"时期的著作主要有《易解》二十卷、《洪范传》一卷、《论语解》十卷、《孟子解》十四卷、《左氏解》一卷、《淮南杂说》二十卷、《扬子解》一卷、《庄子解》四卷等等。此时其学术的核心是《易》学。而"新学",则是在王学原生体"金陵王学"官学化后的产物,与原生体"金陵王学"相比,学术痕迹和创新程度已经大大减弱。到了王安石晚年退居金陵之后,又形成了其学术的晚年风貌——融汇佛、道之说。这一历程,可以用王安石自己的一首诗《吾心》概括之:

> 吾心童稚时,不见一物好。意言有妙理,独恨知不早。
> 初闻守善死,颇复吝肝脑。中稍历艰危,悟身非所保。
> 犹然谓俗学,有指当穷讨。晚知童稚心,自足可忘老。②

"金陵王学"的特质随着王安石拜相后官学的兴盛而逐渐为人所遗忘。但是依旧有人记得"金陵之学"的独特性质,如范纯仁曾批评王安石说他"欲求近功,忘其旧学"③,所谓"旧学",就是指王安石的早年学术。在

---

① 关于此点,可参考钱穆《中国近三百年学术史》"两宋学术"部分。
② 王水照主编:《王安石全集》第 5 册,复旦大学出版社 2017 年版,第 178 页。
③《宋史》卷三百一十四《范纯仁传》,中华书局 1977 年版,第 10284 页。

王安石变法诽谤四起之后,范纯仁也说"以王安石比莽、卓,过矣,但急于功利,遂忘素守"①。"素守"也是指王安石当年受到江南士子追捧的早年学术。朱熹也说:"《易》是荆公旧作,却自好。《三经义》,是后来作底,却不好"②。这些说法也许带有他们自己政治和学术立场的偏见,但也都抓住了王安石学术演化的一个时间节点,认为早期王学是以《易》学为主导的,与后期官学有明显的区别。

232

王安石早年的《易》学研究,并无师承,是靠自己读书思考总结出来的。王安石在《答韩求仁书》中说:"当是时,为可以学《易》也,唯无师友之故,不得其序,以过于进取"③,向周敦颐求学也被拒之门外,王安石早年学术多得于自己的摸索,可谓是"自求之六经",但却颇有独到的心得。邵博《邵氏闻见后录》卷六《录伊川手迹》曰:"为《易》学者,但取王辅嗣、胡先生、王荆公之说读之,无余事矣。"④可见王安石在《易》学方面的成就是有很高的声誉的。

另外,《邵氏闻见后录》认为的王安石喜字学始自晚年,与事实并不相符,这一点,杨天保辨析甚当。字学贯穿了整个王学脉络,在早年学术中就有字学的深刻影响。王安石早年学术著作《易解》,释经简洁流畅,而又特喜解字。金陵原本就是中国书法的中心,从六朝陆机、"二王",到五代宋初的金陵之徐铉、徐锴,源远流长。尤其是"二徐",对《说文》学的贡献世人皆知。到了清代,江苏又成为字学研究重镇,著名的"二王"就出自江苏。王安石对于字学的热爱,贯穿了从早年在江苏治学,到拜相入京,最后到晚年退居金陵的一生。其字学的成就,也与其摆脱前代经学注疏,开拓新的经学思路紧密相关。王安石将字学和《易》学紧密地联系在一起,认为《易》与《字说》相表里。到了晚年,王安石还将字学与禅学结合了起来,形成了其退居金陵之后的独特的学术思路。

---

① 邵伯温:《邵氏闻见录》,三秦出版社 2005 年版,第 169 页。
② 朱熹:《朱子全书》第 16 册,上海古籍出版社、安徽教育出版社 2002 年版,第 2636 页。
③ 王水照主编:《王安石全集》第 8 册,复旦大学出版社 2017 年版,第 1293 页。
④ 邵博:《邵氏闻见后录》,中华书局 1983 年版,第 46 页。

三、王安石的儒学研究

王安石一生著述丰富，前人或将其归于法家，但实际上他的著作中与儒学相关的颇多，有《易解》（又有名为《易义》的版本）、《洪范传》《新经书义》《新经毛诗义》《新经周礼义》《三十家毛诗会解义》《论语解》《孟子解》《左氏解》《孝经解》等，后人编有《临川集》一百卷。

王安石早期学术中占主导地位的是他的《易》学。王安石解《易》之作，经过多次修订，有十四卷《易解》和二十卷《易义》二种，二者并传于世。[①] 王安石的解《易》之作，因为是早期学术，没有像《三经义》一样成为官方的教科书。《郡斋读书志》说："独《易解》自谓少作，不专以取士。"朱熹亦云："《易》是荆公旧作，却自好；《三经义》是后来做底，却不好。"可见王安石早年学术与后面变法时期的经学有极大的不同。耿亮之先生指出："王安石多次强调教化为本而政教刑政为末，不知王安石《易》学，不晓新学之性命义理。视《三经义》特别是《周礼义》为新学主干，与舍本求末者何异哉！"[②]王安石《易》学研究作为其早年学术的最重要成果，对其一生政治与学术生涯都具有重要意义。另外，王安石《临川文集》中还有《易象论解》《卦名解》《易泛论》《九卦论》《大人论》《致一论》等篇，共同构成了王安石《易》学理论体系。

王安石《易》学的侧重点主要在于发挥有关社会政治、伦理道德和君子安身立命等方面的义理。宋仁宗宝元年间，王安石在江宁为其父王益守丧期间曾给蒋堂写《上蒋侍郎书》。文中以《易》之《比·上六》"比之无首，凶"来阐发君臣上下都要进退以时、不可妄动的道理，这似乎是当时王安石政治处境的写照。王安石对君臣关系的看法，是"可至则至之""可终则终之"[③]。程颐对此大为不满，说王安石"大煞害事"，会导致"使人臣常怀此心，大乱之道。亦自不识汤、武'知至至之'只是至

① 《中兴书目》《直斋书录解题》《宋史·艺文志》皆著录《易解》，《郡斋读书志》《玉海》则著录了《易义》。
　参见王水照主编《王安石全集》第1册，复旦大学出版社2017年版，第3—4页。
② 耿亮之：《王安石易学与其新学及洛学》，《周易研究》1997年第4期。
③ 王水照主编：《王安石全集》第1册，复旦大学出版社2017年版，第16页。

其道也"①。不过,程颐单凭此点评价王安石的君臣观并不全面。王安石认为,君主要贤明,大臣要忠君,君臣之间必须互相协助,国家才能强盛。王安石强调君主的尊严,因为君主在当时是维护社会稳定和民众安宁的根本性因素。王安石释《师》卦之"大君有命,开国承家,小人勿用"曰:"师之事,必曰'王'、曰'大君'、曰'天子'。征伐宜自天子出,万世之通法也"②,强调征伐自天子出,又在释《蛊·上九》条云:"蛊者,臣子之任也,故其爻虽得尊位,亦干父而已。有父子然后有君臣,君臣之义,取诸父子而移之者也。"③但同时他又强调君主必须贤明,不可恃强凌弱,他在解释《比·九五》时,就曾批评唐太宗伐高丽不明智。

可见,王安石的君臣观有一整套理论主张。王安石《易》学与诸多北宋儒者一样,非常关注君子立身处世、安身立命相关的问题。他认为君子首先要有心忧天下的情怀,有更正君过的勇气。其论《否·六三》"包羞"条曰:"处臣之盛位,而不能发舒以正其君,是可羞也",王安石认为大臣"正其君"是一种基本道德与责任。与胡瑗一样,王安石重视君子之智,其论《蹇·象》曰:"见险而止,未必能安而乐之,智者之所及也。困之材则险以说,困而不失其所亨,能安而乐之也,故曰:'其为君子乎。'君子则具仁、智也"④。王安石在阐释《易》之《井·九三》时,言简意赅地指出了君子一生应该坚持的人生观,他说:"君子之于君也,以不求求之;其于民也,以不取取之;其于天也,以不祷祷之;其于命也,以不知知之。"⑤这几句话被全祖望誉为"此数语乃荆公一生作用、一生心法"⑥,也是被杨天保先生概括为王安石"金陵之学"的早年学术给其一生政治生涯奠定的基调。王安石对《井》卦的阐释表达了他所认定的君子对君主、民众、上天、命运所应有的态度。士大夫对君主要以不求求

① 程颢、程颐:《二程集》,中华书局 1981 年版,第 248 页。
② 王水照主编:《王安石全集》第 1 册,复旦大学出版社 2017 年版,第 30 页。
③ 王水照主编:《王安石全集》第 1 册,复旦大学出版社 2017 年版,第 50 页。
④ 王水照主编:《王安石全集》第 1 册,复旦大学出版社 2017 年版,第 81 页。
⑤ 王水照主编:《王安石全集》第 1 册,复旦大学出版社 2017 年版,第 96 页。
⑥ 全祖望:《鲒埼亭集·经史问答》,全祖望撰,朱铸禹汇校集注:《全祖望集汇校集注》,上海古籍出版社 2000 年版,第 1870 页。

之,顺其自然,不能纯粹为了追求君臣际遇而一味逢迎。朝廷对民众"要以不取取之",不能以强硬的手段获取过度的赋税,而要通过更好的方法促进国家财政收入,这也是日后王安石富国理财的基本理念。杨倩描认为,这里的"取"还有一个意思,即训为"治",甚是。① 对上天要以"不祷祷之",人不仅仅需要天道的扶持,也需要自身的努力和进取。儒者既要有心怀天下的责任感,又要有乐天知命的乐观精神。

出入重时,经而能权。所谓"经",就是原则;所谓"权",就是变通。但什么是"权",何时能"权",众说纷纭。《周易》重"时",也重"行权"。"行权"的思想,也成为政治改革家王安石政治实践的思想基础。王安石在《禄隐》中说:"圣者,知权之大者也;贤者,知权之小者也"②,以知权的程度来区分圣贤。王安石解《随·象》《晋·初六》③等,也表达了君子要因时权变、进退得中的道理。君臣之合,如果时机不对,则"物不能堪"。王安石早年建议被宋仁宗束之高阁,故退居江宁以待其时。至神宗登基,他才开始实现自己的政治理想。金陵可谓见证了王安石对《易》"动静有时"思想的深刻体悟。但王安石也强调,重权变不等于没有操守和原则,而这个操守和原则就是中正之道。因此,王安石解《随·九四》《损·六四》等都颇强调"得中""守道"④,可见"知权"不是"乱权","行权"有很高的限制与要求,并非毫无原则随性为之,更不是见风使舵和投机取巧。"行权"建立在对时事清醒认知、理性判断和道德坚守基础之上。也正是因为宋代儒家士大夫有刚毅不屈的精神,能够在逆境中坚持自己的道德操守,才使宋儒风范名垂青史。

第四节　宋代江苏儒学的《春秋》学和《易》学研究

在儒学发展史上,经典的注疏与阐释不断完善和丰富着儒学义理

① 杨描倩《王安石〈易〉学研究》(河北大学 2004 年博士学位论文)一文认为,此处之"取",与河上公、俞越训《老子》第四十八章"取天下常以无事。及其有事,不足以取天下"之"取"为"治"一致。

② 王水照主编:《王安石全集》第 6 册,复旦大学出版社 2017 年版,第 1240 页。

③ 参见王水照主编《王安石全集》第 1 册,复旦大学出版社 2017 年版,第 47、75 页。

④ 参见王水照主编《王安石全集》第 1 册,复旦大学出版社 2017 年版,第 48、86 页。

的内涵;而儒学义理之学的发展也进一步促进了经学的研究,二者相辅相成,相得益彰。宋代儒学在性命义理之学的讨论不断精深的同时,经学的研究也涌现出很多成果,其中《春秋》学和《易》学是其热点。从《宋史·艺文志》可以看出,宋人所注经部书,《春秋》类最多,《易》类次之。可以说《春秋》学和《易》学是宋代儒学中的两门显学。同样江苏儒学在《易》学与《春秋》学的研究方面,也是硕果累累。《春秋》学方面,北宋有《春秋》学名家孙觉,南宋有《春秋》学大家叶梦得。《易学》方面,胡瑗、刘牧、朱长文、李衡、都絜等都卓有成就。以下就宋代江苏学者在这两方面的成就再做一些论述。

一、宋代江苏的《春秋》学研究

皮锡瑞《经学通论》曰:"须知孔子所作者,是为万世作经,不是为一代作史。经史体例所以异者,史诗据事直书,不立褒贬,是非自见。经史必借褒贬是非,以定制立法,为百王不易之常经。"[1]自唐代孔颖达《五经正义》出,对经的注疏进入了统一时代,但随之而来的则是怀疑精神的增长,这为宋代经学开拓了一条新路。宋代《春秋》学,大体沿唐人啖、赵、陆三家的学术思路,彰显了怀疑精神。宋儒多强调《春秋》经的无限权威,所以他们时常或兼采三《传》,或尊《经》而排《传》。归结起来,都是强调《春秋》经的无上权威。另外,《春秋》学与现实政治的关系紧密。宋初政治极端重视事功,看重循吏的培养,中央集权强化,民族矛盾尖锐,这些问题的存在,也对宋代《春秋》学的兴盛起到了推动作用。

宋代江苏的《春秋》学人才济济。胡瑗是宋初开拓《春秋》学新风的学者之一,其后,江苏《春秋》学名家孙觉又是胡瑗的学生。胡瑗作为宋代学术的一位"道夫先路"者,虽然其《春秋要义》三十卷、《春秋口义》五卷等《春秋》学著作已亡佚,但其学生孙觉《春秋经解》尚存,也留存了一部分胡瑗的《春秋》学思想。《宋元学案》辑胡瑗《春秋口义》七条,管中

---

① 皮锡瑞:《经学通论》,中华书局1954年版,第4页。

窥豹,可以看出其治《春秋》有重"尊王"的特点,这也是宋人治《春秋》的共同特点之一。另外,胡瑗的《春秋》学也有理学家思想萌芽的特质。庆历新政的精神领袖范仲淹,以其特殊影响力推动了宋初学术的发展。范仲淹非常重视教育,推动了各地学校的兴起,不仅对"宋初三先生"提携和褒奖有加,对《春秋》学的兴起也起到了不可估量的作用。朱长文是江苏《春秋》学名家。朱长文在太学得孙复《春秋》学的讲授,此后一生即使在其颠沛流离之时都未曾忘记治《春秋》。朱长文《春秋》学治学思路对南宋初期《春秋》学大家胡安国也有影响。王安石一生之学术,发源于金陵,他对《春秋》的看法有所谓"断烂朝报"之语。后来周麟之又引其父语说王安石因嫉妒孙觉《春秋经解》而废《春秋》,关于此点,朱长文已经在其《春秋通志序》中进行了反驳。王安石对《春秋》学的忽视,真正原因大概是因为他首先是一位政治改革家,而《春秋》学歧义极多,不方便其统一思想。两宋之交,江苏又有《春秋》学大家叶梦得,其著《春秋谳》《春秋考》和《春秋传》,使其《春秋》学研究成为一个比较完备的理论体系。叶梦得治《春秋》,融汇前人之说,开创了《春秋》学的新思路。宋代江苏《春秋》学大体如此。胡瑗、范仲淹、王安石另有专论,本节仅取孙觉、朱长文、叶梦得的《春秋》学研究简要论述之。

(一)孙觉的《春秋》学研究

孙觉(1028—1090),字莘老,高邮(今江苏高邮)人。孙觉尝师从胡瑗,以文章经术显,尤其长于《春秋》。孙觉青年时与王安石关系融洽。但随着变法弊端逐渐显现,孙觉上奏青苗法害民,结果被王安石排挤外放为官。宋哲宗时,孙觉兼侍讲,迁右谏议大夫,累迁御史中丞。后因疾请免,除龙图阁学士。孙觉于元祐五年(1090)卒,年六十三。

孙觉在《论取士之弊宜有改更奏》中,主张弃文华而重经术,认为"文章之于国家,固已末矣,诗赋又文章之末欤"[①]。孙觉认为,自庆历年间学校复兴以来,学校兴盛,郡县皆有学舍。但是讲经之风虽然兴盛,

---

① 孙觉:《论取士之弊宜有改更奏》,曾枣庄、刘琳主编:《全宋文》第 72 册,上海辞书出版社、安徽教育出版社 2006 年版,第 349 页。

却没有相关的选拔制度与之匹配,因此就不能以此来为国家选拔人才。孙觉是北宋深受学校经学复兴运动影响而成长起来的儒者,其经学的主要成就是治《春秋》学,《春秋经解》是孙觉现在存世的唯一一部《春秋》学研究著作,《四库全书总目》曰:"觉早从胡瑗游,传其《春秋》之学,大旨以抑霸尊王为主。"①《宋元学案》亦将其归入安定门人。可见,孙觉的《春秋》学理论继承了胡瑗《春秋》学之说,惜胡瑗《春秋》学著作今已不传,无从比较。但因为孙觉此书尚存世,我们似可从此书中管窥胡瑗《春秋》学理论之一二。另外,孙觉对"宋初三先生"之一的孙复的《春秋》学思想也颇多借鉴。孙觉在其《春秋经解自序》中以《春秋》为孔子"老而后成"的典籍,也是其一生政治与学术思想的总结,所谓"《春秋》之所善,王法之所褒也;《春秋》之所恶,王法之所弃也。至于修身、正家、理国、治天下之道,君臣、父子、兄弟、夫妇之法,莫不大备"②。在孙觉看来,《春秋》蕴含着万世不易的王法,是君臣、父子、夫妇之间永恒不变的法则和秩序。《春秋》经因为有了这样神圣的意义,是不可能有任何错误和过失的。如孙觉在阐释《春秋》经成公十七年十一月"壬申,公孙婴齐卒于貍脤"时,就充分体现了这一点。因为此年十一月并无壬辰,但孙觉却不认为这是《春秋》经的失误,因此他进行了大量的解释,目的在于维护《春秋》文本的绝对正确性。

宋人治《春秋》多以"尊王"为重。孙复和孙觉都非常强调"尊王",将"尊王"当作《春秋》一书贯穿始终的微言大义。但孙复的观点比较尖刻,晁公武曾评论说:"明复为《春秋》,犹商鞅之法,弃灰于道者有刑,步过六尺者有诛。"③牟润孙先生也指出:"孙氏尊王之论,足为宋人中央集权制张目。"④孙觉虽然"尊王",观点却较为通达,其曰:"《春秋》之法,有褒则有贬,有善则有恶。褒一善,所以使善则劝;贬一恶,所以使恶者畏。无空言也"⑤,显然与孙复极端化的言论有所不同。孙觉认为,在王

---

① 《四库全书总目提要》,中华书局1987年版,第697页。

② 孙觉:《春秋经解》,《景印文渊阁四库全书》第147册,(台北)商务印书馆1983年版,第555页。

③ 晁公武撰,孙猛校证:《郡斋读书志》,上海古籍出版社2011年版,第112页。

④ 牟润孙:《两宋春秋学之主流》,《注史斋丛稿》,中华书局1987年版,第174页。

⑤ 孙觉:《春秋经解》,《丛书集成初编》第3642册,商务印书馆1936年版。

道板荡的时代,天子名存实亡,因此孔子作《春秋》来替天子赏罚。对《春秋》三传,孙觉似更欣赏《穀梁传》,其云:"三传之说,既未可质而后先,但《左氏》多说事迹,而《公羊》亦存梗概,陆淳以谓断义即皆不如《穀梁》之精。今以三家之说校其当否,而《穀梁》最为精深。"①孙觉治《春秋》也继承了胡瑗治《春秋》学的理路。因胡瑗《春秋》之说几乎亡佚,可资对比处不多。但就大体而言,胡瑗与孙觉皆重"尊王",这也是宋儒解《春秋》的共识。孙觉说:"天王者,天下之至尊而道德之所从出"②。因为天子是全善的象征,故对天子无可褒也无可贬。但孙觉对理想圣王全善形象的建构并不等于其容忍现实君主的过失,孙觉在熙宁元年(1068)上《论人主不宜有轻群臣之心奏》就曾含蓄批评神宗"有睿胜聪明之实",故恃己之聪明来专断独行。孙觉以魏武侯、楚庄王为例强调君主不可自负其能、一意孤行,而要有度量、能进益。可见孙觉在宋代皇权政治构架下对君主绝对权力的担忧,也反映了宋儒出于维护王朝政治稳定而强调"尊王"的同时又希望能以文官体制制约君主专权独断的两难心态。

(二) 朱长文的《春秋》学研究

朱长文(1039—1098),字伯原,苏州吴县(今江苏苏州)人。嘉祐四年(1059)进士,青年时因堕马导致足疾,因此便不肯出仕,建室乐圃坊,以读书儒学为业。朱长文注书阅古,交际广泛,名动京师。宋哲宗元祐年间,授秘书省校书郎,改许州司户参军,充苏州教授。召为太学博士,迁秘书省正字,兼枢密院编修。朱长文著有《春秋通志》二十卷,今已佚。另著有《易经解》《吴郡图经续记》三卷、《墨池编》六卷、《琴史》六卷、《乐圃余稿》等。

《春秋》学是朱长文一生学术中最为看重的部分。朱长文甚至在颠沛流离中也坚持《春秋》学的研究,其《春秋通志》也成为其一生最为珍视的作品。朱长文在《春秋通志序》中追忆了宋仁宗时太学经学的盛

---

① 对于孙觉遵从《穀梁传》,也不可过分拘泥,此点可以参考赵伯雄《春秋学史》第七章《宋元明〈春秋〉学》(山东教育出版社 2004 年版)。
② 孙觉:《春秋经解》,《丛书集成初编》第 3642 册,商务印书馆 1936 年版,第 126 页。

况,其中重点是《易》学与《春秋》学。石介、孙复、胡瑗等大儒的到来,对《春秋》学和《易》学的讲解和传播起到了非常重要的作用。朱长文青年时代跟随胡瑗学《易》,从孙复学《春秋》。朱长文认为,孔子作《春秋》的目的,就是存王道见己志。孔子有德而无位,故作《春秋》"拨乱反正",正是非曲直,"尊王室,绳暴乱,举王纲,修天常,是非二百四十二年之事,以为天下仪表"①。朱长文还在《春秋通志序》中解释了王安石熙宁变法独置《春秋》不用的原因。朱长文指出,这并非是传言中王安石对孙觉治《春秋》学的嫉妒,而是因为众家对《春秋》的解释纷繁复杂,不利于统一注释以作为科举考试的标准。因为科举考试中《春秋》被冷落,因此治《春秋》者大减。但朱长文依然非常重视《春秋》学,在忧患颠沛之间,仍孜孜不倦地研究。元祐初年,《春秋》复立于学宫,朱长文受命掌教吴门,讲授《春秋》,他兼采三传而折中,著成《春秋通志》二十卷。遗憾的是,《春秋通志》久已亡佚,仅存其自序一篇。概之,朱长文在《春秋》学不受重视的大环境下,能够不为世风所动,淡泊名利,可见其纯粹的儒者气象。

(三) 叶梦得及其《春秋》学研究

苏州人叶梦得是宋代《春秋》学大家,其《春秋谳》《春秋考》《春秋传》三部《春秋》学著作,建构了叶梦得完整的《春秋》学理论体系。

叶梦得(1077—1148),字少蕴,号肖翁,苏州长洲(今江苏苏州)人。因晚年隐居在乌城卞山石林,所以自号石林居士。叶梦得于绍圣四年(1097)登进士第,调丹徒尉。徽宗时,由婺州教授至议礼武选编修官。大观二年(1108),迁翰林学士。叶梦得虽然为蔡京所欣赏并引荐,但他并不一味依附蔡京。叶梦得在大观二年(1108),就力陈朋党之弊。蔡京欲遣童贯为陕西宣辅使取青唐。叶梦得对此坚决反对,并向蔡京据理力争,使蔡京"面有惭色"。叶梦得有儒家士大夫的爱民之心,曾为民仗义执言,上书力陈颍昌地力与东南不同。颍昌民众赖叶梦得的进谏

---

① 朱长文:《春秋通志序》,曾枣庄、刘琳主编:《全宋文》第93册,上海辞书出版社、安徽教育出版社2006年版,第150页。

减轻了过重的经济负担。宋高宗登基后驻扎在扬州时,叶梦得为户部尚书,叶梦得总结御敌之策有三,为形、势、气,鼓励高宗南巡,以长江天险以防备不测。后来宋高宗驻跸扬州,叶梦得迁尚书左丞。因人嫉妒,叶梦得回到湖州。绍兴初,叶梦得上奏防御八事,有武略。叶梦得还精通财政管理,能使军用不乏。后叶梦得为观文殿学士,移知福州,兼福建安抚使。其在福建平息海盗之乱,政绩斐然,但因为与监司不合,上书告老,最终以崇信军节度使的身份退休。绍兴十八年(1148),叶梦得卒于湖州,年七十二。上赠检校少保。

叶梦得著作繁多,儒学成就主要体现在《春秋》学方面。关于叶梦得的《春秋》学著作,《宋史·艺文志》记载有《春秋三传谳》三十卷、《春秋考》三十卷、《春秋传》二十卷、《石林春秋》八卷、《春秋指要总例》二卷。《石林春秋》《春秋指要总例》二书已佚,前三者惟《春秋传》二十卷尚为全本,《春秋考》和《春秋三传谳》均为四库馆臣从《永乐大典》中辑出。对于叶梦得治《春秋》各书的不同名称,《南窗记谈》是这样解释的:"石林公既为《春秋》书,其别有四:解释音义曰传,订证事实曰考,掊击三传曰谳,其编排凡例曰例。"四库馆臣认为此为"小说附会之辞",不足为据。其实,叶梦得对于己书早有评价:"自其《谳》推之,知吾之所正为不妄也,而后可以观吾《考》;自其《考》推之,知吾之所择为不诬也,而后可以观吾《传》。"[1]可见,叶梦得自《春秋三传谳》批评三传入手,先破后立,然后在《春秋考》中考证;进而在《春秋传》中建立自身《春秋》学理论。三部书大体沿着"批判——考证——立说之路"[2],构成他自己的完整理论体系。

叶氏《春秋三传谳》继承了啖、赵治《春秋》学和刘敞《春秋权衡》治《春秋》学的方法。"谳"有"审判、断案"的意思。叶梦得认为,三《传》是非难辨,后儒莫衷一是。因此必须有"用法之君"来判断三《传》的是非曲直,这个"用法之君"就是《春秋》经文。但问题是,《春秋》经本身就隐约模糊,许多问题还要依靠三《传》的解释才能够明晰。这样一来,"用

---

[1] 陈振孙:《直斋书录解题》,上海古籍出版社1987年版,第63页。
[2] 赵伯雄:《春秋学史》,山东教育出版社2004年版,第538页。

法之君"和实际的"审判者"变成了叶梦得自己,因此难免有独断之嫌。大体而言,叶梦得《春秋三传谳》一书,眼光犀利,确实是"文章之豪也"。但叶梦得以"断案"之"谳"来研读《春秋》,有失治学的平和之道,也不太尊重为《春秋》学研究做出贡献的前人。四库馆臣对此非常不满,认为"惟古引《春秋》以决狱,不云以决狱之法治《春秋》"①。四库馆臣认为,名书以'谳',不但于义未允,且三传作者皆为前代经师,是对《春秋》学有功之人,而加以如此名目,对前代学者不够平和宽容,这是"宋代诸人藐视先儒之陋习,不可以为训耳。"②当然,叶氏这种治学态度也恰恰代表着宋学的某种革新精神。

叶梦得的《春秋考》重点则在于考证叶氏之"是",是其《春秋》学著作中定位于"立"的书。叶梦得试图通过考证,为自己《春秋》学理论体系提供可靠证据。《春秋考》在前三卷的"统论"中,提出了许多学《春秋》的原则,得出了很多结论:如《春秋》名之来源、经传之间的关系、《春秋》书法研究、谥法研究,以及为何是十二公以及《孟子》的《春秋》学理论、学《春秋》须先学《礼》、不学《礼》不足以明《春秋》等等。③《春秋考》是叶梦得治《春秋》学三书中最为完备的一本著作。

叶梦得认为,治《春秋》者,必须关注到《春秋》亦经亦史的特质。叶梦得对刘敞治《春秋》所坚持的"知经而不废传,亦不尽泥传。据义考例以折中之,经传更相发明"④的方法非常赞赏。叶梦得在《春秋左传谳》中时常凸显《春秋》亦经亦史的观念,认为《春秋》不但是具有微言大义的经书,更是严谨的史学经典。因此叶梦得强调,治《春秋》要做到事义兼顾。《春秋》三传因为事义分离,就不能据此探索出《春秋》的真谛。当然,将事义合二为一,自然是叶梦得对自己治《春秋》学的期许。叶梦得在《春秋传》自序中说:"《春秋》者,史也;所以作《春秋》者,经也。故可与通天下曰事,不可与通天下曰义。《左氏》传事不传义,是以详于史而事未必实,以不知经故也;《公羊》《穀梁》传义不传事,是以详于经而

---

① 永瑢等撰:《四库全书总目》,中华书局 1987 年版,第 219 页。
② 永瑢等撰:《四库全书总目》,中华书局 1987 年版,第 219 页。
③ 参见赵伯雄《春秋学史》,山东教育出版社 2004 年版,第 541 页。
④ 刘敞:《刘氏春秋传》,《景印文渊阁四库全书》第 147 册,(台北)商务印书馆 1983 年版,第 364 页。

义未必当,以不知史故也。由乎百世之后,而出乎百世之上,孰能核事之实而察义之当歟?"①沈玉成、刘宁所著的《春秋左传学史稿》评论叶氏《春秋》学说:"所以他要斟酌三家,以求史实与大义的契合,这种论调虽然没有也不可能突破传统的藩篱,但是他充分注意到'史'的意义,在宋代学风中别树一帜,实际上是对《左传》的尊重"②,甚是。相对而言,叶梦得《春秋》学研究确实有"重史"的倾向。

但需要注意的是,叶梦得"重史"的落脚点最终还是"尊经"。故沈玉成、刘宁也指出:"叶氏虽颇重视实证,却又宗经非传,经常以正统经学家的姿态指责《左传》。"③归根结底,叶梦得《春秋》学的归属还是"经"而非"史"。因此,叶梦得对于宋代以来舍传而求经的不良风气的不满是建立在尊经前提之下的。叶梦得说:"读《春秋》者,当以三《传》为津筏;读《春秋》而不由三《传》,是犹入门而不由户也。"④但三《传》终究是阐释《经》的"津筏"而已,三《传》去《经》未远,所以三《传》不可弃,但三《传》都有各自的缺点。归根结底,《春秋》经的权威地位是三《传》无法望其项背的。这是因为孔子在《春秋》中寄托了微言大义,因此《春秋》是一本为天下后世立法的万世不易的经典⑤。叶梦得还把《春秋》与周公所作的《周官》对比,认为二者的共同点就在于都是效仿天道。因为周公作《周官》设其属三百有六十是当期年之日数,而孔子作《春秋》为十有二公是当一年的月数,这就是所谓的"法天之大数"⑥。因此叶梦得将孔子作《春秋》上升到不仅是"代天子以行法",也是"代天行法"的高度。叶梦得在《春秋传》中说:

> 孟子曰:"《春秋》,天子之事。"此得之矣,犹未尽也。夫王政不行,以褒贬代天子赏罚。以为天子之事,可也。然诸侯有善恶,固可代天子而行。天子有善恶,则孰当代而行之乎?《春秋》有贬诸

① 叶梦得:《叶氏春秋传》,《景印文渊阁四库全书》第149册,(台北)商务印书馆1983年版,第3页。
② 沈玉成、刘宁:《春秋左传学史稿》,江苏古籍出版社2000年版,第226页。
③ 沈玉成、刘宁:《春秋左传学史稿》,江苏古籍出版社2000年版,第228页。
④ 叶梦得:《叶氏春秋传》,文渊阁四库全书第149册,(台北)商务印书馆1983年版,第17页。
⑤ 叶梦得:《叶氏春秋传》,文渊阁四库全书第149册,(台北)商务印书馆1983年版,第3页。
⑥ 参见姜义泰《叶梦得〈春秋传〉研究》,花木兰文化出版社2008年版,第19页。

侯而去王者矣。诸侯而无王,则王之所绝也。然则《春秋》盖天事,非止天子之事也。故以名,取于旧史之文虽同;取义,取于《春秋》之意则异。凡《春秋》所书,皆天之所为云尔。①

这样一来《春秋》便有了"代天行法"至高无上的地位和权威,其权威甚至高于世俗的君主。显然,叶梦得在此有试图限制君权、提升士大夫权威的"用世"目的。这与宋代士大夫敢为帝王师、不盲从于君主的思想是一致的。

正因为如此,叶梦得在《春秋左传谳》中,经常以"经"为标准来评判"传",刻意护经贬传。在他看来,《春秋》经未记载而三《传》有记载的内容,都是道听途说的传闻。遇到《春秋》经与三《传》有不同的记载时,叶梦得必维护《春秋》经的权威。叶梦得同样坚持《春秋》无阙文,认为《春秋》经传授的"一王大法",是严密无瑕的理论体系。也正因为如此,叶梦得还试图从《春秋》经文本身发现"规律",并以此来驳斥三《传》之凡例。另一方面,叶梦得也曾批评孙复的《春秋尊王发微》不通礼学,所以难免言论肤浅且自相矛盾。叶梦得治《春秋》学非常重视对礼制的研究,并时常批评三《传》和其他治《春秋》的学者对礼制研究非常粗疏,以至于造成了很多错误②。这体现出叶氏虽"尊经"但又重视史实制度的史学眼光与学识。

叶梦得的儒学成就,除了治经以外,还有家训传世。《石林治生家训要略》是其儒家治家思想的体现。叶梦得认为,对国家忠诚的基础是对于家庭的孝悌观念,正所谓"治国当自齐家,始教孝即所以教忠"③。同时叶氏家训中也体现出浓厚的"治生"特点,叶梦得认为"人之为人生而已矣,人不治生是苦其生也。是拂其生也"④。他对自身人生的关注比较强烈,并欲将这一人生感悟和经验以家训的形式传之于子孙。叶梦得认为,治生必须要有职业。士农工商,都可以作为治生的职业。但

---

① 叶梦得:《叶氏春秋考》,文渊阁四库全书第 149 册,(台北)商务印书馆 1983 年版,第 252 页。
② 参见姜义泰《叶梦得〈春秋传〉研究》,花木兰文化出版社 2008 年版,第 134—164 页。
③ 叶梦得:《石林治生家训要略》,《石林遗书》第一函,第一册,长沙叶氏观古堂刊本。
④ 叶梦得:《石林治生家训要略》,《石林遗书》第一函,第一册,长沙叶氏观古堂刊本。

在四者之中,又有优劣。叶梦得说"盖尝论古之人诗书礼乐与凡义理养心之类,得以为圣为贤,实治生之最善者也",可见他是把研习儒家的诗书礼乐,从而修身养性成为圣贤,当作是治生的最高境界。他还提出了"治生"要耐久,不能三心二意,要有持之以恒的精神。"治生"需要和气,不能意气用事,要循礼而行,不可与人争执等。叶梦得的《石林治生家训要略》的突出特色,就是将"治生"思想提升到了新的水平,认为"治生"不仅不违背仁义道德,而且有助于提升道德境界。叶梦得还列举了孔子弟子原宪和子贡为例来支持他的治生观念:原宪非常贫穷,但道德水平却并不比富裕的子贡高。叶梦得的这些治生思想淡化了传统儒家思想中尖锐的义利冲突,将"治生"的观念放在不与道德对立的角度。叶梦得虽然依旧认为士是四民之首,但提倡士人当为"治生"之先锋。总之,这些"治生"观念不仅体现出叶梦得的个人特质,还充分展现出南宋经济高度繁荣、文化高度发展的社会背景。这也使得《石林治生家训要略》成为中国家训史上非常独特的篇章。

二、宋代江苏儒学的《易》学研究

宋代儒学在《易》学方面,较之前代有新的广度和深度。在宋代以前,以王弼为代表的以玄解《易》,影响极大。王弼解《易》的方法被官方认可,并被官定的《五经正义》确定下来。到北宋庆历年间,随着宋代新儒学的兴盛,宋儒对王弼以玄解《易》的方法有了较大的突破。宋儒义理派解《易》,部分吸收了王弼玄学解《易》的方法,并对《周易》的哲理进行了更为系统深入的探讨,同时极其重视借天道以窥人事。但以玄释《易》,有不讲象数之弊。随着宋代《易》学象数派的复兴,部分象数派《易》学学者开始将《易》高度象数化或图式化,丰富了《周易》文本的阐释途径和内涵。就宋代江苏《易》学而言,胡瑗、范仲淹、王安石等就是象数派的代表,而图书派则以刘牧为代表。

宋代江苏《易》学成果繁多。"宋初三先生"之一的胡瑗《周易口义》、范仲淹之《易义》,分别组成他们学术体系中的重要一维。王安石早年的"金陵之学"也以《易》学为主干。"宋初三先生"之一的胡瑗,深刻揭示了《周易》为圣人、王者借天文指导人文，以天道治理人道的思想内涵。王安石早年在金陵有一个《易》学学术圈子，他还与刘牧、孙觉等结为《易》友。彭城人刘牧治《易》颇精，有《新注易经》《易数钩隐图》《易辨》等著作。刘牧治《易》，丰富了汉儒的象数派《易》学，并在象数派中又开辟了图书一派。高邮人孙觉主要的经学成就在《春秋》学，但《宋元学案》卷一《安定学案》载游酢曰："莘老少而好《易》，以是行己，亦以是立朝，或进或退，或语或默，或从或违，皆占于《易》而后行。"①可以看出，孙觉治《易》重占卜，而且时常将其运用于政治实践中，以占卜的结果来决定自己在朝中的言论和行为。宋代江苏《易》学著名学者，还有专明变体的都絜、《周易义海撮要》的作者李衡等等。胡瑗、范仲淹、王安石的《易》学前文已有论述，本节下面简要论述一下刘牧、朱长文、李衡、都絜的《易》学成就。

（一）刘牧的《易》学研究

刘牧（1011—1064），彭城（今江苏徐州）人。著有《周易新注》《易数钩隐图》（附《遗论九事》）。其《周易新注》已佚，《易数钩隐图》收于《正统道藏·洞真部·灵图类》，亦收入《四库全书》。刘牧是《易》学中图书一派的创始者。《四库全书总目》论刘牧《易数钩隐图》曰："汉儒言《易》多主于象数，至宋而象数之中复歧出图书一派。牧在邵子之前，其首倡者也。牧之学出于种放，放出于陈抟，其源流与邵子之出于穆李者同。"②可见刘牧的图书派《易》学在源头上与道教密切相关。刘牧在《易数钩隐图》之序言中说《易》的根本原理是"形由象生，象由数设"，离开了"数"则无以见"四象"之由来。刘牧认为，前人注疏虽然在分经析义方面妙尽精研，但于象数却语焉不详。因此他的书"采撮天地奇偶之数，自太极生两仪而下，至于《复》卦，凡五十五位，点之成图。于逐图下，各释其义，庶览之者易晓耳"③。刘牧《易》学围绕河图、洛书展开，故又称之为河洛之学。刘牧以九宫图为河图，洛书出自五行之数，以五行

---

① 黄宗羲原著，全祖望补修：《宋元学案》，中华书局 1986 年版，第 44 页。
② 永瑢等撰：《四库全书总目》，中华书局 1965 年版，第 5 页。
③ 张继禹主编：《中华道藏》第 16 册，华夏出版社 2004 年版，第 512 页。

生成图为洛书。河图用于显象,而洛书则用来显形。刘牧建构了先数后象、先象后形的《易》学理论体系,认为自太极始,历两仪四象而八卦,皆源于天地自然之数。河图洛书表现的就是天地之数、大衍之数。从而刘牧建立了《易》象源于数的理论,使其成为宋代《易》学中有完整理论体系的一支,对宋代《易》学产生了深远影响。

(二) 朱长文的《易》学研究

朱长文的生平与《春秋》学成就,已见于前文。《易经解》卷首,有写于绍圣元年(1094)秋九月既望的朱长文之原序,历数前人论注《易》之失。朱长文壮岁因为足疾闭门不出,日常编述古书以自娱。因为他对前人注《易》不满意,就"探求经义,演列象图。撷诸氏之英华,抒一心之领会,重加订注,名曰《易经解》"①,希望能够做到明白流畅,以解读者不通之患。《易经解》分为《易图》和《经传解》两部分。据明崇祯四年刻本《易经解》王文禄跋文,"紫阳朱子乃先生之五世侄孙,崇阐经学,莫不由先生而出"②,朱熹在《四书或问》中也曾提及朱长文③。因此,朱熹确有可能受到朱长文《易经解》的影响。因此,《易经解》在宋代《易》学史上具有一定影响力。④ 不过,此书有十六卦未释,可能是一部未最终完成的书稿。⑤

朱长文释《易》重视义理的阐发,以《易》阐发人事,强调德位必符,才能免于灾祸。如其释《履·象》曰:"刚而中,则无苛刻。刚而正,则无偏陂。即遭大投艰,而德称其位,虽危必亨。"⑥刚而正,就没有苛刻偏陂的弊端,德位相符,即使是在危险之中,也可以获得好的结果。其释《节·象》曰:"甘有顺适天下之意,所谓严而泰,履而和者也。立法于

---

① 朱长文:《易经解》,《续修四库全书》第1册,上海古籍出版社2002年版,第499页。
② 王文禄:《易经解跋》,《续修四库全书》第1册,上海古籍出版社2002年版,第612页。
③ 参见朱熹《四书或问》,《朱子全书》第7册,上海古籍出版社、安徽教育出版社2002年版,第854页。
④ 朱长文《易经解》最早为明人王文禄据其所藏宋本校勘刊刻。书卷首有朱长文绍圣四年(1097)的原序。邵晋涵《增订四库简明目录标注》等怀疑其为明人伪托。《碧琳琅丛书》和《芋园丛书》皆收录此书,且署名朱长文。《续修四库全书》收录时也以朱长文署名收录。
⑤ 未解释的十六卦分别是《屯》《蒙》《否》《蛊》《剥》《大过》《遁》《明夷》《睽》《夬》《困》《震》《归妹》《旅》《小过》《既济》。
⑥ 朱长文:《易经解》,《续修四库全书》第1册,上海古籍出版社2002年版,第524页。

今,而可垂范于后。故往有尚甘为味之中,五为位之中,所以能甘者以五。不徒居尊位而且有中德,由中德以为节,所制所议,皆合情协性矣。"①朱长文认为尊位与德必须相互匹配,只有用崇高的道德来节制自己的邪欲,才能够合情协性。要想培养崇高的道德,就需要不断学习,朱长文释《坎·象》曰:"水之流也,习而不已,以成大川。人之学也,习而不止,以成大贤。故君子之修己教人,皆体习坎之道。"②只有学而不已,才能够成为大贤,最后才能够推己及人,修己而教人。《易经解》认为,天人紧密相连,每个人身上都自具备一乾坤,将自然与人类社会、个人命运与大众命运紧密结合,并将这种联系看成是符合天道的表现,其云"吾心之复即复天地之心。一阳为主,则形色皆天,身未有不善者。故即以修身"③,以"吾心之复"等同于"复天地之心"。《易经解》强调儒家士大夫在危难之中必须有匡正君主过失的忠诚与勇气,不能以君主一人的喜怒忽略天下的安危,其释《贲·象》强调"不为一人喜为天下喜也"④,释《蹇·象》曰:"蹇蹇者,多难而非一难也。人臣犯天下之难,忘身殉国。事之济不济未可知,而其心则何尤哉?"⑤可见朱长文等宋代儒家士大夫对天下安危的使命感与责任感。朱长文家居二十年,建乐圃坊,藏书两万余卷,士子以不到其乐圃坊为耻。然其著作多毁于战火,惜哉!

(三) 李衡的儒学修养和《易》学研究

李衡(1100—1178),字彦平,江都(今江苏扬州)人。《宋史》本传载"衡幼善博诵,为文操笔立就。登进士第,授吴江主簿"⑥,可见其早慧。李衡任吴江主簿时,因上司对下民苛刻,李衡就"投劾于府,拂衣而归",可见其儒家士大夫的正义感。其后李衡知溧阳县(治今江苏溧阳)乃至到朝中为官,都不脱爱民本色。晚年李衡尝上疏反对外戚张说掌握兵

---

① 朱长文:《易经解》,《续修四库全书》第1册,上海古籍出版社2002年版,第571页。
② 朱长文:《易经解》,《续修四库全书》第1册,上海古籍出版社2002年版,第542页。
③ 朱长文:《易经解》,《续修四库全书》第1册,上海古籍出版社2002年版,第537页。
④ 朱长文:《易经解》,《续修四库全书》第1册,上海古籍出版社2002年版,第537页。
⑤ 朱长文:《易经解》,《续修四库全书》第1册,上海古籍出版社2002年版,第551页。
⑥《宋史》卷三百九十《李衡传》,中华书局1977年版,第11947页。

权,认为不应该"以母后肺腑为人择官"。李衡坚持"与其进而负於君,孰若退而合于是道"①,五次上奏告老。李衡治学不重寻章摘句而要亲身履历。李衡少为神童,中年循吏,晚年领悟儒家学为圣贤之极高境界。李衡在七十九岁时"沐浴冠栉,悠然而逝"②。李衡淡泊的心境和从容的儒者风貌为周必大敬仰,其称之曰:"世谓潜心释氏,乃能达死生,衡非逃儒入释者,而临终超然如此,殆几孔门所谓闻道者欤。"③

李衡撰有《周易义海撮要》十二卷。《周易义海撮要》是在删减房审权《周易义海》一书之芜杂后而成。自唐人李鼎祚合后汉三十五家释《易》而成《周易集解》以后,继之者唯有房审权《周易义海》。陈振孙《书录解题》只著录房审权《周易义海》残本四卷,而《宋史·艺文志》则只著录李衡《周易义海撮要》。四库馆臣推测,或因为房审权之书规模浩大,流传过程中已经散佚;或因为李衡此书后出转精,房审权书遂湮没不闻。无论哪种说法,李衡此书都有保存古书之功,对后人的《易》学研究有不可磨灭的贡献。

(四)都絜之《易》学研究

都絜,字圣与,丹阳(今江苏丹阳)人。绍兴年间,为吏部郎中,知德庆府。都絜著有《易变体义》一书。其治《易》方法如四库馆臣所说"大旨谓卦爻辞义,先儒之论已详,故专明变体"④,是书专明变体。都絜在《易变体义》的"原序"和"自序"中都说此书是在推广其父都郁的《易》学理论。《易变体义》列出了《周易》六十四卦的三百八十四爻爻辞,以动爻变卦解释爻辞,这与《左传》《国语》等先秦古书解卦方法关系密切。似乎这也就是郑玄所说的"《周易》占变,效其流动",是一种既古老而又新式的思路。但是这种解《易》方法的缺点也正如四库馆臣所说:"凡如此类,则务为穿凿,以求合乎卦变之说,而义亦不醇。又多引老、庄之

---

① 《宋史》卷三百九十《李衡传》,中华书局 1977 年版,第 11948 页。
② 《宋史》卷三百九十《李衡传》,中华书局 1977 年版,第 11948 页。
③ 《宋史》卷三百九十《李衡传》,中华书局 1977 年版,第 11948 页。
④ 永瑢等撰:《四库全书总目》,中华书局 1987 年版,第 10 页。

辞,以释文、周之经"①。总的来说,都氏的这种释《易》方法,虽有穿凿之弊,却也足备一家之言,在《易》学史上也有一定的地位。

第五节 宋元时期江苏地域其他儒学人物和儒学成就

除了上面已经论述的之外,宋元时期江苏地区还有不少在史书中留下声名和事迹的杰出儒学人物。他们当中有的是具有深厚儒学素养,同时出将入相担任官职,在其政治生涯和个人道德践履中贯彻儒学精神的儒官、儒将,有的是才华横溢,好学深思,在儒学经典的研究和儒家思想的阐发中作出重要贡献的学者和思想家。他们共同谱写了宋元时期江苏儒学的绚丽篇章。以下再择其要者做一简要论述。

一、宋代江苏地域其他践行儒学精神的名臣

两宋时期,江苏儒家名臣颇多。这些具有深厚儒学素养、践行儒学精神的江苏名臣也是儒家文化在社会政治生活中的具体体现。除了前面已经论及的范仲淹、范纯仁、王安石等之外,张纲、王居正、丘崈、陆秀夫,也可以说是宋代出自江苏地区的儒家名臣。

张纲(1083—1166),字彦正,号华阳老人,润州丹阳(今江苏丹阳)人,一说金坛(今江苏金坛)人。张纲一生历宋徽宗、钦宗、高宗三朝,见证了两宋之交波谲云诡的时代。大观政和间张纲入太学,三中首选,以上舍及第。宋徽宗特任其为太正,迁博士,为校书郎。张纲为官正直不阿,敢于向徽宗进谏,宋徽宗对他的建议非常赞赏。当时蔡京当权,张纲与蔡京不合,被其排挤,出京往玉观局任职。张纲于大宋宣和二年(1120)回京,后兼修《国朝会要》、校正御前文字、除著作佐郎。宣和七年(1125)十二月,金兵来犯,张纲坚持守城四十余日,大义凛然,其《华阳集》所附《张公行状》录公曰:"都城脱有不免,与其辱于犬羊之手,不

---

① 永瑢等撰:《四库全书总目》,中华书局 1987 年版,第 10 页。

如就死于此。于是乘城昼夜守御四十余日。"①宋徽宗、钦宗被俘以后，张纲立即移病辞官。高宗即位以后，张纲又立即起请就职。绍兴二年（1132），张纲除江东提刑，颇行儒者美政。当时朝廷未安，诸多武将目无法纪，强横野蛮，完全不把朝廷放在眼里。《张公行状》载："统兵官王进驻池州，凶暴放肆，凌蔑州郡，有曹官以小事忤进，遂钉其手于门。"②张纲奉旨前去究查，王进派了百骑准备围攻张纲，张纲义正词严，最后使王进如此凶残之辈也"不复越纪律"③。张纲任监察御史后，又作《论狱囚庾死札子》，其曰："臣闻诘奸禁暴，莫重于狱。败法乱政，莫甚于治狱之吏。"④鉴于此，张纲任监察御史期间，命令各郡邑统计羁押的囚犯存亡数，岁末以羁押的人数多寡，来评定优劣，有效减轻了酷烈的刑罚，改善了犯人的生活条件。

张纲二十年不与秦桧交往。秦桧死后，张纲被宋高宗召为吏部侍郎兼侍读。他时常借讲解儒家经典来对高宗进行规诫。宋高宗当时希望启用宽仁老成的大臣体恤民力，力图改变秦桧的苛政。张纲历任吏部尚书、左中大夫参知政事。张纲选取利民十八事，求请颁布中外。张纲一生嗜学，著有《尚书解义》《六经辨疑》《六经确论》等儒学著作，现已散佚。另有《华阳集》四十卷、《张章简集》一卷、《华阳长短句》传世。张纲有座右铭传世曰："以直行己，以正立朝，以静退高天下"⑤。这也是张刚终身坚守的为官准则，张刚始终坚持儒家的政治操守与道德精神，因此被民众誉为"清官"之典范。

王居正（1087—1151），字刚中，扬州（今江苏扬州）人。王居正年少嗜学，工于文辞。王居正入太学时，正是王安石新学盛行之时。但王居正对新学没有好感，不肯迎合时俗，并对人说"穷达自有时，心之所非，可改邪"⑥，公然表示对新学的不认可，因此流落不第十余年。宣和年间经范宗尹推荐，才到朝廷任职。

① 张纲：《华阳集》，《文渊阁四库全书》第1131册，（台北）商务印书馆1983年版，第244—245页。
② 张纲：《华阳集》，《文渊阁四库全书》第1131册，（台北）商务印书馆1983年版，第245页。
③ 张纲：《华阳集》，《文渊阁四库全书》第1131册，（台北）商务印书馆1983年版，第245页。
④ 张纲：《华阳集》，《文渊阁四库全书》第1131册，（台北）商务印书馆1983年版，第85页。
⑤ 《宋史》卷三百九十《张刚传》，中华书局1977年版，第11953页。
⑥ 《宋史》卷三百八十一《王居正传》，中华书局1977年版，第11733页。

　　王居正是理学家杨时的学生,颇得杨时器重。杨时曾拿出自己所著的《三经义辨》给他看,对他说:"吾举其端,子成吾志。"王居正因此著成了《书辨学》《诗辨学》《周礼辨学》《辨学外集》。他的书后来与杨时的《三经义辨》一起流行,天下人于是不再谈论王安石的《三经新义》了,由此可见王居正是一位儒学造诣颇深的儒官。王居正任起居郎期间,还编次了《集谏》十五卷,专门收集前代忠臣直谏的故事。王居正自己也屡屡进谏,尤其注重规劝皇帝节省开支,除了抵御外敌、选贤任能、振恤百姓之重要事务以外,其他事务应暂且搁置,以节省国家财力。

　　王居正关心民生疾苦。婺州贡罗,以前规定每年进贡万匹,崇宁年间增加了五倍,建炎年间减为二万匹,有人主张恢复崇宁年间的进贡数量。被秦桧排挤任职婺州的王居正据理力争,置户部严厉催促不顾。他就此事对其同僚说:"吾愿身坐,不以累诸君。"[1]他又对漕司要求进贡的御碳"胡桃文、鹁鸽色"非常不满,仗义执言说:"民以炭自业者,率居山谷,安知所谓胡桃文、鹁鸽色耶?"[2]王居正并入朝申明此事,最后朝廷废除了这个坑害百姓的苛刻要求。

　　王居正后来召为太常少卿,迁起居舍人兼权中书舍人、史馆修撰。在此期间他经常犯颜劝谏皇帝,阻止皇帝的一些错误决定,例如劝阻皇帝违背法度提拔宗室后裔赵令应为大中大夫;主持公道,面对横行霸道的大将张俊的欺凌,不畏强暴,严格执法,却遭到皇帝罢免的县令郭彦恭撑腰;主张贵贱上下共济国事,反对给地位高的士大夫和勋戚免除徭役;主张减轻民众负担,叫皇帝立即批准和州减免进奉大礼用绢的请求;反对内宫干预朝政,阻止皇帝根据宫中提出的名单任命官员;等等。所有这些,都表现出王居正是一位坚持原则,遵守法度,无私无畏,敢于直谏辅弼之臣,在他身上充分体现了儒家所提倡的那种以直道事君的君子品格。

　　王居正最初与秦桧关系友善,时常一起讨论天下事。但是秦桧为相以后,行事与其言不符。王居正对秦桧的诡诈感到不满,便向皇帝进

---

①《宋史》卷三百八十一《王居正传》,中华书局 1977 年版,第 11735 页。
②《宋史》卷三百八十一《王居正传》,中华书局 1977 年版,第 11735 页。

谏,因此为敌。王居正晚年正是秦桧权倾朝野的时期,王居正受到排挤,只担任过一些地方官。因为他个性刚强耿直,不止一次被人以"凶暴诡诈""欺世盗名"罪名弹劾而罢官。王居正被夺职数十年,直到秦桧死后,才得以恢复旧有职务。王居卒于绍兴二十一年(1151),年六十五。终其一生,王居正属于《宋史》所赞誉的"议论谠直,刚严鲠峭,不惑异说,不畏强御"①的耿介之臣,是符合儒家人格理想的真君子。

丘崈(1135—1208),字宗卿,江阴军(治今江苏江阴)人。丘崈一向主张抗敌复仇,但他又比较冷静,对局势有清醒的思考。当时韩侂胄想通过北伐猎取功名,丘崈却警告他,不可夸诞贪进,以侥幸万一,劝其不宜轻举。宁宗时他升宝文阁学士、刑部尚书、江淮宣抚使,督视江、淮军马。当时金人犯淮南,有人劝他弃泸州、和州,退守长江,他说:"弃淮则与敌共长江之险矣,吾当与淮南俱存亡!"②他又调集更多兵力来防守。后以江、淮制置大使兼知建康府,召集边民三万,训练为御前武定军。后以病辞归,不久去世,死后谥"文定"(一说谥"忠定")。丘崈具有忠义报国的儒者情怀,曾对人说:"生无以报国,死愿为猛将以灭敌。"③辛弃疾将他引为知音,辛弃疾那首著名的《永遇乐·京口北固亭怀古》词,就是送给丘崈的。丘崈兼有武略与文采,著有《丘文定集》十卷、《文定公词》一卷。《宋元学案》将其载入卷七十六《丘刘诸儒学案》。丘崈可以说是南宋时期出自江苏地区的一位文武双全的儒将。

南宋末年,在面临元蒙入侵,国家即将覆灭的悲剧时刻,来自江苏地域的陆秀夫,为南宋朝廷的落幕书写了可歌可泣的悲壮一幕。陆秀夫(1236—1279),字君实,楚州盐城(今江苏盐城)人。陆秀夫三岁时,其父举家迁徙至镇江。青少年时期,陆秀夫师从乡人孟先生学习。孟先生慧眼识才,在数百名学生中独指陆秀夫曰:"此非凡儿也"④。陆秀夫于景定元年(1260)登进士第。镇守淮南的李庭芝听闻其大名,将陆秀夫辟置幕中。淮南因得士之多为天下所称,号为"小朝廷"。《宋史》

---

①《宋史》卷三百八十一《范如圭等传论赞》,中华书局1977年版,第11753页。
②《宋史》卷三百九十八《丘崈传》,中华书局1977年版,第12112页。
③《宋史》卷三百九十八《丘崈传》,中华书局1977年版,第12113页。
④《宋史》卷四百五十一《陆秀夫传》,中华书局1977年版,第13275页。

记载陆秀夫性格"才思清丽,一时文人少能及之。性沉静,不苟求人知,每僚吏至阁,宾主交欢,秀夫独敛焉无一语。或时宴集府中,坐尊俎间,矜庄终日,未尝少有希合。至察其事,皆治"①。陆秀夫性格沉静,不求人知,为人端庄,处理事务却颇有条理。可见他是一位有着深沉内敛性格的儒者。德祐元年(1275),元兵大兵南下渡江,边事紧急,同僚逃走大半,惟陆秀夫等几人留了下来。德祐二年(1276),都城临安沦陷,南宋朝廷岌岌可危,各地纷纷归顺了元军,只有少数主战派退守到东南沿海州郡抵抗。陆秀夫与陈宜中、张世杰等人拥立年仅九岁的益王赵昰于福州,做最后的抵抗。在当时极其艰难绝望的形势下,陆秀夫仍然保持着醇厚端正的儒者气概。当时君臣退守到海边,各项事情都很疏略,但陆秀夫却"俨然正笏立,如治朝"②。不久宋端宗赵昰受到惊吓生病去世,众人皆欲各奔东西。在此严酷境遇下,陆秀夫仍试图力挽狂澜,尽最后的努力维护朝廷的尊严。陆秀夫对群臣说:"度宗皇帝一子尚在,将焉置之? 古人有以一旅一成中兴者,今百官有司皆具,士卒数万,天若未欲绝宋,此岂不可为国邪?"③于是他与群臣又共立端宗之弟卫王赵昺。当时,南宋小朝廷人心涣散,外兵压境而犹内斗不止。宰相陈宜中与张世杰不睦,又见局势危急,就逃亡到占城(今越南)去了,之后朝廷屡招他也不肯回来。于是陆秀夫又为左丞相与张世杰一同执政。

陆秀夫既是一位博学多才的儒者,同时又久在兵间,熟知军务,"外筹军旅,内调工役,凡有所述作,又尽出其手"④。尽管在这样艰难繁忙、颠沛流离的境况之下,陆秀夫仍能够每天书《大学章句》以劝讲,体现出其高尚的儒家风范。文天祥被俘后,陆秀夫等退守崖山。至元十六年(1279)二月,宋军与敌人展开最后的决战,宋军大溃,崖山破。陆秀夫自知不可逃脱,为防止幼主被擒为俘虏,最终与幼主一起殉国。陆秀夫用自己的生命实现了儒家刚毅不屈、忠贞护国的风范。后人将陆秀夫的遗著编辑为《陆忠烈集》,明代在江苏盐城曾建陆忠烈公坊纪念这位与国共存亡的英

---

① 《宋史》卷四百五十一《陆秀夫传》,中华书局 1977 年版,第 13275 页。
② 《宋史》卷四百五十一《陆秀夫传》,中华书局 1977 年版,第 13276 页。
③ 《宋史》卷四百五十一《陆秀夫传》,中华书局 1977 年版,第 13276 页。
④ 《宋史》卷四百五十一《陆秀夫传》,中华书局 1977 年版,第 13276 页。

雄。今江苏盐城儒学街仍有重新修复的陆忠烈公祠,供人瞻仰。

二、宋代江苏地域其他学者及其儒学成就

北宋时期今江苏扬州地区有一位才华横溢却英年早逝的才子——王令。王令(1032—1059),字逢原。祖上为太原人,自王令七世祖起居于魏之元城。其叔祖父王乙居住在广陵(今江苏扬州),因为王令自幼与叔祖父生活,所以就定居在广陵。王令自幼好学,天生工于辞章,未尝拜师,辞章就写得雄伟老成。王令深得王安石赏识①,王安石"以为可以任事之重而有功于天下"②。遗憾的是,王令青年时代就因足疾而卒。

王令对孙觉的学术也非常仰慕。孙觉虽然仅仅年长王令四岁,王令仍然尊其为师。王令说:"令何知六经之学,圣人之事业,皆所以仰望先生也。"③王令还曾给孙觉写过一些诗,表达对孙觉学识的崇敬之情。王令还与孙觉探讨过《诗经》,在《上孙莘老书》中,王令认为六经要以《诗》为先,孔子教人也是如此。但《诗》之道已经大坏,兴、观、群、怨的功能已荡然无存。"迩之事父、远之事君"之道,也因此逐渐被忽略。王令认为,古代诗歌之道,根本在于"礼义政治",后世徒取"鸟兽虫鱼之文"而"不思其本",是一种本末倒置的表现。可见王令研读《诗经》的经学立场。

王令非常敬仰孟子。他在《说孟子序》中说:"令尝自孔子之后,考古之书合于《论语》者,独得孟子。以其言,信其人,与孔子不异,惜其古之人学是书者稀也。"王令曾作《性说》,持性为万物之源无善恶、情则有善有恶之说。他还提出了复性之道,其曰:"夫明觉之人,不留善也,不

---

① 王安石在《王逢原墓志铭》中说:"始予爱其文章,而得其所以言;中予爱其节行,而得其所以行;卒予得其所以言,浩浩乎其将沿而不穷也,得其所以行,超超乎其将追而不至也"。(王安石:《王逢原墓志铭》,王水照主编:《王安石全集》,复旦大学出版社 2017 年版,第 1667—1668 页),可见王安石对王令由衷地欣赏和器重。王令同样很崇敬王安石,其《赠王介甫》诗曰:"当世胸怀万古淳,平生才术老经纶。况逢尧舜登贤日,不复伊周望古人。得志定知移弊俗,闻风犹足警斯民。九门无谒天疏邈,可惜长令仕为贫"(王令著,沈文倬校点:《王令集》,上海古籍出版社 1980 年版,第 147 页),对王安石也有极高的评价。

② 王令著,沈文倬校点:《王令集》,上海古籍出版社 1980 年版,第 383 页。

③ 王令著,沈文倬校点:《王令集》,上海古籍出版社 1980 年版,第 311 页。

滞恶也。善恶忘则好恶平,好恶平则物我等,物我等则湛然无情于其间,故能于太虚等矣。"①王令认为常人蔽于情之善恶,不能复性,因此有待圣人"以先知觉后知,以先觉觉后觉",儒家纪纲教化、典章法度、诗书礼乐的意义正在于此。王令对当时释氏、老氏、阴阳家学说横行于世非常不满,认为这会造成天下尽信以为命,乃至于盗杀君、父而臣、子归之于命而不知复仇的恶劣后果。王令认为,儒家的"知命"与佛家、阴阳家所谓的"命"不同,所谓"人不可不知命,而不可知非命"②。儒者的"知命"就是要达到"天下有道,以道徇身";"天下无道,以身徇道"的儒者境界。王令在《师说》中明确指出天下不用儒而带来的政治混乱,汉、唐已来虽然用儒,也只是徒有儒名、儒位,实际上却未用儒术,所以还是不能达到大治,可见其学术的淳儒本色。

王令天命不永,但还是留下了许多零星的儒学思想,其中不乏真知灼见。同时他还留下许多诗作,对宋代诗歌的发展也有卓越贡献。

洪兴祖是宋代江苏地区又一位著名儒家学者。洪兴祖(1090—1155),字庆善,号练塘。宋镇江丹阳(今江苏丹阳)人。他少年对性命之理研究颇深,其于宋徽宗政和八年(1118)上舍及第,为湖州士曹,后改为宣教郎。洪兴祖为人耿直,有忧国忧民的儒者品格。绍兴四年(1134),苏、湖地震,洪兴祖上疏力陈朝廷纪纲的失误,被贬为主管太平观。后起知广德军,又在真州、饶州等地做官,皆有惠民之政。洪兴祖与秦桧不睦,秦桧爪牙因此弹劾洪兴祖,洪兴祖被"编管"昭州。绍兴二十五年(1155)八月,洪兴祖卒于贬所,第二年"诏复其官,直敷文阁"③。

洪兴祖一生博雅好学,著作繁多,《楚辞补注》是洪兴祖著作中比较重要的一本,也是洪氏著作唯一流传至今的一部。此书先列王逸原注,于原注后加以补注,较重对名物的考察。另外在北方沦陷、山河破碎的局势下,洪兴祖对时局的忧虑、对国家的忠诚也深刻体现在《楚辞补注》中,这也许正是洪兴祖注《楚辞》的动机所在。洪兴祖对君主不能远佞人充满悲愤,这与当时的政治环境和洪兴祖本人的个人际遇是密切相

---

① 王令著,沈文倬校点:《王令集》,上海古籍出版社1980年版,第224页。
② 王令著,沈文倬校点:《王令集》,上海古籍出版社1980年版,第240页。
③《宋史》卷四百三十三《儒林三·洪兴祖传》,中华书局1977年版,第12856页。

关的。如《九章·惜诵》"思君莫我忠兮"条,王逸注曰:"言众人思君,皆欲自利,无若己欲尽忠信之节。忠,一作知。"王逸此句阐释为"我"之忠君非为自利,洪兴祖则释为"此言君不以我为忠也"①,突出的是"君"对"臣"的疏离和不信任感。

洪兴祖的儒学著作大多亡佚②。朱熹《论语集注》多处引洪氏之说,盖出自洪兴祖的《论语说》。如朱熹《论语集注》卷五"子曰:'可与共学,未可与适道;可与适道,未可与立;可与立,未可与权"条下引洪兴祖注曰:"《易》九卦,终以《巽》以行权。权者,圣人之大用。未能立而言权,犹人未能立而欲行,鲜不仆矣。"③宋代儒者颇为关注经与权的问题。洪兴祖认为,如果"未能立"就去"行权",则必然失败。这正是站在一个宋代儒家士大夫清醒的角度,强调操守与气节,对行权之滥用保持了足够的警惕。由此可见洪兴祖的学术对朱熹也很有影响。

除此之外,宋代江苏地区还产生了许多为儒学作出了杰出贡献的人物。常州无锡(今江苏无锡)人杜镐(938—1031),博闻强识,参与编纂了《册府元龟》。《册府元龟》的编纂为宋代举业提供了便捷,也使宋代学子增加了学识、开阔了读书的视野。昆山(今江苏昆山)人卫湜(生卒年不详),在开禧、嘉定间集《礼记》诸家传注,成《礼记集说》。常州无锡(今江苏无锡)人尤袤(1127—1194),字延之,号遂初居士,为人耿直敢言,有《遂初堂书目》传世。尤袤少从喻樗,喻樗学于杨时,杨时又是程颐高徒。乾道、淳熙年间,一些不满二程学说的人称其为"道学",用这个名目来攻伐程氏学说。尤袤则为"道学"正名说:"夫道学者,尧、舜所以帝,禹、汤、武所以王,周公、孔、孟所以设教。近立此名,诋訾士君子,故临财不苟得所谓廉介,安贫守分所谓恬退,择言顾行所谓践履,行己有耻所谓名节,皆目之为道学。此名一立,贤人君子欲自见于世,一举足且入其中,俱无得免,此岂盛世所宜有? 愿徇名必责其实,听言必

---

① 洪兴祖:《楚辞补注》,中华书局 1983 年版,第 123 页。
② 在儒学方面,洪氏著有《周易通义》《易古经考异释疑》《系辞要旨》《尚书口义发题》《春秋本旨》《左氏通解》《论语说》《古文孝经序赞》等书。
③ 朱熹:《四书章句集注》,中华书局 1983 年版,第 116 页。

观其行,人才庶不坏于疑似。"①朋党之争以是为非,尤袤对此非常忧虑。尤袤去世数年之后,韩侂胄禁锢"道学",于是世人皆以为尤袤知言。

另外,儒学与字学密不可分。宋代江苏的字学也非常著名。宋代金陵"二徐"——徐铉、徐锴皆为著名的文字学家。徐铉(916—991)校订《说文》,对其进行分卷、标目,增反切、添附字、加注释,并整理,于雍熙三年(986)将成稿交由国子监雕版印刷,后人谓之"大徐本"。徐锴(920—974)则有"小徐本"——《说文解字系传》四十卷。此书在"大徐本"基础之上,补充了音义新转、形声关系等内容,成为前代《说文》学的集大成之作。其后,王安石著有《字说》一书。王安石对此自诩甚高:"庸讵非天之将兴斯文也,而以余赞其始。"②《字说》成书后,虽然没有得到朝廷的认可和发行,但在学者和学子之间流传颇广,影响很大。

作为儒学教育重要环节的蒙学,在宋代江苏地区的发展也有许多可圈可点的地方。宋代文化繁荣,宋人非常重视儿童的教育问题,蒙学著作也很多。长洲(今江苏苏州)人侍其玮(1022—1104)的《续千字文》,就是比较著名的一部。《续千字文》用字与《千字文》迥然不同,且互不重复,因此写作难度较大。丹阳(今江苏丹阳)人葛刚正(生卒年不详),在淳祐年间也沿周兴嗣《千字文》、侍其玮《续千字文》的思路写成了《重续千字文》,并自注一万四千余言。这些蒙学著作都是江苏蒙学发达很好的证明。

三、元代江苏地域的儒家学者

元朝行政区划实行行省、路、府(州)、县四级管理体制。今江苏地域的苏北地区属于河南江北行省(包括淮安路、扬州路和高邮府,归淮东道宣慰司),苏南地区属于江浙行省(包括集庆路、镇江路、常州路、平江路和江阴州)。

元朝统治初期,为强化思想钳制与文化压迫,对包括儒学在内的汉

---

① 《宋史》卷三百八十九《尤袤传》,北京:中华书局1979年版,第11929页。
② 王安石:《熙宁字说序》,王水照主编:《王安石全集》第1册,复旦大学出版社2017年版,第189页。

族文化及相关制度进行了压制与破坏。在意识形态方面,元朝佛教、喇嘛教、道教等宗教的地位得到提升,而儒学却被边缘化。儒士生存境遇寥落,科举制度兴废无常,均对儒学的传承发展造成了消极影响。但随着时间的推移,元朝统治者内部一些有识之士也逐渐认识到儒学的价值和意义,提出恢复儒学的主张。例如元世祖侍从燕真的儿子不忽木(1255—1300)就是一位汉化程度较深的蒙古人。他曾跟随王恂、许衡学习儒学。至元十三年(1276),不忽木与同舍生坚童、太答、秃鲁等上疏,主张兴建学校,重视儒学,对蒙古人子弟进行汉化和儒学教育,为之讲解经传,授以修身、齐家、治国、平天下之道①。至元二十三年(1286)程钜夫见元世祖,首陈兴建国学,乞遣使江南搜访遗逸,乃使钜夫求贤于江南,所荐甚多。② 至元二十八年(1291)南方儒人有德行文章政事可取者许各路岁举一人量材录用。延祐元年(1314)恢复设科取士,儒风大振。在这一背景下,儒学教育得到了一定程度的恢复。

程钜夫之所以建议元世祖遣使到江南搜访遗逸,说明当时儒学人才还是以南方居多,许多原籍北方的儒生也侨居于江南。如张𬤊(字达善),本蜀之导江(今四川导江县)人,移居江东,跟随金华王柏学,对六经、《论语》《孟子》以及宋儒周、程、张、朱的微言大义无不潜心研究。至元中,行台中丞吴曼庆听闻其名,把他请到江宁学官讲学,使子弟跟他学习。后来张𬤊又在苏北的真州(今江苏仪征)讲学,影响很大,中州、邹鲁之地的士子来学者甚众,尊他为硕师,不敢以字呼,称他为"导江先生"。张𬤊的弟子中有建康(治今江苏南京)人杨刚中(字志行),延祐元年(1314)诏设科举后,杨刚中被推荐担任考试官。此外,不少儒家学者曾担任管辖江苏地域的儒学官员,例如刘基(字伯温)、陈旅(字众仲)都曾出任过江浙儒学副提举,曹元用(字子贞)曾任镇江路儒学正,邓文原(字善之,一字匪石)曾任杭州路儒学正,胡长孺(字汲仲)曾任扬州教授。又有扬州儒学正李淦,曾上书弹劾尚书右丞叶李妄举桑哥,请斩李以谢天下。朝廷嘉奖其直言,诏以李淦为江阴路教授。

---

①《元史》卷一百三十《不忽木传》,中华书局1976年版,第3164—3166页。
②《元史》卷一百七十二《程钜夫传》,中华书局1976年版,第4015—4016页。

在此背景下,元代江苏地域的书院建设和儒学教育有所恢复,元代金陵(治今江苏南京)地区的书院就有明道书院、南轩书院、江东书院、昭文书院等。江苏其他地方府衙也在发展儒学教育、鼓励设立书院以及保护州县庙学等方面做出了相应努力。例如,我们可以从无锡县学旧址所收藏之元代的一方圣旨碑中,看出地方官员意欲通过儒学传统去重构儒家伦理制度的努力。碑文全文如下:

> 上天眷命,皇帝圣旨谕中外百司官吏人等:孔子之道,垂宪万世,有国家者所爱崇奉。曲阜林庙、上都、大都、诸路府州县邑,应设庙学、书院。照依世祖皇帝圣旨,禁约诸官员、使臣、军马:毋得于内安下式聚集,理问词讼,亵渎饮宴,工役造作,收贮官物。其赡学地土产业及贡士庄诸人,毋得侵夺。所出钱粮以供春秋二丁、朔望祭祀及师生廪膳。贫寒老病之士为众所尊敬者,月支米粮优卹养赡。庙宇损坏,随即修完。作养后进,严加训诲。讲习道艺,务要成材。若德行文学超出时辈者,有司保举,肃政廉访司体覆相同,以备选用。本路总管府、提举儒学、肃政廉访司,宣明教化,勉励学校。凡庙学公事,诸人毋得沮扰。据合行儒人事理,照依已降圣旨施行。彼或恃此非理妄行,国有常宪,宁不知懼。宜令准此。
>
> 至元三十一年七月□日①

本碑文乃根据元世祖至元三十一年(1294)诏告天下的圣旨精神录镌,并非世祖专为繁荣无锡之儒学事业而作。从碑文形制上来说,此碑是一方诏书禁碑,表现以皇权为代表的最高权力机构对各行政部门的饬戒、规劝等意义。该禁碑在无锡的镌刻,表明当地官员对恢复儒学机构教化功能的重视,也可以为我们探求儒学制度在江南地区的初步恢复提供线索。

元世儒学在总体上多为程朱余响,鲜有新意。在元朝统治的百年

---

① 本碑文乃笔者根据原碑内容逐一释读而出。原碑字迹有漫灭不可识者,又据《通制条格》所载圣旨文补释。原碑目前收藏于无锡县学旧址。

内,最具影响力的儒家学派乃鲁斋学派(以河南许衡为代表)与金华学派(以浙江金履祥、许谦为代表)。鲁斋学派强调"以纲常治国",以格致工夫去认知"所以然与所当然",此为北方儒学之代表;金华学派则承自"中原文献"吕祖谦之学而来,折中朱陆,学宗程朱,此为南方儒学之根基。

关于元代属于江苏籍的儒家学者,据明人冯从吾所辑四卷本《元儒考略》一书,尚有陆文圭、梁益、陆以衎等人。

陆文圭(1252—1336)字子方,江阴(治今江苏江阴)人。文圭自幼聪颖,过目即可成诵,博通经史百家,兼及天文、地理、律历、医药、算术之学,其学极博杂而无涯际。宋咸淳初,文圭以《春秋》中乡举,时年仅十八。宋亡后不出,以南宋遗老之身份隐居城东,学者称之为"墙东先生"。按,文圭被称为"墙东先生",并非因其居住于城东而得名。西汉末,北海人王君公因不堪王莽乱政篡权,决意沦落市井,当牛侩以自隐,时人乃赞之曰"避世墙东王君公",此后"墙东"即成为隐者之代称。元延祐间恢复科举,有司强令文圭就试,乃再中乡举。朝廷数遣使驰币往聘,以老疾,终不果行。卒年八十五。有《墙东类稿》二十卷传世。文圭实以文学见称,其《类稿》亦多著录其诗文。亦擅长于地理考核,凡天下郡县沿革、人物土产,悉能默记,如指诸掌。《元史》赞云:"文圭为文,融会经传,纵横变化,莫测其涯际。东南学者,皆宗师之。"[1]

文圭之学,直承自宋季理学而来,且因其处丁宋元之交,逢此家国乱世,故在他的作品中也流露浓厚的学以致用、济世安邦、"重事功"的儒者情怀。如其在《志学解》中强调,士人有志于学,就在于在才与德两个方面培养自己,以便出仕、为大夫,"治邦国之大事"[2]。此类说教,可视为他对宋儒提出的儒者"修齐治平"理想之深入阐解。陆氏认为一个人由"襁褓"转向"成童"的成长过程即是"可尧可舜"的价值实现过程,而在这个转化中可以充当核心媒介的便是个体"好学"的天性:

《中庸》曰:"率性之谓道,修道之谓教。"人自襁褓以至成童,便

---

① 《元史》卷一百九十《儒学二·陆文圭传》,中华书局 1976 年版,第 4345 页。
② 陆文圭:《墙东类稿》卷一《志学解》,《景印文渊阁四库全书》第 1194 册,(台北)商务印书馆 1986 年版,第 529 页上。

有这个性，可尧可舜。不教则失之，圣人能尽己之性以尽人之性，其必由学乎。学所以修性也，自天子至庶人，未有不学而成者也。①

"学"乃修性、尽心之根基，也是由凡及圣的必要条件，同时也是判断一个人是否可以"入仕"的标准。他在《儒学吏治》中说：

> 未之学者决不可使之仕也。……后世儒吏之说兴，遂判学、仕为两途矣。至汉有儒术饰吏治之语，儒吏之分，其殆起于此乎？……吏而不儒，或有之矣，未闻有不学而仕者。……俗吏之所务在于刀笔筐箧而不知大体，信乎不学而仕者，真所谓俗吏也，何足算哉？……古者之吏非今日所谓吏员也，古者之儒亦非今日之所谓秀才也。不求夫古之仕、古之学而切切焉析取舍于今之儒、今之吏，只见其扞格而不相合耳。当今圣明，灼见吏弊，悉易以儒，直救时之良法也。②

明确"学"与"仕"，"儒"与"吏"的区别与联系，并指出儒术乃"救世之良法"，也正是陆氏重事功、推儒学的具体体现。

针对当时动乱飘摇之时局，陆文圭敏锐地指出政治改良的当务之急乃在于"选贤举能"。他说："当今之务，务在得贤而已。……自今以后，令郡国选贤举能，岁以为常。贤士大夫有肯从我游者，吾能尊显之"③。而对于如何"得贤"，陆文圭也有自己的主张。他认为，维护科举制度的正常施行与广开言路都是极为重要的求贤途径。针对"才之难得"的现实，他又提出了不应"求全责备"的选才策略，主张用人应各取其所长，认为"圣门教人之法"与"朝廷取人之制"当有所区别，即"教人

---

① 陆文圭：《墙东类稿》卷一《志学解》，《景印文渊阁四库全书》，第 1194 册，（台北）商务印书馆 1986 年版，第 530 页上。
② 陆文圭：《墙东类稿》卷三《儒学吏治》，《景印文渊阁四库全书》第 1194 册，（台北）商务印书馆 1986 年版，第 559 页上—560 页下。
③ 陆文圭：《墙东类稿》卷一《拟求贤诏》，《景印文渊阁四库全书》第 1194 册，（台北）商务印书馆 1986 年版，第 532 页上。

之法有高下优劣之分,取人之制有兼收并蓄之意"①。这种比较开明的选拔人才的主张不仅是对当世时局之补救,亦可反映出陆文圭匡济时事的拳拳儒者之心。

文圭同里有梁益(生卒年不详),字友直,致意于儒道之承继。据《元史》载,益"博洽经史,而工于文辞。其教人,以变化气质为先务,学徒不远千里从之。自文圭既卒,浙以西称学术醇正、为世师表者,惟益而已"②。梁益曾著有《三山稿》《诗绪余》《史传姓纂》,但传世之史籍(如《元史》《元儒考略》)仅录其目而原书已失传,因是学界已难详考其学说之旨趣。梁氏又著有《诗传旁通》十五卷(有《常州先哲遗书》本),其书大抵为发挥朱子《诗集传》而成。

陆以衜(生卒年不详),字士衡,一作士弘,无锡(治今江苏无锡)人,至正中,官至翰林待制。据万历三年(1575)刻本《无锡县志》记载:"陆以衜,字士衡,至正辛巳乡举。"③《弘治重修无锡县志》有其小传曰:"陆以衜,字士弘,明易经,遡程朱之源,得象外旨趣。中乡举,授校官,累迁翰林待制。著《宋鉴提纲》。"④

元代在江苏地域也出过一些具有深厚儒学造诣,能以儒家伦理精神治理政事的儒官。干文传即是一例。干文传(1276—1353),字寿道,平江(治今江苏苏州)人。文传自小嗜学,十岁即能属文,未冠已有声誉,曾被推荐为吴县及金坛县的学教谕,以及饶州、慈湖书院山长。仁宗诏举进士,文传率先于延祐二年(1315)登乙科,授同知昌国州(治今浙江舟山)事,后历任长洲(治今江苏苏州)、乌程(治今浙江湖州)两县县尹,婺源(治今江西婺源)、吴江(治今江苏苏州吴江区)两州的知州。文传在昌国州时,能以儒家恩爱怀柔的政策,治理顽劣不驯的海岛之民,改变当地官吏强愎自恣的作风,使当地的民风和社会治理状况大为改变。其在自己家乡长洲任职时,能严守为官准则,无事不随便私自外

① 陆文圭:《墙东类稿》卷四《选举》,《景印文渊阁四库全书》第1194册,(台北)商务印书馆1986年版,第563页上—565页上。
②《元史》卷一百九十《儒学二·梁益传》,中华书局1976年版,第4345页。
③ 周邦杰修,泰梁等撰:《无锡县志》卷三下,明万历二年刻本。
④ 吴翀、李庶:《弘治重修无锡县志》卷十八,明弘治九年刻本。

出，亲戚朋友也不敢来找他办私事。在乌程、婺源等地任职时，能秉公办理各种案件，他所在之地的治理状况往往为诸州之最，论者谓其有古循吏之风。至正三年（1343）文传被诏入朝参与编修《宋史》，后提拔为集贤待制，以嘉议大夫、吏部尚书致仕。干文传儒学修养深厚，气度高远，见识卓越，担任江浙、江西乡试考官时录取了不少人才，后来都很有名。他写的文章文风雅正，不事浮藻，又擅长处理政务，可以说是一位学而优则仕的儒官。

第六章 大明起南京，心学遍东南
——明代时期的江苏儒学

元朝末年，统治者内部权力斗争日趋严重，自元英宗在至治三年(1323)因"南坡之变"被刺以后，元朝政局往往可见膻腥，篡权夺位之争不绝如缕。天灾人祸，内乱外患，历年不绝，民间起义势力横亘大江南北。在众多农民起义的势力中，以朱元璋为统领的起义者异军突起，最终统一中原，在洪武元年(1368)建立了明朝。由于朱元璋是以今南京(当时称应天府)为根据地南征北战打下天下的，又觉得北京是元朝的亡国之都，王气已尽，所以明朝开国，就将都城定在南京。直到半个世纪后，明成祖朱棣才正式将都城迁往北京。但即便在迁都北京之后，南京作为"留都"，仍然保留了都城的建制和一套中央机构，这一方面是为了便于控制南方，另一方面也是为了北方战事紧张时可以有个退路，所以南京的地位仍然很重要。当时南京又称"南直隶"，管辖范围包括今江苏、安徽及上海市。明朝儒学在宋元之后又有了新的发展，特别是阳明心学成为儒学发展中的新的思潮，门徒众多，影响广泛。在江苏地域，也出现了不少在儒学发展史上具有重要影响的人物与事件。

第一节 明朝南京的儒家文臣及其儒学思想

明朝开国后今江苏南京作为大明王朝的首都长达半个多世纪之

久,迁都北京后,南京作为留都在明朝政治文化版图中仍然具有重要地位。明朝统治者为了巩固其中央集权的统治,一方面对士人进行严厉的思想控制,另一方面重视利用儒学在维护统治方面的作用,完善了各级儒学教育系统,在南京设立了规模宏大的中央学术机构国子监。明朝在南京担任要职的官员,许多具有深厚儒学背景。作为明朝"开国文臣之首"的宋濂,上承元代朱陆合流的趋势,下开明代心学流行的风气;"千秋正学"方孝孺不仅在学术上维护儒家道统,而且以自己的生命践行了自己信奉的儒家原则。此外,罗钦顺、湛若水、夏尚朴、王阳明、魏校等明代著名儒学人物都曾在南京为官,为江苏儒学史增添了精彩华章。

一、明朝定都南京后的政治文化环境及其对儒学发展的影响

朱元璋在尚未统一中原之前,便广泛访求贤才,征辟天下儒士通治平之策者,叩问治道之术。朱元璋以江南为根基南征北伐,戎马倥偬之际手亦不释圣人之书,常在席间与诸儒讲明论道,一时海内儒士悦服,往来受辟者众。至正十八年(1358)朱元璋攻下金陵时,即召儒士范祖干、叶仪,问以治国之道,而祖、叶二人则首推以《大学》之义为宗。朱元璋以驱除胡虏,恢复中华,立纲陈纪,救济斯民为旗号,集结感应元末诸路义军,在至正二十八年(1368)攻陷元大都(今北京),并在江南重镇南京建立了明王朝。与元朝相比,明朝最突出的特点就是其高度的皇权专制与严厉的思想钳制。明代建都南京初期的政体,总体沿袭元朝。中央设有中书省,下统六部,掌行政,大督府掌兵事,御史台掌监察,各地方设立行中书省,统管一省行政、兵事、财政与司法。为强化中央集权,洪武九年(1376)朱元璋即下令撤销各地的行中书省,将原行中书省的职掌一分为三,转设承宣布政使司、都指挥使司和提刑按察使司,三司由中央垂直领导;洪武十三年(1380),朱元璋又借中书省丞相胡惟庸谋反事,撤中书省,保留六部职能,又撤大都督府,将大都督府的职掌分于五军都督府,而六部与五军都督府均由皇帝直接统辖。这样就直接形成了明代政治格局"乾纲独断""事皆亲决"的专制局面。为了防止子

孙后人变乱此格局,朱元璋同时明确规定:"以后子孙做皇帝时并不许立丞相。臣下敢有奏请设立者,文武群臣即时劾奏,将犯人凌迟,全家处死"①。洪武十八年(1385),贡士练子宁即对朱元璋"以区区小故,纵无穷之诛"②的做法提出明确反对,太祖默许其意。明成祖时期又重新对中央机构进行集权化调整,首建内阁制度,由皇帝亲自执掌内阁事务。明代皇权的集中程度及其实施举措的独断性,在中国古代史上可谓空前,而在这种集权制度下运行二百余年的明代社会的方方面面,均不同程度地受到影响。明初的文人儒生为了保身求全,在政治高压之下不再像宋元时期士子一样乐于品评时政,转而寄情山水与性理之辩中,将儒家修齐治平之学仅外化为独"修"之学,因此学问之道终局囿于个人内心之中而不敢发挥,将局限于性理之辩中的学问当成明哲保身之道,从而间接地构建出心性学说在明代的繁荣图景。为了使王朝政权不绝祀于后世,同时也为了将这种集权制度顺利地传之后世而不遇阻力,朱元璋亦仿效前世故事对士人的思想进行严厉控制,其最为明显处,即是大兴文字之祸。明代的文字狱贯穿整个明代史,而其惨烈之状尤以明初为甚。明代文字狱的表现形式颇多,顾颉刚先生在《明代文字狱祸考略》一文中曾予以总结,有以奏疏语词涉忌讳而罹祸,试题犯讳及试卷文句涉嫌而罹祸,修书罹祸,诗文罹祸等种种情况。③ 比如,因朱元璋早年曾剃发为僧,文墨不深,颇多猜疑,因此臣卜文书中见"光""坤(髡)""道(盗)""作则(作贼)""生(僧)""殊(歹朱)"等触犯上讳者,尽遭弃市。朱元璋虽一方面礼遇文士,藻饰太平,但又喜在知识界滥施淫威,以期通过文字狱来震慑天下士人。洪武年间以文字之事罹祸者人数众多,其中以翰林编修高启因诗中对朱元璋"有所讽刺"而被腰斩之事最为人所熟知。

在国家教化层面,朱元璋甚至不惜改易前圣经典以达反智、愚民之效。而朱元璋对儒家经典的态度,可以明显分为前、后两个时期,比如从他对《孟子》一书态度的变化即可窥知一斑。太祖在尚未建立明祀之

---

① 朱元璋:《皇明祖训·祖训首章》,《四库存目丛书》第 264 册,齐鲁书社 1995 年版,第 167 页。

②《明史》卷一百四十一《练子宁传》,中华书局 1974 年版,第 4022 页。

③ 顾颉刚:《明代文字狱祸考略》,《东方杂志》1935 年第 14 号。

前,对《孟子》之书颇有好感,曾以"使当时有一君能用其言,天下岂不定于一"(《明实录·太祖实录》)来评价《孟子》之书,足见此时朱元璋对《孟子》思想的赞誉。但《孟子》所倡言之民贵君轻、反对愚忠等思想,与朱元璋立国后在全国上下推行严刑峻法、戕戮功臣之举格格不入。比如对于臣下是否可以弑君问题,孟子明确指出:"贼仁者谓之贼,贼义者谓之残,残贼之人谓之一夫。闻诛一夫纣矣,未闻弑君也。"(《孟子·梁惠王下》)此种畅言诛戮暴君的说教,对于享国之后的朱元璋来说则如鲠在喉,无怪乎朱元璋在重读《孟子》后径言"使此老在今日,宁得免耶"①!因此洪武二十七年(1394),朱元璋乃诏命翰林学士刘三吾删节《孟子》而成《孟子节文》,删修订本后朱元璋即命将之刊刻天下。据刘三吾在《孟子节文·题辞》中所言,节文本《孟子》以"词气之间抑扬太过"为由共删去原本《孟子》文句数凡八十五条。虽然《节文》最终并未在明朝知识界广泛流布,但从朱元璋肆意删纂前圣经典的行为中,我们确可窥见其专横跋扈的专制品性。

朱元璋一方面以刚猛治国,另一方面亦不忘儒学对整个社会民众根深蒂固的教化作用。在采择古人儒学阐解系统的过程中,朱元璋则紧承宋元道统,对程朱理学的经典诠解方式情有独钟,钦定四书五经为士子必读之书,将程朱理学的主体思想视为训导天下之旨归,对经书的训诠以宋儒为宗。永乐间,朱棣又以"庶几以垂后世"为宗旨,诏命胡广、杨荣、金幼孜等仿《永乐大典》之体例,纂修《四书大全》《五经大全》及《性理大全》,稿成后朱棣亲为之序,命礼部刊印、颁行于天下。三部《大全》的纂修进一步强化了儒学在知识界的统治地位,其与政治上的极端集权相配合,使得更多海内士子将学术精力转到对儒家经典的品悟中去,有效地约束知识界士人思想的分流异化,以便维护国家社会的统一安定。虽然《大全》的印行可为执意求取功名者提供择取之便,但却又在另一方面对儒生的思想造成严重制约,从而导致明代学术界在整体上处于停滞状态,最终儒学乃全然成为士子空谈之资,整个儒学界充斥着魏晋之际玄学清谈之气,学派林立,学术见解之聚讼经年不息;

---

① 全祖望:《辨钱尚书争孟子事》,《鲒埼亭集》卷三十五,商务印书馆 1936 年版,第 442 页。

虽然当时大谈"经世致用"者不绝如缕，但真正能付诸实践的却寥若晨星。

儒学在明代的发展转变，与当时的教育制度和科举取士制度亦有重大关系。明代的教育网络大致可分为三个层次：

第一，以国学和地方儒学为核心的儒学教育系统。这个系统直接为国家培养符合要求的官僚行政队伍，尤其以国子监教育为代表的官方儒学教育，在明代的整个儒学历史中一直对天下儒学的发展产生着重要影响。

第二，以地方社学为代表的小学教育系统。本系统的教育主要面对社会童稚而施行，施教以字书、蒙书以及仁义纲常之说为主，内容以简要为务。明代的社学教育是整个国家最基础的教育形式之一，长期承担着教化万民的基本责任，同时也为国家儒学人才的更新提供了后备保障。

第三，以乡约、旌表等为支撑的社会教育网络。本系统的教育与尚有一定官方背景的社学教育不同，它主要面向的是底层之民众，而其组织、发起者也多以乡贤名士为主，因此教育实践也往往呈现出因地而异之态势。

第四，以讲学论道、科举应试为核心的各地书院教育。书院并不隶属于明代官方的教育系统。明初在各级儒学设立之前，书院教育确实承担了一定教化任务，但随着洪武三年(1370)全国普遍设立儒学机构，地方教育则开始由官立的儒学机构来承担，自此书院存在的必要性就受到了一定挑战，因此明初书院建设呈疲软之状。从正统时期开始，明代的书院建设开始步入兴盛期，而书院建设的数量则又可以直接反映出明代思想界的开放程度。正德、嘉靖时期，伴随着心学思想在知识界的广泛流布而带来的思想解放，书院的发展在当时的儒学体系中扮演了举足轻重的一环。以心学思想为指导、以书院讲学问道形式为载体，一大批思想家开始有了展现自己学术的舞台，为儒学的发展注入了新的活力。与之相应，明代统治阶层为了约束社会思想的发展，共计四次禁毁书院，这也对学术生态的健康发展造成了负面影响。

明代的科举取士制度也对当时儒学的发展产生重大影响。自隋代立科举之制,后经唐、宋、元诸朝的发展补充,逮及明世,科举制度已经相当成熟。在明立国之前,朱元璋便将科举取士列为治理天下的大计之一,他本人也对科举取士寄予厚望。洪武三年(1370)朱元璋下令当年开科,并颁行了科举考试的总体章程,对考试的日期、内容、形式以及参考人数都有规定。科举内容以四书为主,训诂内容以程朱之解为宗,这也为儒学在明代的发展提供了官方制度的支撑。以洪武三年(1370)间的乡试为例,科举格式共可分为如下三场。第一场考本经义一道,限五百字以上,出题范围既有程朱注解亦有古人注疏,而洪武十七年(1384)后则限定在《四书章句集注》中出题,对古人注疏不再考查;另考四书义一道,限三百字以上。第二场考礼乐论,限三百字以上,并考诏、诰、表笺等实用文体特点,显出为国取士之目的。第三场考经史时务策一道,限一千字以上,主要考查应试诸生解决具体问题的实务主张等,要求考生客观立论。明代的科举应试诸生,通常由国立或私立学校培育出来,因此科举取士制度也促进了明代儒学教育的发展。

明初儒学的发展,正是在以上所言的社会历史背景和文化教育环境中逐渐展开的。

二、"开国文臣之首"宋濂的儒学思想

宋濂(1310—1381)字景濂,号潜溪,又号玄真子,浙江金华人。入明后,他被朱元璋征召至南京,游宦南京二十年,与江苏地域结下了不解之缘。他的儒学思想正是在南京时期趋于成熟的,作为明朝"开国文臣之首"(朱元璋语),宋濂毕生的名望也是在南京建立的。

宋濂自幼勤奋好学,颇有文才。自至元三年(1337)始,先后受业于浙东名儒吴莱、柳贯、黄溍、闻人梦吉,此四人则学承元代金华朱学传人何基、王柏、金履祥、许谦,而何、王、金、许又皆为福州闽人(今福建福州)黄榦(1152—1221)之弟子。黄榦为朱熹正传弟子,同时也是朱熹的女婿,与朱熹过往甚密,朱子亦视之为道统继承人。因此从师承方面来说,宋濂亦为闽学正传。元至正九年(1349)宋濂被举荐为翰林院编修,固辞不受,隐居山中,潜心佛道,著述不辍。如其在《太乙玄徵记》中言:

"金华宋濂,赋质甚弱,十日九疾。生产作业之事,皆力有所不任,唯日学操觚,造为文章。"①朱元璋取道婺州时,濂乃受召,太祖命其在郡学中专授五经。此后又因刘善长举荐,宋濂与刘基、章溢、叶琛同被征至南京,除江南儒学提举,教授太子十余年,并教导四方儒生;又主修《元史》,其弟子多为翰林编修。濂官至翰林学士承旨、知制诰,学者称其为"太史公""宋龙门"。晚年其孙宋瓒涉宰相胡惟庸谋反案,坐法受诛。太祖亦有杀濂意,但宋濂因皇后与太子力保而免死,遂举家贬谪茂州,死于赴任途中。后追谥"文宪"。有《宋学士全集》传世。

宋濂之一生,虽喜言佛经道法,但他极力推崇的还是孔子,将孔子视为"集群圣之大成"者,同时对荀子性恶之说及汉儒之学时见讥评。比如,他《孔子庙堂议》一文曰,首先抨击当世学校淫祀先圣孔子之现状,认为得孔子真传者仅有颜回、曾子、子思与孟子(即"孔门四圣"),这确与程朱等人推崇《大学》《中庸》《孟子》之举相合。宋濂表面上以不合礼制或二三其德为由,主张罢荀子与扬雄、杜预、马融等人之祭,实际上更多则是其对上述诸子学说的直接反对。荀子性恶之说从韩愈以降缕被讥议,而自程朱等人以孟子性善之说为宗后,荀子之学所受责难尤多,自不待言;而宋濂对扬雄的反对,则应是受朱子影响。有宋以来,儒学界首推扬雄者实始自司马光、王安石二人。二人政见虽迥然相左,但在对扬雄的历史评价上则灵犀相通。如扬雄曾仿照《周易》造作《太玄》,而司马光则法效《太玄》拟作《潜虚》,尔后又作《太玄集注》,自谓于扬氏《太玄》上"疲劳精神三十余年";而王安石则径言,"扬雄者,自孟轲以来未有及之者,但后世士大夫多不能深考之耳"②;"自秦汉以来儒者,唯扬雄为知言"③,并认为"孟扬之道未尝不同,二子之说非有异也"④。与司马光、王安石不同,朱熹则对扬雄为人颇多非议,如其在编修《资治通鉴纲目》的过程中往往在扬雄名前冠以以"莽大夫"之称,指斥扬雄背弃臣节,入仕于新莽。当然朱子对扬雄的这种评价与靖康之难后南宋

① 宋濂:《太乙玄徵记》,罗月霞主编:《宋濂全集》,浙江古籍出版社1999年版,第28页。
② 王安石:《答龚深父书》,《临川先生文集》,中华书局1959年版,第765页。
③ 王安石:《答吴孝宗书》,《临川先生文集》,中华书局1959年版,第786页。
④ 王安石:《杨孟》,《临川先生文集》,中华书局1959年版,第679页。

时局背景下的特殊历史话语不无干系,朱子不承认东、西汉之间的新莽政权,亦即不承认南、北宋之间的金元政体,但朱子凭借其在理学界巨大的影响力,指斥扬雄之举对后世儒学界产生重大影响。宋濂对扬雄造作《法言》《太玄》之举也颇有微词,认为《论语》本是孔子弟子所记,非孔子自为,而扬雄模仿《论语》自作《法言》,是为僭伪;又撰《太玄》以拟《易》,更足以使人怪骇。由此不难看出宋濂的儒家价值立场,这也是他

儒学观的基础。

在学术师承方面,宋濂虽未直接受业于吕祖谦,但却常以吕氏传人自许,对中原文献之学深为仰慕。作为吕祖谦的同乡,宋濂对吕氏之学甚感亲近,直言想要传习孔子之学,必当以吕氏的中原文献之学作为源始。但在深入体察孔子之学的过程中,宋濂又不拘泥于仅从吕祖谦的学术思想中获取圣人大义,而是也注重从他人的儒学见解中汲取养分,不偏废一方,表现出一种"转益多师"的学者情怀。而与中原文献之学所推崇的圣人品性相一致,在宋濂看来,天赋人以性,而"德莫大焉"①,因此他非常重视人主之"德"在君临天下时的作用,认为"盖天下大物也,可以德持,不可以力竞"②,不主张以威权蛮力或兵甲利器守天下,认为唯有实行德治国家才能长治久安。在经纬天下之时,能与"德治"并行者即为"礼制",而"礼制"甚至可以代替"刑罚之威"从而实现真正的导化万民的目的。如宋濂说:

> 礼之目以千百数,求其意,不过禁邪止慝、导人以善而已。人情之变也,无礼以治之,虽日刑千人而不足;教之礼,可以使之立化于俎豆间。岂刑罚之威,不若俎豆哉? 制之以其所畏,不若因其所易知而教之之为速也。③

这种重视"德"与"礼"的传统儒家人文情怀,构成了宋濂思想的儒学基调,也是宋濂与法家学派人物迥然相别之处。

---

① 宋濂:《送允师省母序》,罗月霞主编:《宋濂全集》,浙江古籍出版社1999年版,第1737页。
② 宋濂:《隋室兴亡论》,罗月霞主编:《宋濂全集》,浙江古籍出版社1999年版,第39页。
③ 宋濂:《平阳林氏学记》,罗月霞主编:《宋濂全集》,浙江古籍出版社1999年版,第1691页。

宋濂在回答他人"儒者柔懦之称"的提问时,本着"必也正名乎"的原则,首先对"儒者"的特性进行了"正名",同时也对所谓的"儒"进行了分类。在《七儒解》一文中,他强调"我所愿则孔子也",同时也直言自己"入孔孟之庭而承其颜色"(《拙庵记》)。此类说法可以当作宋濂的儒学思想宣言。宋濂认为,虽然圣人既没,但他们的道德意旨却保留于坟籍经典之中,但想要获知圣人意旨却并非易事:世之俗儒大多流离于经籍之表面,或溺于其外而不知其内,因此大道多有废止;实则只有拨去伪质并踵武圣人道德之术,一心承接孔孟故事,才能得圣人之传。即使在为文之法问题上,宋濂也颇有祖述尧舜、宗法孔子之意,将儒家精义作为指导文法脉路的根本导向:"余之所谓文者,用尧、舜、文王、孔子之文,非流俗之文也,学之固宜。"[1]宋濂继承了唐宋儒者提出的"文以载道"的文法思想,将作文视之为传道的手段。宋濂曾以"以穿凿破碎为学"来概括东汉以来以华彩为文的"文不载道"现象。为文之义在于明道、立教、辅俗化民,圣贤之文在于绝去造作、去伪而存真,从而通过文章之法也能正定礼乐法度,实现修齐治平的理想。

　　宋濂认为君王若想要得民心,则非儒不能。在用儒学教化乡民方面,他非常重视合格的五经师所能起到的基础性作用,因而如是言:"兴学在于明经,明经在于选傅。得良傅则正鹄设而射志定,土范齐而铸器良,声流教溢,俗转风移。反是则政堕矣。"[2]宋濂对教育的理解与重视,更多地来自总结历史的经验教训,重视教化万民者则国兴,反之则国亡,而治世之法不出于"养"与"教"二字,"养"失则民贫而流为盗,"教"失则民暴而入于邪,此皆为乱之源。所以古时明王均重视教化之功,征辟德才兼备者为儒师,教民以五经、六艺,因此庠序遍野,人民艾安,国家太平。而导化万民的首要关切,即是要找到合格的五经师。虽然宋濂有"鸿儒之胄,传经为难"(《送许存礼赴北平教授任序》)之叹,同时他认为自孟子之后即不再有人能兼通五经,但古人的通经之法尚且可学,而通经者的首要品性则不出于忠、孝二字:"古之通经者,非思腾簸口

① 宋濂:《文原》,罗月霞主编:《宋濂全集》,浙江古籍出版社 1999 年版,第 1403 页。
② 宋濂:《答郡守聘五经师书》,罗月霞主编:《宋濂全集》,浙江古籍出版社 1999 年版,第 253 页。

舌,以聋瞽时俗,实欲学为忠孝。而孝者,又百行之冠冕,苟于孝道有阙,则虽分析经义如蚕丝牛毛,徒召辱耳。"①因此今世之通经者,首先必须要具备"忠孝"的贤者品格。在宋濂看来,忠孝已经成为儒者立身之根基,这与吕祖谦"以孝悌忠信为本"的伦理观亦颇为相近。

另一方面,宋濂也提出了"六经皆心学"这一核心思想,指出六经便是心学,圣人一心皆理,圣人之道全在乎治心,他在《六经论》中如是说:

> 六经皆心学也,心中之理无不具,故六经之言无不该。六经所以笔吾心之理者也,是故说天下莫辨乎《易》,由吾心即太极也;说事莫辨乎《书》,由吾心政之府也;说志莫辨乎《诗》,由吾心统性情也;说理莫辨乎《春秋》,由吾心分善恶也;说体莫辨乎《礼》,由吾心有天序也;导民莫辨乎《乐》,由吾心备人和也。人无二心,六经无二理,因心有是理,故经有是言。……大哉心乎!②

"心"不仅可以参同天地万物,而且天地万物实皆由"心"生,由此可见宋濂所谓"心"具有天地万物之根本的本体论意味。也正基于此,宋濂还推衍出了"仲尼不死"的心学理论:孔子只是形体消散,但其"心"却亘古长存。圣人之所以为圣,正是因为他们能体察"心"之巨量并践行之。

宋濂也指出,"养心""治心"并在实践中做到"知行合一"并非易事。但如果每个人都能"养心""治心",并付之于"力行",那么人人皆可成为尧舜孔孟,而六经、诸子之学则将因此显得无可无不可。必须要指出的是,宋濂的这种"家可颜孟""人可尧舜"的心学观,虽很难说是否直接影响了后来以王艮为代表的泰州学派的核心学说,但我们也不难看出,在整个明代的心学体系中,"人可尧舜"的说教实在是有其颇为深刻的话语背景,即在当时的哲学思辨体系中,性理学者对"心"之价值的讨论,会不约而同地赋予"心"以极高地位,"治心"也成了心学价值体系中一种最精致而完满的存在状态,而古之"治心"的典范则不外乎尧舜孔孟

---

① 宋濂:《答郡守聘五经师书》,罗月霞主编:《宋濂全集》,浙江古籍出版社1999年版,第253页。
② 宋濂:《六经论》,罗月霞主编:《宋濂全集》,浙江古籍出版社1999年版,第71页。

之徒,因此人若能"治心",则皆可成为至圣之人。这种思辨的过程可以说也是整个明代推崇"治养身心"的逻辑。

宋濂还进一步指出"治心"的关键在于"正心",心不正则经义不传,经义不传则天下乱。在探讨秦汉以来天下无道的主要原因时,他认为人心不正导致的"心学不传"是主要原因。他指出:"正则治,邪则乱,不可不慎也。秦汉以来,心学不传,往往驰骛于外,不知六经实本于吾之一心……心既不正,则乡闾安得有善俗? 国家安得有善治乎?"①从中亦能看出,宋儒所提出的"正心"学说对宋濂的深刻影响,如吕祖谦即强调为学要"必也正人心",而宋濂又进一步指出天下士子"心不正"的原因在于"经不明",圣贤之道泽被后世的首要根基,即在于能"尽心"与"立心"。"君之立心,在乎远且大者。干禄以行志,其泽可被于当世;著书以明理,其功实垂于后世。"②明理亦即明经,因为经乃天地圣贤之理,而"尽心""立心"则是明理、明经的基础,这也是宋濂心性学说对程朱理学的发展之一。而君子想要做到"有为于天下",则务必以"正人心"为本,必须要首先绝去"六疾"(即"以术干禄""以财树家""以势临人""以安自恃""以学自眩""以行自翘")而行"五懿"(即"慈""俭""勇""明""容"),这也是宋濂心目中理想的儒者所应具备的主要品格。

质言之,宋濂以"治心"与"知行合一"为要旨的心学思想,上承中原文献之学,下启明代初年的性理、心性之学,宋濂的心学思想为明初儒学思潮的重新建构开启了方向。同时,宋濂以其"开国文臣之首"的显赫地位,为其心学思想在明初的传播奠定了坚实基础,从而对整个明代的思想嬗变历程都产生深远影响。

三、"千秋正学"方孝孺的儒学思想

方孝孺是明初著名学者,与其师宋濂共同为明初儒学系统的重构作出重要贡献,同时对中原文献之学在明初的发展也具有不可磨灭之

---

① 宋濂:《六经论》,罗月霞主编:《宋濂全集》,浙江古籍出版社 1999 年版,第 72 页。
② 宋濂:《故潗峰先生府君墓志铭》,罗月霞主编:《宋濂全集》,浙江古籍出版社 1999 年版,第 1320 页。

功绩。此外,因其极尽忠贞之义而受诛十族的惨淡经历,方孝孺的人格品性对后世知识界也产生了巨大影响。

方孝孺(1357—1402),字希直,浙江宁海人。二十岁始至南京求学,师从宋濂,洪武初两次受荐,太祖对其评价虽高却并未重用。洪武二十五年(1392),孝孺乃以荐受太祖征辟,出任汉中府学教授。朱允炆即位后,方孝孺深得重用,历任翰林院侍讲、文学博士等职。与宋濂辅佐太祖相似,方孝孺对建文政权也多有助益。董理群书编定、拟撰诏诰文书、批复群臣奏议等事,多出孝孺之手;尔后燕王朱棣起兵篡权,建文帝兴师讨贼之檄文,亦多为孝孺手笔。靖难之役后南京沦陷,建文自焚死。朱棣谋臣姚广孝在燕王起兵南下时即对朱棣说:"城下之日,彼(指方孝孺)必不降,幸勿杀之。杀孝孺,天下读书种子绝矣。"[1]朱棣首肯。后朱棣命孝孺为其起草登极诏书,孝孺严词以拒,捐弃拟诏笔札,并对朱棣哭骂曰:"死即死耳,诏不可草!"[2]棣大怒,遂径磔孝孺于市,年四十有六。值蒙难之日,其胞弟方孝友与其共赴刑场慨然就戮,孝孺之妻及二子方中宪、方中愈先后自缢,二女自沉秦淮以死。孝孺既殁,拟撰登极诏书之事交由宋濂另一弟子楼琏。恐于坐连亲友,楼琏闻讯后亦即自经死。孝孺之案,受株连者十族,死难者计八百七十三人,被流放戍边及充家为奴者不可胜记。朱棣即位后,天下敢有藏孝孺之书者,坐法论死,但仍有门生冒死私藏孝孺书。为掩人耳目,门生将其更名为《侯城集》。孝孺一案,天下之臣子、儒生无不震怖,世人皆噤若寒蝉,衔声不敢发。朱棣之子仁宗即位后,即诏定方孝孺为"忠臣",并为建文朝时因此事死难诸人平反,被流放戍边及充家为奴者悉数诏还为民。因方孝孺在汉中任教授时,蜀献王赐其书斋名为"正学",因此世称方孝孺为"正学先生"。

方孝孺的老师宋濂对他评价颇高,宋濂说:

凡理学渊源之统,人文绝续之寄,盛衰几微之载,名物度数之

---

① 《明史》卷一百四十一《方孝孺传》,中华书局1974年版,第4019页。
② 《明史》卷一百四十一《方孝孺传》,中华书局1974年版,第4019页。

变,无不肆言之,离析于一丝而会归于大通。生(指孝孺)精敏绝伦,每粗发其端,即能逆推而底于经,本末兼举,细大弗遗。见于论者,文义森蔚,千变万态,不主故常,而辞意濯然常新,滚滚滔滔,未始有竭也。①

黄宗羲亦盛赞方孝孺"禀绝世之资,慨焉以斯文自任",而将《方正学孝孺》篇位列《明儒学案》全卷之首,并以"完天下万世之责""不愧千秋正学"来概括方孝孺的功绩②,足见黄宗羲对他的尊崇。

方孝孺针对当时天下初定、百废待兴的局面,提出应重视"学"的功用,从而总结出"学为大"的思想。他说:"人孰为重? 身为重。身孰为大? 学为大。天命之全,天爵之贵,备乎心身,不亦重乎? 不学夷乎物,学则可以守身,可以治民,可以立教,学不亦大乎?"③"学"不仅可以守身、治民、立教,同时也是圣人佐助上天、完成天命的主要手段。唯有通过不断学习,君子才能做到"治天下如一室"。方孝孺认为,为学之道在于慎行,注重修己,善爱自身,不可为外欲所役使,只有这样才能立名于后世,可以说这是为学的根本。至于学的内容,方孝孺认为应以六经为"学之大统"(《杂著·学辨》)。关于学所要达到的目标,他虽主张要以"法古"为高标准,但也应考虑到时代以及个人的局限,不能对每个人求全责备,因此他提出了"德不求其全,而取其不违乎道;艺不求其备,而贵乎能致其精"④的取人标准,这在当时看来也是十分开明的。

与宋濂反对"法制"、举倡"德制"之说相类,方孝孺也认为君主对民众应重在"治心",因为"使人畏威,不若使人畏义也。治身则畏威,治心则畏义。畏义者其于不善,不禁而莫能为;畏威者禁之而莫敢为。不敢之于不能"⑤。这与孔子认为道之以德,齐之以礼,可以使民众有耻且格的思想是一脉相承的。方孝孺认为,古时先王治天下以政教礼乐刑法,

① 宋濂:《送方生还宁海(并序)》,罗月霞主编:《宋濂全集》,浙江古籍出版社1999年版,第1626页。

② 黄宗羲:《明儒学案》,中华书局2016年版,第1页。

③ 方孝孺著,沈光大校点:《杂诫三十八章》,《逊志斋集》,宁波出版社2000年版,第13页。

④ 方孝孺著,沈光大校点:《杂著·明教》,《逊志斋集》,宁波出版社2000年版,第86页。

⑤ 方孝孺著,沈光大校点:《杂诫三十八章》,《逊志斋集》,宁波出版社2000年版,第13页。

而当今之朝治天下却仅以刑法,先王们所推行的政、教、礼、乐之治尽失。上古圣王注重化民,而当今之世却只重禁民。想要恢复古之治,则必须恢复古之道,否则无异于缘木求鱼。当然方孝孺不否认法也是治天下的重要手段,但他认为只是仰赖法并不足以治天下。治天下的最高境界是让民众有"知耻之心","未见斧钺而畏威,未见鞠讯而远罪"①。此一说法与孔子"必也无讼"的治国理想也是一致的。这实际上是方孝孺对明初严刑峻法的反思,其中包含他对儒家礼乐文化制度的深刻向往。

以儒家"仁义道德"为价值标准,方孝孺还对历朝历代统治的历史经验教训进行了评判,并在此基础上提出了自己独特的"正统论"。他认为并不是拥有了天下就占据了"正统",之所以要确立"正统"之名,就是为了"寓褒贬,正大分,申君臣之义,明仁暴之别,内夏外夷,扶天理而诛人伪"②。对后代统治天下的政权之所以要区分"正统"和"变统",就在于可以对天下人主有所警示和劝诫,促使他们勉力修德为善,而非只知道威权和刑罚治天下。他认为孔子作《春秋》而天下之乱臣贼子惧,即具有明立"正统"之用意。正统之名本于《春秋》大义,虽然《春秋》之旨久不行于世,但其大义却不出乎"辨君臣之等""严华夷之分""扶天理遏人欲"三者,篡臣、贼后和夷狄永远不可称作为正统。方孝孺对朱熹的史学巨著《资治通鉴纲目》亦颇推重,认为其同样有诛暴止乱的作用,足以为万世法。但朱熹认为有天下者即可谓之正统,而方孝孺却认为只有"建道德之中""立仁义之极""操政教之原"的君主拥有天下,才是"天子之礼"的"正统",否则就是"异于天子之礼"的"变统"。在明初的政治高压之下,方孝孺能提出这种正统观,实为难能可贵,这也是他至死不渝的品格操守的价值根源之所在。

在对前儒之评价方面,与宋濂相似,方孝孺也不赞同扬雄造作《法言》这种仿效前圣之举,而斥之为"僭"。但方孝孺对朱熹的评价却颇高。他认为自《三百篇》以后文人写的诗,皆不得诗之道,徒然穷乎声

---

① 方孝孺著,沈光大校点:《杂著·治要》,《逊志斋集》,宁波出版社2000年版,第77页。
② 方孝孺著,沈光大校点:《释统三首》,《逊志斋集》,宁波出版社2000年版,第53页。

律,务乎奇巧,华而不实,因此可以说"三百篇后无诗"。唯有朱熹的《感兴》二十篇可以谓之诗。因为方孝孺认为诗之道就在于"增乎纲常之重,关乎治乱之教",而朱子的《感兴诗》虽言辞不达华美之境,却能切于日用之实,通达性命之理,贯通天地之道,于世教民彝功莫大焉。我们从朱子《感兴诗》的自序中可知,《感兴诗》二十篇乃是效法唐人陈子昂《感遇诗》三十八首而作。陈子昂也曾叹"大雅久不作",哀诗之大义的丧失。由此可见方孝孺与朱熹、陈子昂对《诗》之本质与大义的认知一脉相承,都是对儒家诗以言志、文以载道的文学观的认同与传承。由此我们亦能看出方孝孺对理学形态的儒学的推崇以及对注重实用与教化的儒家诗学观的坚守。

　　方孝孺对处于兴盛期的中原文献之学颇为向往,同时对宋儒以来逐渐形成的心学亦有所发展。他说,如同人性本善一样,世人之心本身也并无差异,只是与古人相比,今人只注重眼前利益而不知为天下、后世计,因此便导致大道隐晦不明。在方孝孺看来,心是个人能够超乎宇宙万物之外的根本所在。心不累于物,则可以与万物同乐;若要使心不累于物,前提则是要让心"不溺于物"。君子之析理万物,并非是观物之外表,而是观物之"心",这样就能让世间万物皆为我用。古时先王能有治世之法,也是因为他们能由心及身,然后再推之以治天下,因此"正心"是学习先王之道的根本大法。世人不应恃其偏私之智而不为学,而为学则必本乎圣人之道,否则将无有得于心。因此学习圣人之道,重在要于心有得。他认为,圣人之心卓然高出于万物之表,而圣人之大道不出乎人心。古之矫造邪说者均因为其心不正,所以他们的学说才漏洞百出。他认为孔子之后,明道者莫过于子思、孟子。二子所传之道,近可事身,远可事天下。但若欲究其本源,则大道本于天命,并非"微弱玄达"不可知。实际上大道更关乎百姓日常,只要能准确说出道之大义,愚夫愚妇亦可随时成为"知道者"。他认为,今世之学者无法与古时之人相提并论的主要原因,并非因为今人天资、学力不足,乃是因为今人多急功近利,从而"无凝道之功"。古人虽有美质,但其心却不知足,因此可成圣道。圣人与庸人之间资质或许有差异,但如果众人亦能以圣人为榜样自治其心,加倍努力,最终虽未必成为圣人,但却可成为君子。

方孝孺认为天降生民，不仅仅只是赋予了世人区区口耳之体，而且实际上也赋予了每个人辅佐天地、助养斯民的义务与使命，因此将有限的生命用来追逐世俗的权贵利禄，而不去追求大道的人，是自贱其身；认为自己资历卑贱而不足以行道的人，是自诬其身；认为古之圣人的品性远不可及者，则是自弃其天性，以上三者均是"君子之贼"。从这种性理之辩中可以看出，方孝孺的人性论思想与思、孟学派一脉相承，与其师宋濂所持之论也很类似，并且与明代中后期的心性学说遥相呼应，同时我们从中也可以发现方孝孺一生以其人格与生命来践履的儒家道德价值的根源之所在。

四、魏校等南京文臣的儒学思想

明代中期在南京担任朝臣，并对江苏儒学发展作出贡献的人物，还有魏校、夏尚朴、罗钦顺、湛若水等人。

魏校(1483—1543)字子才，昆山(治今江苏昆山)人。其先本为李姓，后改姓魏。弘治十八年(1505)中进士，官南京刑部郎中。其在任时，当朝守备太监刘琅依仗刘瑾权势，经常枉法妄作，肆意为歹事，时人莫敢与之违。魏校直言敢谏，不畏刘氏气焰。后改迁兵部郎中，寻以疾归；嘉靖初，起任广东提学副使，寻丁忧；服丧期满，又补江西兵备副使，改河南提学。累迁至太常寺少卿、国子监祭酒。当时天下从魏校求学者众，其弟子著名者有唐顺之、王应电、王敬臣等。因魏校起家于苏州葑门的庄渠，遂以"庄渠"自号。谥"恭简"。魏校博贯前圣诸儒之学，而尤精于儒家礼制，《四库提要》在列举魏校著作时即首提其《周礼沿革传》。其主要著作还有《郊祀论》《周礼义疏》《春秋经世》《大学指归》《体仁说》《六书精蕴》等，后人分别辑有《庄渠遗书》《庄渠诗稿全编》。

关于魏校性理学说的基本特征，他首先坚持"性"就是"理"的立场，认为荀子、扬子、韩子兼"气质"而言"性"都不准确，易造成混淆，只有孟子的性善论，程颐的"性即理"抓住了"性"的实质。然而在宇宙论层面的"理"与"气"的关系上，魏校却并未采纳程、朱的理本气末之说，而是认为"气"是充塞于天地间一切的存在。黄宗羲在《明儒学案·崇仁学案》中对魏校的理气学说有具体介绍。魏校认为："理也,气也,心也,岐而为三,不知天地间只有一气,其升降往来即理也。人得之以为心,亦气也。"①在他看来"理""气""心"三者其实是同一的。在自然界,气能自主宰形成春夏秋冬、草木荣枯,寒暑运行,这就是"理"。在人,则人心之虚灵就是"气",虚灵中的主宰就是"理"。"理"虽然可以说是"气"的主宰,但"理在天地间,本非别有一物,只就气中该得如此便是理……混沌之时,理气同是一个,及至开阖一气,大分之则为阴阳,小分之则为五行,理随气具,各各不同……理虽分别有许多,究竟言之,只是一个该得如此"②。因此在理气关系上,魏校的观点是理气一元论,"理""气"并非分别存在的实体,"理"只是"气"的"该得如此"的道理。

魏校私淑于胡居仁,对胡居仁"主敬"之说颇为推重,认为"持敬"有如人的一呼一吸,一时不可废弃;同时他又紧承孟子"性善"之说,将"持敬说"与"性善说"相贯通,认为天命"有善无恶",每人均与上天相通,并由此敷衍出"上天有灵"的天命观。他在《体仁说》中如是言:

> 持敬易间断,常如有上帝临之,可乎? 曰:"上帝何时而不鉴临,奚待想像也? 日月照临,如目斯睹,风霆流行,如息常响。今吾一呼一吸,未尝不与大化通也。是故一念善,上帝必知之;一念不善,上帝必知之。天命有善无恶,故善则顺天,恶则逆天。畏天之至者,尝防未萌之恶;小人无忌惮,是弗以上帝为有灵也。"③

魏校认为天的主宰是上帝,而人的主宰则是心。但这个心不是一己之私心,而是与天地太和元气相通的心,本体纯然是善的心。他认为木必有根,水必有源,人也必得立此心作为人的主宰,万物才能各得其所,次第而治。在继承胡居仁"主敬"说的基础上,魏校强调"敬"就是个人的

① 黄宗羲著,沈芝盈点校:《明儒学案》卷三《崇仁学案三·恭简魏庄渠先生校》,中华书局 2008 年版,第 47—48 页。
② 黄宗羲著,沈芝盈点校:《明儒学案》卷三《崇仁学案三·复余子积论性书》,中华书局 2008 年版,第 53—54 页。
③ 黄宗羲著,沈芝盈点校:《明儒学案》卷三《崇仁学案三·体仁说》,中华书局 2008 年版,第 49 页。

心做自己的主宰,但今世之"持敬者",却不免要外添一个心来"治此心",这就等同于从外处另寻一个主宰,而此则有失"主敬"之本。在答复友人的书信中,魏校强调了"正心"的重要性:"古人明明德于天下者自国始,国自家始,家自我身始;要修我身,又自正心始。盖天下国家之本在身,而心乃我身主宰。此已是说到尽头处,乃学之统宗会元也。"①即在修齐治平四者中,修身为根本,而身之根本则在心,因此学者之为学要务首要即在于"正此心"。此"心"得正,则身可修、家可齐、国可治、天下可平。而"正心"在魏校看来,其实就是祛除修正邪闲思虑,破除私意间隔,最终复归于"纯然是善"的心之本体。

魏校在《体仁篇》中多谈仁善之理,再由治心、治身之道转及天子治国之道,以"天子当常以上帝之心为心"收尾,其旨趣也在于格君之心,使之恭己于上,选贤任能,实现天下大治。魏校又曾作《孟子讲章》一文呈进皇帝,他赞扬"孟子心学,精密洞察天理、人欲之几微,故随事剖判天理",同时也强调其"句句皆是实事,非空言也"②。他说"臣惟孟子学已到圣人处,全在察识扩充上用功。三代以下往往做不到圣人者,只因将这道理只在纸上讲求,不在心上体验,弗能察识。既被人欲遮蔽,又被人欲拦阻,如何济得天下苍生"③?可见魏校之所以重视孟子的心学,还是认为其可以使人洞察天理、人欲之精微。而人君若能以天理为治国理政的根本,则其效可以兴国。魏校儒学思想"经世致用"的色彩在这里表现得非常明显。

夏尚朴(1466—1538),字敦夫,别号东岩,信州永丰(治今江西广丰)人。早年师从娄谅,历任南京礼部主事、南京太仆寺少卿等职。正德初,入京参加会试,见刘瑾乱政,尚朴感叹时事不古,乃有退而求全、明哲保身之意,遂不试而归。在南京任职期间,夏尚朴、魏校与湛若水三人常共同讲学,相与探讨诸多学术问题,这对三人今后的儒学思想发展产生了重大影响,《东岩集》中亦存留有部分三人往复信件。夏尚朴在回顾自己求学经历时说:"予昔有志于学,而不知操心之要,未免过于

---

① 魏校:《与顾惟贤》,《庄渠遗书》,《景印文渊阁四库全书》第 1267 册,第 747 页上。

② 魏校:《孟子讲章》,《庄渠遗书》,《景印文渊阁四库全书》第 1267 册,第 690 页上。

③ 魏校:《孟子讲义》,《庄渠遗书》,《景印文渊阁四库全书》第 1267 册,第 701 页下—702 页上。

把捉,常觉有一物梗在心中,虽欲忘之而不可得。在南监(即南京国子监)时,一日过东华门墙下,有卖古书者,予偶检得《四家语》,内有黄蘖对裴休云:'当下即是,动念则非。'伫立之顷,遂觉胸中如有石头磕然而下,无复累坠,乃知禅学诚有动人处。于后看程子书,说得下手十分明白痛快,但在人能领略耳。"①与魏校相类,夏尚朴亦传主敬之学,其名言为"才提起,便是天理;才放下,便是人欲",对"天理"与"人欲"二者间的关系进行了更为生动的解读,同时魏校对此语颇为激赏。夏尚朴有《东岩集》传世。

夏尚朴常以朱子传人自居,其言多祖述朱子,而对近世论学只知"致良知"而不去认真研读圣贤经典的现象,夏尚朴则直接进行抨击。比如,他认为陈献章的"白沙之学"即为此种敝失的始作俑者。夏尚朴一生极力辟佛老、推儒道,他将白沙之学归于释氏意,斥之为"害流于生民,祸延于后世"②,其辞可谓辛辣。夏氏之学全然以宋儒为宗,在宋儒以务实为主的治学框架下对自己的"心学"思想进行补充,因此在他看来,不经积累即不可得圣人真传。如他曾专引其师娄谅的诗句"为学要人知做甚,养之须厚积须多"来强调个体"践履"的作用,也盛赞朱熹"如读书以求义理,应事接物以求当理"一语曰"非洞见心体之妙,安能及此"(《语录》)!夏、陈二人心学观的根本差异,由此略可见其一斑。

王守仁早年亦师从于娄谅,因此夏尚朴与王阳明之间也常往来。《四库全书·东岩集提要》云:"守仁赠尚朴诗有'舍瑟春风'之句,尚朴则答曰:'孔门沂水春风景,不出虞廷敬畏中。'至谓心所以穷理,未足以尽理;又谓学不难于一贯,而难于万殊——则与守仁即心即理之说迥异。"③但同时夏尚朴对"心学"系统中的"心"的作用也高度重视,他认为心的本体是一种湛然虚明的东西,心的本体并无所谓存亡出入可言;所谓存亡出入者,只在于人的操持敬肆之间而已,然而心虽虚灵空洞,却

---

① 夏尚朴:《语录》,《东岩集》,《景印文渊阁四库全书》第 1271 册,(台北)商务印书馆 1986 年版,第 12 页上—13 页上。

② 夏尚朴:《语录》,《东岩集》,《景印文渊阁四库全书》第 1271 册,(台北)商务印书馆 1986 年版,第 17 页下。

③《东岩集提要》,《景印文渊阁四库全书》第 1271 册,(台北)商务印书馆 1986 年版,第 1 页下—2 页上。

是"理"的存在之处,心中存着"理"就叫作"性"。"性"字从心、从生,就是心中生理的意思。人心应与天地之心相契合,而要使人心与天理相合,则需要涵养此心。若自人之降生以来即对心的发展听之任之,那么则有可能将心流于恶事,因此他对程颐"心本善,流而为恶,乃放也"一语极为赞赏。他还认为,人心要有所用,而所用处即在于要用心去体认义理,此即谓"存心";只要人心能发于义理,那么此心即是"真心",应当推行;但若不能发于义理,或者不能在恰当的时间发于义理,泛泛思虑,那么此心即可谓之"放心"。"收心""放心",或收或放,与儒家的"中道"哲学有关。对"中"的理学意义进行解读,实始自二程;但从心学的角度,尚朴也对儒家的"中道"学说提出了自己独特的见解。他说:

> 尧之学以"钦"为主,以"执中"为用,此万古心学之源也。舜告禹曰:"惟精惟一,允执厥中。"又曰:"钦哉,慎乃有位,敬修其可愿。"曰钦、曰中、曰敬,皆本于尧而发之。且精一执中之外,又欲考古稽众,视尧加祥焉。盖必如此,然后道理浃洽,庶几中可以执矣。①

他认为,"钦""中""敬"是"万古心学之源",在"精一执中"的过程中首要应分辨"人心"与"道心"。过与不及,都是"人心",但唯有"道心"才是"中"。去除"人心"而用"道心"后,则需要对"道心"坚守如一,使其不为"私心"所夺,此乃"允执厥中"的大义。夏尚朴又曾专作《中庸说》对朱子《中庸集注》进行补充,并重新对《中庸》进行分章解读,对朱熹之说有所改益。夏尚朴认为,朱熹的《四书章句集注》成书于早年,其中有些内容尚有可商之处;而朱熹自己在临终以前也一直在对《中庸》的"诚意"章进行修订,因此夏尚朴认为,自己亦有理由对《集注》中的内容进行必要的修补,而且他确信自己言之有据,这也是夏尚朴对朱子之学的发展之一。

---

① 夏尚朴:《语录》,《东岩集》,《景印文渊阁四库全书》第 1271 册,(台北)商务印书馆 1986 年版,第 7 页下。

罗钦顺(1465—1547),字允升,号整庵,泰和(治今江西吉安市太和县)人。弘治六年(1493)进士及第,授翰林编修。后迁南京国子监司业,因触怒宦官刘瑾,夺职为民。刘瑾被诛后复官,迁南京太常少卿,再迁南京吏部右侍郎,入为吏部左侍郎,世宗时官至南京吏部尚书。时朝中张璁、桂萼以议礼骤贵,秉政树党,屏逐正人。罗钦顺耻与同列,故辞官归乡,屡诏不起,里居二十余年,足不入城市,潜心格物致知之学。存有《困知记》《整庵存稿》《整庵续稿》。

罗钦顺早年曾受佛教影响,以为其中必有妙理,尝为之静思达旦,自以为至奇至妙。后来至南京国子监任职,钻研儒家圣贤之书后,他才渐渐认识到前所见佛家学说乃此心虚灵之妙,而非性之理。从此,罗钦顺又花了数十年时间用心研磨,始了然有见乎心性之真。罗钦顺对理气关系进行了精辟的论述,认为通天地亘古今,无非一气而已。而气有动静、往来、开合、升降的运动,循环不止,积微而著又由著复微,并呈现为四时温凉寒暑、万物生长收藏、民众日用伦常、人事成败得失,而这一切就是理。理不是别有一物,而是依于气而立,附于气而行的。这对朱熹所谓理与气为二物的观点是一种修正。另外,罗钦顺又对朱熹的"理一分殊"说做了新的阐释,认为所谓"理一"就是"一气"的总体规律,"分殊"则是万物的具体规律。万物产生,受气之初,其理是一样的;成形之后,其分乃殊。但即便分殊,也莫非自然之理。"理一"常在"分殊"之中呈现,也只有在"分殊"中才能见得"理一"真切。

罗钦顺对王阳明心学认为"心即理","格物"就是"格心"等说法很不赞同,多次致书王阳明与之讨论。他认为"圣门设教,文行兼资,博学于文,厥有明训。如谓学不资于外求,但当反观内省,则'正心诚意'四字亦何所不尽,必于入门之际,加以格物工夫哉"[1],又认为王阳明关于"格物致知"的说法是自有《大学》以来未有此论。如果诚如王阳明所说吾心之良知就是所谓天理,而"格物"就是致吾心良知于事事物物,使事事物物皆得其理,那么《大学》就应该说"格物在致知",而不是说"致知在格物""物格而后知至"。王阳明也曾回信答复,二人书信反复往来讨

---

①《明史》卷二百八十二《儒林一·罗钦顺传》,中华书局 1974 年版,第 7237 页。

论,直到王阳明去世。

　　湛若水(1466—1560)字元明,号甘泉,增城(治今广东广州增城区)人。师从陈献章,孝宗弘治十八年(1505)中进士,选庶吉士授翰林院编修。王守仁当时在吏部讲学,此间二人常相应和。世宗嘉靖初,迁南京国子监祭酒,作《心性图说》,后拜礼部侍郎,仿《大学衍义补》,作《格物通》。历南京吏、礼、兵三部尚书。年老致仕,回乡创立书院,讲学立说;但对南京常念不忘,年九十,尤为南京之游。卒年九十有五。隆庆元年(1567)追赠太子少保,谥"文简"。有《湛甘泉先生文集》传世。湛若水年轻时就离开故乡,后来在南京做官时间长达六十年,辞官后还多次返回南京。可见他与南京和江苏的关系非常密切。

　　湛若水是明代著名思想家,与王阳明分庭抗礼,二人颇有论辩,当时遂有王学、湛学之分。《明史》与《明儒学案》均将湛若水的"随处体认天理"之思想与王阳明的"致良知"学说进行比较。黄宗羲认为在湛、王二人的论辩中,湛若水并未真正理解王说的精髓:阳明心学并非"是内而非外",而是因为心之广大能包涵万物,心可容纳天地万物之理。而湛若水以天地万物之理为大,而求之于天地万物的做法,实际上却有相应的逻辑困境:当天理与心皆无处,所"随处体认"者,则仅仅亦是寂灭而已。但在王阳明看来,二者学说并未有明显分歧。王阳明在答复湛若水的书信中说:"'随处体认天理'是真实不诳语,鄙说初亦如是,及根究老兄命意发端处,却似有毫厘未协,然亦终当殊途同归也。"①同时王阳明又说:"吾与甘泉友,意之所在,不言与会;论之所及,不约而同;期于斯道,毙而后已。"②也就是说,湛学与王学之间并无本质之区别。另外,黄宗羲对湛氏之"随处体认天理"的批评亦显片面,因为在湛若水看来,体认天理的过程并非随意为之或者人皆可为之,它同样有其本体论的基础,即体认者首先要能做到"大其心""尽其心"。湛氏"随处体认天理"的观点也是建立在"尽心知性""大哉乎心"的基础上的。

　　湛若水对周敦颐、二程之学颇为推重。在回答门生如何评价宋儒

① 王阳明:《答甘泉》,《王阳明全集》第一册,上海古籍出版社2014年版,第202页。
② 王阳明:《别湛甘泉序》,《王阳明全集》第一册,上海古籍出版社2014年版,第258页。

的提问中,他直言曰:"微二子(指周敦颐、程明道),道其支离矣;舍二子,吾何学矣?"①湛若水将陆氏之学与程颢之学相比时说:"象山不能有明道之所有,明道有象山之所无。"②"乃所愿,则学明道也。"③足可见湛若水对二程之学的仰慕。与夏尚朴所持观点相同,湛若水亦将佛道斥为无用、异端之学而对其多有批评,在其《文集》中亦屡见。

湛若水提出的另一个著名论断,即是"人心道心,只是一心"(《知新后语》)之说。在湛若水的心学观念中,心是一种浑化一体的概念,无远近、无内外,可以体认万物之理而不遗漏,因此他不主张把心一分为二,而是强调"道心""人心"的统一性。应当说,这种观念实质上是其认为"随处体认天理"学说的重要理论基础。纵观湛若水一生之儒学思想,主要是围绕"中正""心无内外"以及"随处体认天理"而展开,其学博贯宋明诸儒,而自成一家之说,并明显推动了明代中后期心学的发展。明人罗洪先在为湛若水写的墓志中如是曰:"先生纯粹中正之学而非偏内偏外、分析支离异说者明矣。其洒落似濂溪,其温雅似明道,其气魄似紫阳,其自得似白沙,又非以下诸儒可得而论矣。"④此数语可谓对甘泉之学与人格的精当评价。

第二节　阳明心学及其在江苏地域的流传

王阳明是继孔子、孟子、朱子之后又一位儒学之集大成者,在儒学发展史上有重要地位,世有"孔孟朱王"之称。王阳明虽不是江苏籍人,但他的一生却与南京有着重要关系,他坎坷的政治生涯中的重大转折都与南京有关,而当年南京能幸免于宁王朱宸濠叛军的进攻,也应该归功于王阳明这位文武双全、具有杰出军事才干的大儒。⑤ 王阳明的哲学

① 湛若水:《雍语》,《湛甘泉先生文集》,《四库全书存目丛书》集部第 56 册,第 534 页上。
② 湛若水:《雍语》,《湛甘泉先生文集》,《四库全书存目丛书》集部第 56 册,第 534 页下。
③ 湛若水:《答太常博士陈惟浚》,《湛甘泉先生文集》,《四库全书存目丛书》集部第 56 册,第 565 页上。
④ 罗洪先:《墓表》,《湛甘泉先生文集》外集卷三十二,《四库全书存目丛书》集部第 57 册,第 242 页上下。
⑤ 张鹏斗、王广勇:《王阳明与南京的不解之缘》,《档案与建设》,2013 年第 4 期,第 44—45 页。

成就冠绝有明一代,学说影响遍及海内外,弟子盈天下,人称"姚江学派",在江苏境内也有不少传人,产生了广泛的影响。

一、王阳明生平及其与南京的关系

王阳明(1472—1529),名守仁,字伯安,初名云。其祖籍是浙江余姚,后随父迁居山阴。因曾在当地"阳明洞天"筑室修行,自号"阳明子",故世人称其为"阳明先生"。

王阳明的父亲王华,官历礼部左侍郎、南京吏部尚书。王阳明于弘治十二年(1499),及进士第,开始步入仕途,先后任刑部云南清吏司主事、兵部武选清吏司主事。武宗初即位,宦官刘瑾专权。时南京科道戴铣等因上书直谏被逮捕入狱。王阳明主动上疏为之辩护,因而得罪权奸刘瑾,被下诏狱,廷杖四十,贬为贵州龙场驿丞。这是王阳明仕途遭受的一次重大挫折,是年王阳明三十五岁。龙场在贵州西北,偏僻荒凉,语言不通。王阳明居夷处困两年,备尝艰苦。他时常日夜端居沉默静思,设想圣人如果在这种处境更有何道?忽然一夜大悟,明白"圣人之道,吾性自足",不需向一事一物去求。这就是学术史上著名的"龙场悟道"。此间他还应邀主持贵阳文明书院,讲论"知行合一"。

正德五年(1510)刘瑾被诛,王阳明起任庐陵知县,后调任南京刑部四川清吏司主事。任职南京,是王阳明政治生涯的转折点,此后他不断升迁,曾赴北京任吏部主事,升为员外郎、郎中,后又升任南京太仆寺少卿,升南京鸿胪寺卿、都察院左佥都御史,巡抚南赣,后又任南京兵部尚书兼都察院左御史。在此期间,他陆陆续续在南京任职有大约三年的时间。其间他也一直进行授徒讲学活动。曾奉旨赴江西、福建一带平定农民起义。途中获悉宁王朱宸濠叛乱,即返安吉起义兵,水陆并进直捣南昌,连下九江、南康,费时三十五天平定叛乱,生擒朱宸濠。当时朱宸濠已经准备挥师进攻南京,王阳明运用计谋,巧妙布兵与叛军周旋,使其不敢向南京进军。王阳明虽然立有大功,但却遭到朝中群小的嫉妒和诽谤。阳明处境险恶,无从辩白,惟自信良知,不为所乱。到明世宗即位,叙阳明之功,乃升为南京兵部尚书,封新建伯。此后因服父丧,又因遭到嫉妒，王阳明主动离开南京返乡，赋闲六年多，专事授徒讲学，立阳明书院。嘉靖六年(1527)五月，受命平定广西思恩、田州一带土著少数民族起义。王阳明到达广西思、田一带，了解到当地土著起义，是因为朝廷任命的临时官员取代当地土官，用汉法治理，违反土俗造成民族矛盾。于是他下令尽撤守兵，相继召还太监、总兵。起义首领深为感动，自动归顺，并助王阳明扫荡了当地长期为害、屡征不服的流贼。王阳明归途肺病剧发，卒于江西南安青龙浦舟中，终年五十七岁。隆庆元年(1567)追赠新建侯，谥"文成"。穆宗朱载垕对其评价曰："两肩正气，一代伟人；具拨乱反正之才，展救世安民之略。"万历中，诏从祀孔庙。

王阳明一生在政治军事上有显赫的事功，同时又多次身处险境和逆境，其生平事迹带有传奇色彩，其个性融集浪漫与现实、豪情与沉稳、真诚与机警、谨严与灵敏等特征于一体，使他成为一个既严守传统精神又极富有创造性的思想家。他上承孟子心性学的核心精神，吸纳朱熹和陆九渊理学思想的精华，又融摄佛老之意，经过自己的独立思考和发挥创造，完成了以实践道德为核心的"心学"思想体系的建设，成为明代最大的理学家。王阳明最重要的思想著作是《传习录》。后人辑有《阳明全书》(又称《王文成公全书》)。

在南京任职期间，相对稳定的为政和讲学环境，也有助于王阳明的思想进一步成熟，学术影响进一步扩大。当时南京作为留都，官员品级与京师相同而职事却较为清闲。王阳明在从事政务与讲学之余，也曾登山临水，游览名胜，留下了一些与南京相关的诗篇，如《游牛首山》《登凭虚阁和石少宰韵》《登阅江楼》《狮子山》等。而面对官场复杂的政治形势，王阳明的思想和政治态度也有某种转变，变得更加现实，对其思想体系和某些立场也有所调整。这都与他在南京任职期间的经历有一定的关系。

二、阳明心学思想体系的主要内容

王阳明在"龙场悟道"之后，其心学思想体系已基本形成，其核心即在"良知"二字，而其思想内容则包括三个要点，即"心即理""致良知"

"知行合一"。

"心即理"是阳明心学的理论基础和世界观的前提。自从程颐"自家体贴出""天理"二字后,如何求得这个"理"就成了理学的基本问题。朱、陆的主要分歧就在于此。朱熹认为要"即物穷理",陆九渊认为"心皆具是理",不需外求。王阳明继承了陆九渊的思想,他认为"圣人之学,心学也,心即理也"①。但是关于这个"心"到底是什么,王阳明讲得比陆九渊更加清楚:"心不是一块血肉,凡知觉处便是心。如耳目之知视听,手足之知痛痒,此知觉便是心也。"②"天地万物,与人原是一体,其发窍之最精处,是人心一点灵明",③"可知充天塞地中间,只有这个灵明,人只为形体自间隔了"④。王阳明所讲的"心"其实并不是每个孤立的个人的那点心思,也不是指的每个人肚子里那团血肉,而是一种超越个体界限的带有普遍性意义的"灵明"。如果没有每个人形体的阻隔,这个"心"或"灵明"是通的、一体的。不仅人跟人之间,就是人跟天地、跟草木、跟鬼神,都是通的。这个"心"不仅是通的,而且还是实的,是有内容的,这是王阳明所讲的"心"跟佛老所讲的"心"的不同之处。他说:"佛、老之空虚,遗弃其人伦事物之常,以求明其所谓吾心者,而不知物理即吾心,不可得而遗也。"⑤可知他所谓"心"包含有"人伦事物之常"和所谓"物理"等内容,也就是已经把"理"包含在里面了。"天命之性具于吾心,其浑然全体之中,而条理节目,森然毕具,是故谓之天理。天理之条理谓之礼。是礼也,其发见于外,则有五常百行、酬酢变化、语默动静、升降周旋、隆杀厚薄之属,宜之于言而成章,措之于为而成行,书之于册而成训,炳然蔚然,其条理节目之繁,至于不可穷诘,是皆所谓文也。"⑥可见王阳明已经把儒家的伦理道德和制度的基本原理都包含在这个抽象的"心"里了。不仅如此,王阳明还进而指出,先儒所谓"性",所谓"命",其实也就是这个"心":"其在于天谓之命,其赋于人谓之性,

---

① 黄宗羲:《文成王阳明先生守仁传》,《王阳明全集》第四册,上海古籍出版社 2014 年版,第 1711 页。
② 王阳明:《传习录》下,《王阳明全集》第一册,上海古籍出版社 2014 年版,第 138 页。
③ 王阳明:《传习录》下,《王阳明全集》第一册,上海古籍出版社 2014 年版,第 122 页。
④ 王阳明:《传习录》下,《王阳明全集》第一册,上海古籍出版社 2014 年版,第 141 页。
⑤ 王阳明:《象山文集序》,《王阳明全集》第一册,上海古籍出版社 2014 年版,第 273 页。
⑥ 王阳明:《博约说》,《王阳明全集》第一册,上海古籍出版社 2014 年版,第 297 页。

其主于身谓之心。心也、性也、命也，一也。"①

王阳明进而认为天地万物、纲常伦理、六经学术等等，都在"心"中，"心外无物，心外无事，心外无理，心外无义，心外无善"②。这样，程朱理学中普遍性的外在的"理"就被王阳明以"天赋"的形式转换为主体心性的内容，使"心"与"理"融为一体。这样就可以把外在之"理"的要求转变为主体的自觉意识和自我约束。同时王阳明也没有否认"心"的个体性质，如人的七情六欲，他认为也是人"心"应有的，只要顺其自然而得其中，也是"良知之用"；但如果对某种情欲过于执着而失其中，那就形成对"良知"的遮蔽，成为私欲。他还强调个体之"心"的"自思得之"在体悟验证"良知"或"本心"过程中的重要性。

因此王阳明认为，圣人之学，即是心学，"尧、舜、禹之相授受曰：'人心惟危，道心惟微，惟精惟一，允执厥中。'此心学之源也。中也者，道心之谓也；道心精一之谓仁，所谓中也"③。而心学在理论上的核心内容就是"致良知"。王阳明曾对门人说："良知之外更无知，致知之外更无学。"④在王阳明的思想体系中，"良知"既是"天理"，也是"心之本体"；既是普遍的，也是个体的；即使超越的，也是内在的。"良知"存在于每个人心中，但在一般人身上是处于潜在自然的状态，如果没有主体的自觉，它不会自动去判断是非善恶。所以必须通过后天的"致良知"的过程，才能使之成为自觉的道德意识和自愿的道德行为。王阳明进而从这个意义上来解释《大学》的"格物致知"，将"格物"转向"格心"，认为"格"即"正"，正其不正，以归于正。王阳明不满世之儒者虽知"格物"为治学之要，但多数人仅仅把"格物"当作"口耳之学"，而不知省察克治、存天理、灭私欲之理。他批评世儒"舍心逐物"，误解"格物"之说，终日驰求于外，虽以良知为可贵、可求，但却仅以外在见闻去体认良知。在王阳明看来，世之儒者虽欲穷天下之理，但不知反求诸其心而世间万物不可穷尽，千差万别，以此求之，徒然事倍功半而已。但"致良知"推重

① 王阳明：《稽山书院尊经阁记》，《王阳明全集》第一册，上海古籍出版社 2014 年版，第 283 页。

② 王阳明：《与王纯甫》，《王阳明全集》第一册，上海古籍出版社 2014 年版，第 175 页。

③ 王阳明：《象山文集序》，《王阳明全集》第一册，上海古籍出版社 2014 年版，第 237 页。

④ 徐阶：《〈王文成公全集〉序》，《王阳明全集》第四册，上海古籍出版社 2014 年版，第 1736 页。

求诸心也存在一种忽略天下事理人伦、不能与时事相始终的潜在倾向。门生徐爱即曾质疑说：至善只从心上求，恐怕很难穷尽天下事理，如事父、事君、交友、治民，各有其理，如何可以穷尽？对此王阳明则答曰：

> 此说之蔽久矣，岂一语所能悟？今姑就所问者言之：且如事父……事君……交友、治民……都只在此心。心即理也。此心无私欲之蔽，即是天理，不须外面添一分。以此纯乎天理之心，发之事父便是孝，发之事君便是忠，发之交友、治民便是信与仁。只在此心去人欲、存天理上用功便是。①

王阳明以"心外无事""心外无理"为理据，反复强调"心即理也"，将世间万事万物之理都归结于人的内心之中，认为人心只要无私欲，即可谓之天理。因此在王阳明看来所谓"格物致知"并不是向外探求客观事物中的道理，而是向内寻求见得自己的心体。例如何为天道？谓日、月、风、雷就是天道，谓人、物、草、木不是天道，这都是一隅之见。而"若解向里寻求，见得自己心体，即无时无处不是此道。亘古亘今，无终无始，更有甚同异？心即道，道即天，知心则知道、知天"②。因此要想认识天道，就必须从自己心上体认，不需要向外寻求。他对"心外无事"有一个很形象的解释：

> 一友指岩中花树问曰："天下无心外之物。如此花树，在深山中自开自落，于我心亦何关？"先生曰："你未看此花时，此花与汝心同归于寂；你来看此花时，则此花颜色一时明白起来：便知此花不在你的心外。"③

王阳明认为，身之主宰便是心，心之所发便是意，意之本体便是知，意之所在便是物；心之本体即是天理，合天理便是无私心，不合天理即是有

---

① 王阳明：《传习录上》，《王阳明全集》第一册，上海古籍出版社 2014 年版，第 2—3 页。
② 王阳明：《传习录上》，《王阳明全集》第一册，上海古籍出版社 2014 年版，第 24 页。
③ 王阳明：《传习录下》，《王阳明全集》第一册，上海古籍出版社 2014 年版，第 122 页。

私心。而人之心无所不包,因此"致良知"不必外索,修心、治心的过程则全在"存天理、灭人欲"之中。

王阳明甚至认为,圣人留下的经典,也不过是"吾心之常道",这种"常道"在于天就叫作"命",赋予人就叫作"性",落到每个人身上就是"心",心、性、命三者是一以贯之的,并且充塞四海,贯通人物,横绝古今,无所不在,无有不同,所以叫作"常道"。其呈现为情感,便是恻隐、羞恶、辞让、是非之心,表现为人伦便是父子之亲、君臣之义、夫妇之别、长幼之序、朋友之信,见诸文字便是圣人留下的六经。在王阳明看来,六经固然重要,但他更强调圣人六经之书中所讲的道理,与天、命、心、性是完全一致的。因此要真正理解六经,也必须"求之吾心"。世之学子有未能明经者,乃是因为他们仅仅只在文义上穿求;这样即便明白圣贤之书的文义,但未能在心体上用功夫,因此还不可谓明经。他说,"凡明不得,行不动,须反在自心上体当即可通。盖四书五经不过说这心体,这心体即所谓道。心体明即是道明,更无二。此是为学头脑处"①。为学须有个"头脑",工夫才能有着落,学习之道,贵在能于心中有得。因此他说:"人之为学,求尽乎心而已。"②又说:"心尽而家以齐,国以治,天下以平。故圣人之学不出乎尽心。"③否则虽从事于学,但只知义袭而取,不知于心有悟,终不可"知道"。因此在王阳明看来,求六经之文义,还不如求诸人之内心。学道之方法,最终还须从自己心上体认,因为古人论道虽有所不同,但道者惟精惟一,最终还是归之于自己的心体。因此在治学过程中,王阳明特别强调个人应该于心有自得处,甚至断章取义、郢书燕说也未尝不可,这也是其心学思想的典型特色之一。

王阳明将个人达到"良知"的程度分成"自然""勉然"与"自蔽而昧"三种境界,自然而致良知者,是圣人;勉强而致良知者,是贤人;自蔽而昧又不肯努力致良知的,就是愚不肖者。然而即使是愚顽不肖之徒,那个"良知"还是存在的,只要肯"致良知",也可以成为圣人。总之,王阳

① 王阳明:《传习录上》,《王阳明全集》第一册,上海古籍出版社 2014 年版,第 17 页。
② 王阳明:《答季明德》,《王阳明全集》第一册,上海古籍出版社 2014 年版,第 238 页。
③ 王阳明:《重修山阴县学记》,《王阳明全集》第一册,上海古籍出版社 2014 年版,第 287 页。

明认为天理和道,本就在人的心性之中,如果世人能明白"知心则知道、知天"的道理,向内心之中去寻求和体认天道,则不必从外事中去索求,即可体认天理与大道。这种提纲挈领式的"心即道,道即天"的思想,是

阳明心学体系中的根本要义之一。所以王阳明认为,学习的过程也就是谨守其心的过程。他说:"博学也,审问也,慎思也,明辨也,笃行也,皆谨守其心之功也。"①王阳明也从这个意义上来理解《大学》"知止而后有定,定而后能静,静而后能安,安而后能虑,虑而后能得"之义。正因为王阳明认为"心即理""心即道","至善"就在"吾心",而"致知"就是自我内心的"致良知",故其心学的重点就在于谨守其心之功。在此基础上,他强调"知行合一"。而他所说的知、行,不只是主体对客体事物的认识和实践,更重要的是心灵对天理的体认和道德的践履。他认为知是良知的自我体认,行是良知的发用流行。知行之体本来就是合一的,未有知而不行者,知而不行只是未知。王阳明不同意朱熹等宋儒"知先行后"的观点,认为知和行从其本体或本来意义上说,是相通的,"未有知而不行者。知而不行,只是未知"②。世人知与行不能合一的原因,在于人之私欲隔断二者间的联系纽带,知、行不合一并非是知、行的本体。知之真切笃实处,即是行;行之明觉精察处,即是知。知与行,二者工夫不可分离。他说:"凡古人说知行,皆是就一个工夫上补偏救弊说,不似今人截然分作两件事做。某今说知行合一,虽亦是就今时补偏救弊说,然知行体段亦本来如是。"③圣人之教,在于教人"知行合一"之法,即在于恢复二者的本体。王阳明将"知行合一"的心学观视为自己的"立言宗旨",他认为没有知而不行之人,"知是行的主意,行是知的功夫;知是行之始,行是知之成"④。

从"知行合一"的观点出发,王阳明还对时人一味主静,强调"静坐""屏息念虑"的修炼方法表示不同意见。他认为"念"其实是不可"息"的,人心不可能有一个没有任何念头的完全静止状态,完全"屏息念虑"

① 王阳明:《谨斋说》,《王阳明全集》第四册,上海古籍出版社 2014 年版,第 294 页。
② 王阳明:《传习录上》,《王阳明全集》第一册,上海古籍出版社 2014 年版,第 4 页。
③ 王阳明:《答友人问》,《王阳明全集》第一册,上海古籍出版社 2014 年版,第 232 页。
④ 王阳明:《传习录上》,《王阳明全集》第一册,上海古籍出版社 2014 年版,第 5 页。

便是死了。"念"无时不在,也无所谓动、静,关键在于"念"要"正"。儒家讲慎独、讲戒谨恐惧,这就是"念",但却是正念,"本体之念",而非"私念"①。静坐、息思虑之法只在初学之学者心猿意马、拴缚不定时有用,而当其心意稍定时若依旧悬空守静,就如同朽木死灰,终无用处,这时只有教他们省察克治之工夫,方是为学要务。如果世人都仅从宁静中出探求万物之理,那么就会深陷喜静厌动的弊端中去,其中之害,终不能绝去;只有在内心中讲求去人欲、存天理,才是真正功夫。因此他说"以循理为主,何尝不宁静;以宁静为主,未必能循理"②,这也正是王阳明针对知、行的本体特征以及对当世儒者过分"主静"的弊病而提出的补救之方。

三、阳明心学的影响及其在江苏地域的传播

黄宗羲在评介"姚江学案"的思想建树时,对王阳明在明代儒学史上的贡献极尽美誉之辞。他说:

> 有明学术,从前习熟先儒之成就,未尝反身理会,推见至隐,所谓"此亦一述朱,彼亦一述朱"耳。高忠宪云:"薛敬轩、吕泾野《语录》中,皆无甚透悟。"亦为是也。自姚江指点出"良知人人现在,一反观而自得",便人人有个作圣之路。故无姚江,则古来之学脉绝矣。③

王阳明的友人顾东桥(名璘,明代诗人,官至南京刑部尚书)在写给王阳明的信中曾指出:"近世学者务外遗内,博而寡要,故先生持倡'诚意'一义,针砭膏肓。"王阳明观此即叹曰:"鄙人之心,吾子固已一句道尽,复何言哉!复何言哉!"④可见阳明心学就是扭转世人"务外遗内"的倾向,

① 王阳明:《传习录下》,《王阳明全集》第一册,上海古籍出版社 2014 年版,第 104 页。
② 王阳明:《传习录上》,《王阳明全集》第一册,上海古籍出版社 2014 年版,第 16 页。
③ 黄宗羲著,沈芝盈点校《明儒学案》卷十《姚江学案》,中华书局 2008 年版,第 179 页。
④ 王阳明:《传习录中·答顾东桥书》,《王阳明全集》第一册,上海古籍出版社 2014 年版,第 46 页。

把儒学引导到向内的"致良知"上来。但在王阳明所建立的心学体系中,"致良知""知行合一"所包含的"行"之义,并非与"天地万事"直接关联,因此"致良知"并不具备有明初诸儒所倡导的"经世宰物"的意味,它更多的是一种探求人内心之"良知"的个人修养方法论,而非一种指向世间万事的经世治国实践论,这也是阳明心学与以程朱为代表的宋儒理学的差异之所在,同时这也为阳明后学、王学末流混禅入儒、空谈玄虚提供了理论依据。此点亦不可不察也。阳明心学极大地强调了主体的地位和价值,在一定程度上突破了程朱理学外在的"理"对主体发展的束缚和压抑。同时又通过把"理"的道德要求内置于"心",把向外的格物穷理转化为向内的自我体认良知,强化了主体的道德自觉和道德责任感。他的思想体系在一定程度上反映了儒家学说适应明代社会出现的个性解放要求而作出的调整,在儒家思想发展史上有重要地位,对后代有深远的影响。

王阳明的学说兴起后得到了广泛的传播,产生了巨大的影响,"门徒遍天下,流传逾百年"。根据黄宗羲的《明儒学案》,王门后学有所谓"王门七家",即浙中学派、江右(江西)学派、南中学派、楚中学派、北方学派、闽粤学派、泰州学派。也有人按其学问的倾向将他们分为现成派、归寂派、修证派等;或按与朱子学的关系及进步与否分左派、右派。七个学派中比较重要的是浙中学派、江右学派、泰州学派。这些学派中的代表人物,有的仍然著述王阳明的学说,有些则渐渐远离了他的宗旨。

在阳明心学之后的这些儒学流派中,主要在江苏地域活动的是泰州学派,这也是明代中后期影响比较大的儒学流派之一,在下一节笔者将专节进行论述。除了泰州学派的人物之外,王学后人中与江苏和南京有关系的儒学人物亦复不少。例如出自王阳明门下、并曾参与王阳明平定朱宸濠叛乱的邹守益(字谦之,号东廓)。其曾在南京任职多年,先后任南京大理评事、南京吏部郎中,数次上疏进谏皇上,多次获罪遭贬,曾出掌南京翰林院,任南京祭酒。晚年居家讲学,四方从游者踵至,学者称"东廓先生"。邹守益与"江右王门"的欧阳德(号南野)、何廷仁(字性之,号善山)都曾在留都南京任职,三人都曾在金陵鸡鸣寺讲学。

阳明后学中属于"南中王门"的人物中亦多为江苏人,如唐顺之(字应德,号荆川)是武进(今江苏常州)人,黄省曾(字勉之,号五岳)是苏州(今江苏苏州)人,周冲(字道通,号静菴)是宜兴(今江苏宜兴)人,姚汝循(字叙卿,号凤麓)是南京(今江苏南京)人,姜宝(字廷善)是丹阳(治今江苏镇江)人等等。王阳明的妹婿和得意门生徐爱,也曾任南京工部郎中。阳明弟子王畿登进士第后,授南京兵部主事,后谢病归,晚年专事讲学,足迹遍东南,吴、楚、闽、越。王畿善于谈说,能打动人,所到之处听者云集,学者称他为"龙溪先生"。那些追随他或仿效他的浮诞不逞之士,也往往自称"龙溪弟子"。王畿(号龙溪)与王艮(号心斋)都拥有大批门徒,旗鼓相当,都以得阳明学正宗自诩。而王艮的儿子王襞也曾随龙溪学习。王学后人中还有季本(号彭山)曾任苏州同知、南京礼部郎中,黄绾(号久菴)曾任南京都察院经历、南京工部员外郎,黄宗明(号致斋)曾任南京兵部主事,邹元标(字尔瞻,别号南)曾任南京刑部照磨、南京兵部主事。可见,阳明心学流传于东南地区,其身后传人中的许多人都在江苏地域留下了足迹,或任职于留都,或讲学于苏地。由此亦可知在明代儒学发展过程中,江苏地区的儒学起到了非常重要的影响。

第三节　泰州学派的儒学活动及其影响

黄宗羲在《明儒学案》中六个"王门学案"之外,另设立了"泰州学案"。黄宗羲说:"阳明先生之学,有泰州、龙溪而风行天下,亦因泰州、龙溪而渐失其传。泰州、龙溪时时不满其师说,益启瞿昙之秘而归之师,盖跻阳明而为禅矣。然龙溪之后,力量无过于龙溪者,又得江右为之救正,故不至十分决裂。泰州之后,其人多能以赤手搏龙蛇,传至颜山农、何心隐一派,遂复非名教之所能羁络矣。"[①]从这段话可以看出,所谓泰州学派既与阳明之学有密切关系,又有自身特色,特别是其后学,

① 黄宗羲著,沈芝盈点校:《明儒学案》卷三十一《泰州学案一》,中华书局 2008 年版,第 703 页。

与阳明之学的初衷渐行渐远。因此后人对泰州学派与阳明心学的关系问题亦颇有不同看法。但不论如何，泰州学派都是儒学在江苏地域发展史上出现的一个重要的事件。

一、泰州学派创始人王艮及其儒学活动

　　王艮（1483—1541）字汝止，号心斋，江苏泰州（今江苏东台）人。初名银，因性格张扬，在师事王阳明时，阳明师乃据《周易》"艮"卦之"时止则止"义改其名为"艮"。王艮祖籍苏州，后其祖徙居泰州安丰场；至王艮时，累七世为盐丁。心斋七岁时就读乡塾，后家贫不能自给，辍学还家。二十五岁行商山东时拜谒孔庙，有深省，乃发奋读书，其初学以《孝经》《论语》《大学》为主；三十八岁时入南昌，与王阳明论学，后为阳明"致良知"之学所折服，乃拜阳明为师；四十岁时北上京师，意欲传阳明心学于天下，居京一月而返；四十六岁时在家乡泰州一带积极讲学，开门授徒。王艮以阳明正传的资质，为阳明心学在明代中后期的发展做出了不可磨灭的贡献，同时他又以其一介"布衣儒者"的身份，有效推动了明代儒学在市井阶层的普及传播。清人袁承业即说："阳明弟子遍天下，率都爵位有气势，先生以布衣抗其间，声名远出诸弟子上。"[①]王艮生平"不侈文字"，且"不以言语为教"[②]，因此生前其亲撰之文甚少。卒谥"文贞"[③]。门人辑有《王心斋先生遗集》。

　　由于王艮一生较为特殊的"道问学"经历，他的学术思想在其一生中出现了几次转变。如其子王襞曾对乃父一生的学术活动进行概述：

　　　　愚窃以先君之学有三变焉。其始也，不由师承，天挺独复，会有悟处，直以圣人自任，律身极峻；其中也，见阳明翁而学犹纯粹，

---

①《心斋先生学谱·学侣考》，王艮：《王心斋全集》，江苏教育出版社 2001 年版，第 110 页。

②《心斋先生学谱·著述考》，王艮：《王心斋全集》，江苏教育出版社 2001 年版，第 106 页

③ 关于心斋"文贞"之谥，袁承业对此颇有考辨。在《传纂》中的"谥文贞"三字下，袁另以小字记曰："初为门人私谥，徐樾有《私谥议》一文。《观感录》称：'后私谥文贞。'明刊本全集书名页作《皇明钦谥文贞公王心斋先生文集》可证。"从本条记录中可知，心斋"文贞"之谥确为钦定，自当信之无疑。详参《心斋先生学谱·传纂》，《王心斋全集》，江苏教育出版社 2001 年版，第 85—86 页。

觉往持循之过力也,契良知之传,工夫简易,不犯做手而乐,夫天然率性之妙,当处受用,通告今于一息,著《乐学歌》;其晚也,明大圣人出处之义,本良知一体之怀,而妙运事之则。学师法乎帝也,而出为帝者师;学师法乎天下万世也,而处为天下万世师。此龙德正中而修身见世之矩,与点乐偕童冠之义,非遗世独乐者侔,委身屈辱者伦也,皆《大学》"格物"、"修身"立本之言,不袭时位而握主宰化育之柄。出,然也;处,然也。是之谓大成之圣,著《大成学歌》。①

王襞从"不由师承""见阳明翁"以及"成大成之圣"三个阶段概括乃父之学术历程,颇有代表意味。"不由师承"的自学阶段,大致在他二十五岁至三十八岁时。王艮初学时"奋然有任道之志","日诵《孝经》《论语》《大学》,置其书袖中,逢人质义"②。受其教育水平之局限,王艮识字不多,此时心斋以读书、问学为主,尚未能于圣人之学自有所悟。如他在二十九岁时读《论语·颜渊》之"问仁章",仍不知颜渊其人为谁。经问询他人之后,王艮才知颜渊为孔门之高足,然后对其亦颇仰慕。他然后又说,圣贤不只是供人们耳闻口颂、毫无生命的偶像,而应当是自己一生努力争取实现的完美人格标准。只要自己此生不遗余力地追求、实践这样的目标,也一定能最终成为圣贤,甚至可以超过圣贤。而这种隐约可见的"人可尧舜"的思想,一直贯穿心斋学术思想的始终。

王艮三十八岁至四十六岁时拜师阳明、北上讲学时期,是其学术经历的第二个阶段。《年谱》生动形象地记录了王艮拜师王阳明的完整经历,颇有传奇色彩。从《年谱》的相应记载中可以看出,在拜师阳明之前,王艮即已经开始在泰州地区有讲学之事,而在听人提及王阳明名号时,王艮起初并不知王阳明为谁以及阳明的"致良知"之学,这种状态与其一直以来所坚守的"师心自用""自求有得"这种较为封闭的治学方式不无关系。但天下学术同归殊途、一致百虑,在听说王阳明与自己的学术见解类似的时候,他更是以其一贯的傲气、以"俯就其可否,无以学术

① 王艮撰,陈祝生等校点:《王心斋全集》,江苏教育出版社 2001 年版,第 217—218 页。
② 王艮撰,陈祝生等校点:《王心斋全集》,江苏教育出版社 2001 年版,第 68 页。

误天下"的宏大志向,意欲对王阳明的学术思想指点评议。在拜见王阳明之后,尤其是在王艮第一次从王阳明之口中得知"致良知"之义时,终叹服阳明学之优善简易,竟拜王阳明为师。在拜师王阳明后回乡仅过数日,王艮又再次启程前往南昌拜见王阳明,此次途径金陵,曾至太学前聚诸生讲学,听者悦服,大司成汪闲斋都对他肃然起敬。可见拜师王阳明之后的王艮,虽然仍旧是一个布衣儒者的形象,但在与金陵太学诸生尤其是阳明弟子从容交涉的论辩过程中,已具有十足的师者气象。

嘉靖元年(1522)王艮四十岁时,他决定北上京师讲学。对于实施此举的原因,首先便是王艮想要传播阳明学于天下。《年谱》曰:"一日,(王艮)入告阳明公曰:'千载绝学,天启吾师,倡之,可使天下有不及闻此学者乎?'"[①]其中虽尚有一定的狂狷之气,但亦足见王艮所具有的"天降大任于斯人"的学术担当以及"大丈夫存不忍人之心,而以天地万物依于己,故出则必为帝者师,处则必为天下万世师"[②]的豪迈之情。在前往京师之前,王艮专门创作《鳅鳝赋》一篇以明志。在本篇赋文中,王艮以缸中垂死之鳝鱼比作亟待拯救之苍生,而将神龙般的鳅比作苍生的救主,最终鳅化而为龙,并施展神力,使被"缠绕覆压"着的鳝鱼"同归于长江大海",从而获得拯救。文中的"鳅"实乃喻指"道人",而"道人"实际上又是王艮自喻,鳅"自率其性"拯救被困扼缠绕的鳝鱼之举,实即表明王艮想要为天下人传圣人之学的决心。这也是王艮创作此文的用意所在。在此段文字中,王艮借"道人"之口提出宋儒所提出的"仁者以天地万物为一体"(程颢语)以及"为天地立心,为生民立命,为天下开太平"(张载语)的儒学观,并将他们观念意义上的理学思想指向现实,从中可以看出,王艮在品悟前人理学思想以及天道人心时具有鲜明的践履精神,而这种践履精神,正是文中的道人"思整车束装,慨然有周流四方之志"的思想来源。

在创作《鳅鳝赋》之前,王艮即亲手制作一"蒲轮",并在车前挂上长幅标语曰:"天下一个,万物一体。入山林求会隐逸,过市井启发愚蒙;

---

① 王艮撰,陈祝生等校点:《王心斋全集》,江苏教育出版社2001年版,第70页。

② 王艮撰,陈祝生等校点:《王心斋全集》,江苏教育出版社2001年版,第104页。

遵圣道天地弗违,致良知鬼神莫测。欲同天下人为善,无此招摇做不通。知我者其惟此行乎!罪我者其惟此行乎!"①虽然王艮传播王阳明"致良知"之学本身并无违于师教,但以这种"招摇过市"的方式去实践其理想,当然不可能得到包括王阳明以及阳明诸弟子在内的世人之认可。王艮到京师之后,阳明弟子对王艮此举颇为惊诧,纷纷劝其停止讲学;而王阳明本人也移书于王艮之父王守庵,请求其命王艮速速返乡。虽然王艮讲学京师之行最终以其在王阳明师面前当众长跪认错为收场,但从这个举动中我们也可以看出,作为一位从下层士人之中走出来的儒者,王艮比当时从科班出身的儒生更具有一种特立独行的践履勇气与济世精神。这也是后来整个泰州学派宝贵特色之一。

从四十六岁直到五十八岁去世是王艮学术生涯的第三个时期,其主要活动是在泰州一带讲学授徒。嘉靖七年(1528)十一月王阳明病逝,王艮开始在泰州一带推动讲学事业。王艮非常注重讲学的功用,他说:"学,讲而后明,明则诚矣。"②又说:"唐虞君臣,只是相与讲学。"③这种喜爱讲学的作风,实则贯穿王艮一生的始终。而王艮的思想体系也在这一时期更加成熟,趋于大成。

二、王艮对阳明心学的继承和发展

王艮在见王阳明之前,已经自视甚高,以成为圣人作为人生目标,并认为成为圣人并非难事。王艮认为,圣人之学最易学,学圣人之学不仅可得到无尽之快乐,同时学得圣人之学,即可成为圣人。他说:"天下之学,惟有圣人之学好学,不费些子力气,有无边快乐。若费些子气力,便不是圣人之学,便不乐。"④王艮早年曾做过一个"天坠压身"的梦,并从这个梦中顿然悟道。无论是单独研究王艮的思想还是综合研究整个泰州学派的思想,都需要对这个梦的内容及其意义进行必要探讨。《年

① 王艮撰,陈祝生等校点:《王心斋全集》,江苏教育出版社 2001 年版,第 71 页。
② 王艮撰,陈祝生等校点:《王心斋全集》,江苏教育出版社 2001 年版,第 6 页。
③ 王艮撰,陈祝生等校点:《王心斋全集》,江苏教育出版社 2001 年版,第 16 页。
④ 王艮撰,陈祝生等校点:《王心斋全集》,江苏教育出版社 2001 年版,第 5 页。

谱》记曰：

> 六年辛未，先生二十九岁。先生一夕梦天坠压身，万人奔号求救。先生独奋臂托天而起，见日月列宿失序，又手自整而如故，万人欢舞拜谢。醒则汗溢如雨，顿觉心体洞彻，万物一体、宇宙在我之念，益真切不容已。自此行住默语，皆在觉中。题记壁间，先生梦后书"正德六年间，居仁三月半"于座右。时三月望夕，即先生悟入之始。①

从其梦后顿悟时所书之内容可看出，王艮此梦应与《论语·雍也》中孔子称赞颜回"其心三月不违仁，其余则日月至焉而已"的典故有关。《论语》之"三月"并非实指，乃有"长期"义，说明颜渊具备终生谨守仁义之道的可贵品格；心斋自称"居仁三月半"，即认为他在行仁义之道上与颜回相比有过之而无不及。圣人之学，在于能够救灾治乱、匡正时弊、济世致用，而王艮在这个梦中"奋臂托天而起""手整日月星序"而"万人欢舞拜谢"的情境，亦富于圣贤降世之意味；他在梦醒后"心体洞彻"以及"宇宙在我"的觉悟，实则也正是对他品格深处所具备的圣贤品质的一种描绘。王艮为学之自信处即在此，其为学之狂放处亦在此。当然，王艮后学也曾尝试对这一梦境进行思想史意义上的评价。如清人刘光汉即说："甚或疑先生欲自行其学，恐不动众，遂饰佛家悟法华之说，以证己学有所从来。"而袁承业则又评价曰："实则先生僻处海隅，感民智浅陋。觉世之愿，根诸心而遂形诸梦。"②因文献阙如，我们如今已无法深考王艮此梦的现实或思想背景，但从王艮一生的学术思想上来说，这个梦却有着非常重要的地位：它标志着王艮从一介农商草莽之士，正式地转型为一个以救世济世为己任的布衣儒者。③ 因为在此之前王艮并未有从师受教之经历，而这种转变正是他在不断阅读圣人经典之后所自

---

① 王艮撰，陈祝生等校点：《王心斋全集》，江苏教育出版社 2001 年版，第 68 页。
② 刘文发表于 1905 年《国粹学报》上，此处据袁承业所编《学谱》所记转引。详参王艮撰，陈祝生等校点：《王心斋全集》，江苏教育出版社 2001 年版，第 82 页。
③《年谱》中亦有乡人所谓"知先生有志天下"之言，说明王艮此时确实有济世之情怀。

行品悟到的,因此《年谱》中谓此次经历为王艮"顿悟之始",诚有其合理处。①

据《年谱》言,此时王艮读书"不泥传注"而重"自得",而这种特点其实也是其本人在年轻时的一贯品格。对于王艮这种读书求学方式所代表的思想意义,龚杰先生评价说:"王艮'不泥传注',就是要打破汉唐以来的章句之学,特别是以朱熹《四书章句集注》为代表的章句之学对人们思想的束缚。"②将王艮读书之注重"多发明自得"与"要打破汉唐以来的章句之学"相提并论,确实有点过分拔高,实际上这种治学方式依旧与其此时为学未有专师有关。此时的王艮年纪尚轻,对四书五经的内容经义仅处于阅读、熟识阶段——如前文所言,二十九岁的心斋尚不知《论语》中的颜渊为阿谁——这样的学识背景就决定他此时不可能真正对前人高深的章句之学进行深刻评议或修正。因此结合王艮知识背景的实际,他此时之"发明自得",客观来说乃应更多地从"随文取义,自学自得"的角度来理解,这也是王艮读书求学的一贯态度。而王艮对章句之学进行反思并逐渐排斥的史实,还是要从他从师王阳明后才真正开始。在拜见王阳明之后,尤其是在王艮第一次从阳明之口中得知"致良知"之义时,终叹服阳明学之优善简易,而王阳明对王艮其人其学也高度认可,对门人称赞王艮是"真学圣人者"。在后来王艮再往豫章见王阳明,途径金陵与诸生讲论时,王艮说:"吾为诸君发《六经》大旨:《六经》者,吾心之注脚也。道具于心。道明,则经不必用;经明,则传注不必穷。"③从他对"道具于心"的阐释中,不难看出王艮确实汲取了阳明师"格心"学说的主体思想。应当说,此句所蕴蓄的重心、重道而不强调经文与传注的核心思想,已在无形中成了今后整个泰州学派的"立言宗旨",具有突出的思想指导意义。

王艮在讲学的过程中,亦时刻不忘发扬光大王阳明的"致良知"之学。如在《次先师答人问良知》一诗中,心斋以阳明先生教导门生的语气,对阳明"致良知"之学中"良知之外更无知,致知之外更无学"的核心

---

① 真正对王艮一生产生重大影响之事,乃是其三十八岁时拜王阳明为师这一经历。
② 龚杰:《王艮评传》,南京大学出版社2001年版,第34页。
③ 王艮撰,陈祝生等校点:《王心斋全集》,江苏教育出版社2001年版,第83页。

观念进行了强调。王艮在诗中说:"知得良知却是谁,良知原有不须知。而今只有良知在,没有良知之外知。"①同时据《年谱》载,王艮(时年四十五,王阳明尚未逝世)在南京与湛若水等人在新泉书院讲学时,针对湛若水的"随处体认天理"与其师阳明的"致良知"间之关系,他曾专门撰写《天理良知说》一文,指出湛、王之学"本无异","随处体认"与"致良知"都是"知天理"的表现。王艮认为,"致良知"与"随处体认天理"不仅不矛盾,而且是一致的。同时王艮也认为,良知本于天性,不用刻意索求,是一种当下呈现,"良知一点,分分明明,亭亭当当,不用安排思索。圣神之所以经纶变化而位育参赞者,皆本诸此也"②。王阳明曾在《大学问》中说:"良知者,孟子所谓'是非之心,要皆有之'者也。是非之心,不待虑而知,不待学而能,是故谓之良知。"良知是不需自律安排的当下呈现,而其首要特性是能明辨是非。但在阳明后学的时代,对"良知"与"是非"评价标准问题的探讨又成了一个必须要解决的议题,即良知虽然应该能判断是非,但若出现"自以为是,而人又以为非"的现象时,我们该如何做出真正顺应良知的抉择?王艮对此问题做出了两个层次的回答。第一,即"良知者,真实无妄之谓也,自能辨是与非。此处亦好商量,不得放过"。第二,即"夫良知固无不能,然亦有蔽处。……故正诸先觉,考诸古训,多识前言往行而求以明之,此致良知之道也"。(《尺牍论议补遗·奉绪山先生书》)前者是对良知的定义,与王阳明"良知乃是非之心"的解读并无二致,因此可不赘言;后者则是对良知道德实践方式的阐释。关于这一点,吴震先生在《泰州学派研究》中说,王艮此处意在指出两点旨趣:"第一,'故正诸先觉,考诸古训多识前言往行而求以明之,此致良知之道也';第二,'使其以良知为主本,而多识前言往行以为之蓄德,则何多识之病乎'?这两点旨趣恰恰构成了一个循环解释。由'正诸先觉。考诸古训,多识前言往行'可以有助于致良知的道德实践;由'以良知为之主本',可以使得'多识前言往行'不至于迷失方向,以此作为'蓄德'的手段。质言之,在致良知与多闻多见之间,既不存在

---

① 王艮撰,陈祝生等校点:《王心斋全集》,江苏教育出版社2001年版,第57页。
② 王艮撰,陈祝生等校点:《王心斋全集》,江苏教育出版社2001年版,第43页。

非此即彼的排斥关系，也不存在唯一单向的递进关系，而应当是彼此关联、互为一体的辩证关系。"①此言可谓得之。

也正因为在王艮看来，致良知与多闻多见之间呈互为一体关系，而多闻多见又不能不与"百姓日用"产生紧密联系，因此王艮在对王阳明"致良知"之学进行阐发的过程中，又提出了另一个重要的命题，即"百姓日用是道"。对于"日用即道"，王艮解释说："百姓日用条理处，即是圣人之条理处。圣人知，便不失；百姓不知，便会失。"又说："圣人之道，无异于'百姓日用'。凡有异者，皆谓之'异端'。"②其中实则强调了百姓之于传播圣学方面的重要性，而如果世间之学有违于"百姓日用"，那么其必定非圣学；即使是圣人经世、济世的过程，也是在他们日用之间完成的。自宋儒以来，思想界对儒家"中道"的探讨渐趋激烈，而王艮在继承这种"中道"论传统的基础上，也将对"中"的解读引申到了"百姓日用"的层面。而"百姓日用"并非泛指百姓日常琐事的全部，它更多地指向一种百姓生活中接近"自然不知"的生活常态，因此王艮对"百姓日用而不知""无所见"的"中道"状态颇为赞誉。而与这种状态截然对立者，则是"人为"，在王艮看来，个人刻意想要做一件事的过程，都可以称之为"伪"。故而他说："凡涉人为，皆是作伪。故'伪'字从人从为。"③理解了王艮在"自然"与"人为"二者之间的取舍所具有的这种价值论意义，也可以从根本上帮助我们准确地把握在他语录中"百姓日用"一义的真正内涵。也正因为他对"自然无知"状态的强调，而愚夫愚妇又具有"自然无知"的根本特征，因此心斋在"百姓日用即道"的基础上又提出了"愚夫愚妇能知能行便是道"的论点。他说："此学是愚夫愚妇能知能行。圣人之道，不过欲人皆知皆行，即是位天地、育万物。"④千古道学，往往都以修齐治平为践履的根本大义，而王艮结合自己较为特殊的悟道、入道经历，敏锐地将儒道的现实关怀从士子阶层延展到市井俗子中来，提出"百姓日用即道"的主体思想，对儒学在明代中后期的普及化运

第六章　大明起南京，心学遍东南——明代时期的江苏儒学

---

① 吴震：《泰州学派研究》，中国人民大学出版社 2009 年版，第 85 页。
② 王艮撰，陈祝生等校点：《王心斋全集》，江苏教育出版社 2001 年版，第 10 页。
③ 王艮撰，陈祝生等校点：《王心斋全集》，江苏教育出版社 2001 年版，第 5 页。
④ 王艮撰，陈祝生等校点：《王心斋全集》，江苏教育出版社 2001 年版，第 90 页。

动产生了极为重要的影响,也为泰州学派后来的发展奠定了坚实基础。

王艮对儒学思想史的另一个重要贡献,即是他提出的"淮南格物"说。将《大学》定为《四书》之首同时将"格物"二字作为《大学》一书的"要紧"处,实始自朱子。朱子释"格"为"至",释"物"为"事",格物的过程即是探求天理的过程,因此在朱子看来,"格物"二字的核心要义即为"即事(物)穷理"。但到了心学滥觞的时代,王阳明在诠释《大学》时却指出:"《大学》之要,诚意而已矣;诚意之功,格物而已矣。"①这当然是针对朱子之论而发,此句的重心在"诚意之功,格物而已"句上。所谓"功",即王阳明所谓"工夫",因此在这个语境里,可以将"格物"当作"诚意"的一种外化形式来理解,亦即"诚意"可以作为"格物"的统领,如王阳明确实有"格物是诚意的工夫"的说法。朱子将"格物"释为"即事穷理",而王阳明却将其释为"正意知理",这是朱王二人格物说的根本不同。到了阳明后学的时代,王艮又开始重新对格物说进行探索,从而又提出了泰州学派的一个著名学说:即以王艮格物说为代表的淮南格物论。王艮所提出的淮南格物说与朱熹、王阳明的格物论均不相同,并且淮南格物说又在整个泰州学派的思想史上具有非常重要的地位,这也在一定程度上为王艮重新立一个新的学派提供了必要的理论支撑,因此在黄宗羲在《明儒学案》中,从冠名方式上即将泰州学案独立于诸多阳明后学(如浙中王学、江右王学等)之外而不加"王学"二字,从而使泰州学案成了阳明后学体系中一个特异的典型。

"淮南格物"的诠释重心,在于将"格物"一义的内涵推衍到"明哲保身"与"安身立本"上。王艮认为,"格"即"絜度"或"絜矩"之谓,"物"即"身与天下国家"。在王艮看来,世间之物皆有"本"与"末"之分,若在"身"与"天下国家"二者间分出本末,那么则"身"为"物之本","天下国家"为"物之末"。格物之道,首要在于要分清本末,从"本"处出发,然后才能"知止而后有定"。也正是在这个逻辑思辨的基础上,淮南格物中的"格物"二字的内涵,可以用"知本"一词来概括。格即是"絜度",所待絜度之对象为"物之本末","本"乱则"末"不可得治,因此"格物"的要义

---

① 王阳明:《大学古本序》,《王阳明全集》,上海古籍出版社 2014 年版,第 270 页。

在于"知本"。王艮从《大学》的"自天子至于庶人,壹是皆以修身为本"一句中将"修身为本"一语抽离出来,从而便推导出"立本"乃"修身"义。

将"格物"诠释为"知本""修身立本"之义后,王艮又结合了其师王阳明的"致良知"说,亲自写就了具有宣言性质的《明哲保身论》一文,将"良知"与"保身"相提并论,从"爱身""敬身"两个角度,诠释了"明哲保身"所具有的理论与现实意义。需要指出的是,王艮以"修身立本""明哲保身"来训解"格物",并不代表他赞同只注重保全一己之身的苟全之道,而是将"身"理解为与他人乃至"天下国家"为一体的"物之本",物有本末,事有终始,但本末终始是一以贯之的。之所以要先"保身",是因为吾身之不保,哪里还谈得上保天下? 但若只知保一己之身,不知爱人,甚至利己而害人,则必将遭报,结果自身也难保。所以君子应该从这个意义上来理解身与家、国、天下一以贯之的联系,审己度人,成己成物。这也就是儒家历来提倡的"忠恕"之道。因此知"安身"为本,正是为了谋求"天下国家"以及他人之"安",也就是"行道"。"安身"与"行道"二者本末相连,相辅相成,不可偏废:"知安身而不知行道,知行道而不知安身,俱失一偏。故'居仁由义',大人之事备矣。"①这种由"安身"到"行道"转化的过程,虽然与王阳明举倡之"知行合一"观点并非完全同义②,但从心斋对阳明学发展的角度,我们却可以将这种由"安身"至"行道"的践履过程视作为王艮对"知行合一"的另一种诠释。

总之,在整个性理学的时代,王艮的淮南格物说独树一帜,这也为整个泰州学派的长久发展奠定了坚实的理论基础。

三、泰州学派其他人物及其学术活动和社会实践

王艮秉承"圣人之道,不过欲人皆知皆行"的"知行合一"之训,身体力行,大力招收门徒,而从学者除了少部分人是中下级官吏或学官之外,其余均悉数为樵夫、佣工、吏卒、膳夫和一般平民。当时王阳明的弟

---

① 王艮撰,陈祝生等校点:《王心斋全集》,江苏教育出版社 2001 年版,第 18 页。
② 王阳明所说的"知行合一","知"与"行"之间相辅相成,即"知而后行,行而后知",二者没有先后、轻重之分。心斋提出的由"安身"至"行道"的观点,则以"安身"为本、"安身"为重。

子遍布天下,大都很有地位和气势,而王艮以布衣之士异军突起,其声名影响却超过其他阳明弟子。其所以能如此,在很大程度上也是由于他的"百姓日用即道"的主体思想对广大底层民众具有极大的号召力。而正是这种"有教无类"、注重对底层人物进行道德教化的根本特征,使得泰州学派成了整个明代甚至整个中国古代史上第一个真正意义上的思想启蒙学派;也正因为在发展过程中,整个泰州学派能从底层民众获取养分,从而使得泰州学派保持了持久的生命力。

黄宗羲《明儒学案·泰州学案》所列代表人物,多数原籍并非江苏。这里仅就其中与江苏有关者略加叙述。据《明史·儒林传》,王艮的弟子有林春、徐樾;徐樾传颜钧,颜钧传罗汝芳、梁汝元(后改姓名为何心隐);罗汝芳传杨起元、周汝登、蔡悉。此外,王艮之仲子王襞(号东崖),王艮的族弟王栋(号一庵),也是泰州学派的传人。

林春(1498—1541),字子仁,也是泰州人。他得知了良知之学后,身体力行,每天用红笔和黑笔分别记录善的与不善的言行,时时自我检验,严格要求自己,不敢有一点违背。嘉靖十一年(1532)会试第一,除户部主事,调吏部。当时京师讲学的缙绅之士有数十人,其中聪明解悟善谈说者,推王畿;而志行敦实方面则推林春及罗洪先。后林春进文选郎中,卒于任上,年四十四。过世时,林春仅有积蓄白金四两,僚友为其买棺殓殡。

颜钧(1504—1596),字山农,从徐樾(字波石)得泰州之传,以为率性所行,纯任自然便是道,其所教授学生者,不过从性、从心、从情而已。他欲有为于世,以寄民胞物与之志,把儒学推广到民间,在社会上产生了一定影响。但人过于张狂,颇遭人忌恨和非难,后被捕入狱。而他的弟子罗汝芳(1515—1588,号近溪)一直供养狱中的老师,变卖家产营救他,并撰写"揭词"(传单)为颜钧辩护,最终使颜钧得以减罪从南京狱中获释戍边。罗汝芳经常在南京讲学,其逝世前二年还曾出游南京,在鸡鸣寺凭虚阁讲学一个多月,听讲人数或以千万数,并在南京一带重新燃起了一股讲学风潮①。近溪之学总体上还是以孔孟为宗,同时强调以不

---

① 吴震:《泰州学派研究》,中国人民大学出版社 2009 年版,第 321—322 页。

学不虑的赤子良心为根源,并重视在平常日用中推广"孝悌慈"的伦理道德。颜钧的另一个弟子何心隐(1517—1579,本名梁汝元)也投身于乡村秩序重整的社会活动中,试图构建某种乌托邦理想社会。何心隐在京城参与谋划罢免奸臣严嵩后,担心遭严嵩党羽报复,亦曾逃往南京。何心隐个性也比较张狂,被上层目为异端,最终被官府逮捕入狱,死于非命。

周汝登和杨起元都是万历五年(1577)进士。周汝登(1547—1629),字继元,初为南京工部主事,后累官南京尚宝卿。周汝登和杨起元的儒学思想都不避讳佛教禅宗之学,周汝登等主张对儒学和佛学进行汇通,他专门辑有《圣学宗传》一书,广泛采集先儒言论中与禅学相类似的内容。这种汇通儒释的倾向在明代万历时期讲学的士大夫中具有一定的代表性。

王襞(1511—1587),号东崖,九岁时即随其父王艮至会稽见过王阳明,引起王阳明的重视,后随王畿学,先后留越中近二十年。王艮去世后,王襞遂继承其父的讲席,往来各地讲学,声望日隆,与王艮、王栋并号"淮南王氏三贤"。东崖之学遂多得自王畿授受,但对于扩大其父王艮开创的泰州学派功劳也很大,故人谓"心斋无东崖不能成其圣"①。王襞继承了泰州学派的基层草根路线,所传弟子如朱恕(字光信)、韩贞(字以中,号乐吾)、夏廷美等,率皆樵夫、陶匠、田夫之属。

王栋(1503—1581),号一庵,泰州姜堰人,王艮之族弟。出生贡生,曾担任教谕、学正等官职。二十四岁时始拜伯兄王艮为师。后曾入主白鹿洞,又曾主持南昌学正书院讲会。晚年致仕归故里,开门授徒,风动远近。万历初受泰州知州萧抑堂邀请,到泰州主持安定书院,朝夕与士民讲学,直到逝世。有《一庵王先生遗集》存世。

泰州学派后人大抵继承了王艮"布衣儒者"的作风,身体力行地在民间传授学术,具有大众化、平民化的色彩,较少学究气,故在民间产生了较大影响,可以称之为社会大众的儒学。在学术思想上他们既对阳明心学有基本的认同与继承,又有所创新发展,独树一帜,主张"乐学"精神,强调

① 王艮撰,陈祝生等校点:《王心斋全集》,江苏教育出版社2001年版,第130页。

贴近平常日用,关注社会生活,顺应人性自然。泰州学派所代表的民间儒学的精神,既与明代后期市民阶层兴起及个性解放思潮的出现相呼应,同时也是江苏地域务实求真、包容变通的文化传统的一种表现。

310

第四节 东林党人的儒者情怀

明代末期,各种社会矛盾层出不穷,皇权政治的根基也开始受到前所未有的挑战。随着曾在知识界长期占统治地位的阳明心学在后期走向分化,整个心学各派别对传统义理的探讨莫衷一是,比如对"良知现在"的问题,阳明后学一直聚讼不已。与此同时,他们"盛谈玄虚"而不以"治国平天下"为务的治学风气,也开始受到当世学者的批评。产生于江苏无锡地区的以顾宪成、顾允成、高攀龙等人为代表的东林学人,同样对阳明后学混儒入禅、空谈心性的"清谈"之气极为不满,因此他们此时便以程朱理学为根本指导思想、以"志在世道"的担当情怀,努力倡导与阳明"心学"正相对立的"实学"精神,致力于对心学界的空虚之气进行根本性修正。同时,东林学人具有关心家国天下的儒者情怀和担当精神,经常讽议朝政,裁量人物,反映民间呼声,抨击朝廷积弊,在社会上产生了较大影响,从一个学术群体逐渐形成为一个朝廷之外的民间议政集团,并卷入朝廷朋党之争,导致了悲剧性的结局。尽管对他们在明末政治中的是是非非和历史功过后人众说纷纭,但当我们走进东林党人的思想深处,还是能感受到他们那种以家国天下为己任的儒者情怀。

一、东林党人与明末党争

顾宪成(1550—1612),字叔时,号泾阳,无锡(今江苏无锡)人。万历四年(1576)举乡试第一,万历八年(1580)登进士,官授户部主事,后改吏部主事、补验封主事。顾宪成为人耿直不阿,不肯委曲求全,为了坚持他认为正确的事情不怕得罪皇上和权贵,经常就朝政问题犯言直谏。在立太子等问题上，顾宪成从维护国本的立场出发，联合其他大臣向皇上据理力争，终于挫败了宋神宗和内阁首辅王锡爵等权贵试图通过"三王并封"达到"废长立幼"的企图。由于多次上疏语侵执政，得罪了王锡爵等内阁权臣，也触怒了宋神宗，顾宪成被一再贬官，最终于万历二十二年（1594），被削官革职，贬为平民，回到故乡无锡。但顾宪成的耿介正直，却在朝野士林中赢得了很高的声望。

无锡东门内旧有一座东林书院，宋代理学家杨时曾在这里讲学，当时因多年失修已经坍塌。顾宪成便与其弟顾允成筹划修复东林书院，并得到常州知府欧阳东风的资助。书院修复后顾宪成便邀请同乡好友高攀龙、钱一本等人在此讲学，发起东林大会，制定《东林会约》。他们一方面研习程朱理学，一方面探讨救国济世之道。东林书院的学人不满足于像以前宋明理学家那样空谈性命，他们更关注社会现实问题。东林书院有对联曰"风声雨声读书声，声声入耳；家事国事天下事，事事关心"，反映了他们读书讲学而不忘国家天下大事的儒家情怀。很快东林学子周围便聚集了一大批抱道悟时、退处林野的有志之士，其中既有读书人，也有东南地区城市新兴阶层人物，还有不少曾因批评朝政而罢官的人。他们经常在这里"讽议朝政，裁量人物"，对当时的政局、吏风、士风等提出了尖锐批评，一时影响很大。各地书院纷纷请顾宪成去讲学，所到之处往往高朋满座，听者如云，不乏千里之外慕名而来者。一些在朝廷任职的正直官僚，也与东林讲学者遥相呼应。东林书院逐渐形成了一个不可忽视的政治舆论中心，一个具有相似政治立场和价值观念的政治派别。这个政治派别被人称为"东林党"，而顾宪成也就被视为"东林党"的党魁。

东林党兴起后，在其他地区也有不少士子纷纷响应，形成类似的社团。特别是在江南地区，经济发达，新旧势力矛盾尖锐，社会矛盾也比较复杂，士人本来就有以文会友，聚会结社议论时政的风气。如苏州（治今江苏苏州）人张溥（1602—1641），便是江南社团领导人之一。张溥自幼刻苦勤学，发奋读书，有志为大儒。他结交一批东南名士，在苏州成立应社，以"尊经复古"为志，研读五经，同时提倡名节，以改变社会风气。崇祯二年（1629），张溥又在吴江（治今江苏苏州吴江区）召集江南地区各地的社团成立所谓复社,以"兴复古学,将使异日者务为有用"相号召,他们关注社会现实,呼吁社会政治改革。由于复社人物以东林后继为己任,因此他们也被视为广义的东林党人。

东林党人的主要政治诉求包括反对宦官专权,主张吏治改革,开放言路;反对横征暴敛,主张减轻赋税,等等。他们的诉求在一定程度上代表了江南地区地主、商人的利益,同时也与这一地区市民阶层的社会政治要求相呼应,因而具有比较广泛的社会基础。顾宪成虽然已罢官居家,但对朝政依然十分关心,东林党人在朝中也有一批志同道合的同情者和代表人物,因此东林党人实质性地介入了晚明时期许多朝廷政治斗争事件,与朝中权臣和各派势力形成了错综复杂的关系,也因此招致了当政者特别是以魏忠贤为代表的宦官集团的打击与迫害,不少东林党人遭到贬官、削籍,乃至被捕入狱,死于非命。在魏忠贤、阮大铖等"阉党"的打击迫害下,东林党人叶向高、赵南星、高攀龙等相继罢官,杨涟、魏大中、左光斗、顾大章等人相继死于狱中。魏大中被捕经过吴县(治今江苏苏州)时,吴县人吏部尚书周顺昌正在家中,他同情东林党人,便招待魏大中数日并与之结为亲家。周顺昌因此触怒了魏忠贤,魏派缇骑去抓人,在苏州引起骚乱。民众聚集为周顺昌乞命,双方发生冲突,缇骑一人被击毙。最终周顺昌被逮下狱处死,吴县民众领头的五人颜佩韦、杨念如、马杰、沈扬、周文元被判罪斩首而死。后张溥有《五人墓碑记》记其事。

东林党人的活动历经神宗万历、熹宗天启和思宗崇祯三朝,长达四十余年。在此期间,朝中持不同政治立场的其他一些官僚也结为朋党,收招门徒,形成各自的势力集团,如以宣城人汤宾尹为首的"宣党",以昆山人顾天峻为首的"昆党",此外还有"浙党""齐党""秦党""楚党"等等。朝官与言官、北官与南官,也结成的大大小小的势力集团,互相揭发,弹劾纠察、钩心斗角,纷争不已。朝野上下形成了是己非人、攻讦不已的党争局面。朝中出现许多乱相与怪相,如有朝官尽出筐箧,置于国门,痛哭辞朝,以自证清白;有廷臣被劾,闭门痛哭,不待诏下,自乘柴车,去官归里。党争局面延续整个明朝晚期数十年,其间皇室侈靡无度,宦官专权跋扈,官吏贪腐横行,群臣倾轧不止,党争愈演愈烈,最后内忧外患并起,李自成义兵凸起,吴三桂勾结清兵入关,崇祯皇帝上吊自杀,大明王朝便在一片嘈杂与混乱中走向了灭亡。

对于东林党人的是非功过,一直有不同评价,有人把明朝灭亡的账也算在东林党人头上,观点未免片面。黄宗羲在《明儒学案》中即曾为东林党人辩护:

> 今天下之言东林者,以其党祸与国运终始。小人既资为口实,以为亡国由于东林,称之为两党。即有知之者,亦言东林非不为君子,然不无过激,且依附者之不纯为君子也。终是东汉党锢中人物。嗟乎!此呓语也!……论者以东林为清议所宗,祸之招也。子言之:"君子之道,辟则坊与。"清议者天下之坊也。夫子之议臧氏之窃位,议季氏之旅泰山,独非清议乎?清议熄,而后有美新之上言,媚阉之红本,故小人之恶清议,犹黄河之碍砥柱也![1]

黄宗羲还对明清易代之际一些在东林流风余韵影响下的忠臣义士的壮举给予赞扬,称赞他们是"一堂师友,冷风热血,洗涤乾坤"。东林党人身上既体现了传统儒家入世救世的社会担当精神,也反映了反对专制独裁,要求社会变革的时代呼声,可以说是明清之际启蒙思想的先驱。而东林党的活动发源于江苏地域,也与当时江苏地区社会经济发展的情况有一定关系。明代后期海外贸易极大地刺激了东南沿海地区的商品市场和经济发展,使得这一地区经济更加富庶,文化日益繁荣,同时也催生了一些新兴的市民阶层。而且这里历来也是文人雅士、失意官僚的理想退隐之地。东林党人的出现在一定程度上也是这一地区及特定阶层人士与专制集权的中央王朝之间各种矛盾的反映。

二、顾宪成的儒学思想

顾宪成自万历二十二年(1594)因触怒神宗被削官革职归乡之后,

---

[1] 黄宗羲:《明儒学案》卷五十八《东林学案一》,中华书局1985年版,第1375页。

便在东林书院讲学终老。他在万历四十年(1612)去世。天启初,熹宗追赠为太常卿,阉党专政时去此封;崇祯初,又赠吏部右侍郎,谥"端文"。有《顾端文公遗书》传世。

顾宪成对宋代理学颇为推重,常以宋儒之思想作为其臧否今人学行的标准。对宋儒内部"主静"还是"主动"的不同立场,他认为"皆有至理,须参合之始得"①,采取一种贯通统摄的态度。对朱子所提出的"格物"说,顾宪成也颇为赞誉,并且对指责其为"支离"的论点加以驳斥。顾宪成批评了世人将朱熹所谓"格物"简单理解为穷究"一草一木"并进而指责朱熹之学"支离"的观点,指出朱熹所谓"物"实指"物"中所包含的天理,也就是"性与天道""天命"等等形上之理;而所谓"格"则包括考察、思索、探求、讲论等多种不同的研究方法。

尽管顾宪成对当世阳明心学流行天下的状况颇有微词,但他也在一定程度上肯定了王阳明"致良知"之学在传播圣学方面的功绩。在致信李见罗时,顾宪成对阳明心学的"致良知"之说有直接评价。其主要涉及两个层次的问题:第一,王阳明揭"致良知"之学,具有方法论上的指导意义,"致良知"的"良知"是兼性情才而言,并非仅限于知(智),重心在"良"字上;第二,今世谈"致良知"之学者各执一己之边见,对"良知"的体与用问题一直缺乏准确的把握(见《论学书·与李见罗》)。有一点可以指出的是,只要涉及对王阳明其人其学如何评价的问题,顾宪成大抵总是从两个层次来回答,即一方面肯定"阳明之学有精善处",另一方面认为"阳明后学无法把握其精髓",这可以看作是他对阳明心学的一贯态度。

顾宪成对阳明心学及其流弊的批判重心,一直都是以"无善无恶"说为主要切入点,而批判此学说的主要理由即是"无善无恶"是禅学,其流弊必然会从根本上颠覆儒家是非善恶的标准,唯有"性善"论才是千古圣学之精髓。阳明后学基于佛家"无善无恶"的说教,不约而同地将心学的阐释方式融汇入禅学思想之中,堕入是非不分的狂禅,这也是王阳明所始料未及的。顾宪成指出,"无善无恶"说乃是佛家一贯的提法。

---

① 黄宗羲:《明儒学案》卷五十八《东林学案一·小心斋札记》,中华书局 1985 年版,第 1380 页。

佛家讲性讲学,都在"空"字上入手,而儒家讲性讲学,则推重"实教"之实学。阳明举倡之"无善无恶"的说教,从根本上来说即是认为善与恶均非人心的固有特性,这不仅与先儒"性本善"的大义相去甚远,同时又使得心性学说转入禅宗"虚寂"的境地,最终会让心学混沌无序,不可复归于一。在顾氏看来,"无善无恶"的观点的危害比"枉尺直寻"更严重(见《小辨斋偶存·札记》)。"枉尺直寻"虽然为某种违背道德的卑暗行为提供了借口,但至少还承认"枉"之为非,"直"之为是。而"无善无恶"却可以让卑暗之人显得还很高明,既"投小人之私心,而又可以附于君子之大道",对圣人之学会产生巨大危害,使社会道德观落入佛、老的"空"与"混"玄虚境地:

> 空则一切解脱,无复挂碍,高明者入而悦之,于是将有如所云:以仁义为桎梏,以礼法为土苴,以日用为缘尘,以操持为把捉,以随事省察为逐境,以讼悔迁改为轮回,以下学上达为落阶级,以砥节砺行、独立不惧为意气用事者矣。混则一切含糊,无复拣择,圆融者便而趋之,于是将有如所云:以任情为率性,以随欲袭非为中庸,以阉然媚世为万物一体,以枉寻直尺为舍其身济天下,以委身迁就为无可无不可,以猖狂为不好名,以临难苟安为圣人无死地,以顽钝无耻为不动心者矣。[①]

顾宪成指出这种"空则一切解脱","混则一切含糊"的思想状态会直接导致世人善恶不分、是非曲直不辨。所以顾宪成将"无善无恶"的求"空"学说斥之为"以学术杀天下万世"[②]。不难看出,顾宪成对阳明心学以及释氏思想的这种批评,正与他自己大力推崇实学的"务实"学风有着必然的联系,也是他勇于将国家、天下之事作为个人担当的道德精神的思想根源之所在。

---

① 黄宗羲:《明儒学案》卷五十八《东林学案一·小心斋札记》,中华书局 1985 年版,第 1391 页。
②《小心斋札记》卷十八,顾宪成:《顾端文公遗书》第 4 册,清光绪丁丑年刊本,第 82 页。

三、高攀龙等及其儒学成就

高攀龙(1562—1626),字云从,又字存之,别号景逸,无锡(治今江苏无锡)人。少时即有志于程朱之学,举万历十七年(1589)进士,授行人。时四川佥事张世则著《大学初义》,其言多诋程朱,张氏请颁天下。高攀龙抗疏力辩其谬,张书遂不传。万历二十二年(1594),因上疏奏劾首辅王锡爵党同伐异事,因而触怒神宗,被贬为广东揭阳典史。次年以事假请归,寻遭亲丧,此后家居长达三十年之久。此时高攀龙与顾宪成一起重修无锡东林书院并讲学其中,终成一时儒宗。其间高攀龙虽屡被举荐,但帝终不用。万历四十八年(1620),因东林党人拥立熹宗即位有功,熹宗即位后乃广泛重用东林士人,高攀龙被任命为光禄寺丞,寻迁光禄少卿,后改大理寺右少卿、太仆卿、刑部右侍郎。天启四年(1624)以工部尚书致仕。后魏忠贤等人干政,东林党人广受打压。天启六年(1626)阉党下矫诏抓捕高攀龙,为不受辱于魏阉等人,高攀龙乃投河死,时年六十四。崇祯初,追赠太子少保、兵部尚书,谥"忠宪"。有《高子遗书》传世。

高攀龙比顾宪成小十二岁,高攀龙自称在二十五岁时受顾宪成的影响,始志于学,并终生以弟子礼师事顾宪成。高、顾二人相从甚密,互相敬重,共同讲学于东林书院,顾宪成病逝后,高攀龙即接任东林书院山长一职,直至其过世。高攀龙的思想渊源,主要来自被薛瑄修正和改造过的程朱理学,是程朱理学中的理性精神的代表之一,但他也有一种"转益多师"的开放的学者心怀,因此在后天不断学习的过程中,他对陈献章的主静之学和李见罗的止修之学也有所继承。高攀龙也对当世学人喜言的"无善无恶"观点进行猛烈抨击,认为"今日邪说横流,根株只此四字"①,且认为其后果必然导致"礼义之心不能胜其嗜欲,恐天下丛而议,其后则皆为'无善无恶'之说以自便,以含糊为长厚,以退避为明

---

① 高攀龙:《答泾阳论儒、佛善字不同》,《高子遗书》,《景印文渊阁四库全书》第1292册,第470页下—471页上。

哲。言行不足训于天下,于是道德灭裂而人不以为贵,几何不胥而乱也"①? 与顾宪成一样,高攀龙也尽其一生精力宣传具有经世致用意味的务实学风。他多次强调凡事均要从"实"处着手。针对古往今来之人常谈的为学之道问题,高攀龙亦认为为学重在求实存真、反躬践履。他说:"学问只是'反躬'二字最妙。'反躬',即退藏也。"②在与李见罗的书信中,他也说:

> 明道云:"吾学虽有所受,然'天理'二字,却是自家体贴出来。"不晓作何语。今乃见此理充周于吾前,活泼泼地,真不可须臾离也,妙在"反躬"而已矣。凡学问真切下手,自无闲口说闲话。……学不切己,精神都向末上去,终日问辨以为无不在道,而于道背驰矣!③

这种强调"反躬实践""学应切己"思想的务实学风,即在最基本的治学方式上要求学者应将为学的重心放在自我践履的实践之学上,而不再是人云亦云地空谈心性义理。而圣人之道,亦均展现在百姓日用之间:"天不可见,见之于时行物生;圣人之道不可见,见之于日用常行;凡天下之至道,皆愚夫愚妇之所能知者也。"④

高攀龙对"百姓日用""日用常行"以及"人伦事物"等具体事宜的关切,同样是在提倡当世学者要将治学重心放在反躬实践上。在高攀龙笔下"反躬"二字的"反"之义,也可以理解为他所说的"反之于实"。高攀龙认为圣人之学由"知"而入。而古今学术的分歧恰在于对"知"的理解方式的差异,只有圣人才有全知,一通百通。圣人以下,则需要处处着力,守之以仁,莅之以庄,行之以礼,否则就难免向两条路上偏颇:一类人将"知"转到人伦、庶物、实知、实践中去,另一类人则将"知"转向灵

---

① 高攀龙:《无锡县学笔记序》,《高子遗书》,《景印文渊阁四库全书》第1292册,第557页上。
② 高柱等辑:《东林书院志》卷五《高景逸先生东林论学语上》,《续修四库全书》第721册,上海古籍出版社2002年版,第63页上。
③ 高攀龙:《与李见罗先生》,《高子遗书》,《景印文渊阁四库全书》第1292册,第465页下。
④ 高攀龙:《答泾阳论犹龙一语》,《高子遗书》,《景印文渊阁四库全书》第1292册,第471页下。

明、觉知、默识、默成中去。这种分歧，在孔、孟之间已微见征兆，在朱、陆之间遂成异同，到明朝在薛瑄和王阳明之间更形成了完全两样的路向，前者指的是经世致用的务实学风，而后者指的则是清谈玄虚之气，而这两条路径发展到极端都有其弊，但"毕竟实病易消，虚病难补。今日虚症见矣，吾辈当相与稽弊而反之于实。知及仁守，涵之以庄，动之以礼，一一着实做去，方有所就"①。可见，高攀龙重点还是想要纠正当时心学末流空谈心性、灵明、觉知的弊端，号召群儒应当以"相与稽弊而反之于实"，提倡"一一着实去做"的求实作风，对学界乱象进行正本清源，而这种思想也确实为以东林学派为代表的实学思潮在明代末年的兴起奠定了基础，并直接影响了苏州地区复社文人群体的产生。

这种"一一着实去做"的求实态度具体也体现在求学方法上。高攀龙强调，为学入门的方法就是通过细心领会四书、五经中的圣人之言，效"先觉"之所为从而明善复初。而为学的目的也不仅仅局限于对自身修身、修心问题的解决，而是要通过为学明善复初，进而能够"由仁义行"，在现实生活中践履圣人的仁义之道。高攀龙尤其指出"圣门言仁，只是说行处多"(《会语》)这一点，即从圣人言教的角度，突出"践行"之方对实践圣学来说的重要性。高攀龙认为，想要真正获知圣人之学，也应在"日用练习"上下功夫，不能只停留在所学知识的表面而不去实践。在他看来，一个人单有学问、谙熟于圣人言教，并不能代表此人在现实中也是一个具有圣贤品性的人。他说："学问必须躬行实践方有益。如某人见地最好，与之言，亦相入，但考之躬行，便内外不合，是以知虚见无益。"②在这里高攀龙直接以"虚见无益"来评价只重学问、不重实践者的弊病，可谓是一针见血。这应该是高攀龙对王学末流"知"与"行"不能合一现象的批评③，同时也体现了东林党人经世致用思想的重要特色。

---

① 高攀龙：《讲义·知及之章》，《高子遗书》，《景印文渊阁四库全书》第 1292 册，第 397 页上。

② 高攀龙：《会语》，《高子遗书》，《景印文渊阁四库全书》第 1292 册，第 415 页上。

③ 如王阳明的挚友、姻亲以及最早的入室弟子黄绾(1477—1554)，一生举倡"致良知"与"知行合一"学说，官至南京礼部尚书。但其在执政期间多行歹事，民众颇有怨怼，同时也常纵容仆人仗势欺人。仆人为非作歹事情败露后，黄绾又准备以珍宝、美女贿赂办案官员。

顾宪成、高攀龙所推崇的实学,当然不仅仅只局限在学术探讨的层面。高攀龙结合当时风云变幻、国家前途未卜的社会政治背景以及自身为官应积极救世的首要职责,将这种求实的精神融入政治层面上来,呼吁破格用人,广泛征用贤能之士。他在《破格用人疏》中痛切感叹国家局势内外交困,天下之事不可测,而朝廷所以备之者泛泛然,"日复一日无一可见之实事,则有坐待危亡而已"①。因此他呼吁不要坐而空谈,墨守成规,要大胆革除积习,摆脱格套的束缚,敢于启用豪杰之士。而针对当时有阉党人士把朋党之争、门户林立的祸根归咎于东林士人的讲学,并主张以东林为戒,不复讲学的论调,高攀龙在《论学揭》一文中加以严厉驳斥,他在本文中强调东林之学是"即事为学,非以学废事",讲学并非坐而论道的空谈,而是最终要落实于现实事务,这也表现了东林学派一以贯之的务实思想;同时他也强调了讲学论道对于现实事务的理论指导意义,故不可废。

东林学人中列入黄宗羲《明儒学案·东林学案》的除顾宪成、高攀龙外,还有钱一本、孙慎行等十数人,其中大多为江浙一带士人,属于江苏籍者大抵来自无锡、常州、扬州一带。钱一本(1546—1617),字国端,别号启新,常州武进人。万历十一年(1583)进士,授庐陵知县,入为福建道御史。在位期间大力弹劾贪官,贪风始衰。因上书建言争立太子事,触怒皇上与权贵,被削籍,归故乡讲学。东林书院成,钱一本与顾宪成分主讲席。其论学强调"功夫",认为人无有不才,才无有不善,但就像一粒谷种,人人皆有,若不能凝聚到发育地位,终是死粒。所以人必须尽其才,始能见得本体。钱一本精通《易》学,著有《像象管见》《像抄》《四圣一心录》《黾记》《遁世变》等。孙慎行(1565—1636),字闻斯,号淇奥,也是武进人。他是唐顺之的外孙。万历二十三年(1595)进士,授翰林编修,擢礼部右侍郎。孙慎行精研理学,讲学于东林书院。他认为儒家之道只有通过终日学问思辨行才能进入,丢开学问思辨行另求一套静存动察的玄虚方法,就难免不流于禅学。著有《周易明洛义》《玄晏斋困思钞》《玄晏斋集》等。

① 高攀龙:《破格用人疏》,《高子遗书》,《景印文渊阁四库全书》第1292册,第448页下—449页上。

第七章　清儒兴朴学，江苏为重镇

——清代时期的江苏儒学

　　清代的行政区划大致分为省、道、府（含直隶州、直隶厅）、县（含散州、散厅）四级。在省之上还设有总督，为中央派出机构，非实际行政单位。清代江苏省隶属于两江总督，两江总督驻江宁（治今江苏南京），辖江苏、安徽、江西三省。清代江苏巡抚初驻苏州（治今江苏苏州）后徙至江宁，管辖的地域范围大致相当于今江苏省加上海市。

　　清朝统治者在北京建立政权并统一中国后，为了缓和民族矛盾和阶级矛盾，在社会经济方面采取了一些有利于社会稳定和经济发展的措施，而在思想文化方面，则一方面大兴"文字狱"，对学人的思想和学说进行控制；另一方面崇儒重道，推崇儒家思想，强化儒学的教化作用，将"崇儒重道"明确为基本国策。清朝皇帝多次下诏提倡"文教"与"经术"，拜谒孔庙，尊崇儒学。清政府在尊崇孔子的同时，更崇尚理学，尤其表现为尊崇朱熹，延揽程朱理学人才。康熙四十年（1675），清政府以"御纂"的名义，下令汇编朱熹的论学精义为《朱子全书》，又颁谕将朱熹从祀孔庙的地位提升，由东庑先贤之列升至大成殿十哲。清政府自定鼎以来便意识到书籍和教化之间的关系，开始编纂儒家书籍，顺治康熙以来十分重视此事，多次颁谕下诏，三令五申强调"崇古""右文"的意义，访求各地的图书善本，组织文人学者整理编纂了大量儒家经典以及一些大规模的类书、丛书，如著名的《古今图书集成》《渊鉴类函》以及耗费十年之力至乾隆朝编纂完成的《四库全书》。

在这一背景下,清代儒学也呈现出新的面貌,其突出特色便是以乾嘉之学为代表的朴学的兴起。而在这一时期的儒学发展中,江苏学人扮演了十分重要的作用,江苏地区成为乾嘉之学的主要发源地和最重要的场所,涌现出一大批在清代儒学史乃至整个清代学术史上做出重大贡献的人物和学术著作。江苏地区堪称清代儒学和清代学术的重镇。

第一节 清代江苏儒学发展概况

清代江苏地区社会经济繁荣,文化灿烂,人才荟萃,名人辈出,教育发达,书院林立,藏书刻书风气兴盛,市民阶层发展,这一切都为清代江苏的儒学发展奠定了优厚的物质基础和良好的文化氛围。清代江苏儒学不仅学者众多,成果丰富,影响巨大,而且呈现出鲜明的江苏地域特点。清代江苏儒学崇尚朴学之风,并以民间自发的家学传承和学派间交互影响为特色。清代江苏儒学人才辈出,群星璀璨,在中国儒学发展史上书写了辉煌的篇章。

一、清代江苏儒学发展的社会文化背景

清代江苏地区素称富庶,特别是到了乾隆、嘉庆年间,寰宇已定,天下承平日久,江苏经济得到迅速发展,农业、手工业、商业全面繁盛,并形成一批中心城市。农业上,大量经济作物在江苏得以推广与种植,如植棉、种桑等呈现出专门化倾向。大量农产品投入市场,为商品经济发展奠定了基础,而经济作物种植的专门化和大量农产品投入市场,又为手工业兴盛提供了源源不断的原材料,推动了手工业的发展。苏州纺织业尤为繁荣,盛泽、南浔等地纷纷成为著名的丝绸交易场所。江宁丝织业也很发达,绸缎销往全国。商品经济的繁荣还催生了一批用于商品交换的市镇,如苏州府和松江府市镇多达上百。此外,扬州盐业发

达,是清廷重要的财税来源地,又倚凭京杭大运河,处于南北漕运交通命脉的重要节点,南北往来的官员、士人、商人等多经行于此。故扬州、苏州等在当时均已厕身全国最为繁荣富庶的大城市之列。江苏经济发达,为江苏儒学的发展提供了坚实的物质基础。

江苏人文环境优厚,重视教育,科举文化繁盛,是当时全国名副其实的科举大省,素有"赋税甲天下,科第冠海内"①之称。江苏不仅是当时全国的经济中心,还是当时全国的文化中心。明清时期,江苏素称人文渊薮,科教大省,是清代全国考取进士人数最多的省份。据江庆柏《清朝进士题名录》统计,清朝各省科举"三鼎甲"人数,江苏省高居榜首,清朝自顺治三年(1646)始,凡开考一百一十二科,其中的状元人数,江苏就占了四十九人,占整个清代状元人数四成多,远远超其他省份,并形成诸多科举望族②。科举兴盛、文教繁荣,营造了一种热衷读书,重视文化、培养人才的社会风气,这都为儒学的发展提供了非常适宜的文化土壤。

此外,江苏地区藏书刻书与书院讲学的风气都比较兴盛,有力地促进了江苏地区儒学的发展。江苏藏书楼众多,较著名者有常熟毛氏汲古阁,常熟钱氏绛云楼、述古堂,瞿氏铁琴铜剑楼,昆山徐氏传是楼,而仅苏州一地,就有所谓乾嘉苏州四大藏书家:吴县士礼居黄丕烈、吴县袁廷梼、长洲周锡瓒、元和顾之逵。此外还有苏州藏书家汪士钟有藏书楼艺芸书舍等③。这些藏书家贮藏丰厚,多蓄善本,以资校雠,且有些藏书家本身即是考据学者,如长洲黄丕烈独嗜聚书,尤佞宋本,专辟"百宋一廛"藏书室以贮之,而他本人亦是清代著名的版本目录学家。同为苏州藏书家的顾广圻尝为黄丕烈作《百宋一廛赋》,而顾广圻亦有藏书处思适斋,同时也是著名的考据学者,师从吴派学者江声,是惠栋的再传弟子,以校勘擅长,日人神田喜一郎称其为"清代校勘学第一人"。此外兼具藏书家与考据家双重身份的江苏学者还有武进孙星衍,有藏书楼平津馆、岱南阁,又著有《尚书今古文注疏》,堪称乾嘉经学的高峰之作。凡此皆为儒学的发展提供了必要条件。

① 张大纯:《采风类记》,张智主编:《中国风土志丛刊》本,广陵书社2003年版,第207页。
② 江庆柏编著:《清朝进士题名录》,中华书局2007年版。
③ 参见王桂平《清代江南藏书家刻书研究》,凤凰出版社2008年版,第6页。

雍正末年开书院之禁,乾隆年间则更加奖掖书院办学,因之书院讲学之风渐兴。乾隆时期,江苏地区书院发展蓬勃,仅以苏州为例,新建的书院就有十八所,较有名者有正谊书院、平江书院、当湖书院、娄东书院、同川书院、游文书院、松陵书院等。再如扬州地区的安定书院、梅花书院、维扬书院、敬亭书院、广陵书院,还有高邮珠湖书院、仪征乐仪书院、宝应画川书院等,其中尤以安定书院和梅花书院最为有名。这些书院都为儒学大发展培养了大批人才。

二、清代江苏儒学的整体特征

清代江苏儒学特征,一言以蔽之即实学或朴学。不尚华丽辞藻,不尚虚无缥缈之谈,不尚空疏不学之术,提倡从读书入手进而探求义理。有些学者提倡最终达到经世致用的目的,但无一不以读书为根本。无论早期顾炎武"明体适用""引古筹今"的经世致用之学,还是中期乾嘉学派的由训诂小学到经学、由经学到义理,抑或是后期今文经学有着经世色彩的新学,从汉学到宋学中的程朱、陆王无不一以读书明道为根本,即便是陆王之学,也在很大程度上调和了程朱乃至朴学的成分,清代江苏儒学的陆王学者人数较少也从侧面说明这一点。而江苏儒学崇尚朴学这一脉一直延续到民国年间的中央大学一系,直至如今仍然如此。

具体而言,清代儒学在江苏的发展又呈现为以下几方面的特色:

一是地域性特征明显。盖学风恒与地理相交关。以当时全国学术格局视之,其实际的学术中心只在江苏和北京两地,尤以江苏为重镇。依梁启超《近代学风之地理的分布》一文的考察,乾隆中叶朴学最盛时,北京一带有朱筠、朱珪兄弟,翁方纲,纪昀等人为代表,而江苏则堪称乾嘉朴学之渊薮,形成诸多学术群体,[①]所谓吴派、扬州学派等地域性流派。皖学虽在安徽,但清初以安徽和江苏为江南省,自康熙六年(1667)始将其分为江苏省和安徽省,两地地缘亲近,故皖派学者与江苏学术交流颇为紧密,其足迹大都遍及江苏,部分皖派学者的主要学术活动与学术

[①] 参见梁启超《近代学风之地理的分布》,《清华学报》1924 年第 1 期。

成就也多是其居留江苏时期所展开,其弟子传衍亦多江苏里籍,故以学缘论,犹可纳入江苏学术之别支。如戴震可谓皖派宗师,亦系乾嘉朴学执牛耳者,然其学术传承则主要在江苏,他最杰出的两大弟子段玉裁和王念孙都是江苏人,而王念孙又以戴震之学授读其子王引之,父子二人皆以小学名重学林,合称"高邮二王",并与段玉裁共同绍承戴震的小学成就,以至于有"戴段二王"的美誉。此外,江苏兴化任大椿也是戴震弟子,传其典章制度之学。即使乾嘉朴学到清后期逐渐消歇,继之而起的常州今文学派在治经方面仍受到朴学较大影响,有些甚至本身就师从朴学学者或者与朴学学者交游甚密,从学术史角度加以观照,这也可视为乾嘉朴学的后期影响,故有学者以其为乾嘉朴学之苗裔,并非全无道理,而其大本营也在江苏常州。总之清代儒学在江苏发展的地域性特征非常明显。

二是家族性特征显著,学缘与血缘关联紧密。乾嘉诸儒多累世治经,经学成为家学而得以世代承传,形成诸多经学世家。如江苏吴县惠氏四代(惠有声、惠周惕、惠士奇、惠栋)治《易》,扬州甘泉焦氏五代(焦源、焦镜、焦葱、焦循、焦廷琥)治《易》,元和(吴县)江氏(江声、江镠、江沅)三代治《书》,仪征刘氏四代(刘文淇、刘毓崧、刘寿曾、刘贵曾〔寿曾、贵曾均系刘毓崧子〕、刘师培治《左传》,宝应刘氏三代(刘台拱、刘宝楠、刘恭冕)治《论语》,高邮王氏父子(王念孙、王引之)两代治小学,扬州兴化顾氏(顾九苞、顾凤毛)两代治礼学。扬州江都汪中、汪喜孙父子,常州阳湖洪亮吉、洪贻孙父子等均治学传家,此外还有嘉定钱氏也是乾嘉著名的朴学世家,有所谓的"嘉定九钱":钱大昕、钱大昭兄弟及子侄钱塘、钱坫、钱东垣、钱东壁、钱东塾、钱侗、钱绎,皆能遍治群经,允称一门风雅。朴学世家除了有家族内部纵向的学术传承外,家族之间也会通过横向联姻实现另一种向度的学术承传,如焦循是阮元女婿,阮元又是刘台拱的亲家,而刘台拱又是朱彬的表兄,朱彬的堂弟朱联奎又是王念孙的女婿,顾九苞、顾凤毛是任大椿的外甥,王鸣盛是钱大昕妻兄等。这在某种程度上说,也是以家族扩展的方式推广了朴学的影响范围。①

---

① 详见钱慧真:《清代江苏的经学世家及其家学考论》,《苏州大学学报(哲社)》2010 年第 6 期,第115—118 页。

家族内部形成雅好经学的风气,家族子弟从小耳目熏染,对以后研习经学无疑起到潜移默化的效用,对乾嘉朴学的推拓壮大也提供了积极的助力。

三是交互性特征突出。儒学虽有各派之分,各派之中又有各家之传,但诸派诸家之间并非闭门造车,故步自封,而是互相交流,彼此切磋,这为江苏儒学的蓬勃发展营造了一种良好的氛围,而儒学也在这种学术交互中呈现出一种开放活力。戴震虽为皖派宗师,但却与吴派学者关系紧密。乾隆十九年(1754),戴震避仇入都,在京生活艰难。他携书拜访钱大昕,两人相谈甚欢,引为同调,钱大昕极为赞赏戴震的学问,称其为"天下奇才"。后又将其推荐给秦蕙田,尔后京师学人如纪昀、朱筠、王鸣盛、王昶、卢文弨等均纷纷与戴震交往,叩其学,听其言,观其书,莫不击节叹赏。最终戴震声名大显。钱大昕对戴震有知遇之恩,而戴震对钱大昕治学理路也有所影响。钱大昕尝说:"夫穷经者必通训诂,训诂明而后知义理之趣。"[①]"有文字而后有诂训,有诂训而后有义理,训诂者,义之所由出,非别有义理出乎训诂之外者也。"[②]这则显然受到戴震"由字以通其词,由词以通其道"之说的影响。有趣的是,戴震自京师南下时,尝逗留扬州两淮盐运使卢见曾官署,经卢见曾介绍,结识了吴派领袖惠栋,二人论学甚合,戴、惠相识,是皖派与吴派的一次重要学术交流,并且对戴震后期的学术转变产生了重要影响。而这一学术事件正是在江苏展开的,理应视作江苏儒学史的有机组成部分。特别发展到后期,朴学诸派之间交相旁午,彼此相融,派别之歧,近乎泯然。凡此可见乾嘉学派乃是由地域、家族、师承纵横交错、相互合力下生成的学术共同体。

质言之,清代江苏儒学涉及学者文人甚多,学术成就亦高,无论从学者数量,还是从学术成就视之,都是首屈一指的。这是江苏对中国儒学史的重大贡献,也是江苏儒学史上浓墨重彩、光亮夺目的一页。

---

① 钱大昕:《潜研堂文集》卷二十四《左氏传古注辑存序》,吕友仁点校:《潜研堂集》,上海古籍出版社2009年版,第387页。
② 钱大昕:《潜研堂文集》卷二十四《经籍纂诂序》,吕友仁点校:《潜研堂集》,上海古籍出版社2009年版,第392—393页。

三、清代江苏儒学的发展阶段

清代江苏儒学发展大致可以分三个阶段,我们把乾隆以前作为清前期,包括明末出生但是学术成果主要在清代的遗民群体和汉学考证的学者;乾隆嘉庆作为中期,包括乾嘉学派和与之同时但不归属于此学派的学者和嘉道之间转关的学者;道咸同光作为后期,包括乾嘉学派的后劲群体、调和程朱陆王的学者、带有新学痕迹的学者。

第一时期,新范式的产生——蓬勃发展的江苏儒学。此时期为山河易主、风云变色的阶段,儒家学者们经历了亡国之痛,对明末空疏的学问产生了不满,于是有顾炎武提倡博学于文、行己有耻,开创了新的思想境界和新的学术范式,为乾嘉儒学的兴旺奠定了良好基础。同时期的程朱陆王的性理、心性儒学仍在发展。程朱学者依然服膺朱熹,但逐渐由义理上的探讨转变为文本上的考证和实践中的敦行。王学较明代声势大减,一些王学学者也逐渐融汇了佛学、程朱学和汉学考证,有着鲜明的不同于以往的特点。

第二时期,如月之恒、如日之升的乾嘉学派——兴盛时期的江苏儒学。此时期由于改朝换代既久,加上清政府实行高压政策以及学术发展本身的内在理路,学者们渐失经世致用的精神,学术特色以文献考据为主,并逐渐从经学扩展到史学和诸子学。加之乾隆帝改变以往诸帝对程朱学的支持,大力扶植汉学,同时开设四库馆,编纂四库全书,这些都促进了乾嘉汉学的发展。江苏儒学这个时期名家大师辈出,基本上占据了全国优秀学者的绝大多数,无论在学术方法上还是学术成果上,都给后人留下了一大批优秀的文化遗产

第三时期,固守与求新的交汇点——转变时期的江苏儒学。此时期的学术经历了乾嘉学术的高潮,逐渐回落到一般状态,几位乾嘉学派的殿军依然保持着良好势头,同时由于乾嘉学派的弊端逐渐显现,政治情况的恶化,西方势力的渗透乃至侵略,学者们开始讲求经世之学或今文经学,程朱陆王的理学也开始同时振起,学者们针对着现实问题展开了一系列学术论述。但此时的江苏儒学依然体现着自身

固有的特色或发展逻辑,与同时期的湘学、京学大为不同。

第二节　清初江苏儒学与新学术范式的产生

清初是中国儒学和传统学术上又一次发生转变并逐渐形成了新的学术范式的时期。一些学者有感于明末阳明心学末流空谈心性、空虚不学所产生的弊端,转而更加注重经世致用、即事明理、道德践履的传统儒学精神,程朱理学的主导地位再次得到确认,在学术上也出现了以顾炎武所倡导的"贵创""博证""致用"为特征的新的学术范式。在这个过程中江苏地区的儒者们得学术风气之先,做出了自己的贡献,为后来乾嘉之学在江苏的大兴奠定了基础。

一、一代学风的开创者顾炎武

顾炎武(1613—1682),原名绛,字宁人,昆山(治今江苏昆山市)人,明诸生。父亲顾同吉很早就去世,其母王氏一直守节,抚养顾炎武。顾氏年十一,祖父顾绍芾为之讲授《资治通鉴》,三年之后,精熟经世之学。顺治乙酉(1645),南京被清军攻破,他随母亲赴常熟避兵难,昆山县令杨永言起兵反清复明,顾炎武和归庄投奔杨永言,南明鲁王授顾炎武为兵部司务之职。起义失败,顾炎武幸免脱难。母亲王氏感愤绝食而去世,遗命告诫顾炎武不要服事清政府。他尝四次拜谒明孝陵,六次拜谒明思陵,往来齐、燕、秦、晋诸地。顾炎武自负用世的抱负经略不得施展,所到之处动辄小试身手。顾炎武在雁门之北五台之东垦田,积累至数千金,无论顾氏定居何处,资金从不乏绝。

顾炎武治学主张"敛华就实",晚年专志研经,说"经学即理学也,舍经学,则所谓理学者,禅学也"[①]。对于陆王之说,辩之最力,论治综覈名实,于礼教尤兢兢,谓"风俗衰,廉耻之防溃,由无礼以权之,常欲以古制

---

① 徐世昌等编纂:《清儒学案》卷六《亭林学案上》,中华书局 2008 年版,第 267 页。

率天下"①,常想要用古制治理天下。生平论学,标"博学于文,行己有耻"二语为宗旨。著有《日知录》《音学五书》《天下郡国利病书》《肇域志》《金石文字记》《亭林诗文集》等数十种。

《日知录》既是顾炎武的代表作,荟萃其一生思想精华,也是探讨顾氏儒学思想的主要文本。顾氏亦多次言及《日知录》,如《又与人书二十五》曰:"君子之为学,以明道也,以救世也。徒以诗文而已,所谓雕虫篆刻,亦何益哉!某自五十以后,笃志经史,其于音学,深有所得,今为《五书》,以续《三百篇》以来久绝之传,而别著《日知录》,上篇经术,中篇治道,下篇博闻,共三十余卷。有王者起,将以见诸行事,以跻斯世治古之隆,而未敢为今人道也"②,可见自信与珍视。全祖望作《墓表》言"《日知录》尤为先生终身精诣之书,凡经史之荟言具在焉"③,推崇备至。

从《日知录》中可窥顾炎武儒学思想之三方面:行己有耻、经世致用、博学于文。其中行己有耻是士人在世之底线,经世致用是对士人社会责任的进一步要求。这两点又总摄于博学于文的第三点,即皆须以读书和学问为根基④,三者水乳交融。首先,顾炎武在明清变迁之际,耳闻目睹诸多因道德败坏、行径恶劣而终成民族罪人的事件,格外沉痛,故特重儒家伦理的恪守,士人自身道德修养的勉力和鞭策,及对内圣外王境界的追求。因之,《日知录》中有不少条目包含了对士人道德修养和品行的勉励和警策。如第七卷"自视欿然"条谓"人之为学,不可自小,又不可自大",正体现了他对自身言行出处的严格要求,也表现了他经世济民的抱负;第十三卷"南北学者之病"条对南北学风的批判,也是他对自身的砥砺和警戒。其次,经世致用乃顾炎武贯穿于其整个学术思想体系的一贯之道,体现于顾氏学术的方方面面。如第十九卷"文须有益于天下"条,认为为文需要对天下国家有益,否则宁可不为。其经世致用思想不同于其他经世致用者的特点就在于他是以史学为基础的

---

① 《清史列传》卷六十八《儒林传下一·顾炎武》,中华书局1987年版,第5437页
② 顾炎武:《又与人书二十五》,《顾亭林诗文集》,中华书局1983年版,第99页。
③ 全祖望撰,朱铸禹汇校集注:《全祖望集汇校集注》,上海古籍出版社2000年版。
④ 许苏民《顾炎武评传》对顾炎武的思想的具体内容从哲学、史学、道德伦理、政治、经济、宗教、文学七个方面进行论述,可供进一步参看。

大历史观来观照当下的社会和政治,是通过其史学成就来体现的。但顾氏史学并非对历史进行细枝末节的考证,也非对某一朝代某一时段的横截面式的研究,而是对中国历史长时段贯通式的研究和体悟。通过历史观照当下,又通过当下来反思历史,所领悟自然不同于身处和平时期的乾嘉诸老。此外,顾氏也有以史学抗衡理学的倾向。一般研究者都推顾氏"经学即理学"之语,认为顾氏"以经学代理学"。但实际上顾氏在《日知录》中对于经学也是作为史料来处理,借以观看当时风气与趋势,而非具体研究经学问题。所以与其说顾氏用经学代替理学,不如说他是以史学来代替理学,即在历史的观察中发现人们的伦理道德面貌,进而进行批判或改进。最后,博学于文的思想主要体现在《日知录》第二十五卷至三十二卷,均为一些纯知识性的考证。柴德赓先生将"博学于文"视为顾炎武的治学方法①,我们以为不如将其视作顾炎武儒学思想的一特征,因为此点已经不只限制于具体治学的方法手段,而是对于儒家士人自身素质的一种要求。

梁启超认为"论清学的开山之祖,舍亭林外没有第二个人"②。"亭林学术之最大特色,在于反对向内的——主观的学问,而提倡向外的——客观的学问"③。而"亭林所以能在清代学术界占最要位置,第一,在他做学问的方法,给后人许多模范;第二,在他所做学问的种类,替后人开出路来"④。"亭林的著述,若论专精完整,自然比不上后人。若论方面之多,气象规模之大,则乾嘉诸老,恐无人能出其右"⑤。"要之,亭林在清学界的位置,一在开学风,排斥理气性命之玄谈,专从客观方面研察事务条理。二曰开治学方法,三曰开学术门类"⑥。梁启超的评价高度肯定了顾炎武在清代儒学新的学术风气形成过程中的引领作用。

① 参见柴德赓《清代学术史讲义》,商务印书馆 2013 年版,第 62 页。
② 梁启超:《中国近三百年学术史》,天津古籍出版社 2003 年版,第 59 页。
③ 梁启超:《中国近三百年学术史》,天津古籍出版社 2003 年版,第 63 页。
④ 梁启超:《中国近三百年学术史》,天津古籍出版社 2003 年版,第 68 页。
⑤ 梁启超:《中国近三百年学术史》,天津古籍出版社 2003 年版,第 71 页。
⑥ 梁启超:《中国近三百年学术史》,天津古籍出版社 2003 年版,第 72—73 页。

二、清代前期江苏的朱学学者

清初前期的朱学学者可按照一条似有若无的伏线进行排序,随着时代推移,地域由太仓转到无锡再到宝应,学者们的儒学思想是由经世与探求理学形上的意义,过渡到著书立说与持身谨饬,再到躬行力学服膺程朱,这正与清代对思想界的控制程度逐渐加强呈同一个发展趋势,彼此相互呼应、相互影响。按照时间,我们将清代前期分为明末至清顺治年间、顺治康熙年间、雍正乾隆初期三个阶段。从地域上,可分为太仓、无锡、宝应、荆溪四个区域。结合每个地域的群体,最终可以得出清代前期朱学学者的整体风貌:明末清顺治年间太仓以陆世仪为中心的群体,无锡以高世泰、高愈为中心的群体,顺治康熙年间宝应以王懋竑为中心的群体,雍正乾隆初期荆溪以任启运为中心的群体。除此之外,还有一些零散的程朱学人,如昆山朱用纯(1627—1698),虽在理学思想上发明不多,但身体力行,谆谆教人,注重日常践履,是典型的程朱学派的服膺者。明清两代这样的学人数量颇多,不一一赘述。

(一) 太仓以陆世仪为中心的朱学学者

太仓以陆世仪为中心的群体,其成员为中心人物陆世仪,主要人物陈瑚,附从人物盛敬、江士韶、王育、郁法等。

陆世仪(1611—1672),字道微,号刚斋,晚号桴亭,太仓(治今江苏太仓)人,明诸生。他与同里陈瑚、盛敬、江士韶诸人用道义互相砥砺,立志于有体有用之学。起初施行袁了凡的功过格,继而认为不得当,著《格致编》,以敬天为入德之门径。又读薛文清语录"敬天当自静心始",认为"先得我心"。创立考德、课业二格,将每日读书行事记载下来,考验自己学业进退。其抱康民济世之志,对古今政治因革、兵农礼乐及一乡一国的利弊得失无不考竟缘由。见天下大乱,特重兵事、战守、形势、阵法,甚至练习武术。曾上书南明政府,但未被任用。南明亡后,便避世终隐,建筑桴亭,屏居避客,只与志同道合者讲求学问。

其治学路径恪守程朱之学,以居敬穷理为依归,身体力行。平生心得,备见于《思辨录》一书。盛敬、江士韶等仿《近思录》体例摘编为《思辨录辑要》,后理学名臣张伯行汰其烦冗,重新编次,分十四类,乃成今本《思辨录辑要》。陆世仪经历了明亡清兴的社会变迁,对明末心学弊端了然于心,在《思辨录辑要》中多次表示深恶痛绝。因此他提倡回归朱学,特别捻出一"学"字加以阐发:"学而开章第一便说一学字。在上古说这一个字不难,在今日便需要认清这一个字,盖三代以上,一道同风,学出于一,三代以下,百家争鸣,学散为百。……欲知圣贤之为人,岂可不先认清这一个字!"[1]陆氏非常强调学的重要性,以为无论外界环境如何,学者都要"刻意自励,穷极学问,或切磋朋友,或劝勉后学,或教诲子弟","使人人知道理,人人知政治","此是为天地立心,为生民立命"。在修身上,他遵守朱学的规矩法则,以"居敬"作"千圣万贤入门正法",可见他服膺的是程朱一脉,认为无论穷理或实践都要以"居敬"为本。但陆世仪在提倡朱学的同时,又不废陆王,且尊崇周、邵,博观约取、择善而从。张舜徽亦认为其"宗主程朱,亦不废陆王""可知其于象山、阳明,皆能各取所长,以会归于一,平生于门户之争,辟之尤力"。[2]

综之,陆世仪是融汇程朱、陆王,乃至周敦颐、邵雍,并结合时代要求,铸成自己特有的儒学观。其儒学思想主要有三:一是经世致用的追求,究心于田赋制度、兵刑制度乃至农田水利方面的问题;二是推崇程朱,同时不废陆王;三是精神上博采众家之长,以为己用,以为世道人心之用。此外,陆世仪还是一位能够立而行事的儒者,努力实践自己的儒学思想。如他主张恢复三代之制,重点在于封建、井田,学校三事,尤以学校为政治之本,而恢复的践行方法即是立乡约治乡。因此他与同仁一道参与乡村治理的实践,制定《治乡三约》,身体力行,无愧于有体有用的儒家学者。

太仓以陆世仪为中心的儒学群体中主要人物还有陈瑚、盛敬、江士韶等。

陈瑚(1613—1675),字言夏,号确庵。太仓(治今江苏太仓)人。明崇祯十六年(1643)壬午举人。年轻时贯通五经,讲求实学,与陆世仪互

① 徐世昌等编纂:《清儒学案》卷三《桴亭学案上》,中华书局2008年版,第146页。
② 张舜徽:《清人文集别录》,中华书局1963年版,第16页。

相砥砺,切磋学问,有经世的志向。明末曾上书当局筹备救荒之策,筹划开三江。后避地于昆山之蔚村,躬耕自给,并指导组织乡人筑堤御水,约村人为改过迁善之学。门人称为安道先生。

其儒学思想主要体现于他的《圣学入门书》。关于这部书的著述缘起,《陈瑚年谱》云:"初与桴亭同行袁了凡功过格,既而知其与程朱之道尚隔一层,乃别商定进德修业之法,自崇祯丁丑为始行之后,撰《圣学入门书》,即本于是"①。可见陈瑚与陆世仪在学问和砥砺行藏上是切磋琢磨之友,深受陆氏影响。从《圣学入门书》序亦可看出,陆世仪撰写《格致编》,提出"敬天"主张后,陈瑚方才"用力此道,颇得要领",而所谓"日记考德法",正是《圣学入门书》的前身,后来只不过在结构上加以条分缕析而已,但其中内涵却发生了改变。同据其书自序,陈瑚先是作"日记考德之法",然而经历了家国巨变,痛定思痛后,始知国家盛衰取决于人才消长,人才消长取决于教化兴废,教化兴废关于人心,所以得出结论:国家治乱之故,在于人心,所以召集同志,砥砺道义名节。而所谓"人心",即是"道义名节之心"。为此,《圣学入门书》结合《大学》中八条目条分缕析,划为义例,分为小学日程、大学日程。小学日程分为入孝之学、出弟之学、谨行之学、信言之学、亲爱之学、文艺之学。大学日程分为格致、诚正、修齐、治平,而条中又有条,目中又有目。他认为《小学》先行后知,《大学》先知后行。《小学》之终,即《大学》之始。这样就由单纯的尊德性发展到以道问学为功底的尊德性,身份上由单纯的理学家后学转变为经世致用者。

盛敬、江士韶二人为《桴亭学案》附属学人中声名较著者,皆服膺桴亭之学,陆世仪的《思辨录》即出自他俩的随笔纪述,后分类纂集,以成著作。二人可谓《思辨录》功臣,又皆重视躬行,不尚浮华。盖皆是理学中程朱一脉。

(二) 无锡以高世泰、高愈为中心的朱学学者

高世泰(1604—1677),字汇旃,无锡人,高攀龙从子。明崇祯丁丑

① 徐世昌等编纂:《清儒学案》卷四《桴亭学案下》,中华书局 2008 年版,第 221 页。

(1637)进士,任礼部主事,升擢为湖北提学佥事,到任后修濂溪书院,选诸生数百人讲学其中。少时服事高攀龙,笃守家学。晚年退归林下。此时东林书院毁废已十多年,他以复兴东林先绪为己任,重新营造修建,取旧藏先圣木主作为祭祀圣物,春秋季行释菜礼,讲学其中,四方学者咸来求学。

高氏为学,服膺朱熹,其儒学思想主要见于《东林会语》。此书乃高氏与李颙会讲于东林之语,记录了二人有关程朱、陆王之间同异优劣的交锋。从中可见李颙倾向于陆王一系,而高氏明显属于程朱一系。如他非常赞同朱熹"习静不如习敬"①的观点。宋代理学家经常批评禅宗"以静代敬"的观点。盖随处体察、体认天理,心中皆有所主,所主即是敬。主敬方不会堕入玄虚、不会流弊于禅家所谓心中无一物之静,因儒家是要做,而禅宗只是教人不要做。又如高氏曰:"言满天下无口过,其惟紫阳朱子乎。'六经皆我注脚',是陆子之口过也。'满街都是圣人',是王文成之口过也。学者一启口而不可不慎如此。"②因为朱子心中常主敬,无时无刻不在体认天理,所谓"常惺惺",故此持身约束甚为谨饬,而陆王便有些口无遮拦,豪杰气象多,而圣贤气象少。另外,受其先世高攀龙的影响和经历了国变对经世致用的追求,也使得高世泰对密察工夫的推崇超过一贯工夫,所以推崇朱子过于陆王也就不奇怪了。

高愈(1640—1717),字紫超,高攀龙兄孙,明诸生。十岁曾读《忠宪遗书》,即有志圣贤之学。既长,又熟读群经及诸儒语录,躬行实践,不喜空谈。他家境贫困,父亲却好喝酒,饭必有酒肉。有时他父亲去别人家喝酒,高愈则派童仆去喝酒处等候,自己守候路边,等父亲向主人作别后,搀扶回家。可见其对孝道是身体力行。他生平专精经疏,著有《周礼解》《周礼集解》《小学集注》《老子道德经解》等。与华霞峰论《春秋》,"圣人据事直书而义自见"③,说《春秋》往往宗之,顾栋高尝拜之为师。《清史稿·儒林传》评价他"推崇朱子,崇尚敦行。日诵遗经及先儒

---

① 徐世昌编纂:《清儒学案》卷十四《梁溪二高学案》,中华书局 2008 年版,第 652 页。
② 徐世昌编纂:《清儒学案》卷十四《梁溪二高学案》,中华书局 2008 年版,第 652—653 页。
③ 徐世昌编纂:《清儒学案》卷十四《梁溪二高学案》,中华书局 2008 年版,第 654 页。

语录,谨言行,严取舍之辨,不尚议论。平居体安气和"①,极其允当。

张夏(生卒年不详),字秋绍,号菰川,无锡人,明诸生。孝悌力学,有能文之名,后放弃科举,潜心理学,专宗朱子。高攀龙罹党祸后,人们将东林一派视为畏途,而张夏却更坚定服膺高氏。明亡后,高世泰修复东林学舍,张夏便从他问学。高世泰去世后,求学之人则奉张夏如同老师,东林书院三十年讲授没有中断,应该归功于张夏。著有《闵洛渊源录》《五经四书述朱解》《孝经问业》《小学瀹注》。

顾枢(1602—1668),字所止,号庸庵,无锡人,顾宪成之孙。明天启辛酉(1621)举人,继承家学,又受业于高攀龙。明亡后,在泾皋故居之旁结茅屋居住,取陶渊明诗称之为西畴。深自敛迹,屏息人事。淹博诸经,尤精于《易》。晚年著作《易稿》,折中诸家,主礼不主数。又有《西畴易稿》《西畴日钞》《古今隐居录》《端文年谱》《端文要语》等。②

汤之锜(1621—1682),字世调,宜兴人,布衣。安于贫贱,致力于学,于书无所不窥。服膺周敦颐主敬之说,有人议论周敦颐近于禅学,汤之锜说:"程子见学者静坐,即叹其善学。《易》言:斋戒以神明其德,静坐即古人之斋戒,非禅也。"③服双亲丧遵循古礼,在地上寝苫。服事诸父如同父亲,昆弟之间没有闲话。得高攀龙《复七规》,认为"此其入德之门乎"!仿照其说为春秋两会,闻风者从数百里之外来向他求学。其治学风格专门重视切身近体,无夸饰浮伪。有人询问王阳明致良知的学说,以及朱熹、陆九渊的异同,他说"顾吾行力何如耳,多辩论何益!"④

同时又有秦镛(1597—1661),字大音,号弱水,无锡人,其父为高忠宪入室弟子,率之同受学,与彙旃同登第,以文章气节相砥砺。为官有惠政。见国势日非告归。明亡隐居不仕,惟与弟子讲学。胡时亨(生卒年不祥),字伯昭,原名时忠,号慎三,无锡人,明崇祯丁丑(1637)进士,为官清简,究心理学。严𣏌(生卒年不祥),字佩之,号生轩,无锡人。明

① 《清史稿》卷四八〇《儒林一》,中华书局1997年版,第13114页。
② 徐世昌等编纂:《清儒学案》卷十四《梁溪二高学案》,中华书局2008年版,第663页。
③ 徐世昌等编纂:《清儒学案》卷十四《梁溪二高学案》,中华书局2008年版,第668页。
④ 徐世昌等编纂:《清儒学案》卷十四《梁溪二高学案》,中华书局2008年版,第668页。

诸生,明亡不仕。笃学好古,博究经史百家,而以理学为主。此几人皆附庸学人,堪继踵前人矣。①

(三) 以宝应王懋竑为中心的儒学群体

王懋竑(1668—1741),字予中,宝应人,年轻时随从叔父楼村先生问学,有志经史,且精研朱子之学,身体力行。康熙戊戌(1718)成进士,年已五十一,乞从事教官,授职为安庆府学教授。雍正元年(1723),因荐被皇帝召见,授翰林院编修,在上书房行走。二年,因母亲去世丁忧服丧离职,特赐内府白金为丧葬费。王懋竑向来体弱多病,服丧悲伤过度,次年进京师谢恩后,便因年老多病辞官归乡。为人恬淡,年轻时尝与友曰"老屋三间,破书万卷,生平志愿,于斯足矣"。回归乡里后,闭门著书。著《朱子年谱》《朱子文集注》《朱子语类注》《读经记疑》《读史记疑》《白田草堂存稿》等。

王懋竑的儒学思想体现在他的朱子研究著作上。王氏治朱子,首先是因清廷推崇朱熹,修纂《朱子全书》《性理大全》;其次是家学渊源,他叔父王式丹即参与修纂《朱子全书》;再次,是其好友方苞的影响,最后也是最重要的,王懋竑本人对朱熹十分推崇。更要者,王氏研究朱熹也是继承了朱熹的治学方法。② 王懋竑对朱子文献考证尤详,钩稽年月,辨别异同,求其始末,几微得失,无不周知。他最著名的朱子研究著作是《朱子年谱》,通过对朱子《文集》《语类》等书条析精研的考证,力攻明代李默《朱子年谱》篡改原编,以便与王阳明《朱子晚年定论》及程敏政《道一编》暗合之谬,从而破王阳明所谓"朱子晚年定论"之说,堪称朱子功臣。《清史稿·儒林传》评其"精研朱子之学,治学宗朱熹,以阐发朱学为己任"③。梁启超以为"王白田真是科学的研究朱子""朱子著作注释纂集之书无虑数百卷,他钻进里头寝馈几十年,没有一个不经过一

① 此数人见于徐世昌等编纂《清儒学案》卷十四《梁溪二高学案》,中华书局 2008 年版,第 664—665 页。
② 参见张舜徽《清代扬州学记》,华中师范大学 2005 年版,第 25—27 页。
③ 《清史稿》卷四八〇《儒林一》,中华书局 1997 年版,第 13141 页。

番心,而且连字缝间也不放过"①钱穆也称赞王白田"为宋、明六百年理学作殿军者"②。

朱泽沄(1666—1731),字湘陶,号止泉,宝应人,诸生。曾在锡山讲学,通书关中,皆阐明朱子之学。雍正六年(1728),同邑刘艾堂官直隶总督,奉皇帝诏举所知一人,拟疏荐朱泽沄。朱氏作书恳辞,才获免。晚年得脾疾,疾甚,吟邵康节诗,怡然而逝,年六十七。著《止泉文集》《朱子圣学考略》《学旨》《朱子诲人编》《先儒辟佛考》《王学辨》《阳明晚年定论辨》《吏治集览》《师表集览》《保釐集览》。

朱泽沄与王懋竑为学术上切磋之友,两人思想亦相似,同尊朱子,但相较而言,王懋竑更侧重于考证朱子生平事迹,而朱泽沄更侧重于阐发朱子思想。朱泽沄对时人所谓朱子是道问学,陆王是尊德性的观点表示怀疑,取朱子《文集》《语类》观览,深潜思索,以致废寝忘食。最终深信朱子居敬穷理之学,为孔子以来相传的绪,不可移易,故从来道问学莫如朱子,尊德性亦莫如朱子。他的这一认知也是针对王阳明所谓"朱子晚年定论"对儒学界的误导而发,与王懋竑在此一问题上所持看法一致。"朱子晚年定论"是指王阳明认为朱熹一生都以道问学而非尊德性著称,晚年方皈依于尊德性,且暗示尊德性比道问学更重要。明代王学学者普遍持这种观点,而朱学学者均予以否认,朱泽沄亦如此。他并非通过史实考辩说明此点,乃通过对朱熹著作进行深入研读后得出结论,指出"彼执尊道分途以为早晚异同之论者,岂知朱子者哉"?朱泽沄和王懋竑都推崇朱子既是尊德性又是道问学的代表,自此以后,清代王学学者基本上不再重提"朱子晚年定论"这一公案。这除了当政者对程朱的推崇之外,不得不归功于朱泽沄与王懋竑的摧陷廓清之力。

朱泽沄之子朱光进,字宗洛,克承家学,且随王懋竑问学,"十四五岁即自治立省身法,长益致省察克治之功。于敬怠义欲辨之极明,终其身不少倦"③,可见也是身体力行,持身甚严,遵从程朱之法。著有《过庭纪闻》《梁溪纪闻》《读礼偶钞》《诗文集》。

① 梁启超:《中国近三百年学术史》,天津古籍出版社 2003 年版,第 117 页。
② 钱穆:《中国学术思想史论丛(八)》,生活·读书·新知三联书店 2009 年版,第 219 页。
③ 徐世昌等编纂:《清儒学案》卷五十二《白田学案》,中华书局 2008 年版,第 2090 页。

乔仅,字星渚,号省斋,宝应人。受业朱泽沄的门下,遵守朱子读书法读四书六经,皆反求于身心而体察,有所疑惑,必定向老师质问发难。朱泽沄屡次称赞说:"从吾游者多矣,异日仔肩斯道者,潅也"①。曾阅薛文清《读书录》,读到"知一字行一字,知一句行一句"句,更加痛下决心刻苦厉学,自认为向道已晚,须用人一己百之功,故颜其堂曰"困学"。闻弟死江陵,便即日冒雪行数千里扶棺椁归葬,可见其躬行之功。著有《日省录》《训子要言》《困学堂遗稿》。

(四) 荆溪学人任启运

任启运(1670—1744),字翼圣,号钓台,荆溪(今江苏宜兴)人。自幼聪慧,读《孟子》卒章"然则无有乎尔! 则亦无有乎尔",便哽咽流泪,担忧道统无传人。雍正癸丑(1733)进士。通籍时,年已六十又四。清世宗询问当时是否有精通性理的学者时,尚书张照以任启运的名字上奏。特诏与同荐八人参加考试,问《太极图》大旨,进呈御览后,皇帝称善。后来升迁为侍读学士、左金都御史、宗人府府丞,充三礼馆副总裁。

其初博览强记,诸子百家,无不探究。后以过于泛滥,无益于身心,便专意治经。他宗法朱熹,深于三礼,念及诸经皆有朱子之传,独未及礼经,遂精研三礼,著有《肆献裸馈食礼》《宫室考》《礼记章句》等礼学著作。其《礼记章句》认为《大学》《中庸》朱子既成《章句》,则《曲礼》以下四十七篇,皆可厘为章句,但所传篇次序列分错,于是仿郑玄序《仪礼》例,更其前后,并为四十二篇。晚年著有《周易洗心》九卷,强调《周易》是"圣人洗心藏密之书"②,不可仅以文辞视之、卜筮用之。此外还有《尚书章句》《尚书传注》《四书约旨》《孟子时事考》《夏小正注》等多种著述,后人编有《荆溪任氏遗书》。

张舜徽先生尝说"其时乾嘉诸经师犹未兴起,任启运为之独先,研究钩贯,条理秩然,乃后来汉学诸儒之先导"③。任启运属于在著作与践行方面已经与乾嘉考据学者接近的朱学学者,这样的朱学学者的特点,

---

① 徐世昌等编纂:《清儒学案》卷五十二《白田学案》,中华书局 2008 年版,第 2091 页。
② 徐世昌等编纂:《清儒学案》卷五十三《钓台学案》,中华书局 2008 年版,第 2093 页。
③ 张舜徽:《清人文集别录》,中华书局 1963 年版,第 109 页。

一是著作遍及四部,以经子小学为主,尤以经学为主;二是对程朱理学的践行,主要包括孝悌、为人敦厚、持身严谨。任氏则在上述两方面均有表现。

三、清代前期江苏的王学学者

清代前期江苏的王学学者不像朱学学者分为几个区域,而是主要限于长洲彭氏家族及其从游友人,可见清初王学远没有朱学那样浩大的声势,这与改朝换代之际人们对学术作用于社会效益的认识不足密不可分,而彭氏家族的世传王学又与惠氏家族一同开启了清代中期乾嘉学派中父子、夫妇相友共同切磋学术的先河①,也可看出地域学风与家族互师是清代学术繁荣的主要动力,此种现象在清末民初的桐城学派中仍可以窥探一二。② 王学学者的学术取向,基本是以陆王为主而或糅合程朱,或糅合释老,或糅合程朱释老为一体。与宋代陆学者和明代王学者不同,江苏的陆王学者皆有融合程朱的倾向,而且不废读书与博览,由此可见江苏儒学风气之一斑。

彭定求(1645—1719),字勤至,号南畇。长洲(今江苏苏州)人。父亲彭珑,号一庵,顺治己亥(1659)进士,官广东长宁知县。为政清廉,却因此不为上官所包容,被诬告罢官,归乡后更加致力于学问。晚年得到高攀龙、顾宪成的著作,将其奉为宗法对象。彭定求小时亲承家学,长大后拜睢州汤斌为师,考取康熙丙辰(1676)一甲一名进士,被授予翰林修撰之职。然生性淡薄,耿直不屈,为官三年,乞休归乡。不久复职,升任国子监司业,设置条款,纠正文体,杜绝请托。认为八旗子弟,是人才所出之处,应提早教育。汇集《孝经》古训,作旁训,用满语翻译,颁发给各教习人员,用来教导国子监学生。后升任侍讲,又乞求归乡。服父亲丧事以后,官复原职。次年,因病归乡,不复做官。

---

① 具体论述可参看[美]艾尔曼《经学、政治与宗族——中华帝国晚期常州学派研究》,江苏人民出版社,1998年版。

② 可参看马其昶《桐城耆旧传》(黄山书社2015年版)、刘声木《桐城文学渊源撰述考》(黄山书社1989年版)、吴孟复《桐城文派述论》(安徽教育出版社2001年版)。

彭定求为学以不欺为本,以践行为要。最初他喜好宋五子的《近思录》,遍读先儒之书,摘要编为《儒门法语》。但其最服膺的却是明七子,即陈白沙、王阳明、邹守益、罗洪先、高攀龙、刘宗周、黄道周,曾作《高望吟》七章以见志。当时学者多诋阳明之学,甚至以明朝灭亡与阳明学有关,他却认为这种说法颠倒黑白,于是著《阳明释毁录》为阳明学辩护。又著《密证录》以阐发"主静""默坐澄心"的心学要领。此外还有《周易集注》《小学纂注》《孝经纂注》《明贤蒙正录》《南畇文稿》《南畇诗钞》等。张舜徽谓其师事汤斌,汤斌之学出于孙奇逢,孙奇逢之学出于鹿善继,鹿善继之学宗王守仁《传习录》,则定求之学,亦根底于姚江。当时朱陆门户之争方炽,而彭定求"志在解纷,欲会诸家之长而贯通之"。其治学大旨,"一曰无邃求高远而略庸进,则从修己而言也;一曰无轻徇声闻而遗践履,则从求友而言也"[1]。不过,彭定求所承家学也有经世致用一派,其父晚奉梁溪二氏,即朱学学者中无锡高世泰、高愈、顾枢一辈人,他们上溯明末东林学院的高攀龙、顾宪成,属于经世致用者的先驱前辈。可见彭氏是以陆王学派为主又糅合了经世致用之风。

彭绍升(1740—1796),字允初,号尺木,彭定求的曾孙。父亲彭启丰,号芝庭。雍正丁未(1727)一甲一名进士,官至兵部尚书。晚年回归林下,学问兼通禅学,人们称他为清德之人。著有《二林居集》《一行居集》《测海集》《观河集》。

彭氏推崇陆九渊,重视尊德性,可见其陆王学者的本色。但他在讲尊德性的同时并未忘及道问学,其《读中庸》曰:"不知德性,何以为问学?不知问学,又安知德性之所以尊哉?"[2]所以张舜徽谓其"说经尤好与朱子立异""论学力言尊德性、道问学不可分"。[3] 可见此时的陆王学者,与明时陆王学者已有不同。明时陆王学者不讲求道问学,而是身染禅风成为习气。而这时的陆王学者将程朱一派的道问学也摄入他们的思想体系中,虽然可见其思想更加周全无误,但陆王的特点已经不突出了。整个清代的陆王学者或多或少都有此特点,而苏地更甚。

---

[1] 张舜徽:《清人文集别录》,中华书局1963年版,第81页。
[2] 徐世昌等编纂:《清儒学案》,卷四十二《南畇学案》,中华书局2008年版,第1643页。
[3] 张舜徽:《清人文集别录》,中华书局1963年版,第207页。

彭氏儒学思想的另一侧面是以陆王之学、禅学兼经世之学。起初他仰慕贾谊为人，欲建功立业，后又与同县汪缙、薛起凤，瑞金罗有高从游，广读佛书，穷究出世之法，断绝色欲，秉持素食，持戒特严。曾和志同道合之士合伙建立进取堂，施舍衣服、棺椁，抚恤鳏寡，放生行善，同乡人多归化之。同时开拓先世千余亩义田，周济族人，可见其经世之方。其文集多载本朝名臣事状，有《儒行述》《良吏述》等内容，也是在当时不能完全实现自己经世理想的一种替代方式。可看出其儒学思想是以陆王心学为主，摄合经世事功与禅学。乍看禅学与事功似不相符，禅学乃自修，事功乃经世，前者属为己之学，后者属为人之学，但中国古代政治家不乏功成名就后急流勇退者，或修道或出家或从赤松子游，从容于入世与出世之际。彭绍升的出世为禅学，入世为化止桑梓，本质是一致的。

汪缙（1725—1792），字大绅，吴县人，诸生。平生交游可称同调者，惟彭绍升和瑞金罗有高二人而已。莱州韩公复，讲求程朱之学，任来安县知县，建立建阳书院，聘汪缙主持书院事务，用程朱正学教导学生。后因收成欠佳，中断讲授归乡，在里中教授，落落不偶。著有《二录》《三录》《读史私记》《读易私记》《读老私记》《染香别录》等。《清儒学案小传》曰："先生读古人书，统同辨异，喜道程、朱、陆、王之学，通其隔阂"[1]。可知汪缙有志于调和程朱与陆王两派之间的分歧，故汪氏虽属于王学学者，却糅合了很多程朱的思想，与彭绍升有相同之处。这也是当时苏地王学学者的共同特点。

与彭绍升、汪缙从游者还有吴县薛起凤（生卒年不详），字家三，举人。年轻时随他出家为僧的舅舅居住。舅舅曾向他讲明心见性的学说，薛起凤一听便理解领悟。尝曰："《大学》之言诚意也，学者须从此识本体。欲识本体，须知其本来，污染不得。子在川上，舜居深山，无一毫污染而已矣"[2]。所谓"识本体""识本来"，即识此心之意；"无一毫污染"即是致其无善无恶的良知，与王阳明之说若合符节，可谓陆王后学。

---

① 徐世昌等编纂：《清儒学案》卷四十二《南畇学案》，中华书局 2008 年版，第 1651 页。
② 徐世昌等编纂：《清儒学案》卷四十二《南畇学案》，中华书局 2008 年版，第 1651 页。

四、乾嘉学派的先声学者

这一类学者可分三类:经世致用者、经明行修者、文苑身份者。三者共同特点是博学而有研究先秦典籍的著作行世。随着时间推移,到乾嘉时期,第一类、第三类学者人数急剧下降,第二类学者人数上升,成为乾嘉学派学者中的典型。揆其由,时代变迁、皇权专制的加强使得第一类人失去了产生和发展的条件;科举考试的固定和模式化使得文苑中的士人们缺乏动力对学问和品行本身进行提升从而成为真正的儒家学者。故唯独第二类学者兼备第一、三类学者所缺失的优势而一枝独秀。从此变化亦可看出时代风气对学术范式的影响和改造。

(一) 经世致用型的学者

这一类学者以朱鹤龄、陈启源为代表。

朱鹤龄(1606—1683),字长儒,吴江(治今江苏苏州吴江区)人,明诸生。酷嗜学问,曾笺注杜甫、李商隐诗集,盛行于世。明亡清立后,摒弃人事,专心著述,以致废寝忘食,有人称他为愚人,他便自号愚庵。曾自称"嫉恶若仇,嗜古若渴,不妄受人一钱,不虚诳人一语"①。初事辞章,后因与顾炎武交往,故转而专攻诸经注疏及先儒性理之学。"以《易》理至宋儒已明,然《左传》《国语》所载占法皆言象,《本义》精矣而未备,撰《易广义略》四卷。以蔡氏释《书》未精,斟酌于汉学宋学之间,撰《尚书埤传》十七卷。以朱子掊击《诗小序》太过,与同县陈启源参考诸家说,兼用陈启源说,疏通《序》义,撰《诗经通义》二十卷。以胡氏传《春秋》多偏见凿说,乃合唐、宋以来诸儒之解,撰《春秋集说》二十二卷。又以杜氏注《左传》未尽合,俗儒又以林氏注紊之,详证参考,撰《读左日钞》十四卷。"②又有《禹贡集笺》十二卷,作于胡谓《禹贡锥指》之前,虽不及谓书,而备论古今利害,旁引曲证,亦多创获。有《愚庵诗文集》。

---

① 徐世昌等编纂:《清儒学案》卷七下《亭林学案下》,中华书局 2008 年版,第 336 页。
② 徐世昌等编纂:《清儒学案》卷七下《亭林学案下》,中华书局 2008 年版,第 336 页

其儒学思想是以经义辅佐政治,颇类两汉人的治经主旨。其《尚书埤传序》曰:"盖《尚书》者,帝王之心法、治法所总而萃也,后世大典章、大政事,儒者朝堂集议,多引《尚书》之文为断"①。正因为如此,对经典的准确训诂非常重要,而训诂经典的目的正在于酌古准今,使经学成为"通今适用之学"。其《毛诗通义序》强调《诗》之主文谲谏,厚人伦,美教化的经世功能。此皆见其欲求通经致用的决心。朱鹤龄与顾炎武相友,其儒学思想倾向也与之相近。虽广博与专精稍不及顾氏,亦可谓是经世致用学者在经学领域的发展与表现。张舜徽谓其"主于博观约取,荟萃群言,以求其是,而不屑墨守一家之义";"与顾炎武治经之法,如出一辙,固皆通学门庭者"②。

陈启源(?—1689),字长发,亦吴江人,与同里朱鹤龄同研经学,朱鹤龄作《毛诗通义》实际上曾与陈启源交换过意见,并采用了陈启源一些说法。而陈启源亦有代表作《毛诗稽古编》三十卷。还有《尚书辨略》《读书偶笔》《存耕堂稿》等。

其《毛诗稽古编》大旨以毛传郑笺为准,回归唐以前诗说,故名"稽古编"。其书引据赅博,疏证详明,其用意盖在于矫明代说经喜骋虚辨的习气,而倡徵实之学。其《毛诗稽古编叙例》认为先儒与后儒在解经上的差异是先儒合于古,而后儒厌故喜新,自作聪明以乱之,"弃雅训而登俗诠,援叔世以证先古"③,说法越来越巧妙,但离古人经典原义却越来越远。陈氏明确揭示自己的治学主旨就是要稽古。之所以要稽古原因有三:一是因为古人释经多由师授,不专据经本。而诗得于讽诵,非竹帛所书,故字与义有不必相符者,不得师授,很难辨其是非。古人师说主要保存在《毛传》等汉人注疏中,所以应该稽古。二是因古今文义悬殊,若胡越之不同声。而毛郑字训,率宗《尔雅》,虽然今天看来难说时人之目,但却更接近古义,也更符合古人之心。三是因为三代迄今,垂二千余载,时世屡更,风俗迥异。古圣贤行事宜于古未必宜于今,因此不可今人习俗以论断古人,必须设身处地从古人的视角才能够正确

---

① 徐世昌等编纂:《清儒学案》卷七下《亭林学案下》,中华书局 2008 年版,第 338 页。
② 张舜徽:《清人文集别录》,中华书局 1963 年版,第 6—7 页。
③ 徐世昌等编纂:《清儒学案》卷七下《亭林学案下》,中华书局 2008 年版,第 357—358 页。

理解《诗经》。总之只可即古而言古,不可移古以就今。陈氏最后总结说:"只可即古以言古,不可移古以就今……勿以今之似,乱古之真";"今日论诗,不必师心以逞,惟当择善而从,故斯编止多参酌旧诂,不创立新解"①。这个论诗之法,无论正确与否,正符合乾嘉学派初期吴派代表惠氏家族中惠栋的主张:以古为是,以古为尚,而不论古的是非曲直。正因为如此,《毛诗稽古编》颇得惠栋称赞。由此可见早在清初,即有学者提出与乾嘉学派相同的主张,可谓是一条伏线,暗而未彰,直至乾嘉方大放光辉。

(二) 经明行修型的学者

这一类学者以沈彤和顾栋高为代表。

沈彤(1688—1752),字冠云,号果堂,吴江(今江苏苏州吴江区)人。年轻补诸生,随何焯游。雍正年间,到京师,方苞特别器重他。乾隆元年(1736),应召试博学鸿词,未成。参与修纂三礼及《一统志》,以此劳绩任命九品官,因双亲老迈而辞归。著有《周官禄田考》《仪礼小疏》《尚书小疏》《春秋左传小疏》等,有《果堂集》十二卷,多订正经学之文。张舜徽称其"治学绝无门户之见,平生长于训诂名物,而亦不废宋儒义理之学","盖门庭较阔,固犹有清初大儒气象,与乾嘉诸经师宗风固自不同也"。②

沈彤属于乾嘉之前行为著述很接近乾嘉学人风范的学者。沈氏所著皆专门之学,尤精于三礼。《清儒学案·果堂学案序》曰:"三礼之学,清代最盛,有就一事一制度而著说者,如元和惠氏《明堂大道录》《禘说》等书皆是也。果堂友于定宇,积意五业,乃取《周官》禄田、《仪礼》冠昏等礼疏之,凡所发正,咸有根据。湛深经术,齐称定宇,允无愧焉"③。可见其学问精深。以前因为欧阳修曾有《周礼》官多田少禄且不给的疑问,后人大多遵欧阳修之说,偶有辩解,也不过用摄官作为解释之词。而沈彤撰《周官禄田考》三卷,对此问题进行辩证。其说在郑玄注、贾公

---

① 徐世昌等编纂:《清儒学案》卷七下《亭林学案下》,中华书局 2008 年版,第 358 页。
② 张舜徽:《清人文集别录》,中华书局 1963 年版,第 121 页。
③ 徐世昌等编纂:《清儒学案》卷六十一《果堂学案》,中华书局 2008 年版,第 2377 页。

彦疏以后,可以说是特别突出。又撰《仪礼小疏》一卷,具有典据,足订旧义之疑。胡培翚《研六室文钞·读仪礼私记序》云:"沈氏之书名《仪礼小疏》,所笺释仅止《士冠》《士昏》《公食》《丧服》《士丧》《既夕》数篇,而考订多精覈"①。胡培翚为专治三礼的名家,所谓"绩溪三胡"之一,然对沈彤之学亦钦佩不已,可见沈氏造诣精深。沈氏持身亦谨饬。《清儒学案小传》云:"生平敦孝友,抚育诸弟,辛勤樀桐,亲丧居庐,称服称情。与人交,以至情相感,不侵然诺。"②全祖望《墓版文》云:"先生为人醇笃,尽洗中吴名士之习。读书以穷经为事,贯穿古人之异同,而求其至是。其为文章,不务辞华,独抒心得"③。

顾栋高(1679—1759),字震沧,又字复初,号左畬,无锡人。康熙辛丑(1721)进士,授职内阁中书。雍正年间被皇帝召见,因奏对越次而罢职。乾隆十五年(1750)又被邹一桂作为"经明行修之士"举荐给皇帝,当时被举荐的共四十多人,乾隆皇帝经过严格筛选,最后只有顾栋高和陈祖范、吴鼎、梁锡玙四人被升擢,同时授予国子监司业职位。顾栋高因为年老没有任职,但借为皇太后祝寿的机会得到皇帝召见,皇帝对他的奏对大为嘉奖,赐予顾栋高七言律诗二首。乾隆二十二年(1757)皇帝南巡,召见顾栋高到行在,加他祭酒的官衔,并赐御书"传经耆硕"四字。著《春秋大事表》《毛诗类释》《大儒粹语》《毛诗订诂》《仪礼指掌宫室图》《司马温公年谱》《王荆公年谱》《万卷楼文集》等。张舜徽称其"犹有清初大儒遗风,与后来规规于一曲之末,固迥然不侔"④。

顾栋高少时从他舅父华学泉以及同郡高愈学经。华学泉,字天沐,号霞峰,终身不仕,闭门读书四十余年,尤以经学著称,是一位经明行修之士。高愈是清初朱学学者已如前述,顾氏亲受业于高氏,故其学术路径亦与之有相同之处,即重经世致用,且服膺程朱,而不废著述。顾栋高最负盛名的代表作是《春秋大事表》,其书采用司马迁《史记》诸表体例,以列国诸事比而为表,凡百三十一篇,条理详明,考证典核。其辩论

---

① 转引自徐世昌等编纂:《清儒学案》卷六十一《果堂学案》,中华书局 2008 年版,第 2398 页。
② 徐世昌等编纂:《清儒学案》卷六十一《果堂学案》,中华书局 2008 年版,第 2378 页。
③ 转引自徐世昌等编纂:《清儒学案》卷六十一《果堂学案》,中华书局 2008 年版,第 2397 页。
④ 张舜徽:《清人文集别录》,中华书局 1963 年版,第 112—113 页。

诸篇,多发前人所未发。① 但此书并不仅仅是类似于乾嘉学派的纯学术考辨,而是有顾氏所蕴含的深意在内,其《春秋大事年表自序》云:"盖余之于此,泛滥者三十年,覃思者十年,执笔为之者又十五年,始知两先生于此用心良苦。先母舅霞峰先生博稽众说,无美不收,高先生独出心裁,披郄导款,要皆能操戈入室,洞彻闳奥,视宋儒之寻枝沿叶,拘牵细碎者,不啻什伯远矣。"② 可见他所求乃是见学问之大体,这也是由其耳濡目染经世致用者的学术典范所致。

(三) 文苑身份的先声学者

以文人身份进于儒学的学者,以汪琬与何焯为代表。

汪琬(1624—1690),字苕文,长洲(治今江苏苏州)人。顺治乙未(1655)进士,授职户部主事,累官刑部郎中、户部主事,后因病归家。康熙十八年(1679)召试博学鸿词,授予翰林院编修,参与纂修《明史》。在史馆六十日,撰写列传一百七十多篇,又因疾病乞求离职。住在尧峰山下,闭门著述,学者称尧峰先生。清圣祖康熙曾询问当世能写古文的人,大学士陈廷敬举荐汪琬。汪琬病归后,康熙南巡,下谕曰:"汪琬久在翰林,有文誉。今闻其居乡甚清正,特赐御书一轴。"③汪琬以文章著称,与宁都魏禧、商丘侯方域齐名。宋荦曾合刻其文以行世。但魏禧才杂纵横,不够纯粹;侯方域体兼华藻,涉于浮夸,只有汪琬之文有学术深度。盖因其文根源于六经,因之气体浩瀚,疏通畅达。他对六经都能发明新意,亲自修订《类稿》六十二卷,《续稿》三十卷,《别集》二十六卷。顾炎武也推崇汪琬的《古今五服考异》,并用"殚精三礼,论断古今"八个字勉励他。④ 张舜徽谓"惠周惕从琬游十数年,亲承指受,其子士奇、孙栋继起,三世传经,以《易》名家,而兼能议《礼》,揆厥师承,又必溯源于尧峰矣"⑤。

① 参见徐世昌等编纂《清儒学案》卷五十六《震沧学案》,中华书局 2008 年版,第 2196 页。
② 徐世昌等编纂:《清儒学案》卷五十六《震沧学案》,中华书局 2008 年版,第 2196—2199 页。
③《清史稿》卷四八四《文苑一·汪琬传》,中华书局 1997 年版,第 13336—13337 页。
④ 参见徐世昌等编纂《清儒学案》卷七下《亭林学案下》,中华书局 2008 年版,第 352 页。
⑤ 张舜徽:《清人文集别录》,中华书局 1963 年版,第 45 页。

汪琬的儒学属于朱熹所谓"解经而通世务者"。其兼通史、文而以之解经,故其解经难免有驳而不醇之处,他并非是纯粹的经师,与后世乾嘉学人相较也显得专精不足。然而这是因为汪氏的目标是"解经而通世务",对自身的要求与经师还是有区别的。即便连汪琬这样逾越文苑而进入儒学的人,都钟情于"通世务",苏地注重经世的学风可见一斑。

何焯(1661—1722),字屺瞻,晚号茶仙,长洲(治今江苏苏州)人。先世曾以义门旌,遂取"义门"二字命名他的书塾,学者称为义门先生。其博学强识,惇崇气节,善于议论。康熙年间尚书徐乾学、祭酒翁叔元招纳年轻学子,何焯亦游其门庭。他谨慎持身,但也敢于谏诤。先后因事得罪了徐、翁二人,科举不得意,但名气却更大了。后得到大儒李光地赏识,直接推荐给康熙皇帝,康熙命他任值南书房,还先后赐他举人、进士出身,让他陪皇八子允禩读书,兼武英殿纂修。但他因此遭到许多人的嫉妒,曾一度被人以不实之词诬告,被康熙下令收监,后查明无罪,仅免官作罢,仍在武英殿当值校对。著《义门读书记》《文集》十二卷,《家书》四卷,《困学纪闻笺》。何氏代表作《义门读书记》校勘经传,博稽群籍,考证精细。此时尚未到乾嘉时期,但有志于学之人已经开始了类似于乾嘉学问的治学路径。

何焯与汪琬一样,是以文人而进于儒学,然二人又有别。汪琬本是以史籍、诗文奠定其本根,又曾荐举博学鸿辞,进而通之于经。而何焯未曾研治经学之前乃以时文名家。全祖望《墓碑铭》云:"公少尝选定坊社时文以行世,是以薄海之内,五尺童子皆道之,而不知其为刘道原、洪景庐一辈。及其晚岁,益有见于儒者之大原,尝叹'王厚斋虽魁宿,尚未洗尽词科习气'为可惜,而深自歉然,以为特不贤识小之徒。"①盖何氏早年从事时文,此后虽力进于经学,然限于天分学力,不能克尽大体,止得不贤识小之境界,此虽谦辞亦属实情。但却可见何氏原本意图是达到贤者识大的境界,在清初这种理想也就是经世致用。何氏虽然晚于此

---

① 全祖望:《翰林院编修赠学士长洲何公墓碑铭》,全祖望撰,朱铸禹江校集注:《全祖望集汇校集注》,上海古籍出版社 2000 年版,第 311 页。

一阶段,但心向往之,故悬此一鹄的,作为终身目标。虽未克实现,其志亦可谓大矣。何焯与汪琬皆非纯粹的学人,然都有志于经学研究,虽所臻境界不一,但在清初苏地整体大环境的影响之下,孜孜以求,锲而不舍,亦足以说明苏地儒学之影响力和学者踏实的整体学风。

第三节　乾隆嘉庆时期江苏儒学之鼎盛

清代乾隆、嘉庆年间出现了一种以经学为主要内容,以考据为主要方法的学术思潮,其学风朴实尚质,不尚虚华,故称乾嘉朴学。王国维尝以鸟瞰式的笔端勾画了有清一代之学术变迁,他将清代学术分为"三变":国初一变、乾嘉一变、道咸以降一变。这三个阶段的学术特征亦迥异:"国初之学大,乾嘉之学精,道咸以降之学新"①。乾嘉朴学主尚精审,虽治学领域有所推拓,然其用心主要归有于学问一途,较诸清初之学,其经世之心已有所消蜕,关怀格局自不能及,然治学深度则足与清初之学抗手比肩,故以"精"字赅括乾嘉朴学允称准确。乾嘉学术大师中有许多是江苏籍人士,江苏地区也是乾嘉之学主要流派的活动中心。可以说乾嘉时期,江苏地区大师林立,成就斐然,达到了江苏儒学史的鼎盛时期。

一、乾嘉朴学及其与江苏的密切关系

乾嘉朴学又有考据学、汉学、实学等别称,盖各有侧重,表其一端。实学是指其实事求是的学术品格。考据学是言其稽考古书,注重文献证据,"无征不信,孤证不立"的学术方法。汉学则谓其推崇汉儒注重文字音韵训诂与名物典章制度考证的学术宗尚。从清代学术史看乾嘉朴学之定位,它是清中期的主流学术,是"清初反理学的经世致用之学——乾嘉考据学——晚清今文经学"发展链条的中间环节。而从整

---

① 王国维:《沈乙庵先生七十寿序》,《观堂集林》(外二种),河北教育出版社 2003 年版,第 574 页。

个中国学术史的宏观视野来看,则整个清初以考据为鹄的之学也应纳入广义的乾嘉朴学的范畴,乃至上溯至明代中叶的考据学。① 这当是与先秦子学、汉代经学、魏晋玄学、隋唐佛学、宋明理学相对应的一大新的学术范式。诚如美国学者艾尔曼(Benjamin A. Elman)所言,朴学也是一种以实证性为基础的"话语"(discourse)或"学术性谱系和意义",它表征了一种新的学术生产方式。② 其范围从以经学为主,逐渐扩展到史学、子学、音韵、金石、碑刻、天文历算、舆地诸方面,而均以考据一途为范式,故梁启超说"无考证学则是无清学也"③。

关于乾嘉朴学的发生缘由,众说纷纭,但主要为两个方面:一是社会外缘说,如"文字狱高压政策"说(皮锡瑞《师伏堂日记》、章太炎《检论》),"康乾盛世为主"说(王俊义、黄爱平),"清廷笼络"说。二是学术内部发展说,如梁启超"理学的反动"说,傅斯年"一脉相衍"说,钱穆的"每转益进"说,余英时的"内在理路"(inner - logic)说④。在社会背景方面,清朝君主专制空前强化,并将专制触角延伸到思想文化领域,且统治手段兼用高压与怀柔两端,一方面又积极笼络士人,恢复科举,扶植汉学,倡导经术。另一方面实行"文字狱"等高压政策,密织文网,罗致罪名,使人"避席畏闻文字狱,著书都为稻粱谋",打压士人经世之心。在此背景下,士人将时间精力投入纯学术性的经典考据之学,显然是一种比较保险的人生选择。而从学术内部言,朴学也是传统学术自我革新与自我运动的结果。朴学之考据方法并非肇于清季,它渊源有自,历

---

① 据台湾学者林庆彰考察,清代考据学的渊源当发端于明代中叶的考据学,当时的代表人物有杨慎、焦竑、胡应麟、陈第、梅鷟、陈耀文、方以智、周婴等人。参见林庆彰《明代考据学研究》,学生书局1986年版。其实,胡适早已有此思想端倪,他说:"人皆知汉学盛行于清代,而很少人知道这个尊崇汉儒的运动在明朝中叶也很兴盛。"参见《胡适文存》第二集,远东图书公司1979年版,第70页。

② 参见[美]艾尔曼《从理学到朴学:中华帝国晚期思想与社会变化面面观》初版序,赵刚译,江苏人民出版社1997年版,第2页。

③ 梁启超著,朱维铮校订:《清代学术概论》,中华书局2016年版,第45页。

④ 分见于梁启超"'清代思潮'果何物耶? 简单言之:则对宋明理学之一大反动,而以'复古'为职志也。"参见梁启超《清代学术概论》,中华书局2016年版,第5页。傅斯年:"所谓汉学,大体直是自紫阳至深宁一脉相衍之宋学。"参见岳玉玺、李泉、马亮宽编选《傅斯年选集》,天津人民出版社1996年版,第71页。钱穆:"学术之事,每转而益进,途穷而必变","有清三百年学术大流,论其精神,仍自沿续宋明理学一派。"参见钱穆《中国学术思想史论丛》第八辑《清儒学案序》,东大图书公司1980年版,第366页。余英时:《清代学术思想史重要观念通释》,《中国思想传统的现代诠释》,江苏人民出版社1989年版,第241页。

代均有其迹,梁启超甚至把清代考据学的鼻祖追溯到了荀子。① 而张舜徽、钱穆、余英时则认为清代朴学渊源于宋学。张舜徽言"有清一代学术无不赖宋贤开其先",朴学之小学、经学、校雠等宋人已有所开拓,清人不过在此基础上发扬光大。② 余英时则认为朴学兴起乃承接"阳明以来儒学内部'性即理'(程、朱理学)与'心即理'(陆、王心学)"之争而起,"清学正是在'尊德性'和'道问学'两派争论不决的情形下,儒学发展的必然归趋,即义理是非取决于经典"③。因此,朴学是宋学发展的逻辑延伸与必然归趋,即所谓的"内在理路"。综言之,无论是从社会外缘探讨,还是从学术内部寻求乾嘉朴学的发生缘由,都有一定道理。应该说,乾嘉朴学的兴起既与当时具体的社会环境有关,又植根于学术内部的自我革新与自我运动,是社会外缘和学术内部互相激发,共同合力的结果。

关于乾嘉朴学的分派,江藩《国朝汉学师承记》倾向分为吴、皖两派,章太炎首次明确将乾嘉朴学分为以惠栋为代表的吴派和以戴震为代表的皖派,并区分两派学风:"吴始惠栋,其学好博而尊闻。皖南始江永、戴震,综形名,任裁断。此其所异也。"④梁启超主张分为吴派、皖派、扬州学派和浙东学派四派,并分述四家学风之异:吴派信古,系"纯汉学";皖派求是,系"考证学";扬州学派比较广博,浙东派则主于史学。⑤漆永祥则分为惠派、戴派、钱派。⑥ 张舜徽分为吴学、皖学、扬州之学三派,并说"吴学最专,徽学最精,扬州之学最通。无吴、皖之专精,则清学不能盛;无扬州之通学,则清学不能大"⑦。黄爱平则以时间为线索,分成以惠栋为代表的吴派、以戴震为代表的皖派、以阮元为代表的扬州学

① 梁启超说:"清儒所做的汉学,自命为'荀学'。我们要把当时垄断的汉学打倒,便用'擒贼擒王'的手段去打他们的老祖宗——荀子。"参见梁启超《亡友夏穗卿先生》,夏晓虹编:《梁启超文选》上集,中国广播电视出版社 1992 年版,第 374 页。

② 参见张舜徽《广校雠略》,中华书局 1964 年版,第 124 页。

③ 余英时:《中国思想传统的现代诠释》,江苏人民出版社 1989 年版,第 195 页。

④ 章太炎:《检论》卷四《清儒》,《章太炎全集》(三),上海人民出版社 1984 年版,第 473 页。

⑤ 参见梁启超《中国近三百年学术史》(新校本),商务印书馆 2011 年版,第 26—27 页。

⑥ 参见漆永祥《乾嘉考据学研究》,中国社会科学出版社 1998 年版,第 113 页。

⑦ 张舜徽:《清代扬州学记》,华中师范大学出版社 2005 年版,第 6 页。

派。① 综合以上诸说,大致不出吴派、皖派、扬州学派范围,但须补充说明的是,乾嘉朴学分派不必局限于地域,而应重点考察其是否存在师承关系和具有相同的学术宗旨。因之,黄爱平的分法似更符合乾嘉考据学发展的历史实际,勾勒出了汉学从确立、发展到终结的历史。

但不论如何,江苏地域皆处于乾嘉学术的中心地带,故乾嘉之学与江苏的关系至为密切。乾嘉朴学兴盛于以江苏为中心的江南地域,也并非偶然,而是与江苏一地的经济、社会、文化等诸方面因素有关。江苏地区经济发达,人文环境优厚,重视科举与教育,人才优势明显。这些都为朴学在江苏的发展提供了重要的支持。乾隆三十八年(1773)下诏修撰《四库全书》,四库开馆,不少士人学者奉诏入京修书,其中不乏江苏籍学者,如任大椿、王念孙、赵怀玉等,多为乾嘉朴学学者。江苏一地的考据学者北上修书,与同为馆臣的京师及其他各地的考据学者互相切磋交流,南北考据学得以汇合,四库馆得以成为天下朴学学者之聚集地。不少江苏学者在纂修《四库》时,结识大量朴学学者,对其确立朴学学风意义深远。

此外,江苏地区藏书、刻书风气盛行,乾嘉朴学主张博稽古书,详赡考订,凡立一义,必旁征博引,这自然需要以丰富的藏书为前提条件。藏书、刻书为考据学兴盛提供了必要条件。同时,考据学的兴盛又反过来推动藏书之风的兴盛,考据学者利用藏书进行考据著述,其成果又赖刻书得以面世,而刻书又因考据学者著述丰厚而素材倍增,两者兼资互进,形成良性循环。

又江苏地区书院讲学风气兴盛,书院成为培养朴学人才的重要基地。一些朴学大家在绝意宦情后,以主持书院讲学为务,倡复古学,这不仅具有转移风气的作用,还在一定程度上对朴学在江苏兴盛起到推波助澜作用。如钱大昕长期主持苏州紫阳书院,门下学人不下二千多人,"悉皆精研古学,实事求是"②,因之,紫阳书院一跃成为当时江南学术交流的重要场所,一时俊杰有段玉裁、汪中、焦循、凌廷堪、袁枚、黄丕

① 参见黄爱平《清代汉学的发展阶段与流派演变》,《中国文化研究》2001年第1期。
② 钱大昕:《钱辛楣先生年谱》,陈文和主编:《嘉定钱大昕全集》第1册,江苏古籍出版社1997年版,第39页。

烈、顾广圻、卢文弨、赵翼、孙星衍、洪亮吉、臧庸等。书院显然已成为朴学家交流学问、培养人才的重要阵地。①

二、惠栋等"吴派"学者的儒学成就

吴派是一个以苏州吴县为中心,辐射涵盖周边地区的乾嘉朴学地域性流派。因其代表人物惠栋为苏州吴县人而得名,主要成员有江声、余萧客、沈彤、褚寅亮等苏州学者,还包括钱大昕、王鸣盛、洪亮吉、孙星衍、王昶、江藩等江苏其他地区的学者。吴派之渊源,学界一般追溯到苏州吴县惠氏,实则可远溯至清初昆山顾炎武,吴县三惠即学沿亭林,愈发转精。惠周惕尝与亭林弟子潘耒相过从,两人义结金兰,关系颇深,潘耒深受亭林之学影响,惠周惕亦得以感染。但是亭林所留下的学术遗产,惠氏主要继承了其考据学部分,而对于其经世致用的思想则有所失落。这当然不能归咎于吴派学者才力不及,而在于时过境迁,乾嘉时期的文化生态与思想环境较诸清初已发生了巨大转变,政治高压与文网渐密的外在环境,窒息了可能生长的经世致用思想。

惠栋(1697—1758),字定宇,号松崖,学者称为小红豆先生,江苏吴县(今江苏苏州)人。主要著述有《周易述》《易汉学》《易例》《古文尚书考》《九经古义》《后汉书补注》《九曜斋笔记》《松崖笔记》《松崖文抄》等。幼承家学,于经史诸子,稗官野乘无所不窥。其治经推重汉学,强调师法家法,尝云:"汉人通经有家法,故有五经师训诂之学,皆师所口授,其后乃著竹帛。……是古训不可改也,经师不可废也。"②尤精于《易》,撰有《周易述》二十卷,旨在发挥汉易之学,以荀爽、虞翻为主,参以郑玄、宋咸、干宝诸说,融会贯通,注而疏之。其《易汉学》延续了清初胡渭《易图明辨》的工作,旨在驳斥宋易先天图书说,恢复汉易的本来面目。他考索汉易诸家学说,举凡孟喜之言卦气、京房之言通变、荀爽之言升降、虞翻之言纳甲、郑玄之言爻辰等均加以钩稽疏通,其功厥伟,洵为汉易

① 参见漆永祥《乾嘉考据学研究》,中国社会科学出版社1998年版,第63—64页。
② 惠栋:《松崖文钞》,《清代诗文集汇编》第284册,上海古籍出版社2010年版,第49页上。

功臣,汪中赞之为"千余年不传之绝学"。又有《古文尚书考》二卷,辨明郑玄所传二十四篇为孔壁真古文,而东晋晚出二十五篇为伪。其史学成就亦不可小觑。著有《后汉书补注》,博考群书,补辑纠谬,且以经证史,颇有特色。王先谦撰作《后汉书集解》时极为服膺惠注,尝言"近儒致力于《后汉书》,莫勤于惠栋所著《后汉书补注》"①。同时,惠栋也开创了乾嘉朴学治史的传统。钱大昕即踵武其后,精于考史,卒成一代宗师。此外,惠栋还著有《荀子微言》,开启乾嘉朴学研究荀子之先河。对于惠栋之儒学成就,钱大昕表示:"惠氏世守古学,而栋所得尤精;拟诸前儒,当在何休、服虔之间,马融、赵岐辈不及也。"②此说并不过誉。但惠氏一味株守汉儒旧说,不论是非,墨守信从,厚古薄今,也招致后人批评。如王引之说:"惠定宇先生考古虽勤,而识不高,心不细,见异于今者则从之,大都不论是非。"③质言之,惠栋倡复古学,对吴派的生成产生了重要影响,对乾嘉朴学风气的形成也具深远意义。正如王昶《惠定宇先生墓志铭》云:"吴江沈君彤,长洲余君萧客、朱君楷、江君声等先后羽翼之,流风所煽,海内人士无不重通经,通经无不知信古,而其端自先生发之,可谓豪杰之士矣。"④文中提及沈彤、余萧客、朱楷、江声等人均为吴派学者,其中余萧客和江声则为惠栋弟子,克承其学。

沈彤年长惠栋九岁,已详上一节,兹不赘。

余萧客(1732——1778),字仲林,别字古农,江苏吴县(今江苏苏州)人。幼年母课以四书五经、《文选》及唐宋古诗文,后通群经。擅长辑佚,有感于唐以前经籍注疏颇多缺遗,欲求补之,故广泛蒐求,旁及史传、类书,予以排比考辨,撰成《古经解钩沉》三十卷。且精选学,有《文选纪闻》三十卷,《杂题》三十卷,《音义》八卷。

江声(1721—1799),本字鲸涛,后改字叔沄,晚年因性不谐俗,取艮背之义,号艮庭,江苏吴县(今江苏苏州)人。师事惠栋,得受《古文尚书

① 王先谦:《后汉书集解》,中华书局 1984 年版,第 1 页。
② 《清史稿》卷四八一《儒林二·惠栋传》,中华书局 1977 年版,第 13181 页。
③ 王引之:《王文简公文集》卷四《致焦理堂先生书》,罗振玉辑印:《高邮王氏遗书》,江苏古籍出版社 2000 年版,第 205 页。
④ 王昶:《春融堂集》卷五十五《惠定宇先生墓志铭》,清嘉庆丁卯孟夏刻塾南书舍藏版,《清代诗文集汇编》第 358 册,上海古籍出版社 2010 年版,第 544 页上。

考》，又读阎若璩《尚书古文疏证》，遂专力治《尚书》，以晋人所献《古文尚书》为伪，而汉儒之说反不传，遂旁搜博采，集汉儒之说，参以己意，撰成《尚书集注音疏》。阎、惠二人重在辨明《古文尚书》之伪，江声则旨在勘正经文，疏通古注。且精于《说文》，著《六书说》，嗜古成癖，平生不喜用楷书，与人尺牍往还均依《说文》古篆，人惊为天书。

吴派中经史兼长的代表人物有王鸣盛、钱大昕和沈钦韩。王鸣盛(1722—1797)，字凤喈，号礼堂，一号西庄，晚号西沚居士，江苏嘉定(今属上海市)人。幼年早慧，县令冯咏以神童称之。初师从沈德潜习《诗》，乾隆九年(1744)，中乡试副榜，入紫阳书院，得识惠栋，从惠栋研习经义。治学受惠氏影响较深，然其颇为自负，每以"吾友惠征士栋"称之。其经学成就主要在《尚书》研究，推尊郑玄、马融之学，以二者所注《尚书》，乃孔壁真古文《尚书》，惜乎亡佚不存，故遍览众籍以蒐求郑注，残缺处则采撷马融、王肃传疏加以增补。若马、王传疏异于郑注者，则折中于郑注，而对唐宋诸儒之说一概不取，再加案语予以疏证。所名"后案"乃最后存案，以成定谳之义，足见自信。自谓存古之功堪与惠栋《周易述》相埒。其功在博采群书，其弊在囿于郑注罕纳其余。其治史代表作是《十七史商榷》一百卷。其序云："十七史者，上记《史记》，下迄《五代史》，宋时尝汇而刻之者也。商榷者，商度而扬榷之也。海虞毛晋汲古阁所刻行世已久，而从未有全校之一周者。予为改讹文、补脱文、去衍文；又举其中典制事迹，诠解蒙滞，审核舛驳，以成是书，故名曰《商榷》也。"[1]是书在史籍文字、事迹、典制、地理、职官考证等方面做出了重要贡献，唯颇轻狂，亦有不少强词夺理，牵强附会处。[2] 此外还有著述《蛾术编》《西沚居士集》《耕养斋诗文集》《西庄始存稿》等。

钱大昕(1728—1804)，字晓征，又字辛楣，号竹汀，晚号潜研老人，江苏省太仓州嘉定县(今属上海市)人。乾隆十九年(1754)进士，官至少詹事、提督广东学政。其生于学术世家，其祖父钱王炯、父钱桂发均

① 王鸣盛：《十七史商榷》，商务印书馆 1959 年版，第 1 页。
② 陈垣先生尝云："王西庄好骂人，但他著书往往开口便错。例如《十七史商榷》开卷第一条就有四个错误(后来先生写过一篇批评《十七史商榷》的短文，载一九四六年十月《大公报》《文史周刊》第一期)"参见赵光贤《回忆我的老师援庵先生》，《励耘书屋问学记》，三联书店 1982 年版，第 158 页。

为学者,幼承庭训,天资聪颖,亦有神童之名。初师王峻,后从沈德潜游,颇擅辞章,被沈德潜推为"吴中七子"之冠①。后感慨说:"经之未通,乃从而绣其鞶帨乎!"自称"年二十以后,颇有志经史之学,不欲专为诗人"②。遂致力经学,综贯群经,不专治一经,而无经不通;不专攻一艺,而无艺不习。凡经史、地理、金石、小学、音韵、中西历算之法等,无所不窥。其治经学,著述有《唐石经考异》《经典文字考异》《声类》《演易》等,识见不同流俗,论《左传》"凡弑君,称君,君无道也,称臣,臣之罪也"一条,谓:"君诚有道,何至于弑?遇弑者,皆无道之君也。"③对传统"七出"之说,他指出:"去妇之义,非徒以全丈夫,亦所以保匹妇。"对夫死女子守节问题,他认为"去而更嫁,不谓之失节";"使其过不在妇钦,而嫁于乡里,犹不失为善妇"④。钱大昕以史学极负盛名,针对当时"经精史粗""经正史杂""陋史荣经"的说法,提出了经史并列的观点,其言曰:"经与史岂有二学哉!昔宣尼赞修六经,而《尚书》《春秋》实为史家之权舆。"⑤考史著作主要有《廿二史考异》《三史拾遗》《诸史拾遗》《补元史艺文志》《宋辽金元朔闰表》等,子部有《十驾斋养新录》《恒言录》《三统术衍》等,集部有《潜研堂文集》《潜研堂诗集》等,可谓博极群书,学贯四部,不愧"通儒"之学。其中尤以《廿二史考异》《十驾斋养新录》最为著名。前者是其考史代表作,因之被称为"乾嘉三大史家"之一,后者则是其晚年最为重要的一部学术笔记,直至临终前还在校对此书刊样。陈垣先生尝谓:"《日知录》在清代是第一流的,但还不是第一;第一应推钱大昕的《十驾斋养新录》。"⑥

　　钱大昕学问淹博,颇得时誉。凌廷堪谓:"学术自亭林、潜邱以来,士渐以通经复古为事,著书传业者不下十余家。求其体大思精,识高学

---

① "吴中七子"其他六人为王鸣盛、王昶、曹仁虎、赵文哲、吴泰来、黄文莲。

② 钱大昕:《潜研堂诗集·自序》,吕友仁点校:《潜研堂集》,上海古籍出版社 2009 年版,第 889 页。

③ 钱大昕:《潜研堂文集》卷七《答问四》,吕友仁点校:《潜研堂集》,上海古籍出版社 2009 年版,第 85 页。

④ 钱大昕:《潜研堂文集》卷八《答问五》,吕友仁点校:《潜研堂集》,上海古籍出版社 2009 年版,第 108 页。

⑤ 钱大昕:《〈廿二史劄记〉序》,赵翼著,王树民校证:《廿二史札记校证》,中华书局 1984 年版,第 885 页。

⑥ 赵光贤:《回忆我的老师援庵先生》,《励耘书屋问学记》,三联书店 1982 年版,第 159 页。

粹,集通儒之成,祛俗儒之弊,直绍两汉者,惟阁下一人而已。"①阮元曾给予他高度评价:"国初以来,诸儒或言道德,或言经术,或言史学,或言天学,或言地理,或言文字音韵,或言金石诗文,专精者固多,兼擅者尚少,惟嘉定钱辛楣先生能兼其成。"②

沈钦韩(1775—1831),字文起,号小宛,江苏吴县(今江苏苏州)人,亦以治经考史名重于世。尝不满于《汉书》颜师古注,以其注解浅陋,又以《后汉书》李贤注成于众手,良莠不齐,遂博考群籍,考辨典制,纠谬正讹,撰《两汉书疏证》。还著有《左传补注》,集中纠正杜预之失,回归贾逵、服虔。后来刘文淇撰《春秋左氏传旧注疏证》就有接续沈钦韩《左传补注》之意。此外,沈钦韩还著有《水经注疏证》《韩昌黎集补注》《王荆公诗集补注》等。

吴派还有一位重要人物是江藩。江藩(1761—1830),字子屏,号郑堂,江苏甘泉(今江苏扬州)人。他尝师从余萧客和江声,为惠栋再传弟子,追步吴派,有论者称为吴派学术之殿军③。其最有影响力的著作当属《国朝汉学师承记》。其旨在"诠次本朝诸儒为汉学者,成《汉学师承记》一编,以备国史之采择"。此书严判汉宋,且崇汉抑宋,不乏门户之见,但也可视作一部乾嘉汉学的学术史。该书为诸汉学家作传,传分正、附,正传收录学术事功卓著者,附传收录学问事功略逊者。正传所载案主四十人,附传所载案主十七人,凡五十七人。传文详述各案主之家族源流、生平行迹、学术事功、子嗣后学等,后附《国朝经师经义目录》,述经书传承源流,下列各经学著作,与传文相互辉映,但以其选录谨严,纯守汉学,宁缺毋滥,因此并非有传者即录著作,甚至像钱大昕、汪中等人著述都未尝选录,足窥体例之严。阮元尝为之作序云:"读此可知汉世儒林家法之承授,国朝学者经学之渊源。"④后来阮元作《国史儒林传》确实也吸收不少《汉学师承记》的观点、材料,亦遂其"备国史采

---

① 凌廷堪著,王文锦点校:《校礼堂文集》卷二十四《复钱晓征先生书》,中华书局 1998 年版,第 220 页。
② 阮元:《十驾斋养新录序》,钱大昕:《十驾斋养新录》,陈文和主编:《嘉定钱大昕全集》第 7 册,江苏古籍出版社 1997 年版,第 1 页。
③ 参见王应宪《清代吴派学术研究》,华东师范大学出版社 2009 年版,第 143 页。
④ 阮元:《国朝汉学师承记序》,江藩纂,锺哲整理:《国朝汉学师承记》,中华书局 1983 年版,第 1 页。

择"之旨。① 此书还有一个特色在于叙述传主生平行迹时,常常贯注自己的人生际遇与身世之悲,其间真情实意,斑斑可见,使传主音容笑貌宛在目前。江藩还有著述《周易述补》,以申说惠栋之余义。此外,还有《尔雅小笺》《隶经文》《乐悬考》《炳烛室杂文》《扁舟载酒词》等。

概言之,吴派学者的儒学成就主要有以下诸端:

一是治经邃于《易》《书》,旁及考史。这一传统由吴派领袖惠栋所开创,其四世传《易》,有《周易述》《易汉学》《易例》等名著,使汉《易》得以恢宏重光。后又有江藩《周易述补》绍承《易》学,发挥余绪。惠栋治《书》有《古文尚书考》,而弟子江声作《尚书集注音疏》踵武其后,吴派学者王鸣盛又作《尚书后案》,最终至孙星衍作《尚书今古文注疏》而集其大成。吴派治史传统也由惠栋开创,其考史之作有《后汉书补注》等,而其后钱大昕有《廿二史考异》,王鸣盛有《十七史商榷》,二人更主张经史并重,均跻身"乾嘉三大史家"之列②。

二是针砭宋学之弊,弘扬汉学,崇信师法家法。吴派学者批评宋学空疏之弊,故要倡复汉学,惠氏治学方法,梁启超概括为"凡古必真,凡汉皆好"。如钱大昕云:"诂训必依汉儒,以其去古未远,家法相承。"③当然,这一点也有局限性,一味推崇汉儒旧说,不论是非,墨守信从,厚古薄今,如梁启超评其"胶固、盲从、褊狭、好排斥异己,以致启蒙时代之怀疑的精神、批评的态度,几夭阏焉,此其罪也"④。

三是"六经尊服郑,百行法程朱"的汉宋结合观。吴派虽在治经上对宋学大加挞伐,而在修身养性上,却又都对宋学表示认同。这实际是将宋学的价值有限保留在行事践履的形而下层面,而对其天命心性的形而上层面则加以否定。如吴派先驱惠士奇手书楹联"六经尊服、郑,百行法程、朱"以自励,惠栋亦承庭训,予以绍承。可见即使标榜纯汉学的惠氏,在自我修养领域还是效法的程朱理学,而其又作为吴派的实际

---

① 平步青言阮元《儒林传》多受江藩《汉学师承记》影响。参见平步青《霞外捃集》,上海古籍出版社 1982 年版,第 31 页。

② 参见陈居渊《清代朴学与中国文学》,百花洲文艺出版社 2000 年版,第 139—140 页。

③ 钱大昕《臧玉林经义杂识序》,吕友仁点校《潜研堂集》,上海古籍出版社 2009 年版,第 391 页。

④ 梁启超著,朱维铮校订《清代学术概论》,中华书局 2016 年版,第 49 页。

开山者,那么这种态度就更具某种代表性。事实上,吴派其他学者基本上也承续了惠氏的这种汉宋结合观。那么,朴学自身有无形上义理学呢? 若有,又该如何建构呢? 这一课题将由戴震等后继者来回答。

三、戴震、段玉裁与高邮王氏父子的儒学成就

皖派是乾嘉朴学的又一大派别,以其开创者江永、戴震及成员多为安徽籍而得名。主要成员有程瑶田、金榜、洪榜、汪绂、段玉裁、王念孙、王引之、孔广森等人。其儒学成就主要有三:一是与吴派多精于《易》《书》不同,皖派一般多精于三礼;二是重视小学训诂和名物典章制度考证;三是由字通词,由词通道,在经典考证的基础上阐发己意。[①] 值得注意的是,皖派成员并非全是安徽籍,也有不少是江苏儒者,如段玉裁、王念孙、王引之就是江苏籍,而其实际开创者戴震虽非江苏籍贯,却与江苏关联密切。一方面,钱大昕、惠栋等吴派学者对他的学术发展产生了重要影响,并且导致了其学术思想的转型,而他又以自己的儒学实践校正了吴派一味崇汉的倾向,并且在吴派否定了宋学的形上义理之后,又建构了朴学的义理学。从更宏阔的学术史角度观察,我们甚至可以说,这一努力为后来兴起于江苏的扬州学派奠定了重要的基础。另一方面,他最重要的学术传承也在江苏,即“戴段二王”的谱系。可见,江苏儒学影响了戴震,而戴震又反过来影响了江苏儒学,因之,我们理应将其儒学成就作为整个江苏儒学的有机组成部分加以考察。

戴震(1724—1777),字东原,徽州休宁县(今安徽黄山)人。他少赋异禀,年十岁才会说话,然甫能读书,则可过目成诵,曾从游于朴学大师江永。徽州为朱子故里,江永对朱子之学较为服膺,作有《近思录集注》,这对戴震影响很大。戴震前期对程朱理学基本持肯定态度,与此不无关系。戴震三十二岁避仇入都,在京师与钱大昕相识。又因钱大昕引介,戴震得以广交纪昀、朱筠等朴学名家,相与论学,众人均叹服戴震学识,戴震一时名重京师。应该说,戴震在学术界得以很快确立地

① 参见陈居渊《清代朴学与中国文学》,百花洲文艺出版社 2000 年版,第 144 页。

位,除了自身学问渊博外,也与钱大昕的积极推介有莫大关联。乾隆二十二年(1757),戴震自京师南还,经扬州于转盐运使卢见曾处得见惠栋。惠栋早年从沈彤处得知戴震,而作为晚辈的戴震也对惠栋倾慕已久,两人得以相识,并切磋学问。此次相晤虽然短暂,但却对戴震产生了重要影响。他此前还保留了汉儒主于故训与宋儒主于义理的看法,对宋儒的义理之学尚持肯定态度,而在惠栋的启迪下,他的思想发生了变化,开始否定宋儒的义理之学。在他看来,故训与义理并非二事;纵使是义理,也不能凭空臆说,必待故训而推求之。具体而言,即义理存乎典章制度,故训就是要通过对典章制度的考证以彰明义理。因此他得出由故训即典制以明义理的结论。

戴震不仅在理论上提倡以考据言义理,而且在实践上也身体力行,他一生著述达四十余种,其中考据学之作有《声类表》《声韵考》《水经注校》等,其最宏大的著述计划是《七经小记》,它代表了戴震旨在回归儒家元典的毕生努力。

戴震后期反对程朱理学,但是他并不反对义理学,他反对的是宋儒舍弃考据空说义理。事实上,他正是通过对程朱理学的批判建构了朴学的义理学。戴震对新义理学的探索集中体现在他的《原善》《绪言》和《孟子字义疏证》等书中。戴震对理进行了重构,从本体论而言,气才是本体,理存于气,是气化流行的客观规律;从价值论而言,欲才是基础,理存于欲,是人欲合理满足的内在规律。这样,天道与人伦,本体论与价值论就得以实现新的统合,戴震因此完成新义理学的建构。如果戴震只倡言考据,他至多也只能算是乾嘉时期一位杰出的考据学者,却不能被称许为思想家,更不可能对后世产生如此大的影响。事实上,戴震也更看重自己的义理学著作,如他说:"仆生平论述最大者,为《孟子字义疏证》一书,此正人心之要。今人无论正邪,尽以意见误名之曰理,而祸斯民,故《疏证》不得不作。"①他对自己的孟子研究也颇为自负,竟"自许孟子后之一人"②。

① 戴震:《与段茂堂等十一札·第十一札》,杨应芹编:《戴震全书》(修订本)第 6 册,黄山书社 2010 年版,第 533 页。
② 章学诚:《答邵二云书》,杨应芹编:《戴震全书》(修订本)第 7 册,黄山书社 2010 年版,第 219 页。

然而限于时风,《孟子字义疏证》一书在当时却遭到了来自汉学、理学两方面的批评,汉学以其谈义理,理学以其非程朱,因此都没有给予充分的肯定。但此书却对后来的扬州学派产生了重要影响。如扬州学派的焦循就对此书大加赞赏,曾说:"循读东原戴氏之书,最心服其《孟子字义疏证》。"①

戴氏弟子中以段玉裁、王念孙最为有名,王念孙又将戴氏之学传授其子王引之,学林将四人合称为"戴段二王",而后三人均为江苏人,也反映了戴震与江苏儒学的密切联系。

段玉裁(1735—1815),字若膺,号懋堂,又号砚北居士,长塘湖居士,侨吴老人,江苏金坛人。初受学于扬州安定书院,乾隆二十四年(1759)中举人,后入京任国子监教习,得顾炎武《音学五书》,如获至宝,精研永日。后师从戴震,为戴震大弟子,并与钱大昕等人相交。乾隆三十五年(1770),经吏部铨选任贵州玉屏知县,后又调任四川富顺、南溪、巫山知县,为官凡十年。后辞官归里,卜居苏州枫桥,潜心著述。乾隆五十五年(1790),再次入京,与高邮王氏父子相交,切磋小学,引为同调。乾隆五十九年(1794),因跌伤右腿而残疾,但以著成《说文解字注》为志业,积三十余年之力,至嘉庆二十年(1815)终于完成自己一生最重要的著作《说文解字注》,亦于同年去世,可谓以生命事著述矣。其《说文解字注》之功绩在于校勘本文,订正讹误;博征经传,推阐许说;发明《说文》体例;详揭字词引申义,细究音义关系。段玉裁也因此被称为"清代《说文》四大家之首"。

但段氏研小学,实在治经,所谓小学为治经之津梁。其治经有《周礼汉读考》《仪礼汉读考》《古文尚书撰异》《毛诗故训传定本》《诗经小学录》《春秋古经》《经韵楼集》等。段玉裁虽主于小学校雠,但亦有经学思想。其尝谓:"考核者,学问之全体,学者所以学为人也。故考核在身心、性命、伦理、族类之间,而以读书之考核辅之。"②可见其将考据与义

---

① 焦循:《雕菰集》卷十三《寄朱休承学士书》,《清代诗文集汇编》第 472 册,上海古籍出版社 2010 年版,第 141 页下—第 142 页上。

② 段玉裁撰,钟敬华校点:《经韵楼集》卷八《娱亲雅言序》,上海古籍出版社 2008 年版,第 192—193 页。

理咸归于考核一体。修身养性之学亦赖读书之考核相辅,与其师戴震由考据以通义理之进路相近。不过他并未像戴震一样于义理上有所发明,尝感喟"喜言训故考核,寻其枝叶,略其本根,老大无成,追悔已晚"①。

高邮王氏是学术世家,其主干谱系为:王式耜—王曾禄—王安国—王念孙—王引之—王寿同—王恩晋,一门七叶均读书治学,门风蔚然,其中王安国、王念孙、王引之祖孙三代均为进士,良好的家风为"高邮二王"的学术成长提供了重要的环境。

王念孙(1744—1832),字怀祖,号石臞,一作石渠,江苏高邮人。因祖父王曾禄盼孙甚切,故预为之名曰"念孙",后即以此为名。其天生聪慧,目为神童,十岁即诵毕《十三经》。在他十三岁时,其父王安国延聘朴学大师戴震以授其读书,致力音韵训诂之学。乾隆三十年(1765),乾隆帝南巡,以迎銮献颂而钦赐举人。乾隆四十年(1775)应礼部试中式,为翰林院庶吉士。九年后任《四库全书》篆隶分校官,因得识诸多宗尚朴学的四库馆臣。嘉庆四年(1799),上书奏请诛殛奸臣和珅,嘉庆帝即日下旨处决和珅。其刚正不阿、直言敢谏、以德抗位之举,震惊朝野,展示了真正的儒者风范。其为宦一方,官有政声。后任直隶永定河道,因永定河溢而自请去职,并与子赔付河工堵筑漫口例银一万七千五百二十九两。他节衣缩食,多方筹措,其子王引之甚至奏请扣除自己的养廉银以抵赔金,父子表现出敢于承担的正直品格。王念孙尝言"学问、人品、政事三者同条共贯",此尤一证。

王念孙博通群籍,精于小学,著有《广雅疏证》,利用公事之暇,每日疏证三字。据其自序言,凡订正错字达五百八十个,补漏字达四百九十个,指出衍字三十九个,前后错乱字一百二十三个,正文误入音释者十九字,音释误入正文者五十七字。《广雅》一书自隋曹宪始作《博雅音》以降,几无注本,直至王念孙整理疏通,始得善本。《广雅》原书才一万八千多字,《广雅疏证》则多达五十多万字,学者将其比之郦道元

---

① 段玉裁撰,钟敬华校点:《经韵楼集》卷八《博陵尹师所赐朱子小学恭跋》,上海古籍出版社 2008 年版,第 193 页。

《水经注》，即注优于经。所著《读书杂志》八十二卷，为王氏阅读校勘古籍所作的读书札记，其博稽群籍，考订精审。

王引之（1766—1834），字伯申，江苏高邮人。王念孙之子。少承家学，能继父业，并加以恢宏壮大，形成高邮一派学风。嘉庆四年（1799），王引之应礼部试中式，时阮元为会试副总裁，故得为阮元门生。授翰林院编修，官至工部尚书。精研小学，尝言于人曰："吾之学，于百家未暇治，独治经。吾治经，于大道不敢承，独好小学。夫三代之语言与今之语言，如燕越之相语也；吾治小学，吾为之舌人焉。其大归曰：用小学说经，用小学校经而已矣。"①著有《经义述闻》。其嘉庆二年（1797）刊本自序云："述闻者，述所闻于父也。"②道光七年（1827）自序云："过庭之日，谨录所闻于大人者以为圭臬，日积月累，遂成卷帙。"③即此书诸多观点实源于其父，书中多用"家大人曰"予以标识。事实上，王念孙《广雅疏证》中也有不少王引之的观点，书中多用"引之曰"加以标记，可见二书实为父子二人合璧之作。

时桐城方东树维护宋学，诘诋汉学尤烈，专作《汉学商兑》一书，批驳汉学诸儒，唯对王氏之学服膺之至，以王氏《经义述闻》可令郑玄、朱熹俯首，汉唐以来诸儒莫与匹俦。由此可见，王氏的学术成就是当时公认的。

四、阮元等扬州学派学者的儒学成就

扬州学派一名，始见于方东树《汉学商兑》一书。它是一个以扬州为中心的地域性朴学流派，宗尚汉学，成员繁多，然以汪中、焦循、阮元以及宝应刘氏和仪征刘氏为代表。

汪中（1745—1794），字容甫，江苏江都（今江苏扬州）人。其幼年孤贫，不能从师受业，唯赖母亲邹氏课读《四书》。此后为谋生计，雇于书

① 龚自珍：《工部尚书高邮王文简公墓表铭》，《龚自珍全集》，上海人民出版社1975年版，第147—148页。
② 彭慧：《"高邮王氏四种"汉语语义学研究》，上海古籍出版社2014年版，第13页。
③ 王引之：《经义述闻》，商务印书馆1936版，第5页。

肆,得阅群籍,过目成诵。乾隆二十八年(1763),李因培督学江苏,汪中以《射雁赋》应试,升以第一名入学为附生。乾隆四十二年(1777),谢墉督学江苏,选充拔贡,对汪中才学极为赞赏,选为拔贡。尝与人言:"若能受学于容甫,学当益进也。"又言"予之先容甫,以爵也;若以学,则予于容甫当北面矣"①!汪中感极而泣,但因怔忡之疾(其父汪一元亦有此疾,盖先天性心脏病)最终作罢,此后的几次乡试均未参加。其晚年应盐政戴全德之聘,赴文宗阁校勘《四库全书》。命途不济,科场蹭蹬,使其科举之心逐渐淡漠,转而以治学著述为业,渐由辞章之学转为经史之学。著有《述学》《春秋述义》《广陵通典》《大戴礼记正误》《经义知新记》《尔雅补注》《文宗阁杂记》等。其中尤以《述学》最为重要,尝自称"中之志,乃在《述学》一书"②。可谓夫子自道。

汪中《述学》之职志乃在于穷究整个先秦学术文化,从先秦文化之全体考察儒学本源,遂将先秦之儒学与子学、史学、典章制度诸方面融会贯通。其原计规模是一百卷,可谓力大思雄,惜年寿不永,未能卒稿,最终仅成数卷,但从中仍能看出汪中治学之气魄与格局。他在乾嘉诸儒中,最有特色的是子学研究。自清初傅山倡经子并尊之说,子学研究在清代学术中渐趋复兴,而汪中的子学研究则更具特色。他撰有《荀卿子通论》《荀卿子年表》等,其荀学研究成就主要有以下几点:一是考证荀子生平行迹,钩沉荀子一生史事。二是肯定荀子传经之功,推尊其为儒学正统,孔门真传。他将荀子视为儒家道统中的关键人物,主张孔荀并称,而非孔孟并称。这极大地挑战了宋明理学以孔孟为核心的儒家道统观,使长期被理学排斥在道统外的荀子得以被重新认定为儒学正统。其考证或有疏漏,但其筚路蓝缕,发其先声之功不可磨灭,可谓清代"荀学复兴"导夫先路者。

汪喜孙,系汪中晚年得子,汪母得以含饴弄孙,甚为欣喜,为之取名喜孙。后因避祖讳,改名喜荀,字孟慈,号荀叔。喜孙能承父学,长于考据,毕生收集整理其父之书,自己著述有《国朝名臣言行录》《经师言行

---

① 王引之:《汪容甫先生行状》,田汉云点校:《新编汪中集》,广陵书社2005年版,第50页。
② 汪中:《致端临书》,田汉云点校:《新编汪中集》,广陵书社2005年版,第437—438页。

录》《尚友记》《从政录》《孤儿编》《且住庵诗文稿》等,亦为扬州学派之后进。

焦循(1763—1820),字里堂,一字理堂,晚号里堂老人,江苏甘泉(今江苏扬州)人。因嘉庆七年(1802)会试不第,遂绝意仕进,归卧北湖,以修《扬州府志》所获酬金建雕菰楼,专事著述。撰成《易通释》《易图略》《易章句》,合称《雕菰楼易学三书》;另有《孟子正义》,代表了清代孟子研究最高水平;还有《周易王氏注补疏》《尚书孔氏传补疏》《毛诗郑氏笺补疏》《春秋左传杜氏集解补疏》《礼记郑氏补疏》《论语何氏集解补疏》,合为《六经补疏》。其中尤以《易》《孟》用力最勤。

焦循出身《易》学世家,他不同于惠栋一味株守汉《易》,而是不拘师法,惟以卦爻经文比例为主,其发明处在于归纳了三条原则:一曰"旁通",可知"升降之妙",即事物之间互为沟通;二曰"相错",可知"比例之义",即不同事物相辅相成,对立统一;三曰"时行",可知"变化之道",即事物与时发展变化。① 此三者何以知之呢? 焦循的方法是"实测",它既包含一种以"实测经文传文"为对象的过程研究法,也包含援引西洋测天之法。这种方法既依据经典又超越于经典,融新旧为一体,而又能别开生面,自成一家,将易之内部转换变动规律演绎得出神入化。焦循遂成为清代《易》学集大成者。

焦循治《易》显现出的博大通贯气象,也影响到他对考据与义理、汉学与宋学等儒学史上一些重大问题的思考。焦循反对把考据极端化、绝对化,认为考据只是治经手段,并不能将考据等同于经学。因此,他对当时流行的考据学提出了批评意见。在他看来,单纯的考据并不能称作经学。经学应当是经世致用之学,明道达用之学。考据仅为明道之具,不能以考据而蔽经学之全体。他说:"经学者,以经文为主,以百家子史、天文历算、阴阳五行、六书七音等为辅,汇而通之,析而辨之,求其训诂,核其制度,明其道义,得圣贤立言之旨,以正立身经世之法。"② 可见他把"明其道义"和"立身经世"视作经学的最终归宿和落脚点,因

---

① 焦循:《易图略序目》,《续修四库全书》第 27 册,上海古籍出版社 2002 年版,第 473 页。
② 焦循:《雕菰集》卷十三《与孙渊如观察论考据著作书》,《清代诗文集汇编》第 472 册,上海古籍出版社 2010 年版,第 148 页。

此他主张考据与义理并重。他说："证之以实,而运之以虚,庶几学经之道也。""证之以实"即指考据,"运之以虚"即谓义理,无考据则义理为虚声,有考据而不达义理则不能深造自得,唯有二者兼资互进,才能允称通贯。这和戴震论学之旨是一脉相承的。

阮元(1764—1849),字伯元,号云台,一字芸台,又号雷塘庵主,晚号颐性老人,江苏扬州仪征人。他是扬州学派的领袖人物,又是乾嘉汉学的殿军,在乾嘉诸儒中,其虽不专治一学,然主持风会,倡导奖掖,汲引后进,不遗余力。扬州学派得以发皇壮大,乾嘉朴学在清中后期能蔚然成风,与阮元的推助之功是密不可分的。钱穆称其为"清代经学名臣最后一重镇"①。他是儒家知识分子"学而优则仕"的典范代表,咸丰帝在御制碑文里更许之为"国器""儒宗"。其历官乾嘉道三朝,多次出任地方学政、督抚,充兵部、礼部侍郎,拜体仁阁大学士,卒谥"文达"。宦迹所至,即提倡经学,奖掖人才,整理典籍,刊刻图书,洵为经学功臣。其一生宦绩,皆与儒学事业相伴随,将为官与为学、经术与事业有机统一。他本人亦博学通人,精研经学,著有《揅经室集》《积古斋钟鼎彝器款识》等。他还组织编纂《畴人传》,收录中外自然科学家二百八十人,是中国第一部科学史著作,也是对乾嘉朴学在自然科学上成就的总结。

阮元的儒学思想集中体现在《论语论仁论》《孟子论仁论》《性命古训》等文章中。他重倡仁学,但却不同于宋儒释仁,而是通过文字训诂考证"仁"字的本义与流变,认为"此字明是周人始因相人偶之恒言而造为仁字"。将"仁"字释作"相人偶",这并非阮元的孤鸣先发,实则郑玄已有此释,只是在他看来,郑玄未尝揭橥"仁"之思想意蕴,所以他要对"仁"加以推阐。在他看来,所谓的"相人偶"为"仁"的具体意蕴在于"以此一人与彼一人相人偶而尽其敬礼忠恕等事之谓也"②。"仁"是人与人之间在日常伦理生活中"尽其敬礼忠恕等事",是要落在实处的道德践履,而非只是像宋明儒那样空谈心性。通过对"仁"的重构探讨,他对孔孟原始儒学有了一个整体判定,一言以蔽之,曰"圣贤之道,无非实践"。

---

① 钱穆:《中国近三百年学术史》,商务印书馆1997年版,第529页。
② 阮元撰,邓经元点校:《揅经室集》卷八《论语论仁论》,中华书局1993年版,第176页。

这自然是和他经世致用的为学宗旨是一以贯之的,而他一生的仕宦行事与文化实绩也正是此言之最好注脚。

其哲嗣阮常生、阮福皆能传家学。阮常生(? —1833),字彬甫、寿昌,精于钟鼎大小篆文,有《后汉洛阳宫室图考》。次子阮福(1802—?),字赐卿,号喜斋,有《孝经义疏补》。二人亦属于扬州学者之列。

仪征刘氏和宝应刘氏是扬州学派后期的两大重镇,其中刘文淇和刘宝楠并称为“扬州二刘”。刘文淇(1789—1854),字孟瞻,江苏仪征人。少受业于舅父凌曙,后于《左传》致力甚勤,著有《左传旧疏考正》,其《春秋左氏传旧注疏证》经其子刘毓崧、孙刘寿曾、刘贵曾三世尚未毕,至襄公五年止。曾孙刘师培亦以治《左传》名世,但仍未将《疏证》续毕。直至新中国成立后,另一位江苏仪征人吴静安作《春秋左氏传旧注疏证续》,始将刘氏一门四世百年未竟之业最终完成。《春秋左氏传旧注疏证》的特色不仅在于收集贾、服、郑三君旧注,纠正杜注之失,乃至有替代杜注孔疏之意,还在于援礼治经,其《注例》曰:“释《春秋》必以周礼明之。”[1]

与仪征刘氏相对应的宝应刘氏也是江苏著名的经学世家,其代表人物有刘宝楠、刘毓崧、刘恭冕等。刘宝楠(1791—1855),字楚桢,号念楼,江苏宝应人。其父刘履恂亦为经学家,有《秋槎杂记》,收入阮元所编《皇清经解》。因父早卒,遂受业于从叔刘台拱,台拱治《论语》,有《论语骈枝》。道光八年(1828),他和刘文淇诸同好相约新疏《十三经》,每人各疏一部,始致力于《论语正义》的撰作。是书旨趣亦在融合汉宋,兼综古今,网罗旧注,不遗余力,又能折中己意,具有通贯特征。惜宝楠忙于官事,未尝竟业,仅完成《论语正义》前十七卷,其子刘恭冕接续父业,完成后七卷。刘恭冕(1821—1880),字叔俯,后改字叔俛,号勉斋,锐志研经,幼习《毛诗》,晚治《公羊》,有《论语正义补》《何休论语注训述》《广经室文钞》,与刘台拱、刘宝楠并称“宝应刘氏三世”。

质言之,扬州学派的儒学成就表现为以下几个方面:

一是主于通贯,综合吴皖。乾嘉诸儒,汉学昌明,“家家许、郑,人人贾、马”,然多囿于一家之言,家各一经,经各一说,不能通贯群说,扬州

---

[1] 刘文淇:《春秋左氏传旧注疏证》,科学出版社1959年版。

学派在吴派之"专"与皖派之"精"的基础上更重一"通"字。焦循主张"通核",汪中拟作《六儒颂》,并尊惠、戴,皆其证也。

二是调和汉宋,融合经子。扬州诸儒多受戴震影响,延续以故训求义理之旨,除重汉学考据外,亦颇究心于义理学之构造,同时扩大经学研究范围,由经推子,兼收并蓄,如汪中、焦循等皆有重构原始儒学之宏愿,以多元的学术汲取呈现儒学的开放生机。

三是经世致用观念的回潮。顾炎武等清初大儒所昭示的经世致用思想,在乾嘉朴学中俨然埋没不彰,学者多硁硁于考据,而鲜以世用,惟戴震欲以考据通义理。然学者多热衷其考据之学,而对其见道之作《孟子字义疏证》《原善》等多有忽视。逮及扬州诸儒,则重新珍视戴震的义理学遗产。焦循谓:"东原生平所著书,惟《孟子字义疏证》三卷、《原善》三卷,最为精善。"①继而作《孟子正义》踵武其后。阮元之学,亦以戴震为宗主。钱穆说:"芸台(阮元)讲学,颇师承东原,守以古训发明义理之意。"②戴震编纂《经籍籑诂》之夙愿亦由阮元而得以实现。汪中之学亦深受戴震影响,其治学宗旨即在于"推六经之旨以合于世用",言"有志于用世,而耻为无用之学。故于古今制度沿革,民生利病之事,皆博问而切究之,以待一日之遇,下至百工小道,学一术以自托"③。经世致用观念在扬州学派得以回潮,此亦清学之一大转关,已为后期常州今文学派的登场酝酿了气氛。

第四节　处于新旧历史交汇点的清代后期江苏儒学

道咸以降,清廷国事日紧,内忧外患倍增,内则朝政衰微,农民起义此起彼伏;外有西方势力的渗透乃至侵略,清朝统治岌岌可危。政局的动荡使此时期的学术环境不如乾嘉时期安定优越,加之朴学内在弊端愈加显露,高潮渐趋消退,而经世致用之风则翻转愈甚。相应的,今文

---

① 焦循:《雕菰集》卷七《申戴》,《清代诗文集汇编》第 472 册,上海古籍出版社 2010 年版,第 70 页下。
② 钱穆:《中国近三百年学术史》,商务印书馆 1997 年版,第 529 页。
③ 汪中:《与朱武曹书》,田汉云点校:《新编汪中集》,广陵书社 2005 年版,第 442 页。

经学逐渐呈现复兴之势。与此同时，原先被朴学所攻讦的程朱陆王理学也开始复振，并且借助桐城派的影响弥散全国。此时期的江苏儒学依然葆有自身的学术特色与发展理路。从思想史的内部逻辑来看，今文经学的兴起在某种意义上也可视为对乾嘉朴学复古基调的延续，并且后来居上，较诸朴学更加复古。然而这种复古本身又内蕴着新变，事实上，以旧为新，反本开新，本身也是中国儒学史发展的重要规律。这种新变明显体现在对现实政治和时代变动的关注，进而发挥通经致用的功能，彰显儒学的现实关怀。同时，因回归原点的努力，使门户之见得以超越，虽有今古文之争，但整体上还是体现为不拘门户，兼采汉宋的特征，因此也可视为对扬州学派经世精神和融通学风的进一步推拓，只不过以今文经学的形式加以开展。此外，虽然汉学有所消歇，但是江苏依然有几位朴学殿军保持着良好态势。从具体地域来看，如果说乾嘉时期江苏儒学的重镇在苏州、扬州等地，那么清后期江苏儒学的中心则在常州，常州今文学派一跃成为江苏儒学的主力，特别是以庄氏家族为代表的常州《公羊》学对中国近代思想史的演进产生了重要影响。同时受常州今文学派与桐城派双重沾溉的阳湖文派也有着别具一格的儒学思想，其力倡经世致用之风，务求实学，开放宏通，呈现出向近代转型的趋向。质言之，此时期的江苏儒学呈现出新旧交汇的总体态势。

一、常州今文学派诸儒的儒学

清代今文经学肇端于乾隆中期，当时常州庄存与治《公羊》学。以常州张惠言治今文虞氏《易》，曲阜孔广森治《公羊春秋》为标志，今文学已悄然升发。其他如凌曙（1775—1829），字晓楼，江苏江都人，治《公羊》，著有《春秋繁露注》《公羊礼说》《公羊礼疏》等；陈立（1809—1869），字卓人，又字默斋，江苏句容人，著《白虎通疏证》《春秋公羊义疏》等，师从凌曙、刘文淇。今文学在乾嘉时期已初具规模，与当时主治古文经的汉学形成鲜明对照。从某种意义上说，今文经学在清代的复兴也是朴学深入发展的结果，梁启超说清代今文学实从考证学衍生而来，是复古之风的逻辑延伸。他说："入清代则节节复古，顾炎武、惠士奇辈专提倡注疏学,则复于六朝、唐。自阎若璩攻伪《古文尚书》,后证明作伪者出王肃,学者乃重提南北朝郑、王公案,绌王申郑,则复于东汉。乾嘉以来,家家许、郑,人人贾、马,东汉学烂然如日中天矣。悬崖转石,非达于地不止。则西汉今古文旧案,终必须翻腾一度,势则然矣。"①清人倡复汉学,除了回向东汉古文经学,还上溯西汉今文经学,以西汉今文经学较东汉古文经学更古,遂翻腾一度,每转愈上,直至源接孔孟。这种复古轨迹,被梁启超称作"倒卷"式的复古,他说:"有清二百余年之学术,实取前此二千余年之学术,倒卷而缫演之,如剥春笋,愈剥而愈近里;如啖甘蔗,愈啖而愈有味;不可谓非一奇异之现象也。此现象谁造之?曰:社会周遭种种因缘造之。"②其实,除了社会因缘以外,这也是朴学发展的内在理路所致。

清代今文学的重镇在常州学派,而常州学派今文学又以《公羊》学为中心,其重镇则为常州庄氏。常州庄氏是江苏著名的科举家族和经学世家,科举繁盛,族中多同榜进士,代有闻人。如庄柱为雍正五年(1727)进士,其子庄存与、庄培因亦均为进士,号称"父子文宗",其中庄存与中榜眼,庄培因中状元,世称"兄弟翰林",一门父子三进士,兄弟并列鼎甲,状元、榜眼集于一门,科第冠绝一时。庄氏家族又多精研经术,是治《公羊》学的重镇。这极大地提高了庄氏家族的地域影响力和文化感召力。其奠基者庄存与(1719—1788),字方耕,号养恬,江苏武进人。治今文经而崇尚程朱理学,不喜考据,所谓"不专为汉宋笺注之学,而独得先圣微言大义于语言文字之外"③,超拔于汉学风气之外。至于庄存与为何在朴学兴盛的时代转入今文学的研究,美国学者艾尔曼有一个颇为新颖的解释,他指出庄存与开展《公羊》学研究的真实动因在于以今文学研究来间接表达对权臣和珅的不满与拒斥。当时朝廷政争主要体现在和珅和阿桂之间,庄存与选择和阿桂一同抗击和珅,结果失败归里,遂致力于《公羊》学的研究,以"讥世卿",黜小人,企望正本清源,整

---

① 梁启超著,朱维铮校订:《清代学术概论》,中华书局 2016 年版,第 111 页。
② 梁启超:《清代学术概论自序》,梁启超著,朱维铮校订:《清代学术概论》,中华书局 2016 年版,第 2—3 页。
③ 阮元:《庄方耕宗伯经说序》,庄存与:《味经斋遗书》,清光绪八年阳湖庄氏刊本,第 1 页。

顿朝纲。① 此后其侄庄述祖和女婿刘召扬（刘逢禄之父）的仕途都遭到了和珅的阻挠。不过，在庄存与入仕之前，他业已对《公羊春秋》有所研究，说拒斥和珅是其研究《公羊》的直接原因或许不妥，但确乎是他后来撰作《春秋正辞》的一个重要诱因。应该说，庄氏家族的《公羊》学研究从一开始就带有某种政治意涵，而非单纯的学术研究。

庄氏治学，以六经为宗，直接孔孟，通贯群经，不分门户，超越了汉宋、今古文等一切经学派别，这比主于通贯的扬州学派走得更远。为了维护圣人之道，庄氏甚至认为连文献的真伪也并不重要。他对早已被汉学家驳得体无完肤的伪《古文尚书》大加维护就是一个典型例证。他认为伪《古文尚书》中的不少训诫恰恰是"圣人之真言"②，其价值并不因考据之真伪而抹杀。在朴学如日中天的乾嘉时代，庄存与的治学理路无疑显得格格不入，朴学家以训诂考据为判断是非之标准，而他则仅以圣人之道或经学大义为标准。在他看来，训诂考据只不过是肤浅末流，非但于道无补，反而破碎大义。他不赞同当时朴学家视《春秋》为"记事之史"的看法，他说"史，事也；《春秋》，道也"③。《春秋》为经而主道，在书与不书间包含着圣人的微言大义，此乃与史书之最大区别。庄存与治《公羊》学，受到元代赵汸《春秋属辞》的影响，撰有《春秋正辞》。他认为圣人之道就存在于经书的微言大义中，并特重君臣大义的阐发，他说："《春秋》之义，务全至尊而立人纪焉。"④"立人纪"即建立人伦纲纪。而"立人纪"之核心则在于"全至尊"，即尊奉受命于天的君主。那么怎么才算受命于天呢？庄氏又引出《春秋》的"重民"之义，认为只有敬德保民，仁爱百姓，尊贤尚善的君主才能算得上受命于天。对于那些不惜

① ［美］艾尔曼：《经学、政治和宗族》，江苏人民出版社 1998 年版，第 76 页。其重要证据在于魏源为庄存与遗书所题的一段序文："（庄存与）君在乾隆末，与大学士和珅同朝，郁郁不合，故于《诗》《易》君子小人进退消长之际，往往发愤慷慨，流连太息，读其书可以悲其志云。"参见魏源《武进庄少宗伯遗书序》，《魏源集》，中华书局 1976 年版，第 238 页。
② 龚自珍：《资政大夫礼部侍郎武进庄公神道碑铭》，《龚自珍全集》，上海人民出版社 1975 年版，第 142 页。
③ 庄存与《春秋正辞》卷二《天子辞第二》，郭晓东等点校：《春秋正辞/春秋公羊经传通义》，上海古籍出版社 2014 年版，第 54 页。
④ 庄存与《春秋正辞》卷二《天子辞第二》，郭晓东等点校：《春秋正辞/春秋公羊经传通义》，上海古籍出版社 2014 年版，第 51 页。

民力,好大喜功,草菅人命的君主,非但不能被称作受命于天的"至尊",反而被庄氏直斥为"与寇贼何异?"①可见"全至尊"虽是对君权的维护,却也是借以表达自己对儒家理想政治的向往。这和传统《公羊》学是一致的。

不过,庄存与也显示了与传统《公羊》学不同的异调,他不讲"三科九旨",也不言孔子素王,或者言及亦仅貌合神异,与真正的《公羊》学尚有较大差别。其中原因则在于,《公羊》学虽是讲微言大义,但微言与大义之间却有所分野。黄开国先生尝指出:"在《公羊》学中,大义是现实的政治主张与道德理论原则,微言则是政治理想及其理论论证。大义明著而确定,微言则隐讳而灵活。而《公羊》学之为《公羊》学在微言,而不在大义。"②因此,黄开国先生认为庄存与《春秋正辞》多论大义而少涉微言,与真正的《公羊》学尚有区别,但其功绩在于他在《春秋》三传中突出《公羊》,为晚清《公羊》学的真正复兴开辟了道路,有筚路蓝缕,发其先声之功。尔后的常州后学,如其侄庄述祖,外孙刘逢禄、宋翔凤等皆是在庄存与的基础上继续开疆拓宇。

庄述祖(1750—1816),字葆琛,号珍艺,晚号檗斋,世称珍艺先生,江苏武进人。庄柱之孙,庄培因之子,庄存与之侄,其母为彭氏,其舅为彭绍升。他师从伯父庄存与习经术,而学文则取法其舅彭绍升。他上绍庄存与,下开刘逢禄、宋翔凤,系常州今文学派之中坚。其治经颇用力于《夏小正》,撰有《夏小正经传考释》,收有《夏时明堂阴阳经》《夏时说义》《夏小正文句音义》《夏小正等例》等。还有《尚书今古文考证》《毛诗考证》《五经小学述》《弟子职集解》《汉铙歌句解》等。庄述祖绍承了庄存与治《公羊》学之法,其治《夏小正》注重阐发义例。他说:"《夏时》亦孔子所正,《夏时》之取夏四时之书,犹《春秋》之取鲁史也。"③他甚至援经术入政事,这也颇有今文学特色。他曾官山东昌乐县、潍县等地,

---

① 庄存与:《春秋正辞》卷七《诸夏辞第五》,郭晓东等点校:《春秋正辞/春秋公羊经传通义》,上海古籍出版社 2014 年版,第 146 页。

② 黄开国:《清代今文经学的兴起》,巴蜀书社 2008 年版,第 129 页。

③ 庄述祖:《珍艺宧文钞》卷五《夏小正经传考释序三》,《续修四库全书》第 1475 册,上海古籍出版社 2002 年版,第 85 页。

治潍五年,培奖士林,官有政声,尝以《夏小正》经义断一废地非盐碱地,众人钦服。

相较于庄存与的不分今古文,庄述祖则强调今古文的区分,宗尚今文,而不废古文,注重古文字研究。同时,相对于庄存与的偏重大义,庄述祖则对微言有所侧重。对于《春秋》三传,他明显推崇《公羊》,以为其为《春秋》三传之冠冕,而《穀梁》次之,《左传》最末,甚至不传《春秋》,且经刘歆篡改,杜预传讹,故而加以贬斥。这一看法直接影响了他的接续者刘逢禄,后来刘逢禄著《左氏春秋考证》,以《左传》不传《春秋》,其所传者皆为刘歆伪作,这一看法当本于此。① 而刘逢禄对《左传》性质的这一判定,又成为后来康有为《新学伪经考》的重要理论源头。应该说,庄述祖的《公羊》学研究,直接影响了晚清《公羊》学的变革思潮,进而间接参与了中国的近代化运动,是晚期《公羊》学复兴的近祖。

庄述祖之子庄又朔,从兄子庄绥甲(庄存与之孙),外甥刘逢禄、宋翔凤均师从他研求今文经学,其中尤以刘逢禄、宋翔凤成就最高,庄述祖尝说:"吾诸甥中,刘申受可以为师,宋虞廷可以为友。"② 二人后成为将常州学派发皇壮大的关键人物。

刘逢禄(1776—1829),字申受,又字申甫,号思误居士,江苏武进人。大学士刘纶之孙,礼部侍郎庄存与之外孙。少由其母庄氏授贾谊、董仲舒之义,其父刘召扬虽未入仕,但一生研治经术。良好的家庭教育环境使刘逢禄学问大增,其外祖父庄存与尝叹曰:"此外孙必能传吾学。"著有《春秋公羊何氏释例》《公羊何氏解诂笺》《发墨守评》《穀梁废疾申何》《箴膏肓评》《左氏春秋考证》《论语述何》等。其治学以复兴西汉今文经学为重点,阮元在编纂《皇清经解》时,他尝建议除蒐集东汉古文经学研究著述外,也应收录西汉今文经学的研究著述。阮元采纳其见,常州今文学派之作多有采摭,刘逢禄本人的经学著作也收录到《皇清经解》,此举为今文经学谋得了地位,使得今文经取得和古文经相平等的地位。他也积极实践了今文学通经致用的精神。其在礼部供职十

① 参见黄开国《清代今文经学的兴起》,巴蜀书社 2008 年版,第 198—200 页。

② 宋翔凤:《朴学斋文录》卷四《庄珍艺先生行状》,《续修四库全书》第 1504 册,上海古籍出版社 2002 年版,第 396 页下。

余载,遇到疑惑,则援经义以决断。他治今文学尤以《公羊》学显其特色,对《公羊》学进行了全面的发挥。

他极力抬升《春秋》的地位,言"圣人之道备乎五经,而《春秋》者,五经之筦钥也"①。以《春秋》统贯五经,而在《春秋》三传中尤为推重《公羊传》,并上溯董仲舒、何休,立志承传绝学,重光《公羊》学之统绪。他说:"先汉以《公羊》断天下之疑,而专门学者,自赵董生、齐胡毋生而下,不少概见。何氏生东汉之季,独能隐括两家,使就绳墨,于圣人微言奥旨,推阐至密。惜其说未究于世,故竟其余绪,为成学治经者正焉。"②他最重要的著作是《春秋公羊何氏释例》,此书对何休《春秋公羊传解诂》深入发覆,总结了三十例,多有创发。他对《公羊》学的发挥重在"三科九旨"方面。其严守何休"三科九旨"之义,在他看来,"三科九旨"正是《公羊》学之真正精华,没有"三科九旨",也就没有所谓《公羊》学。他说:"无三科九旨则无《公羊》,无《公羊》则无《春秋》,尚奚微言之与有!"③因此,刘逢禄最终确立了《公羊传》的统宗地位,重建了董、何的今文统绪,实现了清代《公羊》学从重大义向重微言的转型,使今文学得以大张其军,乃至得以与以古文经学为重的乾嘉朴学相抗衡,标志了常州《公羊》学派的真正形成。刘逢禄的《公羊》学最终由龚自珍和魏源传衍,龚自珍曾有诗赞之曰:"昨日相逢刘礼部,高言大句快无加;从君烧尽虫鱼学,甘作东京卖饼家。""端门受命有云礽,一脉微言我敬承。宿草敢祧刘礼部,东南绝学在毘陵。"④可见其对刘逢禄的尊崇。常州学派经龚、魏二人转手而发扬光大,最终引发了晚清思想革新运动。

宋翔凤(1776—1860),字虞廷,一字于庭,曾号瘦客,江苏长洲(今江苏苏州)人。其父宋简即为著名汉学家,著有《说文谐声》。后又师从朴学大师段玉裁,与钱大昕、阮元等汉学家多有过从。但又因其母为庄述祖之妹,得受舅父庄述祖之今文学。这一家学、师承、交游的交织影

---

① 刘逢禄:《春秋公羊何氏释例》,《续修四库全书》第129册,上海古籍出版社2002年版,第458页。

② 刘逢禄:《春秋公羊何氏释例》卷九《主书例第二十九》,《续修四库全书》第129册,上海古籍出版社2002年版,第561页。

③ 刘逢禄:《刘礼部集》卷三《春秋论下》,《清代诗文集汇编》第517册,上海古籍出版社2010年版,第140页上。

④ 分见龚自珍《杂诗》《己亥杂诗》,《龚自珍全集》,上海人民出版社1975年版,第441、514页。

响,使其得以兼综乾嘉朴学和今文学两大学脉。宋翔凤之儒学研究主要以《论语》学显其特色,其一生治学重在寻求《论语》要义。乾隆五十八年(1793),他开始辑录郑玄《论语注》成《论语郑注》,又撰有《论语纂言》,这两部尚属朴学式的研究。而在道光二十年(1840)撰成的《论语说义》(后改为《论语发微》)则属于今文学的研究。其他著述还有《孟子赵注补正》《孟子刘注》《大学古义说》《小尔雅训纂》《四书释地辨证》《尔雅释服》,《五经要义》《五经通义》《过庭录》《朴学斋文录》等,合编为《浮溪精舍丛书》。

宋翔凤早年崇尚考据学,对刘逢禄所持《左传》不传《春秋》且为刘歆伪作的观点并不认同,后经刘逢禄阐述,终于服膺其说。更重要的是,这促使他在治学上最终完成从侧重乾嘉朴学到以今文经学为宗的转变。宋翔凤的今文学成就突出表现在对《论语》微言大义的发挥上,这又集中体现于他的《论语说义》一书。此书主要以《公羊》学诠释《论语》,主张孔子之微言集中存于《论语》一书,其言:"孔子受命作《春秋》,其微言备于《论语》。"①宋翔凤阐发《论语》微言包含了传统《公羊》学的内容,也因循了刘逢禄对"三科九旨"的发挥,不过他并没有以"三科九旨"为中心,而是以《论语》的核心微言为"孔子素王"说。黄开国先生曾明确指出刘、宋二人《公羊》学之分野:刘逢禄主要是以"三科九旨"阐发《论语》,而宋翔凤主要以"孔子素王"说阐发《论语》。② 所谓"孔子素王"说即以孔子为受命于天,有德无位,百代不易的素王。宋翔凤通过各种牵强附会,在《论语》中寻求大量"孔子素王"说的依据,如以孔子五十学《易》是知将受素王之命,以七十子来投为弟子皆知孔子为素王。以孔子为素王确为《公羊》学的重要内容,但宋翔凤的"孔子素王"说又有不同处,因传统《公羊》学言孔子为素王主要在于与孔子改制相联系,而宋翔凤虽言孔子为素王,却对孔子改制绝口不提,而只说制作,如说《春秋》是孔子应天制作。黄开国先生认为这可能与当时文字狱的影响还未完全消退有关,因言改制容易引起改朝换代的嫌疑。③ 宋翔凤在常州

---

① 宋翔凤:《论语说义》,《续修四库全书》第 155 册,上海古籍出版社 2002 年版,第 269 页下。

② 黄开国:《清代今文经学的兴起》,巴蜀书社 2008 年版,第 204 页。

③ 参见黄开国《清代今文学新论》,人民出版社 2017 年版,第 257 页。

《公羊》学派中的地位虽不如刘逢禄,但是其"孔子素王"说亦有刘逢禄所不及处。因为就《公羊》学的内在逻辑而言,"孔子素王"说较"三科九旨"更为基础和根本,只有承认了孔子的素王地位,孔子改制才拥有合法性,而有孔子改制,"三科九旨"等说法才具有逻辑起点。因之,"刘逢禄说无'三科九旨'就无公羊,更进一步就应该说无孔子素王说就无'三科九旨'"①。因此,我们可以说宋翔凤的《公羊》学,特别是其"孔子素王"说,为晚清《公羊》学畅发"孔子改制"说作了必要的理论准备。

概言之,常州今文学派的儒学成就主要有以下诸端:

一是别开新境,辟除门户,不拘汉宋。常州今文学派旨在回向西汉今文经学,因此其学术旨归既非汉学,也不同于宋学,毋宁说超越了汉、宋之别,抑或说西汉以降的经学都成了他们批评的对象。在常州学派初期,今文学面对强势的汉学还不得不有所借重,在研究上多受朴学的影响,如庄述祖的不少研究显然带有朴学色彩,宋翔凤早年也侧重于考据,然而随着今文学的深入发展,常州学派的影响显有后来居上的势头,特别是刘逢禄、宋翔凤等人的《公羊》学研究,已经具备与乾嘉汉学相抗衡的规模,谭献尝评价:"国朝诸儒,如惠氏一家,王氏一家,庄氏一家,皆第一流",而三家之间,又有所轩轾,"庄氏学精于惠、大于王矣"。②而到了晚清,知识界基本是今文学独领风骚了。

二是究极义理,推寻微言大义,主张经世致用。梁启超曾指出,常州学派之新精神即"在乾嘉间考证学的基础之上建设顺康间'经世致用'之学"③。经世致用的薪向早在常州今文学的发轫者庄存与那里就显露无遗,其撰作《春秋正辞》的重要动机即在于贬斥奸佞,整肃朝纲,挽救世道人心。这一倾向主要通过推寻微言大义来实现,从庄存与的重大义,到庄述祖的首重微言,再到刘逢禄大力重建"三科九旨"之微言,进而到宋翔凤首次明确犁别微言和大义之分野,并力倡"孔子素王"说,一脉相承,每转愈进,使《公羊》学与现实政治的结合愈加紧密,最终

① 黄开国:《清代今文学新论》,人民出版社2017年版,第258页。
② 谭献:《复堂日记》卷一,徐德明、吴平主编:《清代学术笔记丛刊》第60册,学苑出版社2005年版,第427—428页。
③ 梁启超:《中国近三百年学术史》(新校本),商务印书馆2011年版,第31页。

传衍到晚近的龚自珍、魏源那里，今文学大张其军，直接影响了晚清思想界的大变局，如朱维铮先生所言，"对晚清的'自改革'思潮，在理论上提供了启迪"①。也正是在这个意义上，梁启超称常州学派为"一代学术转捩之枢"②。这也是常州今文学派以及江苏儒学对中国历史发展的重要贡献。

三是经学与文辞并重。梁启超曾言："常州学派有两个源头，一是经学，二是文学，后来渐合为一。"③朴学多不尚浮华，而常州今文学家则多雅善属文，文辞与经学实现完美结合，如庄存与《春秋正辞》虽是经学著述，但亦不失为优美齐整的韵文，刘师培曾将其文辞概括为"深美闳约"。庄述祖，其读书之所取名珍艺，学者称之珍艺先生，其所以称珍艺也透露了他的经学与文辞相融之取向。他尝言："吾向以'珍艺'名读书之室，盖取张平子《思玄赋》所云：'御六艺之珍驾，游道德之平林。'"而常州学派的另一位重要先驱张惠言更是将经术与文学融合的典范，他是阳湖文派的开创者，刘逢禄、宋翔凤尝从其游，能传其文学④，这对桐城、阳湖一系的"义理、考据、辞章"三位一体主张也产生了深远影响。

二、阳湖、桐城派文士的儒学

在朴学高扬，"家家许、郑，人人贾、马"的清中叶，程朱理学已经显得黯然失色，面对汉学的强大阵容，理学的生存空间愈加逼仄。然而就在这样的大环境下，却别有一派异军突起，异乎时风，这就是桐城派。桐城派可谓清代影响最大的文学流派，而其主张又并非仅限于文学，他们学宗程、朱，文尚韩、欧，力倡道统和文统的合一。在对待汉、宋学的立场上，桐城派多倡复宋学，力诋汉学。如方东树撰《汉学商兑》，摈斥朴学诸儒不遗余力，其言辞虽激烈，而亦多中其弊，但有些却近乎谩骂。如姚鼐在欲从师戴震遭拒后，竟骂人无后。而汉学家对桐城派也多不

① 朱维铮：《壶里春秋》，上海文艺出版社 2002 年版，第 178 页。
② 梁启超：《近代学风之地理分布》，《清华学报》1924 年第 1 期。
③ 梁启超：《中国近三百年学术史》(新校本)，商务印书馆 2011 年版，第 31 页。
④ 参见曹虹《阳湖文派研究》，中华书局 1996 年版，第 30—32 页。

以为然,钱大昕以方苞为"真不读书之甚者",驳斥其"义法"说是"法且不知,而义于何有"?① 汪中也把方苞视作不屑一骂者,而江藩亦以"方苞辈则更不足道矣"②。桐城派在朴学极盛之际与之抗手,为近乎衰飒的宋学争得地盘,其与汉学家的争论也可视作清代儒学史上汉、宋之争的一个缩影。因之,从某种意义上说,桐城派也可以视作一个儒学流派。其初期虽抑于朴学之势,但经过几代人的发展,声势渐趋浩大,其影响范围已遍及全国,并且派生出一个新的流派——阳湖派,硬是在"家家许、郑,人人贾、马"的背景下开创了"家家桐城、人人方、姚"的局面。

桐城派、阳湖派虽为文学流派,但因其论文常与论道相结合,故而多涉儒学内容,阳湖派是以其成员多为江苏常州府阳湖县人而得名,其儒学主张自然属于江苏儒学的考察范畴,而桐城派因其主要人物多为安徽桐城人而得名,有所谓的"桐城四祖",即戴名世、方苞、刘大櫆、姚鼐,而因戴名世涉《南山集》案惨遭处死,故又有未将其列入桐城文祖之列的情况,但从桐城派实际发展轨迹看,一般以戴名世为先驱,以方苞为创始,复经刘大櫆推张拓大,终以姚鼐为集大成。桐城派固以安徽桐城为中心,但因其主要人物方苞、姚鼐长期居于江苏,其学术活动也主要在江苏,而弟子亦多有江苏籍,所以也将其纳入江苏儒学史的考察范围。如方苞生于江苏六合,亦葬于江苏六合;姚鼐曾在江苏扬州梅花书院、南京钟山书院执教,其著名弟子"姚门四杰"中的梅曾亮、管同也是江苏南京人,其中尤以梅曾亮成就最高、影响最大,堪为桐城派后劲。梅曾亮(1786—1856),初名曾荫,字伯言,上元(今江苏南京)人。其先祖为梅文鼎。少时工骈文。姚鼐主讲钟山书院,梅曾亮与管同得受桐城义法,两人交谊最笃,遂肆力古文。梅曾亮后因长期任闲职居于京师,得以专力精研古文,与朱琦、宗稷辰、王拯、邵懿辰等相过从,形成京师古文圈。当时,管同已先逝,加上朴学考据之风稍略消蜕,梅曾亮显有继主文坛之势,著有《柏枧山房集》。他除了雅好文章外,也对时政有

---

① 参见钱大昕《潜研堂文集》卷三十三《与友人书》,吕友仁校点《潜研堂集》,上海古籍出版社 2009 年版,第 607 页。

② 江藩:《国朝经师经义目录》,江藩纂、锺哲整理:《国朝汉学师承记》,中华书局 1983 年版,第 142 页。

所关切，作有政论文《民论》《刑论》，针砭时政，建议礼法并重，化解社会问题。

　　一般认为，桐城自成一派，以古文名世的材料始见于姚鼐《刘海峰先生八十寿序》一文。不过，姚鼐并未明确称桐城派，更未以"天下文章，出于桐城"自居，这其实是程晋芳、周永年对桐城派的赞誉，并以方苞、刘大櫆为该派的代表人物。正式打出桐城派旗号的是曾国藩，他在《欧阳生文集序》中说："历城周永年书昌，为之语曰：'天下之文章，其在桐城乎！'由是学者多归向桐城，号'桐城派'，犹前世所称江西诗派者也。"①除"桐城四祖"外，其他成员还有方东树、姚莹、管同、梅曾亮、刘开、吴汝纶、马其昶、姚永朴、姚永概等人。一般认为方苞是桐城派真正意义上的创始者，他提出了"义法"说，奠定了桐城古文理论的基础，对后世影响深远。其"义法"说主要就为文之道而言，"义"即"言有物"，主要指文章的思想内容；"法"即"言有序"，即指文章的形式技巧。二者关系是以"义"为经，以"法"为纬。经纬结合，"义法"相谐，亦即思想内容与形式技巧有机统一，才能写出好文章。值得注意的是，他所说的"义"之实质内涵即儒家之道，特别是程朱理学所说的义理；而"序"则是言具体的文章技法，如结构、修辞、剪裁等，属于"文"的范畴。因此，方苞所谓"义"与"法"的关系也可看作"道"与"文"的关系，义经法纬，道以主文，文以载道。这里并非轻视"文"的作用，而是力求达到"道"与"文"的和谐统一。质言之，"义法"说强调的是"义"与"法"的合一，"道"与"文"的合一，或曰"义理"与"文章"的合一。在方苞看来，儒家经典正是"义法"的完美体现，是为文效法的典范。此外，方苞亦深于经学，尝著有《春秋通论》《春秋直解》《礼记析疑》《周官义疏》《仪礼义疏》等。在具体的文章取法上，方苞特别倾向唐宋古文，他曾言"学行继程、朱之后，文章介韩、欧之间"，此语可谓夫子自道。

　　方苞"义法"说强调"义理""文章"二合一，后来又经姚鼐发展为"义理""文章""考证"三合一。姚鼐尝在《述庵文钞序》中说："鼐尝论学问之事，有三端焉：曰义理也，考证也，文章也。是三者，苟善用之，则皆足

377

① 曾国藩：《欧阳生文集序》，《曾国藩全集》第 14 册，岳麓书社 1995 年版，第 245—246 页。

以相济；苟不善用之，则或至于相害。"①又在《复秦小岘书》中说："鼐尝谓天下学问之事，有义理、文章、考证三者之分，异趋而同为不可废。"②可见，姚鼐虽然力倡宋学，但是对汉学也并非全然排斥。他尝有意师从汉学大师戴震就是一个典型例证。虽然姚鼐后因戴震未收其为徒，进而对朴学大加诋毁，但是就其思想内容而言，他还是受到了朴学的潜在影响。刘大櫆师承方苞，进一步推阐桐城古文理论，提出神气、音节、字句的统一，特别强调古文的神韵，有《海峰先生文集》《论文偶记》等，对阳湖派影响很大。

阳湖派，始见于张之洞《书目答问》，因其代表人物多为江苏常州府阳湖县人而得名，开创者是张惠言、恽敬，其他主要成员有陆继辂、董士锡（张惠言外甥）、李兆洛等。阳湖派与桐城派关系密切，渊源深厚，初期堪称桐城支脉。张惠言就是受刘大櫆弟子钱伯坰、王灼影响，与同里恽敬共治唐、宋古文，欲合骈、散文之长以自鸣，开创了阳湖派。

张惠言(1761—1862)，原名一鸣，字皋文，一字皋闻，号茗柯，武进（今江苏常州）人。少时家居贫窭，尝晚归家无食，次日早晨因饥不能起。其母言："儿不惯饿惫耶，吾与而姊而弟，时时如此也！"③母子相对而泣。后勤奋苦读，终有所成。张惠言不仅是著名的经学家，也是杰出的文学家，是阳湖文派和常州词派的开创者。

张惠言是常州今文学派开风气之先的人物，其精研经学，《皇清经解》《续皇清经解》收录其经学著作达十二种，其治经以《易》《礼》为主，分别以虞氏《易》和郑玄礼学为重点，其旨归在于"求天地阴阳消息于易虞氏，求古先圣王礼乐制度于礼郑氏，庶窥微言奥义以究本原"④。治《易》以察天道，研《礼》以求人道，可见其经学规划着意于天道圣统，进而窥探儒学本原。张惠言早年对惠栋《易》学一见倾心，惠氏治《易》遵虞翻之旨，兼参荀爽、郑玄，以虞氏《易》补充荀、郑二家。而张惠言则认为惠栋虽有功于《易》汉学，但尚未能透识汉《易》之真精神，他认为《易》

① 姚鼐：《述庵文钞序》，刘季高标校：《惜抱轩诗文集》，上海古籍出版社1992年版，第61页。
② 姚鼐：《复秦小岘书》，刘季高标校：《惜抱轩诗文集》，上海古籍出版社1992年版，第104页。
③ 张惠言：《先姚事略》，黄立新校点：《茗柯文编》，上海古籍出版社2015年版，第96—97页。
④ 张惠言：《文稿自序》，黄立新校点：《茗柯文编》，上海古籍出版社2015年版，第121页。

汉学之精义在"卦气消息"说,其与孔子之微言大义有重要联系,而孟喜又是"卦气消息"说形成过程中的关键人物。张惠言专宗虞氏,乃在于虞翻言《易》最得孟喜正传,而孟喜上承田何,可接夫子遗绪,所谓"夫学者求田何之传,则唯孟氏此文;求孟氏之义,则唯虞氏注说,其大较也"①。且较汉魏治《易》诸家,仅以郑、荀、虞三家最称有名而粗具梗概,而虞氏《易》又颇详备,故专门发明虞氏之旨。他尝言:"我大清之有天下百年,元和征士惠栋,始考古义孟、京、荀、郑、虞氏,作《易汉学》。又自为解释曰《周易述》。然掇拾于亡废之后,左右采获,十无二三。其所自述大抵祖祢虞氏,而未能尽通,则旁征他说以合之。盖从唐、五代、宋、元、明,朽坏散乱,千有余年,区区修补收拾,欲一旦而其道复明,斯固难也。"②他认为惠氏虽宗虞氏《易》,但未能尽通,故拟在惠栋基础上加以修补、完善,以复原虞氏《易》全貌,遂撰《周易虞氏义》。此外,又撰有《周易虞氏消息》《虞氏易事》《虞氏易言》等。汉《易》颇具规模者除虞氏《易》本于孟喜,重言消息外,尚有郑玄《易》和荀爽《易》,前者重言礼,后者本于费直,重言升降,故又将虞氏《易》与其他家汉《易》相互会通,撰《周易郑荀义》。这样既有总体研究,又有相关配套专门研究,形成一个全面庞大、众星拱月式的虞氏《易》研究体系。张惠言也因此与惠栋、焦循并称"乾嘉《易》学三大家"。除治虞氏《易》以外,他还治《礼》,尝向金榜求教礼学,精研郑氏《礼》,著有《仪礼图》,并且试图将虞氏《易》与郑氏《礼》结合起来。他尝"以虞氏之注推礼以补郑氏之阙",使二者融会贯通,确有发明,撰成《虞氏易礼》。其治经在方法上与汉学考据之法相近,但在立意上却不满于汉学的琐屑支离,乃在务求大义,主张经世致用,而非斤斤于训诂考据。他尝批评汉学末流有所诟病:"数十年之间,天下争为汉学,而异说往往而倡;学者以小辨相高,不务守大义,或求之章句文字之末,人人自以为许、郑,不可胜数也。"③张惠言鄙薄章句文字之学,而推求微言大义,以冀经世致用,已然透露了今文学风的特征。

① 张惠言:《易义别录序》,黄立新校点:《茗柯文编》,上海古籍出版社2015年版,第46页。
② 张惠言:《周易虞氏义序》,黄立新校点:《茗柯文编》,上海古籍出版社2015年版,第39—40页。
③ 张惠言:《安甫遗学序》,黄立新校点:《茗柯文编》,上海古籍出版社2015年版,第123页。

张惠言治经的经世致用理念,也渗透到了他的文学主张之中。他少为辞赋,拟司马相如、扬雄之言,长而转入古文。他继承了桐城派的"义法"说,在"道"与"文"的关系上,强调以道为本,以文传道,"道成而所得之浅深醇杂见乎其文,无其道而有其文者,则未有也"①。而道则是经世致用之道,其言:"古之以文传者,虽于圣人有合有否,要就其所得,莫不足以立身行义,施天下致一切之治"②;"古之以文传者,传其道也。夫道,以之修身,以之齐家、治国、平天下。"③从这里可见其所谓的"道"并非全为桐城所宗之程朱理学,而是一切足以立身行义、经世致用之道,其取径较诸桐城显然更加融通开放。而在文章创作上,阳湖派也与桐城派一味尊崇唐宋古文有所区别,龚自珍曾在《常州高材篇送丁若士履恒》一诗中道出阳湖文派的为文特征:"文体不甚宗韩欧"。钱锺书先生尝言:"龚定庵《常州高材篇》可作常州学派总序读,于乾嘉间吾郡人各种学问,无不提要钩玄。论词章则曰:'文体不甚宗韩、欧。'此阳湖派古文也。"④当然这并非意味着阳湖派就反对韩、欧古文,而是其为文取法更为宽广,并不局限于韩、欧古文,举凡诸子百家乃至骈体辞赋均可济文,具有融通骈散之长的新变。此外,阳湖派在对待"学"与"文"的关系上,既强调二者的统一性,又注重二者的独立性,以学为根柢为文,又不轻视文之特点。实际上,在对待"学"与"文"的关系上,阳湖派已与桐城派显现出分野。诚如曹虹先生所指出,如果说桐城派还是通过以文涵学来以达到"文"与"学"的合一,那么阳湖派则是通过以学济文来达到"文"与"学"的更高层次的统一。这就是缘何桐城派终究只是一个文学流派而阳湖派则能文学与学术兼长的重要原因。⑤

此外,张惠言有感于浙派词的题材狭窄,内容枯寂,遂与其弟张琦合编《词选》,并在《序》中提出了常州词派的词学理论。一是"比兴寄托"说,他将《易》学的"比附"之法推广到词学,将变风之义与骚人之歌

---

① 张惠言:《文稿自序》,黄立新校点:《茗柯文编》,上海古籍出版社 2015 年版,第 121 页。

② 张惠言:《文稿自序》,黄立新校点:《茗柯文编》,上海古籍出版社 2015 年版,第 121 页。

③ 张惠言:《送徐尚之序》,黄立新校点:《茗柯文编》,上海古籍出版社 2015 年版,第 205 页。

④ 钱锺书:《谈艺录》三九《龚定庵》,中华书局 1984 年版,第 134 页。

⑤ 参见曹虹《阳湖文派研究》,中华书局 1996 年版,第 84 页。

予以贯通,言"盖《诗》之比兴,变风之义、骚人之歌则近之矣"。二是推尊词体,指出"意内而言外者谓之词",更点明"意内言外"源于孟氏《易》,可见其将经学与文学加以沟通的内在理路,堪称常州词派的开山鼻祖。事实上,阳湖文派主张的"以文传道",常州词派提倡的"比兴寄托"与常州今文经学所追求的"微言大义"是一脉相承,息息相通的,有力地展现了常州学风主于融通的特点。

除了经学和文学以外,张惠言之立身行世本身就彰显了一介儒者的风范,其尝以"第一流"人物自期。他说:"为人非表里纯白,岂足为第一流哉!"①张惠言一生虽出身贫寒,奔于衣食,却不慕荣华,不汲汲于名利,执教乡里,以经术文学教授诸生,堪为士林楷模。

与张惠言同声相应的还有恽敬、李兆洛、董士锡、陆继辂等人。

恽敬(1757—1817),字子居,号简堂,阳湖(今江苏常州)人。恽氏也是常州望族,其曾族祖恽寿平(晚号南田)为常州画派的创始人,与王时敏、王鉴、王翚、王原祁、吴历合称"清六家"。恽敬曾以教习官居京师,与同县庄述祖、庄有可、张惠言及桐城王灼相友善,研习经术,受常州今文学派影响,提倡经世致用之风,而以古文名于世。恽敬本身也是一位实干的儒者,其勉励女婿姚来卿要"为文章、事功、道德中人",这也可视为他自己的人生追求。他尝任浙江富阳、江西新喻、瑞金知县,南昌同知等。为官期间,刚正不阿,着力实政,官有政声。因其为人精悍,不苟同流俗,终遭小人构陷而被黜官。在为学立场上,他视野宏阔,不拘门户,于汉、宋之学,不主故常,各有汲取,因而能兼收汉、宋之长。如其对汉学既肯定考据法之精密,自己亦尝撰有《古兵器图考》;又批评考据之琐屑,主张以融通之学对考据加以完善。他对理学中的程朱、陆王之学也各有批评,尝言"敬三十后遍观先儒之书,陆、王固偏,程、朱亦不无得此遗彼之说"②。可见其已有超然派别、自成一家的为学志向。在

---

① 恽敬:《大云山房文稿初集》卷四《张皋文墓志铭》,《清代诗文集汇编》第 449 册,上海古籍出版社 2010 年版,第 117 页下。

② 恽敬:《大云山房言事》卷二《答姚秋农》,《清代诗文集汇编》第 449 册,上海古籍出版社 2010 年版,第 276 页上。

为文之道上，他提出"百家之敝，当折之以六艺；文集之衰，当起之以百家"①。主张广参诸子，宗百家文统，取法诸家，甚至对佛道二家亦有所摄受，融会贯通，以振拔文风，铸成一体。曹虹先生亦指出："在阳湖派诸作家中，恽敬是艺术个性发挥得最充分的一位作家。"其成就与特色足以与桐城派古文巨擘姚鼐相抗衡，因之，嘉、道以后，文坛有"姚、恽派分"之论。②

恽敬的儒学思想中延续了常州学风的经世色彩。他作有《三代因革论》八篇，表示要"因时适变，为法不同，而考之无疵，用之无弊"③，希望发挥儒学的积极创造性，参与到现实政治之中，以裨于社会的进步发展。

李兆洛（1769—1841），字申耆，晚号养一老人，阳湖人。本姓王，其先明中世育于李，遂冒姓李氏。曾任安徽凤台县知县，后主讲江阴书院几二十年，以实学课士。他也受到常州庄氏之学的沾溉，称赞庄存与"经纬圣哲"，并把刘逢禄比作"善持论、能文辞"的董仲舒。其治学主于实学，尤精天算舆地之学，铸有天球铜仪及日月行度铜仪，作有《历代舆地沿革图》若干幅，还旁涉农田水利、钱法、兵制等实学。自乾隆中叶以降，海内士大夫争治训诂小学，而其独治《通鉴》《通考》之学。其性情通脱，以不捧手奉教于汪中为恨。魏源尝说"（李兆洛）其论学无汉、宋，惟以心得为主，而恶夫以饾饤为汉，空腐为宋夜，故以《通鉴》《通考》二书为学之门户"，并称赞他是"近代通儒，一人而已"④。其论文破除独尊古文的藩篱，批判当世治古文者只知宗唐宋，而不知宗两汉，遂直取汉魏，推尚骈体，意在合骈散为一，故纂《骈体文钞》以与姚鼐《古文辞类纂》相抗衡。还著有《养一斋文集》（弟子高承钰所辑），仿宋语录纂有《暨阳答问》等。

概言之，阳湖文派赓续桐城"义法"，而又不拘囿程朱与古文，其目

---

① 恽敬：《大云山房文稿二集》卷二《自序》，《清代诗文集汇编》第 449 册，上海古籍出版社 2010 年版，第 145 页上。

② 曹虹：《阳湖文派研究》，中华书局 1996 年版，第 192—193 页。

③ 恽敬：《大云山房文稿初集》卷一《三代因革论八》，《清代诗文集汇编》第 449 册，上海古籍出版社 2010 年版，第 24 页上。

④ 魏源：《古微堂外集》卷四《武进李申耆先生传》，《魏源全集》第 12 册，岳麓书社 2004 年版，第 285 页。

力高远,取径宽广,宏通渊雅,不主故常,学采百家,文融骈散,体现了学问与文章相济之特色。

三、清代后期其他江苏学者的儒学

清代后期的江苏儒学版图中,除了风靡一时的常州今文学派和阳湖文派之外,还有一些未能为此二者所笼罩的儒学学者,他们或承乾嘉朴学余绪,继续专精于考据研究,或融合汉宋,敢于自立,更有甚者还喊出了反儒学的惊人之语。

陈奂(1786—1863),字硕甫,号师竹,以晚居苏州南园,自号南园老人,长洲(今江苏苏州)人。其少从师于塾中,得窥秦蕙田《五礼通考》,始得略知治经门径。且身处吴地,久受乾嘉吴派朴学浸淫,又师承江沅、段玉裁,与"高邮二王"、胡承珙等朴学名家相往还,故能秉承乾嘉朴学余绪,继续从事专精的汉学研究,可谓朴学后劲。其学以治《毛诗》最为卓著,撰有《诗毛氏传疏》。此书训释文字传义,辨析典章制度,博征群经予以疏证,尤为精审。其与郑笺不同之处在于他对《毛传》虽有宗尚,但有时又有所驳正,或者引用三家《诗》改《毛传》,而后世毛、郑并行,实际上却湮没了《毛传》义旨。陈奂之所以为《毛传》作新疏乃在于专主一家,以求纯粹严密,但他并非完全排斥郑笺与三家《诗》,若其与《毛传》相合则多援引,若与《毛传》相异,则一律不取。又以毛氏之学,源出荀子,故对《荀子》引《诗》、解《诗》或可与《诗》义相发明之材料多所取说。其发明《毛传》详尽深密,从名物、训诂、典章等多方面予以发覆,识见多精当,是清代毛诗研究的集大成之作。唯对《毛传》过于遵守,甚至对其失误亦加以曲护,则有墨守之嫌,且对《毛诗》文学艺术特色诠解较少,而反似史书、政典。[①] 此外,还撰有《郑氏笺考征》《毛诗传义类》《诗语助义》《穀梁逸礼》等。陈奂家居授徒,必授以《管子》《周礼》。有弟子杨显、丁士涵、管庆祺、马钊、戴望等。

柳兴恩(1795—1880),字宾叔,原名兴宗,江苏丹徒人,道光十二年

---

① 详参田汉云《中国近代经学史》,三秦出版社 1996 年版,第 139—146 页。

(1832)举人,是国学大师柳诒徵的族祖。初治《毛诗》,著有《毛诗注疏纠补》。在研治《毛诗》的过程中,他注意到《毛传》和《穀梁传》的联系,以毛公师荀卿、荀卿师穀梁,因而《毛传》中复有穀梁说。但是相较于《毛传》的昌盛,《穀梁传》则较为式微。在《春秋》三传中,《穀梁传》记史不如《左传》,义理不如《公羊传》,自唐以后千百年来无经师专治《穀梁》。直至清代,阮元编纂《皇清经解》,其中仍无专门的《穀梁》经疏,柳兴恩遂发愿专力治《穀梁》,希望撰成一部集大成的《穀梁》学研究著述,后终于撰成《穀梁大义述》三十卷。此书甫出,即赢得学林赞誉。阮元读后以其扶翼孤经,可补《皇清经解》之阙,亲为作序。当时陈澧亦拟撰《穀梁笺》及条例,但在读到柳兴恩此书后,遂不复作。后王先谦纂《续皇清经解》便将《穀梁大义述》收录。还著有《周易卦气补》《虞氏易象考》《尚书篇目考》《续王氏诗地理考》《仪礼释官考辨》《群经异义》《刘向年谱》《壹宿斋诗文集》等。

丁晏(1794—1876),字俭卿,号柘唐,亦作柘塘,山阳(今江苏淮安市淮安区)人。取名"晏",一因其父母生他时年岁已晚,二则寓意"勖晚成""励清志节"。他早岁赢弱多病,唯精研典籍,勤学不辍,读书养气。十七岁时,与潘德舆相识于丽正书院,引为同调。其在《与潘四农先生书》云:"大丈夫得志则不负所学,慨然有志于时,不得志则闭户穷居,不以贫贱而改行,不以困厄而尤人。讲求经史,归于实用,酌古准今,有裨治道,使后之人用其说,不难致太平,安天下。"①可见其早年即有立志修身、经世致用的职志。阮元摄漕督,视察郡学,以汉《易》十五家发策,丁晏条对万余言,为阮元所赏识。当时江藩任淮安丽正书院府学山长,也对丁晏推誉有加,说:"摭群籍之精,阐六经之奥。当今之世,如足下之好学深思者,有几人哉。"②道光元年(1821)中式为举人,大挑得教谕,主讲各大书院,晚年以著述讲学终老。

丁晏一生笔耕不辍,著述宏富,所撰之书凡四十七种,刻为《颐志斋丛书》,另有诗文集十六卷未刊。其中经学著述凡二十七种,尤为世所

---

① 丁晏:《颐志斋文集》卷八,1949 年排印本,第 1 页上。
② 丁晏:《颐志斋文集》卷五《丽正书院课艺序》,1949 年排印本,第 11 页。

重。举其荦荦大观者,则有《郑氏诗谱考正》《毛郑诗释》《毛诗陆疏校正》《三礼释注》《禹贡集释》《读经说》《尚书余论》《周易述传》等。其年寿较永,享年八十有二,于光绪元年(1875)去世,历乾嘉道同咸光六朝。其间时局变迁动荡,学术流变亦与世迁移,丁晏身处其世,学术思想有所变化也在情理之中。根据田汉云先生的研究,其学术思想演变轨迹整体上可分为两大阶段:第一阶段是五十五岁以前,其主要宗尚汉学,特重训诂,所治经典为《诗》《书》、三《礼》和《孝经》;第二阶段是五十六岁以后,由宗尚汉学到融汇汉宋,尤重义理,所治经典为《易》《书》《左传》《孝经》。①

道咸以降,清廷内忧外患日渐深重,汉学弊病日益显露,学风有所转移。原先以实学标帜的汉学,面对时局变动,却反而显得经世不足,迂旧有余,而起初被黜为空虚的宋学,在此时却有维系世道人心的功用。然而汉学风行已久,成为一代典范,考证观念业已深入人心,因之,融汇汉、宋成为此期学术主流。② 道光十年(1830),丁晏在《读经说》中较为系统地阐明了他汉宋会通的学术主张,认为犁分汉宋乃是门户之见,汉学、宋学各有所胜,汉学明于故训,宋学精于析理,二者彼此关联,不可轩轾;故训衡定,则义理方能开显,义理彰明,而又能反过来使故训精审。因之,他力主辟除门户,将汉学、宋学统合为经学③。丁晏统合汉、宋,以达"通儒"之意,其中也内蕴有深厚的现实关怀,即追求德行与学问相济,以挽救世道人心。其撰《左传杜解集正》即有此深意,他引证了大量汉魏旧注,对杜注进行详细辨证,方法近于汉学;但是其旨趣则在"扶翼正学,昌明世教",俨然宋学面目。从中亦能管窥其融通经学与理学的治学理念。

更为可贵的是,丁晏不仅是一位潜心经学的儒者,还是一位能走出书斋,经世实干的儒者,其实绩主要有三:一是赈灾救民,兴修实务,造福乡里。道光二十七年(1847),洪泽湖水患,河道官员拟弃淮安运西分

① 田汉云:《中国近代经学史》,三秦出版社1996年版,第260—271页。
② 严寿澂:《嘉道以降汉学家思想转变一例——读丁晏〈颐志斋文集〉》,《近世中国学术思想抉隐》,上海人民出版社2008年版,第249页。
③ 丁晏:《读经说》,《颐志斋丛书》,同治年间汇印,第1页。

洪,百姓惶恐。丁晏最终说服淮安知府,主张修筑运河西太平圩以蓄洪,保护农田。知府请丁晏主持其事,最终堤坝筑成,成功防止水患,百姓亲切地称之为"福公堤"。咸丰二年(1852),运河干旱,土地龟裂,民心惶惶,后经丁晏引河水灌溉,农田得丰收。二是抵御敌犯,守城保民。道光二十二年(1842),英军威逼镇江,江苏危急,丁晏积极组织团练,兴建郡城以备守城,因功加内阁中书衔。咸丰十年(1860),淮安又面临捻军围攻,丁晏不顾老迈,挺身而出,率团练守城,保全一方百姓免遭战火洗劫。后因护城有功,加三品衔侍读内阁中书。三是修复古迹,保护乡邦文化。丁晏还积极投身淮安公共事业与文化事业。如主持重修淮安府旧城、丽正书院、龙光阁、城隍庙等,兴修河堤桥馆等,并与何绍基主持编纂《重修山阳县志》《淮安艺文志》。

应该说,丁晏这种融汇汉、宋,经世致用的学风,特别是对汉、宋之争的融通态度,在清代后期的江苏儒学中很有代表性。与之相近的还有刘熙载、成孺等。

刘熙载(1813—1881),字伯简,号融斋,因其父尝言"此子学问当以悟入",晚年遂又号寤崖,江苏兴化人。道光二十四年(1844)进士,改庶吉士授翰林院编修。咸丰三年(1853),其以召对称旨,奉命直上书房,并赐"性静清逸"四字。同治三年(1864),任国子监司业。此后又于上海龙门书院执教十四年,以正学教授诸生,有宋代胡安定之风范。其为人特重修身,以躬行为重,表里如一,清介自守。其于书无所不窥,而治学以经学为主,汉宋兼采,尤精音韵、算术之学。著有《说文双声》《说文叠韵》《四音定切》《持志塾言》《昨非集》等。刘熙载既志道据德,又能游于艺文,于诗词歌赋书法经义亦有独到见解,深造自得。又成《艺概》一书,允为谈艺佳作。值得注意的是,其论文亦以儒家立场为法宪,除重言之有物外,尤重作家之文行出处与立身品格,直陈"诗品出于人品"[①]。要之,其为学能不分门户,博观约取,所谓"真博必约,真约必博",又能自出机杼,终归于道,将学问与德行熔铸一体,有真儒风范。

成孺(1816—1883),原名蓉镜,后更为孺,字芙卿,一字心巢,江苏

---

① 刘熙载:《艺概》,上海古籍出版社 1978 年版,第 82 页。

宝应人。性情至孝,其父殁三日,竟至哭丧气绝而后属,此后遂专心授经侍母,母有所求必尽心致之。为避远游,三十岁后就绝意科场。后迁金陵书局校书,亦奉母居南京,可谓至孝。其治学寝馈于经,博涉多方,于金石考订尤为精湛,为学实事求是,不分门户。光绪六年(1880),湖南学政朱逌然聘其主持长沙校经堂,成孺设立"博文""约礼"两斋以授学,一时求学者甚众。著有《禹贡班义述》《尚书历谱》《经义骈枝》《切韵表》。编有《太初历谱》《春秋日南至谱》。晚年倾心程朱之学,编有《我师录》《困勉记》《必自录》《庸德录》《东山政教录》,还著有《国朝学案备忘录》《国朝师儒论略》《五经算术》《步算释例》等。

清代江苏儒学史上还有一个另类人汪士铎,其对儒学批判之严厉在整个中国儒学史上都属罕见,以往的儒者还只是就儒学不同派别展开批评,如汉、宋之争,今、古文之争,程朱、陆王之争,尚属于儒家内部的门户之争,而汪士铎则是对整个儒学产生怀疑,并进而展开激烈批评。

汪士铎(1802—1889),原名鏊,字振庵,一字梅村,晚号无不悔翁,简称悔翁,江苏江宁(今江苏南京)人。道光二十年(1840)举人。其最初也深受儒学浸淫,治学主于经世致用,精通三礼之学,与杨大埙并称"汪杨"。尝撰有《礼服记》《仪礼郑注今制疏证》,为胡培翚所称许。又精舆地之学,于《水经注》用力尤勤,撰有《水经注图》。此外还著有《南北史补志》《江宁府志》《上江两县志》《汪梅村先生集》《胡文忠公抚鄂记》,及邓之诚所辑《乙丙日记》《汪悔翁诗续钞》等。咸丰三年(1853),太平军攻陷南京,汪士铎被困城中长达九月,妻离子散,屡遭变故,备受创伤,最终得以逃到安徽绩溪,居山间五年。后应胡林翼之邀入幕,为镇压太平军出谋划策,深受胡林翼、曾国藩赏识,此后又加入严树森幕府。

其儒学思想恰恰体现在对儒学的激烈批评与反叛上,这与他经受太平军之乱的刺激有很大关系,其号"无不悔翁"本身就是心灰意冷的一种表征。他在逃难过程中将其所见所闻,所思所感记录在《乙丙日记》中,其中对清朝统治的危机及其拯救之道、太平天国运动爆发的原因及其镇压之法等均有深入思考。其持论激烈,本不拟示人,但正是这种"私人话语"反而反映了一个底层儒者的真实心境。他认为太平军之所以兴起,清朝之所以惨败,其根源均在于作为正统思想的儒学。他说:"今日之失,与宋明末之失,皆笃信孔孟之祸也。"①他大肆批评孔、孟,认为传统的孔孟之道已无力挽救国家命运,而对理学则言辞更加愤激,认为理学虚浮空谈,毫无实用,只是装点门面,不能经世致用,因此他主张以申、韩、孙、吴等法家之说以辅孔子之道,拯救世变。他将太平军兴起归咎于人多,人满为患,则无田可耕;无田可耕则聚众闹事。因此他鼓吹"多杀为贵",减少人口。他忽视了统治者对人民的剥削,而一味地对农民起义军进行恶毒攻击,其说过于残忍,又有泄愤之意,无疑是极其危险的。但他对人口问题的重视,又使得某些研究者将其视作"东方的马尔萨斯"。

面临世积乱离,风衰俗怨的垂危之境,汪士铎的这番石破天惊式的回应无疑具有某种预示意味:一个深受儒家思想洗礼的儒家知识分子,竟然发出对儒家最严厉的批评之声,这本身就暗示了儒家思想已到了不得不变的境地,由此也可管窥,近代的儒学新变似乎不再遥远。

---

① 汪士铎:《汪悔翁乙丙日记》,文海出版社 1966 年版,第 110 页。

第八章　千年大变局,儒学迎挑战
——近现代的江苏儒学

从 1840 年鸦片战争到 1949 年中华人民共和国成立,这一百多年,中国近现代社会风起云涌,剧烈动荡,经历了千年未有之大变局。伴随着中国社会政治经济领域发生的各种动荡、危机和变化,中国的学术文化和思想意识形态领域也充满了矛盾冲突,呈现出十分复杂的多样性和变动性,而儒学在这一历史阶段的发展,也经历了艰难而曲折的历程。

鸦片战争之后,江苏地区成为中国最先直接受到西方经济文化势力渗透与冲击的地区之一,后来又先后成为太平天国和民国政府都城所在地,近现代许多重大历史事件发生于江苏,近现代史上许多叱咤风云的政治、经济和文化人物在江苏留下了他们的足迹。这一时期儒学在包括上海在内的江苏地区的发展,很能体现近现代中国儒学乃至整个思想文化发展的基本格局和趋势。儒学一方面承受到外来西方文化和内部社会政治经济变革两方面前所未有的冲击,另一方面也在这种前所未有的压力和复杂环境中探寻自身发展的道路。

限于篇幅,本章仅从三个方面,各选取两位出自江苏地区的儒学代表人物,以展现近现代江苏儒学发展的概貌。这三个方面,既代表着儒学在面对外来文化冲击和内部社会巨变双重挑战下出现分化发展的三种不同取向,也在一定程度上呈现着儒学传统在近现代复杂历史进程中自身发展逻辑的三个不同阶段。

第一节 开眼看世界的江苏新派儒家学者

道光二十年(1840),鸦片战争爆发,西方资本主义用坚船利炮打开了中国久锁的国门,中国进入了半封建半殖民地时期。国人在普遍感受到中国面对西方列强所遭受的屈辱,意识到中国相较于西方在科技、军事等诸多方面明显存在劣势的情况下,开始从自身文化传统中寻找原因,把批判的矛头指向作为两千多年中国传统文化核心内容的孔孟之道和儒学,儒学的传统权威地位遭到挑战,日益成为冲击和批判的对象。与此同时,官僚士大夫和知识分子阶层都出现了一批比较开明的人士,他们率先接触西方,能够开眼看世界,提出变法图强的主张,所谓洋务派便是其代表。

晚清时期,洋务派的主要代表人物如曾国藩、李鸿章、左宗棠、张之洞等人,都曾担任过管辖范围包括江苏在内的两江总督之职。他们一方面积极提倡传统儒家的经世致用精神,另一方面也在不同程度上主张要"师夷之长技以制夷",学习西方文化的长处。如张之洞提出的"中体西用",就是要在坚持以儒学为代表的中国传统纲常名教之根本的前提下,借鉴采用西方的技术与器物。这些洋务派封疆大吏比较开明的思想主张,对促进江苏地区近代民族工业、新式教育的发展起到了推动作用,也从总体上对江苏地区思想文化方面的开放发生了重要影响。虽然他们的根本目的是在于巩固清王朝的统治,挽救其灭亡,但客观上也促进了这一时期江苏地区包括儒学在内的学术思想的新变。"中学为体,西学为用"成为这一时期不少江苏知识分子的共识。例如1897年在苏州成立的苏学会的章程中即明言:"以中学为主,西学为辅;中学为体,西学为用。中学有未备者,以西学补之;中学有失传者,以西学还之。以中学包罗西学,不能以西学凌驾中学。"①

---

① 《苏学会简明章程》,陈元晖主编,汤志钧等编:《中国近代教育史资料汇编·戊戌时期教育》,上海教育出版社 2007 年版,第 186 页。

在这一历史背景下,晚清时期江苏地区就产生了多位对中国近代化进程作出重要思想贡献的改革派思想家,冯桂芬、王韬就是他们当中的杰出代表人物。他们两人的共同特点是都受过传统的儒学教育,自幼饱读儒家经典,深受儒学文化熏陶,但同时都能在历史大变局的时代中以开放的胸怀、开阔的视野来接受包容外来文化,将儒学固有的"变通"精神应用于当下实践,主张托古改制,学习西方,去弊维新,推动改革,为中国近代社会的进步与改革作出了重要的理论贡献。

一、冯桂芬的儒学思想

冯桂芬(1809—1874),字景亭,一作景庭,号林一,又号梦奈,晚号懔叟,江苏苏州吴县人。嘉庆十四年(1809),冯桂芬出生于苏州吴县一个商人家庭。道光十二年(1832),考中壬辰科江南乡试第十六名举人。道光二十年(1840),会试高中,一甲二名,赐进士及第,授翰林院编修。其后在京为官十载,为京官期间与曾国藩、李鸿章二人相识。自京师返乡后,冯曾先后任金陵惜阴书院主讲,赴扬州修《盐法志》。太平军起义后在苏州组织劝捐团练等。至咸丰十年(1860)四月,太平军攻破苏州城,冯举家远离家乡,避难寓居上海达四年时间。同治元年(1862)春,入李鸿章幕。同治三年(1864)秋返回苏州后,冯桂芬一直致力于苏州教育、经济等方面的发展与改革。先后助地方修建苏州试院,主讲正谊书院,主纂《苏州府志》等,直至同治十三年(1874)四月十三日病逝于苏州。

冯桂芬是一位受过正统儒学教育的知识分子,同时也是一位能以开放包容的眼光接受西方学术的近代学人。他学识渊博,不仅在小学、经学上有颇高成就,在数学、文学、天文学、堪舆学等方面也造诣甚高,且相关著作颇丰。小学方面,作有《说文解字段注考正》;数学方面,编有《西算心法直解》八卷、《弧矢算数细草图解》一卷;天文学方面,曾修订《道光甲辰元赤道恒星图》等。而他对近现代社会影响最为深远的著作,当属《校邠庐抗议》《显志堂稿》二书。

作为中国近代史上视野开阔的一位改革派思想家,冯桂芬思想的形成经过了一个较长的时期，主要分为三个阶段。

其主体思想形成于早期在江苏生活、求学、游幕时期，对其思想形成有重大影响的有四个方面的因素。其一，冯桂芬自小入私塾学习，接受儒家正统教育，儒家传统思想深埋于心，根深蒂固。其后冯提倡的改革理论始终不离儒家传统思想之本，这与他自小接受的儒家正统教育有直接关系。其二，道光八年（1828），冯入苏州有名的正谊书院学习，得当时著名大儒朱兰坡悉心教导，其对传统儒家思想的内核认识进一步加深。其间更受时任江苏巡抚的林则徐赏识，得"一时无两之誉"[1]。林则徐对冯欣赏有加，还曾将冯招至署中读书，其经世致用思想对冯有着重大影响。其三，冯在中举后至进士及第前，曾有一段游幕经历，其中最重要的经历当属任江苏督抚陈銮、陶澍、裕谦幕僚时期。担任幕僚期间，冯有了近距离接触官场，了解社会及政治现状的机会，这对其经世思想的形成有重要的作用。其四，冯桂芬自小生活在苏州吴县，而江南重赋这一困扰苏州乃至整个江苏人民的问题，也一直深藏在冯的心里，冯桂芬同情百姓困苦，关注民生的民本思想逐渐演变为日后呼吁改革的实际行动。

供职京师与去官返乡期间，是其思想得到润色并日趋丰满的时期。高中进士是冯桂芬人生的转折点，自此他踏上仕途。进京后又得当朝大学士潘世恩礼遇赏识，加之翰林院编修职务闲散，给了冯接触、观察官场，深入了解清政府政治现状的机会。同时，入京后又与姚莹、郭嵩焘等开明人士交往，这与他日后变法图强思想的产生也有重要关系。道光三十年（1850），冯父去世，冯桂芬抚父枢回苏州后便守制在籍，其间与魏源等人交友，颇受魏源"师夷长技"思想的影响，自身思想体系亦得以充实、饱满。

寓居上海时期是其思想的定型时期。咸丰十年（1860），太平军来势凶猛，攻破苏州城。冯桂芬不得已携家眷辗转避难于上海，在上海度过了四年的侨寓生活。在上海生活的四年，他目睹了西方资本主义入侵后给工商业与城市带来的蓬勃发展的气象，意识到西方文化的先进

---

① 冯桂芬：《林少穆督部师小像题辞》，《显志堂稿》卷十二，文海出版社 1981 年版，第 1058 页。

与强大,这对冯桂芬世界眼光与西学思想的形成有着重要影响。

先后历经求学、游幕、供职京师,侨寓上海,丰富的人生经历让冯桂芬的思想体系逐渐定型。早年其受徐、魏等地主阶级改革派的影响,提倡经世致用之学。其后供职京师、侨寓上海。个人际遇的坎坷与国家命运的动荡相交织的独特经历,使冯桂芬的改革思想又与徐、魏二人有极大的不同。

冯桂芬生在中国近代历史的转折期,第二次鸦片战争与太平天国农民起义带来的巨大社会动荡,促使冯桂芬关心国事民生,积极探索国家变革自强之路。冯桂芬虽与魏源友善,也颇受魏源西学思想的影响,但对其"以夷制夷,以夷款夷"的思想却不以为然,唯对"师夷长技以制夷"思想颇为赞赏。在魏源思想基础之上,冯桂芬对其"采西学"主张做出了描述:

> 太史公论治曰"法后王"(本荀子),为其近己而俗变相类,议卑而易行也。愚以为在今日又宜曰"鉴诸国"。诸国同时并域,独能自致富强,岂非相类而易行之尤大彰明较著者? 如以中国之伦常名教为原本,辅以诸国富强之术,不更善之善者哉?[①]

冯桂芬从中国传统儒家文化中寻求变法可用的思想资源,以荀子"法后王"的主张作为理论依据,倡导效法西方富强之术。荀子主张效法晚近的圣君明主,而冯桂芬则在此基础上主张"鉴诸国",效法西方强国,采纳西学。当然,他在《校邠庐抗议》的自序中说到,采西学须"以不畔于三代圣人之法为宗旨"[②]。可见冯桂芬的"采西学"是以开放的文化心态面对中西两种文化,不背离中国儒家传统文化之根本,辅之以诸国富强之术(即西方先进文化),呼吁改革,倡导西学,进而推动国家走向自强。冯桂芬的这种"本辅"思想实际成为洋务运动"中体西用"的理论基础,为后来洋务运动的"中体西用"主张提供了借鉴。

---

① 冯桂芬:《校邠庐抗议》,《续修四库全书》第952册,上海古籍出版社2002年版,第541页。
② 冯桂芬:《校邠庐抗议》,《续修四库全书》第952册,上海古籍出版社2002年版,第499页。

在其《收贫民议》中,冯桂芬进一步说道:"法苟不善,虽古先吾斥之;法苟善,虽蛮貊吾师之"①。说明冯桂芬是以善与不善而非古与不古作为标准来看待文化传统,他始终以一种辩证的眼光来对待传统思想文化与西方文化,融合中西文化中精华部分为己所用,以此改变国家积贫积弱的现状,进而走向繁荣昌盛。而其学习西学的最终目的则在于:"始则师而法之,继则比而齐之,终则驾而上之"②。至于"采西学"之内容,冯桂芬的主张则与魏源不同。魏源主要强调对西方器物的学习,而冯桂芬在器物学习基础上更进一步,强调博采西学,广泛学习西方先进的科学技术。这样一种以中国伦常名教为本,以西方富强之术为辅的"本辅"思想,既有对儒家传统优秀文化的坚守与发扬,也有对西方先进文化的学习与吸收,这是一种植根于儒家兼容并蓄的传统文化之上的开放的改革心态。冯桂芬思想的其他方面,以及他的一切变革主张均是建立在这样一种"本辅"思想之上的。

在政治变革层面,针对清末社会腐败丛生,世风日下,人民困苦不堪的局面,冯桂芬提出了一系列政治改革的主张。冯桂芬不仅有《公黜陟议》《汰冗员议》《杜亏空议》诸篇论及政治制度层面的改革的文章,更有《制洋器议》一文,提出对后世改革思想影响至深的"四不如夷"说,即"人无弃材不如夷,地无遗利不如夷,君民不隔不如夷,名实必符不如夷"③。认为中国要自强,就必须克服这些短处,克服短处的方法就是要向西方学习。不仅学习西方之"器物",还要通过"于通商各口拨款设船炮局","聘夷人数名","出夷制之上者赏给进士一体殿试"④等系列措施,推进中国制度改革。冯桂芬针对政治层面的系列改革理论,对洋务派及维新派的改革主张产生了极大的影响。

尤其值得一提的是,在政治改革的主张中,冯桂芬对科举制度的改革主张对后世影响深远。冯桂芬强调,在国家存亡的关键时刻,人才对

---

① 冯桂芬:《校邠庐抗议》,《续修四库全书》第 952 册,上海古籍出版社 2002 年版,第 527 页。
② 冯桂芬:《校邠庐抗议》,《续修四库全书》第 952 册,上海古籍出版社 2002 年版,第 544 页。
③ 冯桂芬:《校邠庐抗议》,《续修四库全书》第 952 册,上海古籍出版社 2002 年版,第 542 页。
④ 冯桂芬:《校邠庐抗议》,《续修四库全书》第 952 册,上海古籍出版社 2002 年版,第 543 页。

社会发展的作用非常突出,他指出:"世之盛衰在吏治,治之隆污在人才"①。因而,他批判八股取士的科举制度,并主张以中国儒家正统教育为根本,适当吸收西方先进思想文化,提出改革科举制度的系列措施。

冯桂芬在《改科举议》一文中,开篇便言:"时文取士所学非所用"②,揭露科举取士选拔人才的弊端,随后层层深入,深刻批判了科举制度的腐朽,指明其实质不过是"意在败坏天下之人才,非欲造就天下之人才"③。但是,他对科举考试又非全盘否定,而是认为其方法可用,但考试次数需变,考试内容需变,录取方法亦应变,并在这三个方面提出了一整套设想。其中,针对科举考试内容方面的改革影响最为深远。他主张考试内容,从乡试至会试均考经解、古学、策问三门,提高考试难度,减少考试次数。并提出:"凡国学,天下学校书院,皆用三事并试"④。同时,为培养近代军事化科技人才,冯桂芬主张设特科,在经义取士外另设一科,以收天下各式人才。

科举考试内容一变,教学内容便自然也要为之一变。冯桂芬以自身见闻及思想体系为基础,参之以林则徐、魏源等人的经世思想主张,提倡教学实践中应重视倡导经世致用之学。李鸿章任江苏巡抚后,曾命冯重建苏州正谊书院。冯在《改建正谊书院记》中写道:"不知古来之学,本无不聚,后世名存实废之,学始不然,而书院则转存古学之法,然所习仅科举文字,犹无当也,务令究心经史有用之学,尤失义正遗意,斯于古学法有合焉"⑤。冯主张书院需以经世之学为主要教学内容。

在教学内容重视倡导经世之学的基础上,冯桂芬还借鉴西方教育理念,提倡创建新式教育,设立新式学堂。冯桂芬倡议设立外语学校,学习外国语言文字,还提出一个具体的教学模式:"聘西人课以诸国语言文字,又聘内地名师课以经史等学,兼习算学"⑥。既学习传统经史,也学习外国语言文字,中西相通相融,以便帮助清政府尽快融入世界体系。

① 冯桂芬:《校邠庐抗议》,《续修四库全书》第952册,上海古籍出版社2002年版,第498页。
② 冯桂芬:《校邠庐抗议》,《续修四库全书》第952册,上海古籍出版社2002年版,第533页。
③ 冯桂芬:《校邠庐抗议》,《续修四库全书》第952册,上海古籍出版社2002年版,第533页。
④ 冯桂芬:《校邠庐抗议》,《续修四库全书》第952册,上海古籍出版社2002年版,第534页。
⑤ 冯桂芬:《显志堂稿》卷三,《改建正谊书院记》,文海出版社1981年版,第324页。
⑥ 冯桂芬:《校邠庐抗议》,《续修四库全书》第952册,上海古籍出版社2002年版,第541页。

与此同时,冯桂芬还提出应发扬儒家尊师重道的优秀传统文化,强调提高教师地位。在其《重儒官议》一篇中,冯桂芬开篇便指出教师对于道德教化、人才培养的重要性,"师道立则善人多,师儒之盛衰,人才升降之原本"①,直指尊师的重要性,并感叹"师道之不讲久矣"! 对此,冯桂芬主张,应选道德高尚之人为教师,同时给予教师以特有的尊敬,指出:"教官者,师也,师在天下,则尊于天下,在一国则尊于一国,在一乡则尊于一乡,无常职亦无常品,惟德是视"②。针对如何将尊师与教学相结合这一问题,冯桂芬还就教育机构、学生选拔、尊师礼节、教师待遇等方面的改革提出了具体措施,力求从倡导尊师这一传统美德入手,引领教风、文风与士风的积极变化。

当然,冯桂芬对近代教育的影响不仅体现在理论层面,他还以自己的思想理论为指导,长期从事教育实践活动,先后主讲金陵惜阴书院、苏州紫阳书院、苏州正谊书院等著名书院,积累了丰富的教学实践经验与成熟完善的教育理念,门下有诸如吴大澂、洪钧、王颂蔚、袁宝璜、叶昌炽等著名人物。其对教育改革的种种主张与实践,实开我国近代教育的先河,对江苏乃至整个近代中国的教育发展都有极其深远的影响。

在经济改革方面,冯桂芬的思想贡献和成就突出表现在其秉承儒家仁政爱民的传统,关注民生,为江苏减赋所做的不懈努力。冯桂芬在《折南漕议》中言及漕运的危害:"经时累月数千里,竭多少脂膏,招多少蠹蠹,冒多少艰难险阻。"③因此,他主张完全以商人的自由运销取代封建的漕运机构,以此解决官员中饱私囊的问题。

江南重赋问题一直是困扰江南百姓的一个严重经济问题,其中,又以苏州、松江、太仓三地所承担的漕赋最重。冯桂芬自小生长在漕赋极重的苏州地区,亲眼看见苏州百姓生活穷苦的境况,感触颇深。在平时读书之余,冯便格外留心漕赋问题,为官时凡涉及漕赋之事,必加以详细记录,并思考减赋办法。咸丰三年(1853),他曾就均赋问题致书时任江苏巡抚的许乃钊,指出整顿漕务的迫切性。咸丰十年(1860),冯初到

---

① 冯桂芬:《校邠庐抗议》,《续修四库全书》第 952 册,上海古籍出版社 2002 年版,第 531 页。
② 冯桂芬:《校邠庐抗议》,《续修四库全书》第 952 册,上海古籍出版社 2002 年版,第 531 页。
③ 冯桂芬:《校邠庐抗议》,《续修四库全书》第 952 册,上海古籍出版社 2002 年版,第 516 页。

上海便以减赋事上书曾国藩，得曾首肯。同治元年（1862）春，李鸿章率师到上海，请冯桂芬入幕，冯抓住时机再提减赋一事，强调其重要性与迫切性，"减赋则关系我桑梓者甚大，福星在上，千载一时，机无可失"①。翌年，松江知府方传书也向两江总督曾国藩、江苏巡抚李鸿章呈报，提出减赋问题。加之此时吴云写信给潘曾玮等人，详细陈述了苏、松二府漕赋的种种弊端。种种因素最终使得李鸿章答应将减赋一事付诸实践，并将此事托付给冯桂芬和郭嵩焘办理。李鸿章对冯桂芬在江苏减赋一事上的成就有极高评价，称赞他为减赋做的努力"此于朝廷为大政事，于江苏为大利害，该绅精心擘画，次第举行"②。

在社会改革方面，冯桂芬的诸多理论主张主要可归纳为两个方面。第一，从民本思想出发，以荷兰等西方国家为榜样，主张救助贫民，教养贫民，建立社会保障体系。在《收贫民议》一篇中，冯桂芬建议以义庄收容贫民，并提出一系列教育、管理贫民的措施。冯指出："夫民穷为匪，亦不教不养使然耳"③。教养贫民，意义重大，贫民有所归，社会才能稳定。由此可见冯桂芬眼光之远大。

第二，崇尚节俭，呼吁回归节俭的社会风气。他在《崇节俭议》开篇便说："俭，德之共也。奢，恶之大也，从古无以奢昌而以俭败者。"④在呼吁节俭的同时，冯还提出以王公百官为首从俭，以达上行下效，回归节俭的理论主张，"今议王公以下大小百官，一概衣布，锦绣篡组，或为亵衣，或为贱者之服，不得为公服"⑤。从冯桂芬的这些理论主张，我们可以看到冯桂芬有感于骄淫奢靡的社会风气，呼吁以传统儒家文化中崇尚节俭之风来改革社会风气的良苦用心。

作为上承林则徐、魏源，下启康有为、梁启超的关键过渡性人物，冯桂芬在政治、经济、社会等方面提出的一系列理论主张，对洋务派之器物西化与维新派之制度西化主张都起到了极大启发作用，对近代江苏

---

① 冯桂芬：《再启李宫保》，《显志堂稿》卷五，文海出版社 1981 年版，第 497 页。
② 李鸿章著，顾廷龙、叶亚廉主编：《冯桂芬建祠片》，《李鸿章全集》第二册，上海人民出版社 1985 年版，第 834 页。
③ 冯桂芬：《校邠庐抗议》，《续修四库全书》第 952 册，上海古籍出版社 2002 年版，第 527 页。
④ 冯桂芬：《校邠庐抗议》，《续修四库全书》第 952 册，上海古籍出版社 2002 年版，第 536 页。
⑤ 冯桂芬：《校邠庐抗议》，《续修四库全书》第 952 册，上海古籍出版社 2002 年版，第 536 页。

乃至整个中国社会的发展产生了极其深远的影响。维新变法期间，光绪皇帝曾下令将冯桂芬的《校邠庐抗议》四十篇刷印一千部，发给各级官员评读，以便为推行变法做思想准备，由此足见当时冯桂芬思想理论影响之大。

二、王韬的儒学思想

王韬(1828—1897)，原名利宾，字仲弢，号紫铨，别号弢园老人，江苏苏州甫里人，近代著名思想家、教育家。王韬留下的著作较多，著名的有《弢园文录外编》《淞隐漫录》《弢园尺牍》《普法战纪》《法国志略》等。但实际上王韬对《春秋》等儒家经典也很有研究，出版有《弢园经学辑存六种》。此外据他本人说，还曾著有《弢园文录内编》，是一部"多言性理学术"的书，可见他对宋明以来儒家的性理之学很有研究。可惜此书后来落在水中遗失了，一个字也没留下来。

王韬生于诗书之家，其父是一位塾师。王韬自小得父母启蒙教诲，少有才名。王韬自己回忆说："少承庭训，自九岁以迄成童，毕读群经，旁涉诸史，一生学业悉基于此。"[1]可见父母的教诲和儒家传统文化教育，对他一生影响至深。王韬自儿时起便接受儒家经典教育，希求一朝高中，光耀门楣，可惜不遂人愿，终其一生他都与科举仕途无缘。道光二十九年(1849)，因家贫，生活难以为继，王韬受传教士麦都思邀请，远离家乡甫里，前往上海墨海书馆进行助译工作，在沪一待便是十三年。在上海墨海书馆工作期间，王韬曾参与翻译如《格致新学提纲》《光学图说》《重学浅说》之类的西方科学技术书籍，开始接触、了解西方思想文化，思想也由此开始转变。同治元年(1862)，王韬因化名黄畹向太平天国上书献策事件遭清政府通缉，辗转逃至香港，开启了他长达二十三年的流亡生活，也迎来了他思想上的巨变时期。抵港后，王韬目睹了在英人经营下的香港工商业的繁荣景象，这给了王韬以极大的震动，为他日后的"重商"思想埋下了种子。同治六年(1867)，受理雅各邀请，王韬搭

乘普鲁士轮船离开香港,前往欧洲游历,沿途"历行数十国"。王韬的欧洲之行历时颇长,仅在英国便度过两年零四个月的时间。这次欧洲实地考察之旅,对王韬思想的重新构筑产生了极其重要的影响。同治九年(1870),王韬离英返港,致力于办报、著书。他创办的《循环日报》是中国历史上第一个由中国人创办的报纸,更是他宣传变法自强主张的"喉舌"。此时他与不少洋务派人物如丁日昌等有交往。光绪五年(1879)春,王韬前往日本,历时一百二十八日,游历多地,结交了黄遵宪以及一些日本进步人士,其思想认识又得以进一步发展。从光绪十一年(1885)返沪起,王韬任上海格致书院山长,直至光绪二十三年(1897年)去世。

随着经历的丰富,见闻的增多,王韬的思想也随之不断发展变化。同为近代早期改革派思想家的代表人物,王韬同冯桂芬的改革主张既有同更有异,既有继承更有发展。王韬在目睹了西方诸国器物、制度、科学技术等多方面的先进与清政府的腐朽不堪后,认识到中国不得不变的历史命运,于是义无反顾地投入到呼吁改革的历史洪流中,其思想较冯桂芬更为激进彻底。主张既然要呼吁"变",倡导"改",便要由己及人,再至整个社会焕然一新。

王韬初到上海墨海书馆进行翻译工作,并非出于自愿,更多是迫于生计的无奈违心之举。王韬作为自小接受封建正统教育的一名知识分子,即便在国门早已被洋人坚船利炮打开的情况下,心理上仍旧有天朝上国之民的自豪感和几千年儒家文化的优越感,认为自己"卖身事夷"的举动不符合儒家大义。但与甫里乡村经济凋敝的景象不同,上海工商业发达的繁华气象让王韬眼前一新,"率皆西人舍宇,楼阁峥嵘,缥缈云外,飞甍画栋,碧槛珠帘"①。这一切,给王韬带来的视觉冲击和思想震撼是巨大的,这一点,在其《弢园文录外编》的自序中可以看出:

> 自中外通商以来,天下之事繁变极矣。见所未见,闻所未闻,一切奇技环巧,皆足以凿破天机,斵削元气,而洩造化阴阳之祕。

---

① 王韬:《黄浦帆樯》,《漫游随录》卷一,岳麓书社 1985 年版,第 58 页。

> 其间斗智斗力,情伪相感而利害生,交际相乘而得失生,强弱相形而凌侮生,诚诈相接而悔吝生。四十余年所以驾驭之者,窃谓未得其道也……①

崭新的世界激发了青年王韬的好奇心,也促使他以一种积极的眼光来正面看待西方先进文化。而在墨海书馆进行西方科学技术书籍的翻译工作,也给王韬提供了"窥破西学堂奥"的客观条件。青年王韬便在这样一种非自愿不自觉的状态下被卷进了东西方文化冲撞与交流的漩涡,在经历了精神上的无数矛盾与纠结后,开始了世界观的最初转变。

香港和欧洲的多年流亡经历,更是促成王韬思想观念发生质变的直接原因。在游历欧洲诸国期间的所见所闻,使他认识到中国中心主义世界观的可笑。他意识到西方文化同样拥有卓越的成就,甚至注意到西方文化在某些方面已经超越中国文化。不容置疑的事实促使其思想发生了质变,王韬思维中的文化优越感与中国中心主义在现实面前分崩离析。至此,一个新的世界观在王韬思想上被重新建构起来:世界是一个彼此独立、彼此竞争的多元体系,因此首先须承认西方各国同为平等的独立国家实体,承认西方文化是独立于儒家文化之外,不依附于儒家文化的存在,承认中西文化具有各自的历史价值,"东方有圣人焉,此心同,此理同也;西方有圣人焉,此心同,此理同也。请一言以决之:此道大同"②。以平和的眼光看待、比较中西方文化。在此基础上,强调学习西方,以通中西,摆脱困境。其次,他把世界格局比作春秋战国时期的诸侯争霸,承认各国之间是平等竞争的关系。其《变法自强下》曰:

> 如英,如俄,如普,如法,皆欧洲最强莫大之国也。今以中国地图按之,则俄处西北,最为逼近;西南有英属之印度,毗接云南;而法兵业驻越南,则南界又复连属。诸国并以大海为门户,轮舟所

---

① 王韬:《弢园文录外编》,辽宁人民出版社 1994 年版,第 1 页。
② 王韬:《伦敦小憩》,《漫游随录》卷二,岳麓书社 1985 年版,第 98 页。

指,百日可遍于地球,于是纵横出入,骎骎乎几有与中国鼎立之势,而有似乎春秋时之列国。惟是中国方当发、捻、回、苗之扰,前后用兵几二十余年,甫经平定,然则以艰难拮据之际,而与方盛之诸侯国相邻,设非熟思审处,奋发有为,亟致富强以图自立,将何以善其后乎?①

在这样的世界形势之下,唯有力争率先富强,才有资格立足于世界民族之林。带着这样的"世界观"来认识世界,王韬承认中国今日境况实为竞争失利的结果。因此必须变法图强,救亡图存。他在《琉事不足辩》篇中言自强、奋发之道,说:

> 今日之事,非可以口舌争,亦岂能以笔墨战。我中国亦惟有内求诸己矣。夫中国非小弱也,乃至今日,狓焉逞者,何国蔑有,时挟其所长以凌侮我,而恫吓我,跋扈飞扬,已非一日……志者于此,蒿目时艰,眷怀大局,未尝不痛哭流涕长太息,而卧薪尝胆之不暇;是惟有奋发有为,亟图自强计。②

而欲"图自强",就必须承认自己的不足,敢于师夷之长技。王韬因流亡经历,得见西方在器物、制度、文化方面的先进之处,故倡导西学,主张以改革为手段变法图强,但这"变"与"改"主要是针对器物与制度层面的改革。王韬认为中国的富强不能以废除儒家文化为前提,以儒家文化为根本的中国文化也断不能改。若是文化根本也向西方学,那便是对中国几千年儒家文化的极大否定,文化根基丢弃后,又何谈文化独立、国家独立呢?王韬自小接受儒家文化的熏陶感染,对以儒家文化为根本的中国文化有着天然的自豪感,在其《变法上》篇中指出:"夫孔子之道,人道也,人类不尽,其道不变。三纲五伦,生人之初已具,能尽乎人之分所当为,乃可无憾。圣贤之学,需自此基。"③王韬以"圣贤之学"

---

① 王韬:《变法自强下》,《弢园文录外编》卷二,辽宁人民出版社1994年版,第58页。
② 王韬:《琉事不足辩》,《弢园文录外编》卷六,辽宁人民出版社1994年版,第228页
③ 王韬:《变法上》,《弢园文录外编》卷一,辽宁人民出版社1994年版,第20页。

论儒学,充分肯定了儒学的历史地位,说儒学有着不变的"道",且多次反复申说儒家之"道"的永恒性:

> 至于孔孟之道,自垂天壤,所谓人道也。有人此有道,固阅万世而不变者也,而又何疑焉!①
>
> 席间论中西诸法。余曰:"法苟择其善者,而去其所不可者,则合之道矣。道也者,人道也,不外乎人情者也。苟外乎人情,断不能行之久远。故佛教、道教、天方教、天主教,有盛必有衰。而儒教之所谓人道者,当与天地同尽。"②

正是出于对以儒家文化为核心的中国文化的自信,认为以儒学为主导的中国传统文化有吸收和融合异质文化的特性,王韬才敢大提器物西学、制度西学的改革主张。

当然,王韬在主张文化根本不变的同时,也积极用儒家文化来吸收融合异质文化的特长,不断扩充着传统儒学的内涵与外延,这突出表现在他的新民本思想中。王韬在继承中国古代民本思想的基础上,将其与近代西方资产阶级民主理念相融合,形成了一种批判封建君主专制的新民本思想。从他的《达民情》《重民》(上、中、下)诸篇中,均可见他与前人不同的民本理论,其中"重民""富民""教民"等理论的提出,实有近代民主思想的因素。在《重民下》一文中,他更是提出在中国推行英国式民主政治的主张。王韬是中国最早主张推行英国式民主政治的思想家,他的诸多理论对后来梁启超"民权兴、国权立"主张和孙中山三民主义思想也都产生了极大的影响。

在坚守中国文化根本不变的同时,如何处理中西文化的矛盾关系,成为寻求变法图强出路的第一步。王韬针对这一问题,在《救时刍议》一文中有如下说明:

---

① 王韬:《英欲中国富强》,《弢园文录外编》卷五,辽宁人民出版社1994年版,第193页。
② 王韬:《扶桑游记》,《弢园文新编》,中西书局2012年版,第323页。

夫六经载道,穷经所以行道。中国数千年精神,悉具于六经。而西学者,缵六经之未具,又非中国诸子百家所能言。故浅而用之,西学皆日用寻常之事;扩而精之,西学即身心性命之原。改科举而增入西学,擅两家之长,挹全地之精。中国地方万里,才智之士数十万。五六十年而后,西学既精,天下其宗中国乎![①]

王韬认为中国数千年的文化精神皆蕴藏于儒家经典之中,因而不可不学。这是王韬对博大精深的儒家文化的坚守。而西学亦有诸子百家未能言之奥秘,无论学之深或浅,皆有不同的益处,所以西方文化也当学。对待中西文化的正确态度应当是在抓住儒家之道这一中国文化根本的基础之上,向西方学习,融合中西方文化的长处与优势,富国强兵。"擅两家之长",从儒家思想内在的理路来看,便是要因革损益,推陈出新,古为今用,用扬弃的眼光对待数千年积累下来的传统文化,将其中优秀的思想文化运用于今日之改革中;从对待西方文化的角度来看,便是要彻底抛弃闭关锁国的保守思想,以包容的态度面对新兴事物,以开放的心态接受西方先进文化。通过中西、新旧、古今思想文化的碰撞与交融,来推动历史向前进步。

王韬比冯桂芬晚出生十九年,人生经历却比冯桂芬坎坷许多,受清政府腐朽政治的迫害也较冯桂芬更甚,因而王韬的变法图强主张较冯更加强硬坚决,且相较于冯桂芬主要偏重于在器物层面向西方学习的主张,王韬则在政治制度层面的变革方面发出更多的呼吁,提出更多的主张,较前人有更大进步,对后来维新派的理论主张也有巨大影响。

王韬是中国最早倡导洋务运动的人,却又是最早对洋务派只重器物西化的变革主张进行批判的思想家。他多次对洋务运动所谓"骎骎乎富强之效"进行讥讽,认为器物变革只是皮毛之变,不能从根本上改变中国腐朽的内部状况。在《变法上》篇中他甚至说道,器物变革不及百年便能达成:"其他如火轮舟车,其兴不过数十年间而已,而即欲因是笑我中国之不能善变,毋乃未尝自行揣度也欤!吾知中国不及百年,必

---

① 王韬:《救时刍议》,《弢园文新编》,中西书局 2012 年版,第 293 页。

且尽用泰西之法而驾乎其上。"①这说明王韬有极大的文化自信,认为以中国人的智慧完成器物变革并非难事,可是器物变革给当时的中国带来的实际效益却着实有限。王韬清楚地认识到"徒变器物"并不能带领中国走向富强,只有进行更深层次的制度变革,才能使中国摆脱困境,与西方并驾齐驱。

那到底应怎样进行制度变革呢?

首先,政治制度改革是首要任务。王韬在其《上郑玉轩观察》一文中,对政治制度改革的措施进行了详细论述:

> 抑又闻之,自强之道,自治为先。今日之弊,在上下之交不通,官民之分不亲,外内之权不专,中外之情不审,于是乎一切之事,昏然如隔十重帘幕。今当一反其道而行之,然后可选举人才,简择牧令,搜罗遗逸,广储材艺,而与民开诚布公,相见以天,恤灾蠲赈不至于具文,抚字噢咻不至于隔膜。国有大政,宣示中外,布告遐迩,使民间咸得预闻,以伸率土普天之愤,而壮同仇敌忾之风。②

在王韬看来,当时中国的窘困境况,除了西方资本主义列强的入侵这一因素外,最重要的原因是君主专制制度的腐朽不堪,上下、君臣、中外不通导致弊端频现。因此,他主张改革的第一步是消除君主专制制度中不合理的部分,从内部进行政治体制改革,并提出精简官僚队伍、改革储材用人制度、上下相通三项具体的改革措施。其中,当属对储材用人制度的改革呼吁最多。王韬对中国科举制度深恶痛绝,说道:"今日科举如此,欲天下真才迭出,富强中国而靖外洋,势不可得。故治今日之天下,必首改科举。"③因此他提倡改革科举制度,变革储材用人制度。首先,提倡用"乡举里选"之法选拔人才,"孝弟贤良""孝廉方正""德著行修""茂才异等"四者,"国家不必试其文章"④。不仅如此,他还对明清

---

① 王韬:《变法上》,《弢园文录外编》卷一,辽宁人民出版社1994年版,第20页。

② 王韬:《上郑玉轩观察》,《弢园文新编》,中西书局2012年版,第264页。

③ 王韬:《救时刍议》,《弢园文新编》,中西书局2012年版,第292页。

④ 王韬:《变法自强中》,《弢园文录外编》卷二,辽宁人民出版社1994年版,第55页。

以来的八股科举制度予以强烈抨击,说八股取士不仅不能起到培养、选拔人才的作用,反而将有用人才戕坏至尽,"败坏人才,斫坏人才,使天下无真才,以至人才不能古若,无不由此"①。因此,王韬说:"欲得真才,必先自废时文始。"②即废除八股取士,而提倡经学、史学、掌故之学、舆图、格致、天算、律例等十科有用之学。

王韬竭力抨击八股取士,是为了进一步废除整个衰朽的帝国教育制度,建立一个具有资本主义性质的全新教育体系。王韬循序渐进,将改革旧教育制度的步骤一分为三,前两步均是为实用之学取得立足之地,改变"所习非所用,所用非所长"③的旧模式,为培养实用之才创造条件。第三步,王韬提倡建立西方近代学校,在主张兴办普通学校的同时,还提议建立专科学校,培养专门人才。除此之外,王韬在英国游历期间,见到英国男女皆有平等受教育的机会,"女子与男子同,幼而习诵,凡书画、历算、象纬、舆图、山经、海志,靡不切究穷研,得其精理"④。因此,在提倡兴办近代学校的过程中,王韬还关注到中国教育"男贵于女"这一问题,提出让妇女平等接受教育的主张,这在当时中国的社会条件下是难能可贵的。

经济制度改革方面,在欧洲游历期间,王韬发现欧洲如英法之类的富强之国无一不是"商贾之迹几遍于天下",认识到中国儒家传统的重农抑商思想与重义轻利观念在应对国际竞争时的弊端与落后。因此,自欧返港后,他开始呼吁发展工商业,力主中国全面开放通商,以求通过商业发展促进"民富",进而推动"国富"。王韬超越前人,他的重商主张突破重农抑商这一儒家传统思想的藩篱,开启了中国资产阶级重商思想的先河。在主张重商的基础上,王韬还宣传鼓吹发展工商业的诸多益处,以"利"诱导更多的人投入到推动工商业发展的事业中。这样的义利观与中国古代传统的重义轻利观念也是完全不同的。从王韬经济改革主张来看,他的经济思想已从传统向现代转变。

① 王韬:《原才》,《弢园文录外编》卷一,辽宁人民出版社 1994 年版,第 13 页。
② 王韬:《变法自强中》,《弢园文录外编》卷二,辽宁人民出版社 1994 年版,第 55 页。
③ 王韬:《变法自强中》,《弢园文录外编》卷二,辽宁人民出版社 1994 年版,第 55 页。
④ 王韬:《风俗类志》,《漫游随录》卷二,岳麓书社 1985 年版,第 107 页。

王韬虽然是近代早期资产阶级改良派思想家,但从他的《原道》篇可以看出,他依然是一位具有浓厚儒家情怀的人物。他坚信儒家之道是人道之极。天下之道其始是由同而异,最终还会由异而同。儒家的大同理想才是天下之道的归宿。而他的系列改革主张其实也是儒家包容变通精神在面对外来先进文化时的一种反应,不仅表现了他本人思想由传统向现代的转变,更极大推动了儒学向现代化的转变。他关于政治制度改革的主张对后来维新派及革命派思想影响至深,是江苏乃至整个中国近代思想史上至关重要的一位人物。

第二节　近现代江苏的文化保守派儒家学者

清末民初,中国社会进入由传统社会向现代社会转型的动荡时期,儒学的传统地位一落千丈,不仅失去了往日在意识形态和社会政治上的权威,还日益成为被抨击与批判的对象。太平天国视孔孟儒学为妖书邪说,定都南京后就掀起反儒运动,毁孔庙,烧孔孟之书。五四运动前后的新文化运动更是以"打到孔家店"为号召,全面否定儒家学说。其后以苏州人顾颉刚(1893—1980)等人为代表的"疑古学派",又从考古辨伪的角度对传统儒家基于六经的中国历史文化传统叙事提出了颠覆性的挑战。儒家学者的文化优越感和道德自信遭到空前未有的冲击。许多传统知识分子内心对外来的西方学术文化充满既惊异又无可奈何的矛盾心态。然而也正是在这种情况下,儒学逐渐从御用意识形态的美梦中惊醒,开始直面中国传统文化已经失去优势的既成现实。一些传统知识分子在精神上承受着文化传统将要断裂的心理剧痛的同时,开始认真考虑如何承担民族文化精神承传接续的沉重的历史责任。而如何应对危机,重建儒学,也成了儒家学者责无旁贷的历史使命。

在江苏地区,儒学内部也出现了一些分化或不同的趋向。其中一类属于以继承传统儒学精神及其学术载体为取向,思想上比较倾向于文化保守主义的学者。1922 年,东南大学教授梅光迪、柳诒徵、吴宓等一批文化保守主义者在南京创办《学衡》杂志,以"昌明国粹,融化新知"为宗旨。他们不满新文化运动中"全盘西化"的片面主张,在新文化运动"批孔反儒"的巨大声浪中,主张恢复孔子的文化地位,固守传统文化的主体阵地,同时号召学者回归学术研究本位,研究整理国故。这些人被时人称为学衡派,他们的一些思想主张成为后来现代新儒学的先声。在他们的影响下,江苏地区出现一股研究国学的风气,产生了一些国学研究团体和年轻学人。

在江苏地区主张保存国粹,倾向于固守文化传统的学者中,我们以章太炎和刘师培作为杰出代表。章、刘二人在社会大变迁的历史浪潮中都曾一度投身革命,而后来却又都回到书斋,成为传统国学与传统文化的守护者。

一、从批孔走向尊孔的章太炎

在民国诸学人中,章太炎无疑是极富传奇性的人物。作为近代中国著名的国学大师,其学问精深博大,涉及文字音韵学、经学、诸子学、史学、文学、哲学、佛学等,且门徒众多,在近现代中国学术界思想界影响可谓深远。

章太炎(1869—1936),名炳麟,字枚叔。初名学乘,浙江余杭人。因敬慕明清大儒顾炎武,更名为绛,号太炎。他出生于书香世家,受祖父章鉴、父亲章浚在学术上的影响,少时起便熟读儒家经典,汉学造诣精深。后又在其长兄章箴的指导下"一意治经,文必法古"。尔后入门杭州诂经精舍深造七年,师从经学大师俞越,国学造诣无人能出其右。他学贯古今中外,成就恢宏博大,既是学界巨擘,又是有学问的革命家。他一生著作颇多,约有四百余万字。著述除刊入《章氏丛书》《续编》外,遗稿刊入《章氏丛书三编》。

章太炎虽是浙江人,但和江苏却有着非常密切的关系。他在诂经精舍求学时的老师俞越先生,晚年寓居苏州,章太炎晚年也来到苏州举办章氏国学讲习会,在他门下受业的弟子中也有很多江苏人,标志他思想转变的《訄书》也是在苏州结集出版。他一生开办数次国学讲学会,其中在江苏地区讲学的时间最长,影响最大。尤其是 1934 年秋迁居苏州直至逝世,他把此地作为自己端正学风,启发后学的理想场所。苏州几乎成为章门的根据地,以致江苏大学中文系的老教授不管是否师承章太炎,似乎都和章门有些关系。因此章太炎理应列为江苏儒学史中人物。

甲午战争和维新变法的接连受挫,彻底击碎了中国知识界对清政府抱有的幻想。而此时的章太炎已在诂经精舍沉潜七个寒暑,孔子讲"三十而立",年近三十的他自觉再难置身局外,需得为民族大计身体力行,遂毅然拜别恩师,离杭北上,正式与江苏结缘。应梁启超等人的邀请,章太炎前往上海协助办理《时务报》,开始将视野从训诂考据转向政治救亡。三年后,由梁启超题签的《訄书》第一版(木刻板)在苏州结集出版。这是章氏影响至极的一部著作,是他前期尊法反儒倾向的集中体现。维新变法的未果而终,与康有为在政见和治学上的重大分歧,致使章太炎对传统文化进行了更为深入的反思。《訄书》的写作就是章太炎借反思国粹来探索救亡之路的尝试,集中体现了他这一时期在政治、社会、文化、历史等诸方面的观念。而其借用西学对中国传统学说的批判,也为传统哲学走向近代化廓清了道路。

章太炎在写作这本书时,正经历着维新变法昙花一现随即失败的阵痛,自身也因参与其中而不得不四处躲避。虽然维新变法失败了,但维新的思想却在这本书中延续了下去。这也是初刻本《訄书》五十篇的共同主题。"訄"即"迫",《訄书》写作的缘由,章太炎已在书中有所交代,是出于对时局混乱和自身处境的忧虑:"幼慕独行,壮丁患难,吾行却曲,废不中权。述鞠迫言,劣自完于皇汉。辛丑后二百三十八年十二月章炳麟识。"①"述鞠迫言",意即为穷蹙的处境所迫而不得不发声。这本代表章太炎思想新飞跃的著作,语言精练,篇章结构缜密,篇幅虽小,容量惊人。全书开篇追源溯流,对中国古代学术史进行了总结,梳理了从先秦到清末的学术发展规律,对各时代有重大影响的学派和思潮分别加以评述。第二部分借用西方自然科学、社会学以及哲学等思想武器,对中国传统哲学的一系列根本观念进行了反思与评判。第三

---

① 章炳麟著,徐复注:《訄书详注》,上海古籍出版社 2000 年版,第 6 页。

部分对史书的编著提出了自己的看法,强调写史要"知今古进化之迹",执笔者对于社会盛衰的原因要有清晰的认识。

在晚清民族生死关头,康有为等人认识到正统儒家思想对民智的束缚,为了宣传改制立法的变法主张,论证维新变法的必要性和合法性,他采用"借尸还魂"的方法,让孔子来扮演"托古改制"的祖师爷,以此来撼动皇朝正统意识形态的钳制。然而,他们的诡怪之论被人看破,在"孔学的旧瓶"中装入"民主平等的新酒",这不过是一种自欺欺人的做法,并不能创造一个化腐朽为神奇的奇迹。与康有为一样,章太炎也在日益危急的民族存亡问题上,认识到包括朴学在内的整个经学的不切实用。与康有为的伪"托古改制"不同的是,章太炎虽然尊奉古文经学,其思想却能跳出传统经学的窠臼,敢于公开正面揭孔子和孔学之短。他批判孔子"虚欲夺实",指责尊孔派"苟务修古",只是为了在时局变动中保全自己的既得利益,他以历史学家客观的眼光,将孔子和孔学拉下神坛,还原其真实为人的一面,意在纠正历史上对孔子和孔学的种种不恰当的吹嘘与神话,而非将孔学全盘否定。孔子成为先秦时代的文化集大成者,是各种历史机缘合力作用的结果。章太炎也称赞孔子是古之良史,删定《春秋》,确有其功绩。但是两千多年来,历代统治者一味尊孔,摒斥求实进取的其他学说,导致言淆业堕,清谈误国。而维新变法的迅速失败,再一次使他痛切感受到,要使民众真正拥抱革命,仅仅站立在"保皇"的对立面是不够的,还要引导民众放下"尊孔"的思想包袱。而要做到这一点,就必须揭露"尊孔"的危害,还原孔子和孔学的本来面目。

章太炎在此不仅摘掉了历代统治者赋予孔子的正统思想的神圣光环,而且还借助西方学说的理论武器,特别是进化论思想,对以天道观、天命论为核心的传统儒家世界观予以抨击。他反对传统观念中对"天"的过度神秘化,这种思想倾向在求学于诂经精舍时就有所表现。他曾写作《孝经本夏法说》《子思、孟轲五行说》,批驳天人感应与谶纬迷信是"妖妄"之说,其害甚大。进化论等科学观念,使他对传统的天道观有了更清晰的认识,他将近代天文学的最新成就引入哲学,从根本上否定了天神创世理论,从而为批判皇权专制主义政治奠定了理论基础。他还进一步指出,远古人类的鬼神崇拜,是出于知识的匮乏和对大自然的敬畏。现在已经有了科学的解释,社会在不断变化,生产工具和礼仪制度也应随之变化,有智识的人应摒弃原有的陈旧观念。不难看出,章太炎在用进化论纠正以天道观、天命论为核心的儒家传统世界观上,远比同代思想家超前。他还清醒地认识到,民族危机不仅仅是国土的沦丧,还有文化的固守不前和民智的愚昧迷蒙。为此他在《原变》篇中提出,兴"无逸"之说,立"合群明分"之义,在《族制》篇中提出"去其狼戾而集其清淑"以推进社会政治革新,唯有此才能振奋民族精神、加强民族团结,进而增强民族竞争力。他对中国传统哲学的批判,启发了一代学人在传统观念上做出转变。这批最先在哲学革命中受益的人,又积极投身于政治革命,促成了近代社会政治的惊人变革。

从还原孔子的真实面目,到摒斥传统的天命观,章太炎在文化上对民族的出路问题也进行了深入思考。《訄书》不仅寄托着他对社会政治变革的期望,同时也荟萃了他早期学术思想的精华。他对传统思想、文化的反思和批判,并不是要将古学一棒敲死,而是尽可能分辨和筛检其中妨碍民智开启和社会发展的学说,寻求民族文化中有益于社会进步的精华。《訄书》的发表,标志着章太炎由文人向哲人的真正转变,也标志着传统哲学向近代哲学的转变。"《訄书》很有说服力地证实,一个对中国古代学术文化有很深素养与造诣的知识分子,一旦通过斗争实践和自己的刻苦钻研,掌握了新的理论思想武器,对旧思想、旧文化、旧制度进行严肃而认真的清算,会多么准确而有力地击中要害。"①

革命派和改良派的联合流产后,章太炎在浙江老家短暂躲避风声,随后又重新回到上海活动。当时美国基督教会在苏州筹办东吴大学,经友人吴君遂的介绍,章太炎赴东吴大学应聘做了中文教员。在这里发生了一件对他影响至深的事。

在东吴大学任教期间,他曾去拜访寓居苏州的业师俞樾俞曲园先生。老先生三年前辞去诂经精舍山长一职,闲居于此颐养天年。按理说,师徒相聚本该把酒言欢,但恩师俞樾却因政见不同,对章太炎"督敕

---

① 姜义华:《訄书简论》,《复旦学报(社会科学版)》1982年第2期。

甚厉",责备他反清的行为是"不忠不孝",认为他公开撰文指斥皇帝是不忠,背井离乡远赴海外游历是不孝。俞樾甚至直接痛斥他"不忠不孝,非人类也,小子鸣鼓而攻之可也"。颇有《荀子·大略》中所谓"言而不称师谓之畔,教而不称师谓之倍,倍畔之人,明君不纳,朝士大夫遇诸涂而不与言"的意味。章太炎则与老师据理力争,他从师承关系上指出,俞樾授于自己的经术其渊源在顾炎武,顾炎武为民族大义不屈于清廷,自己也应该像他一样忠守民族大义。俞樾先生怒不可遏。章太炎恐气坏恩师身体,遂不再辩白,回家之后写作《谢本师》以明其志。章太炎与恩师决绝后,前往拜谒孙诒让。孙诒让对他袒护有加,曰"他日为两浙经师之望,发中国音韵、训诂之微,让子出一头地,有敢因汝本师而摧子者,我必尽全力卫子"①。章太炎为坚定革命立场而宁愿"倍畔"本师,赢得了孙诒让的同情,也得到了革命党人的另眼相看,这大概是出乎其师之预料的。

　　章太炎虽然因政见相左而和俞樾断绝关系,但其内心对恩师的尊敬却终其一生不曾削减。之所以在政见上不念旧情叛绝恩师,一方面是他坚持本心,以明反清到底的决心;另一方面可能他深知自己从事的反清事业危难重重,稍有不慎就会有倒悬之危,恐累及恩师,因而出此下策曲加爱护。文载道在《谈莪汉微言》中称,章太炎喜好臧否人物,对于嫌隙在身的人往往不介意以最辛辣的口吻予以讥讽,甚至对揶揄俞樾的梁启超拳脚相向,于俞樾、谭献二人却始终报以最尊敬的态度②。他饮水思源,编写《俞先生传》,对恩师的治学、为人大加赞颂。孙诒让魂归道山后,他作《瑞安孙先生伤辞》,仍不忘恩师栽培之功,以"远不负德清师,近不负先生"自勉。陈存仁在《师事国学大师章太炎》中提到,章太炎晚年重访曲园,还亲自到俞樾故居祭拜恩师,在春在堂前行三跪九叩之礼,其尊师敬道之情可鉴。

　　章太炎既是融贯今古的学者,又是社会政治革命的身体力行者。清末民初,他不仅创办报刊,发表了许多呼吁排满鼓吹革命的文章,而

① 刘禺生:《世载堂杂忆》,中华书局 1997 版,第 126 页.
② 事见陈平原、杜玲玲编《追忆章太炎章太炎》(修订本),三联书店 2009 版,第 418 页。

411

且积极投身于推翻满清政府、创建民国、反对袁世凯称帝等一系列革命活动,以致多次遭到统治者的追捕乃至囚禁。他的一些举动和言行在当年轰动一时,产生了很大影响。鲁迅后来曾评价道:"考其生平,以大勋章作扇坠,临总统府之门,大诟袁世凯包藏祸心者,并世无第二人;七被追捕,三入牢狱,而革命之志终不屈挠者,并世亦无第二人。这才是先哲的精神,后生的楷模。"①

然而,在清末民初社会转型的剧烈阵痛中,中国不仅面临着革命和建立民国的艰巨任务,也面临着西方列强的欺凌和国土沦丧的危机,同时还在文化上苦于招架全盘西化的步步紧逼。在西学的猛烈冲击下,儒学作为封建社会的正统思想沦为众矢之的,忧心忡忡的中国学人在文化抉择中进退两难:既不能在传统文化中找到匡扶社稷的良方,又无法接受西学在引导社会变革的过程中反客为主。章太炎内心深处也存在着这个时代中国许多传统知识分子矛盾两难心理,他曾慨叹:

> 上天以国粹付余,自炳麟之初生,迄于今兹,三十有六岁。凤鸟不至,河不出图,惟余亦不任宅其位,翳素王素臣之迹是践,岂直抱残守阙而已,又将官其财物,恢明而光大之!怀未得遂,累于仇国,惟金火相革欤?则犹有继述者。至于"支那"宏硕壮美之学,而遂斩其统绪,国故民纪,绝于余乎,是则余之罪也!②

章太炎晚年自敛锋芒,由批孔转为尊孔,成为一代儒宗,跟他这种民族文化传承的使命感有很大关系。

新文化运动之后,激进的西化思潮席卷全国,对民族信仰体系造成致命的打击。这对以国学立命的章太炎来说是断然不可接受的。他认为"夫讲学而入于魔道,不如不讲。昔之讲阴阳五行,今乃有空谈之哲学、疑古之史学,皆魔道也。必须扫除此种魔道,而后可与言学③"。为了应对"魔道"的入侵,抵御新文化运动中激进主义非孝毁礼的冲击,他

---

① 鲁迅:《关于太炎先生二三事》,《鲁迅全集》第六卷,同心出版社 2014 年版,第 354 页。
② 章太炎著,文明国编:《章太炎自述(1869—1936)》,人民日报出版社,2012 年版,第 49 页。
③ 章太炎讲演,诸祖耿等记录:《章太炎国学讲演录》,中华书局 2013 年版,第 14 页。

重申经史对于社会发展的现实价值,他并举《孝经》《大学》《儒行》《丧服》作为"新四书",以此为十三经之总持、群经之总汇。他认为:"十三经文繁义赜,然其总持则在《孝经》《大学》《儒行》《丧服》。《孝经》以培养天性,《大学》以综括学术,《儒行》以鼓励志行,《丧服》以辅成礼教,其经文不过万字,易读亦易,经术之归宿,不外乎是矣。"①他认为此四书"其原文合不过一万字,以之讲诵,以之躬行,修己治人之道,大抵在是矣"。"新四书"概念的提出,是章太炎应时局变化,对儒家政治伦理精神的总括,意欲取代朱熹推广的四书——《大学》《中庸》《论语》《孟子》。总的来说,《孝经》《大学》重在修身与博学,而《儒行》《丧服》则重在致用与教化,四书中《孝经》推承孝道,其他三书则讲求礼制,孝在天性,礼在文饰和节制天性,其要义则在于"修己治人",这也是章太炎概括的儒学奥旨。章太炎试图以此重建经书系统,正是出于担忧激进的全盘西化会导致文化虚无主义,最终引发亡学亡种的惨剧,这也是其作为儒家学者勇于担当文化传承使命精神的体现。

　　章太炎上承郑玄,在"新四书"中以"《孝经》为经中之纲领",是对朱熹鄙薄《孝经》的有意反拨。朱熹认为"《孝经》为门内之言,与门外无关",只是事亲之书而已。宋代理学家程颐认为孝悌是"行仁之本",而非"仁之本",于政治教化无所取。但章太炎却不认同这种看法,他坚持以孝悌为仁之本,视《孝经》为"六经总论",申明孝悌具有"百姓昭明,协和万邦"的政治意义。我们也应该看到,孝作为人伦关系的价值规范,是具有普世性的,把孝作为普遍性的道德修养和行为规范,确实有利于增进人际和谐,缓和社会矛盾,求得社会稳定。但是,儒家的孝道观是从礼教出发,其终极目标是为维护皇权专制社会的纲常秩序服务,对孝的过度解读,以及其在政治领域的延伸,则往往会导致孝的意味发生变质,其时代烙印和历史局限也是很明显的。

　　基于对儒学为主体的传统国学的深入理解和深厚感情,章太炎热切地希望能通过"国粹激荡种姓"。在全盘西化的呼声中,他逆流而上,试图厘清东西文化之间的关系,引起国人对中国传统文化的重视,以防

---

① 章太炎讲演,诸祖耿等记录:《章太炎国学讲演录》,中华书局 2013 年版,第 9 页。

止全盘西化,防止民族虚无主义的泛滥,防止亡学亡国亡种的惨剧发生。

为了达到"国粹激荡种姓"的目的,章太炎在办报著文的同时,还发起开办了一系列意义重大的讲习会,这其中尤以三次国学讲习会为要。第一次是在日本东京。"苏报案"出狱后,他东渡日本,在东京留学生欢迎会上发表演讲,呼吁游学在外的国人:"第一,用宗教发起信心,增进国民的道德;第二,是用国粹激动种姓,增进爱国的热情"。第一次讲学会的开办宗旨正是基于此,讲学会的开办得到了学界的热切响应,钱玄同、周树人(鲁迅)等有识之士竞相前往求学。这一时期的讲学成果见录于《国故论衡》中。这是一部可以完整体现章太炎学术风貌的著作,虽然书内各章节都是独立撰写,最后才结集出版,但这并不影响著作本身的条理贯通。初刊本的《国故论衡》分三卷,上卷是小学十篇,中卷是文学七篇,下卷是诸子学九篇,三卷的内容恰好覆盖了当时国学研究的主要领域。

1913 年 12 月,章太炎在北京再次讲学,"讲授科目为经学、史学、玄学、子学"。到 1914 年初章太炎被袁世凯囚禁为止,讲学虽然持续不到一月,但前来受学者却遍布京师高校,甚至有不少社会名流专程前来听讲。被囚禁期间,他经常与前来探视的弟子吴承仕抵掌论学,从先秦诸子到外来佛学,再到"先秦以来的典籍、医学、历算、数学、音乐、文学、音韵、史事等",论学范围之广,内容之丰,令人叹为观止,这从吴承仕后来整理出版的《菿汉微言》中可见一斑。

1932 年,章太炎应邀到苏州讲学一个月,同时组织国学会,并亲自撰写《国学会会刊宣言》,阐明国学会的创办之由:"深念扶微业,辅绝学之道,诚莫如学会",主张"范以四经,标以二贤",即"标举先忧后乐之范仲淹,以天下为己任之顾炎武以为倡;又举'孝经'之继承民族传统,'大学'之研究政学标的,'儒行'之鼓励强毅坚贞,'丧服'之巩固民族宗亲,以为教;而主要目的,则在继承保有文化,反抗敌人侵略。"①讲习会先后讲说《读史与文化复兴之关系》《"经义"与"治事"》《〈儒行〉要旨》《〈大

---

① 诸祖耿:《"章氏国学讲习会"纪事》,《文教资料》1999 年第 6 期,第 52 页。

学〉大义》《〈孝经〉〈大学〉〈儒行〉〈丧服〉余论》《文章流别》《尚书大义》
《诗经大义》等。

　　1934 年秋，章太炎由上海迁居苏州，因在办学旨趣上与国学会产
生分歧，遂分道扬镳，决意另创章氏国学讲习会。1935 年，蒋介石为笼
络章太炎，派遣丁惟汾代表国民政府前往苏州慰问，黄侃作为中间人陪
同，并致以万金作为疗养费。章太炎本意婉拒，后在门人劝说下同意他
用作办学经费。同年 9 月，《制言》半月刊创刊，由章太炎主编。其宗旨
是研究中国固有文化，造就国学人才。1936 年秋，章氏国学讲习会在苏
州锦帆路五十号正式开班，其宗旨是"研究固有文化、造就国学人才"。
章太炎先生是主持者，讲习会的发起人有朱希祖、黄侃、汪东、吴承仕、
钱玄同、马裕藻等四十五人。政界知名人士段祺瑞、宋哲元、马相伯、吴
佩孚、李根源、冯玉祥、陈陶遗、黄炎培、蒋继乔等予以协赞。太炎先生
每次演讲，均由弟子诸祖耿、王謇、吴契宁、王乘六、孙世扬等从旁记录，
然后分期刊发印行。讲习会的学制是两年四期，各期修学内容和次序
如下：

　　　　第一期　小学略说　经学略说　史学略说　诸子略说
文学略说
　　　　第二期　说文　音学五书　诗经　书经　通鉴纪事本末
荀子　韩非子　经传释词
　　　　第三期　说文　尔雅　三礼　通鉴纪事本末　老子　庄子
金石例
　　　　第四期　说文　易经　春秋　通鉴纪事本末　墨子
吕氏春秋　文心雕龙①

　　以上讲习会的修学次序，涵盖了章太炎一生的治学心得。小学类课程
贯穿四期始末，《音学五书》和《经传释词》的讲解都排在课程次序早期，
经学和子学排课次数相当，同时兼重史学课程的讲解，这和他本人的治

---

① 参见诸祖耿《"章氏国学讲习会"纪事》,《文教资料》1999 年第 6 期,第 52 页。

学经历是相应的。他认为扎实的小学基础是精研学术的起步,是研读经史典籍的必需技能。语言文字的源起、流变和经典的产生是一国文明孕育、演化的结果。他本人的小学和经史研究也依此展开,研究经史必以严谨的小学为门径,通过融汇经史,借以整合史学的治人与儒学的修己功能,又有助于达到"修己治人""严夷夏之辨"的目的。

章太炎一生讲学无数,创办的三次讲学会硕果累累,尤其是晚年在苏州开办的讲习会,使江苏一时之间成为天下学者士人的荟萃之地。章太炎的国学讲习会在传承国粹的同时也鼓舞了一大批革命斗士,鲁迅、钱玄同、黄侃、汤炳正等大师都出于章氏门下,他们对章氏学问的继承,不仅为传统文化的发展灌注了新的活力,还借自己所学鼓舞后进,启发更多的有志者参与国学研究和文化建设。其创办国学讲习会,功在当代,利在千秋。在江苏的这些年,章太炎试图从没落的儒家经术中找到一套能契合时代的精神价值系统,这是他的"为天地立心"。他投身革命实践,为苦难的中国人民指明正确的命运方向,这是他的"为生民立命"。他笔耕不辍,讲学不倦,以卓绝的学识成为各界景仰的人格典范和精神领袖,这是他的"为往圣继绝学"。受学章门的学人不可胜数,而这些人多数成为重建破碎山河的中坚力量,这是他的"为万世开太平"。

章太炎的儒学思想有着一个回旋往复的过程,用他自己的话概括就是:"自揣平生学术,始则转俗成真,终乃回真向俗。"[1] 他早年批孔,是出于"去圣乃得真孔子"的考量,晚年推崇孔子,是看到了孔子及其代表的儒学更"切于人事"。他说:"我老来经验多了,觉得孔学最适用。孔子以经书培养人才,经书等于孔子常用的教科书,所以后人一讲到孔学,就很自然地把二者联想起来。""中国历史至高无上而为中国人民所不应当忘记的有三:一为民族思想、民族感情、民族精神;一为孔教道德;一为历史文献。只要有此三者,其他都是次要的;而此三者也是彼此相互关联的。如果要讲此三者,便不能不归功于孔子一个人。"[2]

在某种程度上,章太炎和孔子极为相像。孔子于礼崩乐坏之时,怀

---

① 章太炎:《菿汉三言》,上海书店出版社 2011 年版,第 191 页。
② 傅杰编:《章太炎》,上海三联书店 1997 年版,第 175 页。

抱以"仁"和"礼"为核心的治世理想,奔走于列国之间,受学者不可胜数。但列国君主敬重他的学问,却并不看好他的主张。政治上无望的他晚年回到鲁国,专注于整理古籍和教书育人,培养后进。章太炎早年转益多师,但他并没有像其师俞越一样藏心于学术。甲午战争后他毅然投身政治革命,"志在以道济天下",身体力行于江浙等地,其间通过讲学会传续国学、指摘时弊,试图"以国粹激荡种姓"。晚年迁居苏州,潜心国学,勤于撰述,教诸门墙,希望在世道衰微之时启发更多的有志者"积厚流广"。他以切要之学为指引,从中国传统文化的武库中寻求致用之道。他相信根植于中国特有的文化土壤的孔子的思想是更"切于人事"的,他相信根底深厚的传统文化,能够通过创造性的转化,完成与现代的接轨,他相信中国的道德哲学能为社会秩序的重建提供必要的精神要义。作为社会变革时期的精神和思想担当,治学者以他为楷模,为政者以他为导师。他的一切努力,都在以大无畏的精神肩负起学统继任的历史使命,以此来达到文化救国的最终目的。

二、扬州学派的近代传人刘师培

晚清时期的江苏地区,虽遭逢乱世,在学术领域却仍然承接乾嘉以来江苏地区学术发展的余续,产生了不少奇才。扬州学派的近代传人刘师培便是其中具有代表性的一位。

刘师培(1884—1919),字申叔,号左盦(庵),江苏仪征人。出生学术世家,一门四世以治《春秋左氏传》饮誉士林。得天独厚的家学渊源,加上自身天资聪颖,成就了刘师培天才型学者的美誉。他一生虽然短暂,但著述颇丰,留存在世的七十四部著作经钱玄同等人整理,汇集入《刘申叔先生遗书》中,此外还有散载于各种刊物的文章一百余篇。他的人生以1908年为界,可分为前后两期,钱玄同对此曾有论述:"前期以实事求是为鹄,近于戴学;后期以笃信古义为鹄,近于惠学;又前期趋于革新,后期趋于循旧。"[1]

---

① 钱玄同:《刘申叔遗书序》,刘师培:《刘申叔遗书》,江苏古籍出版社1997年版,第28页。

刘师培是地地道道的江苏人,祖上本居溧水,后来迁居金陵,为了便于参加科举考试,继而又侨居扬州,列籍仪征。其家族一门三世因专治经术而名闻乡里,家学渊源可上溯至徽州学者江永、戴震,可谓极其深厚。刘师培的曾祖父刘文淇上法东汉诸儒,下效扬州近贤,在治学上独成一家。祖父刘毓崧在学术上兼通"扬州二刘"(刘文淇、刘宝楠)之学,博通经史和诸子百家,其伯父刘寿曾、父亲刘贵曾二兄弟以家学为本,受业金陵钟山、惜阴书院。到刘师培这一辈依旧以家学传承为主,肄业扬州书院。其家学传承自嘉庆递及民国,是世所少有的经学世家。刘氏家族也由此而名显儒林,被清末学界美誉为"刘世一门三世传经"。

所谓"三世传经"之"经"专指《左传》。《春秋》自传世以来,后人注解不可胜数,清代的经学家,不满于唐宋旧疏,意图借鉴强劲的训诂考据,对旧十三经注疏做一次清算。刘文淇是"三世传经"的第一代,他有感于宋元以来学者在注经上多主观臆测之说,认为有必要纯正学风,便力图通过旧疏考证的方式,考稽出"孔疏"中应用"旧疏"(郑、贾、服等书)的地方,破除唐人说经和六朝人解经之弊,还原《左传》注疏的应有面目。他博采众长,花费毕生精力撰写《春秋左氏传旧注疏证》,可惜只完成一卷就与世长辞。刘毓崧作为"三世传经"的第二代,秉承乃父遗志,他根据刘文淇《左传旧疏考证》的义例,完成了《周易》《尚书》《毛传》《礼记》的《旧疏考证》各一卷,但由于精力有限,未能兼顾《旧注疏证》的续编。第三代刘寿曾、刘贵曾承续祖业,"孜孜罔懈",同心协力将《旧注疏证》续写至襄公五年,这一浩繁的疏证工程的进度也终于过半。正是凭着这半部《左传旧注疏证》,刘氏三代被《清史稿》与《清史列传》列入儒林列传。梁启超在其《中国近三百年学术史》和《清代学术概论》中,也屡屡提及刘氏三代的大名。"开阔的学术视野与求学致用的学术精神汇合,使得仪征刘氏形成了出能济世安民,入则辨章学术、考镜源流的门风。"①

正因为此,刘师培这一辈的出生对刘氏家族来说,有着极为重要的意义,这从其取名上便可看出。刘师培这一代的男性和其父辈一样同

---

① 方光华:《刘师培评传》,百花洲文艺出版社 2015 年版,第 2 页。

是四人,分别是刘师苍、刘师慎、刘师培和刘师颖,这一辈四人的名字都分别与汉代的一个经师遥相呼应。刘师苍,字张侯,这是取法曾受学于荀子门下,由秦入汉的西汉丞相张苍。刘师慎,字许仲,当是取法推崇古文经学,著有《说文解字》和《五经正义》的经学大师许慎。刘师颖,字容季,无疑是取法东汉博学多通,专善研修《春秋左传》的硕儒颖容。刘师培,字申叔,当是取法创立汉代鲁诗家法,起立经学大师孔安国的申培公。四人名字的儒雅好古色彩,与父辈刘寿曾、刘贵曾、刘富曾、刘显曾四人在命名上所追求的"寿显富贵"形成了鲜明对比。由此也可以看出,刘氏家族希望后辈能继承祖志,发奋于家法传承的良苦用心。

得天独厚的家学渊源,博闻聪慧的天性,造就了刘师培极为精深的国学造诣。他八岁即开始学习《周易》。卷帙浩繁的四书五经,他十二岁便已读完。在作诗上他也表现出超人的天赋。十五岁时其父亲因病辞世,他的母亲接力完成了对刘师培的教育,刘师培则愈加勤勉,其求学视野也由儒家经典扩展到诸子百家。虽然其父亡故较早,但刘师培对其教诲始终铭记在心,"未冠即沉思著述,服膺汉学,以绍述先业,昌洋扬州学派自任"[1]。他开始深入接触家传左学,并尝试为续写《疏证》做准备。1902 年,刘师培前往南京参加乡试,他的聪明才智使他首秀便荣膺殊荣。不到二十岁的他得中举人,成就了刘氏三代人都未能如愿的功名追求。1903 年,意气风发的刘师培前往开封参加会试,却意外落榜,这对年轻气盛的刘师培来说是一个不小的打击。

在开封会试折戟之后,刘师培在返乡途中滞留上海,结识了章太炎和中国教育会等一众同志。当时的中国列强环伺,沉重的民族危机感惊醒了一大批有志于挽救国家危亡的学人。受此影响,刘师培思想为之一变,他的人生轨迹也由"通经"急转为"致用"。彼时的刘师培很想做一个"振臂一呼应者云集的英雄"。事实上,刘氏三代人都有着比较激进的入世愿望,儒家是讲求"穷则独善其身,达则兼济天下"的,而对于以"三代传经"闻世的刘家来说,从刘文淇开始,一直到刘师培都只能勉强做到"独善其身"。刘家终无一人成功进阶"兼济天下"。刘师培是

①尹炎武:《刘师培外传》,刘师培:《刘申叔遗书》,江苏古籍出版社 1997 年版,第 17 页。

急于在政治上显名的,而这种功名迫切感却在很大程度上干扰了他的价值判断。他秉牍驱龄,在干名求禄上横冲直撞,善于始而未能慎于终,最终连"独善其身"都未能做到。

刘师培甫到上海,章太炎就因推崇他的家传经学,而折节与他订交。二人虽然年岁相差较大,但共同的学术旨趣和革命宗旨使二人一见如故。两人都主张古文经学,都有光复汉人河山的远大抱负,遂定为至交。章太炎不仅在治学方法上对他予以点拨,希望刘师培在博览群经的基础上能专精一家,尤其是绍续其左氏家学,同时邀请刘师培一起组织国学保存会,担负起保存国粹、复兴国学的重任,成为国粹派的中坚力量。当时以廖平、康有为为首的今文学家蔑视一切古文经为子虚乌有,认为孔子整理六经,托古改制才当是儒家经学的本质所在。有鉴于此,章太炎鼓励同为古文经学派的刘师培与自己一道,批驳康有为托古改制的谬论,扩大排满革命的影响力。这期间的刘师培,尽管身陷政治革命的樊笼,但在学术上却益精益进。

在面对通经与致用的关系问题方面,章太炎和刘师培虽然都反感乾嘉学派沉迷考据训诂,重视通经以致用,但又反对过分强调经世意识,以免因过度解读而造成对经学的曲解。章太炎认为"学在辨名实,知情伪,虽致用不足尚,虽无用不足卑,古之学者,学为君也,今之学者,学为匠也"①。他赞同《国粹学报》在经学研究上对家法限制的突破,但同时也强调并不是所有的经典都有致用的价值和意义。如《礼经》不仅在过去难以通行,放诸今世也没有致用的可行性,更没有效法推行的必要。而今文学家关于《春秋》三世三统的说法,去古已远,断没有一成不变地因循百世以前的义例这种说法。同样的,受章太炎影响的刘师培也反对"仕学互训",反对过分强调经术的致用功能,因其结果往往会变为策士求名取利的捷径。他认为儒学在汉武之后走向衰败,正是由励己之学走向循人之学所带来的后果。而对于以西学改良中学的问题,刘师培与章太炎一道,都认为这种风气是不可取的。在章太炎看来"中西学术,本无通涂,适有会合,亦庄周所谓射者非前期而中也。今乃远

① 章太炎:《与王鹤鸣书》,《国粹学报》1909 年第 1 号。

引泰西以征经说,宁异家人之以禅学说经耶"①！刘师培对此持有同样的看法:"或谓中邦书籍,学与用分;西土之书,学与用合。惟贵实而践虚,故用夷以变夏。"虽然二人都盛赞西方文明,但反对彻底的西化,反对在中国实行资本主义,反对实行议会制度,主张从传统经术中找到经世的良方。

1905 年,邓实、黄节在上海共同发起成立了宗旨为"研究国学、保存国粹"的国学保存会,其机关刊物《国粹学报》亦随之问世。章太炎虽然未曾参与创刊,但却是该刊的精神领袖,而刘师培则是国粹学派的主将。这份刊物可以说是江浙一带的有识之士从传统思想文化立场出发,为探索民族民主革命所做出的努力。

通观《国粹学报》,总共发行八十二期,其中八十期刊有刘师培的文章,几乎每期都有刊载。这些文章基本上涵盖了刘师培绝大多数著述,包括《周末学术史序》《国学发微》《两汉学术发微论》《读左札记》以及读书随笔等。刘师培在奋笔疾书的同时,还主持国学讲习会,编著经学、文学、历史等教科书。《国学发微》是一部有关国学总论的札记体学术论著,论学以经学为主线,范围上溯先秦下达明清,旨在调和诸子、汉宋之争,调和中西冲突,以建立一种能与时共进的"新国学"。

知识自觉的表现形态有多种,古学复兴是其中之一。清末的混乱时局,振奋了知识界参与议政的勇气,他们从西方自由思想的时局联想到诸子时代百家争鸣的风气。借助诸子学的复兴,冲破正统思想的藩篱,倡导学术争鸣成为一致的呼声。实际上,这股诸子学复兴的潮流,在清扬州学派兴盛时已有所显现。乾隆中叶,被人为边缘化的子部文献又被重新挖掘,汪中是其中的活跃代表。他依据考证推理,重新排列了儒家的传承序列,将荀子的地位大大提高。章太炎的尊荀理路便是由此而来。而在学术上与章齐名的刘师培,也受到了乡贤汪中的影响,但在诸子学的研究上,比汪中等先贤走得更远。刘师培的《周末学术史》就是一部尝试借鉴西方学科分类对中国传统诸子学进行阐释的著作。《周末学术史》以十五篇文章分写十五个学科,依次为心理学、伦理

① 章太炎:《与人论朴学报书》,《国粹学报》1906 年第 11 号。

学、论理学、宗教学、政治学、计学、兵学、教育学、理科学、哲理学、术数学、文字学、工艺学、法律学、文章学。十五篇文章合而为先秦诸子学术提要。正如他自己在序中所言："予束发受书,喜读周秦典籍,于学派源流反复论次。拟著一书,颜曰《周末学术史》,采集诸家之言,依类排列,较前儒学案之例稍有别矣。学案之体以人为主,兹书之体拟以学为主。义主分析,故稍变前人著作之体也。"从书中可以看出,刘师培有意在调和诸子学术的同时,与欧洲文艺复兴时期的学术文化作类比,以昌明中学并不逊色于西学。

儒学和其他诸子学说虽然互有差异,但这并不妨碍二者的相容性。不同于章太炎早期的扬子抑儒,刘师培更讲求会通子儒。他认为儒学和子学并不是对立的关系,孔子本身兼明诸学是最好的例证。他进一步指出,儒门是具有包容性的,孔门弟子不仅学儒,同时兼治诸子。

在全民倒孔的嘈杂声中,刘师培则以客观冷静的态度审视孔子,认为周室既衰,史失其职,官守之学一变而为师儒之学术,集大成者厥唯孔子。孔子在历史机缘下走在了诸子之前,对于古代典籍的保存功不可没。他参照西学体系,通过新的学术视角,把儒、道、墨、法、阴阳诸家学说置于统一视野下,扼要点评各家学说的长短,充分肯定了诸子学的成就,指出儒家的不足,但非贬低儒学借以抬高诸子。同时也指出中国传统学术中重农轻商、重文轻武、重道轻艺等弊端在诸子中已显端倪。刘师培继承了扬州学派汇通诸家的特色,在《管子斠补》《晏子春秋》《淮南子》《荀子补释》的校勘上,他不仅发明己说,还适当参考汪远孙、汪中、俞樾等先贤的研究成果。刘师培对诸子学的提倡,一定程度上破除了对古圣先哲的迷信,对学术研究回归理性精神有着积极作用,对开创理性研究经学也有先导意义。

在《汉代古文学辩诬》中,刘师培力陈今古文之分是汉代以后才出现的,春秋战国时期并无今古文之分。今古文经同出于孔子六经,两者之间的差异仅仅是文字上的差异。他旁征博引,力证《左传》《周礼》、佚《礼》、古《易》等古文经的真实性,强烈反对将今文古经人为对立、贬低甚至抹杀古文经成果的行为。在《论孔子无改制之事》中,他认为孔子笔削六经,其意不在改制;设坛讲学,也没有创教之意。在对今古文之争的遗留问题提出自己的真知灼见的同时,刘师培还尝试利用西学的进步观点重新诠释儒家经典。他把《周易》视为社会学著作,西方学者借研究人际关系以揭示社会秩序的规律,这在刘师培看来无不与《周易》的由简见繁相吻合。他还在《中国民约经义》中尝试用古圣先贤的微言大义对天赋人权作新的阐释。他认为民主议政在中国古已有之,无论是春秋时的"郑人游于乡校以议执政",还是以一家之言得立官学的汉儒说经,其实都是庶民参与议政的表现。而《尚书》尊《尧典》,《诗经》重宪章、《春秋》平民有反抗无道之君的权力,则都是"以法治国,君臣同受制于法律之中",即君民共同立法的表现。他坚信通过对经学的沉潜精研,一定能找出安民济世的良方。

晚清国家危亡,儒学的地位在学人对传统文化的声讨中一落千丈。有鉴于此,刘师培不再囿于家学,而是主张融汇今古,要做"通儒",他鄙斥"仅通一经、恪守家法者,小儒之学也",但也反对社会上"废除经学"的呼声。在他看来,"夫六经浩博,虽不合于教科,然观于嘉言懿行,有助于修身,考究政治典章,有利于读史,治文学者可以审文体之变迁,治地理者可以识方舆之沿革。是经学所该甚广,岂可废乎"[1]?他认为即使后来以西学新知发明旧学新理,也并不主张因此废除经学,而是在新旧交合之际,对传统的治经之法加以改良。他的《经学教科书》,就是根据近代学科体制对经学进行整理与解释的尝试。

1907年初,章太炎与刘师培同在日本,二人以发扬国粹为契合点,不仅时时抵掌论学,还借研究经史通力宣传排满革命,获得时人的赞誉。但好景不长,二人在无政府主义理论的接受上发生重大分歧,刘师培走向狂热的无政府主义,章太炎则由无政府主义与佛教的融合,误入了悲观厌世的迷津。二人因共同的革命志趣定交,而当时对革命宗旨的同时背离则会导致友谊的破裂。个人主义是无政府主义整个世界观的基础,刘的政治转向开始将自己谋个人私利的本质表露无遗。当时,在东京的刘师培经济拮据,背弃了革命宗旨,又在无政府主义的鼓吹上无所出路。这时,许以重金利禄的清廷重臣端方,则成为二人接洽的短

---

[1] 刘师培:《经学教科书》,吉林出版集团股份有限公司2017年版,第4页。

暂契合点。被悲观情绪左右的章太炎则意欲出家,一反常态向端方告贷,并委托刘先行打点,这对刘的政治倾向产生了一定的消极影响,加速了刘的堕落。1907年冬,"惜急近利"的刘师培从无政府主义的鼓吹者,一转而变为端方的幕僚,公开叛变革命,自绝于与章太炎的深厚友谊,引起革命派的震怒。但即使刘师培公开通款书信使章在党内备受排议,章太炎仍然以坦诚宽厚之心对待刘师培,他移书诉说自己"深爱其学,时萦思念"的衷情。但刘师培执意醉心爵秩,拒不回应,使得章太炎"破镜重圆"的希望一再破灭。1911年端方被杀,刘师培随之被拘。是时章太炎从日本回归上海,他不念旧恶,公开发报希望刘能回心转意:"今者文化陵迟,宿学凋敝,一二通博之才,如刘光汉辈,虽负小疵,不应深论。若拘执党见,思复前仇,杀一人无益于中国,而文学自此扫地,使禹域沦为夷裔者,谁之责耶?"①章太炎还与蔡元培联名刊发《求刘申叔通信》,谓"刘申叔学问渊博,通知古今,前为宵人所误,陷入范笼"②,通力营救身陷牢笼的刘师培。刘师培出狱后,自觉无颜再见故人,便前往四川国学院讲习。在章太炎的感化下,刘师培与章太炎短暂归好。然而"宋教仁遇刺案"发生后,迥异的政治站位使得二人再次分道扬镳,甫经恢复的友谊再次破裂。

自1908年前后刘师培与革命派分道扬镳,并与章太炎交恶之后,其学术生涯也走向"趋于循旧"的后半期,学术研究的重心也随之转向以《左传》为核心的古文经学上。面对甚嚣尘上的今文家学说,刘师培以家传左学为治学源流,旁征博引予以反击,完成了《春秋左氏传古例诠证》《春秋左氏传例略》《春秋左氏传问答》《春秋左氏传时月日古例考》等著作。他曾对人说:"予家五世治春秋左氏之学,自高、曾伯山、孟瞻诸先生以来,子孙继承,传治春秋。予笃守家学,萃数代已成之书,蔚装成轶,精细正确,首尾完备。"③

今古文之争由来已久,今文学家看重《春秋》的"微言大义",而不愿承认《春秋》的史学地位,因此极力推崇"重义不重事"的《公羊》义法,今

---

① 姚奠中,董国炎:《章太炎学术年谱》,三晋出版社2014年版,第195页。
② 姚奠中,董国炎:《章太炎学术年谱》,三晋出版社2014年版,第195页。
③ 刘禺生:《世载堂杂忆》,中华书局1960年版,第141页。

文经学家重义法的治学理路依此而来。而古文经学家则专注于考证典章名物，于义法建树不大。清末，常州今文学兴盛一时，刘逢禄、康有为倚重《公羊传》伸张己见，康有为《新学伪经考》一出，鼓动了一大批质疑《左传》真伪的学人。以左氏家学扬名士林的刘师培不堪此论，在此期间密集发表一系列左学著作，既驳正了杜注的不当之处，又有力回应了今文经的挑衅，力挽狂澜于既倒。由此可以看出刘师培为《左传》正名的良苦用心。

《读左札记》虽非作于本时期，但却是刘师培治左的总纲。在书中，他指出孔子作《春秋》，目的是以鲁国历史教科书匡正世道人心。他通过考察《左传》的传承源流和文献征引情况，力陈《左传》不伪。他重申三传同源而各有侧重，《公羊》《穀梁》重义例阐述，《左传》则重历史纪实。三传相异是由于孔门弟子在记录时因人而异。他指责今文经师以门户之见否认《左传》的解经地位。同时针对"今"盛"古"衰的现象，提出治左三大课题——礼、例、事，一方面作为自己的治经方向，另一方面也希望后儒能实事求是地来研究经学。

《春秋左氏传时月日古例考》是其发挥《左传》义例的第一篇专著，他以各家注疏为参考对象，以《经》《传》为本，将其中涉及的"时月日例"一一辑录出，而不杂引公羊、穀梁二家之说，然后加以诠释。在他看来，"时日月日例"关乎《春秋》大义，对此做条理分析，一来可以恢复汉师古例，二来有助于维护《左传》独立解经的地位。在此之后，刘师培通过《春秋左氏传古例诠释》《春秋左氏传问答》《春秋左氏传例略》等著作进一步完善了自己的义例理论。虽然这些著作其中不乏疏漏之处，但瑕不掩瑜，都可以视作其为撰续家传《疏证》所做的准备。尽管最终未能绍述完成，但其对《左传》礼、例、事的研究，不仅有力回击了康有为等今文家的驳难，也填补了家学空白。他还借《左传》钩稽古义、融通西学，指出国有大事时国君向国人问询，都寓含着早期朴素的民本主义思想。借西学理论为传统学术灌注活力，助力当时高涨的民权运动，具有一定的时代意义。

由于疏于世故，且为无政府主义思想和自身务名心切的追求所左右，刘师培一度误入歧途。晚年的他回归乾嘉朴学，一心向古，在绍续家传左学的同时,慨然以继承扬州学派为己任。他不仅考证《尚书》古经,《仪礼》古经,还对《周礼》着力颇多。袁世凯复辟帝制失败后,以"人才难得"保免的刘师培已是英雄末路。为了重树尊严,他倾注全部心力于古文经学的研究。但心绪的躁进使他久病的身体状况进一步恶化。1919 年 11 月 20 日,自知命不久矣的刘师培向黄侃表达了自己"误了先人清德"的悔恨,并将平生所作交与黄侃,然后溘然长逝,年仅三十六岁。

刘师培短暂的一生,虽在政治交往上波折多变,但不变的是对家传国学的执着研习。他的盛年而亡,对传统学术的发展是一个难以估量的损失,令人叹惋。与刘师培年岁相若的黄侃,极为敬佩刘学问高深,曾折节拜其为师。刘师培魂归道山后,黄侃叹息道:"真是天才,有清一代有三个天才,都是三十六岁就去世。前清有孔广森,中间有戴望,晚清有刘申叔。可惜可惜!"①

第三节　出自江苏的现代新儒家代表人物

中国近现代还有一些儒家知识分子,在对西方精神文明和整个世界文化历史大格局有了更深了解的基础上,开始致力于融汇中西,试图在更高层次上探寻儒学文化传统和儒家精神在现代化条件下面向未来、面向世界的新的发展路径,开启了现代新儒学的发展进程。所谓现代新儒学,是指发端于二十世纪二十年代初并一直延续到当代的一种学术文化思潮,这股思潮的产生,是"对于'五四'激烈反传统的一种保守的回应,也是对于当时已在中国流传开来的科学主义思潮的一种反抗"②。当西方科学主义在当时的中国大行其道时,现代新儒学强调以儒家文化为主体的民族文化来对抗当时全盘西化和贬低、否定中国文化的论调。新儒家的代表人物都具有强烈的文化传承的使命感,其目

---

① 纪陶然:《微言大义:晚清民国留言簿》,同心出版社 2012 年版,第 230 页。
② 方克立:《现代新儒学的产生、发展及其基本特征》,《实事求是》1988 年第 6 期,第 31—34 页。

标是找到一条"传统中国走向现代化的较平稳的道路",这是他们的共相①。他们为了这个目标不断地进行理论和实践探索。在第一代新儒学杰出代表人物中,就有两位产生于江苏地区,他们就是为复兴中国文化而奔波一生的"儒学大师"张君劢和钱穆②。

一、张君劢及其新儒学思想

张君劢(1887—1969)③,本名张嘉森,字君劢,一字士林,笔名有立斋、君房等,别号"世界室主人",家中排行第二。清光绪十二年(1887),出生在江苏嘉定县城关镇(今属上海嘉定区)。张家世居江苏嘉定,且为经商世家,后来成为读书之家④,以道理教育后代。张君劢在其六岁时,便入私塾启蒙,接受传统教育,打下了良好的传统旧学功底。他"读书用功,悟性过人,特用功于朱熹、吕祖谦的《近思录》。善读书亦善游戏,每独出心裁,有'军师'之称"⑤。十二岁时,奉母命考入上海广方言馆,一面接受传统国学教育,一面学习西方新知识,在上海的生活极大地开阔了张君劢的知识视野。此外,这里的英文训练对他日后也有莫

① 对于现代新儒家的基本特征,韦政通在《当代新儒家的心态》(《中国论坛》1982 年第 1 期)一文中总结了七个特点:(1) 以儒家为中国文化的正统与主干,在儒家传统里又特重其心性之学;(2) 以中国历史为一精神实体,历史文化之流程即此精神实体之展现;(3) 肯定道统,以道统为立国之本、文化创造之源;(4) 强调对历史文化的了解应有敬意和同情;(5) 富根源感,因此强调中国文化的独创性或一体性;(6) 有很深的文化危机意识,但认为危机的造成主要在国人丧失自信;(7) 富宗教情绪,对复兴中国文化有使命感。参见罗义俊编著《评新儒家》,上海人民出版社 1989 年版,第 165 页。方克立还提出"它具有区别于先秦儒家和宋明新儒家的'现代'特征,这就是'援西学入儒',一方面认同传统儒学,一方面适应现代新潮,走融合中西、'返本开新'的道路。"参见方克立《现代新儒学的产生、发展及其基本特征》一文。

② 对于钱穆作为新儒家代表,学者有不同观点。最具有代表性的来自钱氏的弟子余英时,余氏在《钱穆与新儒家》一文(余英时:《钱穆与新儒家》,《现代危机与思想人物》,生活·读书·新知三联书店 2012 年版,第 515—571 页)中,否定钱穆当作新儒家代表,他认为钱穆虽然推崇宋明理学,但却不接受韩愈的道统观。但是实际上余英时是立足于儒家学者内部的谱系,而自排于外。但站在今天研究新儒家的角度,其着力点是他们对于中国文化的保护与继承,以及由此带来的影响。纵观钱氏的经历与学术思想,他应该属于现代新儒家阵营。

③ 张君劢生平,据李贵忠著《张君劢年谱长编》,中国社会科学出版社 2016 年版。

④ 据《年谱》,张家早先经营盐业,后来弃商从医。到了祖父铭甫应试科举,进入仕途。其祖父在政事之余,"潜心于学,博览群书,医卜星相,亦皆精研,尤邃于宋儒义理之学"(《张氏家谱》)。自此张家有了书香之气。

⑤ 程文熙:《君劢先生之言行》,《张君劢七十寿庆纪念论文集》附录,文海出版社 1956 年版,第 10 页。

大的裨益,他曾说:"因为如此才使我们知道世界上除了做八股及我国固有的国粹外,还有若干学问。"①十七岁参加宝山县院试,得中秀才。翌年,在上海震旦学院学习一学期,旋即退学,后在江苏南京高等学堂学习。不及一年,因参加拒俄爱国运动,被学校勒令退学。1906年进入日本早稻田大学学习,入政治经济科。1910年从日本毕业,回国参加学部游学考试,得授进士,又改为翰林院庶吉士。辛亥革命后,追随梁启超从事一系列的政治活动。1913年赴德国柏林大学学习,一战期间留在德国观察战事。1918年再赴德国留学,师从鲁道尔夫·欧肯②研究哲学,并合著《中国与欧洲的人生问题》。1923年在清华大学发表题为"人生观"的演讲,提出"科学不能解决人生观问题"的观点,由此引发了一场关于"科学与玄学"的论战。同年在上海筹办自治学院。1932年与张东荪等秘密创立国家社会党,之后长期从事政治活动。1940年张君劢在云南创办大理民族文化书院。1949年经香港赴印度讲学,并转向学术活动。此后长期在世界各地进行讲学活动,1952年起寓居美国,1969年病逝于美国旧金山。

张君劢是近代著名的政治活动家、学者、思想家,更是现代新儒家代表人物之一。他是一个"徘徊于学术与政治之间"的人物,曾自期"不因政治忘哲学,不因哲学忘政治"。他一生为现实政治理念四方奔走,搞运动、组政党、发刊物、留学、讲学、促宪政,和当时各方著名人士都有往来,其一生经历可谓跌宕起伏,多姿多彩。同时由于他身处特殊的年代——新文化运动将传统儒学打倒,对中西文化都有深入了解的他,更是深刻地认识到传统文化对于自己国家、民族、社会的重要性。因此,在不忘怀于现实政治的同时,张君劢又积极阐扬儒家的文化与哲学,写下了大量的论著与论文。主要专著有:《人生观论战》《明日之中国文化》《民族复兴之学术基础》《立国之道》《中华民国民主宪法十讲》《新儒家思想史》《比较中日阳明学》等。他的其他重要文化与哲学论文,被程文熙编为《中西印哲学文集》。

---

① 张君劢:《我的学生时代》,《中西印哲学文集》(上),学生书局1981年版,第164页。
② 鲁道尔夫·欧肯(或译倭铿)(德语:Rudolf Christoph Eucken,1846—1926),德国著名哲学家,1908年诺贝尔文学奖获得者,提倡精神生活。

张君劢除了撰写了大量关于儒家文化的论著，来进行理论建设与思想创新外，同时还不断地进行传播儒学的实际活动。作为江苏人的张君劢，除开他成长和读书期间的活动是在江苏地区，自日本留学归来后，就席不暇暖，居无定所，其大部分活动并不在家乡江苏。但是张君劢无论身处何地，都怀有家国情怀，关心着国家的命运前途和儒家文化兴衰的趋势，同时也在努力实践自己的新儒学理论，准备将之运用到实际中去，以期对现实社会人生发挥作用。

1923年2月14日，张君劢在清华大学为一批即将赴美学习科学的学生作题为"人生观"的演讲，提出了"科学不能解决人生观问题"的论断。这次演讲内容刊载在《清华周刊》第272期上。演讲发表后，立即遭到他的好友、地质学家丁文江（字在君，1887—1936）的批评，并由此引发了一场历时一年之久的大论战，许多学术界、思想界著名人士卷入其中，纷纷撰文参与辩论，这就是著名的"科学与人生观论战"（或称"科学与玄学论战"）。为此，丁文江先后在《努力周报》上发表题为《玄学与科学——评张君劢的"人生观"》和《玄学与科学——答张君劢》的文章，对张君劢的观点进行批驳。而张君劢又先后撰写了《再论人生观与科学并答丁在君》《科学之评价》和《〈人生观论战〉序》等文章，予以回应。

在论战中，包括梁启超、张东荪、屠孝实等在内的张君劢一方（或称玄学派），认为"人生观之特点所在，曰主观的，曰直觉的，曰综合的，曰自由意志的，曰单一性的。惟其有此五点，故科学无论如何发达，而人生观问题之解决，绝非科学所能为力，惟赖人类之自身而已"[1]。也即否定科学对人生观的指导作用，并认为"科学决不能支配人生，乃不能不舍科学而别求一种解释于哲学或玄学之中"[2]。从文章来看，张氏所说的"玄学"应该包括两方面内容，一方面是中国传统的儒家人生观，特别是宋明理学中的心性之学。另一方面是十九世纪以来西方柏格森的"直觉主义"、欧肯的"精神哲学"、詹姆斯等人的"新玄学"。[3]

"科学与人生观的论战"的出现，有着特定的时代背景。第一次世

---

[1] 张君劢：《人生观》，《科学与人生观》，山东人民出版社1997年版，第38页。
[2] 张君劢：《再论人生观与科学并答丁在君》，山东人民出版社1997年版，第56页。
[3] 对此问题，请参看郑大华《论张君劢的思想及其演变》的论文，文中有较详细的论述。

界大战爆发后,梁启超就发出了"科学万能破产"的惊呼,并产生了一定的反响,"这种反响又与五四新文化运动的批评、与对传统文化的认同和回归交织在一起。于是就形成了一股批评科学万能,质疑科学功用和价值的社会文化思潮"①。而张君劢的演讲,则是这种社会文化思潮的直接反映。对此,李泽厚评论道:"如果纯从学术角度看,玄学派所提出的问题和所作的某些(只是某些)基本论断,例如认为科学并不能解决人生问题,价值判断与事实判断有根本区别,心理、生物特别是历史、社会领域与无机世界的因果领域有性质的不同,以及对非理性因素的重视和强调等等,比起科学派虽乐观却简单的决定论的论点论证要远为深刻,它更符合二十世纪的思潮"②。

这场"科学与人生观的论战"在现代新儒学思潮形成过程中具有十分重要的意义,"它确立了现代新儒家学派的另一重要的精神方向,即不仅是对于'五四'反传统主义的保守回应,而且是对于当时颇为盛行的科学主义的反抗;在哲学上不是以对客观世界的科学认知,而是以对人生价值的体认、道德形上的追求为终极目标"③。张君劢在演讲的最后说道:"方今国中竞言新文化,而文化转移之枢纽,不外乎人生观。吾有吾之文化,西洋有西洋之文化。西洋之有益者如何采之,有害者如何革之;凡此取舍之间,皆决之于观点。观点定,而后精神上之思潮,物质上之制度,乃可按图而索。此则人生观之关系于文化者所以若是其大也。"④如果从后来的学术思想发展看,张君劢关于"人生观"的演讲和文章以及后来参与论战的文章,从某种意义上可以说展现了现代新儒家的方向路线。罗义俊也评论说:"就当代儒学思想史角度而言,张君劢与梁漱溟接上了系统,当代新儒家阐扬宋明儒学的思想与精神的意象更加明确"⑤。张君劢也因此而成为现代新儒学的开启者之一。

---

① 郑大华:《论张君劢的思想及其演变》,(韩国)《中国史研究》2005年第5期。

② 李泽厚:《记中国现代三次学术论战》,《中国现代思想史论》,生活·读书·新知三联书店2008年版,第56—57页。

③ 方克立:《现代新儒学的发展历程》,《现代新儒学和中国现代化》,天津人民出版社1997年版,第98页。

④ 张君劢、丁文江等:《科学与人生观》,岳麓书社2012年版,第7页。

⑤ 罗义俊:《当代新儒家的历程和地位问题》,罗义俊编著:《评新儒家》,上海人民出版社1989年版,第6页。

论战之后,同年九月在上海,张君劢主持创办国立自治学院(后改为国立政治大学),并任校长。据有关档案资料,这所大学最初是由江苏省国会议员姚文楠、江苏教育会会长袁观澜等人向当时江苏省省长韩国均致书建议创办的。韩国钧与有关方面和政府部门商讨后决定特设这所学院,并且电请张君劢回江苏主持这项工作。① 这一举动也得到了江苏名流张謇、袁希焘、蒋维乔、沈恩孚等人的支持。张君劢在《申报》上发表《国立自治学院缘起》一文,阐述为促进民治发扬法治,养成地方自治人才的办学宗旨。② 1924 年初,政治大学正式招生开学,第一年共招一百二十名学生,其中江苏籍学生占三分之二。张君劢为国立政治大学周年纪念周刊撰写发刊词《一年来之杂感》。文中谈道:"教育者,人格之感化而已,先有可为模范之人而后向慕者从而应之。……我之理想上之教育,以为应合三者而一之,以东方之存养工夫,砥砺名节,变化气质。……物质虽能限精神,而精神亦自有不尽为物质所限者矣。"可见张氏的办学观念也与宋明心性之学相通,而他的儒学思想也必然会在学校得到传播。政治大学的办学理念虽不同于后来的民族文化书院,但国文也是学校安排的必修科目之一,在客观上也促进了江苏地区的教育发展。

1939 年张君劢在云南大理筹办民族文化书院并担任院长。他在《民族文化书院缘起》一文中,介绍和说明了书院的宗旨、德性四纲、治学方法和研究工作。他指出"今后之中华民族,其甘于随人俯仰,陵夷不知所极乎? 抑奋然兴起以保其四千余年文化上独立之地位乎? 此吾族生死存亡之问题"③。可见民族文化书院即是为培养能继承民族文化的人才而开办的,这从书院所设立的学科也可以看出,书院共分为四个系,包括经学系(附子学)、史学系、社会科学系和哲学系。这与此前为培养自治人才的政治大学的课程完全不一样,基本上是继承了宋元书

---

① 参见吴邦珍《国立自治学院发起及创办经过的报告》,收入中国第二历史档案馆编《中华民国史档案资料汇编》(第二辑 教育),江苏人民出版社 1981 年版,第 247—248 页。
② 参见张君劢《国立自治学院缘起》,原载《申报》2013 年 18201—18202 号。收入中国第二历史档案馆编《中华民国史档案资料汇编》(第二辑 教育),江苏人民出版社 1981 年版,第 232—237 页。
③ 张君劢:《民族文化书院缘起》,《中西印哲学文集》(下),学生书局 1981 年版,第 1420 页。

院制度,学习内容也是传统的经史子集为主,同时又增添了新时代新的社会科学内容,这就将传统的书院制度和西方大学制度结合在了一起。

由于所处时代情势的变化,面临的问题亦不同。张君劢也认识到"非有一种新白鹿洞之规则不可",因而对其设教治学的方针加以改进。他比较中西方书院与大学的不同之处,认为书院重德性,为识仁定性与知行合一诸说的发见;大学则重知识,为科学方面探幽索隐的成功。"吾侪今日之进德,不能但记识仁定性或致知主敬之言,而自谓已尽格致诚正之能事,同时亦不必步趋西方学术机关之后,但以宇宙现象之研究为事,而置身心问题于不顾。"①他认为如果只重知识而轻德性,则极有可能"陷于转以智力为戕贼同胞同种之利器"。同时他又要求书院"不学宋人视读书为玩物丧志,而以静坐为善学,凡关于国故与西方哲学、科学原理、社会科学均列诸科学之中,以为学者研究之资。同时列举德性纲目,以为存养之鹄"②。他虽将知识和德性并举,但书院的精神实质仍然是宋元书院的精神,他将书院的根本宗旨定为"德智交修,诚明并进"。此外,张君劢还将德性纲目具体分为"立己""达人""爱国"三大项,并又分别分为三小项。他尤其看重"立诚",认为"立诚"才是德性修养的根本,宋明儒家如程伊川的"致知主敬",王阳明的"知行合一",其根本所在都是一个"诚"字。因而,他将"立诚"作为对民族文化书院学生的第一要求。在《民族文化书院缘起》的最后,张君劢将书院的宗旨与工作概括为四句话:(一)发挥吾族立国之精神;(二)采取西方学术之精神;(三)树立吾国学术之精神和新方向;(四)教育学子从事于学位深造与德行修养。抗日战争爆发后,张君劢从早期的批评科学主义、明确科学限界、主张意志自由,转向弘扬民族精神。民族文化书院的成立则是他当时新儒学思想的具体实践。

大理民族文化书院在现代新儒学发展过程中占有非常重要的地位。在书院成立的前后,现代新儒家马一浮在四川乐山乌尤寺创办了复性书院,梁漱溟在重庆北碚金刚碑创办勉仁学院。三大书院同时而

---

① 张君劢:《民族文化书院缘起》,《中西印哲学文集》(下),学生书局1981年版,第1425页。
② 张君劢:《民族文化书院缘起》,《中西印哲学文集》(下),学生书局1981年版,第1425页。

生,遥相呼应,其宗旨都在弘扬中国传统文化,延续宋明时期自由讲学传统,培养现代新儒家的后备人才。书院的成立对现代新儒家的发展影响很大,甚至对后来香港新亚书院的成立都不无影响。

1949年以前张君劢学术与政治活动兼而有之,但实际上其主要精力仍是从事政治活动,尤其是推行他的宪政主张。其主要的学术活动则是在这之后开展,而且主要与新儒学相关。其中尤为重要的是,1958年元旦,张君劢同唐君毅、牟宗三、徐复观在香港《民主评论》第9卷第1期发表的《为中国文化敬告世界人士宣言——我们对中国学术研究及中国文化与世界文化前途之共同认识》一文。该宣言表达了"对中国文化之过去与现在之基本认识及对前途之展望,与今日中国及世界人士研究中国学术文化及中国问题应取的方向,并附及对世界的期望……相信中国文化问题,有其世界的重要性"①。方克立说它标志着新儒家经历了历史的巨大转折,抚今追昔,用心反思,重新坚定了他们的哲学、文化立场。② 这使得新儒家再度活跃在现代思想舞台上,同时表明了他们力图走向世界,让儒家文化融入世界文化大潮的雄心和努力。张君劢作为此次宣言的发起人,扮演了重要的角色。这是他晚年倡导儒学复兴的一次重要的、有影响的实践。晚年的张君劢进行了环球演讲,在世界各地宣说儒家思想的复兴是实现中国现代化的途径。

张君劢的思想涉及政治、经济、文化、教育、哲学、儒学、中西文化比较等诸多方面。他对于中国传统文化的关注更是贯穿一生,而传统文化在张氏看来又是以儒家文化为主干。他曾强调孔子是中国文化的柱石,孔孟以及宋明儒学是中华民族的思想基础。张君劢的儒学思想形成有一个变化的过程。他是徘徊于学术与政治之间的人物,尽管其工作中心还是偏向政治,但他又自言其政治活动始终是根源于其哲学思想的,因此它的思想理论同时也具有强烈的现实针对性。这是他区别于同时期其他新儒家人物的一大特点。其儒学思想的转变也是根据当时中国社会形势的变化而变化的。

① 张君劢:《为中国文化敬告世界人士宣言》,《中西印哲学文集》(上),学生书局1981年版,第831页。
② 方克立:《现代新儒学的发展历程》,《现代新儒学和中国现代化》,天津人民出版社1997年版,第119页。

有学者总结张君劢思想的转变大致可分为三个阶段：五四运动时期，批评科学主义，主张意志自由；二十世纪三四十年代积极探索文化出路，弘扬民族精神；二十世纪五六十年代，阐发儒家思想，倡导儒学复兴。张君劢的儒学贡献概括来说突出表现于以下两个方面：

第一，通过中西文化的比较重新确认儒学的价值。一方面，自清朝1905年废除科举以来，传统儒学就失去了学术上耀眼的光环。袁世凯的"尊孔复辟"又进一步损害了传统儒学的形象，再加之后来的新文化运动、五四运动的兴起，包括儒学在内的传统文化被"打倒在地"，众恶皆归罪其身。一时间斯文扫地，人心崩塌。另一方面，严复等人译介的西方学说也自此蜂拥而至，包括实证主义、无政府主义、布尔什维克主义等等各种西方学说，一时甚为流行。因此，当时在对待中西方文化关系方面就出现了全盘西化论和文化本位论。而张君劢则在对中西文化有比较深刻体认的基础上，将中西文化进行比较。首先，他认识到了西方文化的优点和长处。他在《明日之中国文化》中认为西方国家民族意识浓厚，成立了民族国家，这是当下中国所缺乏的。他们的民主政治得到了长足的发展，而中国长期以来还是专制政治。再者，西方人有对知识的爱好，治学方法精密而先进，故科学技术发达。此外，西方人还有强烈的独立精神和合作精神。因此，在学术方法上，张氏格外重视对西方治学方法的借鉴，赞赏西方拥有发达的逻辑学，并认为逻辑学的发达是影响中西学术升降的重要原因之一。但他在文化上又有明显的保守主义倾向，这从他明确科学界限，坚持自由意志的人生观和创立民族复兴的文化书院都可以看出。然而他又十分清楚地认识到单纯地依靠传统文化已不足以解决当下迫切需要解决的问题，必须结合中西文化，沟通东西思想，以"欧洲文化之移植，成为吾族虚弱之补剂，因以促进吾族新文化兴起"[①]。同时，在此过程中又必须以民族文化为本位，也即以儒学为本。他认为如果脱离了中华民族的特质，抛弃了儒家思想的传统，也就谈不上中国文化。张氏是中国进行中西文化比较的先驱者。他比较中西文化，以西方文化作为借鉴参考，归根到底还是在为中国文化的

---

① 张君劢：《民族文化书院缘起》，《中西印哲学文集》（下），学生书局1981年版，第1422页。

发展寻找出路。

第二，致力于儒学的现代阐发及复兴。张君劢是现代新儒家的代表人物之一。他对于新儒学的贡献一般认为有两大方面：一方面在于他对儒家思想的现代阐发，另一方面在于二十世纪五十年代后其在余生致力于儒学复兴事业。张君劢对儒家思想的阐发，其中包括了对儒家哲学思想、儒家伦理思想和儒家政治思想的阐发。统而观之，张君劢对儒家思想的阐发都是立足于中西比较的基础上得出来的，并且具有兼收并蓄的包容色彩。他说"吾人承孟荀传统之后，更兼收并蓄西方两派学说，不必借甲以排乙，或借乙以排甲"，他相信如果能合两派之长"而参互错综之，或者可以引而至于一条新路"①。张君劢对儒家思想进行阐发是"为了谋求儒学的现代转换，从而使经'五四'新文化运动批判而日趋僵化没落的儒家思想重新复活起来"②。随着张君劢对儒学、对传统文化的深刻认识，他越来越坚信要实现民族复兴，首先要提高对民族文化的自信心，而民族文化的复兴主要就是要复兴儒家思想。近代的中国史，实际上也是中国人在探索走向现代化道路的过程。张君劢以及他们那一代人最迫切的任务也就是要为中国找出路。张君劢认为复兴儒学同中国现代化息息相关，是实现现代化的必经途径。具体来说，在张君劢看来，儒家思想的复兴主要是宋代儒学的复兴。他认为，所谓儒学复兴，只是就孔孟以来及宋儒所确定的哲学基本范畴并为东西古今所共同具有的内容讨论之、发扬之，以期能超出一切门户之争，从而在一种新观点下使儒学有所凭借而复兴。而其实质则是要复兴宋儒的基本观念，如理性的自主，心思的体用，闻见之知同德性之知的区别，格物致知等等。此外，他还指出儒家思想复兴的道路，即是"自力更生中之多形结构"③。用张氏自己的解释就是：

> 我以为吾国所以自处之道，曰自己努力，不可以为传统中之学术与制度，尚有效力，尚可遵行。唯有自己思考，自己观察，检讨自

---

① 张君劢：《新儒家哲学之基本范畴》，《中西印哲学文集》（上），学生书局 1981 年版，第 535 页。
② 郑大华：《张君劢对中国现代学术的贡献》，《浙江学刊》2004 年第 3 期。
③ 张君劢：《儒家哲学之复兴·自序》，《中西印哲学文集》（上），学生书局 1981 年版，第 460 页。

己所有,再将自己一切与世界各国所有者,较其优劣与得失,以定其取舍。惟其有待于外人,今后将无一源性之可言。其可以採择之地,或为西欧或为美洲或为印度,或为各回教国或为日本,其来源各异,将成为一种多形结构。然其选择、决定,与陶铸而成之权,操之于己,而不流于喧宾夺主。此所谓自力更生中之多形结构之要义也。①

张君劢并非专业学问家,张氏一直被视为徘徊在政治与学术之间。因此在偏重于学术性的当今现代新儒家研究中,张君劢似乎显得是一个比较特别的存在。② 然而现代新儒学活动,最终目标不仅仅是要进行学术和理论的建设,也要为实现中国的现代化和民族文化的复兴在实践中探寻道路,也就是要牵传统的"藤"结现代化的"果"。从这个意义上来说,张君劢在现代新儒家中的作用无疑是非常重要的。质言之,张君劢作为著名的社会活动人士,几乎参与了现代新儒学发展历程上的所有大事件,晚年更是不遗余力地宣传儒家的复兴,为现代新儒学的发展与传播贡献出了自己的力量。

二、钱穆及其新儒学思想

钱穆(1895—1990)③原名恩鑅,字宾四,晚年号素书老人,江苏无锡人。钱穆家族祖居江苏无锡南延祥乡啸傲泾七房桥村,累代读书,诗书传家④。但到钱穆这辈时,因幼年父亲早丧而家道中落,以致中学毕业即不得不辍学,然最后竟自学名家。1912 年,钱穆时年十八,即先后在小学、师范、中学任教。1930 年,因发表《刘向歆父子年谱》成名,被顾颉刚推荐在燕京大学任国文讲师。在北平八年,曾执教于北京大学、清

---

① 张君劢:《儒家哲学之复兴·自序》,《中西印哲学文集》(上),学生书局 1981 年版,第 460 页。
② 汤一介、李中华主编的《中国儒学史·现代卷》就没有将张君劢单独列为一章,而是在"钱穆的儒学思想"一章中,略带提及。
③ 钱穆生平,据韩复智编著《钱穆先生学术年谱》,中央编译出版社 2012 年版。
④ 据《年谱》可知钱穆曾祖父为国学生,祖父是邑庠生,父亲曾中县试秀才,可以称得上是诗书传家。

华大学、燕京大学、北京师范大学等校,且与学术界友人时相切磋。抗日战争时期,辗转任教于西南联大、华西大学、四川大学、成都齐鲁大学、嘉定武汉大学。抗战胜利后,又在云南大学、昆明五华书院任教。1947年,由昆明返回无锡,转赴新创办的江南大学任文学院院长职。1949年任教于广州华侨大学,并随华侨大学迁往香港,自此便移居香港。在香港,钱穆创办了亚洲文商学院,后更为著名的新亚书院。1965年新亚书院并入香港中文大学后,他正式卸任新亚书院院长一职,应聘到马来西亚大学讲学。1967年迁居台北,第二年当选为“中研院”院士,并任“故宫博物院”特聘研究员。1988年结束长达七十七年的教书生涯。1990年逝世于台北。在其去世后的第二年,即1992年归葬于苏州太湖西山之俞家渡石皮山。纵观钱氏平生,江苏的人文地理对其产生了巨大影响。虽然钱穆半生飘零,辗转神州,漂泊海外,但最后还是归葬太湖,“一生为故国招魂”的钱氏最终还是回到江苏这个故乡。

钱穆是著名的历史学家、教育家、思想家、儒学学者。钱氏治学早年喜读古文,因文见道,从治先秦诸子入手,再进而治史学,再由通史至文化史、思想史。其中又以学术思想史和文化史最为驰名。其治学范围博览古今,兼通经、史、子、集四部,精思著文,联结篇章,著作等身,总为五十七种五十四册,达一千七百万言①。钱氏可以说是近代年高德劭,著作宏富,成就斐然的著名学人,因而被人称为“国学大师”。其最主要的代表作有《刘向歆父子年谱》《国学概论》《先秦诸子系年》《中国近三百年学术史》《国史大纲》《中国文化史导论》《庄子纂笺》《中国历代政治得失》《两汉经学今古文平议》《论语新解》《朱子新学案》《中国学术思想史论丛》等。

作为从江苏走出去的国学大师,钱穆一生坎坷,几经跌宕。从1937年卢沟桥事变起,便流寓西南,直到七十二岁时定居台北,身心才得安定。虽然平生流离转徙,居处不定,但其一身对于学术、教育,始终以极大的热情投入其中。诚如他自己曾谈到的,“数十年孤陋穷饿……虽居

---

① 参见《钱宾四先生全集》第54册总目编后语,联经出版事业公司1998年版,第6页。

乡间,未尝敢一日废学。虽经乱离困厄,未尝敢一日颓其志"①。钱穆一生著述汗牛充栋,一般研究者多注意钱氏的学术成就,而少将其作为一位教育家,对其漫长的教书育人的经历给予足够的重视。这漫长的教书育人的岁月,既是钱穆自己学术成长变迁的记录,也是他致力于阐扬中国历史与文化,提倡复兴中国文化的历程的重要组成部分。

钱穆最初的教育经历也为其日后成为大师奠定了坚实的基础。而江苏则是钱穆接受教育和开始从事教育事业的起点,也是其思想最初形成的地方。钱穆一生的思想与行事风格都能在这里找到最初的因子。以至钱穆自己在《新亚遗铎》中说:"教育乃余终身志业所在"。

由于有良好的家庭读书环境,钱穆很早便走上了读书求学的道路。在七岁时便入私塾读书,十岁考入江苏荡口镇的私立果育小学。在这里钱穆遇到了对其思想有重大影响的老师。严耕望说,钱穆先生民族意识的启发,就是受钱伯圭先生的影响,同时同校华紫翔先生对其也深有影响。② 钱穆晚年追忆说:"此后余每治一项学问,每喜从其历史演变上着眼,而寻究其渊源宗旨所在,则亦从紫翔师此一暑假讲习班上所获入也。"③可见诸位先生对钱穆的影响之巨。他自道"晚年自谓治学蹊径,实由果育诸师启之"。此后不久,钱穆因为家庭的原因,便辍学家居,再没有以学生的身份步入学堂。阅览钱穆的《八十忆双亲》和《师友杂忆》两书,可知钱氏虽然中学教育尚未受毕,但在此期间,受父祖、慈母及家庭的教益殊多。加之钱氏后来在学校屡遇良师,他们对其影响不可谓不大。其立身处世以及治学根基与方法,乃至娱乐兴趣都在这种优良的环境中逐渐得以培育。钱穆有如此之际遇,实赖苏南一带丰厚的文化底蕴和良好的教育环境。而江苏苏南地区,承有清一代学术发达、教育兴盛之余绪,民国时期仍然保有良好的教育氛围,以至严耕望在《钱穆宾四先生行谊述略》一文中发出感叹:"尤可叹异者,清末民初之际,江南苏常地区小学教师多能新旧兼学,造诣深厚,今日大学教

---

① 钱穆:《宋明理学概述·序》,联经出版事业公司1998年版,第8页。

② 参见严耕望《钱穆宾四先生行谊述略》,载韩复智编著《钱穆先生学术年谱》,中央编译出版社2012年版,第7页。

③ 钱穆:《师友杂忆·果育学校》,《钱宾四先生全集》第51册,联经出版事业公司1998年版,第42页。

授,当多愧不如,无怪明清中国人才多出江南!"①

钱穆早年失怙,家贫孤弱。1912 年,刚满十八岁他便告别学堂,抗颜为人师。钱穆虽然在学校学习时间并不长,但其一生与学校、与教育的联系并未因此而中断,在以后岁月中联系反而更加密切。如果截止到 1988 年正式告别杏坛,钱穆前后从事教育的时间长达七十七年。正如有学者所言,"他从事教育历时四分之三个世纪,且从教小学、教中学、直至教大学、研究生班,施教时间之长,教学类型之齐备,这在古今中外恐怕都是罕见的"②。

儒学的传播离不开教育的实践与人才的培养。钱穆在长期的教育过程中培养了大批的国学人才,同时也传播了自己的一贯学术主张、浓厚的民族意识以及儒学思想。因此我们在肯定他的学术成就的同时,不能忽略他的教育传播之功。钱穆在自己的教书育人过程中,也将自己对中国文化与历史的热忱传递给所教授的学生。新儒学的一项重要的主张即是要恢复宋元书院制度与讲学精神。新儒家的代表人物的活动几乎都与教育事业有关。张君劢就多次办学,还创办专门培养儒学人才的大理民族文化书院,马一浮办有复性书院,梁漱溟办有勉仁书院,熊十力办有鹅湖书院。可以说,在现代新儒学的发展历程上,教育的发展兴衰与新儒学运动的开展紧密相连,息息相关。后来由钱穆、张丕介、唐君毅、程兆熊一起创办的香港新亚书院,成了二十世纪五十至七十年代现代新儒家活动的大本营。钱穆为新亚书院制定了明确的办学宗旨,即"上溯宋明书院讲学精神,并旁采西欧导师制度,以人文主义之教育宗旨,沟通世界东西文化,为人类和平谋幸福"。其目的就是培养能够继承、弘扬传统儒家精神的人才。新亚书院成为港台新儒家研究中国文化、弘扬儒家精神的学术阵地。曾在新亚书院教书的逯耀东教授就称赞书院是"由最初惟恐中国传统文化在海外花果飘零,到后来在香港桃李满园。在钱先生的学术和精神感召培育下的一批流亡和

---

① 严耕望:《钱穆宾四先生行谊述略》,韩复智编著:《钱穆先生学术年谱》,中央编译出版社 2012 年版,第 8 页。
② 俞定启:《钱穆人文主义教育思想述要》,《河北大学学报(教育科学版)》1999 年第 1 期,第 30—36 页。

第八章 千年大变局,儒学迎挑战——近现代的江苏儒学

本地青年,薪火相传,对香港人文精神和历史教育所作的贡献是不会磨灭的"①。然而钱穆的这种致力于保存文化、传播文化的精神,又不只影响香港一地,台湾、美国无不受其影响。这种精神同样由其门人弟子发扬光大,其中余英时先生即是杰出的代表之一,而且余氏也被人认为是现代海外新儒家的代表之一②。传统文化的花又开在了大洋彼岸。

钱穆对于现代新儒学发展仍有一事值得提及。1944 年 4 月,钱穆《中国近代儒学趋势》一文在《思想与时代》杂志刊出③,文章论述先秦至明清儒学发展的形势,指出民国儒学呈现"和会而融通"与"剖析辩驳"齐头并进的现象。他说:"学术之事,能立然后能行,有我而后有同……凡苟有异于我者,必辨之晰而争之明,斯所以尊我使有立也。凡苟有同于我者,必会其通而和其趣,斯所以大我使有行也。而今日之我,求其能尊而有立尤亟。"④由此可见,钱穆对中国儒学将来发展的期望即是要以中国文化为主体,首先要实现自立,再求和会融通。在此文发表的三年前(1941 年),贺麟在同一杂志的创刊号上发表《儒家思想的新开展》,有学者将两文视为"当代新儒学往途的小结,来途的昭示"⑤。

钱穆的一生是阐释和发扬中国文化的一生。汤一介、李中华先生所主编的《中国儒学史》概述钱穆的一生是"以弘扬和传承中国传统文化为己任,几十年来的学术生涯无不与近代中国的时代忧患相始终。饱含着对国家民族的满腔热忱,他毕生的学问宗旨和人生终极关怀就是中国传统文化面对现代西方文明的冲击究竟何去何从的问题"⑥。钱穆一生勤勉,博通四部,著述丰厚。其研究涉及传统文化多个领域,以学术思想史、历史、文化为主,涵盖诸子学、经学、玄学、佛学、理学、清代

① 逯耀东:《夫子百年——钱穆与香港的中国文化传承》,李振声主编:《钱穆印象》,学林出版社 1997年版,第 120 页。

② 何新:《对现代化与传统文化的再思考——评海外新儒家》,《社会科学辑刊》1987 年第 2 期。

③ 据《钱穆先生学术年谱》记载,该文刊在张其昀 1941 年创办的《思想与时代》杂志的第 33 期上。收入 2000 年兰台出版社出版的《孔子与论语》第 373—378 页。韩复智编著:《钱穆先生学术年谱》,中央编译出版社 2012 年版,第 922 页。

④ 钱穆:《孔子与论语·孔子传》,《钱宾四先生全集》第 4 册,联经出版事业公司 1998 年版,第456 页。

⑤ 罗义俊:《当代新儒家的历程和地位问题》,罗义俊编著:《评新儒家》,上海人民出版社 1989 年版,第9 页。

⑥ 胡军:《中国儒学史·现代卷》,北京大学出版社 2011 年版,第 494 页。

学术、地理、教育等。

钱穆作为著名学者和儒学大师,跟其他以哲学为志业的儒学家不一样,钱穆的学术之路或儒学研究都是以史学为进路。方克立先生也称他是"在史学领域高举现代新儒学旗帜,反对'尽废故常'的历史虚无主义,维护中国历史文化精神的第一人"①。早在二十世纪二十年代末,钱穆就在《国学概论》中对民国初年以来的社会思潮作了清理,指出若要尽废故常,实是孟子所谓"失其本心"。在三十年代,以胡适为代表的西化派,为提倡反传统而在史学领域掀起疑古思潮,以疑古为科学,以乾嘉学派的考据方法为科学方法,否定宋明心性之学。钱穆则在1937年出版的《中国近三百年学术史》中,反对固执汉宋疆域,认为明末清初之实学即导源于宋学,即使乾嘉汉学之名渐起后,也仍有宋学传统;不知宋学亦不能知汉学,更无以评汉宋之是非。进而指出宋学的精神也绝非空疏、主观的冥想,其旨在明圣人体用以为政教之本;宋儒提倡的"为天地立心,为生民立命",以天下为己任的精神才是中国历史的真正精神之所在。

维护传统文化是钱穆毕生一以贯之的行动宗旨。对于中国文化,钱穆从五千年历史演进的宏观发展来看,认为中国文化经历了四个发展阶段:先秦的"宗教与哲学时期",此时期是中国文化的奠定期;汉唐的"政治与经济时期",此时期中国社会的整体规模与重要制度逐渐健全;宋元明清的"文学与艺术时期",此时期是中国文化"个性"充分发展的时期;清末以来则属于"科学与工业时期",这时期表现出采用科学与工业以实现中华文化的复兴。

面对五四运动以来全力学习西方文化的思潮盛行的局面,钱穆更是以维护中国传统文化为己任。在抗战极其艰难的条件下,他出版了影响极大的《国史大纲》。在该书开篇就开宗明义地提出"凡读本书请先具下列诸信念"②:

---

① 方克立:《现代新儒家的发展历程》,《现代新儒学与中国现代化》,天津人民出版社1997年版,第108页。
② 钱穆:《国史大纲》,商务印书馆2010年版,第1页。

一、当信任何一国之国民，尤其是自称知识在水平线以上之国民，对其本国已往历史，应该略有所知。

二、所谓对其本国已往历史略有所知者，尤必附随一种对其本国已往历史之温情与敬意。

三、所谓对其本国已往历史有一种温情与敬意者，至少不会对其本国历史抱一种偏激的虚无主义，亦至少不会感到现在我们是站在已往历史最高之顶点，而将我们当身种种罪恶与弱点，一切诿卸于古人。

四、当信每一国家必待其国民备具上列诸条件者比数渐多，其国家乃再有向前发展之希望。

此书即针对那种将中国当时的贫弱落后一切诿卸于古人的偏激的虚无主义，提倡对本国已往的历史必须怀有"温情与敬意"。只有对本国已往有"真实了解"和"深厚之爱"，才能对现在有深刻的认识和"真实之改进"。他说"环顾斯世，我民族命运之悠久，我国家规模之伟大，可谓绝出寡俦，独步于古今"；正是具有"坚强的连续性与强大的同化力"的优秀灿烂的文化，使得中华民族虽屡经内忧外患，盛衰变迁，而不会断绝灭亡。钱穆在《引论》中指出："治国史之第一任务，在能于国家民族内部自身，求得其独特精神之所在"①。因此，学者罗义俊称："《国史大纲》探求并强调中华历史文化自身发展的途辙与永久生命的泉源及原动力。《引论》可以说是当代新儒学的历史宣言。"②在这里我们可以看到钱穆的民族意识和强烈的爱国精神。他这种注意传承中国文化的意识，又使其创办了新亚书院，防止"中国传统文化在海外花果飘零"。

罗义俊先生在同篇文章又指出："如果说《新唯识论》继承发扬了《大易哲学》，那么《国史大纲》则是对孔子《春秋》传统的继承发扬，它使当代新儒家拓展了新领域，为当代新儒学的开展提供了一个平实全面

---

① 钱穆：《国史大纲·引论》，商务印书馆2010年版，第11页。

② 罗义俊：《当代新儒家的历程和地位问题》，罗义俊编著：《评新儒家》，上海人民出版社1989年版，第8页。

的史学基础。"①钱穆因而成为史学领域中当代新儒学的创建者。在此之后,钱穆则是主要提倡复兴中国文化,拓建儒学传统。钱穆尝自言:"余自《国史大纲》以前所为,乃属历史性论文,仅为古人伸冤,作不平鸣,如是而已。此后造论著书,多属文化性,提倡复兴中国文化,或作中西文化比较。"②由是新亚书院成为五十年代新儒家研究中国文化、弘扬儒家精神的学术阵地。

钱穆一生是以抉发中国历史和文化的主要精神及其现代意义为治学的宗旨,而儒学是中国文化的主干和核心,所以钱氏最后必然要归宿到儒家思想。根据余英时先生的观点③,儒学对于钱穆来说,不仅仅是客观研究对象,也是中国人基本的价值系统。余英时认为,钱穆对于儒家的看法可以分为历史事实的层次和信仰的层次。具体而言,就历史层面来看,儒家的价值系统并不是几个古代圣人先贤凭空创造出来而强加于中国人身上的。相反的,这套价值早就潜存在中国人的生活方式之中,并由圣人整理成为系统的思想,也因此才能反过来发生那样深远的影响。儒学对于钱穆又不仅仅是可供研究的客观对象,更是他终生尊奉的人生信仰,他始终对儒学抱有深厚的感情。他认为儒学有其历久而弥新的常道,他的史学立场根本将之看成一个不断与时俱新的活的传统。他在 1961 年题为《中国儒学与文化传统》的一篇演讲词中,把儒学分为六期:先秦是创始期;两汉以经学为主,是奠定期;魏晋南北朝儒学有义疏之学,还扩大到史学,是扩大期;隋唐在经史之外又向文学转进,是转进期;宋元明是经史文的融合,又别出理学,是总汇期与别出期;清代仍沿前一期行进,其在内容上已有很大不同。钱穆还提出了与韩愈不一样的道统观,他认为"若真道统则须从历史文化大传统言,当知此一整个文化大统即是道统"④。从这里可以看出钱氏与其他以哲学为进路的新儒家的不同,他是以史学的眼光来看待整个儒学在中国历史中的变化,并建立自己思想史家的道统观。

① 罗义俊:《论当代新儒家的历程和地位》,方克立、李锦全主编:《现代新儒学研究论集(一)》,中国社会科学出版社 1989 年版,第 33 页。
② 钱穆:《纪念张晓峰吾友》(选载),《传记文学》1985 年第 6 期。
③ 余英时:《钱穆与新儒家》,《现代学人与学术》,广西师范大学出版社 2006 年版,第 11 页。
④ 钱穆:《中国儒学与文化传统》,《中国学术通义》,学生书局 1975 年,第 94 页。

　　钱穆的儒家思想的形成有着深刻的社会历史背景。包括钱穆在内的几乎所有的新儒家学者都是围绕着这样一个问题进行解答：即面对西方文化的冲击和中国的变局，中国的文化传统究竟何去何从？他从史学的眼光，对中国文化传统进行了仔细的检讨、反思，又比较了中西文化各自的优劣。在此基础之上，他认为中国文化未来的发展不是破旧立新，而是据旧开新；新文化必须自传统文化内部孕育生成，而其最主要的目的是复兴儒家文化。而对于怎样发展儒家文化，我们可以在他 1944 年发表的《中国近代儒学之趋势》一文中找到回答。他认为历史上儒学的发展，实以"和会融通"和"剖析驳辨"为两翼而互为共成，这也是中国近代儒学发展所应取之进路。在欧风东渐、人心"昧昧然不信我之犹有可以自立之地，而失心强颜以游心于群强众富之列"的今日，他强调"能立然后能行，有我而后有同"，即只有树立起民族文化的主体性，然后才谈得上对外来文化的辨析与和会融通。①

　　张君劢和钱穆同为江苏地域走出去的现代新儒学代表人物。江苏近代以来，得现代风气之先，张、钱二位就是在这样的环境下产生的儒学大师。他们二人在新儒家阵营里有着相似的特点，在文化认同上也具有一致性，均服膺宋明理学；他们对现实政治都怀有极大的热情，而不是只在象牙塔中进行纯粹的学理建构。但他们的学术进路又有所不同，张君劢是徘徊于学术与政治之间的人物，一生搞革命，促宪政，办教育，力图在社会领域为新儒学开辟道路；而钱穆则以教书为业，著书立说，在学术和教育方面为新儒学拓展了新领域。不过，他们为维护中国文化传统地位、为儒学复兴而努力的宗旨却又是一致的。尽管张、钱二人所持的学说观点不尽相同，在新儒学的学理建构方面似不如熊十力、牟宗三等人那样精深，但他们在政治、历史、哲学方面闪现的在整体上维护儒学精神和中华文化传统的思想光芒，却具有独特的价值和意义。他们个人也是分别在政治活动和教育实践中身体力行，努力实践着自己的文化理想。这也体现着本书所述江苏地区儒学面向社会、注重实践、善于创新、融会贯通的一贯传统，代表着江苏文化精英对中国儒学发展做出的贡献。

---

① 钱穆：《中国近代儒学之趋势》，《思想与时代》1944 年第 33 期，第 11—13 页。

主要参考文献

（以著作人姓名拼音为序）

一、典籍与专著

［美］艾尔曼著，赵刚译：《经学、政治与宗族——中华帝国晚期常州学派研究》，江苏人民出版社 1998 年版。

班固撰，颜师古注：《汉书》，中华书局 1962 年版。

蔡襄：《端明集》，《景印文渊阁四库全书》第 1090 册，（台北）商务印书馆 1987 年版。

吉联抗辑：《琴操（两种）》，人民音乐出版社 1990 年版。

曹操：《曹操集》，中华书局 1974 年版。

曹建国：《楚简与先秦〈诗〉学研究》，武汉大学出版社 2010 年版。

曹锦炎编著：《吴越历史与考古论丛》，文物出版社 2007 年版。

曹虹：《阳湖文派研究》，中华书局 1996 年版。

柴德赓：《清代学术史讲义》，商务印书馆 2013 年版。

晁公武编，孙猛校：《郡斋读书志》，上海古籍出版社 1990 年版。

陈谷嘉、邓洪波主编：《中国书院史资料》，浙江教育出版社 1998 年版。

陈奂：《诗毛氏传疏》，商务印书馆 1935 年版。

陈居渊：《焦循阮元评传》，南京大学出版社 2006 年版。

陈居渊：《清代朴学与中国文学》，百花洲文艺出版社 2000 年版。

陈梦家：《殷虚卜辞综述》，中华书局1988年版。

陈寿撰，裴松之注：《三国志》，中华书局1964年版。

陈平原、杜玲玲编：《追忆章太炎》（修订本），生活·读书·新知三联书店2009年版。

陈书禄主编：《江苏地域文化通论》，江苏凤凰教育出版社，2014年。

陈思修，缪荃孙纂：《民国江阴县续志》，民国九年刊本。

陈寅恪：《金明馆丛稿二编》，生活·读书·新知三联书店2011年版。

陈振孙：《直斋书录解题》，上海古籍出版社1987年版。

陈智超编：《励耘书屋问学记：史学家陈垣的治学》，生活·读书·新知三联书店1982年版。

程颢、程颐著，王孝鱼点校：《二程集》，中华书局1981年版。

沈云龙主编：《张君劢先生七十寿庆纪念论文集》，文海出版社1956年版。

崔述：《洙泗考信馀录》，商务印书馆1937年。

戴震著，诸伟奇主编：《戴震全书》（修订本），黄山书社2010年版。

戴震著，杨应芹编：《东原文集》（增编），黄山书社2008年版。

丁晏：《颐志斋文集》1949年排印本。

董诰等编：《全唐文》，中华书局1983年版。

苏舆著，钟哲点校：《春秋繁露义证》，中华书局1992年版。

都絜：《易变体义》，《景印文渊阁四库全书》第11册，（台北）商务印书馆1983年版。

段玉裁撰，钟敬华校点：《经韵楼集》，上海古籍出版社2008年版。

范成大撰，陆振岳校点：《吴郡志》，江苏古籍出版社1999年版。

范文澜著，中国社会科学院近代史研究所编：《范文澜历史论文选集》，中国社会科学出版社1979年版。

范文澜：《中国通史》（第二册），人民出版社2015年版。

范祥雍订补：《古本竹书纪年辑校订补》，上海古籍出版社2011年版。

范晔撰，李贤等注：《后汉书》，中华书局1965年版。

范仲淹著，李勇先、王蓉贵校点：《范仲淹全集》，四川大学出版社2007年版。

方苞著，刘季高校点：《方苞集》，上海古籍出版社1983年版。

方诚峰：《北宋晚期的政治体制与政治文化》，北京大学出版社2015年版。

江藩、方东树著，徐洪兴编校：《汉学师承记（外二种）》，中西书局2012

年版。

方光华：《刘师培评传》，百花洲文艺出版社 1996 年版。

方克立：《现代新儒学与中国现代化》，天津人民出版社 1997 年版。

方克立、李锦全主编：《现代新儒学研究论集(一)》，中国社会科学出版社 1989 年版。

方向东：《大戴礼记汇校集解》，中华书局 2008 年版。

方孝孺著，徐光大校点：《逊志斋集》，宁波出版社 2000 年版。

房玄龄等撰：《晋书》，中华书局 1974 年版。

冯桂芬：《显志堂稿》，文海出版社 1981 年版。

冯桂芬：《校邠庐抗议》，《续修四库全书》第 952 册，上海古籍出版社 2002 年版。

傅杰编：《章太炎》，上海三联书店 1997 年版。

傅斯年著，岳玉玺、李泉、马亮宽编选：《傅斯年选集》，天津人民出版社 1996 年版。

傅斯年：《史学方法导论》，江苏文艺出版社 2008 年版。

高崃等辑：《东林书院志》，《续修四库全书》第 721 册，上海古籍出版社 2002 年版。

高怀民：《两汉易学史》，广西师范大学出版社 2007 年版，第 122 页。

高攀龙：《高子遗书》，《景印文渊阁四库全书》第 1292 册，(台北)商务印书馆 1986 年版。

葛焕礼：《尊经重义：唐代中叶至北宋末年的新〈春秋〉学》，山东大学出版社 2011 年版。

龚杰：《王艮评传》，南京大学出版社 2001 年版。

龚书铎主编，史革新著：《清代理学史》，广东教育出版社 2007 年版。

龚自珍：《龚自珍全集》上海人民出版社 1975 年版。

顾炎武著，黄汝成集释，栾保群、吕宗力校点：《日知录集释》，上海古籍出版社 2014 年版。

顾炎武：《顾亭林诗文集》，中华书局 1983 年版

顾宪成：《泾皋藏稿》，《景印文渊阁四库全书》第 1292 册，(台北)商务印书馆 1986 年版。

顾易生、蒋凡：《先秦两汉文学批评史》，上海古籍出版社 1996 年版。

顾允成：《小辨斋偶存》，《景印文渊阁四库全书》第 1292 册，(台北)商务印

书馆 1986 年版。

郭庆藩集释:《庄子集释》,中华书局 2012 年版。

韩复智编著:《钱穆先生学术年谱》,中央编译出版社 2012 年版。

韩愈著,刘真伦、岳珍校注:《韩愈文集汇校笺注》,中华书局 2010 年版。

何新:《圣·孔子年谱》,中国民主法制出版社 2008 年版。

何晏集解,皇侃义疏:《论语集解义疏》,中华书局 1985 年版。

何晏注,邢昺疏:《论语注疏》,北京大学出版社 2000 年版。

洪兴祖:《楚辞补注》,中华书局 1983 年版。

胡军:《中国儒学史·现代卷》,北京大学出版社 2011 年版。

胡适:《胡适文存》,远东图书公司 1979 年版。

胡瑗撰,倪天隐述:《周易口义》,《景印文渊阁四库全书》第 8 册,(台北)商务印书馆 1983 年版。

胡瑗:《洪范口义》,《丛书集成初编》第 3573 册,上海书店 1994 年版。

桓宽撰,王利器校注:《盐铁论校注》,中华书局 1992 年版。

黄开国:《清代今文经学的兴起》,巴蜀书社 2008 年版。

黄宗羲原著,全祖望补修:《宋元学案》,中华书局 1986 年版。

黄宗羲著,沈芝盈点校:《明儒学案》,中华书局 2008 年版。

惠栋:《九曜斋笔记》,《聚学轩丛书》本,光绪二十九年贵池刘氏刻。

惠栋:《松崖文钞》,《清代诗文集汇编》第 284 册,上海古籍出版社 2010 年版。

江藩纂,锺哲整理:《国朝汉学师承记》,中华书局 1983 年版。

江庆柏编著:《清朝进士题名录》,中华书局 2007 年版。

姜广辉主编:《中国经学思想史·第四卷》,中国社会科学出版社 2010 年版。

姜义泰:《叶梦得〈春秋传〉研究》,花木兰文化出版社 2008 年版。

蒋维乔原著,许军校编译:《中国近三百年哲学史》,时事出版社 2018 年版。

纪陶然:《微言大义:晚清民国留言簿》,同心出版社 2012 年版。

焦循:《雕菰集》,《清代诗文集汇编》第 472 册,上海古籍出版社 2010 年版。

焦循:《易图略序目》,《续修四库全书》第 27 册,上海古籍出版社 2002 年版。

焦循：《里堂家训》，《续修四库全书》第 951 册，上海古籍出版社 2002 年版。

焦循撰，沈文倬点校：《孟子正义》，中华书局 2017 年版。

孔安国传，孔颖达疏：《尚书正义》，北京大学出版社 2000 年版。

黎靖德编，王星贤点校：《朱子语类》，中华书局 1986 年版。

李贵忠：《张君劢年谱长编》，中国社会科学出版社 2016 年版。

李国祥主编：《明实录类纂》，武汉出版社 1990 年版。

李鸿章著，顾廷龙、叶亚廉主编：《李鸿章全集》，上海人民出版社 1985 年版。

李吉甫撰，贺次君点校：《元和郡县图志》，中华书局 1983 年版。

李延寿撰：《南史》，中华书局 1975 年版。

李泽厚：《中国现代思想史论》，生活·读书·新知三联书店 2008 年版。

李肇等撰：《唐国史补、因话录》，上海古籍出版社 1979 年版。

李振声主编：《钱穆印象》，学林出版社 1997 年版。

李中华：《中国儒学史·魏晋南北朝卷》，北京大学出版社 2011 年版。

林庆彰：《明代考据学研究》，学生书局 1986 年版。

梁启超：《中国近三百年学术史》（新校本），商务印书馆 2011 年版。

梁启超著，朱维铮校订：《清代学术概论》,，中华书局 2016 年版。

梁涛：《郭店竹简与思孟学派》，中国人民大学出版社 2008 年版。

凌廷堪著，王文锦点校：《校礼堂文集》，中华书局 1998 年版。

刘宝楠撰：《论语正义》，中华书局 1990 年版。

刘敞：《刘氏春秋传》，《景印文渊阁四库全书》第 147 册，（台北）商务印书馆 1983 年版。

刘建臻：《清代扬州学派经学研究》，江苏人民出版社 2004 年版。

刘逢禄：《左氏春秋考证》，清光绪二十三年刻本。

刘逢禄：《刘礼部集》，《清代诗文集汇编》第 517 册，上海古籍出版社 2010 年版。

刘逢禄：《春秋公羊何氏释例》，《续修四库全书》第 129 册，上海古籍出版社 2002 年版。

刘声木：《桐城文学渊源撰述考》，黄山书社 1989 年版。

刘师培：《刘申叔遗书》，江苏古籍出版社 1997 年版。

刘肃撰，许德楠、李鼎霞点校：《大唐新语》，中华书局 1984 年版。

刘文典:《淮南鸿烈集解》,中华书局 1989 年版。

刘文淇:《春秋左氏传旧注疏证》,科学出版社 1959 年版。

刘向撰,向宗鲁校证:《说苑校证》,中华书局 1987 年版。

刘熙载:《艺概》,上海古籍出版社 1978 年版。

刘勰著,范文澜注:《文心雕龙注》,人民文学出版社 1962 年版。

刘昫等:《旧唐书》,中华书局 1975 年版。

余嘉锡:《世说新语笺疏》,中华书局 1983 年版。

刘禺生:《世载堂杂忆》,中华书局 1997 年版。

刘振东:《中国儒学史·魏晋南北朝卷》,广东教育出版社 1998 年版。

刘知几著,浦起龙通释,王煦华整理:《史通通释》,上海古籍出版社 2009 年版。

柳诒徵:《中国文化史》,上海古籍出版社 2001 年版。

柳宗元:《柳宗元集》,黑龙江人民出版社 2005 年版。

陆淳:《春秋集传纂例》,《丛书集成初编》本,中华书局 1985 年版。

陆德明撰,吴承仕疏证,张力伟点校:《经典释文序录疏证》,中华书局 2008 年版。

陆佃:《陶山集》,《丛书集成初编》本,商务印书馆 1936 年版。

陆贾撰,王利器校注:《新语校注》,中华书局 1986 年版。

陆继辂:《崇百药斋文集》,《清代诗文集汇编》第 506 册,上海古籍出版社 2010 年版。

陆继辂:《崇百药斋续集》,《清代诗文集汇编》第 506 册,上海古籍出版社 2010 年版。

陆广微撰,曹林娣校注:《吴地记》,江苏古籍出版社 1999 年版。

陆文圭:《墙东类稿》,《景印文渊阁四库全书》第 1194 册,(台北)商务印书馆 1986 年版。

逯钦立辑校:《先秦汉魏晋南北朝诗》,中华书局 1983 年版。

鲁迅:《鲁迅全集》,人民文学出版社 1981 年版。

罗义俊编著:《评新儒家》,上海人民出版社 1989 年版。

罗宗强:《魏晋南北朝文学思想史》,中华书局 1996 年版。

罗宗强:《玄学与魏晋士人心态》,南开大学出版社 2003 年版。

马承源主编:《上海博物馆藏战国楚竹书(五)》,上海古籍出版社 2005 年版。

马承源主编:《上海博物馆藏战国楚竹书(八)》,上海古籍出版社 2011 年版。

马其昶:《桐城耆旧传》,黄山书社 2015 年版。

马宗霍:《中国经学史》,上海书店 1984 年版。

毛亨撰,郑玄笺,孔颖达疏:《毛诗正义》,北京大学出版社 2000 年版。

梅曾亮著,彭国忠、胡晓明校点:《柏枧山房诗文集》,上海古籍出版社 2005 年版。

苗润田:《中国儒学史·明清卷》,广东教育出版社 1997 年版。

牟润孙:《注史斋丛稿》,中华书局 1987 年版。

欧阳修、宋祁撰:《新唐书》,中华书局 1975 年版。

欧阳修:《欧阳修全集》,中华书局 2001 年版。

彭定求等编:《全唐诗》,中华书局 1960 年版。

皮锡瑞著,周予同注:《经学历史》,中华书局 1981 年版。

平步青:《霞外捃集》,上海古籍出版社 1982 年版。

漆永祥:《乾嘉考据学研究》,中国社会科学出版社 1998 年版。

钱大昕著,吕友仁点校:《潜研堂集》,上海古籍出版社 2009 年版。

钱大昕著,陈文和主编:《嘉定钱大昕全集》,江苏古籍出版社 1997 年版。

钱穆:《中国近三百年学术史》,商务印书馆 1997 年版。

钱穆:《钱宾四先生全集》,联经出版事业公司 1998 年版。

钱穆:《中国学术思想史论丛(八)》,生活·读书·新知三联书店 2009 年版。

钱穆:《国史大纲》,商务印书馆 2010 年版。

钱锺书:《谈艺录》,中华书局 1984 年版。

全祖望撰,朱铸禹汇校集注:《全祖望集汇校集注》,上海古籍出版社 2000 年版。

阮元撰,邓经元点校:《揅经室集》,中华书局 1993 年版,

僧祐撰,李小荣校笺:《弘明集校笺》,上海古籍出版社 2013 年版。

尸佼撰,汪继培辑,黄曙辉点校:《尸子》,华东师范大学出版社 2009 年版。

邵伯温:《邵氏闻见录》,三秦出版社 2005 年版。

邵博:《邵氏闻见后录》,中华书局 1983 年版。

沈玉成、刘宁:《春秋左传学史稿》,江苏古籍出版社 2000 年版。

沈约:《宋书》,中华书局 1974 年版。

司马迁:《史记》,中华书局 2014 年版。

宋濂著,罗月霞主编:《宋濂全集》,浙江古籍出版社 1999 年版。

宋濂等:《元史》,中华书局 1976 年版。

宋翔凤:《朴学斋文录》,《续修四库全书》第 1504 册,上海古籍出版社 2002 年版。

宋翔凤:《论语说义》,《续修四库全书》第 155 册,上海古籍出版社 2002 年版。

孙德谦:《刘向校雠学纂微》,四益宦刊本 1917 年版。

孙复:《春秋尊王发微》,《景印文渊阁四库全书》第 147 册,(台北)商务印书馆 1983 年版。

孙复:《春秋经解》,丛书集成初编第 3644 册,商务印书馆 1936 年版。

孙星衍等辑:《汉官六种》,中华书局 1990 年版。

孙以楷、甄长松:《庄子通论》,东方出版社 1995 年版。

谭献:《复堂日记》,徐德明、吴平主编:《清代学术笔记丛刊》第 60 册,学苑出版社 2005 年版。

唐贵学:《论语学史》,中国社会科学出版社 2009 年版。

唐晏撰,吴东民点校:《两汉三国学案》,中华书局 1986 年版。

汤用彤:《魏晋玄学论稿》,上海古籍出版社 2001 年版。

田汉云:《中国近代经学史》,三秦出版社 1996 年版。

脱脱等:《宋史》,中华书局 1979 年版。

万绳楠整理:《陈寅恪魏晋南北朝史讲演录》,贵州人民出版社 2007 年版。

汪士铎:《汪悔翁乙丙日记》,文海出版社 1966 年版。

汪习波:《隋唐文选学研究》,上海古籍出版社 2005 年版。

汪学群:《中国儒学史·清代卷》,北京大学出版社 2011 年版。

汪中著,田汉云点校:《新编汪中集》,广陵书社 2005 年版。

王安石:《临川先生文集》,中华书局 1959 年版。

王安石著,唐武标校:《王文公文集》,上海人民出版社 1974 年版。

王安石著,王水照主编:《王安石全集》,复旦大学出版社 2017 年版。

王弼著,楼宇烈校释:《王弼集校释》,中华书局 1980 年版。

王弼注,孔颖达疏:《周易正义》,北京大学出版社 2000 年版。

王昶:《春融堂集》,《清代诗文集汇编》第 358 册,上海古籍出版社 2010 年版。

王锷:《礼记成书考》,中华书局 2007 年版。

王艮:《王心斋全集》,江苏教育出版社 2001 年版,

王桂平:《清代江南藏书家刻书研究》,凤凰出版社 2008 年版。

王国维:《观林堂集》,中华书局 1961 年版。

王红霞:《经学大语境下的胡瑗易学》,中国社会科学出版社 2013 年版。

王令著、沈文倬校点:《王令集》,上海古籍出版社 1980 年版。

王鸣盛:《十七史商榷》,商务印书馆 1959 年版。

王守仁:《王阳明全集》,中国书店 2015 年版。

王守仁撰,吴光等编校:《王阳明全集》,上海古籍出版社 2014 年版。

王韬:《漫游随录》,岳麓书社 1985 年版

王韬:《弢园文录外编》,辽宁人民出版社 1994 年版。

王韬:《弢园文新编》,中西书局 2012 年版。

王先慎撰,钟哲点校:《韩非子集解》,中华书局 1998 年版。

王先谦:《后汉书集解》,中华书局 1984 年版。

王先谦:《荀子集解》,中华书局 1988 年版

王献唐:《山东古国考》,齐鲁书社 1983 年版。

王象之:《舆地纪胜》,江苏广陵古籍刻印社 1991 年版。

王兴国:《贾谊评传(附陆贾、晁错)》,南京大学出版社 1992 年版。

王应宪:《清代吴派学术研究》,华东师范大学出版社 2009 年版。

王引之:《王文简公文集》,罗振玉辑印:《高邮王氏遗书》,江苏古籍出版社 2000 年版。

王永平:《六朝江东世家之家风家学研究》,江苏古籍出版社 2003 年版。

王永祥:《董仲舒评传》,南京大学出版社 1995 年版。

王仲荦:《魏晋南北朝史》,上海人民出版社 2016 年版。

王钟翰点校:《清史列传》,中华书局 1987 年版。

卫湜:《礼记集说》,《景印文渊阁四库全书》第 120 册,(台北)商务印书馆 1983 年版。

魏校:《庄渠遗书》,《景印文渊阁四库全书》第 1267 册,(台北)商务印书馆 1986 年版。

魏源:《魏源集》,中华书局 1976 年版。

魏源:《魏源全集》,岳麓书社 2004 年版。

魏徵撰:《隋书》,中华书局 1973 年版。

魏徵等编：《群书治要》（校订本），团结出版社 2016 年版。

文青云著，徐克谦译：《岩穴之士：中国早期隐逸传统》，山东画报出版社 2009 年版。

吴恩培：《吴文化概论》，东南大学出版社 2006 年版。

吴翀、李庶：《弘治重修无锡县志》，明弘治九年刻本。

吴敬梓著，陈美林校注：《儒林外史》，百花文艺出版社 2002 年版。

吴孟复：《桐城文派述论》，安徽教育出版社 2001 年版。

吴震：《泰州学派研究》，中国人民大学出版社 2009 年版

吴正岚：《六朝江东士族的家学门风》，南京大学出版社 2003 年版。

夏尚朴：《东岩集》，《景印文渊阁四库全书》第 1271 册，（台北）商务印书馆 1986 年版。

夏晓虹编：《梁启超文选》，中国广播电视出版社 1992 年版。

萧兵：《楚辞文化》，中国社会科学出版社 1990 年版。

萧子显撰：《南齐书》，中华书局 1972 年版。

徐世昌等编纂，沈芝盈、梁运华点校：《清儒学案》，中华书局 2008 年版。

徐兴无：《刘向评传》，南京大学出版社 2005 年版。

许抗生、聂保平、聂清：《中国儒学史·两汉卷》，北京大学出版社 2011 年版。

许慎撰，段玉裁注：《说文解字》，上海古籍出版社 1988 年版。

许苏民：《顾炎武评传》，南京大学出版社 2006 年版。

许正绥辑：《安定言行录》，《丛书集成续编》第 260 册，新文丰出版公司 1988 年版。

严可均校辑：《全上古三代秦汉三国六朝文》，中华书局 1958 年版。

严寿澂：《近世中国学术思想抉隐》，上海人民出版社 2008 年版。

姚鼐著，刘季高标校：《惜抱轩诗文集》，上海古籍出版社 1992 年版。

姚思廉撰：《梁书》，中华书局 1973 年版。

杨朝明、宋立林主编：《孔子家语通解》，齐鲁书社 2009 年版。

杨天保：《金陵王学研究——王安石早期学术思想的历史考察（1021—1067）》，上海人民出版社 2008 年版。

叶梦得：《叶氏春秋传》，《景印文渊阁四库全书》第 149 册，（台北）商务印书馆 1983 年版。

叶梦得：《春秋三传谳》，《景印文渊阁四库全书》第 149 册，（台北）商务印

书馆 1983 年版。

叶梦得:《叶氏春秋考》,《景印文渊阁四库全书》第 149 册,(台北)商务印书馆 1983 年版。

叶梦得:《石林遗书》,长沙叶氏观古堂刊本。

叶适:《水心集》,中华书局 1961 年版。

应劭撰,王利器校注:《风俗通义校注》,中华书局 2010 年版。

永瑢等撰:《四库全书总目》,中华书局 1965 年版。

余嘉锡:《四库提要辨证》,中华书局 1980 年版。

余嘉锡:《目录学发微》,中华书局 2009 年版。

余胜海:《形形色色的中国人:全国各地人性格特点解读》,湖北科学技术出版社 2015 年版。

余英时:《中国思想传统的现代诠释》,江苏人民出版社 1989 年版。

余英时著,沈志佳编:《现代学人与学术》,广西师范大学出版社 2006 年版。

余英时:《现代危机与思想人物》,生活·读书·新知三联书店 2012 年版。

袁珂校注:《山海经校注》,北京联合出版社 2014 年版。

乐史撰,王楚宁等点校:《太平寰宇记》,中华书局 2007 年版。

恽敬:《大云山房文稿》,《清代诗文集汇编》第 449 册,上海古籍出版社 2010 年版。

曾国藩:《曾国藩全集》,岳麓书社 1995 年版。

曾枣庄、刘琳主编:《全宋文》,上海辞书出版社、安徽教育出版社 2006 年版。

湛若水:《湛甘泉先生文集》,《四库全书存目丛书》集部第 56 册,齐鲁书社 1995 年版。

张昶撰:《吴中人物志》,明隆庆张凤翼张燕翼刻本。

张岱年:《中国哲学大纲》,中国社会科学出版社 1982 年版。

张富祥:《东夷文化通考》,上海古籍出版社 2008 年版。

张纲:《华阳集》,《景印文渊阁四库全书》第 1131 册,(台北)商务印书馆 1983 年版。

张华撰,范宁校证:《博物志校证》,中华书局 2014 年版。

张惠言著,黄立新校点:《茗柯文编》,上海古籍出版社 2015 年版。

张家山二四七号汉墓竹简整理小组:《张家山汉墓竹简(二四七号墓)》

（释文修订本），文物出版社 2006 年版。

张继禹主编：《中华道藏》，华夏出版社 2004 年版。

张君劢：《中西印哲学文集》，学生书局 1981 年版。

张君劢等：《科学与人生观》，山东人民出版社 1997 年版。

张廷玉等撰：《明史》，中华书局 1974 年版。

张舜徽：《清人文集别录》，中华书局 1963 年版。

张舜徽：《广校雠略》，中华书局 1964 年版。

张舜徽：《清代扬州学记》，华中师范大学出版社 2005 年版。

张舜徽：《顾亭林学记》，华中师范大学出版社 2005 年版。

章炳麟著，徐复注：《訄书详注》，上海古籍出版社 2000 年版。

章樵：《古文苑》，《景印文渊阁四库全书》第 1332 册，（台北）商务印书馆 1986 年版。

章太炎：《章太炎全集》，上海人民出版社 1984 年版。

章太炎讲演，诸祖耿等记录：《章太炎国学讲演录》，中华书局 2013 年版。

章太炎著，文明国编：《章太炎自述（1869－1936）》，人民日报出版社 2012 年版。

章太炎：《菿汉三言》，上海书店出版社 2011 年版。

章学诚：《文史通义》，上海古籍出版社 2008 年版。

赵伯雄：《春秋学史》，山东教育出版社 2004 年版。

赵尔巽等撰：《清史稿》，中华书局 1997 年版。

赵翼著，王树民校证：《廿二史札记校证》，中华书局 2013 年版。

郑樵撰，王树民点校：《通志》，中华书局 1995 年版。

郑玄注，孔颖达疏：《礼记正义》，北京大学出版社 2000 年版。

庄存与：《味经斋遗书》，清光绪八年阳湖庄氏刊本。

庄存与撰，郭晓东等点校：《春秋正辞》，上海古籍出版社 2014 年版。

庄述祖：《珍艺宦文钞》，《续修四库全书》第 1475 册，上海古籍出版社 2002 年版。

周邦杰修，泰梁等撰：《无锡县志》，明万历二年刻本。

周生春：《吴越春秋辑校汇考》，上海古籍出版社 1997 年版。

周振甫：《文心雕龙今译》，中华书局 2013 年版。

朱长文：《乐圃余稿》，《景印文渊阁四库全书》第 1119 册，（台北）商务印书馆 1986 年版。

朱长文：《吴郡图经续记》，江苏古籍出版社 1986 年版。

朱长文：《易经解》，《续修四库全书》第 1 册，上海古籍出版社 2002 年版。

朱谦之校辑：《新辑本桓谭新论》，中华书局 2009 年版。

朱维铮：《壶里春秋》，上海文艺出版社 2002 年版。

朱熹集注：《四书章句集注》，中华书局 2012 年版。

朱熹撰，朱杰人、严佐之、刘永翔主编：《朱子全书》，上海古籍出版社、安徽教育出版社 2002 年版。

朱元璋：《皇明祖训》，《四库全书存目丛书》子部第 264 册，齐鲁书社 1995 年版。

朱筠：《笥河文集》，丛书集成初编本，商务印书馆 1936 年版。

左丘明传，杜预注，孔颖达疏：《春秋左传正义》，北京大学出版社 2000 年版

二、论文

蔡树才：《子游思想述考——结合出土楚简文献的探讨》，张三夕主编：《华中学术》第十辑，华中师范大学出版社 2014 年版。

曹家俊：《关于子游的生卒年》，《文献》1982 年第 1 期。

陈耀东：《沈既济父子、曾祖籍贯事略考》，《文献》2002 年第 4 期。

复旦吉大古文字专业研究生联合读书会：《上博八〈子道饿〉校读》，复旦大学出土文献与古文字研究中心网：http://www.gwz.fudan.edu.cn/Web/Show/1591。

方克立：《现代新儒学的产生、发展及其基本特征》，《实事求是》1988 年第 6 期。

耿亮之：《王安石易学与其新学及洛学》，《周易研究》1997 年第 4 期。

顾颉刚：《明代文字狱祸考略》，《东方杂志》1935 年，第 32 卷第 14 号。

何新：《对现代化与传统文化的再思考——评海外新儒家》，《社会科学辑刊》1987 年第 2 期。

黄爱平：《清代汉学的发展阶段与流派演变》，《中国文化研究》2001 年第 1 期。

姜广辉：《郭店楚简与道教收系》，《中国哲学》第二十一辑，辽宁教育出版社，2000 年。

姜义华:《〈訄书〉简论》,《复旦学报(社会科学版)》1982 年第 2 期。

李沈阳:《汉代齐学与鲁学研究综述》,《管子学刊》2017 年第 1 期。

李禹阶、何多奇:《论陆贾新儒学对先秦诸子说的批判继承》,《华南师范大学学报(社会科学版)》2009 年第 1 期。

林志华:《唐代江淮地区经济地位刍议》,《安徽大学学报》1986 年第 3 期。

梁启超:《近代学风之地理的分布》,《清华学报》1924 年第 1 期。

毛丽丽:《两汉楚彭城国研究》,华中师范大学 2011 年硕士学位论文。

彭明瀚:《太伯奔吴新考》,《殷都学刊》1999 年第 3 期。

钱慧真:《清代江苏的经学世家及其家学考论》,《苏州大学学报(哲社)》2010 年第 6 期。

谭德兴:《吴国青铜器乐器铭文与季札的诗乐思想》,《武汉理工大学学报(社会科学版)》2016 年第 6 期。

谭德兴、杨光熙:《〈齐诗〉诗学理论新探》,《兰州大学学报(社会科学版)》2001 年第 4 期。

戚学民:《李善对〈三礼〉的引用与〈文选李善注〉的思想意义》,《扬州文化研究论丛》2009 年第 2 辑。

王长华、刘明:《〈诗纬〉与〈齐诗〉关系考论》,《文学评论》2009 年第 2 期。

王钧林:《〈论语〉章句学诠释—以"君子不重则不威"章为例的讨论》,《社会科学战线》2012 年第 4 期。

韦政通:《当代新儒家的心态》,《中国论坛》1982 年第 1 期。

无锡国家高新区发展研究院:《无锡建设吴文化名城要打好泰伯牌》,《江南大学学报(人文社会科学版)》2006 年第 1 期。

杨朝明:《鲁学在汉代经学中的地位》,《东越论丛》1995 年第 5 期。

杨倩描:《王安石〈易〉学研究》,河北大学 2004 年博士学位论文。

俞定启:《钱穆人文主义教育思想述要》,《河北大学学报(教育科学版)》1999 年第 1 期。

跃进:《"鲁学"解》,《齐鲁学刊》2008 年第 1 期。

张邻、周殿杰:《唐代江淮地域概念试析》,《学术月刊》1986 年第 2 期。

张鹏斗、王广勇:《王阳明与南京的不解之缘》,《档案与建设》2013 年第 4 期。

张学锋:《吴国历史的再思考——以近年来苏南春秋古城遗址的发掘为线索》,苏州博物馆编:《苏州文博论丛》(第二辑),文物出版社 2011 年版。

赵建中:《吴文化的源头辨析》,《江海学刊》2006 年第 6 期。

郑大华:《论张君劢的思想及其演变》,韩国《中国史研究》2005 年第 5 期

郑大华:《张君劢对中国现代学术的贡献》,《浙江学刊》2004 年第 3 期。

朱露川:《略论晚唐蒋氏史学世家》,《人文杂志》2015 年第 6 期。

朱维铮:《〈论语〉结集脞说》,《孔子研究》1986 年第 1 期。

朱雅文:《〈周易〉与宋代士人文化:以宋代笔记为视角》,南京师范大学 2005 年硕士学位论文。

诸祖耿:《"章氏国学讲习会"纪事》,《文教资料》1999 年第 6 期。

后　记

　　2016年上半年,江苏社会科学院哲学研究所有关同志与我商量,拟约请我主持撰写"江苏文脉"工程"研究编"中的《江苏儒学史》。我深知该项目意义重大,且江苏儒学史时间跨度大,涉及内容范围广,非我一人之力可以完成,便与我指导的南京师范大学文学院在校博士生及部分硕士生商量,请他们与我一道承担这项工作。幸得他们同意,于是我向省社科院表示愿意承担这个项目。因此这本《江苏儒学史》是我和我的研究生们合作完成的著作。参加本书编写的研究生有(按姓氏笔划为序):王亚轩、王国明、刘林奇、朱慧灵、任奇霖、邢猛、杨闯、徐胜男、寇志强、韩旭。

　　接受任务后,我与编写组成员进行了多次讨论,在初步查阅和梳理有关文献材料的基础上,厘清了江苏儒学史的相关概念,确定了本书的内容范围以及撰写的基本思路。最后由我拟定了全书的结构框架和三级章节目录,并将撰写思路汇报给省社科院主持"江苏文脉研究编"的负责同志,得到了认可。该项目于2017年获得江苏省社科基金正式立项。

　　在此基础上,编写组成员按章节分头撰写初稿。初稿完成后,我们一起进行交流讨论,对各章节的体例、风格以及论述的详略和重点问题进行了统一协调,并对初稿提出具体修改意见。大约在2018年底到2019年初,编写组成员陆续完成了自己承担部分的第二稿。在此后一年多的时间里,我对全书进行了两轮整体调整和修改,包括增删内容、补充资料、调整结构、统一行文格式规范等，并撰写了绪论部分。书稿提交后，承蒙南京大学历史系颜世安教授、浙江大学哲学系何善蒙教授担任审稿人对全书进行了审阅。两位教授在对书稿给予高度评价的同时，也提出了一些非常宝贵的建议。随后我们又根据两位教授的建议对书稿做了局部的修改、调整和补充。最后又根据出版社的要求，对全书的篇幅进行了压缩，删减了约四分之一的篇幅，最终形成现在呈现给读者的这部书稿。

当书稿接近完成之时，参与本书写作的各位研究生都已顺利完成学业离开南京师范大学。其中博士生们大多已在其他高校任职，或从事博士后研究工作，有不少已成为所在单位的年轻骨干教师。硕士生们也走上了不同的工作岗位，或赴其他高校攻读博士学位。而我也已经从工作了三十多年的南京师范大学教师岗位荣誉退休，同时受聘于民办三江学院，继续从事教学和研究工作。我愿借此机会向参与本书撰写的研究生同学表示衷心感谢！没有你们的合作，这项研究任务不可能在短短几年时间内得以完成。我也想借此机会向所有我的学生们致以衷心的感谢！是你们的陪伴赋予了我三十多年教学生涯以丰富的意义！

在本书即将出版之际，我们谨向颜世安、何善蒙两位审稿教授表示衷心的感谢！本书在编写过程中始终得到江苏省社会科学院姜建、胡发贵、孙钦香等同志的指导与督促，江苏人民出版社有关同志对书稿的内容和格式规范等提供了具体的指导意见，莫莹萍同志对本书的引文和参考文献做了认真仔细的核对，并对书中部分内容和行文提出了很好的修改意见。在此向他们一并表示感谢！

儒学作为中国古代一种独特而重要的学术和文化形态，性质不同于任何一种具体的学术门类范畴，同时却与社会生活和文化的方方面面都有密切的关系。因此儒学史所覆盖的时间跨度和文献范围都比较宽广，涉及的问题也比较复杂。限于我们的知识结构和研究水平，这本《江苏儒学史》一定会存在不少缺陷和不足之处，敬请广大读者不吝批评指正！

徐克谦

2020 年 10 月于南京雨花台区之三江学院